清朝开国史

阎崇年 著

下卷

中华书局

目　录

引言

　　满族建立的大清帝国,从天命元年(1616 年)到宣统三年(1911 年),长达二百九十六年。清朝在自秦以降整个中国皇朝历史舞台上,占据的时间约为其七分之一。在中国秦始皇帝以来两千多年的皇朝历史上,开创过二百年以上大一统皇朝的,只有汉朝、唐朝、明朝和清朝。在上述四朝中,汉高祖刘邦、唐高祖李渊和明太祖朱元璋都是汉族人,只有清太祖努尔哈赤是满族人。大清帝国"康乾盛世"时,在世界舆图上,是一个疆域最为辽阔、国力最为强盛、人口最为众多、物产最为富庶的大帝国。

　　树有根而枝叶茂,水有源而百川流。清前历史是清朝历史之根源。清朝迁都北京以前的历史,就是清朝入关以前的历史,习称为清前历史。兹将清前历史文化,作个简明概略叙述。

　　清前的历史,明万历十一年(1583 年),辽东总兵李成梁提兵进攻建州女真古勒寨,城破之后李成梁下令屠城,男女老幼,全遭屠戮,斩杀一千余级。努尔哈赤的祖父觉昌安和父亲塔克世也在混乱中被杀。从此,努尔哈赤与大明皇朝,积下不可化解之怨,结下不共戴天之仇。万历帝、李成梁杀了觉昌安、塔克世,在他们子孙努尔哈赤心里,点燃起燎原之复仇星火,挖掘开溃堤之复仇蚁穴。随之,努尔哈赤以父、祖"十三副遗甲"起兵复仇。努尔哈赤将复仇的星火,逐渐燃烧成为焚毁大明皇朝的燎原大火;将复仇的穴水,逐渐汇聚成为冲毁大明皇朝的汹涌洪水。最终,以清代明,江山易主。因此,古勒寨之役是明朝灭亡与清朝崛兴的历史起点。

　　清前的历史文化,从明万历十一年(1583 年)努尔哈赤起兵,到清崇德八年即明崇祯十六年(1643 年)皇太极病死,其间整整六十年。这段清前六十年的历史,从时间来说,可以分作两个时期:清太祖朝时期(1583—1626 年)和清太宗朝时期(1627—1643 年)。

　　清太祖朝的历史,以时间来说,从明万历十一年(1583 年),到清天命十一年即明天启六年（1626 年），总算四十四年。以空间来说，大体上东起鸭绿江、图们江及乌苏里江以东滨海地区，西到大兴安岭，南近宁远（今辽宁兴城），北至整个黑龙江流域地区。清太祖朝的历史，在《清朝开国史》（上卷）即清太祖朝史已作叙述；下面将《清朝开国史》（下卷）即清太宗朝史的梗概，分为四点，略作浅言。

一

清太宗朝的历史，以时间来说，从后金天聪元年即明天启七年（1627 年），到清崇德八年即明崇祯十六年（1643 年），总算十八年。以空间来说，大体上东邻日本海，西到河套，南到锦州，西南到宣府、大同边外，北达外兴安岭，东北至库页岛（今萨哈林岛）。清太宗朝的历史，可以分作天聪朝和崇德朝两个时期。

天聪朝的历史，从天聪元年（1627 年）到天聪九年（1635 年），共有九年。如从天命十一年（1626 年）九月初一日皇太极继承汗位，到天聪十年（1636 年）四月十一日建大清改元，实际上为十年。十年历史，概略如下。

军事方面。主要是进行五场大的战争，其中三胜、一败、一有胜有败。

第一场是朝鲜之战。皇太极继承汗位后，为着以军事胜利来加强和巩固新取得的汗位，从朝鲜获取粮食和物品，进一步孤立毛文龙，并解除南进攻打明朝后顾之忧，发动了对朝鲜的战争。天聪元年即明天启七年（1627 年）正月，皇太极派贝勒阿敏等率三万大军东征朝鲜。三月，后金军占义州，陷平壤，过大同江，逼近汉城。朝鲜国王李倧逃往江华岛。经过谈判，后金与朝鲜在江华岛焚书盟誓，后又举行平壤盟誓，结为"兄弟之盟"。此年为丁卯年，史称这场战争为丁卯之役。战争结束，签订盟约，后金撤兵，回到沈阳，阿敏等受到天聪汗皇太极的隆重欢迎。皇太极发动对朝鲜的军事进攻，达到了预期的目的。

第二场是宁锦之战。皇太极对于乃父努尔哈赤宁远之败不服输，亲率大军进攻明朝袁崇焕守御的宁远和祖大寿守御的锦州。努尔哈赤于宁远城兵败后不久身死，吞下其攻打宁远城错误兵略的苦果。其子皇太极未从乃父错误兵略中汲取教训，于天聪元年即天启七年（1627），再率倾国之师，进攻锦州、宁远。皇太极先攻锦州不克，再攻宁远又不克，复攻锦州仍不克。贝勒济尔哈朗、大贝勒代善第三子萨哈廉和第四子瓦克达俱受重伤，游击觉罗拜山、备御巴希等阵殁。宁锦之战，后金军攻城，明辽军坚守，凡二十五日，大战三次，小战二十五次，明辽军以全城奏捷。此役，明人称之为"宁锦大捷"。后金军以攻城开始，以失败告终。皇太极怒道："昔皇考太祖攻宁远，不克；今我攻锦州，又未克。似此野战之兵，尚不能胜，其何以张我国威耶！"这既是皇太极第一次亲自独立指挥的，又是他第一次军事失败的战争。

第三场是京师之战。皇太极宁锦之战失败后，认为进攻明朝宁远城不可下、攻打袁崇焕不可胜。天聪三年即明崇祯二年（1629年），皇太极亲自统帅八旗军，绕过袁崇焕守御的关锦防线，以蒙古军为先导，取道漠南蒙古，远袭明朝都城——北京。明总兵满桂守北京德胜门失利。袁崇焕率军入援，激战于北京广渠门、左安门；皇太极不能得胜。他施"反间计"，陷害袁崇焕。明崇祯帝误中其计，将袁崇焕下狱。后皇太极北撤，占领永平等四城，主力返回沈阳。翌年八月十六日（9月22日），崇祯帝命将袁崇焕寸磔处死。今北京广渠门内东花市斜街建有"明袁大将军墓"、"袁督师祠"。后又在北京今龙潭湖公园内建"袁督师庙"。

第四场是大凌河之战。皇太极攻宁锦失败、攻北京不下。经过深省之后，他终于明白了一个道理：明辽军之所以取胜，重要原因在于有新式武器红衣大炮；八旗军之所以战败，重要原因在于没有新式武器红衣大炮。此炮为西人制造的新式铁铸前装滑膛炮，明朝派员从澳门购入，称作红夷大炮；满洲讳"夷"而谐音为"衣"，称作红衣大炮。于是，天聪四年即崇祯三年（1630年），皇太极命汉官仿造红衣大炮。翌年正月，后金仿造的第一批红衣大炮，共十四门，在沈阳造成，定名为"天佑助威大将军"。从此，满洲终于有了自己制造的红衣大炮。同年八月，皇太极派军用新制造的红衣大炮，攻围大凌河城。此役，八旗军用红衣大炮攻坚、打援、围城、破堡，大炮所向，尽显神威，攻克大凌河城，降明将祖大寿，且缴获明军含红衣大炮在内的大小火炮三千五百门。皇太极后来用红衣大炮装备八旗汉军，并相应变革八旗军制。

第五场是察哈尔之战。皇太极继承汗位之后，后金先后三征察哈尔：第一次在天聪二年（1628年）、第二次在天聪六年（1632年）、第三次在天聪九年（1635年）。皇太极先于天聪六年即明崇祯五年（1632年），亲率大军远征察哈尔，即二征察哈尔，林丹汗兵败远逃青海。后林丹汗死于青海大草滩（打草滩）。天聪九年即崇祯八年（1635年），皇太极派多尔衮率军渡黄河，进围林丹汗余部大营。林丹汗遗孀苏泰太后及其子额哲降，并献"传国宝玺"。林丹汗另外两位遗孀囊囊福金和窦土门福金，分别率众降附后金。其他各部，在此前后，纷纷率众投附后金。这标志着漠南蒙古归附于清朝。

政治方面。皇太极先后惩治二贝勒阿敏、三贝勒莽古尔泰，警示大贝勒代善，取消四大贝勒"并肩共坐"，而为皇太极"南面独坐"，皇权集中，乾纲独断。仿照明制，设立六部。皇太极攻陷大凌河城，降祖大寿将士。尔后孔有德、耿仲明、尚可喜等，航海北渡，归降后金。后皇太极封孔有德为恭顺王、耿仲明为怀顺王、尚可喜为智顺王，这为汉军八旗建立奠下基础。吸取努尔哈赤晚年错误的教训，推出调整满、汉关系，令汉人与满洲分屯别居，重视儒生，任用汉官等重大举措，取得较好社会效果。天聪十年（1636 年）三月，改文馆为内国史院、内秘书院、内弘文院。四月，满洲大贝勒多尔衮等、蒙古贝勒科尔沁部土谢图济农巴达礼等四十九贝勒、汉人都元帅孔有德等各进满、蒙、汉表文，请皇太极"上尊号"。

文化方面。天聪三年（1629 年），设立文馆。同年，皇太极命巴克什达海等翻译汉文书籍，谕："自古国家，文武并用，以武功戡祸乱，以文教佐太平。朕今欲振兴文治，于生员中，考取其文艺明通者优奖之，以昭作人之典。诸贝勒府以下，及满、汉、蒙古家，所有生员，俱令考试。于九月初一日，命诸臣公同考校，各家主毋得阻挠。有中者，仍以别丁偿之。"寻，初试生员，拔出二百人。天聪五年（1631 年），皇太极以围困大凌河城，"城中人相食，明人犹死守"，皆因"读书明理尽忠其主"，而谕令"自今凡子弟年十五岁以下、八岁以上，皆令读书"。天聪六年（1632 年），达海等改进老满文，增加圈点，新制字母，成有圈点满文，即新满文。天聪八年（1634 年），考试汉人生员。又礼部考试满洲、蒙古、汉人通书义者，取刚林等十六人为举人。天聪九年（1635 年），皇太极命文馆翻译宋、辽、金、元四史。还命翻译汉文书籍如《三国演义》、《明会典》、《通鉴》、《六韬》、《孟子》、《大乘经》等。编绘《太祖实录图》书成。

经济方面。皇太极发布《汗谕》，保护耕牛，及时耕种，勿扰降民耕田禾苗。鼓励农业生产，惩罚忽视农业生产的牛录额真。在盛京、杀虎口等地，进行贸易；还同蒙古、索伦、朝鲜通商贸易。调整生产关系，实行满、汉分庄。于手工业制造，较前有大的发展，已能制造红衣大炮。先是，努尔哈赤的宁远之败、皇太极的宁锦之败，都是败于袁崇焕"凭坚城、用大炮"的兵略，或者说败于当时最新式的武器——红衣大炮。天聪五年即明崇祯四年（1631 年）正月，在沈阳制造出第一批红衣大炮，共四十门，定名为"天佑助威大将军"，满洲"造炮自此始"。这批红衣大炮，是仿照明朝从澳门购买的西洋制造的新式火炮，明人称为"红夷大炮"或"西洋大炮"。此炮，炮管长、口径粗、装药多、射程远，安置城上、铳规瞄准、技术先进、威力巨大，是当时中国也是世界最为先进的火炮。皇太极能先在盛京、后在锦州，仿造成功，批量制造，说明后金的工业与技术之高超水平。

民族方面。皇太极于天聪九年即崇祯八年（1635年）十月十三日（11月22日），为着反映已经形成新的满族共同体的事实，发布《汗谕》，将族名诸申（女真）改为满洲。由是，满洲的族名开始正式出现在中华大地上，满族成为中华统一多民族大家庭中的一员，其影响广泛而深远。授明降将马光远、王世选、麻登云等为总兵官。对蒙古提出联姻、封官、赏赐等外，"编喀喇沁部蒙古壮丁为十一旗，每旗设都统、副都统、参领等官统之"。

崇德朝的历史，从崇德元年（1636年）到八年（1643年），共有八年。

政治方面。建立满洲贵胄名号等级，设亲王、郡王、贝勒、贝子、公主、额驸等。完善国家机构，除三院六部外，设立理藩院、都察院。皇太极在天聪十年（1636年）四月，正式改国号为大清，改年号为崇德，即皇帝位。改蒙古衙门为理藩院。西藏达赖喇嘛遣使到沈阳。

军事方面。崇德朝主要进行五场大的战争，其中有胜有败。

第一场是对朝鲜的战争。先是，在皇太极即皇帝位的典礼上，朝鲜使臣不行三跪九叩大礼。大清官员对他们殴捽厮打，强行跪拜；但他们"衣冠尽破，虽或颠仆，终不曲腰"。皇太极认为这是朝鲜国王李倧背弃盟誓使然，并以此为借口，发动第二次对朝鲜的战争。崇德元年即明崇祯九年（1636年）十一月，皇太极亲率大军进攻朝鲜。清军战平壤、攻南汉山城。南汉山城守御甚坚，清军加以包围。翌年正月，清军大将扬古利率军迎敌，受创身死。清军分出一支攻江华岛，获朝鲜王妃一人、王子二人及官员、眷属等。朝鲜国王李倧闻讯惊慌，派员在汉城（今首尔）附近三田渡同清军谈判。最后，朝鲜国王李倧答应清朝提出的十七项条件，身着青衣，在三田渡向清军投降。皇太极命在三田渡竖立"大清皇帝功德碑"。

第二场是关内的诸战。皇太极军队入口作战，规模较大者有七次：其一，天聪三年即崇祯二年（1629年）的第一次迂道入塞之战。是役，皇太极首次统军入塞，攻打北京，并攻占永平等四城，翌年回军，此前已述；其二，天聪六年即崇祯五年（1632年），皇太极在第二次征战察哈尔林丹汗的回师途中，发动了第二次入塞攻明的掳掠之战。其三，天聪八年即崇祯七年（1634年）的第三次破墙入塞之战。是役，蹂躏宣府、大同，掳获而归。其四，天聪九年即崇祯八年（1635年），后金军第四次入塞攻明，为着补给，大肆抢掠。其五，崇德元年即崇祯九年（1636年）的第五次迂道入塞之战。是役，虏获人畜十八万，耀兵京畿，得意北归。其六，崇德三年即崇祯十一年（1638 年）八月，皇太极派多尔衮、岳讬率军入口作战。清军由墙子岭、青山关毁城而入，越迁安，过通州。一路沿京杭大运河，一路顺太行山东麓，分兵南进。清军经涿州，围高阳。大学士孙承宗年八十，全家死难。清军连陷衡水、霸州、平乡、高邑等，巨鹿一战，明兵部尚书、总督卢象昇身亡。翌年正月，清军会师济南城下，并一举攻陷之。三月，回师沈阳。此役，皇太极第六次入塞掳掠之战，清军掠京畿，蹂冀南，渡运河，陷济南，攻克一府、三州、五十七县，杀死明总督两人、将吏百余人，蹂躏数千里，掠获人畜四十六万二千三百余、黄金四千零三十九两、白银九十七万七千四百六十两等。清扬武大将军岳讬、辅国公玛瞻死于军中。皇太极闻丧报震悼，"辍饮食三日"。其七，崇德七年即崇祯十五年（1642年）的第七次迁道入塞之战。是役，再入山东，翌年出塞，破明三府、十八州、六十七县，大肆俘掠，满载而归。

第三场是旅顺、皮岛之战。先是，孔有德、耿仲明渡海归降后，后金得将、得兵、得船、得炮。天聪七年即崇祯六年（1633 年）六月，后金发兵万余进攻旅顺。后金军先抵旅顺外围，开始攻城。明守将黄龙指挥发西洋大炮御守，双方伤亡很大。后金军乘明兵撤入城内休整之机，分兵为三，发起总攻：一部兵力攻城东北角，一部兵力从北部渡海暗袭，另一部则在城下攻坚。时明军火药已用完，偷渡金兵登岸，勇猛杀向城内。在城东北角进攻的后金兵进展迅速，很快进抵城门前。城内明兵撄城固守，双方展开激战。明官兵全部阵亡，后金军攻占旅顺。

皮岛之战主要进行了两次。第一次是在天聪五年即崇祯四年（1631 年）五月，皇太极乘皮岛毛文龙被杀后明军混乱之机，派兵往征皮岛。后金兵因不习水战，缺乏火器，失利撤退。第二次是在崇德二年即崇祯十年（1637 年）二月，皇太极征服朝鲜后率军班师，同时令硕讬率军转攻皮岛。清军以孔有德、耿仲明、尚可喜等部汉兵为先锋，冲向皮岛，四面环攻。明军依险发炮，奋力抵御。清军力攻，相持月余。清阿济格，率军增援。八旗骑兵和孔、耿、尚部佯攻，汉军固山额真石廷玉等于岛北隅督战。四月初八日，清军乘船，分头出发；佯攻部队，进行掩护；主攻部队，偷袭成功——攻占岛西北山嘴。清军乘夜登陆，经过激烈战斗，占领全岛，取得胜利。清军拔掉明朝辽东沿海据点，切断明朝与朝鲜的海上联系，明军辽东沿海防线崩溃，清军解除西进后顾之忧。

第四场是松锦大战。皇太极从天聪元年即天启七年（1627 年），至崇德八年即崇祯十六年（1643 年），先后对明朝发动八次大规模的军事进攻，其中五次在关内（前已述），三次在关外。关外战役，重大者有：其一，天聪元年即天启七年（1627 年）的宁锦之战。是役，皇太极同其父汗努尔哈赤的宁远之战一样，损兵折将，失败而返。其二，天聪五年即崇祯四年（1631 年）的大凌河之战。是役，毁大凌河城，逼祖大寿降。其三，崇德四年即崇祯十二年（1639 年）的松锦之战。先是，清军围困锦州，守将祖大寿城危求援。明崇祯帝派洪承畴为经略，率八总兵、十三万大军前往救援。明、清双方大战于松山、锦州，史称松锦之战。清军初战受挫，皇太极从沈阳赶赴前线。他鼻衄流血不止，以椀盛血，昼夜驱骑疾驰，赶到松山前线。皇太极到前线后，采取围城打援、横堑山海、断彼粮道、隘处设伏、集中兵力、据险掩杀的战术。是役，明朝总督洪承畴、巡抚丘民仰被擒，全军覆没；清军获得大胜，克松山城、占杏山城、陷塔山城、夺取锦州城，再降祖大寿。

第五场是索伦战争。皇太极多次对黑龙江地区用兵，特别是对黑龙江上游地区索伦部用兵。崇德帝皇太极先后两次发军征讨，兵锋所至，远达赤塔（今俄罗斯赤塔），擒获博穆博果尔。又用兵外喀尔喀（今外蒙古）。所以，皇太极时期清朝的疆域，北界包括整个黑龙江流域，已达外兴安岭。

文化方面。《清太祖武皇帝实录》告成。内国史院的清太祖天命朝、清太宗天聪朝的编年体史料长编《无圈点老档》即《旧满洲档》、《老满文原档》、《满文老档》初成。此档以无圈点老满文为主，兼以加圈点新满文，并间杂蒙古文和个别汉文书写，记载满洲兴起和清朝开国的史事册档。后乾隆朝将其重钞七部——《无圈点字档》（底本）、《加圈点字档》（底本）、《无圈点字档》（内阁本）、《无圈点字档》（崇谟阁本）、《加圈点字档》（内阁本）、《加圈点字档》（崇谟阁本）和《加圈点字档》（上书房本）。《无圈点老档》即《旧满洲档》、《老满文原档》今为孤档，存台北故宫博物院。其七部钞本除《加圈点字档》（上书房本）已佚外，其他六部分藏于中国第一历史档案馆和辽宁省档案馆。兴文教，考生员。设立文馆，分为两班：达海、刚林、苏开、顾尔马浑、托布戚翻译汉文书籍；库尔缠、吴巴什、查素喀、胡球、詹霸等记注朝政。记载清开国的满文史料长编《内国史院档》，积累了大量系统珍贵的史料，还就祭祀、礼制、爵位、萨满等作出一系列规定。完成盛京皇宫的建筑。建筑莲华净土实胜寺（俗称皇寺或黄寺）和"四寺"——东为永光寺、西为延寿寺、南为广慈寺、北为法轮寺，寺各建佛塔。后在盛京建清太宗陵——昭陵（沈阳北陵）。

二

清太宗朝在清朝中的历史地位,清太宗在清朝的历史贡献,应当怎样评价?皇太极身历天聪汗、崇德帝两种角色。其历史贡献,举大端者有:

第一,调整满、汉关系。皇太极父汗清太祖努尔哈赤晚年所留下最大的弊政是对汉民、汉官、汉儒的错误政策及其恶果。

其一,改变对汉政策。先是,八旗军攻陷沈阳、辽阳后,占据辽东,进兵辽西,所向披靡,十分顺利。努尔哈赤在顺境中,实行了若干失当之策:大量迁民,按丁编庄,清查粮食,强占田地,满、汉合居,杀戮诸生等,引起辽东汉人、汉官、汉儒的强烈不满。努尔哈赤怀着"七大恨"起兵,仇视汉民,屠杀汉儒。史称努尔哈赤"诛戮汉人,抚养满洲"。抚养满洲,于理可通;而诛戮汉人,实为大错。天命汗在对汉民、汉官、汉儒的重大民族政策上,举措轻率,严重失误,引起汉人反抗,造成社会震荡。在后金社会内部,满、汉之间的民族矛盾,成为当时主要的社会矛盾。恰当处理满、汉关系,是皇太极继承父汗事业、缓和社会矛盾、平息汉民动乱、保持社会安定、巩固后金政权、进图更大发展的一个关键。皇太极在九月初一日登极继位,初五日即颁布《汗谕》:"治国之要,莫先安民。我国中汉官、汉民,从前有私欲潜逃,及令奸细往来者,事属已往,虽举首,概置不论。"此项政策,产生结果:"汉官、汉民皆大悦。逃者皆止,奸细绝迹。"初七日,皇太极又宣布《汗谕》:(1)"工筑之兴,有防农务",今后停止筑城等过重劳役,使农人可以"专勤南亩,以重本务"。(2)"村庄田土,八旗移居已定",今后不得随意移占,以使百姓各安其业。(3)"满汉之人,均属一体",凡审判罪犯、差徭公务等,不得差别对待。(4)不准诸贝勒大臣及其下人,对庄民擅取牛、羊、鸡、猪、鱼等物,严禁进行勒索扰害。(5)满、汉分屯别居。"先是,汉人每十三壮丁,编为一庄,按满官品级,分给为奴。于是同处一屯,汉人每被侵扰,多致逃亡"。初八日,皇太极再发布《汗谕》:"乃按品级,每备御止给壮丁八、牛二,以备使令。其余汉人,分屯别居,编为民户,择汉官之清正者辖之。"这项规定,使大量满洲庄屯下的农奴,分拨出来,编为民户,成为农民。汉民壮丁,分屯别居——缓解过去汉人受满洲奴役的悲苦;汉族降人,编为民户——改变过去掳获汉民,悉做满洲奴仆的悲剧。(6)禁止骚扰汉官。同日,皇太极严谕:"禁止诸贝勒大臣属下人等,私至汉官家,需索马匹、鹰犬,或勒买器用等物,及恣意行游,违者罪之。"皇太极的上述措施,产生积极影响:"由是汉人安堵,咸颂乐土云。"上文的"乐土",显然有所夸张,较前却有改善。皇太极登位八天,就连续发布《汗谕》,调整满、汉民族关系。(7)编审壮丁。天聪四年即崇祯三年(1630年)十月,皇太极下令编审壮丁,对违规隐匿、溢额的壮丁(主要是汉人),从总兵官到拨什库,进行或自誓、勘验,或告发、举首,分别不同情节,处以应得之罪。(8)颁布《离主条例》。先是,努尔哈赤在得到明朝辽东时,辽东城乡汉人,"抗拒者被戮,俘取者为奴"。大量汉民,沦为奴仆。皇太极了解其弊,天聪五年即崇祯四年(1631年),颁布《离主条例》,规定:一、除八分(即八固山贝勒)外,有被人讦告,私行采猎者,其所得之物入官,讦告者准其离主。二、除八分外,出征所获,被人讦告,私行隐匿者,以应分之物,分给众人,讦告者,准其离主。三、擅杀人命者,原告准其离主,被害人近支兄弟并准离主。四、诸贝勒有奸属下妇女者,原告准其离主,本夫近支兄弟并准离主。五、诸贝勒有将属下从征效力战士,隐匿不报,乃以并未效力之私人冒功滥荐者,许效力之人讦告,准其离主。六、本旗人欲讦其该管之主,而贝勒以威钳制,不许申诉,有告发者,准其离主。以上六种,可以告发,审查属实,准其离主,听所欲往。崇德三年即崇祯十一年(1638年)正月,皇太极再次下令,奴仆勿须告发,准其离主为民。皇太极谕:"朕因念此良民,在平常人家,为奴仆者甚多,殊为可悯。故命诸王等以下,及民人之家,有以良民为奴者,俱着察出,编为民户。"这些措施,奴仆离主,编为民户,使许多奴仆改变身份,成了普通居民。对于逃人,放宽惩治——"民皆大悦,逃者皆止。"天聪七年(1633年)六月,孔有德、耿仲明投顺金国,皇太极为此严谕:"向者,我国将士于辽民多所扰害,至今诉苦不息。今新附之众,一切勿得侵扰。此辈乃攻克明地,涉险来归,求庇于我。若仍前骚扰,实为乱首,违者并妻子处死,必不姑恕。"经过皇太极的三令五申,骚扰辽民状况有所收敛。总之,皇太极强调满洲、蒙古、汉人之间的关系,"譬诸五味,调剂贵得其宜。若满洲庇护满洲,蒙古庇护蒙古,汉官庇护汉人,是犹苦、酸、辛之不得其和。"因此,恰当调剂满、汉关系,是清夺取并巩固全国政权的一个重要因素。

其二,任用汉官、汉儒。满洲占有辽东地区后,要进一步巩固和发展,没有汉官和汉儒的合作与支持是不可能的。先前,汉官"俱分隶满洲大臣,所有马匹,尔等不得乘,为满洲官乘之;所有牲畜,尔等不得用,满洲官强与价而买之;凡官员病故,其妻子皆给贝勒家为奴;既为满官所属,虽有腴田,不获耕种,终岁勤劬,米谷仍不足食,每至鬻仆典衣以自给"。汉人归附官员,地位极为悲惨。由是许多汉官,虽"身在曹营",却"潜通明朝"。皇太极谕告:将汉官"皆拔出满洲大臣之家,另编为一旗。从此尔等,得乘所有之马，得用所畜之牲，妻子得免为奴，择腴地而耕之，米谷得以自给。当不似从前之典衣、鬻仆矣"。他对归降的汉官，加以"恩养"，盛宴款待，给以田舍，分配马匹，封官赏赐。皇太极重用汉官，范文程是一史例。范文程在太祖时，未受重用。"太宗即位，召直左右"。尔后，军国之大计，文程皆与谋。《清史稿·范文程传》称其"左右赞襄佐命，勋最高"。崇德元年（1636年），范文程任内秘书院大学士，是为汉人任相之始。他对"三顺王"——孔有德、耿仲明、尚可喜的政策也是成功的。

先是，天命十年即天启五年（1625年）十月，努尔哈赤对明朝生员通明者，"令查出明绅衿，尽行处死"。此次事件中屠杀后的"隐匿得免者"，约有三百人，尽沦在八旗包衣下为奴。皇太极命对这些为奴的生员进行考试，天聪三年即崇祯二年（1629年）八月，皇太极谕曰："朕今欲振兴文治，于生员中，考取其文艺明通者优奖之，以昭作人之典。诸贝勒府以下，及满、汉、蒙古家，所有生员，俱令考试。于九月初一日，命诸臣公同考校，各家主毋得阻挠。有中者，仍以别丁偿之。"是为金国科举考试之始。这次考试，得中者共二百人。他们从原来"皇上包衣下、八贝勒等包衣下，及满洲、蒙古家为奴者"，尽被"拔出"，按考取的等级，获得缎布奖赏，优免二丁差徭。天聪八年即崇祯七年（1634年）三月，又举行汉人生员考试，取中一等十六人，二等三十一人，三等一百八十一人，共二百二十八人。一个月后，又命礼部从中考取通晓满洲、蒙古、汉书文义者为举人。满洲人习汉书者查布海、汉人习满书者宜成格等十八人为举人。他们受到赏赐，并优免四个丁的差徭。皇太极开科取士，曾有"奴仆中式者，即行换出，仁声远播"。

重用汉官、汉儒，听取汉官奏谏。在明末清初政治舞台上，大明、大清、大顺之间竞争，归根结底是人才的竞争、智慧的竞争。谁占有优秀人才愈多，用其所长，用其智慧，谁就能战胜对方，一统天下。大明杰出人才如云，但亲小人而疏君子；大顺没有鸿儒硕彦，牛金星不过是个举人；大清能否占有人才并发挥其优长，就成为其鼎立争雄的关键因素所在。满洲占有辽东地区后，要进一步巩固和发展，没有汉官、汉军和汉儒的合作与支持是不可能的。天聪六年即崇祯五年（1632年）八月，皇太极召王文奎、孙应时、江云至内廷，赐宴筵。皇太极征求他们对"此番出兵，与明国议和，尔三人之意云何？可各抒所见，具疏奏闻"。于是，王文奎疏曰："汉人以宋时故辙为鉴，举国之人，俱讳言和。虽我皇上好生为念，不忍明国生民之涂炭，欲安息以待时，而汉人反以我为可愚，区区边塞小臣之盟誓，宁足据哉！"直言对明议和，不可期望过高。立足之点，仍在角胜。孙应时疏曰："臣思明国之主，恃其土广人众，生物繁盛，制度严谨，必不轻于议和。

其下大臣,亦阿谀将顺,和之一字,不敢轻言。昔皇上大军临边,其防边诸臣,修备未完,恐我兵猝入,故以和议迁延,以诱我耳,即实心议和,其馈遗之礼,于我所定额数,减一分,我则不可,增一分,彼又不从,和岂易言哉! 和既不成,结仇愈深,两国势难并立,我国当秣马厉兵,有进无退也。"江云疏曰:"今皇上姑遣使往明,以和议试之,明若不识天时,怠忽和事,则我兵入境攻取,亦为有名。天下闻之,孰有议我之非者。今皇上欲与明和,而不能即决者,未免怀疑也。夫我兵战则必胜,攻则必克,可以纵横于天下。明欲和,则与之和;否则,是天以天下与皇上也。宜速布信义,任用贤人,整师而入,天下指日可得,又何必专言和事耶。"提出后金用议和与征战两手,立于不败之地。

其三,不杀降官、降民。先是,努尔哈赤进占辽东,屠杀汉民,引起反抗。皇太极继承汗位后,后金贝勒,旧习未改,攻占城镇,杀戮汉民。皇太极总结其父过去政策上的错误,争取明将、明兵、明儒、明民,不杀降官、降兵、降儒、降民,取得效果,获得成功。以大凌河之战为例。天聪五年即崇祯四年(1631 年)十月间,皇太极率兵围困明军死守的大凌河城。大凌河守将祖大寿派义子祖可法,与后金大贝勒代善长子岳讬议商和谈。祖大寿及其将领之所以坚守拒降,其重要原因是怕杀降。岳问:"汝等死守空城,何意?"祖答:"天与尔辽东、永平兵民,若不加屠戮,则天下之民,闻风归顺。因屠戮降民,是以人皆畏缩耳!"岳曰:"前杀辽东兵民,此亦当时事势使然,然我等不胜追悔。后杀永平兵民者,乃二贝勒阿敏之事。上以其违命妄杀,已将阿敏论罪幽禁,夺其属员矣! 我皇上自即位以后,敦行理义,治化一新,抚养黎民,爱惜士卒,仁心仁政,尔等岂不闻之!"皇太极实行不杀投降汉官、汉民的政策,用各种手段,招降祖大寿。果然,明朝辽东地区在袁崇焕之后,"祖家军"中的祖大寿及其全部将领(何可纲除外),都归顺了后金—清。明朝辽西战将,丧失殆尽。皇太极继而争取了毛文龙死后离散的部下孔有德、耿仲明、尚可喜等部明军。后来这些官将,成为八旗汉军的将领、大清朝的重臣。他们是:总兵官祖大寿,副将刘天禄、张存仁、祖泽润、祖泽洪、祖可法、曹恭诚、韩大勋、孙定辽、裴国珍、陈邦选、李云、邓长春、刘毓英、窦承武,参将、游击吴良辅、高光辉、刘士英、盛忠、祖泽远、胡弘先、祖克勇、祖邦武、施大勇、夏得胜、李一忠、刘良臣、张可范、萧永祚、韩栋、段学孔、张廉、吴奉成、方一元、涂应干、陈变武、方献可、刘武元、杨名世等。其中,六人后为部院承政:张存仁为都察院承政、祖泽洪为吏部承政、韩大勋为户部承政、姜新为礼部承政、祖泽润为兵部承政、李云为刑部承政、裴国珍为工部承政。在崇德七年即崇祯十五年(1642 年)六月,汉军又由四旗扩编为八旗时,八位固山额真和十六位梅勒章京中，固山额真有祖泽润、刘之源、吴守进、金砺、佟图赖、石廷柱、巴颜、墨尔根侍卫李国翰八人。梅勒章京有祖可法、张大猷、马光辉、祖泽洪、王国光、郭朝忠、孟乔芳、郎绍贞、裴国珍、屯泰、何济吉尔、金维城、祖泽远、刘仲金、张存仁、曹光弼十六人。其中祖泽润、祖可法、祖泽洪、祖泽远四人是祖大寿的子、侄，张存仁、裴国珍等是祖大寿的副将，他们是原"祖家军"中的主要人物。皇太极就是以这批人为骨干，以原辽东汉官、汉将、汉兵、汉民为基础，组建八旗汉军。这样就使后金的军队，形成了满洲、蒙古、汉军三个方面军。八旗军由满洲、蒙古、汉军三部分组成，既具有满洲、蒙古野战骑射之长技，也兼有汉军大炮火器之优长。

　　第二，统一蒙古诸部。皇太极在其父汗努尔哈赤对漠南蒙古既定政策和已有成就的基础上，对蒙古的征抚取得极大成绩，对蒙古的政策获得极大成功。除继续绥服科尔沁蒙古外，完全吞服内喀尔喀五部——扎鲁特部、巴林部、翁吉剌部、巴岳特（巴约特）部、乌齐叶特部。又降服察哈尔部。后金统一察哈尔，具有重大的意义。其一，获得传国宝玺。察哈尔林丹汗死后，由其子额哲将"制诰之宝"呈献给天聪汗皇太极。皇太极得应"一统万年之瑞"，亲自告祭太祖福陵。察哈尔汗不仅是察哈尔部的大汗，而且是蒙古各部的宗主。察哈尔部的灭亡，既是漠南蒙古全部归于后金统治的标志，也是成吉思汗创立的大蒙古国在其故土最终覆灭的标志。察哈尔部被后金征服，明朝失去北面屏障，边事越发不可收拾。《明史·鞑靼传》记载："明未亡，而插先毙，诸部皆折入于大清。国计愈困，边事愈棘，朝议愈纷，明亦遂不可为矣！"其二，补充大量兵源。《圣武记》曰："夫草昧之初，以一城一旅敌中原，必先树羽翼于同部。故得朝鲜人十，不若得蒙古人一。"皇太极统一漠南蒙古后，扩大了兵源，仿照八旗满洲兵制，编设八旗蒙古。从此以后，八旗蒙古作为八旗劲旅的重要组成部分，成为对明征战的主力军队。其三，后金可靠盟友。皇太极继东征朝鲜解除左翼威胁之后，又解除右翼蒙古的威胁，使后金从根本上扭转了"四境逼处"的被围态势，从战略上由被朝鲜、明朝、蒙古三面包围的局面，变为对明朝三面包围的态势。其四，直接马市贸易。后金吞并察哈尔蒙古，南部边界已同明朝宣府、大同接近，从而便于直接或间接地同明进行贸易。天聪八年即崇祯七年（1634年），后金首次在宣、大与明互市，尔后在宣府、大同、张家口、杀虎口等地，进行互市贸易。其五，打开入塞通道。在征抚漠南蒙古过程中，后金天命朝同漠南蒙古重交结，订盟谊，不事讹诈，也少征讨。后金统一漠南蒙古，使明朝防御战线拉长，由宁远直至宁夏，都成为与后金直接对峙的前线。后金征服漠南蒙古，逐渐组成八旗蒙古，打通从西北进入中原的道路。北京则成为后金—清军随时可以进攻的目标。皇太极的军队，先后七次迂道入塞，甚至攻陷济南府城，都是间道蒙古破墙入塞的。其六，政治同盟。到天聪十年即崇祯九年（1636年）三月二十二日，漠南蒙古十六部四十九贝勒，在盛京集会，尊皇太极为"博格达·彻辰汗"（宽温仁圣皇帝），尊奉皇太极为共主。这表明漠南蒙古诸部，共尊皇太极也为蒙古的大汗，皆臣服于后金—清朝。四月初五日，"管吏部和硕墨尔根戴青贝勒多尔衮捧满字表文一道，科尔沁国土谢图济农巴达礼捧蒙古字表文一道，都元帅孔有德捧汉字表文一道，率诸贝勒大臣、文武各官，诣阙跪进"。这表明崇德皇帝是由满洲、蒙古、汉人共同拥戴的。皇太极征服漠南蒙古，从根本上改变关外军政力量对比：由万历、天启年间的明朝、蒙古、满洲鼎足三分之势，到满洲与蒙古联盟，共同对付明朝，清朝与明朝分庭抗礼的局面，从而改变后金与明朝的力量对比，占领更为广阔的地域，拥有更为雄厚的骑兵，占有更丰厚的资源，在政治上、军事上、民族上，取得优势的地位，为后来清军入关，迁鼎北京，入主中原，奠下基础。

　　蒙古诸部在天聪朝，内喀尔喀五部，完全臣服后金；察哈尔部，已经归降后金。在崇德时期，皇太极加强并完善对蒙古诸部的治策与管理。至于外喀尔喀诸部，经过天命、天聪、崇德年间不断的抚绥与征战，也已向清朝遣使朝贡。

　　皇太极在天聪时期，突出业绩是征服漠南蒙古察哈尔部。察哈尔部林丹汗之子额哲归附后金，皇太极命其率部驻牧义州边外孙岛习尔哈地方。翌年正月，皇太极第二女马喀塔下嫁额哲。四月，额哲等蒙古十六部四十九贝勒，同上皇太极尊号，承认其为蒙古的共主。同月，额哲被封为和硕亲王，继续管领随其归降的部众。后康熙帝追述道："昔额哲、阿布奈被俘，不没入旗下为奴，封额哲为亲王，所部人员，亦加抚养。"额哲及其弟阿布奈没有编入八旗满洲下役使，而是另立外藩旗分，就是组成一个扎萨克旗。在崇德年间，外藩蒙古分为左右两翼会盟。科尔沁部土谢图亲王为左翼科尔沁等十旗首领，额哲为右翼扎萨克各旗首领。

　　林丹汗病死部散，其子额哲降后金，对漠南蒙古各部产生巨大影响。先是，漠南蒙古右翼三万户，鄂尔多斯部、土默特部、喀喇沁部，到明末时，逐渐分化，领地众多，各自为政。漠南蒙古右翼三部，受到察哈尔部打压，喀喇沁部被击溃，土默特、鄂尔多斯避兵于河套。天聪六年即崇祯五年（1632年），后金第二次征讨察哈尔，林丹汗率部西迁。其时察哈尔部众，纷纷脱离林丹汗。右翼诸部乘机摆脱察哈尔部控制，投附后金。

天聪八年即崇祯七年（1634年）闰八月，皇太极命鄂尔多斯济农额林臣、土默特部博硕克图汗子俄木布，分别收集其部众，在其移牧处驻牧。清对曾被察哈尔兼并的蒙古右翼三部，采取与左翼不同的处置方法。有的部落如土默特，对后金采取若亲若疏的政策。后归化城土默特正式"编立旗分牛录，设固山额真、梅勒章京、牛录章京，仍依品级，各授以世职"。另外，巴林部受察哈尔侵扰，大部分逃往嫩科尔沁。后巴林部色特尔台吉、满珠习礼台吉（昂阿子）等率领部属，自科尔沁归附皇太极。皇太极建立扎萨克旗时，色特尔之子色布腾掌右翼，满珠习礼掌左翼。扎鲁特部在天聪初归附后金。从蒙古诸部共上皇太极尊号，及每年正旦朝贺的名单来看，漠南蒙古各部都已经臣服清朝。蒙古诸部臣服清朝的纪录证据，是《钦定外藩蒙古王公表传》天命、天聪、崇德年间的封爵简表。

后金对外喀尔喀蒙古影响很大。天聪九年即崇祯八年（1635年）五月，外喀尔喀蒙古车臣汗等，发出两封信函：一封给天聪汗皇太极，冀图同后金友好；另一封给林丹汗之子额哲，拉拢其投归外喀尔喀。同年十二月初七日，车臣汗等派遣一百三十六人的使团至盛京，向崇德帝奉表朝贡。其书云："成吉思汗后裔，马哈撒嘛谛塞臣汗等，书奉天下无敌天聪皇帝，伏惟皇帝，躬膺厚祉，起居康泰。向者，察哈尔胡土克图汗，居必不可败之势，与大国抗衡，今已既灭其国矣！现今安迩怀远，以图太平之道，天聪皇帝自有睿裁。但今抚有大宝，必声名洋溢，为天下法，使政令炳曜，如日方升。庶几当时利赖，万世传休。倘蒙睿鉴，以此言为然，愿往来通问不绝，共守盟约，以享太平。"这份表文说明，皇太极降服察哈尔部，震动外喀尔喀蒙古；获得"制诰之宝"，更加声名远播。因此，外喀尔喀车臣汗愿同天聪汗"往来通问不绝，共守盟约，以享太平"。在外喀尔喀蒙古三部中，车臣（塞臣）部在大兴安岭西麓迤西，是靠后金最近的一部。车臣汗遣使同后金聘问盟约，影响其另外两部。外喀尔喀部落土谢图汗也遣朝贡使臣，上表行礼。扎萨克图汗距盛京较远，也遣使朝贡。时外喀尔喀扎萨克图汗、车臣汗、土谢图汗及厄鲁特四部落，都承认皇太极为清朝皇帝。崇德三年即明崇祯十一年（1638年），喀尔喀三部遣使来朝，皇太极规定喀尔喀三部每年贡"白驼一，白马八，谓之九白之贡"。从此，外喀尔喀蒙古开始臣属于清朝。到崇德七年即崇祯十五年（1642年），西藏达赖喇嘛等也遣使到盛京。

皇太极在统一蒙古的过程中，对蒙古各部，颁行政策，相互联姻，制定法令，封赏官爵，设立衙门，加强管理。

其一，相互联姻。皇太极在位时，同科尔沁联姻十八次，其中娶入十次、嫁出八次。皇太极的两位皇后，都是莽古斯贝勒之女，其中孝庄后辅育顺治、康熙两代皇帝，定鼎中原，功在社稷。皇太极的中宫皇后和四宫之妃都是蒙古博尔济吉特氏。清太祖、太宗、世祖和圣祖先后有四位皇后、十三位皇妃，出自蒙古科尔沁等部。所以，魏源评论道："科尔沁从龙佐命，世为肺腑，与国休戚。孝端文皇后、孝庄文皇后、孝惠章皇后皆科尔沁女，故世祖当草创初，冲龄践阼，中外帖然，繄蒙古外戚扈戴之力。自天命至乾隆初，额驸尚主者八，有大征伐，辄属櫜前驱，劳在王室，非直亲懿而已。"蒙古科尔沁部博尔济吉特氏影响清初四帝（太祖、太宗、世祖、圣祖）的政治与血缘，其中以皇太极孝庄文皇后博尔济吉特氏尤为突出。皇太极还先娶察哈尔林丹汗的遗孀窦土门福金（巴特马·璪），后封为衍庆宫淑妃。又娶其遗孀囊囊福金（那木钟）。皇太极还将第二女马喀塔下嫁给林丹汗之子额哲为妻。额哲死后，马喀塔再嫁其弟阿布奈。和硕贝勒济尔哈朗妻子已死，继娶其妻妹、林丹汗遗孀苏泰福金为妻。大贝勒代善娶林丹汗之女、额哲之妹泰松格格为妻。皇太极之子豪格娶察哈尔伯奇福金，皇太极七兄阿巴泰也娶察哈尔俄尔哲图福金。满洲与察哈尔，由昔日之仇敌，成为今日之亲家。相互联姻，彼此嫁娶，婚配血缘融合，结成政治联盟。

其二，编入八旗。皇太极对蒙古各部不同情况，采取不同措置，划定牧界，编设牛录。在此基础上，进行编旗。有的编入八旗满洲，有的编入八旗蒙古，有的则编为扎萨克旗。崇德元年即崇祯九年（1636 年）十月，清廷派遣蒙古衙门承政尼堪等，偕阿什达尔汉、达雅齐塔布囊等人，前往察哈尔、喀尔喀、科尔沁等蒙古地区，与蒙古诸王、台吉会盟，清点壮丁，统编牛录，以五十户编一牛录，任命牛录额真，编制册籍，加强管理。在蒙古正式推行满洲制度。崇德元年即崇祯九年（1636 年），漠南蒙古户口的核查，甲兵的编册，牛录的编定，牛录额真的任命，扎萨克的封赐，标志着蒙古扎萨克旗的建立。皇太极按照八旗满洲的办法，创建了八旗蒙古，它具有组织严密、纵骑驰驱、机动灵活、战斗力强等特点，成为后金重要的军事力量。扎萨克旗制度最初建立于漠南蒙古，至康熙年间增至四十九旗，清代称之为内扎萨克旗或内扎萨克蒙古，简称内蒙古。这个制度，后来逐渐被推广到陆续归附的其他蒙古部落，形成了外扎萨克旗。

其三，册封赏赐。漠南蒙古十六部四十九王公，因上皇太极尊号之功，受到皇太极的册封。皇太极分叙外藩蒙古诸贝勒军功："封科尔沁国巴达礼为和硕土谢图亲王，（科尔沁部）吴克善为和硕卓礼克图亲王，（察哈尔部）固伦额驸额哲为和硕亲王，（科尔沁部）布塔齐为多罗扎萨克图郡王，（科尔沁部）满朱习礼为多罗巴图鲁郡王，（奈曼部）衮出斯巴图鲁为多罗达尔汉郡王，（翁牛特部）孙杜棱为多罗杜棱郡王，（敖汉部）固伦额驸班第为多罗郡王，（科尔沁部）孔果尔为冰图王，（翁牛特部）东（即栋戴青）为多罗达尔汉戴青，（四子部落）俄木布为多罗达尔汉卓里克图，（喀喇沁部）古鲁思辖布为多罗杜棱、（土默特部）单巴为达尔汉，（土默特部）耿格尔为多罗贝勒。各赐雕鞍、甲胄、金银、器皿、彩缎、文绮有差。"皇太极先封爵号的蒙古贵族共十四人。后封乌珠穆沁右翼多尔济为亲王，封苏尼特左翼腾机思为郡王。据《钦定外藩蒙古回部王公表传》记载统计，至顺治五年（1648 年），蒙古王公获封爵和扎萨克衔者超过二十七人。《清圣祖实录》记载，康熙元年（1662）二月，理藩院题请差大臣往科尔沁、乌珠穆沁等四十七旗会盟，说明时已增至四十七旗。皇太极授予蒙古贵族满洲爵号之后，其原有的汗、济农等蒙古称号，随之而逐渐取消。除上之外，还封其妻为福金。崇德二年即崇祯十年（1637 年）九月，皇太极遣内弘文院大学士希福、蒙古衙门参政艾松古等，赍诰命，前往封。如赐衮出斯巴图鲁妻诰命制曰："今朕诞登大宝，效法前王，爰定藩封，特颁制诰，封尔多罗达尔汉郡王之妻，为多罗达尔汉郡王福金。尔其属守闺箴，毋违妇德，益辅佐尔多罗达尔汉郡王，敬慎持心，忠勤践职，勋垂当世，誉显来兹。"

其四，重喇嘛教。满洲原来的宗教是萨满教，蒙古原来的宗教也是萨满教。先是，十六世纪后半叶，藏传佛教传入蒙古地区。后来藏传佛教逐渐在蒙古取得统治地位。万历四年（1576 年），漠南蒙古土蛮（图们）汗，往见噶尔玛喇嘛，遂受禅教。后聚集六万人，宣示教令。万历二十年（1592 年），图们汗殁。翌年，子布延台吉即位，称彻辰汗，实行"以政治佛教，致大国于太平"的政策。布延汗于万历三十一年（1603 年）殁，翌年，其孙林丹（陵丹）即位。林丹汗时期，喇嘛教在蒙古地区盛行。《蒙古源流》记载：林丹汗从迈大哩诺们汗、卓尼绰尔济等，"承受秘密精深之灌顶，扶持经教"。后又遇萨斯嘉班辰沙喇巴胡土克土，复"承受秘密精深之灌顶，创修昭释迦牟尼佛庙，以及各项庙宇"。后魏源曰："葱岭以东，惟回部诸城郭国自为教外，其土伯特四部、青海二十九旗、厄鲁特汗王各旗、喀尔喀八十二旗、蒙古游牧五十九旗、滇蜀边番数十土司皆黄教。"时藏传佛教在今西藏、青海、北疆、外喀尔喀、漠南蒙古地区广泛传播。所以，"黄教服，而准、蒙之番民皆服"。因之，后金对藏传佛教的政策，直接关系到后金同蒙、藏关系的成败。然而，满洲地区的藏传佛教，是从蒙古地区传入的。皇太极沿袭乃父对蒙古喇嘛教的政策，继续尊重喇嘛教。天聪元年即天启七年（1627 年），乌木萨忒绰尔济喇嘛将至沈阳,天聪汗皇太极命国舅阿什达尔汉同达雅齐,率八人往迎之。翌年,喀喇沁部落使喇嘛四人,率五百三十人到沈阳议和。皇太极命贝勒阿济格、硕讬、萨哈廉往迎,设宴宴之。四年,喀喇沁部落满朱习礼胡土克图喇嘛至沈阳,皇太极令其住于城外五里馆舍。随之,皇太极与两大贝勒及诸贝勒出城,至馆喇嘛所,设帷幄,并宴之。优礼喇嘛,保护寺庙。皇太极在多次出征前的《汗谕》中,屡屡申告,保护寺庙。既保护寺庙,更兴建寺庙。在盛京兴建实胜寺。修寺的缘起是,皇太极征察哈尔时,察哈尔汗惧,出奔图白忒部落,至打草滩而卒。有墨尔根喇嘛、载古帕斯八喇嘛,将所供嘛哈噶喇佛奉至盛京。皇太极命于盛京城西三里外,建寺供奉之。至是告成,赐名实胜寺。努尔哈赤、皇太极制定的尊重喇嘛教政策,顺治、康熙、雍正、乾隆四朝,效法先祖,统绪传承,产生深远而重大影响。康熙年间,外喀尔喀蒙古决定投向俄国还是清朝时,哲布尊丹巴胡图克图喇嘛曰:"俄罗斯持教衣冠俱不同,必以我为异类。宜投中国兴黄教之地。"乾隆年间,乾隆帝对西藏问题的解决也是一样的。清朝尊重喇嘛教的政策,对外喀尔喀蒙古完全归顺清朝,对巩固同内蒙古的联盟,以及对西藏的统一,均起了极为关键的作用。

其五,制定法令。皇太极对蒙古,颁谕法令,进行管理。天聪三年即崇祯二年(1629年),皇太极对已归附的蒙古科尔沁、敖汉、奈曼、喀尔喀、喀喇沁五个部落,令其"悉遵我朝制度",就是遵行后金的制度。皇太极遣国舅阿什达尔汉同尼堪等,赍敕往谕归顺各部落蒙古诸贝勒,申定军令。天聪六年即崇祯五年(1632年),皇太极遣济尔哈朗、萨哈廉等人,前往蒙古地域,"指授归顺蒙古诸贝勒牧地,申明约法"。

其六,设理藩院。先是,创立专门管理蒙古事务的衙门——理藩院。后,理藩院成为清朝管理民族事务的行政机构。

第三,统一东北地区。黑龙江流域地区包括黑龙江迤北、外兴安岭迤南,整个黑龙江的上、中、下游地域及其支流乌苏里江以东滨海地域。明朝末年,天命时期,在黑龙江流域、乌苏里江以东滨海地带、图们江地区,居住着众多民族部落。在图们江以北、乌苏里江以东地域,主要居住瓦尔喀、库尔喀、赫哲等民族部落。在黑龙江中下游地带,主要居住着虎尔哈、库尔喀、鄂伦春、女真、使犬部、使鹿部等部落的部民。在黑龙江中上游地带,贝加尔湖以东,精奇里江(今结雅河)两岸,一般称之为索伦地区,居住着索伦、毛明安等部落。各部落以血缘为纽带,地缘为基地,分散居住,互不统属。天命、天聪、崇德时期,努尔哈赤与皇太极父子,采取征讨与抚绥的策略,逐步完成了对外兴安岭以南、整个黑龙江流域的统一,各部居民,归属于清。

　　在黑龙江上游地区。先是,清太祖努尔哈赤时期,已经用兵图们江口以北、乌苏里江以东滨海地区,也已经用兵于黑龙江中游地区,均取得重大军事与政治之成果。皇太极继承汗位后,多次在上述地区征抚兼施,并取得巨大成绩,但对黑龙江上游地区用兵,主要是皇太极时期。在贝加尔湖以东,大兴安山(今雅布洛诺夫山)与额尔古纳河之间,有毛明安(茂名安)部落、叶雷部落、索伦部落等,于石勒喀河流域游牧。皇太极即位之年,黑龙江上游地区萨哈尔察部落头人到沈阳朝贡:"萨哈尔察部落六十人来朝,贡貂、狐、猞猁狲皮。"从此,皇太极对黑龙江上游地区采取积极的征讨与绥服的策略。崇德三年即崇祯十一年(1638 年)三月二十四日,毛明安部落首领巴特玛到盛京,受到皇太极的赐宴。但这些部落,对清朝降叛不定,皇太极数次发兵征讨,完全取得对该地区的统治权。

　　在黑龙江从石勒喀河与额尔古纳河汇流处以下地区,主要有索伦等部落。索伦诸部众首领中,最为著名的有两位头人:一位是巴尔达齐,另一位是博穆博果尔。他们由于对待清朝皇帝态度的差异,所得结果,完全相反。巴尔达齐在天聪八年即崇祯七年(1634 年)五月初一日,首次到盛京朝贡:"黑龙江地方头目巴尔达齐,率四十四人来朝,贡貂皮一千八百一十八张。"尔后,在天聪九年、十年和崇德二年、三年、五年、六年、八年,先后十二次到沈阳朝贡,其中派其弟二次、遣官二次,亲自八次到盛京朝贡。在蒙古噶尔珠塞特尔、索伦博穆博果尔事件中,巴尔达齐忠于皇太极,配合后金—清军,起了积极的作用。皇太极将巴尔达齐招为额驸。崇德六年即崇祯十四年(1641 年)正月初一日,巴尔达齐受到礼遇,参加正旦"堂子行礼"。博穆博果尔则相反,对清朝的态度,亲疏不定,遭到征讨,兵败被俘,结局悲惨。

　　在黑龙江中游地区,主要有黑龙江呼尔哈等部。后金—清多次发兵征讨,完全统治了这一地区。

　　在黑龙江下游地区,即乌苏里江与黑龙江汇流处以下地区,主要有使犬部、使鹿部等。皇太极多次发兵征抚,在这一地区建立统治。

　　在黑龙江支流乌苏里江以东滨海地区,有瓦尔喀、东海虎尔哈等部。皇太极在其父汗已有成就基础上,继续实行征讨与绥服,完全统治该地域,直至库页岛(今萨哈林岛)。

　　总之,明初在东北地区设有奴儿干都司和辽东都司(隶属山东布政使司),以实施对这一地区的管辖。但明中期以后皇权衰落，已不能对东北广大地区实行有效管辖。努尔哈赤兴起后，不仅基本统一了女真各部，而且初步统一了东北地区。皇太极又经过十七年的用兵，马不停蹄，四向拓疆，比其父汗努尔哈赤，于疆域之开拓，有突破性进展，已经完全统一了黑龙江流域地区。崇德七年即崇祯十五年（1642 年），清太宗崇德帝皇太极诏告天下曰：

> 予缵承皇考太祖皇帝之业，嗣位以来，蒙天眷佑，自东北海滨，迄西北海滨，其间使犬、使鹿之邦，及产黑狐、黑貂之地，不事耕种、渔猎为生之俗，厄鲁特部落，以至斡难河源，远迩诸国，在在臣服。

就是说，东自鄂霍茨克海，西迄贝加尔湖，南濒日本海，北跨外兴安岭的广阔地域，明奴儿干都司、辽东都司和蒙古部分辖境内的各族部民，均已被置于清初的管辖之内。黑龙江地区的重新统一，东北地区的重新统一，结束了元末以来近三百年民族之间、部族内部蹂躏掳掠、相互杀伐的混乱局面。进而为后来康熙二十八年（1689 年）中俄《尼布楚条约》的签订奠下了基础。如果没有天命、天聪、崇德时期，努尔哈赤、皇太极父子两代奠定的清初对东北版图的重新统一，后来沙俄东侵，日本南进，东北疆域，外强争逐，谁人占有，实在难卜。

第四，改族名为满洲。满洲的先世，从北到南，几经迁徙，到达长白山、图们江地域。长白山与图们江一带地域，是满洲的发祥地。满洲的先人族系，为女真（诸申）。明末女真大体分为四大部，即建州女真、海西女真、东海女真和黑龙江女真。建州女真兴起后，其中的满洲部居于主导地位。从努尔哈赤于万历十一年（1583 年），到皇太极天聪九年（1635 年），已经五十二年。努尔哈赤和皇太极在半个多世纪中，统一女真、统一东北诸族、统一东北地区的过程，也就是满洲民族形成的历史过程。女真各部的统一，东北诸族的统一，东北地区的统一，八旗的创建，满文的创制，使得新的满族共同体出现在中华民族大家庭之中。满洲族是以建州女真为核心，以女真为主体，吸收部分汉人、蒙古人、鄂温克人、达斡尔人、锡伯人、鄂伦春人、赫哲人、萨哈尔察人、朝鲜人等，组成的一个新的民族共同体。为了反映这个民族共同体的事实，需要将民族名称规范化。皇太极于天聪九年即崇祯八年（1635 年）十月十三日（11 月 22 日），诏谕满洲的称名：

我国原有满洲、哈达、乌喇、叶赫、辉发等名，向者无知之人，往往称为诸申。夫诸申之号，乃席北超墨尔根之裔，实与我国无涉。我国建号满洲，统绪绵远，相传奕世。自今以后，一切人等，止称我国满洲原名，不得仍前妄称。

显然，新的民族现实，需要对旧有族名进行变更。然而，上述《汗谕》，学者认为难于理解。因"诸申"即"女真"，都是 jusen 的汉语音译，为什么皇太极认为它与金国无涉，而将"诸申"说成是"席北超墨尔根之裔"？如果把这件《汗谕》，同翌年皇太极建立改国号为"大清"相联系，似并不难理解。因为天聪九年（1635 年）十月十三日，改的是族名；而天聪十年（1636 年）四月十一日，改的是国号。"族名"与"国号"，既相联系，也有区别。金国对本族人称女真（有时译为诸申），对蒙古族人称为蒙古，对汉族人则称为尼堪，这都属于习惯上的泛称。皇太极在上述《汗谕》中曰：女真人有满洲、哈达、乌拉、叶赫、辉发等族名，为了统一称呼本族的族名，需要统一族名，也需要规范族名。在满洲、哈达、乌拉、叶赫、辉发等称谓中，后四者，部已亡，神已毁，只有满洲是胜利者。因此，以满洲代替原来的泛称诸申。诸申可能是借用的族名，可以废弃不用，至于诸申是否是席北超墨尔根的后裔或满洲是否有原名，本书不作讨论。这种改族名为满洲，是根据建立新王朝的需要而改动的。"满洲"之名，有学者认为是部名，有学者认为是地名，有学者认为是人名，也有学者认为是佛名等。清朝人则说，他们原名满洲，而明朝人"误为建州"的。皇太极以这个满洲为本族名，来统称新的民族共同体。

从此，满洲族的名称正式出现在中国、也出现在世界的史册上。顺治元年（1644 年）清军进关，入主中原，满洲族成为清朝的主体民族。满洲初由东北边隅小部，继而发展，不断融合，形成新的民族共同体，以至发展到当今千万人的大民族，先后涌现出一大批灿如星汉的政治家、军事家、文学家、艺术家、科学家、语言学家等。而满洲族肇兴的领袖，就是清太祖努尔哈赤及其子清太宗皇太极。努尔哈赤、皇太极带领满洲族经受考验与磨练，变得更加自信、更加勇敢、更加凝聚、更加坚强，使满洲族谱写出其民族发展史上最为辉煌、最为壮丽的篇章。

第五，建国号为大清。努尔哈赤于明万历四十四年（1616 年）建国，本书上卷已经记述。皇太极的贡献是将原有的国号"大金"，改名为"大清"。后金—清政权从建立到完善，有一个发展的过程。天聪十年即崇祯九年（1636 年）四月十一日，皇太极即皇帝位,改元崇德,国号大清。这不仅是改换一个名字,而是反映一个新的政治现实。

其一,政治目标更远大。制定宏观目标,建立专制体制,是皇太极继承父汗事业、巩固后金政权、进图更大发展之政治棋盘上一步关键之棋。后金政权是局处东北一隅,还是夺取全国江山? 清太祖努尔哈赤对此没有作出明确的回答,天聪汗皇太极却作出明确回答。天聪三年即崇祯二年(1629 年)十一月十五日,皇太极发表《告谕》:

> 若谓我国褊小,不宜称帝,古之辽、金、元,俱自小国而成帝业,亦曾禁其称帝耶! 且尔朱太祖,昔曾为僧,赖天佑之,俾成帝业。岂有一姓受命,永久不移之理乎! 天运循环,无往不复。有天子而废为匹夫者,亦有匹夫起而为天子者。此皆天意,非人之所能为也! 上天既已佑我,尔明国乃使我去帝号,天其鉴之矣!

上述宣言,充分表明:第一,引述古代历史,说明偏隅小国,可以完成帝业;第二,引述民族历史,说明东北民族小部,可以战胜中原大国;第三,引述明朝历史,论证明太祖朱元璋,原是个穷和尚,也可以成为皇帝,别人为何不能称帝? 第四,天道证明,循环往复,历史轮回,帝位易主,没有万世;第五,上天眷佑,命我称帝,明朝皇帝,岂能禁之? 总之,皇太极要效法契丹耶律阿保机、女真完颜阿骨打、蒙古成吉思汗,建元称帝,进军中原,推翻朱明,一统天下! 皇太极在这个总战略思想之下,值天聪十年即崇祯九年(1636 年)四月,获得故元传国宝玺后机会,改元崇德,建号大清。皇太极怀着雄心,部署战略,同明崇祯,争夺国统。

其二,政治基础更广阔。努尔哈赤建立后金时,其地域限于抚顺关以外,其民族限于建州女真等部。到皇太极改国号为大清时,民族成分,主要特点——满洲为主体,蒙古、汉人为两翼,其他民族为羽毛,形成一个多民族的政权。皇太极登极改元,上皇太极尊号表文者:和硕贝勒多尔衮捧满字表文,蒙古科尔沁土谢图济农巴达礼捧蒙古字表文,汉人都元帅孔有德捧汉字表文一道。此事《清太宗实录》天聪十年四月初五日记载:"大贝勒代善、和硕贝勒济尔哈朗、和硕墨尔根戴青贝勒多尔衮、和硕额尔克楚虎尔贝勒多铎、和硕贝勒岳讬、豪格,贝勒阿巴泰、阿济格、杜度,超品公额驸扬古利,固山额真谭泰,宗室拜尹图、叶克书、叶臣、阿山、伊尔登、达尔汉,宗室篇古阿格,蒙古八固山额真、六部大臣,都元帅孔有德,总兵官耿仲明、尚可喜、石廷柱、马光远,外藩蒙古贝勒科尔沁国土谢图济农巴达礼、扎萨克图杜棱布塔齐、卓礼克图台吉吴克善、喇嘛斯希木寨、杜尔伯特部落塞冷、扎赖特部落蒙夸、郭尔罗斯部落布木巴、古木、杜棱济农，奈曼部落衮出斯巴图鲁、巴林部落阿玉石、满珠习礼、扎鲁特部落内齐、车根、吴喇忒部落土门、杜巴、塞冷，喀喇沁部落古鲁思辖布、塞冷，土默特部落塔布囊耿格尔、单把，及满洲、蒙古、汉人文武各官，恭请上称尊号。管吏部和硕墨尔根戴青贝勒多尔衮捧满字表文一道，科尔沁国土谢图济农巴达礼捧蒙古字表文一道，都元帅孔有德捧汉字表文一道，率诸贝勒大臣，文武各官，诣阙跪进。"皇太极以满洲多尔衮、蒙古巴达礼、汉人孔有德三人，分别用满文、蒙古文、汉文宣读表文，力图显示：大清不仅是满洲的政权，而且是蒙古的政权，还是汉人的政权，也是东北各族人的政权。

其三，国家机器更完善。努尔哈赤建立后金时，主要根据满洲特点，参酌蒙古经验，组建国家机构，尚属草昧，很不完善。架构国家管理体系，是皇太极继承父汗事业、巩固后金政权、进图更大发展之重大举措。大明有健全的国家机构，但运转不灵；大顺没有完善的政权机构，也未及去完善；满洲天命建元，国家机构以女真军事组织为主，参照蒙古模式（如理事官之设）等，建立起国家机构的雏形。随着后金地域之拓展，人口之众多，民族之纷繁，文业之兴举，军事之远征，经济之多元，就需要改革并完善政权机器。一是，废除天聪大汗同三位大贝勒并坐制，改为皇太极"南面独坐"，强化君主集权；二是，改蒙古衙门为理藩院，以专门处理民族事务；三是，逐步设立八旗汉军，以管理汉军及其眷属之军、政、民等事宜；四是，完善并扩编八旗蒙古，加强对蒙古的统辖；五是，制定一系列法典，使管理有法律依循。六是，仿效明制，设立内三院、六部、都察院、理藩院，基本上完成了国家机器的架构。皇太极改革和完善国家组织的特点是，以满洲政权组织为基础，蒙古历史经验为参酌，中原皇朝为范式，架构后金—大清的国家组织形式。在进行国家体制改革时，皇太极告谕廷臣"凡事都照《大明会典》行"，即依据明朝政府的组织机构，改革和设置后金—大清的国家机构。天聪三年（1629 年）四月，设立文馆，分为两班：达海巴克什等翻译汉文典籍；库尔缠巴克什等记注本朝政事。天聪五年（1631 年）七月，设立六部——吏、户、礼、兵、刑、工，分部管理国家行政事务。天聪十年（1636 年）三月，改文馆为内三院：内国史院，管记注起居、撰拟诏令、纂修实录等；内秘书院，管记录各衙门奏疏、草拟同外藩公文、代汗起草谕令等；内弘文院，管给皇帝讲解经史等。四月，内三院设大学士、学士，分别由满、汉担任。这是清代设大学士之始。清承明制，不设宰相，大学士参与议商军国之大政。崇德元年（1636 年）五月，设立都察院，独立行使监察权。崇德三年（1638 年）七月，改蒙古衙门为理藩院，管理民族事务。这就形成内三院、六部、都察院和理藩院所谓"三院六部二衙门"的政府架构，基本完善了政府组织。

其四，历史使命更重大。皇太极在上尊号前，满、蒙、汉贝勒诸臣表文称："恭惟我皇上，承天眷佑，应运而兴，辑宁诸国，爱育群黎。当天下昏乱之时，体天心，行天讨。逆者以兵威之，顺者以德抚之。宽温之誉，施及万方。征服朝鲜，混一蒙古，更获玉玺，受命之符，昭然可见。上合天意，下协舆情。臣等遇景运之丕隆，信大统之攸属。敬上尊号，一切仪物，俱已完备，伏愿俯赐愈允，勿虚众望。"皇太极则表示："数年来，尔诸贝勒大臣，劝朕受尊号，已经屡奏。但朕若受尊号，恐上不协天心，下未孚民志，故未允从。今内外诸贝勒大臣，复以劝进尊号，再三固请，朕重违尔等之意，弗获坚辞，勉从众议。朕思既受尊号，岂不倍加乾惕，忧国勤政，唯恐有志未逮，容有错误，唯天佑启之。尔诸贝勒大臣，既固请朕受尊号，若不各恪其乃职，赞襄国政，于尔心安乎？"于是，诸贝勒大臣，皆踊跃欢欣。皇太极力图表明：其所作所为，在于"体天心，行天讨"；"协天心，孚民志"。这就为大清政权穿上上合天心、下合民意的外衣。

总之，天聪汗皇太极改国号"金"为"大清"，标志着原先以女真—满洲为主体的女真国（金国），已经发展为以满洲为主体，包含汉族、蒙古族、东北和漠南地域其他民族在内，民族多元、国体一统的大清帝国，并为清军入关后移鼎北京、入主中原做了政治准备。

第六，完善八旗建制。八旗制度既是军事制度，也是社会制度。八旗制度是清朝独具的，前古未有，后世也无。皇太极在八旗满洲建制的基础上，创建八旗蒙古和八旗汉军，从而充实、完善了八旗建制。先是，天命六年即天启元年（1621年），后金攻占辽、沈后，归降的蒙古军民，部分编为牛录，是为始设蒙古牛录，称蒙古军，隶八旗满洲。翌年，始设蒙古旗。皇太极即位后，蒙古归附军民日众，天聪三年即崇祯二年（1629年），已将原有的蒙古军，扩编成"蒙古二旗"。蒙古八旗正式整编、建制，是在天聪九年即崇祯八年（1635年）。二月二十六日，皇太极命编审蒙古壮丁，将蒙古二旗，扩充、建制为八旗蒙古——正黄、镶黄、正红、镶红、正白、镶白、正蓝、镶蓝，时合有蒙古壮丁七千八百三十名；并另设三旗，合有壮丁九千一百二十三名。以上十一旗，共有壮丁一万六千九百五十三名。其旗色和建制，与八旗满洲相同。皇太极按照八旗满洲的办法，创建了八旗蒙古，它具有组织严密、纵骑驰驱、机动灵活、战斗力强等特点，成为后金重要的军事力量。扎萨克旗制度最初建立于漠南蒙古，至康熙年间增至四十九旗。清代称之为内扎萨克旗或内扎萨克蒙古，简称内蒙古。这个制度后来逐渐被推广到陆续归附的其他蒙古部落，形成了外扎萨克旗。创建八旗蒙古，其意义在于：一是，补充大量兵源。《圣武记》曰："夫草昧之初，以一城一旅敌中原，必先树羽翼于同部。故得朝鲜人十，不若得蒙古人一。"皇太极在统一蒙古的过程中，扩大了兵源，仿照八旗满洲兵制，编设八旗蒙古。如天聪九年即崇祯八年（1635 年），编内外喀喇沁蒙古壮丁一万六千多名，除盲人和残废者外，凡年在六十岁以下、十八岁以上者都被编入。从此以后，八旗蒙古作为八旗劲旅的重要组成部分，成为对明征战的主力军队。二是，蒙古成为满洲盟友。到天聪十年即崇祯九年（1636 年）三月二十二日，漠南蒙古十六部四十九贝勒，在盛京集会，尊皇太极为"博格达·彻辰汗"（宽温仁圣皇帝），尊奉皇太极为共主。三是，实行"蒙古人打蒙古人"的政策。皇太极在征讨察哈尔部时，以蒙古军队充当先锋，实行"以蒙攻蒙"的谋略，取得成功。四是，在蒙古正式推行满洲的社会制度。

皇太极还创建八旗汉军。"汉军"一词，初见于《清太宗实录》天聪八年五月初五日："上谕曰：朕仰蒙天眷，抚有满洲、蒙古、汉人兵众。前此，骑、步、守、哨等兵，虽各有营伍，未分名色，故止以该管将领姓名，称为某将领之兵。今宜分辨名色，永为定制。随固山额真行营，马兵名为骑兵，步兵为步兵，护军哨兵为前锋，驻守盛京炮兵为守兵，闲驻兵为援兵，外城守兵为守边兵，旧蒙古右营为右翼兵、左营为左翼兵，旧汉兵为汉军，元帅孔有德兵为天佑兵、总兵官尚可喜兵为天助兵。"由此可知，原先的"旧汉兵"，从此定制为"汉军"。早在建州时期，其汉人来源，主要有四类：一是抢掠，二是逃入，三是俘获，四是归顺。满洲八旗中最早汉人数量，已不可考。八旗中最早的"旧汉兵"牛录，当自李永芳始。抚顺游击李永芳降金后，努尔哈赤命将"其归降人民，编为一千户"，并命"仍依明制，设大小官属，令李永芳统辖"。李永芳被招为额驸，授为总兵官，其统辖的牛录，当是初始的"旧汉兵"。天聪、崇德年间，汉人组成的军队，主要有两股：一股是八旗汉军，另一股是"三王"汉兵。前者纳入八旗序列，后者自成独立系统。这两股汉人军队，为后金——清军增添的是火器和水兵。于是，满洲、蒙古原有的"娴于骑射"，加上汉军的"长于火器"，于是明军有的，清军也有；清军有的，明军却无。经过诸种条件的变化，明军在军事上由优势而转为劣势，清军则在军事上由劣势而转为优势。

八旗汉军的组建，是皇太极的一个创造。自契丹辽朝、女真金朝、蒙古元朝以来，没有建立过一支类似八旗汉军的"汉军"①。皇太极创建八旗汉军，对清初关外发展、对后来入主中原，历史作用，至为重大。一是，于军事，清军八旗增加新的兵种，组建专业火器部队。努尔哈赤宁远之败，皇太极宁锦之败，其重要军事原因，在于没有新式武器。明军用当时世界上最先进的火炮——红夷大炮，凭守坚城；后金军却沿袭传统落后的武器——弓弦矢镞，野地浪战。其结果是，宁远一败，宁锦再败。皇太极吸取了缺乏火炮攻城而失败的惨痛教训，转向寻求制造红衣大炮、装备火器部队，并组建能够操作大炮、使用火器的新军种。二是，于经济，佟养性在《奏议》中说：八旗汉军，"有事出门，全擎火器，大张军威；无事归农，各安生理"。辽东的八旗汉军，出则为兵，入则为农。就是将明代辽东先进的农业生产方式，引进八旗汉军及其眷属，从而在辽左地区，加速了满洲由渔猎经济向农耕经济的转化，为后来进入中原、巩固统治，在生产方式上作了准备。三是，于策略，清朝建立八旗汉军，对汉人发生重大策略变化。皇太极对汉官、汉将、汉儒、汉军、汉民的策略调整，集中体现于建立八旗汉军，将汉军（包括汉官、汉将、汉儒、汉民）吸纳到国家权力的核心层。皇太极在松锦之战、在对朝鲜作战、在入塞攻明诸战，都充分利用装备火器的汉军。特别是后来清军入关，吴三桂降清，清军打李自成、灭张献忠、攻南明，多是以八旗汉军和"三王一吴"的汉人军队充当先锋，实行"以汉攻汉"的策略。四是，于政治，清朝政权将八旗满洲、八旗蒙古、八旗汉军，作为其鼎足而立的三个基础或三根支柱。当然，在八旗内部，八旗满洲、八旗蒙古、八旗汉军的实际地位，并不完全相同（八旗满洲内部各旗的地位也不完全相同）。皇太极在称帝改元时，多尔衮捧满字表文、科尔沁土谢图济农巴达礼捧蒙古字表文、都元帅孔有德捧汉字表文，"率诸贝勒大臣、文武各官，诣阙跪进"。皇太极以此显示：大清是满洲、蒙古、汉人等之共同政权；崇德皇帝不仅代表满洲利益，也不仅代表蒙古利益，而且代表汉人利益。五是，于文化，皇太极将汉军纳入八旗，表明满洲进一步吸纳、融合汉文化。由于女真与汉人在历史、地缘、血缘、语言、习俗、宗教、经济、政治等方面，关系密切，长期互融；由于满洲对汉官、汉将、汉儒、汉军、汉民采取吸收、合作、接纳的政策，使得满洲文化不仅具有满、蒙文化二元性特征，而且具有满、蒙、汉文化三元性特征。这是满

---

① "汉军"：《元史·兵志·序》云："（蒙古）既平中原，发民为卒，是为汉军。"此为元之"汉军"，非清之"汉军"。元之"汉军"类似清入关后由汉人组成的"绿营"。清朝"汉军"，全称为"八旗汉军"。清朝八旗分为八旗满洲、八旗蒙古、八旗汉军，而八旗汉军不是汉人都可以编入的，正如清朝"八旗蒙古"不同于元朝的蒙古军一样，清朝八旗汉军亦不同于元朝由汉人组成的"汉军"。所以，清朝八旗汉军是皇太极的一个创制。

洲之所以在进入辽河流域并得以巩固政权,也是其后来在入主中原并得以巩固政权之机缘所在。皇太极善于利用满洲文化的满、蒙、汉三元特征,使其能应付西北蒙古草原文化和中原汉族农耕文化的两种挑战,兼容蒙古之犷武雄风与博大气派和汉族先进科技与儒家墨蕴,加以利用,溶解吸纳。

八旗满洲、八旗蒙古、八旗汉军,三者统编,形成合力,既具有满洲、蒙古野战骑射之优长,也兼有汉军大炮火器之优长。当年以蒙古一族之力,曾几度兵围北京,甚至俘虏明朝正统皇帝;而以满、蒙联合之力,岂不动摇明朝社稷?再以八旗满洲、八旗蒙古、八旗汉军联盟,怎能不摧毁明朝统治?李自成既不会结盟于满洲、蒙古,又不会笼络汉族官员、缙绅、将领、儒士,所以,李自成农民军必败于八旗军;明末诸帝视满洲为"东夷"、蒙古为"西鞑",南明军队也必败于八旗军。总之,八旗满洲、八旗蒙古、八旗汉军,是满洲的满、蒙、汉三元文化的一个表征。满洲的满、蒙、汉三元文化,则是其绥服蒙古、入主中原的基本文化因素,也是八旗汉军的价值所在。

第七,丰富武经宝库。皇太极执政的十七年间,亲自参加并指挥了八次大的战争:天聪元年(丁卯,1627年)的宁锦之战、天聪二年(戊辰,1628年)的第一次察哈尔之战、天聪三年(己巳,1629年)的北京之战、天聪五年(辛未,1631年)的大凌河之战、天聪六年(壬申,1632年)的第二次察哈尔之战、天聪八年(甲戌,1634年)的第二次入塞之战、崇德元年(丙子,1636年)的朝鲜之战、崇德六年(辛巳,1641年)的松锦之战。其中对察哈尔的征战,第一次是师出纵骑,无果而归;第二次是劳师远袭,未遇而返。这两次都是"谋而不周"、无果而回。其对明的五次战争,失败者一次,即宁锦之战;有得有失者三次,即己巳北京之役、甲戌第二次入塞之役、辛未大凌河之役;胜利者一次,即松锦之战。皇太极的军事指挥艺术,松锦会战获胜,为其兵略精品。皇太极自宁锦之役失利后,十年间未在辽西同明军做大的争战(大凌河之战规模较小)。崇德四年即崇祯十二年(1639年)清军围锦州,守将祖大寿告急。崇祯帝派洪承畴为总督,率八总兵、十三万步骑、四万匹马,解锦州之围。洪承畴于翌年出关,采取"步步为营,且战且守,待敌自困,一战解围"的兵略,于崇德六年即崇祯十四(1641年)七月,进军至松山。两军初战,"清人兵马,死伤甚多",清军失利,几至溃败。败报驰传到盛京,皇太极带病急援。史载:"上行急,鼻衄不止,承以椀",昼夜兼行,至松山驻营。他部署:浚濠布兵,断敌退路;袭劫积粟,断敌粮秣;高桥设伏,击敌退兵;大路列阵,截敌援兵。经激战,获大胜。《清太宗实录》记载:"是役也,计斩杀敌众五万三千七百八十三,获马七千四百四

十四、骆驼六十六,甲胄九千三百四十六副。明兵自杏山南至塔山,赴海死者甚众,所弃马匹、甲胄以数万计。海中浮尸漂荡,多如雁鹜。"此次明清松锦之战,明朝方面——总督被擒,全军几乎覆没;清朝方面——连克四城,获得大胜。就兵略而言,其关键在于明军统帅洪承畴兵略之错误,清军统帅皇太极兵略之正确。一次独立战役的胜败,主帅的谋略是争战否泰演化的关键。皇太极的松锦大捷,产生了深远的历史影响。明朝与后金—大清自万历四十六年即天命三年(1618年)抚顺第一次交锋,至崇祯十七年即顺治元年(1644年)清军入关前,在近三十年间,曾发生大小数百次争战,但对明、清兴亡产生极其深远影响的主要是三大战役,这就是萨尔浒之战、沈辽之战和松锦之战。萨尔浒之战是明、清正式军事冲突的开端——标志着明朝与后金军事态势的转化,后金由军事防御转为军事进攻,明朝则由军事进攻转为军事防御;沈辽之战是明、清重大军事较量的高峰——标志着双方政治形势的转化,明朝在辽东统治的终结,后金在辽东统治的确立;松锦之战是明、清辽东军事冲突的结束,标志着双方辽西军事僵局的打破——明军顿失关外的军事凭藉,清军转入新的战略进攻,为定鼎北京、入主中原奠下基础。清人评论皇太极在松锦之役的兵略云:"神谋勇略,制胜出奇。"这个评断,似不为过。

第八,兴建盛京宫殿。天命十年即天启五年(1625年),努尔哈赤迁都沈阳后,便开始兴建沈阳宫殿。但努尔哈赤迁居沈阳后,仅一年零五个月就死去。所以,盛京沈阳宫殿的建筑,主要在皇太极的天聪、崇德时期。经过十余年的时间,大体建成今沈阳故宫东路笃恭殿即大政殿,及其列署左右十座亭式殿即俗称十王亭;中路前朝之大清门、崇政殿、凤凰楼,后寝之清宁宫及其四宫——关雎宫、麟趾宫、衍庆宫、永福宫等。盛京宫殿是当时中国除北京皇宫以外,最雄伟、最辉煌、最壮丽的皇宫。后修建福陵与昭陵。盛京皇宫与永陵、福陵、昭陵,成为清初在关外留下的最重要的历史文化遗产,也是皇太极等的一项重大的文化贡献。

《孟子》曰:"生于忧患,死于安乐。"皇太极的不幸,也许正使他"困于心,衡于虑,而后作"。皇太极在孤独中成长,在诸多考验磨练中淬砺奋发,不但使他在众多的异母兄弟中脱颖而出,而且成就了他日后的英雄事业!一个杰出的人物,在和平年代,主要是在学校中成长;在战争年代,则主要是在战火中烤炼。皇太极出生于东北边陲的女真族,那里没有乡学、县学和府学,也没有科举考试,他不可能走童试、乡试、会试、殿试的道路,而成为秀才、举人、贡士、进士,只能于劳作、骑射、战火中,学习本领,增长才干,磨练毅力，丰富智慧。所以，战争是一所大学校，它把皇太极培育成为杰出的经国济世之才。《三国演义·曹操煮酒论英雄》中的一句话：胸怀大志，腹有良谋，有包藏宇宙之机，负吞吐天地之志——这或是清太宗皇太极的一面镜子。

皇太极既继承其父汗开创的基业，又革除其父汗遗留的弊政。他怀抱拓疆图霸的目标，腹藏高广远大的雄心，肩负时代使命的重任，配合着超人的意志与智慧，而且勤奋不懈地努力着——终成大业。他以其家世、个性、才能、阅历、际遇，智力、能力、体力、耐力、毅力，为清朝拓展基业而奋斗终生。总之，他在十七年的军政生活中，戎旅成才，实力积聚，明暗兼施，玄机精算，终于成为中国历史上杰出的政治家、军事家。

三

皇太极作为军事家，打过胜仗，也打过败仗。其军事谋略，其指挥艺术，自有可圈可点之处，但也有许多败笔。下面列举数例。

第一，作战时机不当。皇太极自继承汗位并亲自主持重要战役以来，一个重大的缺陷，是不善于把握作战时机。他即位后亲自指挥的宁锦之战，之所以失败，其原因之一，是时机不利。因为略早一些，锦州城未筑完；略晚一些，则袁崇焕去职。他恰选了不利的时机——锦州城刚筑完，袁崇焕未去职。他亲自指挥的北京之战，之所以失利，其原因之一，也是时机不利。因为略早一些，袁崇焕尚未受命、阉党尚未铲除、东林内阁亦未形成；略晚一些，阉党则重新控制阁部，也会是另一番局面。而北京之战恰恰是处在两次阉党失势、东林内阁执政这个对他来说极为不利的时间。他亲自指挥的大凌河之战，作战时机选择，也是慢了半拍。皇太极发动大凌河之战，主要是不让明军筑城，逼其退回锦州。如果进攻时间提早一个月，即在明军筑城未完之时，那么驱赶筑守大凌城的明朝官军、班军，会容易得多，不至于费时三个月，也不至于伤亡那么多。以上三个战例，都共同地说明：皇太极在指挥重大战役之时，作战时机，选择失当，决策迟疑，缺乏睿断。选择战机，把握机会，这既是一条重要的军事原则，也是一条宝贵的历史经验。

第二，作战方略欠周。明、清辽西军事之争局，主要是攻守关锦防线。先是，天命汗努尔哈赤攻宁远兵败；继而，天聪汗皇太极攻宁、锦又兵败。皇太极愤恨地说："昔皇考太祖攻宁远，不克；今我攻锦州，又未克。似此野战之兵，尚不能胜，其何以张我国威耶！"其时，明辽东巡抚袁崇焕建成了以锦州为前锋、松山为重城、宁远为后劲、山海关为依托的关宁锦防线,并在辽西地区坚壁清野。于是,皇太极改变谋略,对蒙古和朝鲜用兵,剪除明朝左右两翼,免去南进后顾之忧。随之,皇太极制定南进中原的新兵略:避开宁锦,绕道蒙古,插入塞内,七掠中原。

　　第一次是天聪三年即崇祯二年(1629 年),皇太极亲自领兵,绕过宁远、锦州和山海关,用蒙古人做向导,并取道漠南蒙古,发动第一次入口之战。后金军攻破龙井关和大安口,兵临北京,京师戒严。后金军在德胜门、广渠门、永定门同明军激战,但因北京城高池深、京都勤王之师奔集,皇太极只好牧马南苑,祭祀金陵,掳掠人口牲畜,翌春北归沈阳。其二贝勒阿敏据守永平、遵化、滦州、迁安四城,屠戮官民,掠夺财富,孤立无援,不久败归。第二次是天聪六年即崇祯五年(1632 年),皇太极在西征察哈尔蒙古的回程中,发动小规模的入塞掳掠。第三次是天聪八年即崇祯七年(1634 年),皇太极又亲自领兵,绕过宁远、锦州,远袭宣府、大同。史载其"蹂躏宣、大五旬,杀掠无算"。第四次是天聪九年即崇祯八年(1635 年),后金军骚扰大同、朔州、宣府等地。较之第三次,更加深入内地。第五次是崇德元年即崇祯九年(1636 年),皇太极派阿济格等率军逼北京、过保定,凡五十六战,攻陷十二城,横掠京畿,历时三月,掳获人畜十八万。第六次是崇德三年即崇祯十一年(1638 年),皇太极派岳讬、多尔衮等为大将军,分率左右翼大军由墙子岭和青山关毁垣而入,掠京畿、蹂冀南、渡运河、陷济南,历时半年多,俘获人畜四十六万二千三百余、黄金四千零三十九两、白银九十七万七千四百六十两。第七次是崇德七年即崇祯十五年(1642 年),皇太极派阿巴泰统兵入山东,俘人口三十六万余、获牲畜三十二万余,因不在本文讨论之内而从略。

　　皇太极耀兵塞内,对崇祯皇帝、对中原人民是一大历史悲剧。史载:后金—清军所过,"遍蹂畿内,民多残破";"一望荆棘,四郊瓦砾";"畿南郡邑,民亡什九";"荒草寒林,无人行踪"。而对皇太极、对八旗官兵是一大历史喜剧,后金—清军所过,重创明军,俘获人畜,贝勒将士,暴发致富。这对皇太极是喜悦,还是悲哀?抛开政治的、民族的、经济的、心理的因素不说,仅从兵略来说,皇太极纵兵入口作战,不是成功范例。因为:

　　一是,兵贵据城。用兵的目的,在于夺取城镇。城镇是彼方地域之行政、经济和文化的重心,占有它就占有或控制一方土地。后金—清军至明城堡,或则仅为空城。如崇德三年即崇祯十一年(1638 年),清军攻至遵化,遵化"守城之卒,不战自溃,时得空城三座";或则仅为屯堡,即零星镇屯和分散寨堡。后金—清军所抵明朝城镇,尽管明军腐败，也不乏兵民之抵抗者。以其第二次入口为例，所攻多不能克，劫掠小城堡，盘桓两月多，遭到明军堵截。明宣府巡抚焦源清奏本称："奴贼步步受亏，始不敢存站。……奴贼连年大举入犯，似未见如此番之踉跄者。"清军扫荡州、府、县城后，抢掠完就走，没有占据通衢大城和边塞要隘，达不到军事之政治目的。

二是，兵贵得民。得到土地和人民，就得到实际控制权，也得到获取贡赋的权力。后金—清军扫荡州、府、县城后，掳略大量人口，回到盛京沈阳，男人作耕农、奴仆，女人作妻妾、奴婢。这虽可补充其劳力困乏，但演出背井离乡、家破人亡的惨剧。其所掠牲畜、财帛，虽可缓解其经济之困难，但不能促进其经济之发展，达不到军事之经济目的。用兵之法：全国为上，其次破国，其次伐兵，其次攻城，掳掠最下。皇太极六次派兵入口，屠城，杀戮，焚毁，抢掠，这是兵略中之最下者。

三是，兵贵攻坚。宁远和锦州是后金—清军要攻夺关门的障碍，皇太极在两次受挫之后，不是愈挫愈奋，巧计攻坚，而是绕开坚城，入塞远袭。以其第四次入口作战为例，皇太极将八旗军分作两大部，一部入边袭扰，另一部进攻锦、宁。其入边军队，先分作两翼，复析为八道，逼北京、迫大同、陷济南。此路清军，虽俘获大量人口、牲畜，却达不到战略目的。其辽西军队，抵中后所，同祖大寿军激战。清军"土默特部落俄木布楚虎尔及满洲兵甲喇章京翁克等，率众先奔。护军统领哈宁噶，甲喇章京阿尔津、俄罗塞臣等，且战且退"。而由豫亲王多铎率领之先锋五百人，亦被祖大寿军"四面围住，扑战良久后，稍开一路，则十王仅以百余骑突阵而出"。是知，祖大寿胜皇太极甚明。由是，清军统帅皇太极率领郑亲王济尔哈朗、豫亲王多铎等败退。可见，皇太极既定锦州、宁远为坚城，却用兵分散，以寡击众，以弱敌强，结果失利。

四是，兵贵争时。在一切财富中，时间是最宝贵的财富。皇太极从天聪三年（1629年）到崇德四年（1639年），共费时十年，占其帝位生涯十七年的近三分之二的时日，而未能夺取锦州一城，是不能耶，抑不为耶？自袁崇焕死后，皇太极已于天聪五年即崇祯四年（1631年）制成红衣大炮。同年八月，皇太极用红衣大炮攻围明将祖大寿据守的大凌河城。此役，八旗军用红衣大炮攻城、破堡、打援，克大凌河城，降明将祖大寿（寻归明），并缴获明军含红衣大炮在内的大小火炮三千五百多位。实事求是地说，其时，皇太极如采用大凌河之役用红衣大炮、围城打援的战法，完全有可能较早地攻破并夺取锦州城。乘胜前进，再接再厉，亦望攻取宁远城。

第三，军事谋略不当。皇太极对明朝总的战略是：攻破山海关，占领北京城。于此,他经常思忖:"大兵一举,彼明主若弃燕京而走,其追之乎? 抑不追而竟攻京城,或攻之不克,即围而守之乎? 彼明主若欲请和,其许之乎,抑拒之乎? 若我不许,而彼逼迫求和,更当何以处之? 倘蒙天佑,克取燕京,其民人应作何安辑?"为着实现皇太极上述战略目标,汉人降附生员杨名显、杨誉显等条奏急图、缓图和渐图三策:急图之策——先攻北京,北京乃天下之元首,天下乃北京之股肱,未有元首去而股肱能存者;缓图之策——先取近京府、县,府、县乃京都之羽翼,京都乃府、县之腹心,未有羽翼去而腹心能保者;渐图之策——拓地屯田,驻兵于宁、锦附近地方,耕其田土,时加纵掠,使彼不得耕种,彼必弃宁、锦而逃矣,宁、锦一为我有,山海更何所恃? 山海既得,我自出入无阻。以上三策,虽有道理,但有隙阙,均不完善。回顾历史,看得更清。皇太极第一次入口作战,千里绕袭,避实击虚,出其不意,攻其不备,破墙入塞,直捣京师,可谓"实有超人之创意"! 此举,或可称为急图之策。但明朝京师,城高兵众,国力雄厚,后金攻打,并非"如石投卵之易"! 皇太极后三次缓图之攻,均在关内,站不住脚,纵掠而归,北京亦非"不攻而自得"! 皇太极第四次既派兵入口,又带兵攻宁、锦:于前者,仍蹈旧辙;于后者,兵挫而归。所谓渐图之策,明军不会自弃锦州,更不会自弃宁远;清军则不会"不劳而收万全者也"! 所以,以上急图、缓图、渐图三策,书生之见,不中用也。那么,清军统帅皇太极正确的兵略应是什么呢?

皇太极应于天聪五年即崇祯四年(1631 年),在大凌河取胜之后,集中兵力,乘威南进,筑城屯田,长久计议,以围城打援、施红衣炮的战术,围锦州,攻宁远,奋力拼打,逐个击破,但此机错过。崇德六年即崇祯十四年(1641 年)七月至翌年四月,皇太极取得松锦大战的全胜。他如乘己之锐、趁彼之虚,用"围锦打松"之兵略,围攻宁远,逐节推进,兵叩关门;那么,攻破山海关,问鼎北京城,登上金銮宝殿者,可能是皇太极,而不是李自成。但是,主帅的谋略是争战否泰演化的枢轴。"一朝被蛇咬,十年怕井绳"。乃父乃子宁远两次兵败的"魔影",始终笼罩在皇太极的头上。因而,皇太极在松锦大捷后第五次派大军入口,继续其兵略之错误。由是,皇太极与紫禁城的金銮宝座有缘,却失之交臂。尽管,皇太极"入口作战"的兵略,清史研究者多加以肯定;但是,余却不以为然,从战略上说,皇太极"入口作战"的兵略,是其军事谋略艺术中的败笔。

清前历史、皇太极的历史贡献,举出以上八例,作出初步评价。清前历史,争论问题,限于篇幅,仅列数项。

四

争论的问题很多,举例作如下简述。

第一,皇太极"反间计"的设计者。

皇太极"反间计"的设计者,主要有三种意见。第一种是为皇太极所设计。其根据是《清太宗实录》记载:"先是,获明太监二人,令副将高鸿中,参将鲍承先、宁完我,巴克什达海,监守之。至是,还兵。高鸿中、鲍承先,遵上所授密计,坐近二太监,故作耳语云:'今日撤兵,乃上计也。顷见上单骑向敌,敌有二人来见上,语良久乃去。意袁巡抚有密约,此事可立就矣!'时杨太监者,佯卧窃听,悉记其言。"第二种是后金副将高鸿中陈奏的,李光涛《袁崇焕与明社》和《明季边防与袁崇焕》均谓"反间计"系高鸿中所献。第三种是范文程陈奏的。拙著《袁督师保卫北京之战》中,提出"反间计"是由范文程向皇太极进献的①。其根据是黄宗羲《大学士机山钱公神道碑》载为范文程所献。其文曰:"己巳之冬,大安口失守,兵锋直指阙下,崇焕提援师至。先是,崇焕守宁远,大兵屡攻不得志,太祖患之。范相国文程时为章京,谓太祖曰:'昔汉王用陈平之计,间楚君臣,使项羽卒疑范增,而去楚。今独不可踵其故智乎?'太祖善之,使人掠得小奄数人,置之帐后,佯欲杀之。范相(国)乃曰:'袁督师既许献城,则此辈皆吾臣子,不必杀也!'阴纵之去。奄人得是语,密闻于上。上颔之,而举朝不知也。崇焕战东便门,颇得利,然兵已疲甚,约束诸将不妄战,且请入城少憩。上大疑焉,复召对,缒城以入,下之诏狱。"上文"太祖"应作"太宗","东便门"应作"左安门"。李霨在《内秘书院大学士范文肃公墓志铭》中,也记载"反间计"为范文程所献。

第二,内扎萨克旗的建立时间。

扎萨克旗是最初在漠南蒙古建立的,称之为内扎萨克旗或内扎萨克蒙古,简称内蒙古。这个制度后来逐渐被推广到归附的其他蒙古部落,形成了外扎萨克旗。对内扎萨克旗的初建时间和数目等问题,至今众说纷纭。

扎萨克旗成立的标准,一般认为应具备牛录的编制、牧地的划分、旗主——扎萨克的任命和旗的命名等因素。对扎萨克旗初建的时间,有天命九年、天命十一年、天聪八年、天聪九年、崇德元年等说。学者认为天命年间说法明显不能成立,而对天聪年间建

①　拙文:《袁督师保卫北京之战》,载《袁崇焕研究论集》,第181页,文史哲出版社,1994年。

旗之说进行讨论。认为天聪八年建旗者,是将该年皇太极遣官往外藩蒙古敖汉等十部会盟,划分牧地,统计户口,作为建扎萨克旗的标志。但有学者认为当时未编牛录,也未任命官职,故此时还没有建立扎萨克旗。认为天聪九年建旗者,其依据是后金编审喀喇沁壮丁为十一旗,除喀喇沁的古鲁思辖布、耿格尔和单巴,以及土默特俄木布楚虎尔所辖三旗外,其余八旗喀喇沁壮丁都与满洲八旗旧属蒙古分别合并,建立了蒙古八旗。然而,古鲁思辖布等所辖三旗的设立,是否标志着内扎萨克旗的建立呢?学者认为这也不能算作是扎萨克旗制度的建立。因为这八旗蒙古不是与八旗满洲并列的旗,而是分别附属于八旗满洲。在这三个旗内当时虽然编审壮丁,但是没有按五十户为单位编设牛录,也没有像其他八个旗那样设立梅勒章京等官员。这次编审喀喇沁壮丁时划分出的类似后来外藩旗的三旗,无论是从其性质上,还是在规模上,都不标志着扎萨克旗制度的正式确立。《明代漠南蒙古历史研究》著者达力扎布认为:扎萨克旗制度的建立和实施在崇德元年(1636 年)。因察哈尔林丹汗已死,漠南蒙古十六部四十九王公与满洲八旗王公和汉人诸王一道共上皇太极尊号,标志着漠南蒙古诸部的全部归顺。同年四月,清廷为酬谢有推戴之功的蒙古贵族,分别赐予世爵,并授予扎萨克,继续管领部落。同年十月,清廷派遣蒙古衙门参政阿什达尔汉等,分头前往蒙古地区,与蒙古诸王、台吉会盟,清点壮丁,编设牛录(以五十户编为一牛录),任命额真,建立旗分,在内蒙古地区,推行满洲制度。在确定旗分和编制牛录时,一般不改变原有的隶属关系。其旗长时汉译为"瓜政贝勒"或"扎萨克贝勒",自崇德七年始统一译为"扎萨克"(蒙古语意执政者)。实际上这个名称的确定应在崇德元年,只是在汉译文中不是译自蒙古文,而是译自满语,所以出现了所谓"瓜政贝勒"、"扎萨克贝勒"等不同称呼。因此牛录的编定,牛录额真及扎萨克的任命,标志着扎萨克旗的建立,而这些都是在崇德元年(1636 年)完成的。

第三,后金国号"大清"的不同诠释。

先是,明万历四十四年(1616 年)正月,建州左卫首领努尔哈赤在赫图阿拉称汗,称"覆育列国英明皇帝"或"恩养众国英明汗"尊号。天命四年即万历四十七年(1619年),努尔哈赤取得萨尔浒大捷后,在明朝和朝鲜文献中开始出现"后金国汗",并用"后金天命皇帝(印)"。其后在致毛文龙书信中,努尔哈赤自称"大金国皇帝"。努尔哈赤把国号定为"金",意在表明自己是女真人所建金朝的后继者。因为金朝是女真史上的辉煌时期,用"金"作为国号,既有继承金国事业之意,也有团聚女真各部之义。皇太极在改国号之前,也自称大金国。努尔哈赤和皇太极父子,都崇拜金朝的太祖、世宗。皇太极喜读《金史》,天聪三年即崇祯二年(1629年),率兵远袭北京时,还派贝勒阿巴泰、萨哈廉到北京西南房山金太祖完颜旻、世宗完颜雍二帝陵去祭奠。天聪六年即崇祯五年(1632年)八月,金书房相公汉人王文奎,奏议皇太极——"集众誓师曰:幽、燕本大金故地,吾先金坟墓,现在房山,吾第复吾之故疆耳!"这里把金朝称作"先金",把"幽、燕"视为金朝故地,将夺取河北视作恢复"吾之故疆"。但皇太极没有采纳,因为其时军事实力不够,而以此作为"兴师问罪"的理由,于争取汉官、汉将、汉儒、汉兵、汉民,名之不正,行之不利。

皇太极改"汗"为"帝","汗"即"可汗"的简称,为蒙古语,汉意译为"王"或"帝"。女真族与蒙古族相邻,受蒙古文化影响很深,故努尔哈赤建国即位之后,称"汗"。但努尔哈赤在一些对明朝或朝鲜的文书中,称"大金国汗"或"大金国皇帝",实际上是"汗"即"帝"。万历皇帝在满文中就是"万历汗"。皇太极继位后仍称"汗"。在满文中,凡大金国皇帝处,"帝"仍用"汗"。皇太极与袁崇焕议和时,汉文书信中所写"大金国皇帝"字样,曾被袁崇焕指责为议和的障碍。皇太极对此作出让步,曾声明不称"帝"而称"汗"。这是因为在明朝人看来,只有明朝皇帝才能称"皇帝","帝"与"汗"是不同等级的尊称。随着金国军政势力的发展与强大,皇太极的尊称,由"大汗"向"皇帝"提升,当属必然。因为在女真族的概念中,虽然"汗"即"帝",但"皇帝"一词,在汉文化中是比少数民族的"汗"为更尊贵的称谓。皇太极在绥服蒙古、战败朝鲜、南攻明朝、北征索伦,屡次取得胜利之后,自然不甘于做"大汗",而是要做"皇帝"。皇太极在建号大清的同时,接受了满、蒙、汉群臣恭上"宽温仁圣皇帝"的尊号。皇太极尊称"皇帝",而把出于蒙古语的"汗"封赐给外藩蒙古王公。

皇太极不仅将尊号"大汗"改称"皇帝",而且将国号"金"改成"大清"。皇太极改"金"为"清",实际上是改换了一个发音相近的汉字而已。汉字的"清"和"金"字,发音相近,字义吉祥。然而,皇太极作这种更改,自己没作说明,文献也无记载。于是,后来学者做出许多推测。有人从字面上作附会,说"金"与"清"的汉字语音相近;有人从历史上作说明,因为"清"字,以往皇朝没有用过;有人从五行说——"明"为"火","清"为"水",水能克火,加以诠释;也有人从萨满文化找答案;更有人从民族方面去解释——皇太极声明过,他们不是金国的后裔,当然这里面也包含如果沿用历史上的"金"为国号,有刺激汉族的"以宋为鉴"的禁忌。应当说,皇太极把国号由"金"改成"大清",主要是由于当时形势发展,他本人已不仅是满洲的"大汗",也不仅是满洲和蒙古的"大汗";而是满、蒙、汉的"共主",是天下的"共主"。因此,皇太极要建立一个新的皇朝,改换一个新的国号,以同明朝抗衡,并且取而代之。既改新国号为"大清",也改纪元为"崇德"。在清代十二位皇帝中,除皇太极有两个年号外,其余十一帝都是一个皇帝一个年号。这同明朝一样,在明代十六位皇帝中,除朱祁镇有两个年号外,其余十五帝也都是一个皇帝一个年号。从中国皇朝史来看,当朝的皇帝,改年号是常事,改国号却仅见。只是在改朝换代之际,才出现新皇朝的国号。所以,皇太极改国号、改年号,既具有政治家之气魄与胆略,也标示改革家之更制与维新。

总之,清太宗皇太极改国号"金"为"大清",标志着原先以女真—满洲为主体的女真国(金国),已经发展为以满洲为主体,包含汉族、蒙古族、东北和漠南地域其他民族在内的大清帝国。

第四,皇太极身后的皇位之争。

清太宗皇太极自崇德五年(1640年)七月二十七日,到八年(1643年)四月初一日,《清太宗实录》记载"圣躬违和"凡八次。崇德八年(1643年)八月初九日上午,皇太极御崇政殿听政。当夜,猝然得病,不治而死。清太宗崇德帝皇太极的皇位继承,在肃亲王豪格同睿亲王多尔衮等之间角逐,结果皇位却由第三者六岁的福临继承。六岁福临继位,谁是经始议者? 这是一个清朝历史之谜。有学者认为:拥立福临继位之首议,出自睿亲王多尔衮。我则认为:拥立福临继承皇位之首议,出自郑亲王济尔哈朗。

前者认为:在议商皇位继承的大衙门会议上,索尼与鄂拜首先发言,声称定立皇子。多尔衮命其暂时退下。阿济格、多铎劝多尔衮即帝位。多尔衮犹豫未允,多铎即毛遂自荐说:"若不允,当立我,我名在太祖遗诏。"多尔衮不同意,说:"肃亲王(豪格)亦有名,不独王也。"代善提出:豪格"帝之长子,当承大统"。以代善的地位和两红旗的支持,豪格以为大局已定,辞让表示谦恭,等待劝进。虎口(豪格)曰:"福少德薄,非所堪当!"这颇像乃父皇太极当年被议立时所说:"吾凉德,惧不克负荷也。"待众人"坚请不已,然后从之"。其所言显系固套。旋即"固辞退去",故作姿态,以效乃父。豪格离去后,多铎又提出:"不立我,当立礼亲王。"礼亲王代善说:"吾以帝(皇太极)兄,常时朝政,老不预知,何可参与此议乎?"又说:"睿亲王若允,我国之福,否则当立皇子,我老矣! 能当此位耶?"代善的话是面面俱到,但其倾向于立皇子之意则甚明。会上各执一词,各有所立,"定策之议,未及归一。帝之手下将领(黄旗大臣)之辈佩剑而前,曰:'吾属食于帝,衣于帝,养育之恩与天同大,若不立帝之子,则宁死从帝于地下而已。'"以武力胁迫多尔衮拥立皇子,否则将以死相拼。八旗中除多尔衮兄弟所将两白旗支持自己外,两黄旗之重要带兵将领,代善(两红旗)都明确支持豪格,镶蓝旗济尔哈朗内心实则支持拥立皇子。力量对比不利于多尔衮,如若强自为君,势必爆发满洲贵族内部的大厮杀。多尔衮当机立断,拥立福临,由己摄政,而黜政敌豪格①。

我的拙见是:按照清太祖努尔哈赤规定的皇位继承《汗谕》,由满洲八旗贵族共议嗣君。时亲王、郡王共有七人:礼亲王代善、郑亲王济尔哈朗、睿亲王多尔衮、肃亲王豪格、英郡王阿济格、豫郡王多铎和颖郡王阿达礼。那么,拥立福临继位的首议出自谁呢? 先出自济尔合朗的分析是:其一,福临继位之首议,出自多尔衮,直接史料,未见一条;所引《沈阳状启》之记载,其辞含糊,且存疑点。其二,从代善坚决辞让、圆融建言、退席避锋与未行摄政四事,可以反证其并未首议福临继位。其三,从豪格或因故套谦恭,或由愤懑退席与未行摄政两事,可以反证其并未首议福临继位。其四,三位郡王均未首议立福临——英郡王阿济格主张立胞弟多尔衮,豫郡王多铎也主张立胞兄多尔衮,颖郡王阿达礼因"坐与硕讬谋立睿亲王,谴死"。其五,上述七王中只剩下郑亲王济尔哈朗。因此,从《沈阳状启》、《顺治上谕》、《清史稿·索尼传》等史料,进行历史与逻辑分析来看,郑亲王济尔哈朗在大衙门诸王皇位继承会议上,鉴于豪格与多尔衮争夺皇位陷于僵局,能从大局出发,平衡各旗利益,提出折中方案,首议由福临继承皇位,得到多尔衮的回应,也得到诸王贝勒公议。其六,济尔哈朗能以非帝系而为辅政王、摄政王,从侧面佐证其在决策皇位继承关键时刻所发挥的作用。否则,辅政王、摄政王是轮不到济尔哈朗的。总之,清太宗皇太极遗位争夺的结果,既不是角立一方的肃亲王豪格,也不是角立另一方的睿亲王多尔衮,而是由第三者六岁的福临继承。福临缵承皇位,是当时政治与军事、帝胤与血缘、智谋与达变、明争与暗斗,诸种因素相互斗争与相互平衡的结果。这个方案及其结果,对于四位和硕亲王来说——于礼亲王代善无利无弊,于睿亲王多尔衮有利有弊,于肃亲王豪格有弊无利,于郑亲王济尔哈朗则有利无弊。所以,皇太极遗位由福临继承,得益最大的四个人是:福临、孝庄太后、济尔哈朗和

---

① 参见王思治、吕元骢:《清代皇位继承制度嬗变与满洲贵族间的矛盾》,载《满学研究》,第3辑,民族出版社,1996年。

多尔衮①。

　　从此,在清代史、满洲史上开了一个幼童继承皇位的先例,其后有八岁的康熙、六岁的同治、四岁的光绪和三岁的宣统继承皇位,在清入关后的十帝中竟占了五位。由此,清朝皇位与皇权,出现分离的状态。稚童继位,必有摄政。大清皇朝,亲贵用事,太后垂帘,亲王摄政,"以摄政始,以摄政终"。论其影响,可谓深远!

　　皇太极死后,其子福临继位,改年号为顺治。清太宗朝史,随之而结束。清太宗朝的历史,天聪九年之间,进行重大战争有六次(细分更多)。崇德八年之间,也进行重大战争六次(细分更多)。皇太极在位十七年,以弓马打天下,战争成为清太宗朝历史的主线。因此,本卷撰写战争的文字相对地多一些。依据本书撰著原则,突出军政大事,阐述重大专题,本卷六十三万五千余字,共列十五个专题。分开来看,叙述文字较详;总起来看,许多要事阙略。总之,突出军政大事,受到字数所限,诸多史事,或则疏漏,或则缺简,附此说明。

---

①　阎崇年:《顺治继位之谜新解》,载《光明日报·史学》,2000 年 10 月 20 日。

一　皇太极继承汗位

（一）天命前的权位斗争

天命汗位的争夺，过程漫长，纷繁复杂。努尔哈赤称汗前，建州先后进行了两次大的权位斗争。

第一次是努尔哈赤同胞弟舒尔哈齐的斗争。

早在努尔哈赤起兵之初，胞弟舒尔哈齐处于其副手的地位。在明官书中，往往努尔哈赤与舒尔哈齐并称。舒尔哈齐曾以建州卫都督等身份，多次进京"朝贡"。如：万历二十三年（1595年）八月，"建州等卫女直夷人速儿哈赤等赴京朝贡，命如例宴赏"[1]。万历二十五年（1597年）七月，"建州等卫夷人都督都指挥速儿哈赤等一百员名、纳木章等一百员名，俱赴京［朝］贡，赐赏如例"[2]。万历三十四年（1606年）十二月，"建州卫都督都指挥速儿哈赤等入贡"[3]。万历三十六年（1608年）十二月，"颁给建州右等卫女直夷人速儿哈赤等一百四十名，贡赏如例"[4]。舒尔哈齐多次进京"朝贡"，这在他兄弟五人中，除其长兄努尔哈赤外是仅见的。

另从朝鲜史籍中，也能反映出舒尔哈齐的显贵地位。如申忠一到佛阿拉所绘建州首领住家图录仅二幅，即《木栅内奴酋家图》和《外城内小酋家图》。他所见舒儿哈齐"体胖壮大，面白而方，耳穿银环，服色与其兄一样"[5]。比申忠一先到佛阿拉的朝鲜通事河世国，分别受到努尔哈赤和舒尔哈齐兄弟的接见与宴赏："老乙可赤常时所住之

---

① 《明神宗实录》，第23卷，万历二十三年八月丙寅，内阁文库本。

② 《明神宗实录》，第312卷，第9页，台北中央研究院历史语言研究所校勘本，1962年。

③ 谈迁：《国榷》，第80卷，第4966页，中华书局，1958年。

④ 《明神宗实录》，第453卷，第5页，万历三十六年十二月甲戌，台北中央研究院历史语言研所校勘本，1962年。

⑤ ［日］申忠一：《建州纪程图记》，图版17，《兴京二道河子旧老城》，日文本，建国大学刊印，1939年。

家,麾下四千余名,佩剑卫立,而设座交椅。唐官家丁先为请入拜辞而罢,然后世国亦为请入,揖礼而出。小乙可赤处一样行礼矣。老乙可赤屠牛设宴,小乙可赤屠猪设宴,各有赏给。"①

朝鲜和明朝的史籍记载,都说明努尔哈赤与舒尔哈齐曾是主副配合、相辅相成的。但努尔哈赤与舒尔哈齐之间的矛盾,在万历二十三年(1595 年)已见端倪。虽然努尔哈赤觉得他们兄弟之间"敕书、奴仆以及诸物,皆同享之";申忠一却见舒尔哈齐家里的"凡百器具,不及其兄远矣"! 舒尔哈齐也向申忠一诉言:"日后你金使若有送礼,则不可高下于我兄弟。"②这表露出舒尔哈齐对所获权位与财货的不满。努尔哈赤对舒尔哈齐之怨怼,有所察觉,也作指摘。舒尔哈齐深感压抑,心怀怨望。尔后,万历二十七年(1599 年)建州兵征哈达时,努尔哈赤在哈达城下当众怒斥舒尔哈齐③,他们之间的裂痕已然公开表露。万历三十五年(1607 年),努尔哈赤以舒尔哈齐在乌碣岩之役作战不力,命将其二将常书、纳奇布论死,后依舒尔哈齐恳请,虽二将免死,但罚常书银百两、夺纳奇布所属牛录④。自此,舒尔哈齐"不遣舒尔哈齐将兵"⑤,削夺其兵权。万历三十七年(1609 年)三月,舒尔哈齐被夺去兵权后,郁闷不乐,常出怨言:"此生有何可恋,不如一死。"遂带领部众,移居黑扯木,脱离大营,另立门户。努尔哈赤命"尽夺赐弟贝勒之国人、僚友以及诸物,使其孤立",并杀了他的第一子阿尔通阿、第三子扎萨克图,又命将其部将武尔坤吊在树上以火烧死。舒尔哈齐对其兄自责道:"多蒙兄汗赡养,曾欲别往以居,洵属狂妄,实乃我之过也。"⑥遂幡然回来。努尔哈赤也归还其所夺的国人、财产。同年,明辽东巡按熊廷弼计谋离间努尔哈赤与舒尔哈齐的兄弟关系,行"间速酋以断其手足"之策⑦。他们兄弟之间的裂隙不但没有弥合,反而日益加深。万历三十九年(1611 年)八月十九日,舒尔哈齐贝勒被幽禁而死。

---

① 《李朝宣祖大王实录》,第 69 卷,第 17 页,二十八年十一月戊子,日本学习院东洋文化研究所,1959 年。

② [朝]申忠一:《建州纪程图记》,图版 20,《兴京二道河子旧老城》,日文本,建国大学刊印,1939 年。

③ 《满洲实录》,第 3 卷,第 3 页,辽宁通志馆线装本,1930 年。

④ 《清太祖武皇帝实录》,第 2 卷,第 9 页,台北故宫博物院藏,广文书局影印本,1970 年。

⑤ 《清史稿·舒尔哈齐传》,第 215 卷,第 8942 页,中华书局标点本,1977 年。

⑥ 《满文老档·太祖》,上册,第 8 页,己酉年(万历年三十七年)三月十三日,中华书局译注本,1990 年。

⑦ 《熊廷弼书牍》,第 1 卷,第 35 页,清刻本。

　　舒尔哈齐之死，据明人黄石斋《建夷考》记载："酋疑弟二心，佯营壮第一区，落成置酒，招弟饮会，入于寝室，银铛之，注铁键其户，仅容二穴，通饮食，出便溺。弟有二名裨，以勇闻，酋恨其佐弟，假弟令召入宅，腰斩之。"①另如《三朝辽事实录》也载："奴酋忌其弟速儿哈赤兵强，计杀之。"②据明人诸书所载，舒尔哈齐被其兄努尔哈赤加害，但清朝史书讳言之。努尔哈赤的性格，据《栅中日录》记载："奴酋为人猜厉威暴，虽其妻子及素亲爱者，少有所忤，即加杀害，是以人莫不畏惧。"③

　　据努尔哈赤的威暴性格及明代史书的有关记载，努尔哈赤为着强化汗权，幽杀其胞弟舒尔哈齐贝勒。孟森先生断言舒尔哈齐之死，"实乃杀之"④。

　　舒尔哈齐死后，建州权位之争的焦点，移向努尔哈赤的长子褚英。

　　第二次是努尔哈赤同长子褚英的斗争。

　　褚英，为努尔哈赤十六子中的长子，母元妃佟佳氏，万历八年（1580年）生⑤。万历二十六年（1598年），褚英十九岁，在乌碣岩之战中立功，被赐号阿尔哈图土门。翌年，又偕贝勒阿敏等攻乌拉，克宜罕山城。万历四十年（1612年），努尔哈赤五十四岁，年事已高，褚英居长，屡有军功，立其为嗣，执掌国政。褚英柄政后，年纪轻，资历浅，心胸偏狭，操切过急，受到"四贝勒"、"五大臣"内外两方面的反对。"四贝勒"即努尔哈赤"爱如心肝"的次子代善、侄子阿敏、五子莽古尔泰、八子皇太极。他们各为旗主贝勒，握军队、拥权势，厚财帛、领部民。建州没有立嫡以长的历史传统，他们不满于褚英当嗣子、主国政的地位。"四贝勒"上告长兄褚英，似有争嗣之嫌，于是争取同"五大臣"联合，倾轧褚英。"五大臣"即努尔哈赤所"信用恩养、同甘共苦"的费英东、额亦都、扈尔汉、何和礼、安费扬古。他们早年追随努尔哈赤，威望高、权势重，历战阵、建殊勋，当克图伦城时褚英尚在襁褓之中，自然也不满于褚英专军机、裁政事的地位。他们首告嗣储褚英，似有贰心之嫌，于是也力求同"四贝勒"结合。努尔哈赤察觉到"四贝勒"、"五大臣"对褚英的不满，认为："焉能弃其兄而令其弟执政？"⑥坚持立嫡立长，而以褚英为嗣。

---

①　黄道周：《建夷考》，抄本。

②　王在晋：《三朝辽事实录·总略》，卷首，第16页，江苏省立国学图书馆藏本。

③　［朝］李民寏：《建州闻见录》，第34页，影印本，日本天理大学图书馆藏玉版书屋本。

④　孟森：《明清史论著集刊》，上册，第182页，中华书局，1959年。

⑤　唐邦治：《清皇室四谱》，第3卷，第3页，《中国近代史资料丛书》本，台北文海出版社，1966年。

⑥　《满文老档·太祖》，上册，第20页，中华书局译注本，1990年。

努尔哈赤嗣子褚英，对建州的"柱石""四贝勒"和"元勋""五大臣"，缺乏谦恭的态度，想趁父汗在世时，削夺其财富和权力，以便巩固储位。褚英让诸弟对天立誓，听命于己，"不拒兄言，不将我之所言告之于汗"。并威胁诸弟众臣："凡与我不睦之诸弟及众大臣，待我即位后，皆诛之。"由是，"四贝勒"与"五大臣"担心在努尔哈赤身后，财物难保，生命危殆，而陷于忧惧之中。这促使"四贝勒"与"五大臣"密议："莫若将我等无以为生之苦，告知汗后而死。"于是，他们联合向努尔哈赤告发褚英。努尔哈赤让他们每人写一份文书呈送。他们各写文书、联合控告褚英的"罪状"是：第一，使"四贝勒"、"五大臣"彼此不睦；第二，声称要索取诸弟的财物、马匹；第三，曾扬言即位后，"欲杀与尔不睦之诸弟及众大臣"①。

努尔哈赤在权衡长子褚英与"四贝勒"、"五大臣"两方力量对比之后，断然采取措施：在政治上，开始寝疏褚英；在经济上，将分给褚英国人五千、牧群八百、银一万两、敕书八十道，而与诸弟们合在一起再平分；在军事上，尔后两次耀兵乌拉，没有派褚英出征，让他留居在家中。褚英非但不思改悔，反而怨恨其父，对僚友说："若以我国人与诸弟平分，我即死矣，尔等愿与我同死乎？"其僚友表示愿与同死。褚英希望努尔哈赤出兵打败仗，"将出征之父汗、诸弟及五大臣等书于咒文，望天地焚之"。又对其僚友说：愿出战之我军为乌拉击败。被击败时，我将不容父及诸弟入城。"褚英意不自得，焚表告天自诉"②。事情被揭发后，努尔哈赤震怒，"欲杀长子，又恐后生诸子引以为例，故未杀之"。于是，努尔哈赤将其幽禁于木栅高墙之内③。

万历四十一年（1613年）三月二十六日，努尔哈赤将褚英幽禁于高墙之内。褚英"仍怀恶意，拒不反省"。万历四十三年（1615年）八月二十二日，努尔哈赤经过"深思熟虑，顾虑长子的存在会败坏国家。若是怜惜一个儿子，将会危及大国、众子及大臣们"。于是，下令将长子褚英处死，时褚英年仅三十六岁。

褚英之死，是自死还是处死？《清史列传》中褚英失传，无从述其死；《清史稿·褚英传》作："乙卯闰八月④，死于禁所。"⑤这条记载，不仅死月误系，且未及其死因。《满

---

① 《满文老档·太祖》，上册，第22页，癸丑年（万历四十三年），中华书局译注本，1990年。
② 《清史稿·褚英传》，第216卷，第8966～8967页，中华书局标点本，1977年。
③ 《满文老档·太祖》，上册，第23页，癸丑年（万历四十三年）三月二十六日，中华书局译注本，1990年。
④ 《清史稿·褚英传》中"闰八月"误，应作"八月"。
⑤ 《清史稿·褚英传》，第216卷，第8967页，中华书局标点本，1977年。

文老档》记载简略，且讳言其被努尔哈赤下令处死之史实。但是，褚英之死，《无圈点老档》即《旧满洲档》、《老满文原档》载述较详：

sure kundulen han i amba jui arhatu tumen mujilen ehe, ini waka
淑勒　昆都仑　汗　的　长　子　阿尔哈图　图们　心意　恶　他的　过错

be beye de alime gaijaraku ofi, amala banjire doro be efulerahū seme gūnifi,
把　自己　于　承担　不受取　因为　将来　生活的　道　把　恐怕败坏　等情　想

den hashan i (boode gajifi tebuhe) boode tebufi, juwe aniya arafi ilan aniya
高　栅　的　于房屋　带到　使住了　于房屋　使住　二　年　过了　三　年

otolo seolehe。 seoleci (amba jui) bihede gūrun be efulembi。 emu jui be
将及　思考了　思考得　长　子　若在　国　把　败坏　一　子　把

hairaci, geren juse ambasa amba gūrun de ehe ombi seme, niohon gūlmahūn
若爱惜　众多　子们　大臣们　多　人　于　恶　将会　以为　乙　卯

aniya sure kundulen han i susai nadan se de, ini Jūsin ninggū n se
年　淑勒　昆都仑　汗　的　五十　七　岁　于　他的　三十　六　岁　于

de, jakūn biyai orin juwe de umesi mujilen be jafafi enteheme
八　月的　二十　二　于　坚决的　心意　把　拿定　永久地

efulefi unggihe。①
除掉　送走了

上引《无圈点老档》即《旧满洲档》、《老满文原档》之汉译文是：

> 聪睿恭敬汗以其长子阿尔哈图图们，心术不善，不认己错，深恐日后败坏治生之道，故令将其囚居于高棚(屋内)。经过二年多之深思，虑及长子若生存，必会败坏国家。倘怜惜一子，则将危及众子侄、诸大臣和国民。遂于乙卯年聪睿恭敬汗五十七岁，长子三十六岁，八月二十二日，始下决断，处死长子。

上述文中自"经过"以下，至"长子"以上的文字，在《无圈点老档》即《旧满洲档》、《老满文原档》中被圈画，故在乾隆重抄《无圈点字档》和《加圈点字档》即《满文老档》时讳阙。

努尔哈赤为加强汗权而幽弟杀子，心怀惭德，久不平静。他年事渐高，不愿子孙们

① 《旧满洲档》，第1册，第73~74页，台北故宫博物院影印本；参见广禄、李学智译注：《清太祖朝老满文原档》(第1册荒字档老满文档册)第29~30页，台北中央研究院历史语言研究所，1970年。

骨肉相残；要不咎既往，惟鉴将来，子孙环护，长治久安。天命六年即天启元年（1621年）正月十二日，天命汗召集诸子侄及长孙代善、阿敏、莽古尔泰、皇太极、德格类、济尔哈朗、阿济格、岳讬等，对天地神祇，焚香设誓："蒙天父地母垂祐，吾与强敌争衡，将辉发、兀喇、哈达、夜黑，同一音语者，俱为我有。征仇国大明，得其抚顺、清河、开原、铁岭等城，又破其四路大兵，皆天地之默助也。今祷上下神祇：吾子孙中，纵有不善者，天可灭之，勿令刑伤，以开杀戮之端。如有残忍之人，不待人①诛，遽兴操戈之念，天地岂不知之？若此者，亦当夺其算。昆弟中若有作乱者，明知之而不加害，俱怀礼义之心，以化导其愚顽。似此者，天地祐之，俾子孙百世延长。所祷者此也。自此之后，伏愿神祇，不咎既往，惟鉴将来。"②

后金宗室贵族残酷的政治斗争，并不会因努尔哈赤率领众子侄等，对神祇设誓，而自行消失。同样，"怀礼义之心"的诸王贝勒，对于觊觎汗位者，必不能"化导其愚顽"。在后金—清朝决策集团中，有汗位，就有激烈的争夺；有争夺，就有残酷的斗争。满洲这种为争夺皇位而骨肉相残的宫廷斗争史，后来一再重演。

天命朝后金也先后进行了两次大的储位斗争。

第一次是努尔哈赤同次子大贝勒代善的斗争。

努尔哈赤第一次立长子褚英为嗣失败之后，属意于次子代善。代善，母元妃佟佳氏，万历十一年（1583年）生，为褚英胞弟，比褚英小三岁。褚英失宠之后，代善地位日重。努尔哈赤在处死褚英当年（1615年），将原建的满洲四旗，扩充为八旗，建立八旗制度。努尔哈赤自领两黄旗，代善领两红旗，阿敏、莽古尔泰、皇太极、杜度（褚英长子）各领一旗。代善的政治地位与军事实力，已居于诸贝勒之上。代善年居长，建奇勋，多战功，故为努尔哈赤所重。天命元年即万历四十四年（1616年），努尔哈赤称汗，封代善为和硕贝勒，军国大事，委其执行，隐意立嗣。但是，努尔哈赤的"建储"之争，随着代善地位日隆而

---

① 《清太祖高皇帝实录》载："其不善之人，惟天诛之。若不俟天诛，存心戕害，天地鉴之，夺其算，无克永年。"《满洲实录》又载："吾子孙中纵有不善者，天可灭之，勿念戕害以开杀戮之端。如有残忍之人，不待天诛，遽兴操戈之念，天地岂不知之。"《清太祖武皇帝弩儿哈奇实录》亦载："吾子孙中纵有不善者，天可灭之，勿令刑伤以开杀戮之端。如有残忍之人，不待天诛，遽兴操戈之念，天地岂不知之。"《太祖高皇帝实录稿本三种》（甲种本）作"不俟天诛"，《太祖高皇帝实录稿本三种》（乙种本）也作"不俟天诛"。以上五例可以证明，"武录"此处的"人"字当为"天"字。

② 《清太祖武皇帝实录》，第3卷，第30页，台北故宫博物院藏，广文书局影印本，1970年。

更为剧烈。这主要表现在四大贝勒中的代善和皇太极之间进行明争与暗斗。于此,学者论道:"天命年间四大贝勒各拥重兵,觊觎大位。顾阿敏为太祖侄,莽古尔泰之母则得罪太祖,故以代善与太宗最为有望。当开国之初,削平诸部,夺取辽、沈,二王功最高。"①代善与皇太极,以序齿言,褚英已死,代善居长,皇太极为弟行;以武力言,代善独拥二旗,为皇太极掌一旗所不及;以才德言,代善宽厚得众心,皇太极则威厉为人畏惮,努尔哈赤自然决定让代善继褚英执掌国政。代善因被赐号古英巴图鲁,朝鲜史籍谐音称他为贵盈哥。《建州闻见录》记载,努尔哈赤死后,"则贵盈哥必代其父"②。努尔哈赤说过:俟我百年之后,我的诸幼子和大福晋,给大阿哥收养③。努尔哈赤将爱妃大福晋和诸心肝幼子托给代善,即预定他日后袭受汗位。代善性宽柔、孚众望、军功多、权势大,自协助父汗主持国政后,凡努尔哈赤不在时,一些重大军机,便先报告给他。

然而,代善也有其弱点。代善偏爱后妻之子,将好的财产、人口分给后妻所生的幼子,将不好的财产、人口分给次子硕讬。硕讬愤恨不平,又其与他女通奸被告发,于是与斋桑古(阿敏弟)、莫洛浑夫妇共谋欲叛逃投明。事觉,经审:莫洛浑夫妇承认"确有此事";硕讬则咬定说"绝无此事",于是杀莫洛浑夫妇等数人。努尔哈赤不允代善杀硕讬之请,命将其幽禁。代善听信后妻谗言,先后五六次跪请父汗诛杀硕讬,并要求将硕讬交给自己,亲手杀之。努尔哈赤坚不允其所请,斥责代善说:"因为妻的唆使便想除掉亲子与诸弟,像你这种人如何够资格当一国之君!"④旋命将硕讬释放。这件事情说明,代善在处理家事与国事上,都缺乏公平与情理,也缺乏胸怀与圆通。当然,随着代善的权位日重,他同其父汗及其弟皇太极的矛盾日渐激化。

代善同努尔哈赤、皇太极之间的矛盾,因德因泽的告讦而爆发。《满文老档》记载,天命五年即万历四十八年(1620年)三月,小福晋德因泽向天命汗告发代善与继母大福晋关系暧昧道:"大福晋曾二次备办饭食,送与大贝勒,大贝勒受而食之。又一次送饭食与四贝勒,四贝勒受而未食。且大福晋一日二三次差人至大贝勒家,如此往来,谅有同谋也!福晋自身深夜出院亦已二三次之多。"⑤德因泽又讦告,每当诸贝勒大臣在

① 赵光贤:《清初诸王争国记》,载《辅仁学志》第12卷,第1,2合期。
② [朝]李民寏:《建州闻见录》,第34页,影印本,日本天理大学图书馆藏玉版书屋本。
③ 《满文老档·太祖》,上册,第134页,天命五年三月二十五日,中华书局译注本,1990年。
④ 王思治主编:《清代人物传稿》,第3卷,第6页,中华书局,1986年。
⑤ 《满文老档·太祖》,上册,第134页,天命五年三月二十五日,中华书局译注本,1990年。

汗的家里宴会、集议国事时,大福晋饰金佩珠、锦缎妆扮,倾视大贝勒,彼此眉来眼去。诸贝勒大臣虽内心不满,却因惧怕大贝勒和大福晋而不敢向汗报告。努尔哈赤派扈尔汉、额尔德尼、雅逊和莽阿图四大臣去调查,后查明告发属实。同时,又查出大福晋于多处藏匿金银财物。努尔哈赤对大贝勒同大福晋的暧昧关系极为愤慨,遂将大福晋之罪宣示于众,说:“该福晋奸诈虚伪,人之邪恶,彼皆有之。我以金珠装饰尔头尔身,以人所未见之佳缎,供尔服用,予以眷养。尔竟不爱汗夫,蒙我耳目,置我于一边,而勾引他人,不诛之者,可乎?”①但他既不愿加罪于儿子,又不愿家丑外扬,还虑及杀大福晋后“我三子一女犹如我心,怎能使伊等悲伤耶”? 便借口大福晋窃藏金帛,勒令离弃②。小福晋德因泽因告讦有功,被荣升与努尔哈赤同桌共食。或言德因泽告讦之谋出自皇太极——大福晋送皇太极饭食而皇太极未吃,德因泽身在深宫内院何以晓得? 皇太极借大贝勒与大福晋的阴私,施一箭三雕之计:既使大福晋被废,又使大贝勒声名狼藉,并离间父汗同大贝勒父子之情,从而为他后来夺取汗位准备了重要的条件。

《满文老档》未载所废大福晋的姓氏。此事发生在天命五年即万历四十八年（1620年）三月二十三日,《清太祖高皇帝实录》、《清太祖武皇帝实录》和《满洲实录》,都不载此事。《满文老档·太祖》天命五年三月所载大福晋,也未明言其姓氏。因有两种看法:一种认为大福晋为富察氏衮代,即莽古尔泰、德格类和莽古济格格的生母;另一种认为大福晋为大妃乌拉纳喇氏阿巴亥,即阿济格、多尔衮和多铎的生母。

主张大福晋为富察氏者,据《清史稿·后妃列传》载继妃富察氏,生子二、女一,即为莽古尔泰、德格类、莽古济之生母,“天命五年,妃得罪,死”。其死期及所生子女之数与废大福晋时间基本相符。由此可知,所废大福晋是富察氏,而不是有的论者所指的纳喇氏。天命汗当时并未杀富察氏,只是将其废黜,何以又得罪死? 原来富察氏之死,是莽古尔泰希宠于其父而弑其生母。

我认为大福晋为纳喇氏,可以列出五条根据:根据之一是年龄。富察氏衮代的生年,一说生于嘉靖四十二年（1563年）,于万历十三年（1585年）嫁给努尔哈赤,时年二十二岁（比努尔哈赤小四岁）,两年后生莽古尔泰。如此算来,天命五年事发时,富察氏五十八岁,莽古尔泰三十三岁。而纳喇氏阿巴亥生于万历十八年（1590年）,天命五年

---

① 《满文老档·太祖》,册I,第320页,天命五年三月二十五日,东洋文库本,1955年。汉文另译,下同。
② 《满文老档·太祖》天命六年四月十六日载,时天命汗已复立大福晋。

事发时,纳喇氏三十一岁,幼子多铎八岁。这一年,大贝勒代善三十八岁,纳喇氏比代善小七岁即三十一岁,富察氏则比代善大二十岁即五十八岁。根据之二是档案。《旧满洲档》记载天命汗不杀大福晋的一个原因是"幼子患病,令其照顾"。《玉牒》记载多铎为努尔哈赤幼子,由大福晋纳喇氏所出,时年八岁。而富察氏所出最小儿子德格类时年二十五岁,既非幼子,且已成人。根据之三是文献。《清史稿·后妃列传》中记载太祖只有一位大妃即大福晋,就是乌拉纳喇氏,孝慈高皇后死后被立为大妃,是为阿济格、多尔衮、多铎之生母;而富察氏为继妃。根据之四是《玉牒》。努尔哈赤的上述《汗谕》,说明大福晋生有三个儿子。根据之五是生育。在《清史稿·后妃列传》中所载天命汗十六位妻子中,生育三个儿子者,只有乌拉纳喇氏阿巴亥一人。根据之六是《满文老档》天命六年(1621年)四月十五日记载。天命汗得辽阳城后,"迁汗之大福晋来辽东城"云云,努尔哈赤自宁远战败回归,召大妃出迎。可证努尔哈赤后来复立纳喇氏为大福晋。天命汗死,大妃纳喇氏殉葬,故所废大福晋应是乌拉纳喇氏阿巴亥。

努尔哈赤从舒尔哈齐、褚英、代善的三次储位斗争中,认识到要建立汗位继承制度,以使自己身后的权力过渡,避免骨肉相残,巩固大金政权。

(二)八旗合议汗位制度

天命汗第二次欲立次子代善(褚英死后已是长子)为嗣,又遭到失败。这时努尔哈赤六十二岁,年逾花甲。努尔哈赤晚年,继承人问题,颇费踌躇。一次,他同亲信重臣阿敦言及"汗储"之事。阿敦,是努尔哈赤从弟,任正黄旗固山额真,有勇谋,多战功,为侍卫,受宠信。《李朝光海君日记》载述努尔哈赤同阿敦的一段秘密对话:

天命汗曰:"诸子中谁可以代我者?"

阿斗答曰:"知子莫若父,谁敢有言!"

天命汗曰:"第言之。"

阿斗答曰:"智勇俱全,人皆称道者,可。"

天命汗曰:"吾知汝意之所在。"

上文的纂者诠释"汝意之所在"说:"盖指洪太主也!"[1]

---

[1] 《李朝光海君日记》,第169卷,第9页,十三年九月戊申,日本学习院东洋文化研究所,1959年。

阿敦在朝鲜文献中称为"阿斗",皇太极在朝鲜文献中称"洪太主"、"红歹是",都是同音的异译。阿敦认为皇太极是天命汗"汗储"的合适候选人。这次关于努尔哈赤继承人十分机密的谈话,却被传播出去,在诸贝勒中引发了轩然大波。

代善曾是褚英之后希望最大的汗位继承人,因处事不当而失去父汗的信任。但是,代善并未完全打消争取"汗储"的念头。他在得知阿敦荐举皇太极为"汗储"后,"深衔之"。阿敦怕得罪代善,又密告代善说:皇太极、莽古尔泰、阿济格"将欲图汝,事机在迫,须备之"①。皇太极等欲图谋代善,当时正在后金的朝鲜满浦佥史郑忠信得到传闻:"洪太主虽英勇超人,内多猜忌,恃其父之偏爱,潜怀弑兄之计。"上述史料,是否可信,因无佐证,难以定断。但是,一个外国使臣能闻知如此重要的军国机密,定然已在后金宗室贵族中流传。于是,代善泣告父汗:将遭皇太极等诸弟之谋害。天命汗召皇太极、莽古尔泰、阿济格对质,三人矢口否认。于是,努尔哈赤命将阿敦逮捕,其罪名是挑拨代善与皇太极、莽古尔泰等诸兄弟"交构两间"。诸贝勒及众执法大臣商议,拟将阿敦处死。天命汗曰:"昔在萨尔浒时曾有言:凡有罪恶之人等,不得由我等亲杀之,当因于木栅高墙之内。今若违前言而杀之,何以取信于国人?"命将阿敦"缚以铁索,囚禁于牢"②。

阿敦遭重惩后,博尔晋侍卫为其鸣不平。他对莽古尔泰说:"阿敦阿哥受汗宠爱时,尔等亦呼'阿敦阿哥、阿敦阿哥'以相好之,于是阿敦阿哥获罪。"博尔晋居然敢向莽古尔泰出此怨言,说明"汗储"的争夺不仅激烈,而且激化。济尔哈朗质问博尔晋何不早言,博尔晋以自己是三等副将推托责任。莽古尔泰大怒,告于法司,定博尔晋为死罪。奏报天命汗,天命汗免其死,命将博尔晋"烟灰涂面,就地铺草为牢,囚禁十昼夜"③。

上述若隐若显的记载表明,四大贝勒中的大贝勒代善、三贝勒莽古尔泰、四贝勒皇太极,希冀汗位,明争暗斗。后金是个新兴的政权,其汗位的继承,没有汉族的嫡长制,也没有满洲的现成制度。天命汗努尔哈赤年事已高,选立嗣汗的计划先后两次破产,他不愿意看到诸子因争夺汗位而刀光剑影,骨肉相残,这促使天命汗必须解决择立汗

---

① 《李朝光海君日记》,第 169 卷,第 9 页,十三年九月戊申,日本学习院东洋文化研究所,1959 年。

② 《满文老档·太祖》,上册,第 242 页,天命六年九月十八日,中华书局译注本,1990 年。

③ 《满文老档·太祖》,上册,第 255 页,天命六年十一月十八日,中华书局译注本,1990 年。

位继任者的难题,决定建立汗位继承制度。

天命七年即天启二年(1622 年)三月初三日,天命汗努尔哈赤发布《汗谕》,不仅规定八和硕贝勒共议国政制度,而且规定汗位继承制度。下面是《清太祖高皇帝实录》记载努尔哈赤同诸贝勒大臣的对话。

　　问:"基业,天所予也,何以宁辑? 休命,天所锡也,何以凝承?"

　　上曰:"继朕而嗣大位者,毋令强梁有力者为也。以若人为君,惧其尚力自恣,获罪于天也。且一人纵有知识,终不及众人之谋。今命尔八子,为八和硕贝勒,同心谋国,庶几无失。尔八和硕贝勒内,择其能受谏而有德者,嗣朕登大位。若不能受谏,所行非善,更择善者立焉。择立之时,若不乐从众议,艴然变色,岂遂使不贤之人,任其所为耶! 至于八和硕贝勒,共理国政,或一人心有所得,言之有益于国,七人宜共赞成之。如己既无才,又不能赞成人善,而缄默坐视者,即当易此贝勒,更于子弟中,择贤者为之。易置之时,若不乐从众议,艴然变色,岂遂使不贤之人,任其所为耶! 若八和硕贝勒中,或以事他出,告于众,勿私往。若入而见君,勿一、二人见,其众人毕集,同谋议以治国政。务期斥奸佞,举忠直可也。"①

上述八王即八大贝勒又称八和硕贝勒,也称旗主贝勒或主旗贝勒。努尔哈赤颁布的《汗谕》等,其中的一项重要内容,就是确立汗位继承制度。这项天命汗位继承制度的要点是:

第一,推举新汗。新汗由八和硕贝勒推举产生。努尔哈赤身后新汗的继立,在"八和硕贝勒内,择其能受谏而有德者,嗣朕登大位"。八和硕贝勒握有拥立新汗的大权。新汗既不由先汗指定,也不是自封,而是由八和硕贝勒共同会议推举。新汗既被八和硕贝勒共同推举,继位之后便不能独揽军政大权,其权力受到众和硕贝勒的制约。

第二,"并肩共坐"。新汗同八和硕贝勒"并肩共坐"。新汗坐朝时与众和硕贝勒并肩共坐,同受国人的朝拜。新汗在正旦,一拜堂子,二拜神祇,三拜叔兄。随后升御座,与众和硕贝勒并肩坐一处,同受诸臣叩贺。这项朝仪规定将八和硕贝勒位列堂子、神祇之后,而居于新汗之上;在接受群臣朝拜时,新汗与众和硕贝勒居于平等的地位。从

---

　　① 《满文老档·太祖》,册Ⅱ,第 554～555 页,天命七年三月初三日,东洋文库本,1956 年。

而在礼仪上给予新汗以严格的限制。

第三,共议国政。新汗同众和硕贝勒共议军政国事。"一人纵有知识,终不及众人之谋",因命八和硕贝勒"同心谋国,庶几无失"。努尔哈赤规定在会议军国大政时,新汗要与八和硕贝勒共同议商,集体裁决。这就使八和硕贝勒操持后金军国大政的最高决策权,从而限制新汗恣肆纵为,独断专行。

第四,"八分"分配。新汗同诸贝勒按"八分"分配。就是后金军掠获的金帛、牲畜等,归八和硕贝勒共有,按"八分"即八旗进行分配。这既为着防止"八家"因财富分配不均而祸起萧墙,更为着防止新汗一人垄断财货。这项规定使诸和硕贝勒与新汗在经济上享有同等的权利,从而对新汗的经济权加以限制。

第五,任贤退奸。努尔哈赤规定八和硕贝勒要"斥奸佞,举忠直"。凡牛录额真以上官员,其任用、奖惩、升迁、贬斥,都由八和硕贝勒会议决定,而不由新汗一人专决。八和硕贝勒要撤换"己既无才,又不能赞成人善,而缄默坐视"的庸者,并从八旗贵族子弟中选择贤能者加以补充。

第六,断理诉讼。努尔哈赤规定后金审理诉讼的程序分为三级:理事官初审,诸大臣复审,最后由八和硕贝勒定谳。新汗操生杀予夺之权受到限制,八和硕贝勒掌握最高司法权。

第七,禁止私议。努尔哈赤规定,八和硕贝勒如"以他事告于众,勿私往。若入而见君,勿一二人见,其众毕集,谋以治国政"。不许和硕贝勒在家中私议国政,也不许新汗同和硕贝勒单独密议,以防奸谋。军国大事需在庙堂之上,聚集谋商,共同议决。

第八,废黜新汗。八和硕贝勒如认为拥立的新汗,"不能受谏,所行非善",有权罢免,另为择立。规定八和硕贝勒有集体罢免新汗的权力。

这就确立了八王共议举废国君的汗位继承制度与八王共议国政的贵族共和制度。既有共议举废国君的规定,又令八王共议国政的体制。

天命汗努尔哈赤改革后金政体,施行汗位继承制度。他将原来的君主集权,改革为八和硕贝勒共理国政,使其拥有国君立废、军政议决、司法诉讼、官吏任免等重大权力。由八和硕贝勒组成的贵族会议,成为后金国家的最高权力机关。

但是,上述努尔哈赤改革后金政体的措施有其局限性。

努尔哈赤颁布《汗谕》,不仅规定八和硕贝勒共议国政制度,而且确立汗位继承制度。天命汗已届晚年,他逐渐将权力移交给八和硕贝勒,特别是四大贝勒,避免在汗位继承上，兄弟内讧，骨肉相残，进行权力过渡，准备身后之事。

（三）天命末汗位的继承

天命十一年即天启六年（1626 年）八月十一日，努尔哈赤死，享年六十八岁。此事，《清太祖高皇帝实录》记载："（七月）癸巳（二十三日），上不豫，幸清河坐汤。八月庚子朔丙午（初七日），上大渐，欲还京，乘舟，顺太子河而下。使人召大妃来迎，入浑河，大妃至。溯流至瑷鸡堡，距沈阳城四十里。庚戌（十一日）未刻，上崩。"努尔哈赤死前五年，曾发表关于汗位继承的《汗谕》，临终以前，遗位之事，未再言及。《清太祖高皇帝实录》记载："上于国家政事，子孙遗训，平日皆预定告诫，临崩，不复言及。"遵照天命汗生前《汗谕》，他的汗位继承人，由诸贝勒共同议定。

努尔哈赤在世时，有十六个儿子和两个亲近的侄子，共十八人。他们当中，最有希望继位的是努尔哈赤生前最受信任、最被器重的四大贝勒，即大贝勒二子代善、二贝勒侄子阿敏、三贝勒五子莽古尔泰和四贝勒八子皇太极。天命汗生前，命"四大贝勒，按月分直，国中一切机务，俱令直月贝勒掌理"[①]。在以上十八人中，时列名参与商议汗位继承会议的共十二人：四大贝勒为代善、阿敏、莽古尔泰、皇太极，四小贝勒为阿济格、多尔衮、多铎、济尔哈朗，其他贝勒为阿巴泰、德格类、杜度、硕讬、豪格。阿敏和济尔哈朗为舒尔哈齐之子，属于旁支，不能争位。莽古尔泰有勇无谋、生性鲁莽、军力较弱、亲弑生母，可做统兵大将，不宜做一国之君，也没有条件争夺汗位。承嗣汗位鼎争者主要是皇太极、代善和纳喇氏所出的多尔衮。大福晋纳喇氏是努尔哈赤晚年的宠妃，为阿济格、多尔衮和多铎的生母。努尔哈赤死时，阿济格二十二岁、多尔衮十五岁、多铎十三岁，因受父汗偏爱，多尔衮和多铎领有正白、镶白二旗，又有其三十七岁正当盛年的生母纳喇氏，影响宫廷，势力较大。这自为皇太极等所难容。

天命汗努尔哈赤的尸骨未寒，就发生汗位继嗣的刀光剑影。诸王以"遗言"为由，迫令大妃纳喇氏阿巴亥殉死：

后饶丰姿，然心怀嫉妒，每致帝不悦，虽有机变，终为帝之明所制，留之恐后为

---

① 《清太宗文皇帝实录》，第 5 卷，第 2 页，天聪三年正月丁丑，中华书局影印本，1985 年。

国乱，预遗言于诸王曰："俟吾终，必令殉之。"诸王以帝遗言告后，后支吾不从。诸王曰："先帝有命，虽欲不从，不可得也。"后遂服礼衣，尽以珠宝饰之，哀谓诸王曰："吾自十二岁事先帝，丰衣美食，已二十六年。吾不忍离，故相从于地下。吾二幼子多尔哄、多躲，当恩养之。"诸王泣而对曰："二幼弟吾等若不恩养，是忘父也，岂有不恩养之理！"于是，后于十二日辛亥辰时自尽，寿三十七。乃与帝同枢。①

上述文字载于《清太祖武皇帝实录》，而《清太祖高皇帝实录》则删去此段记载，仅言大妃身殉，不及缘由。《北游录·纪闻下》载：大妃"被宗室大臣勒令自尽"。大福晋纳喇氏成为天命汗遗位争夺的牺牲品，同时殉葬的还有二庶妃阿济根和德因泽。

大妃纳喇氏死后，阿济格、多尔衮、多铎失去总契之人，多尔衮与多铎年少又失去母妃依恃，兄弟三人分析，无力争夺汗位。汗位的争继，主要在皇太极与代善二人之间角逐。

代善有资格、有实力、也有条件继承汗位。代善虽为大贝勒，齿序居长，也算贤能，性宽柔、得众心、军功多、权势大，努尔哈赤已预示日后由其袭受汗位。天命汗说过："百年之后，我的幼子和大福晋，交给大阿哥收养。"大阿哥就是代善。朝鲜人写的《建州闻见录》也记载，"酋死之后，则贵英哥必代其父"，贵英哥即古英巴图鲁代善。但是，后金没有"立长"的传统，代善性情"宽柔"，比较平庸，朝鲜人满浦金使郑忠信对他的印象是："贵盈哥特寻常一庸夫"②，且先已失宠，并被削压一旗，无力与皇太极抗争。皇太极则怀大志、藏玄机，怀君王之术，有帝王之才，必同其兄代善进行汗位继承的争夺。皇太极同乃兄代善争夺汗位继承，各方面均处于不利的地位，不得不施尽机关。代善在努尔哈赤生前，因恐皇太极图己，曾跪在其父面前泣诉。这说明代善与皇太极争夺嗣位，已经居于下风，汗位的继承者，首选为皇太极。

皇太极继承汗位，论血缘、阅历、军事、关系，论才能、武功、实力、英略，他在诸贝勒中，智高一筹，出类拔萃。

第一，跟随父汗，学习才智。皇太极因少年丧母，受父偏爱，父汗努尔哈赤便成为他的第一位教师。追随父汗，顺从父汗，景仰父汗，学习父汗，就成为皇太极青少年时

① 《清太祖武皇帝实录》，第4卷，第33页，台北故宫博物院藏，广文书局影印本，1970年。

② 《李朝光海君日记》，第169卷，第8页，十三年九月戊申，日本学习院东洋文化研究所，1959年。

代的生活准则。努尔哈赤因宠爱的福晋叶赫纳拉氏,在年韶情深时离世,他便把挚爱移给皇太极。皇太极生母灵秀聪慧,他也"颖悟过人"。皇太极记忆力强,《清太宗实录》说他"一听不忘,一见即识",这或有谀饰之辞,但说明他的天分很高。十二岁生母病逝后,他常随父兄外出狩猎,娴熟鞍马,弯弓射箭,驰骋山林。在少年时,受父之命,管理家务。文献记载:"委以一切家政,不烦指示,既能赞理,巨细悉当。"这话显然夸大其词,但说明他的非凡才能。皇太极少年时,因母亲过世太早,不能像同父异母兄弟姐妹们那样,在生母膝下,接受慈爱,聆听教诲。这种生活环境,养成他少言寡欢、长于心计、通达世情、刚毅坚韧的品格。皇太极从小只能在父亲的身边,跟随父汗,学习父汗,锻炼才能,增长器识。

第二,初上疆场,聆父教诲。到万历四十年(1612年),皇太极年满二十岁,《清太祖实录》第一次记载他随父汗出征乌拉(今吉林省永吉县乌拉街乡)。乌拉是扈伦四部中的大部,城高池广,兵强马壮。兵攻乌拉,是努尔哈赤亲率倾国之师,将要进行的一场大战。努尔哈赤兵到布占泰驻城郊外乌拉河后,皇太极带兵沿河循行,寻找战机;乌拉贝勒布占泰统率大军,隔河观望。皇太极年轻稚嫩,请渡河进击乌拉贝勒布占泰。努尔哈赤分析彼已力量后说:战胜乌拉部,譬如砍伐大树,怎能骤断? 必以斧斤,一斧一斧,多次砍伐,然后可断。今同势均力敌大国,欲一举取之,能尽破灭吗! 要先破其外城,再占其大城。第二年,皇太极跟随父汗再征乌拉,一举攻占乌拉城,灭亡乌拉,取得全胜。上述既通俗、又哲理的分析,既激烈、又严酷的实践,给皇太极以深刻的启迪。后他在统军伐明围攻北京时,就是用砍伐大树作比喻,教育官兵——先削枝叶,再砍主干。皇太极跟随父汗,四处征战,勇力绝伦,颇有战功。

第三,旗主贝勒,参与机务。万历四十三年(1615年),努尔哈赤建立八旗制度。皇太极受命为正白旗的旗主贝勒,成为一旗的统帅。万历四十四年(1616年),努尔哈赤登上汗位,设异姓军功显贵为五大臣——额亦都、费英东、何和理、安费扬古、扈尔汉;设宗室显贵为四和硕贝勒——代善、阿敏、莽古尔泰、皇太极,又称为"四大贝勒"。皇太极以和硕贝勒位居父汗之下、众贝勒大臣之上。当时,他的长兄褚英已死,所以二兄代善就成为大贝勒。堂兄阿敏已多有战功,位列二贝勒。五兄莽古尔泰勇猛顽强,为三贝勒。比皇太极年长的还有三兄阿拜、四兄汤古代、六兄塔拜和七兄阿巴泰,都没有列于四大贝勒,可见皇太极在他父汗心目中的重要地位。这年皇太极二十四岁。后来阿巴泰发牢骚说:"我战则擐甲胄,猎则佩弓矢,为什么不能成为和硕贝勒?"代善会同诸贝勒责问阿巴泰说："尔先时尚不得随五大臣之列，德格类、济尔哈朗、杜度、岳讬、硕讬，早已随班议政，尔不与焉！因尔在诸弟之列，幸得六牛录户口，方居贝勒之次。今尔妄欲自尊，将谁欺乎？阿济格、多尔衮、多铎，皆系皇考分给全旗之子，诸贝勒又先尔入八分之列，尔今为贝勒，心犹不足，欲与大贝勒抗行，僭越甚矣！"①众议对阿巴泰实行罚甲胄、鞍马的处分。从这里可以看出，做和硕贝勒，既要受到父汗的器重，又要得到兄弟的认同。

第四，屡历战阵，勇敢坚毅。皇太极在二十至三十五岁的十五年间，经历了建州女真史上划时代的转折时期，也是他一生事业最重要的奠基时期。他在这十五年的戎马生涯中，不仅锻炼成为勇猛善战的旗主贝勒，并且脱颖而出，成为文武兼备的后金国汗。皇太极自万历四十年（1612年）正式从征后，在父汗统帅下，驰骋疆场，勇敢打拼，参与十次重大的战役，这就是：哈达之役、辉发之役、乌拉之役、叶赫之役、萨尔浒之役、抚清之役、开铁之役、沈辽之役、广宁之役和宁远之役。在萨尔浒之战中，皇太极表现尤为突出。在这场决定后金生死命运的决战中，皇太极表现英勇拼搏，足智多谋。在这次战役中，对明西路总兵杜松军，皇太极率领正白、镶白和镶红三旗，同父汗军配合，死战吉林崖，大败杜松军。又对明东路总兵刘綎军，皇太极率领右翼四旗——正白、镶黄、镶红、镶白，抢占山头，隐蔽待敌；代善率领左翼四旗——正黄、正红、正蓝、镶蓝，正面布阵，截敌拼杀。皇太极和代善两股重兵，山上下冲，迎面截击。三路配合，奋勇冲杀，打败明军，取得大捷。上述十次重大战役，是皇太极最重要的人生机遇。在战争中学习军事，在战争中领会韬略。这段人生中的非凡经历，造就他"勇力绝伦，颇多战功，所领将卒，悉皆精锐"，得众心，孚众望。这就为皇太极后来成为八旗军最高统帅，登上后金国汗宝座，准备了军事实力，奠定了政治基础。

第五，勤于学习，精于谋略。皇太极不仅从实践中体验，还从书本里学习。朝鲜目击者记述："闻胡将中惟红歹是仅识字云"，红歹是即皇太极。皇太极喜爱读书，史书记载他"性嗜典籍"。有人统计，《清太宗实录》等书记载，涉及到皇太极学史、讲史的，至少有五十余处。作为一个边陲少数民族的首领，能如此习书崇文，嗜爱典籍，非胸怀大志、腹藏玄机，则是做不到的。后他重用达海巴克什，命他改进无圈点老满文而成为加圈点新满文，以满文翻译汉文典籍，兵法书如《六韬》、《素书》，法

①　《清太宗文皇帝实录》，第3卷，第28页，天聪元年十二月辛丑，中华书局影印本，1985年。

律书如《刑部会典》,历史书如《金史》、《通鉴》,说部书如《水浒传》、《三国演义》等。皇太极尤其喜欢阅读和听讲《三国演义》。官员们在奏疏中称他"喜阅《三国志传》"、"深明《三国志传》",说明他对《三国志》和《三国演义》,既很喜欢看,也很喜欢听,还能从中学习兵法、增长智慧。他向朝鲜使臣李俊讲述《三国演义》中黄忠与关公交战易马尚义的故事。后他仿照《三国演义》中的"反间计",布设政治圈套,陷害袁崇焕。他命巴克什达海、大学士范文程等将《三国演义》译成满文,顺治七年(1650年)告成,广为流传,影响很大。《郎潜纪闻》载述:"国初满洲武将不识汉文者,类多得力于此。"他读书学史是为了"治道",就是治理国家的道理。有时他召集诸王、贝勒、大臣,命弘文馆的官员给大家读《金史》。上述史例,充分说明:皇太极不仅骁勇善战,熟谙骑射;而且喜爱读书,长于谋略。

皇太极在十五年的军政生涯中,跟随父汗,四面征战,英勇陷阵,出谋献策,戎旅成才,智勇双全,明暗兼施,玄机精算,为被诸贝勒推举成为新汗准备了条件。

努尔哈赤的汗位,经诸贝勒议定,由皇太极继承。《清太宗文皇帝实录》记载:

> 天命十一年八月庚戌,太祖高皇帝崩。大贝勒代善子贝勒岳讬、萨哈廉兄弟共议,至其父代善所,告曰:"国不可一日无君,宜早定大计。四大贝勒才德冠世,深契先帝圣心,众皆悦服,当速继大位。"代善曰:"此吾夙心也。汝等之言,天人允协,其谁不从!"遂与岳讬、萨哈廉定议。翼日,诸贝勒、大臣聚于朝,代善以其议告大贝勒阿敏、莽古尔泰及诸贝勒阿巴泰、德格类、济尔哈朗、多尔衮、多铎、杜度、硕讬、豪格等,皆喜曰:"善。"议遂定。乃合辞请上即位。
>
> 上辞曰:"皇考无立我为君之命。我宁不畏皇考乎!且舍诸兄而嗣位,我又畏上天。况嗣大位为君,则上敬诸兄,下爱子弟,国政必勤理,赏罚必悉当,爱养百姓,举行善政,其事诚难,吾凉德,惧不克负荷也。"辞至再三。三大贝勒及诸贝勒曰:"国岂可无君,众议已定,请勿固辞。"上又不允。自卯至申,众坚请不已。然后从之。①

显然,皇太极与代善有着双重性的关系——既是兄弟,又是政敌。所以,皇太极对代

---

① 《清太宗文皇帝实录》,第1卷,第3页,中华书局影印本,1985年。

善采取双重性的策略——既暗打,又明拉。这种双重性的策略,不失兄弟之谊,又得夺位之实。代善因肯俯首顺从,得以保住了地位;皇太极施展谋略权术,终于登上了宝座。

从上述议立皇太极继位的过程看,皇太极嗣位似无异议,大贝勒及诸贝勒皆喜,像是诚心拥护,实则并非如此。至少代善的表态,迫于形势,言不由衷。其间的明争暗斗,纷繁复杂。

除上述《清太宗文皇帝实录》关于皇太极嗣位的记载外,零星史料,歧异互见:

其一,朝鲜人的记载。《丙子录》记述:"建州虏酋奴尔赤,疽发背死。临死命立世子贵荣(一作永,二王子)介。贵荣介让位于弟弘他时(一作弘太始)曰:'汝智勇胜于我,汝须代立。'弘他时略不辞让而立。"《李朝仁祖实录》记载:郑忠信还自后金,谓皇太极"即位系夺立云"。《日月录》记载:"奴儿赤临死,谓贵荣介曰:'九王子应立而年幼,汝可摄位,后传于九王。'贵荣介以为嫌逼,遂立洪太氏云,僭号天聪。"①上文中"奴尔赤"为努尔哈赤,"贵荣介"或"贵永介"为代善,"弘他时"或"弘太始"或"洪太氏"为皇太极,"九王"为多尔衮。

其二,明朝人的记载。明辽东督师王之臣、辽东巡抚袁崇焕奏报:"奴酋哈赤死于沈阳,四子与长子争继,未定。"天启帝旨批"奴毙已真,其子争位,狡黠叵测"云云②。到九月二十八日,即努尔哈赤死后四十七天,明朝才得到努尔哈赤死亡的确切信息,还没有得到皇太极继位的奏报。

其三,清朝人的记载。《清史稿·索尼传》记述:清太宗皇太极死,议立皇位继承时,多尔衮胞兄英郡王阿济格、胞弟豫郡王多铎,劝睿亲王多尔衮即帝位,多尔衮犹豫未允。多铎说:"若不允,当立我,我名在太祖遗诏。"多尔衮说:"肃亲王亦有名,不独王也。"③肃亲王为皇太极长子豪格。

其四,清朝档案记载。《明清史料》载顺治八年(1651年)二月二十二日,追论睿亲王多尔衮罪状诏云:"自称皇父摄政王……以为太宗文皇帝之位原系夺立。"④《清世祖

①　《清入关前史料选辑》,第1辑,第437页,中国人民大学出版社,1984年。

②　《明熹宗实录》,第76卷,第15页,天启六年九月丁酉,台北中央研究院历史语言研究所校勘本,1962年。

③　《清史稿·索尼传》,第249卷,第9673页,中华书局标点本,1977年。

④　《明清史料》,丙编,第3本,第306页,中央研究院历史语言研究所刊印,1936年。

实录》也有相似记载,《追论多尔衮罪状》云:多尔衮"擅自诳称'太宗文皇帝之即位,原系夺立',以挟持中外"①。

由上可知,嗣君之事,天命汗不但有《遗诏》,而且列名者不止一人。然而,所谓《太祖遗诏》,至今未见于其他文献档案,仅见于《清史稿·索尼传》。

上引史料,说法六种:一说天命汗临终立代善为君;二说立多尔衮为君,由代善摄位,多尔衮年长后传位于他;三说《遗诏》列名者多人;四说代善辞让,立皇太极为君;五说皇太极汗位夺立;六说皇太极为众贝勒会议拥立为君。总之,勾稽史料,有关记载,矛盾很多,情况芜杂,表明定议皇太极继承汗位时,斗争激烈,相互倾轧。

史料简阙,诸多疑问,颇难索解,亦难确论。然而,从这些雪泥鸿爪的记载,可见在议立皇太极过程中,明争暗斗,时隐时现。应当说,皇太极继承汗位是遵照天命汗八和硕贝勒共同推举新汗的仪规,通过诸贝勒共议,正式推选产生的。

天命十一年即天启六年(1626年)九月初一日,皇太极举行登极大典。代善、阿敏、莽古尔泰三大贝勒以下,诸贝勒大臣及文武各官,聚于大政殿前,具法驾、设卤簿。新汗皇太极率群臣先祭祀堂子,焚香告天,行九拜大礼毕,皇太极入座,即大汗位,诏令以明年为天聪元年(一说当时并未以天聪为年号)。

初二日,新汗皇太极又率领诸贝勒向天地盟誓。祷告说:"皇天后土,既佑相我皇考,肇立丕基,恢弘大业。今皇考龙驭上宾,凡统理庶务,临莅兆民,厥任綦重焉。诸兄弟子侄,共议(皇太极)缵承皇考鸿绪,嗣登大位,惟当励志继述,夙夜夤畏,以迓天麻"云云。他又誓言:"我若不敬兄长,不爱子弟,不行正道,明知非义之事而故为之,兄弟子侄微有过衍,遂削夺皇考所予户口,或贬或诛,天地鉴谴,夺其寿算"云云。

接着,大贝勒代善、二贝勒阿敏、三贝勒莽古尔泰,率诸弟子侄阿巴泰、德格类、济尔哈朗、阿济格、多尔衮、多铎、杜度、岳讬、硕讬、萨哈廉、豪格宣誓:"我等兄弟子侄,洵谋佥同,奉皇帝缵承皇考基业,嗣登大位,宗社式凭,臣民倚赖。如有金壬,心怀嫉妒,将不利于上者,天地谴责之,夺其寿算"云云。

三大贝勒代善、阿敏、莽古尔泰,诸贝勒阿巴泰、德格类、济尔哈朗、阿济格、多尔衮、多铎、杜度、岳讬、硕讬、萨哈廉、豪格等都表了忠心:"一心为国,不怀偏邪,克尽忠

---

① 《清世祖章皇帝实录》,第53卷,第15页,顺治八年二月己亥,中华书局影印本,1985年。

蓋，天地皆眷佑焉。"①

　　盟誓结束，新汗皇太极"以三大贝勒推戴，初登宸极，不遽以臣礼待之"，率诸贝勒向代善、阿敏、莽古尔泰行三拜大礼。皇太极既感激他们的拥戴之功，又畏惧他们的军政势力，还轸念他们的兄长情谊。同时开启四大贝勒联合执政的新格局。

　　"盟誓"暂时缓和了皇太极同三大贝勒之间的矛盾。随着时间的推移，发生皇太极同二贝勒阿敏、三贝勒莽古尔泰、大贝勒代善的激烈冲突。

（四）天聪汗位斗争风波

　　在天聪朝，皇太极先同二贝勒阿敏、继同三贝勒莽古尔泰、后同大贝勒代善，发生了剧烈冲突。其结果是，皇太极汗权加强，"南面独坐"；代善地位削弱，阿敏和莽古尔泰则以悲剧结局。

　　天聪汗皇太极的第一个政敌是其堂兄、和硕贝勒阿敏。

　　阿敏（1586—1640 年）是努尔哈赤胞弟舒尔哈齐之子，皇太极的堂兄。他在四大贝勒中，以年齿序，位列二大贝勒，在三大贝勒莽古尔泰、四大贝勒皇太极之上。万历三十九年（1611 年），舒尔哈齐被努尔哈赤幽禁而死，努尔哈赤收养其诸子——阿敏、济尔哈朗。阿敏慑于努尔哈赤养育之恩与威严权势，虽有隐衷，却不敢言。阿敏承其父另立门户之志不变，天命汗死后，遂谋逞其志。

　　皇太极即位初，诸大贝勒仍如天命汗生前，按月轮值，处理政事。代善、阿敏、莽古尔泰在朝贺时，与皇太极俱面南并坐，权势极大。隶镶红旗下新臣胡贡民上奏说：

> 　　贝勒不容于皇上，皇上亦不容贝勒，事事掣肘。（天聪汗）虽有一汗之虚名，实无异整黄旗一贝勒也。②

天聪汗权与八旗旗主，集权与分权，矛盾仍存在。这场冲突，首先在皇太极同阿敏之间爆发。

　　皇太极初登宝座时，同三大贝勒，并肩而坐，接受朝拜，四人轮流分值，处理军政大

---

① 《清太宗文皇帝实录》，第 1 卷，第 6 页，天命十一年九月辛未，中华书局影印本，1985 年。
② 胡贡明：《五进狂瞽奏》，《天聪朝臣工奏议》，上卷，第 30 页，辽宁大学历史系铅印本，1980 年。

事。皇太极宝座刚有些坐暖之后，就要削减其他和硕贝勒的权力。皇太极要集权，先拿堂兄二大贝勒阿敏开刀。阿敏虽和代善、莽古尔泰、皇太极并肩同坐，却因他是努尔哈赤的侄子而非儿子，又仅掌控镶蓝旗一旗，自然被首先修理。阿敏被天聪汗皇太极抓住几件事：

第一件，努尔哈赤晏驾哭临之时，镶蓝旗贝勒阿敏遣甲喇章京傅尔丹，告皇太极曰："我与诸贝勒议立尔为主，尔即位后，使我出居外藩可也。"皇太极闻之，颇为惊异，问阿敏弟济尔哈朗是否知道此事。济尔哈朗回答："彼曾告于我，我以其言乖谬，力劝阻之。彼反责我懦弱，我用是不复与闻。"皇太极认为，阿敏出去居住外藩，可能产生连锁反应："若令其出居外藩，则两红、两白、正蓝等旗，亦宜出居于外，朕统率何人？何以为主乎？"并会产生严重后果："若从此言，是自弱其国也。皇考所遗基业，不图恢廓，而反坏之，不祥莫大焉！"①阿敏在八旗军队拓边开垦、定界驻防时，令所属镶蓝旗越界至黑扯木地方开垦、驻防，此地是他当年与乃父舒尔哈齐共谋，欲离努尔哈赤另立门户的移居之地。代善、莽古尔泰将他们父子两次移居黑扯木之事相联系，面责阿敏道："擅弃防敌汛地，移居别所，得无有异志耶？"指责他有离心异志。阿敏几次受到谴责，非常不悦，牢骚满腹，认为虽身为和硕贝勒，却不如被任意砍伐的山木、遭禽兽溲溺的山石。他说："山木之属，虽供人伐取为薪；大石之上，虽不免禽兽之溲溺——比之于我，犹为愈也。"阿敏不但没有从规劝中汲取教训，恭谨谦逊，严格自律，反而更加不满，说："此生有何可恋，不如一死！"他预感到身处险境，危若朝露。

第二件，天聪元年即天启七年（1627年），皇太极命阿敏偕岳讬率军攻打朝鲜，兼攻朝鲜境内明军毛文龙部。阿敏统军直破义州，分兵攻毛文龙屯地铁山，文龙败走。进克定州，并下平壤。朝鲜国王李倧遣使迎师，阿敏拒之。师进黄州，倧复遣使来。岳讬等贝勒主张同朝鲜国王定盟回师，阿敏则主张攻占王京即汉城（今首尔）。总兵官李永芳进言："我等奉上命，仗义而行，前已遗书，言遣大臣莅盟即班师，背之不义。"②他劝阻阿敏不可一意孤行。阿敏怒斥道："我岂不能杀尔蛮奴？尔何得多言！"师再进平山，朝鲜国王李倧退避江华岛。岳讬与济尔哈朗驻平山，遣将入江华岛，李倧派族弟等到军前，会宴。宴后，岳讬等议还师。阿敏曰："吾恒慕明

① 《清太宗文皇帝实录》，第48卷，第11页，崇德四年八月辛亥，中华书局影印本，1985年。
② 《清史稿校注》，第10册，第7709页，台湾商务印书馆，1999年。

帝及朝鲜国王城宫殿，今既至此，何遽归耶？我意当留兵屯种，杜度与我叔侄，同居于此。"杜度闻言变色，拒绝同住。岳讬让济尔哈朗去劝谏其兄：说岳讬要自率两红旗军回师，两黄、两白旗军也会随之回师。阿敏在不得已情状之下，同意班师。阿敏拒不执行天聪汗之命，指挥自专，一心要到朝鲜王京，据其宫殿，留住朝鲜。由于众贝勒反对，阿敏虽"心怀异志"，却未能得逞。

第三件，天聪三年即崇祯二年（1629年），皇太极亲自率军入塞，攻打北京城。因北京城高池深、严兵防守，又有袁崇焕率骑拼死抵抗，皇太极退兵。次年二月皇太极东归时，留阿巴泰等戍守已占领的永平（今卢龙）、滦州（今滦县）、迁安、遵化四城。三月，皇太极派阿敏、硕讬率兵六千，前去替换阿巴泰、济尔哈朗、萨哈廉守卫的永平等四城。阿敏驻永平；分遣诸将，戍守三城。他令永平等城官民一体剃发，并令"众兵尽掠降民牲畜、财物，又驱汉人至永平，分给八家为奴"。后金军驻守山海关内四座孤城，离明京师很近，又距盛京太远。五月初九日夜，明大学士、经略孙承宗会同宁锦镇将祖大寿，并山东、山西、宁夏、陕甘诸地援军，围攻滦州。阿敏派兵增援，收迁安守兵入卫永平。滦州守将不支，十二日弃城奔永平。遵化守将察哈喇弃其城，率军突围，后回沈阳。阿敏将"永平、迁安归顺之民，尽杀之；天所与之四城，尽弃之"①。已归降的汉官巡抚白养粹及城中官民惨遭屠杀。阿敏以孤城难守、寡不敌众，遂弃永平，收拾金帛，夜出冷口，退回沈阳。阿敏守永平不足二月，弃城、屠民、东归的军报传到沈阳，皇太极震怒。六月初四日，阿敏败绩师还，不许入城，令在城外十五里屯驻。皇太极感伤落泪，宣谕汗旨，诘责阿敏。初七日，皇太极藉此机会，对政敌阿敏，宣布其罪状，进行总清算。

天聪汗皇太极命诸贝勒大臣议阿敏罪状共十六款：太祖时，阿敏唆使其父移居黑扯木，另立门户，早怀异志；征朝鲜，心怀异志，彼时已现；师还东京，悖行无忌；遣使蒙古，违背上旨；私自婚嫁，常怀怨恨；移居别所，显露异志；心怀不轨，形之梦寐；不守城池，惟耽逸乐；自视如君，欺凌贝勒；曾言"吾自杀吾弟，将奈我何"；礼仪逾制，妄自尊大；时时怨谤，誉己讪上；屠城掠物，扰害汉人；怙非文过，怼怨君上；求婚蒙古，恃强逼娶；丧失城池，毁坏基业②。上述阿敏的十六条罪状，以弃守永平等四

---

① 《清太宗文皇帝实录》，第7卷，第4页，天聪四年五月壬寅，中华书局影印本，1985年。
② 《清太宗文皇帝实录》，第7卷，第7页，天聪四年六月乙卯，中华书局影印本，1985年。

城而起,亦当以此事件而定其罪。上文阿敏第十三条罪,虽涉及永平,却为"彼前略地时",即指上年十月入塞时的掳掠;虽有"今故意扰害汉人"云云,却与第十六条相同。所以,在阿敏的十六条罪状中,同弃守永平事件直接紧密相关的只有一条,即第十六条,也是最后一条。且此条罪状,应是"半条有罪"、"半条无罪":所谓"半条有罪",主要是他下令屠杀"归顺之民";所谓"半条无罪",主要是他在明军对孤城永平,实施包围之前,主动率部撤退,避免全军覆没,保存了军事实力。由此可见,阿敏的罪状,一言以蔽之:居功居位,藐视大汗,傲慢扛上,不甘居下,自恃若君,心怀贰志。所以皇太极与阿敏之间的矛盾,从根本上说,仍然是皇太极维护汗位、阿敏挑战汗权的问题。众议其罪当诛,皇太极命将阿敏幽禁,夺其财产、属人、牲畜给济尔哈朗,只给他庄六所、人二十、羊五百等。崇德五年即崇祯十三年(1640 年)十一月,阿敏忧愤死于幽所,终年五十五岁。

皇太极同阿敏的矛盾,也是汗位与汗权向心与离心的矛盾。这场斗争,皇太极除掉一个心腹之患,大汗权位,更加巩固。

天聪汗皇太极的另一个政敌是其五兄、和硕贝勒莽古尔泰。

莽古尔泰(1588—1633 年),是皇太极的五兄,为正蓝旗的旗主贝勒。在四大贝勒中,以齿序居三,为三大贝勒。莽古尔泰作战勇猛,多立功勋。努尔哈赤在世时,莽古尔泰"潜弑其生母,幸事未彰闻,彼复希宠于皇考"①。《清史稿·莽古尔泰传》记载:莽古尔泰"是固尝弑其母以邀宠者"!为取得汗父宠信,并冀图大位,莽古尔泰竟至弑其生母。天命六年,因正黄旗固山额真阿敦曾举谏皇太极为"汗储",代善"深衔之"。时有皇太极与莽古尔泰欲图代善之说,但他们否认有其事。在长兄褚英被处死后,次兄代善居长,若反大贝勒代善"汗储"得逞,二贝勒阿敏因堂兄而无嗣位之可能,三贝勒莽古尔泰以齿序排在皇太极之前,很有继承汗位的可能。莽古尔泰性情暴躁,勇而无谋,希冀汗位。皇太极登上汗位并除掉阿敏之后,便将打击的目标,集中到莽古尔泰身上。

事情的导火线是,在天聪五年即崇祯四年(1631 年)八月,后金与明朝大凌河之战中,皇太极与莽古尔泰兄弟二人发生冲突。"没有难做之事,只有难得之机"。皇太极抓住时机,打击莽古尔泰。明朝祖大寿驻守大凌河城,莽古尔泰从皇太极围大凌河城,

---

① 《清太宗文皇帝实录》,第 9 卷,第 20 页,天聪五年八月甲寅,中华书局影印本,1985 年。

莽古尔泰所属正蓝旗围其南,莽古尔泰与德格类率巴牙喇兵策应。莽古尔泰军遭到城上炮火猛轰,死伤惨重。莽古尔泰维护本旗利益,请调整兵力,皇太极不允,反诘问:"闻尔所部兵,每有违误。"莽古尔泰不满,道:"宁有事耶?"皇太极道:"若告者诬,当治告者;果实,尔所部兵,岂得无罪?"皇太极不悦,欲乘马离去。莽古尔泰怒问道:"皇上宜从公开谕,奈何独与我为难? 我止以推崇皇上,是以一切承顺,乃意犹未释,而欲杀我耶?"①遂举佩刀之柄,前向频频摩视,以皇太极欲杀己,意在拔刀相向。时其胞弟德格类贝勒见状,说:"尔举动,大悖! 谁能容汝!"边说边举拳殴之。莽古尔泰大怒,手拔刀出鞘五寸许。德格类将其推出帐外。代善说:"如此悖乱,还不如死!"皇太极怒道:"古人云:'操刀必割,执斧必伐。'彼引佩刀,其意何为?"于是,皇太极与莽古尔泰兄弟二人的矛盾公开化、激烈化。当晚,莽古尔泰到皇太极营外,以空腹饮酒过量,狂言失态,竟不自知,特来叩头请罪,皇太极拒不接纳。莽古尔泰自恃为皇太极的兄长,虽尊其为汗,却没有视作君臣关系。他认为八弟没能关照本旗,借机发泄心中不满,言行过激,闯下大祸。寻,诸贝勒议莽古尔泰大不敬罪,夺和硕贝勒,降多罗贝勒,削五牛录,罚银万两及甲胄鞍马等。

莽古尔泰与皇太极在大凌河军营,刀刃相见,矛盾激化。尔后,莽古尔泰与其胞弟德格类、胞妹莽古济等结盟"要夺御座"②。他们三人,焚香盟誓。莽古尔泰说:"我莽古尔泰,已结怨于皇上,尔等助我,事济之后,如视尔等不如我身者,天其鉴之。"莽古济与其夫蒙古敖汉部长琐诺木杜稜誓云:"我等阳事皇上,而阴助尔,如不践言,天其鉴之。"③一场争夺汗位的密谋正在进行。然而,天聪六年十二月初二日(1633 年 1 月 11日),莽古尔泰却"中暴疾不能言而死",年四十六岁。其弟"德格类亦如其病死"。

莽古尔泰死后周年岁暮,其所属正蓝旗固山额真觉罗色勒,率领正蓝旗大臣及莽古尔泰姻戚二十五人,到莽古尔泰墓前祭奠。祭毕,入谒莽古尔泰遗孀福金家献酒,大醉。事闻,查实。皇太极认为这是一起严重的政治事件,在大殿举行会议,议处额真色勒等。初拟将色勒等处斩,命从宽免死,"众唾其面",加以羞辱,并罢黜之。还议莽古尔泰诸遗孀福晋拟斩,命免死,诸福晋往"辱詈"而训诫之④。

————————

① 《清太宗文皇帝实录》,第 9 卷,第 19 页,天聪五年八月甲寅,中华书局影印本,1985 年。

② 《汉译〈满文旧档〉》,第 156 页,辽宁大学历史系铅印本,1979 年。

③ 《清太宗文皇帝实录》,第 26 卷,第 3 页,天聪九年十二月辛巳,中华书局影印本,1985 年。

④ 《清太宗文皇帝实录》,第 17 卷,第 17 页,天聪八年正月丁巳,中华书局影印本,1985 年。

　　皇太极还命将莽古尔泰之妹莽古济、莽古尔泰之子额必伦处死。后，皇太极命将莽古尔泰的三个儿子都杀死。此次天聪朝因汗位之争而引起的一场天潢贵胄之间的内讧，酿成正蓝旗被杀者千余人的空前悲剧。

　　正蓝旗莽古尔泰及其弟德格类贝勒俱死。天聪九年即崇祯八年（1635年）十二月二十六日，莽古济的家仆冷僧机首告莽古尔泰、德格类生前与莽古济三人结盟"要夺御座"。冷僧机，世居叶赫，姓纳喇氏，叶赫亡，归建州，隶满洲正蓝旗，属三贝勒莽古尔泰属下。天聪元年即天启七年（1627年），蒙古敖汉部长琐诺木率众归附后金，尚莽古济格格为额驸。冷僧机改隶琐诺木属下，为莽古济家仆。莽古尔泰、德格类兄弟俱已"暴疾卒"后，冷僧机首告莽古尔泰、德格类、莽古济、琐诺木"结党设誓谋不轨"①。同案尚有参领屯布禄、巴克什爱巴礼等。在籍没莽古尔泰家产时，又搜出所造木牌印十六枚，其文皆为"金国皇帝之印"②，由是，定莽古尔泰罪为："潜图叛逆"、"谋危社稷"。

　　天聪汗皇太极对莽古尔泰事件的处理：

　　第一，莽古尔泰以"大逆无道"、"负恩怀逆"、"倾危宗社"等罪，本应寸磔，但莽古尔泰及其弟德格类已死，追夺莽古尔泰爵，杀莽古尔泰子额必伦，其余五子——迈达礼、光衮、阿喀达、舒孙噶、纳海及德格类子邓什库等，俱黜宗室。正蓝旗"附入皇上旗分"，分编入两黄旗，改归皇太极直接统辖。后于崇德元年即崇祯九年（1636年）正月，工部平毁莽古尔泰、德格类二人茔墓，将"已寒之骸骨，复行抛弃"③。命复葬之。

　　第二，将莽古济处死。莽古济格格有二女，长女嫁给代善长子贝勒岳讬为妻，次女嫁给皇太极长子豪格为妻。豪格说："吾乃皇上所生子，妻之母既欲害吾父，吾岂可与谋害我父之女同处乎？"遂杀其妻。岳讬也奏请要杀死他的妻子，皇太极劝阻之。

　　第三，将昂阿喇处死。事涉莽古尔泰、德格类、莽古济的同母异父兄昂阿喇，"以知情，亦处死"④。

　　第四，参与其事的参领屯布禄、巴克什爱巴礼等，并其亲支兄弟子侄，俱磔于市。

　　第五，琐诺木曾先行举首，免罪。

①　《清史列传·冷僧机》，第4卷，第33页，中华书局，1928年。

②　《清太宗文皇帝实录》，第26卷，第7页，天聪九年十二月辛巳，中华书局影印本，1985年。

③　《清太宗文皇帝实录》，第27卷，第3页，崇德元年正月庚申，中华书局影印本，1985年。

④　张尔田：《清列朝后妃传稿》，第14页，《遁堪外集》，文海出版社有限公司影印本，1972年。

　　第六，冷僧机以首告，被免于处分，得到屯布禄、爱巴礼所籍没的家产，改隶正黄旗，被授为三等梅勒章京，永免徭役，世袭不替。

　　第七，严厉整肃正蓝旗。上述事件后的次年四月，有五名"夷人"从后金叛投明朝。明宣府巡抚陈新甲向来投"夷人"审问："东奴消息何如？"来投者称："有奴尔哈赤大子蟒五儿代，系大王子，已于前年病故，遗有儿子三个，内有他长子，于上年（天聪九年）十一月内，要袭王子。有四王子不肯叫他袭王，两家相争厮杀。四王子将大王子蟒五儿代儿子三个俱都杀死，还杀了当紧的夷人一千有余。其余人马俱都收了，分在八哨官儿所管。"[①]上文中的"大王子"，应为"五王子"或"大贝勒"；"蟒五儿代"即莽古尔泰；"四王子"为皇太极，"袭王"应作满洲宗室的内讧。皇太极严厉打击莽古尔泰原属正蓝旗势力，而遭到该旗有策略的反抗，被杀紧要者一千余人，其余人马被分没。

　　这次莽古尔泰事件，从天聪五年（1631年）开始，到崇德四年（1639年）岳讬事发（见后文），前后经过八年多的时间才告结束。此次后金满洲贵族因汗位问题而引发的一场残酷斗争，表现为皇太极两黄旗与莽古尔泰正蓝旗"两家相争厮杀"。这是后金满洲贵族一次空前、大规模的自相残杀事件。

　　天聪汗皇太极的再一个政敌是其二兄、和硕贝勒代善。

　　三大贝勒中的二大贝勒阿敏、三大贝勒莽古尔泰被打击后，只剩下大贝勒代善这一股红旗势力，皇太极自然也不会放过。皇太极通过打击代善及其长子岳讬，来削弱两红旗势力，提升尊严，巩固汗权。代善性情宽柔，为人谨慎，屡建大功，而不自恃。但皇太极继位以后，几次谕责代善。天聪九年即崇祯八年（1635年）九月，皇太极严重谴责代善，迫使其认罪听命。

　　事情的起因是，皇太极的姐姐哈达公主，因事怨皇太极，赌气先回家。路经代善营帐前，代善命其福晋邀迎哈达公主来，代善亲迎哈达公主入帐，大宴款待，临别前还赠给财帛。皇太极得知这个消息后大怒，派人到代善及其子萨哈廉处责问："尔自率本旗人，任意行止。又将怨朕之人哈达公主，邀至营中，设宴馈赠，复以马送之归，是诚何心？"又责问萨哈廉："尔萨哈廉，身任礼部，尔父妄行，又邀请怨朕之人，尔既知之，何竟无一言谏阻耶？"皇太极怒甚，不告诉众贝勒，先回盛京，谒堂子，入

---

　　① 《兵部题〈宣府巡抚陈新甲塘报〉行稿》，《明清史料》，甲编，第9本，第853页，国立中央研究院历史语言研究所刊印，1930年。

汗宫,闭大门,不许诸贝勒大臣晋见。第二天,天聪汗在内殿召集诸贝勒大臣及侍卫,当面谴责代善。其实,皇太极诘责代善主要列举六件事,如出征兵略、三次谏言,缴获分配、偏袒红旗、对其诸子管教不严等。令皇太极恼火的是三件鸡毛蒜皮之事:第一件是皇太极同他姐姐哈达公主怄气,代善作为长兄请妹妹吃饭并送些礼物;第二件是代善出外渔猎,影响战马膘情;第三件是代善想娶林丹汗遗孀苏泰太后,而皇太极让他娶林丹汗另一遗孀囊囊太后等。为此,天聪汗公开宣布一千二百六十一字的《汗谕》,斥责代善。

皇太极谕道:

> 自古以来,有力强而为君者,有幼冲而为君者,有为众所拥戴而为君者,皆君也。既已为君,则制令统于所尊,岂可轻重其间乎? 今正红旗固山贝勒等,轻肆之处甚多。大贝勒昔从征明燕京时,违众欲返;及征察哈尔时,又坚执欲回。朕方锐志前进,而彼辄欲退归。所俘人民,令彼加意恩养,彼既不从,反以为怨。……今正红旗贝勒,于赏功罚罪时,辄偏护本旗。朕所爱者,而彼恶之;朕所恶者,而彼爱之,岂非有意离间乎! 朕今岁托言巡游,欲探诸贝勒出师音耗,方以胜败为忧,而大贝勒代善乃借名捕蛏大肆渔猎,以致战马疲瘦。及遣兵助额尔克楚虎尔贝勒时,正红旗马匹,独以出猎之故,瘦弱不堪。倘出师诸贝勒一有缓急,将不往应援,竟晏然而已乎! 诚心为国者固如是乎! 且大贝勒诸子,借名放鹰,辄擅杀民间牲畜,所行如此,贫民何以聊生? 又伊子瓦克达,弹射济尔哈朗之姊。又和硕贝勒济尔哈朗因其妻亡,以察哈尔汗妻苏泰太后,乃其妻之妹,心欲娶之,与诸贝勒商议,诸贝勒以其言奏朕。朕即以问诸贝勒,诸贝勒皆言当允其请。朕方许济尔哈朗。乃大贝勒独违众论,而欲自娶,以问于朕。朕谓诸贝勒先已定议,许济尔哈朗矣。兄知之而言乎,抑不知而言乎? 彼诿以不知而止。后复屡言,欲强娶之,有是礼乎! 朕曾遣满达尔汉、祁充格往谕大贝勒,令娶囊囊太后,彼以其贫而不娶,遂拒朕命。①

严厉责完代善等之后,天聪汗说:"尔等悖乱如此,朕将杜门而居。尔等别举一强有力者为君,朕引分自守足矣!"天聪汗宣谕完毕,"遂入宫,复闭朝门"。国君闹意气,

---

① 《清太宗文皇帝实录》,第 25 卷,第 7~8 页,天聪九年九月壬申,中华书局影印本,1985 年。

居然罢朝政。其实，皇太极并非真要辞位，而是以此要挟诸贝勒而已。

于是，诸贝勒大臣、八固山额真及六部承政等，急忙审理代善一案，跪请皇上临朝，亲决万机。皇太极也就顺水推舟，出朝听政。诸贝勒大臣依据天聪汗训斥代善的《汗谕》，拟成四条罪状，并拟处分：拟革代善大贝勒名号，并削和硕贝勒职，剥夺十牛录所属人员，罚雕鞍马十匹、甲胄十副、银万两等。事涉其子萨哈廉，也处以罚鞍马银两、夺属人等。奏入，天聪汗皇太极命从宽处理：免革代善贝勒职，免夺十牛录所属人员；萨哈廉也从轻处罚。

代善的权势，经此打击，明显跌落。代善祸不单行，其长子岳讬受到了莽古尔泰事件的牵连。岳讬多谋善战，甚受皇太极赏识，为主管兵部的贝勒。在皇太极与莽古尔泰发生争执，莽古尔泰露刃受罚后，岳讬独为其鸣不平。冷僧机举发莽古尔泰、德格类生前与莽古济盟誓"谋逆"后，岳讬变色曰："贝勒德格类焉有此事？必妄言也。或者词连我也？"[1]诸臣皆为愤怒，岳讬绝无忿意。岳讬在得知豪格杀死妻子后，奏明天聪汗："豪格既杀其妻，臣妻亦难姑容。"[2]皇太极命劝止之。皇太极改元称帝，晋封岳讬为成亲王。后岳讬因徇庇莽古尔泰等罪论死，特旨从宽免死，降为多罗贝勒，罢兵部任。同年十一月，复摄兵部事。崇德三年（1638年）八月，以岳讬为扬威大将军，贝勒杜度副之，统右翼兵；多尔衮为奉命大将军，统左翼兵，分道攻明。岳讬率军破长城，徇山东，下济南。崇德四年（1639年）正月初九日，因痘病死于军中。其部下蒙古阿兰柴、桑噶尔寨向固山额真谭泰、护军统领图赖等，告发岳讬生前参与莽古尔泰密谋事，岳讬曾召琐诺木入内室密语，与之刀一口、弓二张，"嘱之曰：尔其用此弓善射之，勿忘前约"[3]。谭泰等以事关重大，立即奏闻。岳讬父礼亲王代善立即表态："当按律惩治，抛其骨，戮其子。"命在殿堂，讯问其事。琐诺木对曰："所言总属闲语，并无用心射之之说。"崇德帝皇太极说："此事非虚，前者琐诺木夫妇与莽古尔泰、德格类盟誓佛前，阴图不轨，朕已免琐诺木死。琐诺木妻乃岳讬妻母也，彼时奸谋，岳讬亦必知之。"又说：岳讬胸怀奸慝，上天明鉴，已既中道夺其算矣！"朕既自幼抚养，必不忍加以身后之刑，而仇视其子也"！因此，岳讬其人已死，姑行宥免；琐诺木则数其罪而赦之。

① 《清太宗文皇帝实录》，第26卷，第4页，天聪九年十二月辛巳，中华书局影印本，1985年。
② 《清太宗文皇帝实录》，第26卷，第6页，天聪九年十二月辛巳，中华书局影印本，1985年。
③ 《清太宗文皇帝实录》，第47卷，第10页，崇德四年六月戊子，中华书局影印本，1985年。

总之，皇太极依次消除三大贝勒势力，才"南面独坐"，巩固了君权。

（五）皇太极"南面独坐"

皇太极继承汗位，既非年齿居长，亦非父汗遗命，而是由诸贝勒合议登上汗位的。皇太极对拥戴自己成为新汗的三大贝勒，开始极为优礼：举凡朝会、盛典、宴飨、陛见之时，天聪汗与三位兄贝勒同等地位——俱面南向，并坐听政，地位平等，俨如四汗。在接受群臣三跪九叩礼时，天聪汗免去三大贝勒的君臣之礼，而行兄弟之礼。

先汗努尔哈赤定制，八和硕贝勒共议国政，不能一人自专，三大贝勒及诸贝勒具有左右军政大局的实力与影响。因之，诚如胡贡明所言：天聪汗"虽有一汗之虚名，实无异整黄旗一贝勒也"。这种八旗旗主联合主政的体制，形成汗权分散、王权独立的局面。所以，皇太极与三大贝勒的矛盾是客观存在，冲突难免。皇太极为着削弱三大贝勒实权，费尽权谋心计，采取许多措施。

首先，取消"四大贝勒按月分直"制度。

皇太极建元两年，于天聪三年即崇祯二年（1629年）正月，以关心三大贝勒操劳过度为名，削去他们每月轮流执政的大权。《清太宗实录》记载：

> 先是，天命六年二月，太祖命四大贝勒，按月分直。国中一切机务，俱令直月贝勒掌理。及上即位，仍令三大贝勒，分月掌理。
>
> 至是，上集诸贝勒大臣共议。因令八大臣，传谕三大贝勒："向因直月之故，一切机务，辄烦诸兄经理，多有未便。嗣后，可令以下诸贝勒代之，倘有疏失，罪坐诸贝勒。"三大贝勒皆称"善"。遂以诸贝勒代理值月之事。①

皇太极即位后，遵循太祖定制，让代善、阿敏、莽古尔泰三大贝勒，按月轮流值政，综理军政机务。他刚上台两年多，就借口诸兄烦劳与不便，免去他们"分月掌理"机务之职责，让弟侄辈诸贝勒代替他们每月执政。这些"以下贝勒"名为掌政，实则俯首听命于天聪汗。三大贝勒没有理由、也没有能力拒绝其冠冕堂皇的关怀和照顾，便只好称"善"而已。

---

① 《清太宗文皇帝实录》，第5卷，第2页，天聪三年正月丁丑，中华书局影印本，1985年。

其次，取消"四大贝勒并肩共坐"制度。

皇太极取消"四大贝勒按月分直"制度后，还没有从根本上消除三大贝勒在宗室贵族中所拥有的特殊权力、地位与影响。他在打击并处理二贝勒阿敏后，只有皇太极和代善、莽古尔泰同坐议政，当时称此为"三尊佛"①。他又在以莽古尔泰"御前拔刃罪"，革去其大贝勒爵位之后，便欲取消"并肩共坐"制度。天聪五年即崇祯四年（1631 年）十二月，礼部参政李伯龙提出："莽古尔泰不应当与上并坐。"天聪汗皇太极让诸贝勒大臣会议此事。《清史稿·代善传》记载："初，太祖命四和硕贝勒分直理政事，每御殿，和硕贝勒皆列坐。至是，礼部参政李伯龙请定朝会班制。时和硕贝勒阿敏已得罪，莽古尔泰亦以罪降多罗贝勒，诸贝勒议不得列坐。"在此情况下，代善比较明智，主动谦退。他说：

> 奚独莽古尔泰？上居大位，我亦不当并列。自今请上南面，我与莽古尔泰侍坐于侧，诸贝勒坐于下。②

诸贝勒大臣表示赞成，天聪汗则顺水推舟，旨准照行。皇太极废除"与三大贝勒俱南面并肩共坐"制度，形成面南独尊的君权地位。《满文老档》记载：天聪六年即崇祯五年（1632 年）正月初一日，天聪汗皇太极率诸贝勒大臣拜天祭神毕，入殿升座。皇太极从此开始，南面独尊，君临天下③。

复次，削弱八旗旗主贝勒权力。皇太极继位之后，开始削弱与分散和硕贝勒、旗主贝勒、诸王大臣的权力。据蒋良骐《东华录》记载：天聪汗设立八大臣：正黄旗纳穆秦、镶黄旗额驸达尔哈、正红旗额驸和硕图、镶红旗侍卫博尔晋、镶蓝旗硕三台、正蓝旗拖博辉、镶白旗车尔格、正白旗哈克笃礼，为八固山额真。他们"总理一切事务，与者（诸）贝勒偕坐共议，出猎行师，议定启奏。各领本旗兵行，凡国中大小事，皆听稽查"。

又设十六大臣：正黄旗拜尹图、楞额礼，镶黄旗伊孙达、朱户，正红旗布尔吉、叶克

书,镶红旗吴善、绰和诺,镶蓝旗舒赛、康喀喇,正蓝旗屯布禄、萨壁翰,镶白旗吴拜、萨木什喀,正白旗孟阿图、阿山,他们"佐理国政,审断狱讼,不令出兵驻防"。

还设十六大臣:正黄旗巴布泰、霸奇图,镶黄旗多内、扬善,正红旗汤古代、察喇哈,镶红旗哈哈纳、叶臣,镶蓝旗孟垣额、孟格,正蓝旗阿额昂阿喇、色勒,镶白旗图尔格、伊尔登,正白旗康礼古、阿达海,他们"出兵驻防,以时调遣,仍审理词讼"①。

通过对八旗大臣的调整、增设与新设,削夺、弱化与分解了诸王贝勒、特别是三大贝勒的权力,使八旗固山额真、总管旗务大臣以及调遣大臣之间,相互监督,彼此牵制,从而加强了新汗的权力。其次,在管理国家、处理行政事务中,皇太极也采取了削弱诸王贝勒权力的有力措施。天聪五年即崇祯四年(1631年)初设六部,每部以贝勒一人领部院事。到崇德三年即崇祯十一年(1638年)七月,停诸王贝勒领部院事,其权利再次被削弱。

崇德元年即崇祯九年(1636年)四月,崇德帝举行登极大典。皇太极成为大清国的皇帝。寻定各宫殿名:中宫为清宁宫,东宫为关雎宫,西宫为麟趾宫,次东宫为衍庆宫,次西宫为永福宫;台东楼为翔凤楼,台西楼为飞龙阁;正殿为崇政殿,大门为大清门,大殿为笃恭殿。定制:"自大贝勒以下,出入由左右两阶,不许由御道行走。"②皇权地位,完全确立。

总之,围绕皇太极继承汗位的问题,舒尔哈齐和褚英事件为其前奏。皇太极的汗位继承,先后经过三次大的冲突——阿敏事件、莽古尔泰事件和代善事件。天命朝四大贝勒中的三位大贝勒——代善、阿敏、莽古尔泰,在汗位竞争中均告失败,代善受到沉重打击,阿敏和莽古尔泰为此而丧身。皇太极不仅顺利地继承了汗位,而且成功地巩固了汗位。努尔哈赤创制的汗位继承八旗合议制度,虽使皇太极通过八和硕贝勒共同推举产生,避免了皇位过渡时的骨肉相残;却没有消除、也不可能消除宗室贵族之间的矛盾与冲突。努尔哈赤制定的汗位八旗合议制度,在天命末努尔哈赤身后、崇德末皇太极身后实行了两次,到顺治末孝庄皇太后改制③,以皇帝指定或太后懿旨或先皇遗诏或秘密建储的形式确定皇位继承人,直至清末宣统帝的登极。

---

① 蒋良骐:《东华录》,第1卷,第20~21页,清木刻本。

② 《清太宗文皇帝实录》,第28卷,第29页,崇德元年四月丁亥,中华书局影印本,1985年。

③ 王思治、吕元骢:《清代皇位继承制度嬗变与满洲贵族间的矛盾》,《满学研究》,第3辑,第52页,民族出版社,1996年。

二 宁锦之战

后金—清夺取辽河以东土地后,继续与明朝在辽西进行军事争局:第一局是广宁之战,第二局是宁远之战,第三局是宁锦之战,第四局是大凌河之战,第五局是松锦之战,第六局是山海关之战。其中山海关之战发生于顺治朝,主要是同李自成争战。宁锦之战是皇太极继位后指挥的第一场大战,也是明清辽西争局中承前启后的关键之局。

(一)明建关宁锦防线

明军连失沈阳、辽阳、广宁之后,明在辽河以西的统治,处于风雨飘摇之中。明廷为了力挽危局,守御山海,稳固京师,任命王在晋为蓟辽经略。王在晋被后金军的进攻吓破了胆,提出辽东"无局可布"的悲观论调:

> 东事离披,一坏于清、抚,再坏于开、铁,三坏于辽、沈,四坏于广宁。初坏为危局,再坏为败局,三坏为残局,至于四坏——捐弃全辽,则无局之可布矣![1]

辽西之局,如何部署? 经略王在晋等主张在山海关外八里筑重城,御山海,保京师。金事袁崇焕等则主张在关外二百里宁远筑城,捍山海,卫京师。袁崇焕进士出身,性格特点是"敢走险路,敢犯上司,敢违圣颜"[2]。袁崇焕对上司辽东经略王在晋,薄其无远略;但人微言轻,争辩不得,便将自己意见奏告首辅叶向高。叶不能决,由大学士孙承宗巡边,了解边情,决策方略。王在晋主张尽弃关外城池台堡土地,退守山海关的

---

① 王在晋:《三朝辽事实录》,第 8 卷,第 22 页,江苏省立国学图书馆藏本。

② 阎崇年:《袁崇焕"死因"辨》,《袁崇焕研究论集》,文史哲出版社,1994 年。

消极防御兵略，遭到了巡边大学士孙承宗的批评。王在晋虽经孙承宗"推心告语，凡七昼夜"的规劝，仍冥顽不化，固执己见。孙承宗只好上奏朝廷，免在晋职，奏经旨准，自任督师。孙承宗上任后，采纳袁崇焕等建议，奏报修宁远城，建关锦防线。孙承宗、袁崇焕等在辽西建立关锦防线，阻遏后金军渡河西进，卫守关门，以固京师。关锦防线经过初建、重建和再建三个阶段，历时六年，终于建成。

关锦防线是从山海关到锦州的军事防线，南北纵向，约四百里，以山海关为后劲、宁远为中坚、锦州为前矛。这条辽西防线，分为南北两段：南段从山海关到宁远，约二百里；北段从宁远到锦州，也二百里。早在宁远之战以前，当时的明辽东经略高第主动撤离锦州、右屯、大凌河、小凌河、松山、杏山、塔山、连山等城堡，使得关锦防线的北段即宁远到锦州的防线未能巩固。幸袁崇焕坚守宁远，取得宁远大捷，保住了关锦防线的南段。因之，在此之前，明军实际上仅筑成关锦防线的关宁段。而关锦防线的宁锦段，即宁远到锦州的防线，临战撤退，没有巩固。宁远大捷后，袁崇焕升任辽东巡抚，他奏报旨准，集中力量，建立关锦防线的北段，防御后金进攻。

明军初建的关锦防线，始于天命七年即天启二年（1622年）正月。后金军占领广宁，辽东经略王在晋认为关外无局可守，只能扼守关门。明山海监军金事袁崇焕主守宁远，与王在晋相左。大学士孙承宗主崇焕议。翌年，缮治宁远城，设兵驻守。天启四年（1624年），袁崇焕偕将士东巡，请即修复锦州、右屯诸城。孙承宗以时未可，其议遂寝。翌年"承宗与崇焕计，遣将分据锦州、松山、杏山、右屯及大、小凌河，缮城郭居之。自是宁远且为内地，开疆复二百里"[1]。寻修复锦州、右屯和大凌河三城，其他要塞亦设具屯兵。于是以山海关为后盾总枢，宁远为中坚关城[2]，锦州为前锋要塞，诸城堡为联防据点，守御山海关的串珠式关锦防线初步建成。

可见，孙承宗是明末辽西关锦防线的策划者，袁崇焕是关锦防线的经始者。孙承宗既支持袁崇焕营守宁远、整顿防务，又遣总兵马世龙谋袭耀州、兵败柳河，而遭劾去职。孙承宗的柳河兵败，是辽东明军重攻轻守兵略的再现。孙承宗的去职，表明朝中阉党气焰的嚣张，标志辽军主攻兵略的抬头。所以，王在晋和孙承宗都在辽东重守慎

---

① 《明史·袁崇焕传》，第259卷，第6708页，中华书局校点本，1974年，北京。

② 《明熹宗实录》天启三年闰十月丁亥朔：宁远"南从望海台，北接首山，其与崞珑山相夹处，当大道之冲，可立关城"。

攻兵略上犯下了错误,但二者在动机、性质、程度和效果上有所区别。孙承宗去职后,高第为经略,袁崇焕守宁远。

高第任经略后,提出比王在晋更为消极的防御兵略。高第进士出身,性格"恇怯"①,较王在晋畏敌如虎更为甚之。他出任辽东经略,驻镇山海关,即谓关外必不可守,令全"撤锦州、右屯、大、小凌河及松山、杏山、塔山守具,尽驱屯兵入关,委弃米粟十余万。而死亡载途,哭声震野,民怨而军益不振"②。辽东经略高第大撤退的结果,自毁关锦防线的北段——宁锦防线,导致次年正月后金军兵直犯宁远。但督屯通判金启倧上书袁崇焕言:"锦、右、大凌三城,皆前锋要地,倘收兵退,既安之民,庶复播迁,已得之封疆再沦没,关内外堪几次退守耶!"袁崇焕以此同高第相争,但他力争不可,仍坚持固守:"兵法有进无退,三城已复,安可轻撤?锦、右动摇,则宁、前震惊,关门亦失保障。今但择良将守之,必无他虑。"高第不听,他则誓言:"我宁前道也,官此,当死此,我必不去!"③袁崇焕抗命不撤,率兵撄守孤城宁远,夺取宁远大捷,关宁防线坚固,京师弹冠相庆。宁远之捷表明,宁远孤城尚且挫败天命汗的南犯,关宁防线更能抵御后金军的强攻。袁崇焕因宁远之功升任辽东巡抚后,着手重建被高第自毁的关锦防线北段——宁锦防线。

明军重建宁锦防线,始于天命十一年即天启六年(1626年)四月。其时,宁远迤北诸城堡,或被后撤的明辽军所自毁,或被败退的后金军所焚毁。辽东巡抚袁崇焕在同月疏陈战守布置大局中,奏报修缮山海四城——榆关、中前、前屯、中后为始。此四城为关宁防线的南段,分作两期整修。第一期,为同年四月至七月中,刚缮修之城,被豪雨冲毁:"淫雨为灾,山海关内外,城垣倒塌,兵马压伤,宁远、前屯、中后等城修筑者,既成复坏。"④于是又进行第二期修缮,自雨季过后至同年末,山海四城,缮筑完工。

关宁防线北段四城——宁远、中左、锦州、大凌河,自同年九月进行酝酿,袁崇焕奏报此事言:"适内臣刘应坤、纪用至宁远,遂与镇臣赵率教四人,并马历锦(州)、右(屯)、义(州)、广(宁)而东。其诸城堡向臣经灰烬之余,尚见颓垣剩栋,今止白骨累累,残冢

①　《明史·王洽传附高第传》,第257卷,第6626页,中华书局校点本,1974年。
②　《明史·袁崇焕传》,第259卷,第6709页,中华书局校点本,1974年。
③　《明史·袁崇焕传》,第259卷,第6709页,中华书局校点本,1974年。
④　《明熹宗实录》,第74卷,第11页,天启六年七月丁亥,台北中央研究院历史语言研究所校勘本,1962年。

依稀而已。"①锦州、右屯、义州、广宁等地,残垣一片,白骨蔽野,急需修城,戍兵聚民。自七年正月至五月,即后金军进攻宁远、锦州之前,宁远、锦州两城,修缮基本完工。其他大凌河城、小凌河城等及诸堡城多未修完②。在此期间,袁崇焕遣使持书,前往后金议和,以和缓彼,借机修城。及彼探知,城已缮竣,负山阻海,固若金汤。袁崇焕在修城的同时,又遣将、派军、治具、备粮、屯民。经过紧张而有序的部署,重建的关宁防线北段——宁锦防线基本完成,保障了宁锦之战的胜利。但是,宁锦大捷后,宁锦防线部分遭到毁坏或削弱。关外明辽军与后金军对峙,需要再建宁锦防线。

明军再建的关宁防线,始于袁崇焕升任蓟辽督师之后。宁锦大捷之后,崇焕辞职归里。天聪二年即崇祯元年(1628 年)五月,后金军南进,"明兵弃锦州,遁往宁远"。后金军进略锦州、松山,遂"堕锦州、杏山、高桥三城,并毁十三山站以东墩台二十一处"③。宁锦防线因袁崇焕辞职与后金军南进,受到削弱或破坏,因而产生再建宁锦防线之举措。宁锦防线的再建,以袁崇焕被重新启用,任兵部尚书兼蓟辽督师,并抵关,赴宁远,整顿关外防务为始。再建宁锦防线,前已述,故从略。

明军建立的关宁锦防线,是一个复杂的辽西军事防御系统。先是,明在辽东陆路设镇、路、卫、所、堡防御体系。明在辽东失陷辽阳镇,在辽西失陷广宁镇之后,其陆路防御体系被后金军完全打破。为阻遏后金军南犯,需在关外辽西走廊建立一道防御系统,这就是关宁锦防线。关宁锦防线的北段——宁锦防线,南起宁远,北至锦州,以宁远为后劲、锦州卫城为中坚、大凌河城为前矛,又以所城、台堡作联络,负山阻海,势踞险要;配以步营、骑营、车营、锋营、劲营、水营诸兵种,置以红夷大炮、诸火炮等守具,备以粮饷、马料、兵械、火药;并屯田聚民,亦屯亦筑,且守且战,相机进取:从而形成沿关外辽西走廊,纵深四百里,以宁远为中坚,山海关为后盾,锦州为前矛,其间中前、前屯、中后、中右、中左、右屯、大凌河、小凌河诸城,形同肩臂,势如联珠,新旧城堡,选将设兵,从而形成一道军事防御体系,遏敌南进,保卫辽西,御守关门,以固京师。关宁锦防线的意义,以宁锦之战前为例,略析如下:

第一,指挥。明获宁远大捷后,辽西指挥,发生变动。时魏忠贤窃权,内监势焰嚣

①　《明熹宗实录》,第 76 卷,第 15 页,天启六年九月戊戌,台北中央研究院历史语言研究所校勘本,1962 年。

②　《清太宗文皇帝实录》,第 3 卷,第 11 页,天聪元年五月乙亥,中华书局影印本,1985 年。

③　《清太宗文皇帝实录》,第 4 卷,第 9 页,天聪二年五月癸未,中华书局影印本,1985 年。

张。天启帝以"率循旧制，断在必行"，特于天命十一年即天启六年（1626 年）三月初四日决定，特命内臣镇守：设立镇守山海关等处太监一员，司礼监秉笔太监、总督忠勇营兼掌御马监印务刘应坤；左右镇守太监二员，乾清宫管事提督、忠勇营御马监太监陶文、纪用，分守中军太监三员，乾清宫打卯牌子、忠勇营中军、御马监太监孙茂霖、武俊、王莅朝，仍俱在山海关驻扎。他们任务虽为清查粮食器械数目、官兵马匹强弱，但奉旨将"声息缓急、进止机宜，务要据实、直写密封，不时星驰来奏"①。魏忠贤用意在：内监出镇，收揽兵柄②。闻旨，廷议纷纷，人心惶惶，内外百官，纷上驳疏。兵部尚书王永光疏称："迩者宁远一捷，中外稍稍吐气。当事者且议裁经略、裁总兵，专任袁崇焕，以一事权。而随以六内臣拥聚斗大一关，事权不愈梦乎？万一袁崇焕瞻回顾望，致误封疆，则此罪崇焕任之乎？内臣任之乎？"③又上疏："此六臣者，与崇焕等为同乎，为异乎？将为同，则无用往也；使为异，则害有不可言者！"④袁崇焕亦具疏言："兵，阴谋而诡道也，从来无数人谈兵之理。臣故疏裁总兵，心苦矣。战守之总兵且恐其多，况内臣而六员乎！"⑤其结果是：君命难违，圣断必行。袁崇焕抗疏不允，便善处同内监之关系，曾同内臣刘应坤、纪用及总兵赵率教，并马巡历锦州、右屯地带，所见各城，灰烬之余，颓垣剩栋，白骨累累，残冢依稀，"内臣见所未见，感倍于臣。遂邀镇臣与祝于北镇山神，誓图所以恢复者"⑥。后袁崇焕奏请内监纪用等"移巡阅关外，与袁崇焕料理边事"⑦。后金兵围锦州紧急关头，袁崇焕上《欲迎内镇协守疏》。得旨："据奏宁抚迎内镇，自是并力协守之计。"袁巡抚同监军太监周旋，得到了他们的理解。镇守内

---

①　《明熹宗实录》，第 69 卷，第 5 页，天启六年三月丁未，台北中央研究院历史语言研究所校勘本，1962 年。

②　《明史·魏忠贤传》，第 305 卷，第 7821 页，中华书局校点本，1974 年。

③　《明熹宗实录》，第 69 卷，第 8 页，天启六年三月己酉，台北中央研究院历史语言研究所校勘本，1962 年。

④　《明熹宗实录》，第 69 卷，第 9 页，天启六年三月庚戌，台北中央研究院历史语言研究所校勘本，1962 年。

⑤　《明熹宗实录》，第 69 卷，第 20 页，天启六年三月癸亥，台北中央研究院历史语言研究所校勘本，1962 年。

⑥　《明熹宗实录》，第 76 卷，第 15 页，天启六年九月庚午朔，台北中央研究院历史语言研究所校勘本，1962 年。

⑦　《明熹宗实录》，第 79 卷，第 25 页，天启六年十二月乙丑，台北中央研究院历史语言研究所校勘本，1962 年。

监奏报袁崇焕重建的宁锦防线，城势更高，堡垒更固，设备更严，军力更强，"著著皆实，毫无粉饰"。袁崇焕在极力协和与内监关系的同时，还调整同督、将的关系。

明获宁远大捷后，同年三月，袁崇焕升任辽东巡抚。督师王之臣、巡抚袁崇焕、大将满桂之间，先是"同心戮力，共保宁城"，至是产生"廉蔺之隙"①。他们或相互参劾，或乞移别镇，或上疏求去。朝廷拟将满桂调离宁远，回任京师。王之臣疏求把满桂留下，调到山海关。但袁不同意，奏请"乞休"。王之臣也疏请"引避"。庙堂谕言："始因文、武不和，而河东沦于腥膻；继因经、抚不和，而河西鞠为茅莽：覆亡之辙，炯然可鉴。"②朝廷鉴于督抚生隙、文武不和的教训，决定王之臣加衔回部，命袁崇焕兼制调度关门兵马。但是，事过不久，改变主意。朝廷要他们"鉴不和之覆辙，破彼此之藩篱，降志相从，和衷共济"③。经过廷议，袁、王留任，但袁管关外防务，王管关内防务，分辖信地，同功同罪，"关内关外，分任责成"④。袁崇焕与王之臣都表示："各捐去成心"，重归于好。袁又表态，同意将满桂留任，并愿与之和好。七月，令满桂为征虏将军，驻山海关，兼管四路。调总兵赵率教由前屯移驻宁远，总兵左辅先代居前屯⑤。后就抚赏之事，蓟辽总督阎鸣泰与辽东巡抚袁崇焕分负其责："阎鸣泰任关内，袁崇焕任关外，照地方分抚，以便责成。"⑥

明军辽西诸城官将作出调整，遣将分守。于山海关，崇焕采纳王之臣言，获帝旨允，由满桂任征虏将军，镇守山海关："命桂挂印，移镇关门。"⑦于前屯，以其系辽东南路前屯路城，合宁远卫城，而称为宁前路。它南护关门，北济宁远，西连蒙古桑昂寨，并

① 《明熹宗实录》，第72卷，第7页，天启六年六月戊寅，台北中央研究院历史语言研究所校勘本，1962年。

② 《明熹宗实录》，第81卷，第6页，天启七年二月癸卯，台北中央研究院历史语言研究所校勘本，1962年。

③ 《明熹宗实录》，第73卷，第4页，天启六年闰六月乙巳，台北中央研究院历史语言研究所校勘本，1962年。

④ 《明熹宗实录》第73卷，第11页，天启六年闰六月己酉，台北中央研究院历史语言研究所校勘本，1962年。

⑤ 《明熹宗实录》，第74卷，第9页，天启六年七月壬午，台北中央研究院历史语言研究所校勘本，1962年。

⑥ 《明熹宗实录》，第82卷，第7页，天启七年三月癸酉，台北中央研究院历史语言研究所校勘本，1962年。

⑦ 《明史·满桂传》，第271卷，第6959页，中华书局校点本，1974年。

以中后归其汛地,故由总兵赵率教,尽带关内兵马,出壁前屯,以捍关门,以援宁远,"关内关外,照应声援"①,精密坚饬,乘间击敌。后改任左辅镇守前屯。于宁远,袁崇焕在《战守布置大局疏》中,做出周详而切实的部署,甚至对城上设置西洋炮及司炮官员、对街道牌甲的守兵饮食等都作了安排,并将中右所划入宁远防守汛地,还将觉华岛水师策应作出安排。袁崇焕则驻守宁远,并率总兵满桂(后移镇关门)、副总兵王牧民、左辅、刘永昌、朱梅,参将祖大寿,中军何可纲等分信协守。于锦州,由太监纪用和总兵赵率教(后移镇于此)镇守。后袁崇焕擢祖大寿为前锋总兵官,"挂征辽前锋将军印,驻锦州"②。四月,命原宁夏杜文焕为总兵,调任宁远。总兵尤世禄驻锦州,总兵侯世禄驻前屯,左辅加总兵衔驻大凌河城;满桂照旧驻关门,节制四镇及燕河、建昌四路,赐尚方剑,以重事权③。当后金兵渡辽河的警报传来时,明朝迅即调整各将防地,重新部署兵力:命满桂移镇前屯,原驻此地侯世禄同三屯总兵孙祖寿移驻山海、宣府,黑云龙移驻一片石,蓟辽总督阎鸣泰移镇关城。临战前,总兵赵率教尚在锦州负责筑城,责令他与副将左辅、朱梅、监军太监纪用等"撄城固守"。袁崇焕奉命驻宁远,"居中调度,战守兼筹"。这些将领久历战阵,作战勇敢,富有经验。如满桂、赵率教、左辅、祖大寿等都经历宁远血战,立下军功。天启帝称赞"左辅、祖大寿、朱梅俱久在塞垣,将略素著,兵民倚赖"。

以上诸将,所守之城,即为信地,专责其成,战则一城援一城,守则一节顶一节,信守不渝,死生与共。袁崇焕将年迈母亲和妻子从南国接到危地宁远,赵率教也把自己的妻儿迁来居住。他们誓言:"土地破,则家与之俱亡!"各营官兵,同仇敌忾,"共力协心,争奋恐后"。

第二,筑城。后金与明朝的战史表明,后金骑兵长于野战,明朝步兵凭藉坚城。袁崇焕总结辽事以来血的教训说:"虏利野战,惟有凭坚城以用大炮一着。"④大炮,需要架设在城上;坚城,成为大炮之凭藉。故辽东巡抚袁崇焕将缮筑城垣,作为建立宁锦防

　　① 《明熹宗实录》,第72卷,第19页,天启六年十二月庚申,台北中央研究院历史语言研究所校勘本,1962年。

　　② 《清史稿·祖大寿传》,第234卷,第9420页,中华书局标点本,1977年。

　　③ 《明熹宗实录》,第83卷,第23页,天启七年四月癸亥,台北中央研究院历史语言研究所校勘本,1962年。

　　④ 《明熹宗实录》,第79卷,第19页,天启六年十二月庚申,台北中央研究院历史语言研究所校勘本,1962年。

线的重要一着。在宁远和宁锦两次战争期间,辽军进行紧张的修城工程。天命十一年即天启六年(1626年)春,宁远之捷后,袁崇焕即着手修治被战火毁坏的宁远、毁于火灾的中后所及前已毁损的前屯卫、中右所、中前所五座城垣。调用班军,责期完工,有违制者,分别处治①。

修城工程尚未告竣,关内外遭到雨灾:"山海内外,官舍民居,倒塌无算;军马露处,死病相连;中前禾黍,狼藉波涛。前屯、中后、右复然。粮草三军命脉,皆飘荡如洗。阶苔积滑,灶已产蛙。"②淫雨为灾严重,城垣修而复坏,前屯、中前所、中所、后所、右所等都遭受严重水灾。宁远、前屯、中后等城,新葺之垣,遭雨倒塌。同年秋,又调秋班军复行修葺城池。至本年末,山海诸城,未完者完之,覆圮者补之,浚壕筑垣,扼险置器,壁垒一新,固若金汤。

兵部尚书冯嘉会题复辽东巡抚袁崇焕疏,总结秋季修城工程成绩称:"山海四城,业已鼎新,诚所谓重关累塞矣。"③次年春季,进行宁远迤北诸城的修治。时自高第尽撤去,宁远外无城障。袁崇焕奏请:"修松山等处扼要城池,以四百里金汤,为千万年屏捍,所用班军四万,缺一不可。"④明廷决定调派去年秋班与今年春班,共合四万班军,修缮中左⑤、锦州、大凌河诸城,皆为扼要之区,为明进取之地。四万班军,分班筑城,合计工时,按期责成。期于一年,"并力修举,通期竣工"⑥。锦州城工刚竣,后金骑兵进围;其他二城,未及完工。

---

① 《明熹宗实录》,第71卷,第10页,天启六年五月辛亥,台北中央研究院历史语言研究所校勘本,1962年。

② 沈国元:《两朝从信录》,第31卷,天启六年七月,明崇祯刻本。

③ 《明熹宗实录》,第80卷,第4页,天启七年正月戊寅,台北中央研究院历史语言研究所校勘本,1962年。

④ 《明熹宗实录》,第79卷,第19—20页,天启六年十二月庚申,台北中央研究院历史语言研究所校勘本,1962年。

⑤ 辽西中左所城有三:塔山中左千户所城、松山中左千户所城和大凌河中左千户所城。此处中左似应指松山中左千户所城。因为:其一,袁崇焕于天启六年十二月庚申疏言:"今山海四城鼎新,重开累塞。又修松山等处扼要城池。"其二,十八日后即七年正月戊寅,兵部题复"山海四城,业已鼎新,诚所谓重开累塞矣。由此而中左、而锦州、而大凌河,皆系扼要之区"云云。由上,似知此中左既非塔山,亦非大凌河,而是松山中左千户所城。松山位于今辽宁省锦州市锦县松山乡所在地,因其地有松山而得名。

⑥ 《明熹宗实录》,第80卷,第4页,天启七年正月戊寅,台北中央研究院历史语言研究所校勘本,1962年。

此期三季,修治八城①。其军事价值,袁崇焕题云:

> 慨自河西失陷,缩守关门,无论失地示弱,即关门亦控扼山溪耳,何能屯养十三万兵马? 虽进而宁前,四城金汤,长二百里,但北负山,南负海,狭不三四十里,屯兵六万、马三万、商民数十万于中,地隘人稠,犹之屯十万兵于山海也。地不广则无以为耕,资生少,具一靠于内地供给。贫瘠而士马不强,且人畜错杂,灾沴易生。故筑锦州、中左、大凌三城,而拓地一百七十里之不可以已也。自中左所以东渐宽,锦州、大凌,南北而东西相方,四城完固,屯兵民于中,且耕且练。贼来我坐而胜,贼不来彼坐而困②。此三城之必筑者也。业已移兵民于三城之间,广开屯种。……是三城之完不完,天下之安危系之。此三城不得不筑,筑而立刻当完者也。锦州三城若成,有进无退,全辽即在目中。乘彼有事东江,且以款之说缓之。而刻日修筑,令彼掩耳不及。待其警觉,而我险已成。三城成,战守又在关门四百里外,重障万全。③

上引题疏,重在阐明:在关锦防线,既要缮修南四城,以加强其南段——关宁防线;更要缮治北四城,以加强其北段——宁锦防线,屯兵屯民,恃城耕练,开疆拓地,凭城御守,战守北推二百里,坐操制敌之胜券。

第三,整军。袁崇焕曾任关外监军而掌练兵事,又经历战阵,故熟知辽兵之弊。他在建立关宁防线过程中,以辽人守辽土,重建一支辽军。先是熊廷弼认为"辽人必不可用",用兵征于外省。"辽人守辽"之说,始自李成梁之子如桢④,经略孙承宗疏议,用辽人以守辽土,他说:"盖安辽人即所以安天下也!"孙承宗去职后,袁崇焕实现之。袁崇焕坚持"以辽人守辽土"为"聚兵"之计,大力推行,收到实效。他说,自辽事以来,外省调募之兵,皆为市井乌合,御敌不足,鼓噪有余,靡费金钱,不得一用,不能援辽,反而扰辽。他破以往成议,将外兵撤回,招辽人填充。袁崇焕说:"南兵脆弱,西兵善逃。"袁崇

---

① 八城:为山海关、前屯、中后(今绥中)、中右(沙后)和宁远、中左(松山)、锦州、大凌河。
② 囮:《明熹宗实录》天启七年五月庚辰作"困"。
③ 王在晋:《三朝辽事实录》,第17卷,第17～18页,江苏省立国学图书馆藏本。
④ 熊廷弼:《敬陈战守大略疏》,《明经世文编》,第480卷,第5282页,中华书局影印本,1962年。

焕奏言："远求难致之兵,何如近取回乡之众?"①袁崇焕对"以辽人守辽土",从理论上论述,从军事上实证,从舆情上宣传,从行动上落实。在宁远之战与宁锦之战期间,他着重对辽军进行了整顿与建设——裁冗、选将、编制、治械和备饷等。

于裁冗,袁崇焕疏请撤回调兵,招补辽人。明之辽军,多从关内调募,"兵非贪猾者不应,将非废闲者不就"②。先是,袁崇焕为改变上述状态,议用乡兵即粤东之步兵和粤西之狼兵③,但未能实现。时袁崇焕奏言以新募辽兵取代部分调兵:"意欲稍破成议,撤回调兵,即招辽人以填之。"④兵部议复称:此议"卓识深谋,迥出流辈,且选辽兵实辽伍,养辽人守辽地,智者无以易此"⑤。疏经旨允,裁汰调募冗兵四千余员,而以辽民精壮者补之。客军官疲兵猾,困扰辽军多年,成为辽军积弊,智者虽想改革,朝廷内外,未得良策。袁崇焕疏议的上述办法,策划周全,切实可行。这于明军之兵源、素质,均有极大意义。

于选将,袁崇焕先前重血缘关系,疏荐其叔袁玉佩、其至戚林翔凤等,称"其招之练之督之而战,始终臣与臣叔及林翔凤三人"⑥。此番构想,未能实现。时袁崇焕荐选官将,由远选而为近取——"将则近取"⑦。就是从在并肩战火中烤炼过的军官中选拔。遴选"猷略渊远,着数平实"⑧的赵率教、"辽人复辽,此其首选"⑨的祖大寿以及不受私馈、韬钤善谋的何可纲等为股肱之将。天命十一年即天启六年(1626年)五六月间,袁

①　王在晋:《三朝辽事实录》,第17卷,第20页,江苏省立国学图书馆藏本。

②　《明熹宗实录》,第79卷,第6页,天启六年十二月丁未,台北中央研究院历史语言研究所校勘本,1962年。

③　袁崇焕:《天启二年擢佥事监军奏方略疏》,《袁督师事迹》,道光伍氏刻本。

④　《明熹宗实录》,第78卷,第9页,天启六年十一月甲申,台北中央研究院历史语言研究所校勘本,1962年。

⑤　《明熹宗实录》,第79卷,第7页,天启六年十二月丁未,台北中央研究院历史语言研究所校勘本,1962年。

⑥　袁崇焕:《天启二年擢佥事监军奏方略疏》,《袁督师事迹》,道光伍氏刻本。

⑦　《明熹宗实录》,第71卷,第18页,天启六年五月庚申,台北中央研究院历史语言研究所校勘本,1962年。

⑧　《明熹宗实录》,第71卷,第19页,天启六年五月庚申,台北中央研究院历史语言研究所校勘本,1962年。

⑨　《崇祯长编》,第12卷,第28页,崇祯元年八月丙辰,台北中央研究院历史语言研究所校勘本,1962年。

巡抚疏准营伍调补将领共二十六员①,即为一例。

于编制,整顿关上与关外、南兵与北兵、招募与家丁等编制混乱、互不相属,而难以发挥整体战斗力的状况。经过整编,核实为九万二千二百三十一员名,其序列:分战兵与守兵——战兵为机动作战部队,分为步营、骑营、锋营、劲营、水营,含步兵、骑兵、车兵、水兵等兵种;守兵为戍城守堡部队,按其所戍城堡大小,分为屯守、马援、台烽等不同编制;另有镇军、驿骤、拨马,以警卫、驿传和哨探。辽军整刷编制后,明章程,严法度,分屯束伍,齐肃训练②。

于治械,袁崇焕奏称,“关外不苦无兵,只苦无盔甲、器械、马匹”③。他奏请添置火炮,调集火药,整修器械,查盔甲,点守具,辽军武器装备,得到极大改善,御守实力增强,分数明白,焕然一新。

于备饷,屡疏户部,催运粮饷;并奏准“于关外另设饷司,与关内分收分发”④。后锦州被围近月,城内粮食,尚且盈余。

经过整顿的辽军,战有良将,守有精兵,上下协调,彼此呼应,提升了辽军整体战斗力。

第四,屯田。建立关锦防线有两个相关的难题:辽军粮饷难驰解,辽东流民难安置。筹措粮饷,安置流民,以辽土养辽人,以辽人守辽土,办法之一,便是屯田。用兵之道:进则因粮于敌,退则寓兵于农。先是,明初辽东屯田,寓兵于农,日久生弊,屯法大坏。辽事以来,熊廷弼、孙承宗亦主屯田,人去而屯废。时宁远战火刚熄,袁崇焕急请银四十五万两,“外解不至,内库匮乏,计臣攒眉无措。且先议二十万,而户、工二部,彼此争执,延至四十日尚不决。虽有旨派定分数,而工部六万尚不知何处措办;户部止有四万,其十万又迟之外催”⑤。袁崇焕奏请屯田,天启帝以军情急迫,严加防御,“屯田

---

① 《明熹宗实录》,第 71 卷,第 26 页,天启六年五月丙寅;第 72 卷,第 3 页,天启六年六月甲戌,台北中央研究院历史语言研究所校勘本,1962 年。

② 《明熹宗实录》,第 71 卷,第 17~18 页,天启六年五月庚申,台北中央研究院历史语言研究所校勘本,1962 年。

③ 《明熹宗实录》,第 78 卷,第 9 页,天启六年十一月甲申,台北中央研究院历史语言研究所校勘本,1962 年。

④ 《明熹宗实录》,第 81 卷,第 16 页,天启七年二月壬子,台北中央研究院历史语言研究所校勘本,1962 年。

⑤ 《明熹宗实录》,第 69 卷,第 15 页,天启六年三月己未,台北中央研究院历史语言研究所校勘本,1962 年。

事从容酌议"。

粮饷供给不上,战争形势紧迫。袁崇焕再上《请屯田疏》,极言不屯之七害与屯田之七利。

其不屯的七害是:"臣敢补牍,请先言不屯之害:今日全辽兵食所仰藉者,天津截漕耳,国储外分,京庾日减,一不便。海运招商,那移交卸,致北直、山东为之疲累,二不便。米入海运,船户、客官沿海为奸,添水和沙,苫盖失法,米烂不堪炊,贱卖酿酒之家,而另市本色,有名无实,三不便。辽地新复,土无所出,而以数十年之坐食,故食价日贵,且转贩而夺蓟门之食,蓟且以辽窘,四不便。今调募到者,俱游手也,不以屯系之,而久居世业,倏忽逃亡,日后更能为调募乎? 五不便。兵不屯则著身无所,既乏恒产,安保安心? 故前之见贼辄逃者,皆乌合无家之众也,六不便。兵每月二两饷,岂不厚? 但不屯无粟,百货难通,诸物尝贵,银二两不得如他处数钱之用,兵以自给不敷而逃亡,七不便。"

其屯田的七便是:"请更端而言屯之利:计伍开屯,计屯核伍,而虚冒之法不得行,便一。兵以屯为生,可生则亦可世,久之化客兵为土著,而无征调之骚扰,便二。屯则人皆作苦,而游手之辈,不汰自清,屯之即为简之,便三。伍伍相习,坐作技击,耕之即所以练之,便四。屯则有草、有粮,而人、马不饥困,兵且得剩其草干、月粮,修整庐舍,鲜衣怒马,为一镇富强,便五。屯之久而军有余积,且可渐减干草、月粮以省饷,便六。城堡关联,有浍有沟,有封有植,决水冲树,高下纵横,胡骑不得长驱,便七。"①

疏上,旨许。天启帝命袁崇焕悉心区处,免致错误。袁崇焕将屯田、御守、争战相结合,使民安、兵强、镇富相联系,从而促进了关锦防线的重建及其强固。赵率教曾集辽人五六万,择其壮者从军,给其余者牛种,招抚流亡,大兴屯田,为屯田提供实际经验②。

第五,抚蒙。漠南蒙古东部诸部,靠近关锦防线。明朝对蒙古,注重抚赏,联蒙诸部,对抗后金。明朝对蒙古的抚赏,天启初给察哈尔四万,后增到八万一千两,进行笼络。抚赏分作关内关外进行,王象乾管关内,袁崇焕管关外。作为辽东巡抚的

---

① 《明熹宗实录》,第78卷,第22～23页,天启六年十一月乙未,台北中央研究院历史语言研究所校勘本,1962年。

② 《明史·赵率教传》,第271卷,第6962页,中华书局校点本,1974年。

袁崇焕，对察哈尔林丹汗与哈喇慎三十六家，赏酒食、颁额赏，即以厚赏抚款，联手蒙古，以"一意防奴"①。明又命袁崇焕分抚关外，从而便于责成行赏。他重安置，时漠南蒙古内喀尔喀部民，受后金攻逼，纷投明边，遂安置之、厚存之。并对其中汉人移住前屯，"强者为兵，分插各堡"。他利用矛盾，后金灭叶赫，叶赫贝勒金台石的孙女是林丹汗的苏泰汗后，以此联结他抗金。林丹汗也扬言"助明朝"。他重联合，为防后金军从宁、锦虚脆之后溢出，约察哈尔部林丹汗遣其领兵台吉桑昂寨将十万东行，并约内喀尔喀"亦西来合营"②。他重宣谕，锦州有事即遣人令察哈尔部领赏，亲贵英恰"率拱兔、乃蛮各家从北入援"③。并督林丹汗所属诸营"扬旗于锦州之地"。以上举措，力求维系明朝与蒙古的联盟，使"西不与东合"，为巩固关锦防线、抗御后金军西犯增强了力量。

明辽东巡抚袁崇焕重建的关锦防线，以其精明之指挥，坚固之城池，勇劲之军旅，有效之屯田，守为正着，战为奇着，款为旁着，凭城用炮，以炮护城——关锦防线在宁锦激战中，成为坚不可摧的长城。

但是，在明朝重建关锦防线、准备未来大战的同时，后金也在进行战争准备。宁远鏖战结束之日，便是宁锦激战准备之始。宁远之战是宁锦之战的前因，宁锦之战则是宁远之战的后续。从宁远之战结束，到宁锦之战以前，有一年零四个月的时间。在这段时间里，后金发生了四件军政大事。第一件是努尔哈赤病死，皇太极继承汗位（上节已述）。第二件是明朝与后金进行议和活动（后有专述）。明廷的意图是借议和使臣往来，察探后金内部实情，争取时间，抢修城垣，巩固关宁锦线；后金的意图则是借谈判拖延时间，防止明军利用"大丧"北进，东向进攻朝鲜，巩固新汗权位。第三件是征抚右翼蒙古（另有专述），第四件是用兵左翼朝鲜（后面专述）。后金兵败宁远，心有余悸，未敢轻举。后金进攻明朝，需做两项准备：剪弱明军两翼——征抚蒙古，降服朝鲜。正如袁崇焕所分析："我欲合西虏而厚其与，彼即攻西虏而伐我之交；我藉鲜为牵，彼即攻鲜而

① 《明熹宗实录》，第72卷，第18页，天启六年六月戊子，台北中央研究院历史语言研究所校勘本，1962年。

② 《明熹宗实录》，第70卷，第33页，天启六年四月己亥，台北中央研究院历史语言研究所校勘本，1962年。

③ 《明熹宗实录》，第84卷，第19页，天启七年五月甲申，台北中央研究院历史语言研究所校勘本，1962年。

空我之据。"后金征抚蒙古,破坏明廷"抚西虏以拒东夷"策略的实现。后金进攻朝鲜,下义州、占平壤,朝鲜国王李倧逃出王京,避居江华岛,李倧与后金贝勒阿敏等订立"城下之盟"。后金此举,一石三鸟:降服朝鲜,侧敲东江,解除攻明后顾之忧。

所以,后金与明朝的战争,不可避免,一触即发。时后金发生饥荒,谷一斗,银八两,至有食人肉者①。皇太极发动战争,让官兵向辽西抢粮食,转移社会矛盾,缓和社会危机。天聪汗皇太极藉新登汗位的英气,凭远征朝鲜得胜的锐气,发动了宁锦之战。

(二)宁锦之战

天聪元年即天启七年(1627年)五月初六日,后金天聪汗皇太极,以"明人于锦州、大凌河、小凌河筑城屯田"②,没有议和诚意为借口,亲率数万军队,谒堂子,出沈阳,举兵向西,进攻宁(远)、锦(州)。皇太极从征朝鲜班师的大军中,选出两万精兵,于七八两日,西渡辽河,哨马至闾阳驿,兵锋直逼锦州。

明军得到后金兵锋到闾阳驿的哨报后,立即部署:满桂移驻前屯,孙祖寿移驻山海关,黑云龙移驻一片石,蓟辽总督阎鸣泰移镇关门,并调陕西总兵侯世禄镇守山海。锦州防务:以副总兵金国奇为左翼,以副总兵朱梅为右翼,平辽总兵赵率教居中调度,贾胜领奇兵东西策应,镇守太监纪用驻锦州。其他也作了相应安排。辽东巡抚袁崇焕对兵略作了奏报:"守为正着,战为奇着,款为旁着,以实不以虚,以渐不以骤。"③袁崇焕的奏报,得到朝廷旨准。

初九日,皇太极率兵至广宁旧边,选精锐,为前哨,捉敌骑,探虚实。后金军前进时分为前队、中坚、后队。皇太极命贝勒德格类、济尔哈朗、阿济格、岳讬、萨哈廉、豪格率护军精骑为前队,攻城诸将率绵甲军等携云梯、楯牌诸器械为后队,亲自同代善、阿敏、莽古尔泰诸贝勒率领大军居中,八旗三队,鱼贯而行。后金军行进,分为前、中、后三队;作战,则列为左、中、右三路。

---

① 《旧满洲档》,天聪元年六月二十三日,台北故宫博物院影印本,1969年。
② 《清太宗文皇帝实录》,第3卷,第11页,天聪元年五月辛未,中华书局影印本,1985年。
③ 《明熹宗实录》,第84卷,第11页,天启七年五月庚辰,台北中央研究院历史语言研究所校勘本,1962年。

初十日，皇太极至广宁。后金捉获明军哨卒，经讯问得知：右屯卫以百人防守，小凌河、大凌河修城未竣也以兵驻防，锦州城修缮已毕，马步卒三万人。皇太极命乘夜进军，轻取右屯卫城，直奔大凌河城。

十一日，后金军由纵向的前、中、后三队，调整为横向的左、中、右三路——皇太极自率两黄旗和两白旗兵为中路，直趋大凌河城；大贝勒代善、阿敏，贝勒硕讬及总兵官、固山额真等，率两红旗和镶蓝旗兵为右翼，直趋锦州城；大贝勒莽古尔泰率正蓝旗兵为左翼，直取右屯卫。中路皇太极军逼近大凌河城，时城工未竣，守城兵撤往锦州。左翼莽古尔泰军逼近右屯卫，时城工也未竣，守军逃遁，奔向锦州。后金军轻取大凌河、右屯卫两城后，三路大军，会师锦州，距城一里，四面扎营。

锦州激战　后金兵进抵锦州城外，四面扎营布兵，将锦州城，严密包围。时明太监纪用、总兵赵率教驻锦州，负责筑城、守城。朝廷刚下达任命，令尤世禄代赵率教守锦州，副总兵左辅为前锋官驻大凌河。他们还没有上任，后金兵已兵到锦州。大凌河、右屯卫等城，尚未修好，无坚可恃。当后金兵将至时，左辅等人，撤入锦州，凭城固守，准备抵抗。沿边小堡，也都撤兵，归并大城，坚壁清野，合力御敌。

锦州城，即广宁中屯卫城，位于小凌河与哈喇河之间，北依红螺山，南临辽东湾，地处险要，势踞形胜，为明宁锦防线之前沿要塞。先是，锦州城，本辽锦州，元永乐县旧址。明洪武二十四年（1391 年），指挥曹奉修筑。周围五里一百二十步，高二丈五尺。成化十二年（1476 年），都指挥王锴增广南北四十五丈、东西九十五丈。弘治十七年（1504 年），参将胡忠、备御管升并城南关，周围六里一十三步，形式若盘，俗称之盘城。池深一丈二尺，宽三丈五尺，周围七里五百七十三步。门四：东宁远，南永安，西广顺，北镇北①。同年春，袁崇焕遣官督班军缮竣锦州城。锦州城由内监纪用和总兵赵率教驻守，总兵左辅、副总兵朱梅为左、右翼，统兵三万，凭城御敌。时"总兵赵率教惩浑河、沈阳之事，不纳溃兵"②。后金纵还台堡降卒二千，赵率教拒之。虽往返议和之使，也不令入城。

十二日，纪太监和赵总兵派官至后金军营中，商谈议和。先是，明军对后金来犯，备中有虞。所谓备，即缮城整军，治械储粮；所谓虞，即夏季敌犯，出乎预料。辽东巡抚

---

① 《全辽志》，第 1 卷，第 13 页，《辽海丛书》影印本，辽沈书社，1984 年。

② 魏源：《圣武记》，第 1 卷，第 23 页，中华书局，1984 年。

袁崇焕在锦州被围九天前疏称:"无奈夹河沮洳,夏水方积,未可深入,而夷且聚兵以俟也;水潦既退,禾稼将登,况锦州诸城一筑,又东虏之必争"①云云。即认为后金必定来攻,但约在秋稼登场、水潦退后的秋冬季。因而,后金军突然围城,诸多准备颇不足。遂遣官议和,拖延时间,以待援兵。

纪用和赵率教派出守备一员、千总一员,缒城而下,到金军大营,谈判讲和。皇太极想锦州不战而降,轻取胜利,便以礼接待来使。皇太极对锦州城中来使强硬地表示:"尔欲降则降,欲战则战!"并给纪用、赵率教写了回书,信称:"今董率三军,亲至城下,尔等坐困孤城,外援莫至。将待势穷力屈、俯首就戮耶,抑事识机先、束身归命耶?"进而提出:"或以城降,或以礼议和。"最后说:"倘犹迟疑观望,我蒙天眷佑,一鼓而下此城。则山海关以西,非复尔国有矣!"②信带回后,迟不见复。皇太极令预备攻城,锦州激战终于爆发。

同日中午,开始锦州攻守激战。此战,明总兵赵率教奏报:后金军"分兵两路,抬拽车梯、挨牌,马步轮番,交攻西、北二面。太府纪用同职及总兵左辅、副总兵朱梅,躬披甲胄,亲冒矢石,力督各营将领,并力射打。炮火矢石,交下如雨。自辰至戌,打死夷尸,填塞满道。至亥时,奴兵拖尸,赴班军采办窑,(以)木烧毁,退兵五里,西南下营"③。此战,《旧满洲档》记载:皇太极让明使带回复书,便"准备云梯、挨牌,至午刻,开始进攻锦州城之西南。城将攻克,列阵于城其他三面之有兵来援,射箭、放炮、投石、掷火药,遂致无法进攻,便命攻城之军退回,于城对面五里外处扎营"④。《清太宗实录》记载:"午刻,攻锦州城西隅。垂克,明三面守城兵来援,火炮、矢石齐下,我军遂退五里而营。遣官调取沈阳兵。"⑤上引明清官书之记载比对,后金军攻城时间与攻城方向,有两点差异。似可作如下解释:于攻城时间,后金军辰时后作小股攻击,即作火力侦察,以待和谈结果;自午刻始,进行大规模地猛烈攻城。于攻城方向,后金军分兵两翼,进攻西城与北城,而以西城为主攻点,且攻城垂克,故而详纪之。但是,清官书《太

---

① 《明熹宗实录》,第84卷,第2页,天启七年五月戊辰,台北中央研究院历史语言研究所校勘本,1962年。

② 《清太宗文皇帝实录》,第3卷,第12页,天聪元年五月丁丑,中华书局影印本,1985年。

③ 王在晋:《三朝辽事实录》,第17卷,第25页,江苏省立国学图书馆藏本。

④ 《旧满洲档》,天聪元年五月十二日,台北故宫博物院影印本,1969年。

⑤ 《清太宗文皇帝实录》,第3卷,第13页,天聪元年五月丁丑,中华书局影印本,1985年。

宗实录》与《旧满洲档》此战后载亦略异:前书载"是日,整理攻具。午刻,攻锦州城西隅"。后书载:"(明使)持书而去,便准备云梯、挨牌。到午刻,开始进攻锦州城之西面。"在议和与攻城之关系上,前书似使人感觉:明使赍书归,汗等无回音,便令攻城;后书则明言:明使持书返,即预备器具,午刻攻城。前书曲显时间差,应以后书所记为实。

是日,后金军攻城不下,受到重大的损失,后退五里扎营,往调沈阳援兵。城里与城外,议和与兵锋,尔来我往,交替进行。

十三日,凌晨,后金以骑兵围城,环城而行,却不敢靠近城垣。皇太极三次派遣使者前去说降,都被赵率教拒之城外。赵率教站立城上,对城下的后金使者说:"城可攻,不可说也!"皇太极得报后,传令攻城。后金兵攻城,增加伤亡,别无所获。皇太极再写劝降书,箭射城里,连写数次信,城里无反响。

和战交替　前面已述,后金包围锦州之后,锦州城守太监纪用、总兵赵率教,就派人前往后金军大营进行和谈。皇太极立即回应,遣二位使者还,并带回书信。谈和未果,继之以兵。围城两日,攻城不下。进攻不利,继之以和。

十五日,皇太极"遣使至明锦州太监纪用处,往返议和者三"①。太监纪用亦遣使随往,提出后金派使到城中面议。皇太极命绥占、刘兴治往议,但锦州城闭门不纳。

十六日,明太监纪用遣守备一员、千总一员,又至皇太极帐下,言"昨因夜晦,未便开城延入,今日可于日间来议。所需诸物,自当先与。至和好之事,俟退兵后,奏知朝廷再议"②。皇太极或求和心切,或等待援兵,再遣前二人,随明使臣,回锦州城,但明军仍闭城不纳。且赵率教凭城堞高喊:"汝若退兵,我国自有赏赉!"又令二使臣随同绥占、刘兴治赴皇太极大营。

皇太极令明使者带回书曰:"尔敢援天,出大言乎! 我惟上天所命,是以沈阳、辽东、广宁三处,俱属于我。若尔果勇猛,何不出城决战,乃如野獾入穴,藏匿首尾,狂嗥自得,以为莫能谁何! 不知猎人锹镢一加,如探囊中物耳。想尔闻有援兵之信,故出此矜夸之言。夫援兵之来,岂惟尔等知之,我亦闻之矣。我今驻军于此,岂仅为围此一城? 正欲俟尔国救援兵众齐集,我可聚而歼之,不烦再举耳! 今与尔约,尔出千人,我以十人敌之,我与尔凭轼而观,孰胜孰负,须臾可决。尔若自审力不能支,则当弃城而

---

①　《清太宗文皇帝实录》,第3卷,第14页,天聪元年五月庚辰,中华书局影印本,1985年。

②　《清太宗文皇帝实录》,第3卷,第14页,天聪元年五月辛巳,中华书局影印本,1985年。

去,城内人民,我悉纵还,不戮一人;不然,则悉出所有金币、牲畜,饷我军士,我即敛兵以退。和好之事,不妨再议。尔云赏赉,我岂尔所属之人耶! 若欲二国和好,宜结为兄弟,互相馈遗可也!"①

皇太极此书,意在激纪太监和赵总兵,派军出城野战,以决雌雄;打消他们等待援兵解围之冀望;进而劝其弃城而去;抑或罄城中财物给后金,还报之以解围撤军。城中纪、赵二镇,断然予以拒绝。

同日,后金军截获明辽东巡抚袁崇焕派人送给纪用、赵率教的书信,内称"调集水师援兵六七万,将至山海;蓟州、宣府兵亦至前屯;沙河、中后所兵俱至宁远;各处蒙古兵已至台楼山"云云。皇太极信以为真。

十七日,皇太极收缩对锦州的包围,聚兵于城西二里处结营,以防明来援之兵。

十八日,天聪汗急不可耐,"命系书于矢,射入锦州城中"。皇太极再次劝降。锦州城中的纪太监和赵总兵,坚守城池,对其劝降,不予理睬。

后金军自十一日至二十五日,已围城十五日。其间:以军事手段攻城,不克;以政治手段议和,不议;诱其出城野战,不出;布局奇兵打援,不获。时值初暑,后金官兵,暴露荒野,粮料奇缺,援兵未到,士气低落。

此段时间,明军三次出援,同后金军交锋(见后文)。

二十五日,后金固山额真博尔晋侍卫、固山额真图尔格副将,率援兵从沈阳来到锦州行营。

二十七日,早晨,后金军分兵为两部:一部继续留驻锦州,在锦州城外凿三重壕,加以包围;另一部由天聪汗皇太极,率领大贝勒代善、二贝勒阿敏、三贝勒莽古尔泰和贝勒济尔哈朗、阿济格、萨哈廉等,提兵数万,往攻宁远。

出援交锋 "锦州危困,势在必援"②。这是因为,明朝京师以山海为门户,山海以宁远为藩篱,宁远又以锦州为前沿。若锦州失陷,则宁远困危,关门动摇,京师震惊。因而,后金围困锦州,明朝必调援兵。后金也在盘算,集中兵力围攻锦州,明兵必来救援,诱其野战争锋,发挥骑射长技,一举歼灭明军。但是,明军也头脑清醒:不发援兵,

---

① 《清太宗文皇帝实录》,第 3 卷,第 14 页,天聪元年五月辛巳,中华书局影印本,1985 年。

② 《明熹宗实录》,第 84 卷,第 27 页,天启七年五月辛卯,台北中央研究院历史语言研究所校勘本,1962 年。

锦州危机；如发援兵，"正堕其计"。正如兵科都给事中许可征疏言："（敌）料我必救锦，将诱我兵于野战，而用其所长。"①所以，明军援锦，易中敌计，失恃坚城，恐遭包围。

辽东巡抚袁崇焕既要固守宁远，又要出援锦州。首先是固守宁远，他提出："坚壁固垒，避锐击惰，相机堵剿。"兵部尚书王之臣批准他的方略，下令"关外四城各当坚壁，断不可越信（地）而远援"。因此他们不为后金引诱所动，坚守城池，固守坚城。其次是出援解围。因锦州安危，系宁远存亡。兵部认为："为今之计，急以解围为主，而解围之计，专以责成大帅为主。"天启帝把"援锦之役"责成满桂、尤世禄、祖大寿三将负责，其余坚守信地。

明廷征调援兵，逐节实行顶替：昌平之兵，以保定总兵移镇山海，调宣府、大同兵马，以昌平总兵移镇通、蓟，作为关宁后劲；调蓟门三协等兵马南移，为"关门策应"。实际兵力调动，变数很大，不及细述。关门兵马，移向宁远，加强实力，强化后盾。尽管其时驻守宁远的辽抚袁崇焕，请求率师援锦，拼死殉敌，"则敌无不克"②；但是，总督蓟辽、兵部尚书阎鸣泰题奏："今天下以榆关为安危，榆关以宁远为安危，宁远又依抚臣为安危，抚臣必不可离宁远一步。而解围之役，宜尚责成大帅。"此奏，得旨："宁抚还在镇，居中调度，另选健将，以为后劲。"③朝廷为着确保宁远，不允许他亲自率领援兵，前往救援；而令满桂、尤世禄、祖大寿等率军一万，驰援锦州。

先是，十六日，明山海总兵满桂率援兵往锦州，过连山，到笊篱山，同后金往卫运粮偏师相遇。《清太宗实录》记载："大贝勒莽古尔泰、贝勒济尔哈朗、阿济格、岳讬、萨哈廉、豪格率偏师，往卫塔山运粮"④，与明军相遇。后金军由六位贝勒率领，是一支很强的骑兵。明兵不敢前行，徐缓后退；后金兵则紧跟，谨慎随进。八旗军后续部队赶至，即分作两翼，夹围明军。《三朝辽事实录》记载：明军在笊篱山被围，"奋勇力战，虏死甚众"。满桂、尤世禄奋勇而前，内外夹攻，拼力冲杀，突破包围。两军交锋，各有死伤。

---

　　① 《明熹宗实录》，第84卷，第15页，天启七年五月壬午，台北中央研究院历史语言研究所校勘本，1962年。

　　② 《明熹宗实录》，第84卷，第27页，天启七年五月辛卯，台北中央研究院历史语言研究所校勘本，1962年。

　　③ 《明熹宗实录》，第84卷，第30页，天启七年五月癸巳，台北中央研究院历史语言研究所校勘本，1962年。"以抚臣"照"红本"改为"依抚臣"。

　　④ 《清太宗文皇帝实录》，第3卷，第15页，天聪元年五月辛巳，中华书局影印本，1985年。

双方互存戒心,战斗很快结束。明"阵亡将士罗忠等六十名"①,后金军回至塔山,明援军回至宁远。明军援锦州,有实有虚。后者,袁崇焕计诓皇太极便是一例。同日,《清太宗实录》记载:后金捕捉宁远信使,截获袁崇焕给纪太监、赵总兵的"密信"。信称:"调集水师援兵六七万,将至山海;蓟州、宣府兵亦至前屯;沙河、中后所兵俱至宁远;各处蒙古兵已至台楼山。我不时进兵"②云云。皇太极误信,即收缩围锦兵力,聚于城西,以防明援师。

十九日,辽东巡抚袁崇焕派出奇兵,进逼扰敌。他说:"且宁远四城,为山海藩篱,若宁远不固,则山海必震,此天下安危所系,故不敢撤四城之守卒而远救,只发奇兵逼之。"③

袁崇焕设奇兵四支援锦:其一,募死士二百人,令其直冲敌营;其二,募川、浙死卒,带铳炮夜警敌营;其三,令傅以昭舟师东出而抄敌后;其四,令王喇嘛往谕蒙古贵英恰等从北入援。以上诸措施,俱未见实效。

后金皇太极见诱明援军野战不成,锦州攻城不下,派使劝和不降,便移师宁远。

宁远激战　二十七日,天聪汗皇太极率大贝勒代善、阿敏、莽古尔泰和诸贝勒等八旗官兵,往攻宁远④。

时宁远城内,辽东巡抚袁崇焕偕内镇太监驻守,督率将士,登陴严防。袁崇焕指挥明军撤进壕内,总兵孙祖寿、副将许定国率军在西面,满桂令副将祖大寿、尤世威等率军在东面,余在四周,分守信地,整备火器,准备迎战。城外,布列车营,前掘深壕,明兵都撤到壕内侧安营。以"副将祖大寿为主帅,统辖各将,分派信地,相机战守"⑤。满桂率援军亦于城外助守。宁远城坚、池深、炮精、械利,诚谓"宁城三万五千人,人人精而器器实"⑥。袁崇焕此次固守宁远,除"凭坚城以用大炮"外,还布兵列阵城外,同后金

---

①　王在晋:《三朝辽事实录》,第17卷,第22页,江苏省立国学图书馆藏本。

②　《清太宗文皇帝实录》,第3卷,第15页,天聪元年五月辛巳,中华书局影印本,1985年。

③　《明熹宗实录》,第84卷,第19页,天启七年五月甲申,台北中央研究院历史语言研究所校勘本,1962年。

④　《清太宗文皇帝实录》,第3卷,第16页,天聪元年五月壬辰,中华书局影印本,1985年。

⑤　《明熹宗实录》,第84卷,第14页,天启七年五月庚辰,台北中央研究院历史语言研究所校勘本,1962年。

⑥　《明熹宗实录》,第84卷,第27页,天启七年五月辛卯,台北中央研究院历史语言研究所校勘本,1962年。

骑兵争锋。他先遣车营都司李春华，率领车营步兵一千二百人，掘壕以车为营，列火器为守御。

二十八日，黎明，后金兵出现在宁远城北冈，执五色标旗，于灰山、窟窿山、首山、连山、南海，分为九营，形成对宁远包围态势。皇太极率诸贝勒巡视阵前，相度地势后，说："其地逼近城垣，难以尽力纵击，欲稍后退，以观明兵动静。"于是，后金军后撤，退到山冈背侧。他的意图，是引诱明兵趁他们后撤时发起冲锋，使之离开自己的阵地，给后金兵创造驰骑纵击的机会，以便全歼城外明兵，但明兵坚垒不动。

后金军与明辽军在宁远城，展开激烈的攻守战。明辽东巡抚袁崇焕列重兵，阵城外，背依城墙，迫击强敌。总兵满桂、副将尤世威和祖大寿等率精锐之师，出城东二里结营，背倚城垣，排列枪炮，士气高涨，严阵待敌。皇太极见满桂军逼近城垣，难以驰骋纵击，便命军队退依山冈，以观察明军动向。皇太极欲驰进掩击，贝勒阿济格也欲进战；大贝勒代善、阿敏、莽古尔泰"皆以距城近不可攻，劝上勿进，甚力"。皇太极对三大贝勒的谏止，怒道：

> 昔皇考太祖攻宁远，不克；今我攻锦州，又未克。似此野战之兵，尚不能胜，其何以张我国威耶！[1]

言毕，皇太极亲率贝勒阿济格与诸将、侍卫、护军等，向明军驰疾进击，冲其车阵，攻其步卒。诸贝勒不及披甲戴胄，仓促而从。明总兵满桂、副将尤世威率军迎战，短兵相接，颇有杀伤。后金军与明辽军两支骑兵，在宁远城外展开激战，矢镞纷飞，马颈相交。明总兵满桂身中数箭、坐骑被创，尤世威的坐骑亦被射伤[2]；后金贝勒济尔哈朗、萨哈廉及瓦克达俱受伤，两军士卒，各有死伤。

明军骑兵战于城下，炮兵则战于城上。袁崇焕亲临城堞指挥，"凭堞大呼"，激励将士，并命从城上以"红夷炮"、"木龙虎炮"、"灭虏炮"等火器，齐力攻打。参将彭簪古以红夷大炮碎其营大帐房一座，"长子劲兔贝勒中箭死，次子浪荡宁谷贝勒亦没于阵"[3]。

① 《清太宗文皇帝实录》，第3卷，第16页，天聪元年五月癸巳，中华书局影印本，1985年。
② 《明史·满桂传》，第271卷，第6959页，中华书局校点本，1974年。
③ 谷应泰：《明史纪事本末·锦宁战守》，第4册，第1475页，中华书局校点本，1977年。

明车营马步官兵,不畏强敌,安营如堵,且"鳞次前进,相机攻剿"①。激战之间,后金兵死于炮火之中,明官兵倒于刀箭之下,横尸城外,尸填壕堑。至午,皇太极以其三员骁将"受伤,退兵,至双树堡驻营"②。

此战,从晨到午,明兵死战不退,后金军伤亡重大。总督镇守辽东太监刘应坤奏报称:"打死贼夷,约有数千,尸横满地。"③后金档案记载:"瞬间攻破其营阵,而尽杀之。"④明辽军给后金军以杀伤,后金军予明车营以重创。后金贝勒济尔哈朗、大贝勒代善第三子萨哈廉和第四子瓦克达俱受重伤,游击觉罗拜山、备御巴希等被射死⑤。蒙古正白旗牛录额真博博图等也战死⑥。后清人评论说:明朝与后金,两军相激战,"杀伤相当,尸满濠堑"⑦。

宁远比锦州,城池更坚深,兵马更精壮,火炮更猛烈,指挥更高明,尤有袁崇焕坐镇指挥,满桂、祖大寿、尤世威等猛将在城外搏击,后金兵无法靠近城池,甚至没有攻到城下。

经宁远激战,皇太极亲见明军炮猛兵勇,八旗官兵伤亡惨重,命令停止进攻,撤退至双树铺。后金将死者尸体,也运到这里焚烧。

二十九日,皇太极率军撤离宁远,退向锦州。

守城者,以全城为上;攻城者,以不克为下。宁远一战,明军背城而阵,凭城用炮,以车营拒敌,以骑兵野战,打退敌军,终于获胜。辽东巡抚袁崇焕欣喜地奏道:

> 十年来,尽天下之兵,未尝敢与奴战,合马交锋⑧。今始一刀一枪拼命,不知有夷之凶狠骁悍。职复凭堞大呼,分路进追,诸军忿恨此贼,一战挫之,满镇之力

① 王在晋:《三朝辽事实录》,第 17 卷,第 24 页,江苏省立国学图书馆藏本。
② 《旧满洲档》,天聪元年五月二十八日,台北故宫博物院影印本,1969 年。
③ 王在晋:《三朝辽事实录》,第 17 卷,第 24 页,江苏省立国学图书馆藏本。
④ 《旧满洲档》,天聪元年五月二十五日,台北故宫博物院影印本,1969 年。
⑤ 《清太宗文皇帝实录》,第 3 卷,第 17 页,天聪元年五月癸巳,中华书局影印本,1985 年。
⑥ 《清史稿·明安达礼传》,第 228 卷,第 9268 页,中华书局标点本,1977 年。
⑦ 魏源:《圣武记》,第 1 卷,《开国龙兴记三》,第 24 页,中华书局,1984 年。
⑧ 十年以来,明军在萨尔浒之战中的杜松、刘綎,沈辽之战中的贺世贤、童仲揆,广宁之战中的罗一贵等,皆为先例。此处似应作"广宁失陷以来"云云。

居多。①

由上,是战,皇太极攻城,而不克;袁崇焕守城,而全城——这就是明朝与后金宁远激战之结论。

皇太极攻宁远不克,又转攻锦州。

全城结局   二十九日,皇太极率军撤离双树堡。翌日,至锦州城下。

先是二十八日,当后金兵在宁远城下激战之时,锦州的明兵趁其势单力弱,突然大开城门,蜂拥冲杀出来,攻向后金军大营,给予其一定杀伤。稍获初胜之后,迅即撤退回城。后锦州战报送到皇太极手里,他感到宁、锦前后受敌,不得不迅速从宁远撤军。

至是,皇太极"至锦州,向城举炮、鸣角,跃马而前。令军士大噪三次,乃入营"②。以后数日,后金军继续围困锦州城。白天,以万骑往来,断城出入;夜晚,则遍举薪火,示警干扰。

六月初三日,皇太极见劝降无效,准备向锦州城发起进攻。后金军列八旗梯牌,阵火器攻具,相视四周形势,以备明日激战。

初四日,凌晨丑时,天聪汗设大营于城东南二里的教场,命数万官兵攻打锦州城南隅,卯刻进兵,辰刻攻城,顶冒挨牌,蜂拥以战。其他三面,列军佯攻,牵制明兵。明军从城上用火炮、火罐与矢石下击,后金军死伤众多。后金兵冒死运车梯,强渡城壕。壕深且宽,不得渡过,拥挤壕外,遭炮轰击,纷纷倒毙,尸积如山。皇太极无视军兵惨死,力督攻城,必欲夺城。至午,后金兵伤亡,更倍于午前。明军凭借坚城深壕,从城上发射火器,后金兵无法靠近城墙。傍晚,皇太极经过一天激战,见明军凭依高城深堑,施放强大火力,气候炎热,士气低落,攻城不下,遂撤回营。

锦州城外激战,后金军的损失,明总兵赵率教疏报:此役后金兵伤亡"不下二三千"③。明镇守太监纪用奏报:"初四日,奴贼数万,蜂拥以战。我兵用火炮、火坛与矢石,打死奴贼数千,中伤数千,败回贼营,大放悲声。"④《清太宗实录》记载:"攻锦州城

---

①   王在晋:《三朝辽事实录》,第17卷,第25页,江苏省立国学图书馆藏本。

②   《清太宗文皇帝实录》,第3卷,第17页,天聪元年五月乙未,中华书局影印本,1985年。

③   《东莞五忠传》卷上,《袁崇焕资料集录》,广西民族出版社,1984年。

④   王在晋:《三朝辽事实录》,第17卷,第27页,江苏省立国学图书馆藏本。

南隅，因城壕深阔，难以骤拔。时值溽暑，天气炎蒸，上悯念士卒，乃引军还。"①《旧满洲档》更少讳饰："此次攻打时，兵士死亡很多，大军遂还。"②

由上可见，皇太极撤军的三个因素——城壕深、天气热、死伤多，其中"死伤多"是其主要原因。明太监纪用奏报则另一说法："于焚化酋长尸骸处，天坠大星如斗。其落地如天崩之状，众贼惊恐终夜。至五鼓，撤兵东行。"③

明军为坚守锦州，用赏银鼓励官兵。明镇守辽东太监纪用、平辽总兵赵率教，宣布奖励官兵奋勇杀敌办法：全城之日，每人每日赏银一两，于是官兵踊跃守城，奋勇拼杀；出城杀贼者，每员名赏银五十两，于是各官争相杀敌，遂以战胜。原计后金军围城二三日，实际围城二十五日，共计赏银五十八万四千五百七十二两。后朝廷如数兑现④。

初五日，凌晨，天聪汗皇太极开始从锦州撤军。经小凌河城，拆毁明军工事。初六日，至大凌河城，毁坏城墙，然后东去。皇太极在《清太祖武皇帝实录》中曾留下遗训："至于攻城，当观其势，势可下，则令兵攻之，否则勿攻。倘攻之不拔而回，反辱名矣！"皇太极背负"辱名"之痛，于十二日回至沈阳。

初六日，辽东巡抚袁崇焕上《锦州报捷疏》言：

> 仰仗天威，退敌解围，恭纾圣虑事：准总兵官赵率教飞报前事，切照五月十一日，锦州四面被围，大战三次三捷；小战二十五日，无日不战，且克。初四日，敌复益兵攻城，内用西洋巨石炮、火炮、火弹与矢石，损伤城外士卒无算。随至是夜五鼓，撤兵东行。尚在小凌河扎营，留精兵收后。太府纪与职等，发精兵防哨外。是役也，若非仗皇上天威，司礼监庙谟，令内镇纪与职率同前锋总兵左辅、副总兵朱梅等，扼守锦州要地，安可以出奇制胜。今果解围挫锋，实内镇纪苦心鏖战，阁部秘筹，督、抚、部、道数年鼓舞将士，安能保守六年弃遗之瑕城一月，乌合之众兵获此奇捷也。为此理合飞报等因到臣。臣看得敌来此一番，乘东江方胜之威，已机上视我宁与锦。孰知皇上中兴之伟烈，师出以律，厂臣帷幄嘉谟，诸臣人人敢死。

---

① 《清太宗文皇帝实录》，第 4 卷，第 17 页，天聪元年六己亥，中华书局影印本，1985 年。

② 《旧满洲档》，天聪元年六月初四日，台北故宫博物院影印本，1969 年。

③ 王在晋：《三朝辽事实录》，第 17 卷，第 27 页，江苏省立国学图书馆藏本。

④ 《明熹宗实录》，第 86 卷，第 11 页，天启七年七月乙亥，台北中央研究院历史语言研究所校勘本，1962 年。

大小数十战,解围而去。诚数十年未有之武功也!①

宁锦之战,后金军攻城,明辽军坚守,凡二十五日,宁远与锦州,以全城而结局。明人谓之"宁锦大捷",载入中国战争史册。

(三)胜败兵略

宁锦之战,是明清兴亡史上一次极为重要的争局。后金与明朝,前者攻城,后者守城。攻城者以陷城为胜,守城者以全城为上。经过二十五天的争战,明军守住宁远、锦州,后金没有攻破宁远、锦州。明胜金败,原因固多,根蒂所在,兵略不同。

明军之胜,胜在兵略。明辽东巡抚袁崇焕,在接到后金大军进至闾阳驿哨报后,感到一场大的争战即将来临。先是,袁崇焕于同年二月二十四日提出"守为正着,战为奇着,款为旁着"的兵略。至是,他于五月十五日,奏报兵略是:

> 臣念海宇十年,疲于东役,征调生乱,转输告窘。不得已而用一简静精密之法。如曰:守为正着,战为奇着,款为旁着,以实不以虚,以渐不以骤。

朝廷旨准其奏报的兵略,并曰:"内外文武,同心并力,坚壁固垒,避锐击惰,相机堵剿,务保无虞。"②袁崇焕在指挥宁锦之战中,主要处理战、守、款、援四个方面的关系,就是:守为正着,战为奇着,款为旁着,援为险着。

守为正着   所谓守,就是凭城用炮。袁崇焕"守为正着,战为奇着,款为旁着"的兵略,其核心是"守"。这在明季之时,辽西之地,以明朝疲弱之军,对后金累胜之师,是正确的兵略,明智的谋略。袁崇焕的"守",就是"凭坚城以用大炮"③,宁远大捷,得到验证。但是,袁崇焕所说的"守",是积极的防守,它"有别于马林之守而不防,袁应泰之守

---

① 袁崇焕:《天启七年六月初六日锦州报捷疏》,《袁督师事迹》,道光伍氏刻本。又参见《三朝辽事实录》第 17 卷,第 27 页,江苏省立国学图书馆藏本。

② 《明熹宗实录》,第 84 卷,第 13 页,天启七年五月庚辰,台北中央研究院历史语言研究所校勘本,1962 年。

③ 《明熹宗实录》,第 79 卷,第 19 页,天启六年十二月庚申,台北中央研究院历史语言研究所校勘本,1962 年。

而不固,熊廷弼之守而不成,王在晋之守而不当,孙承宗之守而不稳;更不同于李永芳之通敌失守,李如桢之玩忽于守,贺世贤之出城疏守,王化贞之攻而拒守,高第之弃而不守"①。在宁锦之战中,辽东巡抚袁崇焕坚持"守为正着"的兵略。他任凭皇太极的激将、叫阵、引诱,均不出城浪战,而坚持"守为正着"、"凭城用炮"之典则。他的大将赵率教在守锦州时,也是贯彻并坚持"守为正着"的铁则。

袁崇焕的"守为正着",汲取了明军萨尔浒之败以来的战争历史教训。明军要做到"守",需有两个条件:一是"凭坚城",二是"用大炮",以城护炮,以炮卫城。从宁远之捷,到宁锦之战,期间只有十五个月。袁崇焕首要战备是,抓紧修城。锦州城在后金军进攻之前,刚缮修竣工。由是,关锦防线的北段——宁锦防线建成,关宁防线从宁远往前推进二百里,宁远成为关锦防线的中坚,锦州则成为关锦防线的前矛。袁崇焕坚持"守为正着",固守宁远、锦州,以城相守,以炮相守,以军相守,以谋相守,岿然不动,终得完城。

立足于守,积极备战。从宁远之捷后,明朝加强备战,筑城、屯田、储粮、备械、请饷、买马、任将、练兵。以储粮来说,锦州解围后,尚有余米三万数千石。立足于守,敢战敢胜。特别是"以辽人守辽土"——选辽将,练辽兵,以辽人,卫辽土。辽人为保卫家乡而战,作战尤为英勇,如辽将祖大寿、朱梅、何可纲、黄龙等都有"百战百胜之勇"。

明军实行"守为正着"的正确兵略,特别是"凭坚城以用大炮"的战术,先被宁远之捷所验证,又被宁锦之捷所验证。

明以辽西关锦防线,对抗后金军队进攻,不仅"守",而且"战",将"守"与战结合。

战为奇着　所谓战,就是野战争锋。就是以守为正,以战为奇,避锐击惰,相机拼杀。此战,背依坚城,施放大炮,面对后金骑兵,运用奇战争锋,宁远与锦州,两城皆出战,马颈相交,刀来枪去,拼力厮杀,获得胜利。两城之间,各自坚守,互通音讯,遥相援应。此战"奇着",有三个突出的战例。

第一个战例是在笊篱山处。五月十六日,明山海总兵满桂、总兵尤世禄率关门援兵,北上驰救锦州,同后金护卫运粮骑兵在笊篱山相遇。后金军由六位贝勒率领,是一支精锐的骑兵,分作两翼,夹击明军。明军被围于笊篱山,满桂、尤世禄率军,奋勇而前,拼力冲杀。史载他们"奋勇力战,虏死甚众"。明军突破包围,阵亡将士罗忠等六十

---

① 阎崇年:《袁崇焕固守宁远之扬榷》,罗炳锦、刘健明主编:《明末清初华南地区历史人物功业研讨会论文集》,香港中文大学历史系,1993 年。

人。后金军回到塔山，明援军退回宁远。

第二个战例是在宁远城外。五月二十八日，后金军与明辽军在宁远城外，展开激烈的攻守战。明总兵满桂、副将尤世威和祖大寿等率精锐之师，出城结营，背倚城垣，排列枪炮，严阵待敌。皇太极亲率八旗军，力排大贝勒代善、二贝勒阿敏、三贝勒莽古尔泰谏阻，同贝勒阿济格等，向明满桂军驰疾进击。两军矢镞纷飞，马颈相交。总兵满桂身中数箭，满桂、尤世威的坐骑被创；后金贝勒济尔哈朗、萨哈廉及瓦克达俱受伤。袁崇焕凭城登堞指挥，命从城上发红夷大炮，轰击城下后金骑兵。彭簪古用红夷大炮击中后金军营大帐，并轰开其大营。皇太极见八旗官兵尸填壕堑，死伤惨重，下令退兵。明军城上与城下，骑兵与车营，不畏强敌，相机攻剿。激战从早到午，明兵死战不退，后金伤亡重大。明辽军给后金军以杀伤，后金军予明车营以重创。后金军游击觉罗拜山、备御巴希等被射死①。后金军伤亡"约有数千，尸横满地"②。

第三个战例是在锦州城外。五月二十八日，当皇太极率后金军主力前往宁远城之时，太监纪用、总兵赵率教，一改敌军围城叫阵不出的固守原则，趁后金军主帅远离、围城敌军势单力弱的态势，突然大开城门，蜂拥冲杀出来，攻向后金大营，给予一定杀伤。稍获初胜之后，迅即撤退回城。此战，出于后金军统帅的意料之外，迫使皇太极从宁远撤军，减轻了宁远所受的军事压力。

以上三个战例，都是"个案"，俱为"奇例"。其"奇"表现在：巧于时机，战事发生，或在宁远与锦州两场激战之间，或在皇太极到宁远尚未站稳脚跟之时，或在锦州敌军空档之际；巧于地点，或在距后金军主力较远的笊篱山，或在宁远与锦州的坚城之下；巧于配合，明军背凭坚城——有利可以向前进击、不利可以退入壕内，上用大炮——城上以猛烈炮火配合城下军队，驰驱争锋，拼命厮杀；巧于战法，发挥明军所长，以坚城大炮，并以车营、骑兵相配合，形成对后金军的立体作战。明军在宁锦之战中三用"奇着"表明，"战为奇着"在争战中有新的创造，就是凭城用炮与野战交锋相结合，挫彼锐气，获取胜利。

明在辽西关锦防线，对抗后金军的进攻，不仅"固守"、"奇战"，而且在"守"、"战"同时讲"款"，将"守"、"战"、"款"相结合。

款为旁着　所谓款，就是谈判议和。在宁锦之战中，战中议和，和中作战，边战边

---

① 《清太宗文皇帝实录》，第 3 卷，第 17 页，天聪元年五月癸巳，中华书局影印本，1985 年。

② 王在晋：《三朝辽事实录》，第 17 卷，第 25 页，江苏省立国学图书馆藏本。

款,亦款亦战。宁远战后,袁崇焕派人到沈阳,藉吊天命汗之丧、贺天聪汗登位为名,探彼虚实,积极备战。宁锦战前,又同天聪汗"议和",以讲款争取时间,缮治锦州城,使之得以成为宁锦防线的前沿要塞,并屯田储粮,练兵治械。在后金军围困锦州的二十五天期间,纪用、赵率教多次同后金往返官员,又以请款拖延时间,疲彼而待援,终于守住关锦防线之前沿堡垒。在宁锦之战全过程中,袁崇焕等将守、战、款三者,分明正奇,掌握主动,巧妙议和,运作灵活,是为明军在宁锦之战中的一个明显特征。

援为险着 所谓援,就是增援解围。在宁锦之战中,从总的兵力来说,明军处于优势。明有关内兵四万,关外兵八万,加上援兵三万,共约有官兵十五万。尚有数省兵员待命,随时调往关门。明军关外兵八万,加上满桂援兵万余人,达到九万人左右。这在兵力数量上已超过后金。明朝动员全国物力、财力、兵力用于辽西一隅,对付后金。但是,后金以五六万精兵围困锦州,后金军比明朝军在战术上居于优势。明军由关门出援,以动制静,以客攻主,处于不利局面。明总兵满桂不惧危险,野战争锋,敢打敢拼,虽然有所死伤,却予敌以重创。这着险棋,是自辽事以来的第一盘胜局。

明辽东巡抚袁崇焕将守、战、款、援四者,灵活运用,巧妙结合,夺取了宁锦大捷。

宁锦大捷,阉党得益。天启间,辽疆胜败之事,俱同党争攸关。先是广宁兵败,以熊廷弼案,东林要员赵南星等遭斥,阉党势力渐起。继是柳河兵败,阉党借此逼经略孙承宗去职,而以其党高第代之。兵败如是,兵胜也如是。先是宁远大捷后,魏忠贤借此宣扬厂臣之功,更提升其权位。时"其同类尽镇蓟、辽、山西、宣、大诸厄要地"[1],并矫诏遣其党刘应坤为总督镇守辽东太监,陶文、纪用、孙茂霖、武俊、王莅朝等为镇守辽东太监,收揽兵柄,控制辽事。进而出现"内外大权,一归忠贤"的局面。继是宁锦大捷后,兵部议叙宁、锦之功并获旨准者,共六千四百六十一人,魏忠贤以"筹边胜算、功以帷幄"获头功,刘应坤、纪用等以"拮据战守,绩著疆场"而位列其次,内臣孙成等十人位列又其次,阉党崔呈秀等若干人位列复其次。甚至魏忠贤的从孙鹏翼(三岁)被封为安平伯、良栋(四岁)被封为东安侯,时"鹏翼、良栋皆在襁褓中,未能行步也"[2]。而宁锦大捷总指挥、辽东巡抚袁崇焕仅列第八十六位,且仅"加衔一级,赏银三十两,大红纻丝二表里"[3]。战后,辽抚

① 《明史·魏忠贤传》,第305卷,第7822页,中华书局校点本,1974年。

② 《明史·魏忠贤传》,第305卷,第7824页,中华书局校点本,1974年。

③ 《明熹宗实录》,第87卷,第4页,天启七年八月乙未,台北中央研究院历史语言研究所校勘本,1962年。

袁崇焕去职,锦州以尤世禄代赵率教,宁远以杜文焕代祖大寿。宁锦大捷报闻京师,阉党权势达到顶峰。与阉党对立的东林党,则遭到完全失败。天启腐败政治,至此达于极点。

宁锦之战——辽抚袁崇焕因捷遭怨。袁崇焕构建的关锦防线和正确的兵略战术,是明军获得宁锦大捷的最重要因素。他的具体贡献:一是借助讲款,争取时间,重建宁锦防线;二是主持筑守锦州城;三是统筹关、宁、锦之战守布置大局;四是后金兵围锦州而派师出援,致其分兵宁远,锦州守兵得以出城战杀;五是守御宁远并出兵背城野城,予敌以重创,如宁不保则锦孤城难守;六是总兵赵率教用袁崇焕兵略,带领将士守住锦州;七是迫使皇太极先虑宁援锦而转攻宁,后顾锦出击断其后路而回攻锦,辗转被动,无奈退兵;八是提出并实践"守为正着,战为奇着,款为旁着"的兵略;九是提出"凭坚城以用大炮"的战术原则;十是在实战中使用红夷大炮,并取得骄人的战果。因此,袁崇焕在宁锦大捷中应为首功。但旨称:"宁锦危急,赖厂臣调度以奏奇功。"又称:"宁锦之捷,制胜折冲,皆受厂臣秘画。"赞颂忠贤:"德被四方,勋高百代。"将宁锦前线胜利功劳,归于魏忠贤及其党羽。魏忠贤嫉贤、嫉能,妒功、妒才,他指使党羽将袁崇焕排挤出朝廷。袁崇焕功高不赏,反遭排挤。他于七月初一日上《乞休疏》,以病为由,请辞归里。旨批:袁崇焕"疏称抱病,情词恳切,准其回籍调理"。

袁崇焕去职后,仍遭到阉党喉使李应荐的攻讦。御史李应荐讦奏:"袁崇焕假吊修款,设策太奇。顷因狡虏东西交讧,不急援锦州。"得旨:"袁崇焕暮气难鼓,物议滋至,已准其引疾求去。"①讦奏中所谓"修款"②,《今史》记载:"李喇嘛、方金纳之遣,权党主之,内镇守奉行之,崇焕因而委蛇其间,以修宁、锦之备,其用意与他人不同。"③袁崇焕"假吊修款"是奏报后得到朝廷允许的,讦奏中所谓"不急援锦州",为不实之词。因为:其一,锦州围危,崇焕驰疏:"且宁远四城,为山海藩篱,若宁远不固,则山海必震,此天下安危所系,故不敢撤四城之守卒而远救,只发奇兵逼之。"得旨:"宁远四城,关门保障,该抚不轻调援,自是慎重之见。"④袁崇焕不从宁远抽调援兵既获旨允,便谋求他

---

① 《明熹宗实录》,第86卷,第4页,天启七年七月丙寅,台北中央研究院历史语言研究所校勘本,1962年。

② 阎崇年:《袁崇焕"谋款"辨》,《光明日报·史学》,1994年6月6日。

③ 佚名:《今史》,第3卷,崇祯元年四月十三日,《玄览堂丛书》本。

④ 《明熹宗实录》,第84卷,第19页,天启七年五月甲申,台北中央研究院历史语言研究所校勘本,1962年。

策。其二,派出四支奇兵——舟师抄后、蒙古西援、死士袭营和勇卒惊扰,以援助锦州。其三,请亲率"三万五千人以殉敌,则敌无不克"①。但此议受到总督和兵部的疏止。得旨:"援锦之役,责成三帅,宁抚只宜在镇,居中调度,战守兼筹,不必身在行间。"②其四,袁崇焕调发满桂、尤世禄、祖大寿率军北援锦州。可见"袁崇焕不援锦州为暮气",是魏忠贤对他的忌恨,盖为不实之诬词。

兵部署部事、右侍郎霍维华为袁崇焕鸣不平:"抚臣袁崇焕,置身危疆,六载于兹,老母妻子委为孤注,劳苦功高,应照例荫录。"他疏乞:"以畀微臣之世荫,量加一级,以还崇焕。"霍维华遭到旨斥:"恩典出自朝廷,霍维华何得移荫市德,好生不谙事体!"③袁崇焕因捷遭责,深恨阉党。后袁崇焕斩毛文龙,指毛当斩的一条罪状是:"辇金京师,拜魏忠贤为父,塑冕旒像于岛中。"④指斥毛文龙勾结阉党,其罪当死。袁崇焕先获宁远大捷、继获宁锦大捷后,不仅遭到后金的仇恨,而且受到阉党的怨恨。天命汗努尔哈赤与天聪汗皇太极父子,先后两次败在袁崇焕手下。皇太极既不能打破关锦防线,又不能攻破山海关门,后设反间计,陷害袁崇焕(后文专述)。

从中可以看出:宁锦之战对于明朝与后金,产生了正负两面极为深远的影响。

宁锦之战——明朝为福兮祸依。宁锦战后,明为胜方,捷报驰京,举朝相庆。先是,锦州被围,朝野惊恐,"万一锦不存,而宁必受兵"⑤;宁若受围,则关门震动。"守以全城为上",明辽军守住锦州城和宁远城,因而获胜。于锦州守军,朝廷嘉奖其兵将曰:"捍守孤城,力挫奴锋,屏障宁远,忠义之气,贯日干云。"⑥这番嘉奖,同样适用于坚守宁远之兵将。所以,宁锦大捷使朝廷上下,极大振奋。宁锦之役的一个结果是,宁锦防

---

① 《明熹宗实录》,第84卷,第27页,天启七年五月辛卯,台北中央研究院历史语言研究所校勘本,1962年。

② 《明熹宗实录》,第84卷,第30~31页,天启七年五月癸巳,台北中央研究院历史语言研究所校勘本,1962年。

③ 《明熹宗实录》,第87卷,第12页,天启七年八月壬寅,台北中央研究院历史语言研究所校勘本,1962年。

④ 《明史·袁崇焕传》,第259卷,第6717页,中华书局校点本,1974年。

⑤ 《明熹宗实录》,第84卷,第23页,天启七年五月丙戌,台北中央研究院历史语言研究所校勘本,1962年。

⑥ 《明熹宗实录》,第84卷,第33页,天启七年五月乙未,台北中央研究院历史语言研究所校勘本,1962年。

线不仅经受住战火的考验,而且得到了朝廷的认可。

宁锦防线,几经争议。宁远之筑守,遭到非难;宁远一捷,才算平息。锦州之筑守,亦遭物议,宁锦大捷,方获旨准。宁锦战后一月,督臣阎鸣泰疏云:"锦州退僻奥区,原非扼要之地。当日议修,已属失策。顷以区区弹丸,几致挠动乾坤半壁。虽幸无事,然亦岌岌乎殆矣!窃意今日锦州,止可悬为虚着,慎弗狃为实着;止可设为活局,慎弗泥为死局。"①疏上,兵部复疏:"锦州一城,为奴所必争。内镇臣所云:'轻兵以防,小修以补,贼至则坚壁清野以待。'即督臣所谓'虚着活局'之意。臣部以为,锦城已守有成效,决不当议弃!"得旨:"关门之倚宁远,宁远之倚塔山、锦州,皆层层外护,多设藩篱,以壮金汤。"②驻锦州总兵尤世禄亦言锦城不可居。廷臣疏言:"锦州不可不守。夫全辽疆土,期于必复,咫尺锦州,岂可异议!况向以修筑未完之日,尚能据以挫贼;今乘此战守已胜之余,何难凭以自固!且尤世禄定为信地增兵,奉有明旨,宜一意修葺城垣,整顿兵马,料理刍粮,为有进无退之计可也。"③新任督师王之臣亦认为:"各帅信地已定,自当有进无退,岂得移易!地利失险,则人心不固。"④以上议守锦州之疏,皆得旨准。由是,袁崇焕大胆经始、苦心经营、浴血守卫的关锦防线,经受了宁远、宁锦两次大战的考验,终于得到朝廷坚意支持,并得以巩固。袁崇焕凭借关锦防线,堵御后金军八年之久不得逾越南进,其功不可泯。在袁崇焕身后,祖大寿以其余威震于边,辽军守御的关锦防线仍坚不可摧。直至崇祯十五年(1642年)锦州才被攻陷;而宁远、关门,则几于明祚同终。关锦防线支撑着明朝与后金(清)在辽西对峙,长达二十二年之久,而后金——清终究未能突破这道防线。明末的关锦防御体系,宁远卫守关门,锦州又护卫宁远,终明之世,关门未破。后来清乾隆帝论道:"山海关,京东天险,明代重兵守此,以防我朝。而大军每从喜峰、居庸间道内袭,如入无人之境。然终有山海关控扼其间,则内外声势不接;即入其他口,而彼得挠我后路。故贝勒阿敏弃滦、永、遵、迁四城而归,大宗虽怒谴之,而自此遂不

---

①　《明熹宗实录》,第86卷,第9页,天启七年七月壬申,台北中央研究院历史语言研究所校勘本,1962年。

②　《明熹宗实录》,第86卷,第18页,天启七年七月己卯,台北中央研究院历史语言研究所校勘本,1962年。

③　《明熹宗实录》,第86卷,第21页,天启七年七月癸未,台北中央研究院历史语言研究所校勘本,1962年。

④　王在晋:《三朝辽事实录》,第17卷,第30页,天启七年七月,江苏省立国学图书馆藏本。

亲统大军入口。所克山东、直隶郡邑,辄不守而去,皆由山海关阻隔之故。"①

后金之败,败于兵略。皇太极自万历四十年(1612 年),年满二十岁,第一次跟随父汗出征乌拉,到清太祖努尔哈赤死,前后十五年,他身历乌拉、萨尔浒、叶赫、抚清、开铁、沈辽、广宁和宁远等八大战役,不仅作战勇敢,而且足智多谋。然而,皇太极没有独立指挥过一次重大的战役,宁锦之战是皇太极亲自参与、独立指挥的第一次重大的战役。但是,皇太极在宁锦之战的兵略,犯下严重错误——天时不占、敌情不明、指挥不当、大炮不利。

天时不占　行军作战,首占时机。时,天时也;机,机会也。魏源说:"兵,有小天时,有大天时。小天时以决利钝,大天时以决兴亡。"皇太极父汗努尔哈赤夺取萨尔浒大捷在三月,进攻沈阳、辽阳在三月,攻占广宁在正月,觉华岛涉冰渡海也在正月。皇太极发兵进攻锦州、宁远,却在五六月。时过夏至,天气燥热,星餐野宿,暴露荒原,长达三十六天,逆天时之利,犯兵家所忌。且后金军远征朝鲜,从正月初八日发兵,到四月二十日回至沈阳,大军师行一百零二天。从班师之日,到五月初六日发兵攻明锦州,中间仅隔十四天,不顾八旗将士从朝鲜到锦州数千里连续行军作战,额真劳顿,兵马未歇,粮械未备,时机不当。时明兵部尚书王之臣指出:后金"溽暑行兵,已犯兵家之忌。我惟明烽远哨,坚壁清野,以逸待劳,以饱待饥,如向年宁远攖城固守故事。且河西粮石,俱已搬运锦州。千里而来,野无所掠,不数日必狼狈而回"②。就季节而言,正如王之臣所说"溽暑行兵,已犯兵家之忌"。

皇太极发动宁锦之战,既不占天时,更不合机会。书云:"作天下之事,本乎机;成天下之事,存乎会。机以动之,会以合之。古今之所有事,率由是也。"③皇太极兴兵攻宁、锦,时机选择不当。其时,明军已经重缮锦州城,且兵、马、粮、炮俱已有备。所以,皇太极发动宁锦之战,就后金而言,时间晚了一步。如在明军锦州城未缮完之时,后金军倾力攻城,就会是另有一番局面。而且兵攻异邦朝鲜,刚刚班师,长途疲劳,未及休整,也未准备,贸然兴兵攻明,也为兵家所忌。皇太极进攻宁锦,犯下天时不占、机会不

①　魏源:《圣武记》,第 1 卷,第 32 页,中华书局,1984 年;原文见《清高宗纯皇帝实录》,第 1066 卷,乾隆四十三年九月丁亥朔,中华书局影印本,1985 年。

②　《明熹宗实录》,第 84 卷,第 10 页,天启七年五月己卯,台北中央研究院历史语言研究所校勘本,1962 年。

③　杨行中纂修:《嘉靖通州志略·杨序》,卷首,嘉靖二十八年(1549 年)刻本。

占两忌,其结果自然不出王之臣之所料,兵败宁锦。所不同的是,皇太极暴军不是三五日,而是二十五日,时间愈长,损失愈重。这是皇太极征战谋略的一个不周,也是后金军宁锦战败的一个时机因素。

敌情不明 "知己知彼,百战不殆"。皇太极率军进攻宁、锦,暗于知彼。一不明明军的关锦防御体系。皇太极攻打锦州的意图,明兵科都给事中许可征言:"逆奴犯锦州,不过欲扰我屯田、筑城,又恐我备一固,后难为力。故及城工甫成,蓄积未厚,而引兵亟击。"①皇太极看到的是锦州筑城,而不是关锦防线。后金与明朝进行的宁锦之战,后金军进攻的不仅是锦州城和宁远城,而且是坚固的关锦防御体系;同样,明辽军防守的不仅是锦州城和宁远城,而且是坚固的关锦防御体系。先是,自后金崛兴向明朝攻夺城池以来,所陷抚顺、清河、开原、铁岭、暖阳、海州、蒲河、懿路、沈阳、辽阳、广宁和义州等,虽各有其因,但均为孤城,即使后金军攻打沈阳与辽阳时,两城各自为守,而未彼此援应,后金军进攻以上诸城,皆为各个击破。但是,宁锦之战不同,后金军攻打锦州、宁远时,受到顽强对抗的,既是锦州和宁远两城中的守城军队,又是整个关锦防御体系的军事力量。明天启初,关锦防线初建,便受到宁远战火的考验。袁崇焕指挥明辽军,打破后金军的进攻,获宁远之捷。至天启末,关锦防线重建,又受到宁锦战火的考验。袁崇焕指挥明辽军,打败后金军的进攻,获宁锦大捷。因而,以宁锦防线对抗后金军的夺城之攻,是为宁锦之役的一个明显特征。明辽西关锦防线,对抗后金军的进攻,以榆关、宁远、锦州为三个支撑点,关、宁、锦互通声息,南、中、北互相应援。在抵御皇太极率军攻宁、锦时,由辽东巡抚袁崇焕划一指挥,分信责成,相互配合,确保无虞,其官兵的调发、接应、援守、犒赏、饷粮、炮械等,一切俱由辽抚或疏奏请旨,或相机行事,朝廷旨派总镇内臣与辽抚在此役中,和衷共济,契合应敌,故未重蹈"始因文、武不和,而河东沦于腥膻;继因经、抚不和,而河西鞠为蓁莽"②的覆辙。在宁锦之役中,辽抚袁崇焕划一事权,关、宁、锦联为一气,南、中、北串成一线。锦州困危,总督镇守辽东太监刘应坤,自关门"提兵三千余名,出关援锦州"③;总兵满桂率兵一万发自关门,

---

① 《明熹宗实录》,第84卷,第15页,天启七年五月壬午,台北中央研究院历史语言研究所校勘本,1962年。

② 《明熹宗实录》,第81卷,第6页,天启七年二月癸卯,台北中央研究院历史语言研究所校勘本,1962年。

③ 《明熹宗实录》,第84卷,第26页,天启七年五月庚寅,台北中央研究院历史语言研究所校勘本,1962年。

至中坚宁远，简四千为奇兵，由满桂、尤世禄带领，北援前沿锦州，从而显示出锦州——宁远——关门是一道完整的防御体系，各城之间，相互联络，彼此支援，"战则一城援一城，守则一节顶一节，步步活掉，处处坚牢"①，是为宁锦之役的又一个明显特征。不明敌人之将，虽集中兵力，却以不能击能，愈遭重创，兵败城下。

大炮不利 宁远战后，明军运储大量多种火器，而后金军的武器无所改进，其冷兵器在红夷大炮等火力网下相形见绌。明军守将袁崇焕固守宁远城的武器，不仅使用辽东其他城镇之常规械具——弓箭、火铳、佛朗机炮，而且运用了新式武器——西洋大炮。西洋大炮即红夷大炮是西洋新制造的早期加农炮，具有射程远、精度高、威力大等优长。天启初，明朝从澳门向葡萄牙购进西洋大炮，其中十一门运至宁远城御守。袁崇焕在宁远城设附台，台置洋炮，以台护炮，以炮卫城。同时，经葡萄牙炮师训练的火器把总彭簪古也被派到宁远，培训了袁崇焕从福建邵武带来的仆从罗立等为炮手。在宁远之战中，袁崇焕第一次将西洋大炮用于实战。后金军统帅努尔哈赤，对袁崇焕使用新式武器西洋大炮及其性能一无所知。结果，天命汗努尔哈赤在宁远之战中，以纵骑驰突，对西洋大炮，死伤惨重，兵败城下。皇太极在战术上，还是沿袭其父汗的传统战法，引明兵出城野战，不成；以车梯楯牌为攻城器具，不能对付威力强大的西洋大炮。皇太极在新武器西洋大炮之下，以骑射攻城，以楯车掩护，其失败是不可避免的。

指挥不当 宁锦争战，后金军失败的原因固多，诸如暑热出师不利、缺乏充分准备、缺少西洋大炮、新汗地位不稳等，但一次独立战役的胜败，主帅的谋略是争战胜败的关键。所以，皇太极作为宁锦之战后金军的统帅，其兵略之错误，盖不容辞其咎。皇太极先率师攻围锦州，不克；又未扬长避短，围城打援，却南攻宁远，劳师远袭，又未克；再回攻锦州，以动制静，仍未克；前后兵力分散，锦、宁首尾两顾，兵分势弱，双遭打击。这就反主为客，以动制静，以短攻长，以劳制逸，以饥待饱，兵多势分，失去主动，终至失败。皇太极对失败的两个关键因素——优秀统帅袁崇焕及其"凭坚城用大炮"的法宝，缺乏深刻的认识。他没有从其父汗宁远之败中汲取教训，以情感而非理智、以经验而非兵略指挥作战，必定是要失败的。

袁崇焕总结以往的教训，改变战术，变野外浪战为"撄城死守"，后金骑兵在坚城大

---

① 《明熹宗实录》，第70卷，第16页，天启六年四月丁亥，台北中央研究院历史语言研究所校勘本，1962年。

炮之下，即丧失优势，无所施其技。后金军统帅努尔哈赤在历次征战中，其赖以制胜的法宝：一是驱骑驰突，二是里应外合。但袁崇焕所指挥的军队，歃血为誓，纪律严明，拒不野战，杜绝内奸。皇太极愈是诱其出城交锋，袁崇焕愈是凭坚城、勿野战；皇太极愈是收买内奸，袁崇焕愈是查奸细、无叛民。在宁远、在锦州，"无夺门之叛民、内应之奸细"。在宁远之战中，守军既闭城不出、绝不野战，又内无奸细、夺门叛民，这就使天聪汗的两大法宝黯然失辉。结果，后金军统帅皇太极在宁锦之战中，不明敌人之军，不明敌人之将，以短击长，以箭制炮，死伤惨重，兵败城下。

明辽东巡抚袁崇焕守卫宁、锦的谋略是：主固守、慎野战、凭坚城、用大炮。但是，后金军统帅皇太极没有针对彼之谋略，制定己之兵略。两军相争，谋略为上。在战前，应多算——多算胜，少算不胜，何况无算？皇太极忘记兵法的一条基本规则：己有备，敌无备，则胜可知；己有备，敌有备，则不可为；己无备，敌有备，则败可知。皇太极在宁锦之战中，不明袁崇焕之谋，以旧兵略、旧经验、旧武器、旧战法，去对付袁崇焕的新兵略、新手段、新武器、新战法。结果，后金军统帅皇太极在宁锦之战中，不明敌人之谋，以暗制明，以愚制智，死伤惨重，兵败城下。

皇太极在宁锦之战中，天时不占、敌情不明、大炮不利、指挥不当，唯欲恃强，唯欲求胜，幸其成功，反而失败。所以，在宁锦之战中，皇太极集中兵力、纵骑驰突、里应外合、速战速决的兵略，被袁崇焕主固守、慎野战、凭坚城、用大炮的兵略所克。袁崇焕的兵略，是皇太极兵略之克星。

天命汗努尔哈赤于宁远城兵败后不久身死，吞下其攻打宁远城错误兵略的苦果。其子皇太极未从乃父错误兵略中汲取教训，于天聪元年即天启七年（1627年），再率倾国之师，进攻宁、锦。皇太极先攻锦州不克，再攻宁远又不克，复攻锦州仍不克。此役，后金军攻城，明辽军坚守，凡二十五日，大战三次，小战二十五次，明辽军以全城奏捷，后金军以失败告终。宁锦之战，从实质上说，是袁崇焕兵略之胜、皇太极兵略之败。皇太极犯下兵家"五忌"①，且比其父多吞了两枚苦果：一枚是兵不贵分——"先攻锦州、再攻宁远、复攻锦州"分兵的苦果；另一枚是兵不贵久——顿兵野外、攻坚不下、未释而避、迁延师老的苦果。

---

① 皇太极在宁锦之战中犯下的兵家"五忌"：一为天时不合，二为地利不占，三为火器不精，四为准备不够，五为指挥不当。参见阎崇年《宁锦防线与宁锦大捷》，载《袁崇焕研究论集》，文史哲出版社，1994年。

但是，皇太极能吸取教训，化祸为福。其新举措，兹举四端：

第一，转攻西翼蒙古。皇太极攻锦州受挫后，转注于漠南蒙古未服诸部。他回至沈阳后，于七月同蒙古敖汉部、奈曼部首领琐诺木杜棱、衮出斯巴图鲁等会盟。次年二月，皇太极率军至敖木轮地方，击败察哈尔所属多罗特部。同年九月，率军征察哈尔"至兴安岭，获人畜无算"①。六年四月，再率军征察哈尔，后师至黄河，林丹汗走死于青海打草滩。九年，后金军三征察哈尔，得"传国宝玺"，察哈尔部亡，统一漠南蒙古。皇太极征抚漠南蒙古的胜利，为其绕道蒙古、攻打北京准备了条件。

第二，绕道蒙古入关。皇太极两次尝到败于关锦防线的苦果后曰："彼山海关、锦州，防守甚坚，徒劳我师，攻之何益？惟当深入内地，取其无备城邑可也。"②由是，他在自身武器装备改善之前，不再正面强攻锦、宁，而是绕过关锦防线，取道蒙古，破塞入内。天聪三年即崇祯二年（1629 年），皇太极率军绕道蒙古，从大安口、龙井关入塞，攻打北京。天聪七年即崇祯六年（1633 年），后金贝勒大臣、固山额真在奏议进攻明朝兵略时，贝勒豪格奏言："锦州、宁远，攻之无益，何也？我国攻城之法，彼尽知之。况我兵曾攻之而未得，若复令攻之，必有畏难之意。虽得锦州，此外七城，尚烦攻取。若徒得一城，其余皆坚壁不肯下，弥旬旷日，恐老我师。"③豪格等贝勒对宁远、锦州之败，不仅脑中烙印深刻，而且心存畏惧情绪。天聪八年即崇祯七年（1634 年），后金军入塞，蹂躏宣府、大同。崇德元年即崇祯九年（1636 年），清军耀兵于京畿。崇德三年即崇祯十一年（1638 年），清军兵至山东，攻占济南，翌年还师。崇德七年即崇祯十五年（1642 年），清军再入山东，大肆掳掠而归。以上俱间道蒙古，破墙入犯，肆虐关内。

第三，制造红衣大炮。努尔哈赤、皇太极两败于袁崇焕，原因之一是受西洋大炮所制。先是，后金军已缴获不少明军火器，因骑兵携带不便，不认识其价值，而未发挥其作用。宁锦败后，皇太极下令仿造西洋大炮。天聪四年即崇祯三年（1630 年），皇太极命汉官仿造红衣大炮。翌年正月，后金仿造的第一批红衣大炮，共十四门，在沈阳造成，定名号为"天祐助威大将军"④。满洲终于有了自制的红衣大炮。从此，后金—清开始了冷兵器与火器并用的时代。同年八月，皇太极派军用红衣大炮攻围大凌河城。

---

① 《清太宗文皇帝实录》，第 4 卷，第 14 页，天聪二年九月丁丑，中华书局影印本，1985 年。

② 《清太宗文皇帝实录》，第 6 卷，第 13 页，天聪四年二月甲寅，中华书局影印本，1985 年。

③ 《清太宗文皇帝实录》，第 14 卷，第 15 页，天聪七年六月戊辰，中华书局影印本，1985 年。

④ 《清太宗文皇帝实录》，第 8 卷，第 2 页，天聪五年正月壬午，中华书局影印本，1985 年。

此役,八旗军用红衣大炮攻坚、打援、围城、破堡,大炮所向,尽显神威,攻克大凌河城,降明将祖大寿,且缴获明军含红衣炮在内的大小火炮三千五百位①。后金制成红衣大炮,用之装备八旗,引起军制变革。

第四,变革八旗军制。皇太极在第一批红衣大炮仿造成功,并入陷大凌河城,招降祖大寿后,命八旗满洲设置新营,其名为 ujen cooha,汉音译为"乌真超哈",汉意译为"重军",即使用火炮等火器之炮兵。这些红衣大炮的督造官佟养性被命为昂邦章京,是为后金的第一位炮兵将领。乌真超哈的建立,标志着八旗军制的重要变革:"乌真超哈的建立,是满洲八旗军制的重要变革。在这之前,八旗以骑兵为主,兼有步兵;而建立乌真超哈,标志着后金军队已经是一支包括骑兵、炮兵和步兵多兵种的军队。就作战而言,既擅野战,又可攻坚,炮兵的火力——骑兵的冲击力,机动性得到良好结合;就训练而言,亦由单一的骑兵训练,而为骑兵与炮兵、步兵合成训练。因而,乌真超哈的建立,标志着满洲八旗摆脱了旧军制的原始性,是一项重大进步。"②于是,由制造和使用红衣大炮及诸火器而建立的乌真超哈、进而引起八旗军制的变革。红衣大炮和火枪等火器用于八旗装备和作战,引发后金军队的编制、装备、训练、战术的巨大变化。

宁远与宁锦两役,明恃关锦防御体系,使后金天命汗、天聪汗父子两汗受挫。明乘宁远与宁锦两捷之威,依关锦防御体系之固,迫使皇太极在位十七年而不得近关门一步。直至皇太极死后,明朝国祚灭亡,吴三桂引清兵入关,清才得以叩开关门,迁鼎燕京,入主中原③。明清之际的历史表明,袁崇焕夺取宁远与宁锦两捷,建立关锦防御体系,丰富了兵坛智慧宝库,建树了伟烈历史功勋。

---

① 《清太宗文皇帝实录》,第10卷,第14页,天聪五年十一月癸酉,中华书局影印本,1985年。
② 解立红:《红衣大炮与满洲兴衰》,《满学研究》,第2辑,第106页,民族出版社,1994年。
③ 阎崇年:《辽西争局兵略点评》,《满学论集》,民族出版社,1999年。

三　迁道远袭燕京之役

（一）战前的军政形势

宁锦之战以后，明朝政局，突生巨变。

天聪元年即天启七年（1627年）八月二十二日[①]，天启帝朱由校崩于北京紫禁城内乾清宫，享年二十三岁，是明朝十六位皇帝中寿命最短的一位。他十六岁登极，在位七年，年号天启，庙号熹宗。天启帝在位的七年间，丢掉沈阳、辽阳，辽河以东土地被后金占有；又丢掉广宁、义州，辽河以西军事形势十分危急。但是，赖有孙承宗、袁崇焕等一批文臣，又有满桂、赵率教、祖大寿等一批武将，还有一道四百里关锦防线，使天命汗努尔哈赤败在宁远城下，天聪汗皇太极又败在宁远、锦州城下。

天启帝在《遗诏》中，归纳自己的功绩是："三殿告成，光复堂构；夷氛屡挫，边圉渐安。"[②]前者指重修皇极殿（太和殿）、中极殿（中和殿）、建极殿（保和殿）；后者指明人称之为"宁远大捷"和"宁锦大捷"。明朝北京宫城的奉天殿、华盖殿、谨身殿，始建成于永乐十八年（1420年）。永乐十九年（1421年）正月初一日，永乐皇帝登临奉天殿（太和殿），举行大朝会，既庆贺新年正旦，又庆贺奉天、华盖、谨身三大殿告成。但是，时过九十五天，即四月初八日午时，三大殿遭雷火焚毁。正统五年（1440年）三月，重建三殿告成。嘉靖三十六年（1557年）四月，三殿第二次被焚毁。四十一年（1562年）九月，三

---

① 《明熹宗实录》，第87卷，天启七年八月乙卯（二十二日）；《明史·熹宗本纪》，天启七年八月乙卯（二十二日），天启皇帝"崩于乾清宫"。《崇祯长编》，第1卷，天启七年八月甲寅（二十一日）"熹宗崩"。

② 《明熹宗实录》，第87卷，第30页，天启七年八月乙卯，台北中央研究院历史语言研究所校勘本，1962年。

殿再建告成,改名奉天殿为皇极殿、华盖殿为中极殿、谨身殿为建极殿。万历二十五年
(1597年),三殿第三次遭灾,四十三年(1615年)八月,开始筹备复建三殿。天启七年
(1627年)八月,三殿工程报竣①。拖延时日,近三十年。三殿工程,宏伟壮丽,主要在
天启朝完工,所以天启帝在其《遗诏》中突出颂扬。《明史·熹宗本纪》对他另有一番评
论:"明自世宗而后,纲纪日以陵夷,神宗末年,废坏极矣!虽有刚明英武之君,已难复
振。而重以帝之庸懦,妇寺窃柄,滥赏淫刑,忠良惨祸,亿兆离心,虽欲不亡,何可得
哉!"明熹宗继废坏而更坏,继政乱而更乱。顺天府尹刘宗周在《祈天永命》疏中分析:
"自神庙以来,士大夫朋党相轧,使忠良尽遭屠戮,而杀机先发于内阁。尤自熹庙以来,
士大夫贿赂公行,使帑藏日沦于虚耗,而秽德亦先闻于内阁。"②内阁固然有责,然而细
刨根源,先在万历,继在天启。天启帝虽死,却给继位者崇祯帝留下三个沉重的包袱:
第一个是三殿工程,耗资巨大,留下财政亏空;第二个是魏宦专权,朝纲紊乱,留下政治
赘瘤;第三个是后金势力,未得遏制,留下军事威胁。

崇祯帝继承皇位后,明朝政局,发生震动。崇祯帝朱由检,生于万历三十八年
(1610年),是朱长洛(即明光宗)第五子,生母为贤妃刘氏。他五岁丧母,先受西李
康妃抚养,西李康妃先抚养他的长兄由校(天启帝),继又抚养由检(崇祯帝)。后西
李康妃生育一女,由检便改由东李庄妃抚养。后魏忠贤和客氏害死东李庄妃。由检
十岁,父亲又死。他少年命苦,备历磨难。朱由检做了皇帝后,不知其生母遗像,命
后母指示画工画像,像画成由正阳门具仪仗,他在午门外跪迎,悬挂宫中:"帝雨泣,
六宫皆泣。"③朱由检在特殊的文化环境中成长,形成自卑、偏激、孤僻、冷漠、猜疑、
多变的性格。由检所幸的是,长兄由校做了七年皇帝,丢下皇位,由他继承。他十
二岁受封为信王,住在勖勤宫。天启六年(1626年),朱由检十五岁,由皇兄为他选
王妃,同北京大兴生员周奎的女儿大婚,搬出皇宫。皇兄天启帝死后,朱由检入宫
继位,"自袖糒糗以入,不尝宫中食"。他自带食物,不吃宫中饭,不饮宫中水,忧心
忡忡,日夜惶惶。他在做信王时,看到宦官专权,朝政腐败,且其养母,惨遭害死,对
于魏阉,深恶痛绝。所以,朱由检登上皇位之后,便力图刷新朝政,惩治客、魏,重建

---

① 《日下旧闻考》,第34卷,第515~519页,北京古籍出版社,1981年。

② 《崇祯长编》,第36卷,第7页,崇祯三年七月己卯,台北中央研究院历史语言研究所校勘本,1962年。

③ 《明史·后妃列传二》,第114卷,第3540页,中华书局校点本,1974年。

皇威。朝鲜使臣由北京返回汉城启报称："新皇帝即位,首黜魏忠贤。"①崇祯皇帝继位之后,首先打击魏忠贤阉党集团。

先是,天启年间,庙堂内部的党争,主要表现在阉党与东林党之间,争斗不已,愈演愈烈。天启帝不是一位有作为的皇帝,却是一个杰出的木匠。《明史·魏忠贤传》记载:"帝性机巧,好亲斧锯髹漆之事,积岁不倦。每引绳削墨时,忠贤辄奏事。帝厌之,谬曰:'朕已悉矣,汝辈好为之。'忠贤以是恣威福惟己意。"魏忠贤还以天启帝保姆客氏为内主,二人狼狈为奸。他又同外廷文武朝臣结成关系网,有所谓文臣兵部尚书崔呈秀等"五虎",武臣掌锦衣卫事田尔耕等"五彪",以及"十狗"、"十孩儿"、"四十孙"等,自内阁、六部以至四方总督、巡抚,遍置死党,包括其同类尽镇蓟、辽诸要地,从而形成阉党集团。时"内外大权,一归忠贤"②。魏忠贤窃夺皇权,控制阁部,广布特务,刀锯忠良,败坏辽事,至是为极。

崇祯帝柄政之后,首先逮治魏忠贤。贡生钱嘉征疏劾魏忠贤十大罪:一、同帝并列,二、蔑视皇后,三、窃权弄兵,四、无视二祖,五、克削藩封,六、配孔无圣,七、滥封官爵,八、虚掩边功,九、朘民膏脂,十、贿通关节。疏上,治忠贤罪。不久,忠贤缢死。命磔其尸,悬首河间。忠贤死讯,传到北京,"长安一时,欢声雷动"③。天聪三年即崇祯二年(1629年),命大学士韩爌等办理逆案,名曰"钦定逆案",罪分六等,诏告天下:首犯凌迟魏忠贤、客氏二人,同谋者处决尚书崔呈秀等六人,交结魏阉侍郎梁梦环、田尔耕等十九人,结交魏宦阁臣魏广微、尚书阎鸣泰等十一人,论徒刑大学士顾秉谦、冯铨、张瑞图、来宗道以及尚书冯嘉会、黄运泰等一百二十九人,其他五十余人,总计二百六十二人④。惩治阉党同时,起用先朝旧臣。在天启最后三年间,阉党诬东林而处死、下狱和谪戍者数十人,削夺者三百余人。崇祯帝继位后,即加拜李标为礼部尚书兼东阁大学士,又拜刘鸿训为礼部尚书兼东阁大学士,并启用"因忤忠贤削籍"的钱龙爌为大学士,再召用韩爌为大学士、首辅,继以成基命为礼部尚书兼大学士,召孙承宗为兵部尚书兼中极殿大学士。到天聪二年即崇祯元年(1628年)底,所有的大学士几乎都是东林党人。东林党内阁执政,重新启用袁崇焕。

---

① 《李朝仁祖大王实录》,第17卷,第37页,五年十一月庚午,日本学习院东洋文化研究所,1959年。

② 《明史·魏忠贤传》,第305卷,第7821页,中华书局校点本,1974年。

③ 佚名:《快世忠言》,中册,清刻本。

④ 《明史·阉党列传》,第306卷,第7852~7853页,中华书局校点本,1974年。

天聪二年即崇祯元年(1628年)四月,崇祯帝命袁崇焕为兵部尚书、蓟辽督师。袁崇焕在政治舞台上活动的九年,恰是明末党争最激烈、最复杂的年代。他的座主韩爌,是东林党领袖之一,"先后作相,老成慎重,引正人,抑邪党"①,为泰昌、天启、崇祯三朝内阁大学士,两为首辅。袁崇焕又依靠"东林党魁"、大学士钱龙锡和大学士、蓟辽督师孙承宗。袁崇焕有这样三位师长作奥援,其军事才能方有施展的机会。但是,袁崇焕的升迁与引退、胜利与失败,都和东林党的命运相关。如"天启初,东林独胜"②,东林党主持朝政,他被东林党人御史侯恂请破格用之。天命九年即天启四年(1624年),杨涟劾魏忠贤二十四大罪,东林党和阉党展开正面斗争,东林党人失败。袁崇焕虽建有宁远与宁锦两次大捷之奇勋,也被迫引病辞职。袁崇焕的重新起用,得到东林党人的支持。在崇祯帝于平台召见袁崇焕时,在阁的东林四辅臣李标、钱龙锡、刘鸿训、周道登等俱奏:"崇焕肝胆意气,识见方略,种种可嘉,真奇男子也。"③大学士刘鸿训更请赐予崇焕尚方剑,以统一事权。但是,自定逆案之后,阉党受到严重打击,"奸党衔之次骨"④。当时,"忠贤虽败,其党犹盛"⑤。都给事中陈尔翼奏言:"阉党余孽,遍布长安。"那些丽逆案者"日夜图报复"⑥。他们千方百计地"欲以疆场之事翻逆案"⑦,施展阴谋诡计,打击东林党人。袁崇焕是东林党依靠的长城,要打击东林党人内阁,便率先打击袁崇焕,以罗及东林诸臣,使阉党余孽东山再起。《东林始末》载:"初定魏、崔逆案,辅臣钱龙锡主之。袁崇焕下狱,御史史䢇力谋借崇焕以报龙锡,因龙锡以罗及诸臣。"⑧所以"己巳之变"的胜败,便同东林党人和袁崇焕的命运联系在一起。

袁崇焕受命蓟辽督师后,崇祯帝在紫禁城平台召见他。袁崇焕提出"五年复辽"的设想。为此,崇祯帝在用人、粮饷、器械等方面答应给以支持,并赐予尚方剑。袁崇焕赴任后,着手整顿关锦防线。在他离任的一年间,粮饷短缺,部伍混乱。宁远发生兵

① 《明史·韩爌传》,第240卷,第6249页,中华书局校点本,1974年。
② 谈迁:《枣林杂俎·智集》,第1卷,中华书局,2006年。
③ 佚名:《今史》,第4卷,崇祯元年七月十七日,《玄览堂丛书》本。
④ 《明史·钱龙锡传》,第251,第6485页,中华书局校点本,1974年。
⑤ 《明史·刘鸿训传》,第251卷,第6482页,中华书局校点本,1974年。
⑥ 《明史·宦官列传二》,第305卷,第7825页,中华书局校点本,1974年。
⑦ 黄宗羲:《弘光实录钞》,第1卷,《台湾文献丛刊》,第266种。
⑧ 蒋平阶:《东林始末》,不分卷,神州国光社,1952年。

变,捶楚辽抚毕自肃、总兵朱梅。"辽抚自肃,因乏饷兵变身死"①。袁督师平息了这场哗变。他又亲临东江,计斩东江总兵毛文龙。还同后金往返使臣讲款。袁崇焕"斩帅"与"主款"两件事,成为政敌攻击他引后金兵临城下的借词。

　　后金迁道远袭燕京之役,不仅同明朝党争相联系,而且同民变相联系。明朝后期的社会矛盾,集中地表现为陕北农民大起义。明末的民族矛盾,加深了社会矛盾。明朝在辽东投入大量的兵力、物力、财力和粮食,使得户部财绌饷竭。如户部尚书李汝华条奏:仅万历最后两年半时间,辽饷之数,总计发银二千零一十八万八千三百六十六两②,平均每年八百余万两。到崇祯初年,户科给事中黄承昊说,边饷比万历时增加百分之一百七十五③。当时"实计岁入仅二百万"。支出庞大,收入拮据,饷库一空,军士枵腹,拖欠兵饷,引起哗变。如天聪二年崇祯元年(1628 年)三月,发生"蓟州兵变"④;七月,辽东宁远军因军饷四月不发而哗变,把巡抚、右佥都御史毕自肃、总兵朱梅等置谯楼上,"捶楚上交,自肃伤殊甚"⑤。后督师袁崇焕自北京回宁远,事变才得以平息。户部为解决入不敷出的财政困难,便增加赋税,裁汰驿卒。这更激化了社会矛盾。《怀陵流寇始终录》从一个侧面,简述了辽东兵事与西北民变的关系:"陕西兵于万历己未(1619 年)四路出师败绩后西归,河南巡抚张我绩截之孟津,斩三十余级,不敢归,为劫于山西、陕西边境。其后,调援频仍,逃溃相次。辽兵为贼,由此而始也。天启辛酉(1621 年),延安、庆阳、平凉旱,岁大饥,东事孔棘,有司惟顾军兴,征督如故,民不能供,道馑相望。或群取官粟者惧诛,乃聚为盗。盗起,饥益甚。连年赤地,斗米千钱不能得,人相食,从乱如归。饥民为贼,由此而始。"⑥

　　明朝末年,土地高度集中,政治黑暗腐败,赋税征收苛重,连续数年大旱,西北民变蜂起。天聪元年即天启七年(1627 年),陕西"连年饥馑,民穷赋重"⑦。白水县农民王二率众冲进澄城县知县衙门,杀死县官张斗耀,揭开了明末农民战争的序幕。

　　①　《崇祯长编》,第 33 卷,第 6 页,崇祯三年四月壬子,台北中央研究院历史语言研究所校勘本,1962 年。

　　②　《明熹宗实录》,第 5 卷,第 1~2 页,天启元年正月乙亥,台北中央研究院历史语言研究所校勘本,1962 年。

　　③　《崇祯实录》,第 1 卷,第 13 页,崇祯元年六月丁未,台北中央研究院历史语言研究所校勘本,1962 年。

　　④　《明史·庄烈帝本纪一》,第 23 卷,第 311 页,中华书局校点本,1974 年。

　　⑤　《崇祯实录》,第 1 卷,第 17 页,台北中央研究院历史语言研究所校勘本,1962 年。

　　⑥　戴笠:《怀陵流寇始终录》,第 1 卷,《玄览堂丛书续集》本,1947 年。

　　⑦　夏允彝:《幸存录·流寇大略》,卷下,《胜朝遗事》本,光绪九年(1883 年)。

天聪二年即崇祯元年(1628年),陕西"一年无雨,草木枯焦",农民"死者枕藉",饥民群起:"死于饥与死于盗等耳,与其坐而饥死,何不为盗而死,犹得为饱死鬼也。"①当八旗军南犯京师时,农民军一支"三千余人入略阳"②。不久,王二率农民军"掠蒲城、韩城";王嘉胤率兵"陷府谷";神一元等"三千余人破新安县";张献忠等五六千人"掠靖边、安定、绥德、米脂间"③。高迎祥称闯王,李自成称闯将,众至万余,"剽掠秦、晋间"④。农民军活跃在陕西一带,迫使明廷调动"勤王"军队,去镇压农民起义。陕西右金都御史刘广生奉命入援京师,行至陕州,"命急奸流孽,不必入卫"⑤。陕西诸路总兵官吴自勉等率师入卫,途中"延绥、甘肃兵溃西去,与群寇合"⑥。这使当时明朝京师的防卫,受到更加严重的影响。因此,险恶的军事态势是后来演成袁崇焕悲剧的一个重要外在因素。

崇祯帝继位之初,碰到惩治阉党集团、重整关锦防线、西北民变蜂起和后金兵攻北京四个重大难题。后金天聪汗皇太极亲率大军攻打北京,则是明朝与后金、崇祯帝与天聪汗,进行的第一次军政生死直接较量。

在后金方面,影响皇太极决策迁道远袭燕京的因素有三:

第一,天聪二年(1628年)、三年(1629年),辽东广大地区发生严重灾害,关外大旱,辽东饥馑,饿殍相望,生者菜色,"孑遗残民,饥馑已极"⑦。依附后金的漠南蒙古诸部,"粒食无资,人俱相食"⑧,而女真地区的经济尤为困难。如有的女真人"因无衣食,投奔南朝"⑨。后金为摆脱经济困难,就联合科尔沁等部蒙古,破墙入塞,南犯京师。

---

① 计六奇:《明季北略》,第5卷,第4页,光绪十三年(1887年)刻本。

② 《明怀宗实录》,第1卷,崇祯元年十月丁卯,台北中央研究院历史语言研究所校勘本,1962年。

③ 《明怀宗实录》,第1卷,崇祯三年十月乙丑,台北中央研究院历史语言研究所校勘本,1962年。

④ 谈迁:《国榷》,第90卷,第5509页,崇祯二年十二月癸酉,中华书局,1958年。

⑤ 《崇祯实录》,第2卷,第15页,崇祯二年十一月庚戌,台北中央研究院历史语言研究所校勘本,1962年。

⑥ 《明史·庄烈帝本纪一》,第23卷,第312页,中华书局校点本,1974年。

⑦ 《李朝仁祖大王实录》,第18卷,第55页,六年五月戊寅,日本学习院东洋文化研究所,1959年。

⑧ 《明清史料》,甲编,第8本,第707页,《兵部行〈督师袁崇焕〉稿》,中央研究院历史语言研究所刊印,1931年。

⑨ 《明清史料》,乙编,第1本,第56页,《兵部题〈蓟辽督师袁崇焕塘报〉残稿》,中央研究院历史语言研究所刊印,1936年。

第二，蒙古邻近各部降附后金，后金实力增强。皇太极自登位以来，西抚漠南蒙古、东征朝鲜、北进黑龙江流域，内部政治稳定，民族矛盾缓和，社会经济发展，军事力量增强，整个形势朝着有利方面发展。

第三，洗雪两次兵败之仇。皇太极悲愤地说："昔皇考太祖攻宁远，不克；今我攻锦州，又未克。似此野战之兵，尚不能胜，其何以张我国威耶！"①皇太极对袁崇焕"深蓄大仇"②，必欲图之。血的教训使皇太极在战略策略上作出重大改变。他说："彼山海关、锦州，防守甚坚，徒劳我师，攻之何益！惟当深入内地，攻其无备城邑可也。"③这就是皇太极避实击虚、迂回作战、千里纵兵、奇袭北京的作战方略。

皇太极遭遇灾荒、粮食奇缺、新登汗位、军事失败，更激励其政治雄心。他决心以掳掠财富来缓解经济困难，以军事胜利来巩固新登汗位。天聪汗的终极政治目标是，占领京师，夺取明统。天聪三年即崇祯二年（1629 年），他说：

> 若谓我国褊小，不宜称帝，古之辽、金、元，俱自小国而成帝业，亦曾禁其称帝耶！且尔朱太祖，昔曾为僧，赖天佑之，俾成帝业。岂有一姓受命，永久不移之理乎？天运循环，无往不复。有天子而废为匹夫者，亦有匹夫而起为天子者。此皆天意，非人之所能为也！④

皇太极亲统大军伐明，鉴于坚固的关锦防线所阻挡，后金兵无法向前推进，便大胆地选择了从未走过的漠南蒙古路线。这条路线可绕过宁锦，假道蒙古科尔沁部，然后自北向南，直奔北京，给明朝以突然重击。

天聪三年即崇祯二年（1629 年），皇太极亲率大军西进，攻打明朝都城北京。后金迂道远袭北京之役，发生在农历己巳年，明人称之为"己巳虏变"，清人则称之为"己巳之役"，简称其为北京之役。此役，以袁崇焕下狱、皇太极从北京撤军为标志，分为前后两个阶段：第一阶段主要为后金军破墙入塞、攻打北京，明军则且退且守、进行抵御；第二阶段主要为后金军在京畿地区且战且退、夺占永平等四城，明军则夺回永平等四城，

---

① 《清太宗文皇帝实录》，第 3 卷，第 16 页，天聪元年五月癸巳，中华书局影印本，1985 年。
② 昭梿：《啸亭杂录》，第 1 卷，第 2 页，中华书局校点本，1980 年。
③ 《清太宗文皇帝实录》，第 6 卷，第 13 页，天聪四年二月甲寅，中华书局影印本，1985 年。
④ 《清太宗文皇帝实录》，第 5 卷，第 27 页，天聪三年十一月丙申，中华书局影印本，1985 年。

后金军退回沈阳。

　　十月初二日，皇太极以蒙古喀喇沁部台吉布尔噶都，曾受赏于明，熟识路径，作为向导，亲率大军，绕道蒙古，破墙入塞，进攻北京。

（二）破墙入塞　攻打北京

　　天聪三年即崇祯二年（1629 年）十月初四日，后金军到都尔鼻地方，蒙古扎鲁特部贝勒以兵相会。初五日，后金军到阳石木河地方，蒙古奈曼、敖汉、扎鲁特部贝勒各率兵相会。初六日，蒙古巴林部贝勒率兵相会。十五日，蒙古科尔沁部土谢图额驸奥巴等二十三位贝勒率军相会。皇太极进攻明朝都城的北京之战，蒙古诸部，给以支持，军力增加，信心增强。

　　十五日，皇太极召集满洲、蒙古诸王、贝勒议商进兵大计。皇太极说："今大兵既集，所向宜何先？尔等共议之。"诸王贝勒大臣意见不一："有谓距察哈尔辽远，人马劳苦，宜退兵者；有谓大军已动，群力已合，我军千里而来，宜以见集兵征明者。"皇太极定断："以征明之议为是。"遂统率大军，向明境进发。

　　二十日，后金大军到达蒙古喀喇沁部的青城。大贝勒代善、三贝勒莽古尔泰到皇太极行幄，将诸贝勒大臣止于外边，不令入帐，他们进帐后同皇太极"密议班师"。其理由谓：

　　　　我兵深入敌境，劳师袭远，若不获入明边，则粮匮马疲，何以为归计？纵得入边，而明人会各路兵环攻，则众寡不敌；且我等既入边口，倘明兵自后堵截，恐无归路。[1]

　　大贝勒代善、莽古尔泰明确表示，不同意皇太极进攻北京的定策。他们退出后，皇太极命将已发出军令，勿行宣布。时岳讬、济尔哈朗、萨哈廉、阿巴泰、杜度、阿济格、豪格众贝勒急进大帐，见皇太极默然而坐，心情不怿。岳讬等问两大贝勒有何所议，皇太极将刚才大贝勒代善、三贝勒莽古尔泰的谏言告诉他们。岳讬、济尔哈朗等众贝勒力

―――――――――
　　① 《清太宗文皇帝实录》，第 5 卷，第 17 页，天聪三年十月辛未，中华书局影印本，1985 年。

劝皇太极,按既定之策,率大军进取。时章京范文程又献纵反间、去崇焕密策①。也有学者认为皇太极的"反间计"②是由高鸿中所陈奏的③。皇太极令八旗额真到两大贝勒处,申言进兵。两大贝勒代善、莽古尔泰表示"仰听上裁"。凌晨,议定进军。

皇太极颁布汗谕:"朕仰承天命,兴师伐明。拒战者,不得不诛;若归降者,虽鸡豚勿得侵扰。俘获之人,勿离散其父子夫妇,勿淫人妇女,勿掠人衣服,勿拆庐舍、祠宇,勿毁器皿,勿伐果木。如违令杀降、淫妇女者斩。"还谕:"勿食明人熟食,勿酗酒,闻山海关内,多有鸩毒,更宜谨慎。勿以干粮饲马,或马匹赢瘦,可量煮豆饲之。肥者止宜以草秣之,俟休息时,再饲以粮。凡采取柴草,勿得妄行,须聚集众人,以一人为首,有离众驰往者挐究。"④

二十四日,后金军到达老哈河。皇太极召集诸贝勒大臣,各授以计,分兵三路:东路由贝勒阿巴泰、阿济格率满洲左翼四旗兵及左翼蒙古诸贝勒兵,从龙井关攻入;西路由贝勒济尔哈朗、岳讬率满洲右翼四旗兵及右翼蒙古诸贝勒兵,从大安口攻入——两路"至遵化城合军";皇太极与代善、莽古尔泰率大军继进。

先是,皇太极派兵直薄锦州,声东击西;明军未弄清八旗兵的军事意图,劳师空扑。明军把关外主要兵力集结到山海关、宁远、宁锦一线。而山海关内,塞垣颓落,军伍废弛,明军城守,防备疏懈;蒙古部落,多携贰心。明蓟辽督师袁崇焕在其上疏中已有所料:"臣在宁远,敌必不得越关而西;蓟门单弱,宜宿重兵。"⑤惟其几疏,蒙尘御案。

至是,皇太极与大贝勒代善、莽古尔泰及众贝勒率三路大军,向洪山口进发,进展神速。明人蓟镇,疏于防备,闻到哨报,极为震惊,蓟辽总督刘策潜逃。后金左右两路大军,直闯蓟镇长城隘口。

攻守长城,极为困难。曾任总督、巡按宣大的安徽绩溪人胡宗宪说:"虏之大举,动号十余万计,声东击西,乌散云集。边城千里,处处宜备,备多则势分;列营摆边,久暴

---

① 李霨:《内秘书院大学士范文肃公墓志铭》,《碑传集》,第 4 卷,第 29 页,上海古籍出版社影印本,1997 年。

② 李光涛:《明季边防与袁崇焕》,《明清史论集》,上册,第 363 页,台湾商务印书馆,1971 年。

③ 李光涛:《论崇祯二年己巳虏变》,《明清档案论文集》,第 646 页,联经出版事业公司,1986 年。

④ 《清太宗文皇帝实录》,第 5 卷,第 18 页,天聪三年十月辛未,中华书局影印本,1985 年。

⑤ 余大成:《剖肝录》,载《袁督师事迹》,道光伍氏刻本。

于外,久暴则气惰。我散守于千里之边,彼并力于一隅之地。我以久劳之卒,彼乘方张之势。迅如疾雷,不及掩耳,比及举炮明烽,虏已溃墙入境。我虽调集游兵,然势既析于分布,力必寡于并御。东西策应,顾此失彼。军士既出摆守,各堡悉皆空虚。风驰电扫,无不摧破。加以将领非人,观望畏缩。往云'如蹈无人之境',今则真入无人之境矣!"①后金军果然破墙入塞。

破墙入塞 二十六日,八旗军东西两路,分别进攻永平府属龙井关和遵化县属大安口。龙井关,位于永平府属迁安县西(今河北省迁西境),"左右两山,相对如门,西南三座雄峰对峙,关居其中"②。龙井关城,为石建筑,高一丈五尺,厚四尺,城周二百九十七丈八尺,东、北各有一门③。大安口在马兰峪东,"永乐年建"④。此口在明嘉靖三十八年(1559年),曾被蒙古朵颜军攻陷⑤。时蓟镇"塞垣颓落,军伍废弛"⑥。东骑突兀,关隘双破。后金左翼军贝勒阿巴泰、阿济格率军在凌晨攻克龙井关,遂毁水关进边。明汉儿庄副将易爱、洪山口参将王纯臣⑦迎战被斩。又击斩三屯营总兵哨卒,到汉儿庄城外。时三大贝勒莽古尔泰及贝勒多尔衮、多铎等赶到。明守城副将标下官李丰率城内军民剃发出降,后金军遂入城驻营。莽古尔泰派使往潘家口,其城守备金有光遣中军范民良及蒋进乔也出来投降。后金继续委任他们为游击、备御等官。自大安口以东,喜峰口迤西,时仅三日,诸多隘口,悉被八旗军攻破。

同日,后金右翼军济尔哈朗、岳讬乘夜前进。凌晨,攻克大安口,毁其水门,参将周镇战死。遇明援兵,一战击走。天明,见山上有两营明兵,岳讬领一半兵待战,济尔哈朗领一半兵往击,歼其两营。寻岳讬又击败来自遵化明军两营骑兵。岳讬、济尔哈朗正要拜天时,再击败来援明兵。后金军在半日之间,击败五营明军。马兰峪、大安口等城投降。

二十七日,皇太极督大军入边,攻克洪山口城。命城内方遇清为备御,给予敕命,

---

① 《明经世文编》,第265卷,第2708页,中华书局影印本,1962年。

② 华夏子:《明长城考实》,第165页,档案出版社,1988年。

③ 《永平府志·城池上》,第32卷,第22叶,光绪二年(1876年)刻本。

④ 《四镇三关志·蓟镇形胜》,第2卷,第32叶,清抄本。

⑤ 顾祖禹:《读史方舆纪要》,第11卷,第30叶,上海书店出版社,1998年。

⑥ 谷应泰:《明史纪事本末·东兵入口》,第6卷,第1487页,中华书局,1977年。

⑦ 《崇祯实录》卷1、《明怀宗实录》卷2、《国榷》卷90和《崇祯长编》崇祯二年十月戊寅等,均作"王纯臣";《清太宗实录》卷5作"王遵臣","遵"字误。

令其守城,招集流亡。又有遁匿山中明千总一员、把总一员,率百人擐甲执械投降。

二十八日,后金军占领石门驿。

二十九日,驻守关锦防线的明蓟辽督师袁崇焕,在从宁远往山海关途经中后所,得报后金军破大安口,立即部署:令赵率教急点四千兵马,驰救遵化;翌日,又调参将郑一麟、王承胤,参将刘应国及总兵祖大寿接应。后探知后金兵势甚盛,又督副总兵张弘谟、参将张存仁,游击于文绶、张外嘉、曹文诏等统军进关。

三十日,皇太极领兵到了遵化,派总兵官扬古利率护军百名,至遵化城驻营。莽古尔泰率军自汉儿庄来会,距城五里下营。

北京之战,在十一月,攻守激烈,极为紧张。

初一日,"京师戒严"①。后崇祯帝命选智略勋戚,各带壮丁,守御京城。

初三日,明督师袁崇焕调祖大寿领援兵抵达山海关。袁崇焕遂同祖大寿统率骑兵,疾驰入援。

初四日,后金军进攻遵化城。遵化为顺天府所属,北邻长城,有洪山口、罗文峪、大安口、马兰峪等重要关隘。先一日,皇太极布置军队从四面八方攻遵化城:镶黄旗额驸达尔哈率本旗攻北面之东,正黄旗纳穆泰率本旗攻北面之西;镶红旗维舜率本旗攻西面之南,正红旗额驸和硕图率本旗攻西面之北;正蓝旗攻南面之东,镶蓝旗额驸顾三台率本旗攻南面之西;镶白旗图尔格率本旗攻东面之南,正白旗喀克笃礼率本旗攻东面之北。各按指定地点,同时发起进攻。后金劝降,遭到拒绝。至是,早晨,八旗兵列阵,竖梯城下,攻遵化城。后金军四面攻城,明巡抚王元雅凭城固守,守军顽强抵抗。翌日,遵化人"内应纵火"②,后金军正白旗小卒萨木哈图率先登城,后军继之,蜂拥而上,掩杀守兵,四面皆溃,遂克其城。巡抚王元雅走入衙署,自刭而死。推官何天球等死之。城中官兵人民,反抗者皆被屠杀③。皇太极攻占遵化城,大赏有功官兵,破格对率先登城的白身萨木哈图授予备御,赐号巴图鲁,并于重赏。其他有功官兵,一律加以封赏。

---

① 《崇祯实录》,第2卷,第11页,崇祯二年十一月壬午朔,台北中央研究院历史语言研究所校勘本,1962年。

② 《崇祯实录》,第1卷,第11页,崇祯二年十一月丙戌,台北中央研究院历史语言研究所校勘本,1962年。

③ 《清太宗文皇帝实录》,第5卷,第23页,天聪三年十一月甲申,中华书局影印本,1985年。

遵化失陷,驰报明廷,人心大震,朝野惊恐。

同日,赵率教率援兵至遵化。先是,赵率教急驰三昼夜,行三百五十里,到三屯营。但三屯营总兵朱国彦不容入城,遂纵马驰向遵化。至是,赵率教同后金贝勒阿济格等所部满洲左翼四旗及蒙古兵相遇,误入埋伏,中箭坠马,力战而亡,一军尽没①。

同日,督师袁崇焕亲率骑兵入援,并亲督总兵祖大寿、副将何可纲等带兵由山海关出发。初五日,至抚宁,后金军克遵化;初七日,至沙河驿,报后金军破三屯营。时明畿东州县,"风鹤相惊,人无固志"。

皇太极命参将英俄尔岱、游击李思忠、文馆范文程统领备御人员,兵八百留守遵化,他统率大军,自遵化起行,向北京进发。

初十日,袁崇焕率铁骑驰入蓟州。蓟州为顺天府属,"东起山海,西迄居庸,延袤曲折,几二千里"②,辖玉田、丰润、平谷、遵化四县,西距北京二百里。先二日,崇祯帝起用孙承宗为中极殿大学士、兵部尚书,视师通州。寻崇祯帝召见孙承宗,承宗陈奏保卫京师军事调度言:"臣闻督师、尚书袁崇焕率所部驻蓟州,昌平总兵尤世威驻密云,大同总兵满桂驻顺义,宣镇总兵侯世禄驻三河。三边将守三劲地,势若排墙地密而层层接应。"③这时袁崇焕得到崇祯帝"调度各镇援兵,相机进止"④的谕旨,并作了军事防御部署:前总兵朱梅、副总兵徐敷奏守山海关,参将杨春守永平,游击满库守迁安,都司刘振华守建昌,参将刘宗武守丰润,游击蔡裕守玉田,昌平总兵尤世威守诸陵,宣府总兵侯世禄守三河,保定总兵刘策守密云,保定总兵曹鸣雷等驻蓟州遏敌。袁崇焕自率大军,居中调度策应。袁督师意欲"背捍神京,面拒敌众"⑤,堵塞八旗军西向京师之路。孙承宗、袁崇焕均熟悉用兵方略,其军事筹划,亦约略相同。上述兵事措置,如能有效实施,则不会有己巳京师之围,也不会有袁崇焕蒙冤之狱。

十五日,袁崇焕昼夜兼程,至河西务,议趋京师。副总兵周文郁建议:不宜入京,后金兵在通州,明兵屯张家湾,相距十五里,就食河西务,寻机进兵,敌易则战,敌坚则乘,

---

① 《崇祯长编》,第28卷,第13~14页,崇祯二年十一月丙申,台北中央研究院历史语言研究所校勘本,1962年。

② 顾祖禹:《读史方舆纪要》,第11卷,第28页,上海古籍出版社,1998年。

③ 孙铨:《孙文正公年谱》,第4卷,清刻本。

④ 周文郁:《边事小纪》,第1卷,《玄览堂丛书》本。

⑤ 程本直:《白冤疏》,载《袁督师事迹》,道光伍氏刻本。

这是万全之策。袁崇焕心肠颇热,一心忠君,没有设防,也没有纳谏。还在十日,崇焕统兵入蓟时,明廷就传说他有引导后金兵进京之嫌,故崇祯帝下令崇焕不得越蓟州一步,而他个人毫无察觉。

但是,事有不测之变:

其一,崇祯帝庙算不定。孙承宗驻守通州后,疏言:"虏薄都城,止有二路,如臣前议。袁崇焕之兵,移驻于通近郊,当其东南;满、侯、尤三师,当其西北。则战于通之外,正所以遏奴逼京之路。今驻兵永定门外,则是崇焕之来路,而非奴之来路;驻通则可雇京城,而驻永定则不可雇通,通危而京城亦危。臣在关常闻贼曰:'(你)从几路来,我只一路去。'今久聚而不散掠,惧其分也。深入而不反雇,我无以创之也。我分一兵以守通,又分一兵以守(京)城,则通与京城,皆以寡当众,而我无所不寡。臣以为奴既薄通,京城与通之兵,只责之完守,而不责之出战。当责总督刘策守密云,令尤世威率五千兵与满桂、侯世禄联络于顺义之南,袁崇焕列阵于通州左右,不宜逼驻京城。四镇声势相接,贼分攻则分应,合攻则合应,或夹攻,或追蹑,或出奇斫营,或设伏邀击,有机便可一创,否则勿迫其战。今天下之安危在四镇,四镇不一力战,则贼终无已时;一浪战而失,则畿辅将惊溃,而天下危。"①上文中的"通"为通州,在京城之东四十里,为京城之咽喉要地。疏入,留中。崇祯帝作出"调通、蓟近将,尾击声援"的谕旨,使危急态势愈加危急。

其二,皇太极兵逼北京。后金军攻占遵化、蓟州后,进入平原,再无险阻。时明朝腐朽,经济凋敝,财源枯竭,边备疏懈。且平原作战,非明军所长,遭遇满洲骑兵,风鹤相警,人无固志,或望风而逃,或一触即退。十一日,皇太极率八旗军从遵化起行,"向燕京进发"。八旗军兵锋锐盛,兵力集中。总兵满桂、尤世禄兵挫西退,督师袁崇焕也引兵难拒。三天之间,后金军"攻蓟(蓟)州,取玉田、三河、香河、顺义诸县"②,进逼通州。袁崇焕先同八旗军相持于京东马伸桥,"斩获酋长,军威大震"。后袁军急驰西行,先八旗军三日到通州。皇太极"不意袁军骤至,相视骇眙"③。于是,宵夜驰驱,西犯京师。

---

①　钱谦益:《初学集·孙承宗行状》,第47卷,上海古籍出版社,2009年。

②　《明怀宗实录》,第3卷,崇祯二年十一月癸巳;据《崇祯实录》补正。

③　梁启超:《袁督师传》,《饮冰室集》,第20卷,中华书局,1989年。

其三,袁崇焕"抱心太热"。他闻敌警之后,率军进关,抵达蓟州,"三日之内,连战皆捷"。按照关内外分责,既未奉调入关,可以坚守山海。但他"忠心捧日",率军入关;"抱心太热",进卫京师。十六日,袁崇焕召集诸将会议进取。一些将领力主"径取京师,以先根本";副总兵周文郁等则主张"大兵宜向敌,不宜先入都",因为"外镇之兵,未奉明旨,而径至城下,可乎"? 袁崇焕断然地说:"君父有急,何遑他恤,苟得济事,虽死无憾!"①决定直奔京师。次日晚,兵抵广渠门外,

上述因素,相互交错,出现一个结果:明军与后金军的激战,不是在蓟州至通州之间,而是在辇毂坚城之下。

后金军十三日,到蓟州。十四日,到三河。十五日,到通州。

皇太极驻营通州城北。贝勒阿巴泰等分路攻顺义,总兵满桂、侯世禄西退,后到德胜门外扎营。

十七日,袁崇焕深怕后金兵逼近京师,仅率领骑兵九千,以两昼夜,行三百里,由间道急驰,抵广渠门外,寒冬饥馁,露宿扎营。

二十日,八旗军兵临北京城下,"烽火遍近郊"。先是,崇祯帝命宣大总督、宣府巡抚和应天、凤阳、陕西、郧阳、浙江各省巡抚,俱"勤王入卫";至是,又命选"勋戚各带壮丁守城"②。翰林院庶吉士金声荐授游僧申甫为副总兵。申甫收募"市丐"③为兵,后申甫身死,全军亦败没。

明辽军到达京师后,袁崇焕积极备战,严明军纪:"不许一兵入民家,即野外树木,亦不得伤损。"④为严肃军纪,有一兵士曾"擅取民家饼,当即枭示"。为解决粮秣,他密令参将刘天禄等"去劫奴营",但被八旗军哨兵察觉,未能遂计。到十九日晚,袁军夜间露宿,昼缺粮草,士马冻馁,已经两日。于是,后金军攻打北京之战展开。

攻打北京　时北京城重兵,一在德胜门,由侯世禄、满桂屯驻;一在广渠门,由袁崇焕、祖大寿屯驻。八旗兵逼京师后,皇太极驻幄城北土城关之东,其两翼兵分别营于德

①　周文郁:《边事小纪》,第1卷,《玄览堂丛书》本。

②　《崇祯长编》,第28卷,第7页,崇祯二年十一月辛卯,台北中央研究院历史语言研究所校勘本,1962年。

③　《崇祯实录》,第2卷,第16页,崇祯二年十二月甲寅,台北中央研究院历史语言研究所校勘本,1962年。

④　周文郁:《边事小纪》,第1卷,《玄览堂丛书》本。

胜门外至安定门外一带。己巳之役即北京之战,主要在德胜门、广渠门、左安门和永定门进行。

德胜门之战 二十日,皇太极统大军扎营于北京城北土城关之东,两翼兵营于东北。明大同总兵满桂、宣府总兵侯世禄以援兵卫守德胜门。崇祯帝曾召赐满桂"玉带、貂裘,封东平侯"。皇太极亲率大贝勒代善和贝勒济尔哈朗、岳讬、杜度、萨哈廉等统领满洲右翼四旗及右翼蒙古兵进攻德胜门守军。后金军先发炮轰击,发炮毕,蒙古兵及正红旗护军从西面驰突,正黄旗护军从旁冲杀,两军冲入,边杀边进①。拼搏厮杀,追至城下。城上明军,奋勇弯射。不久,"世禄兵溃,(满)桂独前搏战"②。城上明兵发炮配合,但误伤满桂兵殆尽。满桂负伤,带"败兵百余,卧关帝庙中"③。后开德胜门瓮城,"屯满桂余兵"④。

与德胜门激战的同时,蓟辽督师袁崇焕、锦州总兵祖大寿率骑兵在广渠门(沙窝门),迎击后金军的进犯。皇太极派大贝勒莽古尔泰及贝勒阿巴泰、阿济格、多尔衮、多铎、豪格等,带领满洲左翼八旗兵和恩格德尔、莽果尔岱等率领左翼蒙古骑兵数万人,向广渠门明军扑来。袁崇焕仅九千骑兵⑤,令祖大寿在南,王承胤在西北,自率兵在西,结成"品"字形阵,兵含枚,马勒口,隘处设伏,严阵待敌。

后金军分六队,涌向袁军。后金军的前锋护军,先向南直扑祖大寿阵。祖大寿率兵奋死抵御,后金军前锋受挫。后金军接着又向北直冲王承胤阵,失利。后金军左、右两次冲锋,都没有达到预期目的,再倾骑西闯袁崇焕阵。袁军将士"奋力殊死战";后金阿济格贝勒所乘"马创死"⑥,身受箭伤,几乎丧生⑦;阿巴泰贝勒中伏受挫;蒙古额驸恩格德尔等骑兵驱马骤进,"为所败,却走"⑧。八旗军溃败,明军乘胜追击。游击刘应国、罗景荣,千总窦浚等直追至通惠河边,八旗兵仓皇拥渡,"精骑

① 《满文老档·太宗》,下册,第960页,天聪三年十一月二十日,中华书局译注本,1990年。
② 陈鹤:《明纪》,第52卷,清刻本。
③ 周文郁:《边事小纪》,第1卷,《玄览堂丛书》本。
④ 《明思宗实录》,第3卷,崇祯二年十一月壬寅,台北中央研究院历史语言研究所校勘本,1962年。
⑤ 袁军的数目:《清太宗实录》和《明怀宗实录》作"二万人";《剖肝录》和《白冤疏》作"九千人",从后者。
⑥ 《清史列传·阿济格传》,第1卷,第8页,中华书局,1928年。
⑦ 《边事小纪》:"伤东奴伪六王子。"努尔哈尔第六子塔拜,未参加这次战役;其十二子"阿济格马创,乃还",疑受伤者为"十二王子"阿济格。
⑧ 《清史稿·恩格德尔传》,第229卷,第9277页,中华书局标点本,1977年。

多冰陷，所伤千计"①。八旗军溃不成军，败回营去。朝鲜使臣李忔从北京驰启曰：
"贼直到沙窝门，袁军门、祖总兵等，自午至酉，鏖战十数合，至于中箭，幸而得捷。
贼退奔三十余里。贼之不得攻陷京城者，盖因两将力战之功也。"②

这场广渠门血战，袁崇焕军与八旗军，自巳至酉，炮鸣矢发，激战十小时，转战十余
里，明军终于克敌获胜。督师袁崇焕在广渠门外，横刀跃马，冲在阵前，左右驰突，中箭
很多，"两肋如猬，赖有重甲不透"③。他在与八旗兵搏斗中，马颈相交，奋不欲生。后
金的骑兵挥"刀及崇焕，材官袁升格之，获免"④。在督师袁崇焕的指挥下，经过京师军
民的大力支持和辽军将士的浴血奋战，取得广渠门之捷。当夜，袁崇焕亲往受伤官兵
处所"一一抚慰，回时东已白矣"。

皇太极在广渠门之败的夜晚，召集诸贝勒会议。（一）议处皇太极七兄阿巴泰贝勒
罪，应削贝勒爵，并夺所属人员；皇太极命宽宥阿巴泰罪。（二）以纛额真康古礼、甲喇
章京郎球和韩岱等"逗留中途"罪，削职罚赎。（三）蒙古额驸恩格德尔、内喀尔喀莽果
尔岱等贝勒，念其投诚之功，免削职，夺俘获，仍罚赎。皇太极慨叹道："十五年来，未尝
有此劲敌也！"⑤

二十二日，皇太极遣被俘王太监带书致明，再主议和。

二十三日，崇祯帝召袁崇焕等于紫禁城平台。崇焕请入城休兵，不准。同日，将兵
部尚书王洽下狱。

二十四日，皇太极发表"养精蓄锐"自慰话语后，移军南海子，秣马射猎，伺机再攻。

左安门之战　二十七日，袁崇焕与皇太极军又激战于左安门。袁崇焕、祖大寿率
军竖立木栅，布阵守城；后金军也列兵布阵，逼之而营。后金军冲锋，明辽军抵御，明军
获捷，后金兵败⑥。后金军曾先后在宁远、宁锦、京师三次败于袁崇焕手下，皇太极虽

① 《崇祯实录》，第 2 卷，第 14 页，崇祯二年十一月庚子，台北中央研究院历史语言研究所校勘本，
1962 年。

② 《李朝仁祖大王实录》，第 22 卷，第 22～23 页，八年四月癸丑，日本学习院东洋文化研究所，1959 年。

③ 周文郁：《边事小纪》，第 1 卷，《玄览堂丛书》本。

④ 谷应泰：《明史纪事本末·东兵入口》，卷 4 册，第 1488 页。又《边事小纪》卷 1 载："一贼抢刀砍值
公，适旁有材官袁升高以刀架隔，刃相对而折，公获免。"两书所载歧疑，应以后者为是。

⑤ 程本直：《漩声记》，载《袁督师事迹》，道光伍氏刻本。

⑥ 《崇祯长编》，第 29 卷，第 17 页，崇祯二年十二月甲戌，台北中央研究院历史语言研究所校勘本，
1962 年。

督军奋战,却不敢浪战。《清太宗实录》记载:"上与诸贝勒,率轻骑往视进攻之处。云:'路隘且险,若伤我军士,虽胜不足多也。此不过败残之余耳,何足以劳我军。'遂还营。"①

二十八日,皇太极不敢与袁崇焕交战,便牧马于南海子。后袁崇焕用向导任守忠策,"以五百火炮手,潜在海子,距贼营里许,四面攻打,贼大乱"。随后,皇太极移营出南海子②。

皇太极对袁崇焕不能战胜,便施用"反间计",陷害袁崇焕(详下节)。

当时皇太极并不知道其反间计得逞,他一面先后三次致书崇祯帝议和,一面寻找时机攻夺北京永定门。

十二月初一日,崇祯帝再召袁崇焕等于平台。"勇猛图敌,敌必仇;振刷立功,众必忌"③。袁崇焕获广渠门和左安门两捷,既受到后金的仇畏,又遭到阉党的妒忌。敌人的反间和阉党的诬陷,促使崇祯帝在平台召对蓟辽督师袁崇焕:"缒城而入,乃下之诏狱!"④

同日,皇太极率军趋北京西南良乡,攻克良乡县城。后金总兵官吴讷格奏克固安县,尽歼其众。

十一日,皇太极遣官祭房山金朝皇帝陵。

十六日,得知明崇祯帝将袁崇焕下狱,皇太极便亲统大军回师北京卢沟桥。明副将申甫率兵卒六千前来抵御,后金右翼五旗兵迎战,将明兵歼灭。而这位副将喋血力战,伤重而死。后金兵继续在京城附近攻掠,距京二十里,又击败一营明兵,并于当晚从捕获的人口中得知,永定门南二里外,驻有满桂、黑云龙、麻登云、孙祖寿四总兵,领马步兵四万,结栅为垣,四面环列,枪炮数重⑤。皇太极遂令诸将士,以三鼓进兵列阵。

永定门之战　十七日黎明,后金军十旗兵齐进,人战于永定门外。时明总兵满桂、

① 《清太宗文皇帝实录》,第5卷,第30页,天聪三年十一月戊申,中华书局影印本,1985年。
② 《帝京景物略》卷3记载:"南海子,城南二十里,有囿,曰南海子。方一百六十里。海中殿,瓦为之。"
③ 《明熹宗实录》,第75卷,第12页,天启六年八月丁巳,台北中央研究院历史语言研究所校勘本,1962年。
④ 黄宗羲:《南雷文约》,第1卷,清刻本。
⑤ 王先谦:《东华录》,第5卷,天聪三年十二月丙寅,光绪二十五年(1899年)刻本。

黑云龙、麻登云、孙祖寿领马兵四万,在永定门外"四方结栅木,四面列枪炮",加强防御,"列栅以待"①。皇太极率领八旗军"大噪齐进,毁栅而入"②。和硕图奋勇当先,一马突入明阵。满桂骁勇敢战,率步骑五千迎战,因寡不敌众,被后金兵击溃,满桂与孙祖寿及参将、游击等三十余人都战死于阵中。明军四总兵——满桂、孙祖寿阵亡,黑云龙、麻登云被擒③。后金军也伤亡惨重,致使皇太极"心伤陨涕"。

这时,后金诸将争请进攻北京城。皇太极认为:明朝"疆圉尚强,非旦夕可溃者,取之易,守之难,不若简兵练旅,以待天命可也"④。他留下一封信致崇祯帝,重申议和之意,然后移营北京城西北。

广渠门、德胜门、左安门和永定门四战,明军都是同后金军野战争锋,马颈相交,拼搏厮杀。八旗军丢尸弃马,不能越池破城。明军德胜门、永定门两战失利,而广渠门、左安门两战获胜,尤在袁督师指挥下,广渠门和左安门两战,皇太极遭到惨重失败。明朝首都北京被围危急,赖袁崇焕率辽军入援,拼死激战,转危为安,否则情势另一番结局。时"天下勤王兵,先后至者二十万"。皇太极劳师远犯,久暴兵旅,地冻天寒,粮秣匮乏。皇太极分别在德胜门外和安定门外,发出两封致明帝和议书后,饱掠京畿,退出京师。

皇太极南犯京师的战争,是一场女真军事贵族的残暴掠夺战争。八旗军所到之处,俘获人口,掠夺牲畜,劫掠物资,纵火焚毁,"自遭残破,一望荒原"⑤。其事记载,史不绝书。

"虏骑劫掠,焚烧民舍"⑥。

"纵掠良乡县,俘获甚多"。

"上命自克遵化以来,所获马骡,均赏兵丁,人各一匹"。

"焚通州河内船,约千余只"。

"以俘获牛马赏兵丁,每人马一、牛一"。

"胡将所获男女万余"⑦。

①　光绪《顺天府志·孙祖寿传》,第98卷,第4686页,北京古籍出版社,1987年。

②　蒋良骐:《东华录》,第2卷,天聪三年十二月丁卯,中华书局校点本,1980年。

③　计六奇:《明季北略·满桂战死》,第5卷,第10页,光绪十三年(1887年)刻本。

④　昭梿:《啸亭杂录·太宗伐明》,第1卷,第1页,中华书局校点本,1980年。

⑤　《崇祯长编》,第53卷,第11页,崇祯四年闰十一月丁未,台北中央研究院历史语言研究所校勘本,1962年。

⑥　文秉:《烈皇小识》,第2卷,上海书店印行,1982年。

⑦　《李朝仁祖大王实录》,第22卷,第15页,八年二月丁丑,日本学习院东洋文化研究所,1959年。

据御史张学周、巡按龚一程等奏报，后金军在通州、张家湾、三河共烧毁漕船九百七十七只①。

北京之战，以明军的胜利和八旗军的失败而结束。袁督师亲率铁骑，日夜兼驰，"应援京师，连战大捷"，危城北京，转危为安。但是，皇太极在军事失利中，施用反间计，陷害袁崇焕。

（三）皇太极施"反间计"

围绕着北京之役，后金与明朝进行的争局，不仅是一场激烈的军事斗争，而且是一场残酷的政治斗争。

皇太极入主中原，君临四方，急欲之情，跃然纸上。但是，皇太极占京师、取明统的最大军事障碍，是铁城宁远和铁帅袁崇焕。崇焕不去，关外诸城未下，关锦防线未破，入关道路难通。皇太极为实现其军事政治目的，就要绕宁锦、薄京师，设反间计，害袁崇焕。袁崇焕对此似有警觉，他复出时在平台②受崇祯帝召见，曰："以臣之力，制全辽有余，调众口不足。一出国门，便成万里，忌能妒功，夫岂无人，即不以权力掣臣肘，亦能以意见乱臣谋。"咨对说："当论边臣成败之大局，不必过求于一言一行之微瑕，盖着着作实，为怨则多，凡有利于封疆者，俱不为此身者也。况图敌之急，敌又从外而间之，是以为边臣者甚难。"③尽管袁崇焕的苦衷受到崇祯帝的慰劳优答，却不幸地言中了自己的悲惨结局。

袁崇焕的每个军事胜利，都把一仇神召唤到自己的周围。

阉党在布置陷阱。袁崇焕入援京师，"心焚胆裂，愤不顾死，士不传餐，马不再秣"，十余日，驰千里，间道飞抵郊外，挺身捍卫京师。但城里阉党编造的"崇焕勾建虏"流言四起，阉孽刑逼某木匠诬袁崇焕为奸细④。后兵科给事中钱家修在《白冤疏》中说："江西道御史曹永祚，捉获奸细刘文瑞等七人，面语口称：'焕附书与伊通敌。'原抱奇、姚宗

---

① 《崇祯长编》，第30卷，第28页，崇祯三年正月甲辰，台北中央研究院历史语言研究所校勘本，1962年。

② 孙承泽：《春明梦徐录》第6卷第10页："建极殿后曰云台门，东曰后左门，西曰后右门、亦名曰平台。"

③ 《崇祯长编》，第11卷，第16页，崇祯元年七月乙亥，台北中央研究院历史语言研究所校勘本，1962年。

④ 孙承泽：《畿辅人物志·李若琏传》，第16卷，清刻本。

文即宣于朝,谓:'焕构通与祸,志在不小。'次日,皇上命诸大臣会鞫明白。臣待罪本科,得随班末,不谓就日辰刻,文瑞(等)七人走矣!"①锦衣为何地,奸细为何人,七人竟袖手而走? 可见为着杀崇焕,不惜设陷阱。姚宗文早在天启时附阉党,与原抱奇表里为奸,为打击袁崇焕而设置政治陷阱。

市民在传布流言。在通州时,崇焕没有和后金兵交战,后金兵直趋京师。京城里的谣言四起,说袁崇焕召来了后金兵。崇祯皇帝被谣言所惑,疑上加疑,这给皇太极施反间计提供了可乘之机。

后金在密室策划。早在"己巳之变"以前,汉人降金副将高鸿中就向皇太极奏言:"他既无讲和意,我无别策,直抵京城,相其情形,或攻或困,再作方略。"②所谓方略,疏未言明。李霨在《内秘书院大学士范文肃公墓志铭》中记述:时为章京范文程,从跬入蓟州、克遵化后,见督师袁崇焕重兵在前,即"进密谋,纵反间"③。故皇太极在左安门之败的第二天,设下一个政治圈套——"反间计"。

先是,后金大军屯南海子时,俘虏了明朝提督大坝马房太监杨春、王成德。据《崇祯长编》记载:大清兵驻南海子,提督大坝马房太监杨春、王成德,为大清兵所获,口称"我是万岁爷养马的官儿"。大清兵将杨春等带至德胜门,鲍姓等人看守④。便指派副将高鸿中、参将鲍承先、宁完我、巴克什达海等对杨春、王成德监守。高鸿中、鲍承先按照皇太极的旨意,夜里回营,坐在两个太监卧室的隔壁,故作耳语,秘密谈话,他们在谈话中明示袁崇焕已与皇太极有密约,攻取北京,很快成功,太监杨春等假装躺卧窃听,二十九日,高鸿中、鲍承先又故意放纵了杨太监,杨太监回到紫禁城,将窃听到高鸿中、

① 钱家修:《白冤疏》,载《袁督师事迹》,道光伍氏刻本。

② 《明清史料》,丙编,第1本,第45页,中央研究院历史语言研究所刊印,1936年。

③ 李光涛《袁崇焕与明社》(《大陆》杂志第7卷1期)和《明季边防与袁崇焕》,均谓"反间计"系高鸿中所献。黄宗羲《大学士机山钱公神道碑》载为范文程所献。其文曰:"己巳之冬,大安口失守,兵锋直指阙下,崇焕提援师至。先是,崇焕守宁远,大兵屡攻不得志,太祖患之。范相国文程时为章京,谓太祖曰:'昔汉王用陈平之计,间楚君臣,使项羽卒疑范增,而去楚。今独不可踵其故智乎?'太祖善之,使人掠得小奄数人,置之帐后,佯欲杀之。范相(国)乃曰:'袁督师既许献城,则此辈皆吾臣子,不必杀也!'阴纵之去。奄人得是语,密闻于上。上额之,而举朝不知也。崇焕战东便门,颇得利,然兵已疲甚,约束诸将不妄战,且请入城少憩。上大疑焉,复召对,缒城以入,下之诏狱。"上文"太祖"应作"太宗","东便门"应作"左安门"。李霨在《内秘书院大学士范文肃公墓志铭》中,也记载"反间计"为范文程所献。

④ 《崇祯长编》,第29卷,第10页,崇祯三年十二月甲子,台北中央研究院历史语言研究所校勘本,1962年。

鲍承先的密谈,奏报了崇祯皇帝。

此事,《清史稿·鲍承先传》记载:

> 翌日,上诚诸军勿进攻,召承先及副将高鸿中授以秘计,使近阵获明内监系所并坐,故相耳语云:"今日撤兵,乃上计也。顷见上单骑向敌,有二人自敌中来,见上,语良久乃去。意袁经略有密约,此事可立就矣。"内监杨某佯卧窃听。越日,纵之归,以告明帝,遂杀崇焕。①

杨太监纵归明宫后,将在后金监所中的窃闻,"详奏明主"。崇祯帝既惑于阉党的蜚语,又误中后金的反间,决定在平台召见袁崇焕"议饷"。

十二月初一日,崇祯帝以"议饷"为名,召督师袁崇焕、总兵满桂、黑云龙、祖大寿等入见。明蓟辽督师袁崇焕,因城门不开被用筐装载,以绳系吊到城上。袁崇焕到宫城平台觐见崇祯皇帝。《崇祯长编》同日记载:"督师袁崇焕,总兵满桂、黑云龙等,锦衣卫堂官召对,逮督师袁崇焕于狱。令总兵满桂总理关宁兵马。"此事,《明季北略》记载较详:"上问杀毛文龙、致敌兵犯阙及射满桂三事,崇焕不能对。上命桂解衣验示,着锦衣卫挈掷殿下。校尉十人,褫其朝服,杻押西长安门外锦衣卫大堂,发南镇抚司监候。"②督师袁崇焕当即被逮捕,下锦衣卫狱。崇祯帝命总兵满桂总理关、宁兵马,并命祖大寿、黑云龙会同马世龙等抗敌立功。

袁崇焕下锦衣卫狱,是阉党进行翻案活动,排挤东林党,首先打开的一个缺口。阴谋的发起者是温体仁和王永光,"永光与体仁合,欲借崇焕狱,株连天下清流"③。吏部尚书王永光是魏忠贤遗党。诸群小合谋,日乘机报复。御史高捷、史䃵尝以"通内自诩",阉党失败后,"皆以得罪公论革职",而王永光力引二人,又被大学士钱龙锡所阻,三人大恨。他们"谋借崇焕,以及龙锡"。机陷钱龙锡,尽倾东林党,摧抑正人,排挤忠臣。但他们力量不够,要借助于中官权臣。

---

① 《清史稿·鲍承先传》,第 232 卷,第 9366 页。又见《清太宗实录》卷 5、《满文老档·太宗》卷 19、《清朝开国方略》卷 12、《啸亭杂录》卷 1、蒋良骐《东华录》卷 2、《李朝仁祖实录》卷 24、《明史》卷 259 和《鲒埼亭集》等。

② 计六奇:《明季北略·逮袁崇焕》,第 5 卷,第 10 页,光绪十三年(1887 年)刻本。

③ 《明史稿·王永光传》,第 240 卷,清刻本。

先是，辽东阉党毛文龙岁饷百万，多半不出都门，落入权臣私囊。魏忠贤的干儿毛文龙被袁崇焕斩后，权臣失去巨贿。又在后金军围城期间，戚畹中贵在京畿的"园亭庄舍，蹂躏殆尽"①，便一齐迁怒于袁崇焕。因此，他们从各自的利益出发，合谋倾覆袁崇焕。袁崇焕成为阉党与东林党斗争的焦点，在阉党与东林党对垒中，"日与善类为仇"的温体仁，成了阉党余孽的挂帅人物。

温体仁与毛文龙是同乡，因文龙之死深衔袁崇焕；又曾贿赂崔呈秀，诗颂魏忠贤，被御史毛九华所劾——于是就同高捷、史𡎒结为心腹。当时崇祯帝恶言党争，"体仁揣帝意"，标榜自己为"孤臣"。崇祯帝觉得"体仁孤立，益向之"。温体仁既受到崇祯帝的信任，又得到阉党余孽的支持："魏忠贤遗党日望体仁翻逆案，攻东林。"机深刺骨的温体仁，先诬奏袁崇焕，"敌逼潞河，即密参崇焕"。温体仁在与其幼弟书信中说："崇焕之擒，吾密疏，实启其端。"②他权欲熏心，亟谋入相，所忌惟大学士韩爌与钱龙锡二人。温体仁先后五次上疏，请崇祯帝杀督师袁崇焕："体仁五疏，请杀崇焕。"③尔后，温体仁便借袁崇焕事挤去韩爌和钱龙锡而居其位。但是，阉党余孽如果没有崇祯帝的支持，他们是成不了气候的。

崇祯帝的昏暴铸成了袁崇焕的冤案。"怀宗自视聪明，而实则昏庸"④。尽管后金的反间和阉党的诬陷，内外呼应，同恶相济，但他们只有通过崇祯帝的昏暴才能得逞。崇祯帝即位之初，想望治平，励精图新。然而整个崇祯朝，仍是一个"主昏政暗"的朝代。崇祯帝对廷臣，时信时疑，亲疏无常，"败者升官，胜者误罪"。如对袁崇焕，先是晋太子太保、兵部尚书、蓟辽督师、赐尚方剑，及其入援京师，又赐玉带、彩币。当阉党的流言、后金的蜚语，灌进崇祯帝的两耳之后，他就猜疑袁崇焕。崇祯帝将在德胜门打了败仗的满桂封赏，却将在广渠门和左安门打了胜仗的袁崇焕下狱，完全是功罪倒衡，自毁长城。

崇祯帝刚愎自用，偏听专断。阉党余孽开始权力并不大，如温体仁为礼部侍郎，高捷和史𡎒为御史。而东林党掌握津要，如袁崇焕入狱时的内阁大学士，除韩爌晋太傅外，仅李标、钱龙锡、成基命和孙承宗四人，均为东林党人。六部尚书也多为东林党人

---

① 文秉：《烈皇小识》，第 2 卷，上海书店印行，1982 年。

② 叶廷琯：《鸥陂渔话·温体仁家书》，第 4 卷，清刻本。

③ 余大成：《剖肝录》，载《袁督师事迹》，道光伍氏刻本。

④ 《袁崇焕传》，稿本，不分卷。

或倾向东林党人。当时阉党余孽官职低、实力弱,声名狼藉、不得人心。但是,阉党余孽紧紧地抓住崇祯帝,依靠崇祯帝,来打击东林党人。"逆案已定,王永光把持之;皆绍述逆阉之政者也。袁弘勋、高捷、史躬一辈小人,翩翩而进,以锢君子而抑之"①。他们依恃崇祯帝,彼此援引,上下交结,先拆毁东林党所依靠的长城:遵化刚失,兵部尚书王洽以"桢(侦)探不明"②,下狱(后死狱中);敌在城下,督师袁崇焕被诬为"诱敌协款",也下狱。与此同时,刑部尚书乔允升和工部尚书张凤翔相继落狱论死,后遣戍边卫③。阉党余孽逐渐掌握六部的实权。继之,在温体仁和阉党攻击下,崇祯帝将东林党大学士一个一个地解职。大学士钱龙锡是个例子。袁崇焕被逮的第五天,御史高捷即疏劾称:钱龙锡与袁崇焕相倚,钱龙锡是袁崇焕"诡计阴谋发纵指示"者,是祖大寿敢于提兵出走"挑激之妙手"。钱龙锡一疏再疏,自行申辩:"崇焕初在城外,阁中传奉圣谕、往来书札,多从城头上下,崇焕既拿之后,孰敢私通?祖大寿两重严城,谁能飞越,施挑激之妙手?"④

　　大学士钱龙锡因受到攻讦而辞职,阉党余孽并不因龙锡去职而罢手,还要将他致之于死地。崇祯帝命逮捕去辅钱龙锡于家。先是,锦衣卫以斩帅、主款二事,究问袁崇焕根因。"据崇焕所供:'斩帅一事,则龙锡与王洽频以书问之崇焕。而崇焕专断杀之者也。主款一事,则崇焕频以书简商之洽与龙锡,而洽与龙锡未尝许之也。"袁崇焕将"斩帅"、"讲款"二事的责任,由自己承担,不牵涉大学士钱龙锡和兵部尚书王洽。事下中府九卿科道会议,与会者有吏部尚书王永光、户部尚书毕自严、礼部尚书李腾芳、兵部尚书梁廷栋、刑部尚书韩策、工部尚书程启南及都察院、通政司、大理寺以及六科道官员等六十余人。会议结果,疏上略谓:"斩帅虽龙锡启其端,而两次书词有处得妥当、处得停当之言,意不专在诛僇可知,则杀之自属崇焕过举。至讲款,倡自崇焕,龙锡虽不敢担承,而始则答以在汝边臣酌量为之,继则答以皇上神武,不宜讲款。总之两事皆自为商量,自为行止。龙锡以辅弼大臣,事关疆场安危,而不能抗疏发奸,何所逃罪。

---

① 《汰存录纪辨》,不分卷,抄本。

② 《明怀宗实录》,第2卷,崇祯二年十一月辛卯,台北中央研究院历史语言研究所校勘本,1962年。

③ 《明史·乔允升传》,第254卷,第6555页,中华书局校点本,1974年。

④ 《崇祯长编》,第29卷,第2～3页、第16～17页,崇祯三年十二月乙卯、癸酉,台北中央研究院历史语言研究所校勘本,1962年。

但人在八议,宽严当断之宸衷。"①上疏,既肯定龙锡的责任,又对其进行开脱。崇祯帝以钱龙锡"无逆谋,令长系"。后遣戍定海卫。

东林党受到沉重打击,阉党之祸从此益炽。开始形成以周延儒、温体仁为首的反东林新内阁。先是周延儒任首辅,"延儒柄政,必为逆党翻局"②;不久,温体仁取代周延儒,朝政越发不可收拾。

崇祯帝"太阿独操",专制暴戾。他在平台下令逮捕袁崇焕时,东阁大学士兼礼部尚书成基命,年七十,"独叩头,请慎重者再"。崇祯帝不信士流,而信内臣,拒不纳谏。成基命又叩头曰:"敌在城下,非他时比。"③崇祯帝仍执迷不悟。袁崇焕被拿,"宣读圣谕,三军放声大哭"。关外的将士吏民,也"日诣督辅孙承宗,号哭代雪"。钱家修冒坐牢之险写《白冤疏》,称袁崇焕"义气贯天,忠心捧日"。后任山东巡抚石衲曾道:八旗军围攻北京城时执捕袁崇焕,是"兵临城下而自坏长城"!崇祯帝闻此,复欲用崇焕于辽,又有"守辽非蛮子不可"之语。在东林党与阉党斗争的关键时刻,崇祯帝支持阉党余孽,将袁崇焕逮捕杀害,使政局急剧逆转。另如成基命一次谏言,自辰至酉,跪在会极门外,长达十二小时未起,足以画出崇祯帝独裁昏暴的形象。朝鲜人评论崇祯帝对此事的处理说:"不信士流,而信内臣,驯致祸乱,为千古炯戒。其失在于不知人,而非士流之罪也。"④所以,康有为"间入长城君自坏,谗多冤狱世无穷"的诗句,说明毁坏长城和袁崇焕冤案的责任在崇祯帝。袁崇焕愚忠,他在《南还别陈翼所总戎》诗中云:"主恩天地重,臣遇古今稀。"⑤臣忠被君疑,惨遭祸杀身。袁崇焕的冤死,不仅标志着东林党末运的开始,而且标志着崇祯帝"新政"的结束。

袁崇焕被捕后,将士一片惊惶,彻夜号啼,莫知所处。而城上则炮石乱打,辽军官兵多骂詈之言。部将祖大寿在旁见袁崇焕被缚下狱,股栗失措,回营后即同副总兵何可纲领兵一万五千人离京出关。孙承宗派游击石国柱以手书慰谕祖大寿,其众兵泣曰:"应援京师,连战大捷,指望厚赏,谁想城上之人,声声口口骂辽将辽兵都是奸细。故意丢砖打死辽兵三名。城内出来选锋,砍死辽兵六名。彰义门将放拨的辽兵,作奸

---

①　《崇祯长编》,第38卷,第2页,崇祯三年九月己卯,台北中央研究院历史语言研究所校勘本,1962年。

②　《明史·周延儒传》,第308卷,第7926页,中华书局校点本,1974年。

③　《明史·成基命传》,第251卷,第6489页,中华书局校点本,1974年。

④　《李朝纯宗大王实录》,第28卷,第41页,二十七年三月辛丑,日本学习院东洋文化研究所,1959年。

⑤　梁章钜:《三管英灵集》,第7卷,清道光刻本。

细拿去杀了。阵亡者死而无棺,生者劳而无功,败者升官,胜者误罪,立功何用?"①十四日,兵部差人持从狱中取袁崇焕手书,孙承宗命即送给祖大寿。但祖大寿已回往锦州。使臣追及山海关外,出示袁崇焕手书,祖大寿才下马捧泣,一军尽哭。为了立功赎袁崇焕,祖大寿疏言:"十一月初三日,进山海关,随同督师星驰。途接塘报,遵化、三屯等处俱陷。则思蓟州乃京师门户,堵守为急。初十日,统兵入蓟。三日之内,连战皆捷。又虑其逼近京师,间道飞抵左安门外扎营。二十日、二十七日,沙窝、左安等门,两战皆捷,城上万目共见,何敢言功?露宿城壕者半月,何敢言苦?岂料城上之人,声声口口只说辽将、辽人都是奸细,谁调你来?故意丢砖,打死谢友才、李朝江、沈京玉三人,无门控诉。选锋出城,砍死刘成、田汝洪、刘友贵、孙得复、张士功、张友明六人,不敢回手。彰义门将拨夜拿去,都作奸细杀了。左安门拿进拨夜高兴,索银四十六两才放。众兵受冤丧气,不敢声言。比因袁崇焕被拿,宣读圣谕,三军放声大哭。臣用好言慰止,且令奋勇图功,以赎督师之罪。此捧旨内臣及城上人所共闻共见。"又言:"京师城门口大战堵截,人所共见,反将督师拿问。有功者不蒙升赏,阵亡者暴露无棺,带伤者呻吟冰地,立功何用?即复遵化,皇上那得知道我们的功劳。既说辽人是奸细,今且回去,让他们厮杀,拥臣东行。此差官所目击者。及到山海关,阁部孙承宗差总兵马世龙赍捧圣谕将到,传令扎营于教军场迎接。众兵眼望家乡,齐拥出关。臣即止于关外欢喜岭,同所统官旅人等,听宣读毕,皆痛哭流涕,举手加额。臣因众军感泣,谕之曰:'辽兵素受国恩,颇称忠勇,今又蒙朝廷特恩宽宥,若不建功,何以生为?'众军闻言,又复泣下,务立奇功,仰答圣恩于万一矣!"②祖大寿即日回兵入关。后会同马世龙等收复永平、滦州、迁安、遵化四城。但阉党分子继续交章攻击,遂使崇祯帝下决心处死袁崇焕。

崇祯三年(1630年)八月初五日,崇祯帝谓:"崇焕擅杀,逞私谋款,致敌欺藐君父,失误封疆",限刑部五日内具奏。十六日,未刻,崇祯帝御平台,召辅臣等谕:"以袁崇焕付托不效,专恃欺隐,以市米则资盗,以谋款则斩师,纵敌人长驱,顿兵不战,援兵四集,尽行遣散,及兵薄城下,又潜携喇嘛,坚请入城。种种罪恶,命刑部会官磔示。依律家

---

① 《崇祯长编》,第29卷,第4~5页,崇祯二年十二月丁巳,台北中央研究院历史语言研究所校勘本,1962年。

② 《崇祯长编》,第29卷,第17~19页,崇祯二年十二月甲戌,台北中央研究院历史语言研究所校勘本,1962年。

属十六以上处斩，十五以下给功臣家为奴。今止流其妻妾、子女及同产兄弟于二千里外，余俱释不问。"①明廷以"通虏谋叛"、"擅主和议"、"专戮大帅"、"失误封疆"等罪名，将率师入卫北京的蓟辽督师袁崇焕处以磔刑，其家产没收入官，兄弟、妻子流放二千里。

"崇焕无罪，天下冤之"。天聪四年即崇祯三年（1630年）八月十六日（公历9月22日），袁崇焕在西市含冤磔死。袁崇焕身戎辽疆九年，"杖策必因图雪耻，横戈原不为封侯"。其"父母不得以为子，妻孥不得以为夫，手足不得以为兄弟，交游不得以为朋友"。袁崇焕披肝沥血，跃马横戈，血洒京师，垂馨千祀。后藤县知县边其晋在追念袁崇焕的《藤江即事》诗中写道："总制三边袁元素，擎天柱石人争慕。只因三字莫须有，万里长城难巩固。"②袁崇焕的冤死，不仅是他个人的不幸，而且表明东林党在政治上的再次失败。东林党在天启四年（1624年）失败，后熊廷弼被弃市；尔后，"朝政混淆，谄谀成风，日以谋害诸贤为计，而国事有不可言者矣"③！东林党在崇祯三年（1630年）的再败，袁崇焕被磔于市。袁崇焕死，小人竞起，党争更趋激烈，益修门户之怨。举朝事之异己者，概坐"焕党"，加以报复，或置之重典，或许削职去。后礼科给事中冯元飚疏道："自此，小人进而君子退，中官用事，而外廷浸疏，朝政日隳，边政日坏！"④朝鲜史书对袁崇焕之死，也不乏见解，认为崇祯帝不信士流，而任佞臣，"其失在于不知人，而非士流之罪也！"故史臣断言：崇祯帝对"袁崇焕辈任之不终，终以此亡也"⑤！似应说明朝亡祚原因很多，但"君子尽去，而小人独存"，确是明朝灭亡的一大原因。朝鲜特进官李廷济也认为："崇祯皇帝若在平世，则足为守成之主，而如袁崇焕辈任之不终，终以此亡。"⑥因此，袁崇焕冤狱就是给崇祯朝政治窳败作出了结论。《御定资治通鉴纲目三编·发明》论道："袁崇焕在边臣中，尚有胆略，其率兵勤王，有功无罪。庄烈始则甚喜，甚至倚若长城。一闻杨太监之言，不审虚实，即下崇焕于狱，寻至磔死。直不知用间愚

　　① 《崇祯长编》，第37卷，第17页，崇祯三年八月癸亥，台北中央研究院历史语言研究所校勘本，1962年。又，疑其"师"字或为"帅"字之误。

　　② 民国《藤县志》，稿本。

　　③ 文秉：《先拨志始》卷上，第168页，上海书店印行，1982年。

　　④ 《崇祯实录》，第9卷，第14页，崇祯九年十月壬申，台北中央研究院历史语言研究所校勘本，1962年。又见文荪符《先拨志始》卷上。

　　⑤ 《明臣奏议》，第40卷，清光绪十七年（1891年）刻本。

　　⑥ 《李朝英宗大王实录》，第30卷，第43页，七年十一月辛未，日本学习院东洋文化研究所，1959年。

敌,为兵家作用。古今来被给而偾事者,指不胜屈,未有若庄愍此举之甚者。"并感慨道:"刑章颠倒,国法何存? 岂惟不知将将之道,抑亦大失御下之方矣!"①袁崇焕之死是明末一大冤案②,皇太极的用间,竟被明朝信以为真,此事到清朝才真相大白。时明朝做出这等蠢事,表明昏君奸臣乱政,国事日非,边事日坏。《明史·袁崇焕传》评论道:"自崇焕死,边事益无人,明亡征决矣!"

后金天聪汗皇太极以北京之役为题目,既施"反间计"杀了袁崇焕,又夺取北京畿东永平等四城。

(四)且战且退　夺弃四城

后金天聪汗皇太极施行"反间计"得手后,却攻北京城不下,长途远袭,将近三月,隆冬寒天,星餐露宿,兵疲马饥。明朝勤王军队,陆续集结,反客为主,四面包围,准备反攻。于是,皇太极决定大军撤退。后金军在东撤的过程中,先后占领永平、迁安、滦州、遵化四城等。明朝与后金,先是明军亦攻亦进,后金军且战且退;继是两军在永平等四城,其夺与守、攻与弃,进行得十分激烈,也十分残酷。最终,后金军撤出关内,退回沈阳。

先是,崇祯帝在闻报后金军攻破大安口后,召前大学士孙承宗为兵部尚书、中极殿大学士,视师通州。袁崇焕下狱后,命孙承宗移驻山海关,满桂死后又命马世龙为武经略、总理援军,寻总兵祖大寿统兵进入关内,勤王之师也陆续云集畿东一带地区,明朝形成强大的反击后金军退入京畿的军事包围圈。

皇太极已经看清不宜在京师久留的军事态势,于十二月二十六日,率主力部队撤离北京。先是,皇太极派贝勒阿巴泰、济尔哈朗、阿济格、杜度、萨哈廉及总兵官扬古利

---

① 《御定资治通鉴纲目三编》,清内府刻本。

② 袁崇焕死后,相传其仆人余义士"夜窃督师尸",葬北京广渠门内广东旧义园,终身守墓不去,死后葬督师墓旁。其子孙世代居此守墓,这就是余家馆名称的由来。后在广东东莞修"袁大司马祠",在广西藤县修"明督师袁公崇焕故里"纪念碑。袁崇焕受到后人同岳飞一样的敬仰:"昔岳武穆以忠蒙罪,至今冤之;督师力捍危疆而身死门灭,其得大略相似。"为纪念袁崇焕,1917年,在北京广东新义园(今龙潭湖公园内)建"袁督师庙"。1952年,北京市人民政府对袁崇焕祠墓重加修葺,使之"与文文山祠,并垂不朽"(参见阎崇年:《袁崇焕研究论集》,文史哲出版社,1994年)。2002年,北京市人民政府再对袁崇焕祠、墓大加修缮。

等率兵三千,略通州一带,攻克张家湾,作为后金军东撤的先头部队。明京师北京以东、山海关以西,为顺天府和永平府。顺天府领有五州二十二县,永平府领有一州五县(详见后文)。后金军在顺天府地区,军事活动地域主要在大兴、宛平、良乡、固安、香河,通州及所属三河、漷县,涿州及所属房山,昌平州、蓟州及所属玉田、丰润、遵化等。后金撤离北京城后,在顺天府地区,主要激战的战场,先在蓟州,后在遵化。

　　二十七日,皇太极遣岳讬、萨哈廉、豪格三位贝勒,率兵四千,往围永平。同日,皇太极与大贝勒代善、莽古尔泰,贝勒阿巴泰、阿济格、多尔衮、多铎、杜度等,率护军及火器营兵五百名,往视蓟州情形。途中与明来援的山海关兵五千,在蓟州城外二里处相遇。明军城外立营,环列枪炮;后金军冲入,展开厮杀。代善指挥左翼护军攻明营东面,皇太极指挥右翼护军攻明营西面。明军列阵放炮,奋勇抵御。后金军正红旗、镶红旗护军,面对强敌,规避退缩。贝勒杜度受伤,贝勒阿济格战马被创死,游击额尔济格、吴尔坤等皆战死,其他士卒,死伤很多。两红旗护军临阵退缩,后受到惩罚。后金军通过蓟州后,向遵化行进。二十八日,后金得报:破墙入塞后已降后金的石门驿、马兰峪、三屯营、大安口、罗文峪、汉儿庄、郭家峪、洪山口、潘家口、抚宁、滦阳营等十一城,都叛后金,重新归明。后金参将英俄尔岱自遵化报告:"密云总督、蓟州道合兵,夜至遵化,四面夹攻。我兵出御敌兵,斩杀甚众,敌遂却。"①遵化形势,极为严重。皇太极在歼灭明军后,继续率军东行。

　　后金军东撤之后,仍然占据着遵化。遵化城临近马兰关、大安口、罗文峪关、洪山口、龙井关、松亭关等长城重关要隘,其中大安口与龙井关是后金军攻入塞内的隘口,也是后金军准备退路的隘口。所以,京师顺天府属的遵化县城,是明朝与后金必争之地。明军进攻遵化的激战,以兵部尚书刘之纶最为突出。翌年正月二十一日,明兵部尚书刘之纶统兵八营、副将八员、游击十六员等进攻遵化,将后金蒙古喀喇沁贝勒布尔噶都围困,遵化城守贝勒杜度急求支援,皇太极派兵前去增援。后金兵发炮轰击明军大营,明军栅破营毁,明副将丁启明等被俘。此役,明总兵刘之纶败没。

　　刘之纶,家世务农,采樵卖薪,勤奋好学,号"刘圣人"。崇祯元年(1628年)中进士,喜好军事,研制器械,用木料制作西洋炮。后金破塞,京师戒严,被破格授为兵部右侍郎。他在满桂战死后,自请统京营兵,不许;又请领关外四川兵,也不许。他招募万

---

① 《清太宗文皇帝实录》,第5卷,第36页,天聪三年十二月戊寅,中华书局影印本,1985年。

人,分为八营,东行,到通州,守城官不接纳,冒雪宿古庙中。言官攻击他"逗留",便上疏:"小人意忌,有事则诿卸,无事则议论。"时永平陷,他率兵分八路,攻遵化。后金兵从遵化出城,驰骋,冲锋;刘之纶督军迎战,发炮,还击。二十二日,后金三万精骑赶到,大炮与箭矢齐发,之纶兵溃。左右劝他结阵徐退,刘之纶说:"毋许言!吾受国恩,吾死耳!"严令击鼓再战,双方飞矢四集。之纶解下所佩印绶,交给家人,说:"持此归报天子!"遂死。一军皆哭,拔营野战,兵败,皆死①。

后金军在遵化取得胜利后,往永平府推进。永平府,元永平路,明洪武四年(1371年)为永平府,领一州、五县即滦州和卢龙、迁安、抚宁、昌黎、乐亭县②。永平府"西接蓟门,东达榆关,负山阻海,四塞险固"③。永平控扼山海关地带长城关隘,位处冲隘,势踞险要。后金夺占永平,进可以对山海关形成夹击之势,退可以打开回师沈阳的通路。

天聪四年即崇祯三年(1630年)正月初一日,后金军越榛子镇,降沙河驿,抵滦河。初二日,至永平。是夜,八旗军十旗兵,环城立营,准备攻城。时哨报原降金汉人刘兴祚,叛金降明,现在城中。皇太极决定捉刘兴祚,破永平城。遂派贝勒阿巴泰、济尔哈朗,率兵前往,擒刘兴祚。初三日,阿巴泰等追击刘兴祚一行,经过激战,刘兴祚死,后金兵将其衣服剥光,巴克什库尔缠曾与兴祚友善,以衣被覆盖其尸。皇太极命将兴祚碎尸暴野;并命副将阿山、叶臣选部下猛士二十四人,到汗营帐。天聪汗说:攻城登梯时,须四人先登,每旁各令两人立后,次令四人速登,又次令十六人络绎而登,然后阿山、叶臣亲登。其后令每旗官一员率兵一千助之。初四日晨,后金兵列梯牌,进攻永平府城。城上施放火炮药箭,后金兵拼死顽强攀梯登城。城上炮火猛烈,后金登城失利。双方激战到夜,北城火药爆发。后金登城勇士,冒死乘势登城。黎明,城破。后金军环立城上,明兵备副使郑国昌、知府张凤奇、推官卢成功等皆仰药自尽④。同知卢化龙、教谕赵允殖、副总兵焦延庆、中军程应奇、守备赵国忠、东胜卫指挥张国翰、乡绅中书舍人廖汝钦、诸生韩原洞、武举唐之俊等都战死⑤。阿山、叶臣及猛士二十四人冒火奋力

---

① 《明史·刘之纶传》,第261卷,第6768页,中华书局校点本,1974年。

② 《明史·地理志一》,第40卷,第900页,中华书局校点本,1974年。

③ 顾祖禹:《读史方舆纪要》,第17卷,第15页,上海古籍出版社,1998年。

④ 《清太宗实录》第6卷天聪四年正月甲申"兵备副使"作"兵备道","卢成功"作"罗成功"。

⑤ 《崇祯长编》,第30卷,第3页,崇祯三年正月甲申,台北中央研究院历史语言研究所校勘本,1962年。

登城,被皇太极誉为"我国第一等骁勇人也"①,并传旨:"后遇攻城,勿令再登。"其意思是保护登城立功之人。后来为此,皇太极向众贝勒讲述《史记》中吴起为士卒吮痈的故事。故事说:吴起吮其卒的痈脓。该卒的母亲哭之。有卒问道:"汝子痈而将军吮之,为何哭呢?"其母道:"此子之父被创,吴将军吮之,遂亡于阵。吾恐此子亦如其父之死也!是以哭之。"皇太极告诫诸贝勒要爱惜立功兵士。他对降服的明朝官员,给予官爵,厚加赏赐,以分化彼方营垒,壮大自己势力。后金攻占永平城,明人认为有人做内应:"大清兵破永平先一日,有伏文庙承尘上者,晨出登城;守将杨春左右之。兵备副使郑国昌觉其意,击杨春死。须臾,北城楼火发,城遂破。"②明朝失陷永平城。

　　黎明,皇太极命巴克什达海、游击高鸿中、前阵获明总兵官麻登云等执黄旗于城上,通谕官兵百姓,俱令剃发降顺。皇太极为收揽人心,消弭汉人反抗,宣令:"勿杀城中官员,官民俱令剃发。"初六日,皇太极既攻克永平府城,便在城东门外山冈驻营。他又率诸贝勒大臣进入永平府城,环视城容,受民欢呼。他对降官、降将,甚为宽大。对明布政使白养粹,以所服黑狐皮衣授之;对率先投降五位官员,也各授貂皮衣一袭;投降户部郎中陈此心,奏请抱病图报,皇太极则说:汝欲归则归,欲留则留!不要因病,尔勉强之③。皇太极命白养粹为巡抚,管理永平府所属地方;命原明革职官员孟乔芳、杨文魁为副将,统领本城兵四百人,给予马匹、甲胄、弓矢;贾维钥为永平兵备道副使,原卢龙知县张养初为永平府知府兼知县事,原同知魏君谟为滦州知州。他们感激涕零,表示要为后金尽心出力。对明朝的士兵,可"收其军器,各放还原籍",一般汉民则"纵庄村百姓,各还其家",使其"乘时耕种,给以牛具,复榜示归顺各屯,令各安心农业"④。后又规定"勿以形迹可疑,妄指平民为奸细"。

　　天聪汗皇太极留下贝勒济尔哈朗、萨哈廉统兵一万镇守永平城,自率大军向山海关回军。

　　后金军占领永平府后,贝勒济尔哈朗、萨哈廉先对其所属州县进行招降。对拒降者,分时分兵,相机进取。在永平府所属滦州,争夺极为激烈。于迁安,初八日,后金军占领永平后,别遣一军,进攻迁安,明军不敌,城被攻破。后金军攻破迁安后,进攻滦

　　① 《清太宗文皇帝实录》,第6卷,第12页,天聪四年二月辛亥朔,中华书局影印本,1985年。
　　② 《崇祯长编》,第30卷,第3页,崇祯三年正月甲申,台北中央研究院历史语言研究所校勘本,1962年。
　　③ 《清太宗文皇帝实录》,第6卷,第3页,天聪四年正月丙戌,中华书局影印本,1985年。
　　④ 《清太宗文皇帝实录》,第6卷,第7页,天聪四年正月癸巳,中华书局影印本,1985年。

州。十二日,滦州守兵不敌,城破。知州杨嶤自缢,城民焚香出迎①。"初,滦州自正月初五日,武生李际春结众谋外应,知州杨嶤自缢。初八日,际春以城降于大清"②。因迁安、滦州相继投降,十七日,命固山额真纳穆泰、和硕图、图尔格、顾三台,各率本旗兵,驻防滦州。进驻前,皇太极命令:"汝等往视情形,若城内人民效顺,便可入城;倘犹抗逆,以计图之。不可图,则以梯攻。如城中兵力尚强,不得遽攻,当即还师。"后金军进入滦州后,"分城中房舍,满洲、汉人,各居其半"③。城中库银仅有四百七十两,仓粮尚有万石。当天,命令由贝勒岳讬、豪格率兵千人,携前俘获人口、赶阵获马匹共三千余,返回沈阳。

后金军在永平府属州县内,遇到最顽强抵抗,并始终没能攻占的是昌黎县与抚宁县。于昌黎,正月初八日,命蒙古敖汉、奈曼、巴林、扎鲁特四部兵,进攻昌黎。时昌黎县令左应选刚到任,闻警之后,登城四望,传谕百姓,同力抵御,闭城门,集溃卒,练民兵,治火药,列炮于城,誓师固守。后金进兵前宣布:"若攻克其城,城中财物,任尔等取之。"

后金兵七千余人至昌黎县城东关公庙前,分三营围攻。内有永平生员陈钧敏、王钰率十余骑,执黄旗到城下招降,知县左应选当即拒绝,严词怒斥。初九日,皇太极遂遣敖汉、奈曼、巴林、扎鲁特蒙古兵排梯七十余架,用火炮火箭攻击,为明兵所败。初十日,又命大臣达尔哈、喀克笃礼等领兵千人,排梯三十,昼夜攻城,仍不能奏效。十一日,再排梯四十余架,攻城西南。攻城愈急,守城愈坚。十二日,后金增兵,继续攻城。十三日,后金军排梯百架,配以火炮,四面攻城,激战十时,苦守不破。于是,令右翼四旗攻其南,左翼四旗攻其东,敖汉、奈曼、巴林、扎鲁特攻其北。他们都把云梯布设城下。军士将要登城时,城上滚木礌石、火炮鸟枪齐发,火燎梯折,难以进攻。派遣降民李应芳说降,亦被左应选诱而杀之。欲凿城而入,又缺锹镐。代善以不能攻克,遣人驰奏。于是焚其近城庐舍,撤离县四十里,往柳河诸处安营。蒙古军竖梯攻城,被坠城下④。皇太极命增派达尔哈、喀克笃礼等率兵千人驰援。达尔哈等昼夜攻城,不克。昌黎旁太平寨,攻之又未克。皇太极自慰地说:"若我兵攻克昌黎,如此小寨,自来归

① 《崇祯长编》,第30卷,第6页,崇祯三年正月戊子,台北中央研究院历史语言研究所校勘本,1962年。
② 《崇祯长编》,第32卷,第40页,崇祯三年三月乙巳,台北中央研究院历史语言研究所校勘本,1962年。
③ 《清太宗文皇帝实录》,第6卷,第7页,天聪四年正月丁酉,中华书局影印本,1985年。
④ 《清太宗文皇帝实录》,第6卷,第5页,天聪四年正月己丑,中华书局影印本,1985年。

顺。彼闻昌黎坚守不克，是以不降。"①且谓："既降之后，我或舍之而去，明兵复来，又将受戮。其不敢降，亦无足怪也！"①同昌黎样，于抚宁，明祖可法驻守。正月十九日，后金军攻抚宁，未下。后多次攻城，均没有攻占。此外——

于乐亭：城中军民，四门严闭，城上四周，布设滚木。后金派人前去招降，招之不答，也不出怨言，而请稍待，以拖延时间。

于石门："石门之战，副将官惟贤、游击张奇化力战阵亡，所伤止三百余人。而长安讹传损兵万计。"②

于建昌：十二日，建昌营参将率众降。后金赐建昌参将马光远貂裘、黑狐帽等，后升其为副将。

于三屯营：天聪四年正月二十日，据报，明杨姓总兵重占三屯营。其附近汉儿庄、喜峰口、潘家口、洪山口都投归明军。皇太极急派达海、穆成格、石廷柱领兵前往侦察，又派所获生员持书前往招降。明军拒绝，后金攻取汉儿庄。

于马兰峪：马兰峪明军已降复归。正月二十三日，后金军围攻马兰峪，守将金日观求援，马世龙派兵前往。经过激战，守住关城。二月初三日，后金军二千余骑兵再攻马兰峪，仍未克。皇太极派军前往，列炮及药箭攻城南北两面，城楼着火，城被毁。后金日观以保全马兰峪及恢复大安口之功，晋秩左都督，并任副总兵。

于三屯营：后金兵数万骑薄三屯，半据四面山上，半攻城，守城官兵进行抵抗。

皇太极自天聪三年即崇祯二年（1629年）十月初二日率军攻明，后抵北京，克遵化、永平、滦州、迁安诸城，至天聪四年（1630年）三月初二日率军回到沈阳，其间整五个月。皇太极回师之前，留兵固守，对已经占领的顺天府遵化和永平府的永平、滦州、迁安四城，进行部署：

于永平府城，派贝勒阿巴泰、济尔哈朗、萨哈廉，偕文臣索尼、宁完我、喀木图，率领正白、镶红、正蓝三旗官兵镇守。后于三月初十日，皇太极命二大贝勒阿敏、贝勒硕讬率兵五千，前往永平换防——代贝勒阿巴泰等，镇守永平、滦州、迁安、遵化等处地方。此事，明人记载：三月十六日，"大清元帅由经山口入。是日，进永平。所调鱼皮兵，约

---

① 《清太宗文皇帝实录》，第6卷，第15页，天聪四年二月辛酉，中华书局影印本，1985年。

② 《崇祯长编》，第31卷，第16页，崇祯三年二月丙辰，台北中央研究院历史语言研究所校勘本，1962年。

有数万,分驻滦、迁"①。贝勒阿巴泰、济尔哈朗、萨哈廉率所部大兵,携带掳掠人口、牲畜、金银、器物等,开始起行回沈阳,由二大贝勒阿敏、贝勒硕讬统领后金镇守永平等四城的军队驻守。

于滦州城,命固山额真图尔格、纳穆泰为帅,偕文臣库尔缠及高鸿中,率正黄、正红、镶白三旗官兵镇守。

于迁安城,派文臣鲍承先、白格,率镶黄、镶蓝二旗官兵镇守。

于遵化城,命察哈喇为帅,偕文臣范文程,率蒙古八旗将士镇守②。

皇太极率领后金军主力撤回沈阳后,明军开始了对后金军占领永平、滦州、迁安、遵化四城的军事反攻,后金军统率阿敏则弃守永平等四城。

明廷重新部署了防务。先是,起用孙承宗为督师,特设文武两经略,以兵部尚书梁廷栋、总兵满桂为之,总督入卫京师的各路援兵。又任命旧帅王威、尤岱、杨御蕃、孙祖寿,出罪帅马世龙于狱,都以原官立功。崇祯帝命大学士孙承宗移镇山海关。诸将闻孙承宗、马世龙至,都愿受其节制。寻祖大寿也统兵进入关内。

时孙承宗驻山海关。山海关西南三县——抚宁、昌黎、乐亭;西北三城——石门、台头、燕河。以上六城,东护关门,西绕永平,都被明军据守。后金关内的军队,主要在永平、滦州、迁安、遵化,而以永平为总部。

其时,明朝关内形势相当严峻:首先,京畿地区遭到后金军的蹂躏。损失:"自遵化以南,涿州以北,其间城池之破坏,男妇之屠戮,畜产财帛之掳掠,庐舍之焚夷,官与吏之或死或逃或降,不知凡几。"③其次,明军粮饷严重短缺。督饷御史沈犹龙奏:"今敌据永平,横截内地,关宁烽火,不通饷道久绝。山海五月无饷,犹能枵腹荷戈,为国家守此一块土,然岂可长恃哉!"④复次,袁崇焕下狱后,辽军战斗力受到极大损失。

但是,明朝官民,决心抵抗,收复失地,重振皇威。在遵化、永平之间,数月以来,各省勤王官兵,云集蓟门,准备反击。

正月初三日,辽东总兵祖大寿带领马步官兵三万余人入关。传谕:"凡夺回车辆、

① 《崇祯长编》,第32卷,第41页,崇祯三年三月丙午,台北中央研究院历史语言研究所校勘本,1962年。
② 《清太宗文皇帝实录》,第6卷,第16页,天聪四年二月甲子,中华书局影印本,1985年。
③ 《崇祯长编》,第31卷,第51页,崇祯三年二月己卯,台北中央研究院历史语言研究所校勘本,1962年。
④ 《崇祯长编》,第31卷,第11页,崇祯三年二月乙卯,台北中央研究院历史语言研究所校勘本,1962年。

财物，尽给本人，且加赉十金，以酬死力。若山海失守，家亡妻子为掳矣！众俱慷慨听命。"①

祖大寿统率辽军同关内明军形成合力，誓夺回永平等四城。

明朝与后金两军，在永平府等四城进行的攻守战，首先在遵化城拉开序幕。

先是，原明革职道员马思恭投降后金被封为巡抚，但他潜派其孙女婿往蓟州，向明军秘报："遵化城中，无满洲精锐，止余伤残兵卒，且亦无多。"②

明军的部署：总理马世龙集诸将统率官兵在西面，总兵祖大寿在东面，对永平形成夹击之势，并以轻兵袭遵化，由蓟州而遵化，由遵化而三屯，然后马世龙与祖大寿约期会战，使后金军首尾不顾，以建奇功，恢复四城。明副将官惟贤，参游陈维翰、张奇化、李居正、王世选、王成、李益阳、张世杰等，都赞成马世龙的作战意图，并挺身愿行。马世龙于是选诸镇精锐，委派官惟贤等统兵向遵化进发。官惟贤统领明军行至遵化城外波罗湾地方，城内后金军合营迎击，明军前锋奋勇鏖战，后金军不敌，退入遵化城内。明军后队追到城下，城上矢石如雨，明军不能前进。后金军又整兵出城，冲向明军，明军与后金军，施火炮、火箭互击，各有死伤，明军副将官惟贤、游击张奇化中流矢身亡。明军至夜方收兵。

后金派人到山海关向孙承宗、祖大寿递交议和书，孙承宗命祖大寿斩之，以示决战到底。

三月十三日，"辽镇祖大寿选兵三千，于十一日戌时，令参将郑一麟、曹恭诚，游击祖泽润、韩大勋、赵国志等率之，往抚宁。随檄驻防建宁参将刘应选等从北而南为右翼，又檄驻防乐亭参将张存仁从南而北为左翼。次日，令副总兵张弘谟、参将祖大乐、游击罗景荣等各领马兵二千骑续进策应。又次日，令副总兵金国奇，参将黄龙、汪子静，统领各营步兵，留守关门。祖大寿亲统副总兵何可纲、坐营都司吴襄、游击祖泽洪等继诸兵为中权，以午时抵抚宁。令黄惟正等在背阴铺峪中设伏，储定邦等在芦峰口南北设伏。大寿率何可纲、张弘谟、祖大乐、祖泽洪、罗景荣及都守孟继孔、梁邦弼、刁儿计、靳国臣等结阵中途，遣红旗守备丁思信、楚计功，领拨夜二百，前抵双望挑战，引入伏中，各兵四起奋击。右翼参将刘应选等十二将，倍道疾驰及之。自午至酉，交十

---

① 《崇祯长编》，第30卷，第14页，崇祯三年正月癸巳，台北中央研究院历史语言研究所校勘本，1962年。

② 《清太宗文皇帝实录》，第6卷，第10页，天聪四年正月庚戌，中华书局影印本，1985年。

数阵,转战三十余里,渐近永平城。城上枪炮震发,各门突出精骑接战。左翼参将张存仁等三将亦至。大清兵奋勇截杀,势不可当。诸将知猝未能破城,收兵回抚宁"①。

明军先在永平、滦州外围,诸关口城寨,将逐个收复。四月初四日,总理马世龙会同总兵宋伟、副总兵谢尚政、曹文诏、金日观等领兵出石门,晚至马兰峪,翌早往攻大安口,破之。二十三日,祖大寿派谍工二人,一到投降后金知府张养初处,另一到降金明将孟乔芳处,打探后金军队、军马实情,被告发,斩于市。明军各方军队汇集后,开始准备进行永平——滦州的攻坚战。

永滦之役,明军作了周密部署:派一支军队攻遵化,断绝永平与滦州的援军;派另一支军队攻迁安,剪断永平与滦州的羽翼;集中兵力,攻打滦州;先克其弱,再及永平。

时崇祯帝急于收复四城,告慰庙社。先是,后金遣人至开平监纪主事丘禾嘉、丰润总兵尤世禄营议和。并请奏白枢辅孙承宗及中枢杨廷栋,尤世禄竟然上奏崇祯帝。崇祯帝予以切责,并催促孙承宗进兵。孙承宗因做部署:"檄马世龙驻丰润待合击,朱梅、靳国臣取迁安,王维城、马明英、张国振、孙承业、刘邦域等趋滦州,牵迁安之南,援何可纲;申其祐、岳维忠等分营双望各山,缀永平之师;刘法、刘启职屯滦州之莲泊,为声援;承宗亲至抚宁,祖大寿自开平会之,令各营同时并进。"②

初九日,夜,明军攻滦州。后金固山额真纳穆泰、图尔格、汤古代等,各据信地,矢石抵抗。城守军出城,同明军拼搏,明军被迫退到壕外。明军在火炮掩护下,竖立云梯,一人执蠹,冒死登城。后金军坚守城垣,杀死执蠹明兵。明军登城稍却,继续发炮轰击。永平阿敏、硕讬遣图赖、阿山等护军,连日乘夜袭击明军步兵营;又遣巴都礼等率数百人往援滦州。巴都礼等突围进击,夜半进入滦州。明军又发红夷大炮,猛烈轰击城垛。炮火击中滦州城楼,烈火暴燃,城楼焚毁。激战到十二日夜,滦州守军固山额真纳穆泰、图尔格、汤古代等见官兵伤亡惨重,力不能支,冒雨弃城,或二十人,或三十人,结队溃围,冲出城外。明军横加截击,给予杀伤。后金滦州守军,"阵没四百余人,余悉奔至永平"③。

孙承宗奏报:辽镇总兵祖大寿,于五月初六日,从抚宁进兵。初七日,进抵乐亭。

①　《崇祯长编》,第 32 卷,第 21 页,崇祯三年三月癸巳,台北中央研究院历史语言研究所校勘本,1962 年。

②　《崇祯长编》,第 34 卷,第 3~4 页,崇祯三年五月乙酉,台北中央研究院历史语言研究所校勘本,1962 年。

③　《清太宗文皇帝实录》,第 7 卷,第 3 页,天聪四年五月壬辰,中华书局影印本,1985 年。

初八日,进行准备。初九日,以马、步二万,分为三股,同永平道张春,进至运泊店。又同监纪主事丘禾嘉相为犄角。臣所招立的义兵游、都、守、把刘喆、采三畏、邵思忠、刘启职等四万余人,陆续前追。初十日,兵薄城垣,开始攻击。至亥时,回大营。十一日,总理马世龙,总兵尤世禄、吴自勉、杨肇基、杨麒、王永恩等四镇,合马步万人俱至滦州,与祖大寿师会。各路大军,分地合攻。马世龙军攻城西门,祖大寿军攻东北面,各杀其退缩不前者二人,以激励全军奋进,明兵薄城,伤而复进。祖大寿令发射大炮,猛击城上,重炮连轰,城墙倾圮,激战到夜晚,明兵开始登城,滦州城破,明军胜利①。

滦州之役,明军直接投入作战兵力八万人,其中祖大寿军三万人,马世龙军一万人,援军四万人,而后金滦州守军约二三千人。后金固山额真纳穆泰、图尔格、汤古岱等各驻防地,分阵固守,屡败明兵,驱之壕外。此时,二大贝勒阿敏、硕托在永平得到滦州被围的消息,只派大臣巴都礼率兵数百人增援滦州,为明兵所歼。阿敏擅自将迁安守兵与县民撤出,入永平府。明兵以红夷大炮攻城,击坏城堞,城楼焚毁,纳穆泰、图尔格、汤古岱等力不能支,遂于十二日夜弃滦州奔永平②。时值天下大雨,后金军不作抵抗,惊慌撤退,秩序大乱,或二十人,或三十人结队而行,到处遭到明兵截击,阵亡达四百余人。

时迁安后金守军危机,阿敏"尽收迁安县守兵及居民,入永平府"。孙承宗奏:"臣于发兵围滦之日,即同关内道王楫令署镇朱梅,带领马步官兵往图迁安。随檄东协副总兵王维城,同路将马明英、孙承业及张国振、刘邦域等俱会建昌,相机进取。初九日攻城,未克。十三日,午后,游击靳国臣带领马步官兵,以戌时至迁安城下,遂入城。有朱知县者,原约内应,开南门迎候。城中止有卜文炉一人。"③

时遵化后金守军也危急。明总督张凤翼命总兵宋伟等攻遵化,以绝其援。遵化城危,守将察哈喇等亦弃城,率军突围,退向关外,明军占领遵化城。

后金失陷滦州、迁安、遵化三城,永平成为孤城,阿敏、硕托决定弃守永平。阿敏在撤离永平之前,下令将降金汉官巡抚白养粹、知府张养初、太仆寺卿陈王庭、行人司崔及第、主事白养元、知县白珩、掌印官陈清华、王叶弘、陈延美,参将罗墀,都司高攀柱等

①　《崇祯长编》,第34卷,第25页,崇祯三年五月丙申,台北中央研究院历史语言研究所校勘本,1962年。

②　滦州城破的时间:一说为十日,一说为十一日,另一说为十二日。督师孙承宗驰书急报:"祖大寿兵自初十日攻滦州,至是日申时,始破。"实际上明军于十二日攻占滦州城。

③　《崇祯长编》,第34卷,第25页,崇祯三年五月丙申,台北中央研究院历史语言研究所校勘本,1962年。

悉诛之,并屠城中百姓,收其财帛,乘夜弃守永平城,出冷口,回沈阳。阿敏、硕讬"未见敌形,未发一矢,将永平、迁安归顺之民,尽杀之;天所与之四城,尽弃之"①。此事,明人记载:"大清兵自永平西北还师,白养粹、崔及第、张养初等俱被杀。副总兵何可纲等率兵入据其城。是夕,游击靳国臣等亦入迁安县。"②孙承宗奏:"十三日,未时,滦州败信至永平。俄而火发城空。可纲等兵入城。"③十五日,枢辅孙承宗建大将旗鼓,入永平府,抚慰士民。翼日,仍回山海关。

明朝称此役为"滦永大捷"。

此役,以后金军破墙入塞、攻打北京开始,迄明军收复永平等四城终结,双方胜负,各有兵略。

(五)双方的攻守兵略

后金迁道远袭北京之役,是后金与明朝关系史上的一个转折点。因为:其一,后金第一次将进攻明朝的战争从山海关外推进到山海关内,从辽东镇城辽阳到大明都城北京。自天命三年即万历四十六年(1618年)后金进攻抚顺之战,到此次北京之战,十一年间,双方争战地点,不断向西转移,而抚顺,而沈阳,而广宁,而宁远,此役则打到明朝的首都北京。这是继正统己巳之变、嘉靖庚戌之变后,塞外民族第三次、也是最后一次攻打明朝首都北京城。其二,皇太极施行"反间计",崇祯帝冤杀崇焕,自毁长城,刑章颠覆,国祚将移。《明史·袁崇焕传》论道:"自崇焕死,边事益无人,明亡征决矣!"这个论断,并不过分。其三,辽左名将,损失殆尽。袁崇焕胆略过人,三战奇胜;赵率教辽左诸战,屡著伟功;满桂忠勇绝伦,社稷长城;而此三人,或遭冤磔杀,或力战而亡。后祖大寿又力屈而降。明朝抗御后金的名将、能将丧失殆尽。他们均在力挽辽西危局中,屡予后金军以重挫,而使其多所畏惧,不敢放肆西进。明室政治腐败已极,致使中流砥柱之臣,一役尽失,元气已竭。明廷起用年近七十的孙承宗于家任督师,出罪帅马世龙于狱任总理,派往前线,征战杀敌,标志明季,实在无人。袁崇焕之死暨此役之后,明军

---

① 《清太宗文皇帝实录》,第7卷,第4页,天聪四年五月壬寅,中华书局影印本,1985年。

② 《崇祯长编》,第34卷,第18页,崇祯三年五月壬辰,台北中央研究院历史语言研究所校勘本,1962年。

③ 《崇祯长编》,第34卷,第26页,崇祯三年五月丙申,台北中央研究院历史语言研究所校勘本,1962年。

再也没有同后金（清）在重大战役中打过胜仗。其四，后金入塞，在经济上，引官兵长期到中原找饭吃，缓解灾荒加剧的社会危机。且任纵官兵，掳掠重资，"满载而归，几获厚利"①。后援此例，五次入塞，残毁抢掠，暴增财富，从而成为后金—清初八旗社会的重要经济来源。其五，此役后金获得红夷大炮，寻加制造，组建汉军，使后金的军队编制、武器装备、战略战术等发生历史性的重大变革。其六，关内各地，纷纷勤王，地方空虚，民变四起，道镇诸师，追输捕逃，疲于奔命。战争进行在明室近畿，生灵涂炭，烽火扰攘。明廷经此役，内地民变蜂起，从此四方多事，国无宁土，民无宁日。是役实动摇明朝之国本，并使崇祯帝"中兴"之梦破灭。

己巳北京之役，后金军队初次入塞，攻打明朝都城北京。此役，自天聪三年即崇祯二年（1629 年）十月初二日，皇太极攻明兴师，至天聪四年即崇祯三年（1630 年）五月二十一日，阿敏败回沈阳，历时近八个月。其间，明朝与后金，既有战场上的激战，也有政治上的议和。己巳之役，从后金方面来说，在第一阶段，皇太极突破明军防线，迂回袭击明都北京，获得了成功；而攻北京城不下，未能达到攻城目的，军事上失败。在第二阶段，后金军夺占四城，获得胜利；明军反攻，收复四城，后金又失败。从明朝方面来说，长城防线被突破，是明朝自正统己巳、嘉靖庚戌两次北京被围后，又一次受到攻打，遭到了失败；明朝守住北京城，又收复永平等四城，则获得了胜利。所以，己巳北京之役，后金有胜利、也有失败，但得大于失；明朝有失败、也有胜利，但失大于得。明朝乃败乃胜，后金斯胜斯败，就兵略而言，各有其原因。

明朝兵略的劣势与优长。

第一，明军长城防线疏懈。明朝对后金军队西进的堵御，主要有两条防线：一条是纵向防线即辽西关锦防线，另一条是横向防线即长城蓟镇防线。关锦防线经过孙承宗、袁崇焕的六年经营，经受宁远、宁锦两次大战考验，证明是一条坚固的军事防线。明代蓟镇长城防线，东起山海关，西至居庸关，防线较长，兵力单弱，粮饷匮乏，防守虚懈。蓟镇，右接山海，左辅京都，是明朝"九边"中的重镇。先是，当大宁未撤时，与宣府、辽东，联东西应援，为藩篱重地。自弃其地与兀良哈，东西声援绝，内地藩篱薄。嗣后，朵颜日盛，肆扰日多，遂以蓟州为重镇，建置重臣，增修关隘。蓟镇长城，崎岖千里，"依山凑筑，大道为关，小道为口，屯军曰营，列守曰砦"。顾祖禹引郭造卿曰："守边者宜专要害，而以余兵备

---

① 《兵部呈为黄绍杰题请奖励祖大寿及参与夜袭官兵本》，《历史档案》，1981 年，第 1 期。

策应。故兵虽省而不乏,常聚而不分。"时不论要害奇正,而徒议罢守。"夫蓟边山川盘旋,道路崎岖,几二千里,就使增兵,岂能遍守?备者多,则战者寡,兵分势弱,其何以支?积而不改!有各守汛地之虚名,无相机策应之实用。声援隔绝,首尾冲决,必不免矣"①!

明朝后期,军备废弛,京畿地区,防御空虚。蓟镇长城防线,战线长,关口多,兵力分,守势弱。朝鲜使臣目睹长城疏懈状况言:"中原升平日久,文物极盛,而武备虚疏,贼若入关,不难长驱矣。"②据投降后金的建昌路参将马光远说,他到任之后,见兵马瘦弱,钱粮不敷,防务空虚,戈甲朽坏。他又见探报,夷情紧急。马光远得知后金兵有突犯蓟门的意图,紧急呈报于督、抚、镇衙门,不料文官爱钱,武官忌妒,心灰意冷,每日抱闷,惟仰天长叹而已。这反映出明朝蓟镇长城防御空虚的严重情况。京畿一带,《明季北略》也作出评述:"己巳之役,北兵所向,有兵未至而城先空者,良乡、滦州、香河、固安、张(家)湾也;有城先空而兵不入者,霸州、三屯也;有先降数日而兵始至者,玉田、迁安也;有兵将先降而守臣不知者,遵化、永平也;有虚张声势而兵不敢犯者,昌平、涿州也;有受降旗,兵过而不取者,顺义也;有兵留而不攻,迹在若守若顺之间者,房山也;有兵至而顺,兵去而守以援兵至而免者,乐亭、抚宁也。总由人心不固至此。"③

第二,明朝枢部不相协调。后金大军,破墙入塞,明朝兵部,负有责任。明末以枢臣、经略、巡抚三者,分别掌握辽西军事大计;山海关的防守,则关外与关内,划分职责,各有其任。而枢、经、巡三臣,交相争讧,互相掣肘:或则战守不一,或则意见纷歧,或则彼此掣肘,或则互不配合。崇祯帝对边臣存在疑心,有所顾忌。文武官将,诸多派系,相互猜疑,为敌所乘。时关内防务归刘策④,关外防务归袁崇焕。袁崇焕却关心关内防守,唯恐后金军队,从蓟镇虚懈之处突入。他上奏皇帝,祈予关注。对于关内防务,崇祯帝对袁崇焕奏疏谕示:"卿治兵关外,日夕拮据,而已分兵戍蓟,早见周防。关内疏虞,责有分任。"⑤其时,蓟辽总理为刘策(后被弃市),兵部尚书为王洽(后下狱死)。后金军由蓟镇突入,责任不在袁崇焕。中枢运转不灵,表现在:例一,哨报不灵,驿传太

① 顾祖禹:《读史方舆纪要》,第 11 卷,第 28 页,上海书店出版社,1998 年。

② 《李朝仁祖大王实录》,第 22 卷,第 8 页,日本学习院东洋文化研究所,1959 年。

③ 计六奇:《明季北略》,第 5 卷,第 121 页,中华书局校点本,1984 年。

④ 《明史·刘策传》第 248 卷,第 6420 页,中华书局校点本,1974 年。

⑤ 《崇祯长编》,第 28 卷,第 16 页,崇祯二年十一月戊戌,台北中央研究院历史语言研究所校勘本,1962 年。

慢。遵化失陷,奏报不确。"昨年遵化破,举国如梦。传失又传不失,越数日而失果真。永平破,方大任如梦,报失旋报不失,又旋报失,经十日而报始确"①。例二,兵缺粮饷,马断草料。"关、宁烽火不通,饷道久绝。山海五月无饷,犹能枵腹荷戈,为国家守此一块土,然岂可长恃哉"②!经略马世龙也急疏:关辽之卒,三月无饷,"地无可因之粮,人无裹战之饷"。明发往三屯帮守之军,"兵皆枵腹,不能前进。闻将领凑私银百余两,兑换时钱,每兵分钱十三文,兵多逃散。此今日兵食也"③。例三,兵势单弱,布局分散。总理、总兵官马世龙疏奏:"臣所领骑兵五千,步兵一万六千有余,而分防马兰、石门,遣守三屯、丰润,已去大半。今留蓟不及一万。此今日兵势也。"④所以,朝廷三部,皆不得力。

第三,利用全国大局优势。后金军突袭北京,"掠邑据城,留连经岁,掠赀渔色,捆载而归,其轻中国甚矣"。京畿富家大室,皆聚京师,人自为守,"从去岁至今,人心日涣一日,蓄积日虚一日,武备日弛一日,情形日危一日"⑤。但是,后金军突破长城,进围京师,从战术上看,明军处于被包围的态势;而从战略上看,后金军却处于被包围的态势。明朝的京师,掌控天下的军队、资源、人力、物力、财力,就总的力量对比上,明军处于优势,后金军则处于劣势。后金军队脱离沈阳基地,孤军远袭,缺乏后勤补给,官兵星宿野餐,其后勤供给,全靠抢掠,从而造成同汉族人民的矛盾,这就使后金军队陷于明朝军民仇恨的怒火之中。明朝则调动全国勤王之师二十万兵马,保卫京师,进剿敌军。时昌平尤世威、蓟镇杨肇基、保定曹鸣雷、山海宋伟、山西王国樑、固原杨麒、延绥吴自勉、临洮王承恩、宁夏尤世禄、甘肃杨嘉谟等皆统率诸边锐卒,内地则山东、河南、湖广、浙江、江西、福建、四川诸军,还有京畿一带的民众义军也先后至。于是,滞留关内的后金军队,陷于明朝军民包围攻剿的汪洋大海之中。后金军队夺占的永平、滦州、迁安、遵化四城,彼此孤立驻守,失去后方支援,完全处于被动挨打的局面。

第四,选择收复四城时机。崇祯帝急于将后金兵赶出关外,催促决战。孙承宗在袁崇焕下狱,祖大寿东归,满桂、孙祖寿战死,黑云龙、麻登云被擒之时,重振精神,组织

---

① 《崇祯长编》,第31卷,第9页,崇祯三年二月癸丑,台北中央研究院历史语言研究所校勘本,1962年。
② 《崇祯长编》,第31卷,第11页,崇祯三年二月乙卯,台北中央研究院历史语言研究所校勘本,1962年。
③ 《崇祯长编》,第31卷,第7页,崇祯三年二月癸丑,台北中央研究院历史语言研究所校勘本,1962年。
④ 《崇祯长编》,第31卷,第7页,崇祯三年二月癸丑,台北中央研究院历史语言研究所校勘本,1962年。
⑤ 《崇祯长编》,第37卷,第30页,崇祯三年八月甲戌,台北中央研究院历史语言研究所校勘本,1962年。

决战。孙承宗不似萨尔浒之战的杨镐,朝廷发出红旗催战,准备工作尚未就绪,仓促出师,遭到失败。孙承宗请从狱中释放马世龙任总兵,在满桂阵亡后任武经略,总理统帅关内兵马;亲自派马世龙驰谕祖大寿听命①,统领辽兵入关;再等待各路援师汇集,形成总体实力;以上三股大军——关内军、关外军和各地援军,综合成为一只铁拳,挥向后金占据的永平等四座孤城。《明史·孙承宗传》记载:"方京师戒严,天下勤王兵,先后至者二十万,皆壁于蓟门及近畿,莫利先进。诏旨屡督趣,诸将亦时战攻,然莫能克服。"虽崇祯帝屡颁进兵决战的诏旨,却因时机尚未成熟,作战方略尚未确定,而只能有小获,不会有大创,更不能有决胜。因此,在明军向后金军攻夺永平等四城之前,多种因素皆已具备,唯一关键是选择决战时机,确定作战方略。孙承宗选定作战时机,亲临前线指挥。他既不似经略杨镐进兵赫图阿拉,却坐镇沈阳指挥;也不似熊廷弼,作战广宁,却在前屯指挥。他指挥滦州之役,不在山海关,而在抚宁。孙承宗还协调各种力量,协作配合。明朝关内军、辽军、义军、步兵、骑兵、车兵、弓矢、刀矛、枪铳、火炮,相互配合,协同作战。戚继光曰:"蓟地有三:平易交冲,内地之形也;险易相半,近边之形也;山谷仄隘林薄蓊翳,边外之形也。平原利车,近边利骑,边外利步,三者迭用,可以制胜。"②这里说的是利用地形,实际上是天、地、人多种因素,综合配置,协同利用,先攻孤弱之敌,后取精锐之师,共同对敌,图复四城。

第五,制定正确反攻兵略。明朝与后金在永平等四城决战的作战方案,主要有两个:一个是马世龙的方略,另一个是孙承宗的方略。马世龙的方略是:"总理马世龙会集诸将,以敌方专力于东,祖帅与之相持未下。我当轻兵袭遵,以成夹击之势。由蓟而遵,由遵而三屯,与祖帅约期会战,使之首尾不顾,庶奇功可建,三城有克服之机。"③马世龙方略的要点是:其一,先打蓟州,次攻遵化,再战三屯;其二,先克服蓟州、遵化、迁安,最后攻取永平;其三,马世龙军与祖大寿军,成东西夹击的态势;其四,时机成熟,进行会战,恢复四城,驱敌出关。马世龙的作战计划,得到其副将官惟贤,参、游陈维翰、张奇化、李居正、王世选、王成、李益阳、张世杰等众多部将的赞同与支持,他们"皆挺身愿行"。马世龙在正月十八日提出上述作战方案,于是选诸镇精锐,委派副将官惟贤等

---

① 《明史·马世龙传》,第 270 卷,第 6934 页,中华书局校点本,1974 年。

② 顾祖禹:《读史方舆纪要》,第 11 卷,第 28 页,上海书店出版社,1998 年。

③ 《崇祯长编》,第 30 卷,第 18 页,崇祯三年正月戊戌,台北中央研究院历史语言研究所校勘本,1962 年。

统之而发，当日至遵化，发动攻城，攻而未下。马世龙作战方案可取之处是，祖大寿军与马世龙军形成"夹击之势"；不可取之处是，打击重点，先强后弱，作战主力，重马轻祖。孙承宗不同意马世龙先恢复遵化、后夺取滦州的作战方案，而提出先图滦州、后图永平的进攻方略。《明史·孙承宗传》记载：

> 世龙请先复遵化，承宗曰："不然，遵在北，易取而难守，不如姑留之，以分其势，而先图滦。今当多为声势，示欲图遵之状以牵之。诸镇赴丰润、开平，联关兵以图滦。得滦则以开平兵守之，而骑兵决战以图永。得滦、永则关、永合，而取遵易易矣！"[1]

孙承宗先图滦州、后取永平的作战方略要点是：其一，遵化靠近长城，易取难守，如得而复失，则不如缓图。其二，后金军固守遵化，可以分散其兵力。其三，多造声势，声东击西，隐藏意图，迷惑敌军，进行军事牵制，专注图取滦州。其四，明军主力为祖大寿的辽军，背依关城，面近滦州，专注近图滦州，马世龙军配合。其五，夺取滦州后，再攻取永平。其六，恢复滦州、永平后，则山海关、永平、滦州军力既合，声势亦通，孤城遵化，夺取甚易。总之，孙承宗兵略的焦点是，利用明军优势，确定主攻重点——发挥祖大寿辽军优长，诸镇各军，相互配合，集中兵力，攻取滦州；然后扩大战果，各个击破，恢复四城。果然，明军东营祖大寿军与西营马世龙军等，诸营并进，分进合击，集中兵力，夺取滦州。孙承宗亲诣抚宁，总督指挥。五月十日，祖大寿及张春、丘禾嘉诸军先抵滦州城下，马世龙及尤世禄、吴自勉、杨麒、王承恩等统军继至，激战两日，攻克滦州，而副将王维城等亦攻入迁安。后金军守永平者，尽撤而北还，明军未发一矢，进占永平府城。十六日，明军展开反攻，夺占永平、滦州、迁安、遵化四城。孙承宗指挥明军，六日之间，四城俱复。

再说后金兵略的优长与劣势。

第一，决策进兵袭扰北京。皇太极继承汗位之后，东攻朝鲜得手，西抚蒙古获利，但南进锦州、宁远受挫。他说过："昔皇考太祖攻宁远，不克；今我攻锦州，又未克。似此野战之兵，尚不能取胜，其何以张我国威耶！"[2]努尔哈赤攻宁远失败，皇太极攻宁

---

[1] 《明史·孙承宗传》，第 250 卷，第 6475 页，中华书局校点本，1974 年。

[2] 《清太宗文皇帝实录》，第 3 卷，第 16 页，天聪元年五月癸巳，中华书局影印本，1985 年。

远、锦州又失败,新汗威信,大受影响。时有臣工主张讲和,否则人民"将死散殆尽"①。有的兵民则谋潜逃,一日之内,投奔明者,前后接踵,逃到明边。出兵抢掠,"人皆习惯";俱欣然相语:"去抢西边"。皇太极为缓和社会矛盾,就要取得同明朝战争新的胜利。但后金军前进的军事障碍,是明辽西关锦防线与蓟辽督师袁崇焕。皇太极既想率军西攻明朝,又受到关锦防线和袁崇焕的阻隔,解决办法,应当如何?天聪三年即崇祯二年(1629年)二月十一日,降金汉官高鸿中上奏皇太极,劝请进兵明朝。奏本写道:"若此时他来讲和,查其真伪如何。若果真心讲和,我以诚心许之。就比朝鲜事例,请封王位,从正朔,此事可讲。若说彼此称帝,他以名分为重,定是要人要地,此和不必说。他既无讲和意,我无别策,直抵京城,相其情形,或攻或困,再作方略。他若因其攻困之急,差人说和,是求和,非讲和,我以和许之,只讲彼此称帝,以黄河为界,容他南去,或以山海为界也罢。"②皇太极对高鸿中的奏本,极为重视,谕道:"览卿所奏,劝朕进兵勿迟,甚为确论。"

皇太极总结以往宁、锦兵败教训及采纳诸臣谏议后认为:"彼山海关、锦州,防守甚坚,徒劳我师,攻之何益?惟当深入内地,取其无备城邑可也。"③于是,皇太极制定新的战略方针与进军路线:避开关锦防线,袭扰关内,掳掠腹地,削弱明军实力,伺机进行决战。后来皇太极于天聪四年、七年,就攻明问题,还多次同诸贝勒大臣、降金汉官、附金蒙古贵族,进行商讨。贝勒济尔哈朗认为:"明乃吾敌国,宜取其近京数城,久驻伺隙,别屯兵山海以东、锦州以西,扰其耕获,使不得休息。复分兵半于山海关前立营,半绕入关后,内外夹攻,敌必绌。"④贝勒多尔衮说:"宜整顿兵马,乘谷熟时入,入边围困燕京,截其援兵,残毁其屯堡诸物,为久驻之计,可坐而待其毙也。"贝勒多铎也说:"若止攻山海关外之城,有如射覆,岂可必得?夫攻山海关以外之城,与攻燕京、通州之城,名虽不同,劳苦则一。臣愚以为,宜直入长城,庶可餍士卒之心,亦可合皇上久长之计。"⑤归附后金的蒙古喀喇沁台吉布尔噶都向皇太极介绍明边情况,并表示愿与后金联兵,直取京师。这些,对皇太极制定对明入塞作战方略起了重要作用。

① 《天聪实录稿本》,天聪元年三月初二日,台北中央研究院历史语言研究所藏。
② 《明清史料》,丙编,第1本,第45页,中央研究院历史语言研究所刊印,1936年。
③ 《清太宗文皇帝实录》,第6卷,第13页,天聪四年二月甲寅,中华书局影印本,1985年。
④ 《清史列传·济尔哈朗》,第2卷,第26页,中华书局,1928年。
⑤ 《清太宗文皇帝实录》,第14卷,第14页,天聪七年六月戊寅,中华书局校点本,1985年。

第二,远程迂回作战兵略。明朝关锦防线坚固,海上通路不利骑兵,使得皇太极必须另谋进兵途径。皇太极认为:只有越过漠南蒙古地区丘陵河谷的长城隘口,攻破明军防御薄弱地区,才能进攻明朝腹地。史载后金入塞有三策:"三策者——以由西径冲潮河川墙子路,直薄都城,为上策;由一片石、喜峰口侵畿甸,掠蓟、通,为中策;由三岔犯广宁,据宁前,攻山海,为下策。"①皇太极选择明军蓟镇防线虚懈弱点,由大安口、龙井关入塞,直薄京师,即"三策"中的上策。皇太极既总结历史经验,又考察地理关隘,因而获得新的战略概念:后金军欲经山海关入塞进攻明朝京师,则必得逐点攻击,连破八城,阻碍重重,胜算无多;不如谋求远程迂回、入塞袭扰,以收避实捣虚之奇效,并获攻城掳掠之实利。后金军攻破长城,不选在重关要隘,而选在顺天府与永平府的结合部、遵化县与永平府间防守虚懈之处——大安口与龙井关。皇太极自明朝京师东北侧长城隘口突袭,虽冒孤军悬入之危、远程疲惫之弊,却获明廷意料之外、攻其不备之益。皇太极运用避实击虚、远程奔袭的战法,无论是沿途袭扰,还是攻破城池,欲战则战,欲走则走,机动灵活,掌握主动。皇太极率军绕道蒙古、突袭北京的军事行动,其作战谋略,其指挥艺术,实有超人的创意,并有英锐的胆略。皇太极在其战事实践中,收得奇袭的效果。这一战略行动,使大明皇朝,京师被围,庙社震惊,予明廷政治以沉重打击,予军民心灵以巨大创伤。皇太极远程迂回作战的谋略,在战略思想上,在运筹智慧上,在作战意志上,在指挥艺术上,均属于豪迈放荡行为,为后世所取法者实多。

皇太极曾就进兵方略之事,征求诸贝勒大臣及外藩归降蒙古贝勒的意见。他说:"明国屡背盟誓,蒙古察哈尔国,残虐不道,皆当征讨。今大兵既集,所向宜何先?尔等其共议之。"诸贝勒大臣众说纷纭,有的认为,距察哈尔国路途遥远,人马劳苦,应当退兵;有的则认为大军已动,群力已合,我军千里而来,应将已集之兵,远征敌国明朝。皇太极赞同征明之议,"遂统大军,向明境进发"。后金军攻明比征服察哈尔、用兵朝鲜,可能困难更多些,危险更大些。诸如劳师袭远,远离后方基地,明兵各路汇集,堵截回归之路。千里绕道,突破长城,深入内地,进攻北京,用兵艰难,充满危险——诸贝勒大臣,对此次攻明,思想认识,并不一致,大贝勒代善、三贝勒莽古尔泰在行军途中,私下议论,进帐阻谏,反对冒险,主张回军。但皇太极依靠一批年轻而锐进贝勒的支持,坚定远程迂回进兵关内的方略。此役绝妙成功之处在于:施用反间计,除掉袁崇焕。此

---

① 《崇祯长编》,第36卷,第20页,崇祯三年七月乙酉,台北中央研究院历史语言研究所校勘本,1962年。

役,沉重打击明朝。后金军"掠邑据城,留连经岁,掠赀渔色,捆载言归,其轻中国甚矣"!京畿富家大室,皆聚京师,人自为守,"从去岁至今,人心日涣一日,蓄积日虚一日,武备日弛一日,情形日危一日"①。此役,还为后金军尔后多次入塞,提供了军事与政治的经验,并为其后来多次入塞攻城略地、抢掠财富作了预演。

第三,皇太极的过人胆略。谋宜周全,事宜勇断。皇太极的胆略、谋略、兵略、策略,在己巳之役中,得到第一次充分发挥。后金发动己巳之役,是自努尔哈赤攻明以来,第一次空前大规模地深入内地,攻城略地,打击明朝。这次军事行动是后金战略上的一个转变,就是由关外作战转变为关内作战,具重要的战略价值,有巨大的政治意义。此次远袭,不但训练了后金兵长途行军、攻城战守与主力会战的作战能力,同时也窥见了明朝政治腐败、经济凋敝、军备废弛及民变纷起的实况,增强入主中原的贪欲与信心、君临天下的胆略与雄心。对于明朝来说,后金的饱掠财富、军事打击,使其损兵折将,消耗财力,财源更加枯竭,社会更加危机。特别是崇祯帝中了皇太极的反间计,误杀袁崇焕,为后金除了一个劲敌;同时使明军中能征善战的辽兵辽将,因不被信任而纷降后金。明自总兵祖大寿以下凡五十员辽将,用之善,则成为后金之劲敌;用之不善,则成为明朝之叛将。袁崇焕重视辽人,辽人亦乐为效力。袁崇焕被逮后,辽兵伤心,军心涣散,民心亦涣散,既无守志,更无斗志。有人设想:若崇祯帝利用袁崇焕,有孙承宗、马世龙等名将在关内,遣督师袁崇焕、总兵祖大寿在关外,乘虚进袭沈阳,则京畿之战,必大为改观②。

皇太极为了避开明朝以重兵把守的山海关、宁远一带,亲自率军绕道入关,袭扰内地,攻克城镇,直捣都城。皇太极的用兵,正如明大学士孙承宗所言:"臣在关尝闻贼曰:'(你)从几路来,我只一路去。'今久聚而不散掠,惧其分也。深入而不反雇,我无以创之也。"聚兵而不散掠,合兵而不分战,深入而不反顾,知行而又知止,这是皇太极统军入关、进逼京师的用兵策略。他对既已经占领的重镇,传谕:"朕荷天眷佑,得此长久之基。凡我举动,惟求万全。尔等不必悬虑,但须秣马以待。若敌兵至,勿轻出城,我兵据城中。可将汉人,分置一隅,拨与房屋,一一分晰,书其姓名于门,区处停当,令各

---

① 《崇祯长编》,第 37 卷,第 30 页,崇祯三年八月甲戌,台北中央研究院历史语言研究所校勘本,1962 年。
② 《中国历代战争史》(修订一版),第 15 册,第 205 页,(台北)黎明文化事业股份有限公司出版,1979 年。

照门帖居住。"①他并不以重兵围困北京,而只从明朝统治地区抢掠大批人畜财物,削弱明朝的经济,增强后金的国力。这也就是通过不断地对明朝这棵"大树"的四周砍削,伐其枝干,撼其根本,使之渐微渐细、渐弱渐空,从根本上动摇和瓦解明朝的基础。与之同时,巩固已有的胜利,增强内部的团聚,逐步实现其政治目标,战胜明朝,定鼎北京,入主中原,一统华夏。

皇太极在探讨与调整对明的策略。他说:"我皇考以昔日辽、金、元,不居其国而入处汉地,易世之后,皆成汉俗。因而画山海关以西汉人制之,辽河以东我制之。满、汉各自为国。故军未入关而返,原无争中原之心也。"②实际上,皇太极比他的父汗有着更大的雄心和抱负。皇太极在攻打北京不利之时,能从容设计,除掉袁崇焕;又能麾其数万大军,在敌境之内优游滞留,占据四城。在正统己巳与嘉靖庚戌两役,也先汗与俺答汗都没有在京畿地区驻守城镇。皇太极占据永平等四城,尽管守不住,却表现其胆略与雄心。皇太极多次下令不杀降人、不淫妇女,说明他打算占领中原、或重返关内。后金军在关内,长达近八月之久。其作战行为,或攻城、或野战,或反间、或打援,或劝降、或讲和,或出击、或守城,可谓在谋,而不在勇。后金军远袭迂回入关作战,打击明朝的政治心脏——北京,就其个人素质而言,皇太极表现出惊人的胆略、宏大的气魄、聪颖的智慧、坚韧的毅力。

第四,皇太极的重大失误。皇太极发动的北京之役,在兵略上既有突破,也有失误。

首先,时机选择不当。皇太极继承汗位以来,对明朝发动的宁锦之战,其所以失败,原因之一是时机选择不当(上节已述);此次对明朝发动的北京之役,其所以失守永平等四城,原因之一也是时机选择不当。皇太极采纳汉人降金副将高鸿中进兵关内主张时,提出因农事忙,还不能马上出征。他下令:"稍迟时日,俟地锄完即行。"这就是说,选择作战时间,仅考虑己方的农事耕获,而没有虑及对方情况。作战时机,既要虑及此,更要顾及彼。皇太极发动北京之役,其最佳的时机,应有两个选择:一个是在宁锦战结束、袁崇焕被免职之后,另一个是在天启帝死、崇祯帝立之初。皇太极没有在上述两个时间段中选择其一,恰恰在崇祯帝登极两年零两个月之后,时崇祯帝已处置魏

①　《清太宗文皇帝实录》,第6卷,第4页,天聪四年正月丁亥,中华书局影印本,1985年。
②　魏源:《圣武记·开国龙兴记三》,第1卷,第23页,中华书局,1984年。

忠贤、打击阉党集团,重新启用东林内阁、任命袁崇焕为蓟辽督师,崇祯初政,焕然一新。

其次,滞留京畿不当。先是,正统己巳年(1449年)十月,也先率军于十一日至北京城下,十六日便出居庸关;嘉靖庚戌年(1550年)八月,俺答以辛巳日(二十日)犯京师,己丑日(二十八日)便出古北口,都没有在长城内久留。皇太极从十二月二十六日回军渡通惠河,到翌年二月十四日班师,其间四十八天。如从十一月二十日驻营北京安定门外,到翌年二月十四日班师,其间一百一十三天,即近三个月。远离后方基地,滞留时间过长。这同皇太极发动的北京之役,缺乏整体战略指导有关。他时而以和促战,时而以战求和。他说:"我屡遗书修好,明国君不允。我将秣马厉兵,以试一战。安知天意之不终佑我也。"①求和不允,以试一战。后金军的战略目标,是夺占北京,是袭扰京畿,是占据重镇,是以战迫和,是叩开山海关,还是掳掠财富?因没有明确的战略目标,既留恋贪婪,又多所顾虑,也不敢轻举妄动。在京畿地区滞留,没有具体战果可言,也未能圆满完成其作战任务。皇太极虽在用"反间计"上取得成功,却在作战目的上未能获致全功,他应该采取取速战速决、迅速撤离的政策。

再次,据守四城不当。皇太极不仅在京畿滞留时间过长,而且不当留守四座孤城,撤军时,没有将大军全部撤回,而是派军留守永平、滦州、迁安、遵化四城。后金军占守四城,有当有不当:其当是,皇太极有雄心大略;其不当是,后金没有条件、也没有实力守住四城。明军在其四城之东,占据山海关城;在其四城之西,占有京畿地区。整个中原大地,俱为明朝辖区。后金占领的四城,为明朝汪洋大海中的四座小孤岛,完全陷于明军的包围之中。后金的四座孤城,远离基地,后援断绝,既不能坚守,更不能巩固。后来乾隆帝论道:"山海关,京东天险,明代重兵守此,以防我朝。而大军每从喜峰、居庸间道内袭,如入无人之境。然终有山海关控扼其间,则内外声势不接;即入其他口,而彼得挠我后路。故贝勒阿敏弃滦、永、遵、迁四城而归,大宗虽怒谴之,而自此遂不亲统大军入口。所克山东、直隶郡邑,辄不守而去,皆由山海关阻隔之故。"②

复次,重处阿敏不当。皇太极闻永平败报,大怒。消息传出,后金举国上下无不痛

---

① 《清太宗文皇帝实录》,第6卷,第10页,天聪四年正月丙午,中华书局校点本,1985年。

② 魏源:《圣武记》,第1卷,第32页,中华书局,1984年;又见《清高宗纯皇帝实录》,第1066卷,乾隆四十三年九月丁亥朔,中华书局影印本,1985年。

愤。六月初四日,皇太极以阿敏自永平败还,令诸贝勒众臣不得进城,于十五里外立营,只准士卒入城。初七日,诸贝勒大臣及文武各官集会,由岳讬宣布阿敏十六条罪状。根据十六条罪状,主要是弃失永平四城等七大罪状,诸贝勒大臣议罪,要求把他处死。皇太极命从宽处理,仅处以幽禁,夺所属人口、奴仆、财物、牲畜,只给阿敏庄六所、园二所、并其子之乳母等二十人、羊五百、乳牛及食用牛二十。硕讬、汤古岱、纳穆泰、巴布泰、图尔格等亦革职,或籍其家。当然阿敏的彻底垮台,不完全是因弃守关内四城。阿敏是努尔哈赤胞弟舒尔哈齐之子,努尔哈赤在世时,深受器重,与代善、莽古尔泰、皇太极并列,称"四大贝勒",佐努尔哈赤掌握机务。皇太极即汗位后,他仍受到器重,凡上朝议事与皇太极并坐。阿敏弃守永平,失守责任重大。时明朝总的形势,如《史料丛刊·谕帖》所载:"南朝虽师老财匮,然以天下之全力,毕注于一隅之间,盖犹裕如也。"明军集中三十万军队,对后金占领的永平、滦州、迁安、遵化,加以分割,逐城包围,集中兵力,各个攻破。而永平阿敏军队约五千人;其分守驻军,人数则更少。阿敏在撤守迁安、明军刚攻占滦州,尚未对永平实行包围之前,智高一筹,主动撤退,保存军事实力,避免全军覆没,不但无过,而且有功。阿敏守得住就守,守不住就撤,应时而变,因机制宜。当然他临撤之前,屠杀官民,罪恶重大。皇太极在盛怒之下,意气用事,纠缠旧怨,以此为由,严处阿敏。尽管皇太极处分阿敏,将永平等四城丢失的责任全推给阿敏,但是阿敏成为皇太极错误兵略的替罪羔羊。

皇太极因入京畿地区,山海关城未下,远离后方基地,而丢失永平等四城。他鉴于此役的教训,改变战略:发动大凌河之战,力图攻破关锦防线。

四 大凌河之战

(一)孙承宗重整辽西防务

明兵部尚书、大学士、督师孙承宗,收复永平、滦州、迁安、遵化四城后,冀图整顿辽西防务,加固关锦防线,规复锦州,筑驻右屯,渐图失疆。

先是,明宣德三年(1428 年),建大凌河中左千户所堡城①。城南距锦州四十里,以近大凌河而名。大凌河"城周围三里十三步,阔一丈。嘉靖癸亥(1563 年),巡抚王之诰包筑,高二丈五尺,门一,四角更房各一"②。明朝自有辽事之后,辽西走廊防线的北段,重点为宁远、右屯、锦州、大凌河四城。天命七年即天启二年(1622 年)正月,后金军进攻广宁城,辽东经略熊廷弼、辽东巡抚王化贞,带领军民撤退,逃到山海关内,后金军连陷义州等四十余座城堡,进军至中左所,是为大凌河城第一次遭到弃毁。

孙承宗替代王在晋任辽东经略后,重修关外城堡。天命八年即天启三年(1623 年)八月,辽东巡抚张凤翼上疏赞扬孙承宗经理辽西城垣之功:"八城奋插,非一年可就之工;六载疮痍,非一时可起之疾。今日议剿不能,言战不得,计惟固守。当以山海为根基,宁远为门户,广宁为哨探。"③

到天命十年即天启五年(1625 年),宁远城已告修竣。同年夏,孙承宗与袁崇焕计议,遣将率卒,分据锦州、松山、杏山、右屯、大凌河、小凌河各城,修缮城郭,派军驻守,进图恢复大计。自宁远向前,推进二百里。宁远至山海关二百里,宁远至锦州也二百里,共为四百里,形成以宁远为中心的关锦防御体系。《三朝野纪》记载:"自承宗出镇,关门息警,中朝宴然,不复以边事为虑矣。"正当孙承宗与袁崇焕组建宁(远)锦(州)防

---

① 顾祖禹:《读史方舆纪要》,第 37 卷,第 36 页,上海书店出版社影印本,1998 年。

② 李辅:《全辽志·图考》,第 1 卷,第 13 页,《辽海丛书》影印本,辽沈书社,1985 年。

③ 《明史·张凤翼传》,第 257 卷,第 6631 页,中华书局校点本,1974 年。

线、锐意恢复之际,阉党势力猖獗。阉党借柳河兵败,参劾总兵马世龙,并及孙承宗,奏劾章疏,凡数十上。孙承宗被阉党逼迫去职,阉党以兵部尚书高第代为辽东经略,辽西形势,急剧逆转。

高第为兵部尚书、辽东经略,同孙承宗相左,畏敌如虎,撤防弃地。他命尽撤锦州、右屯、大凌河诸城守军,将器械、枪炮、弹药、粮秣移至关内,放弃关外四百里。锦州、右屯、大凌河三城,为明军辽西前锋要塞,如仓皇撤防,则修筑城堡弃毁,戍守兵卒撤退,垦耕辽民重迁,已复封疆丢失。时管锦右屯粮通判金启倧呈照:"锦、右、大凌三城,皆前锋要地,倘收兵退,既安之民庶复播迁,已复之封疆再沦没,关内外堪几次退守耶!"[1]袁崇焕力争——兵不可撤,城不可弃,民不可移,田不可荒。他具揭力争,抗拒后撤。高第无奈,只撤锦州、右屯、大凌河及松山、杏山、塔山守具,尽驱屯兵、屯民入关,抛弃粮谷十余万石。这次不战而退,闹得军心不振,民怨沸腾,扶老携幼,死亡塞路,哭声震野。

天命十一年即天启六年(1626年)正月,天命汗努尔哈赤值明朝辽东经略易人之机,大举进攻宁远。明军虽获得"宁远大捷",但后金军撤退时焚毁觉华岛囤粮城,并毁坏大凌河城。是为大凌河城第二次遭到弃毁。

明军获得"宁远大捷"后,后金天命汗努尔哈赤死,明辽东巡抚袁崇焕借给努尔哈赤吊丧之机,派员往后金"讲和",以拖延时间,修缮城堡。但天聪元年即天启七年(1627年),皇太极率军进攻锦州、宁远,不克而归。后金撤军时,再毁大凌河城。是为大凌河城第三次遭到弃毁。

天聪五年即崇祯四年(1631年),明军收复永平、滦州、迁安、遵化四城,后金军逃回到沈阳。督师孙承宗驻山海关,重新整顿从山海关到锦州的关锦防线。在这段时期,修筑大凌河城。

天聪五年即崇祯四年(1631年)正月,孙承宗以届七十高龄,抱病出山海关,巡视辽西防务,抵松山(今锦县南三十里)、锦州,还入关。复西巡蓟州,至平谷,遍阅三协十二路而返。五月以考满,诏加太傅兼食尚书俸,荫子镰尚宝司丞,赍蟒服、银币、羊酒,复辞太傅不受[2]。督师孙承宗驻山海关,辽东巡抚为丘禾嘉。丘禾嘉,贵州人,万历四

---

① 《明史·袁崇焕传》,第259卷,第6708页,中华书局校点本,1974年。
② 《明史·孙承宗传》,第250卷,第6476页,中华书局校点本,1974年。

十一年(1613年)举乡试,好谈兵。崇祯元年(1628年),以其知兵,为兵部主事。后金军攻打北京,禾嘉监纪马世龙军。明复永平四城,禾嘉有功。明辽东巡抚毕自肃在宁远兵变中遇害,遂废宁远巡抚。时兵部尚书梁廷栋举荐,破格任命丘禾嘉为辽东巡抚,兼管山海关诸处。明朝以举人而官至巡抚者,隆庆朝只海瑞,万历朝只张守中、艾穆,天启朝没有,崇祯朝则丘禾嘉等。

时山东登莱巡抚孙元化,建议撤海岛之兵,移驻山海关外,并规复广宁、金州、海州、盖州。辽东巡抚丘禾嘉则建议用海岛之兵,收复广宁(今辽宁省北镇市)、义州(今辽宁省义县)、右屯(今辽宁省凌海市右屯乡)三城。兵部尚书梁廷栋考虑此举重大,咨询孙承宗。孙承宗复言:广宁,离海一百八十里,距辽河一百六十里,陆运难;义州,地偏僻,离广宁也较远。因此,必须先占据右屯,集聚官兵,积蓄粮秣,方可逐进,逼近广宁。承宗又言:"右屯城已隳,修筑而后可守。筑之,敌必至。必复大、小凌河,以接松、杏、锦州。锦州绕海而居敌,难陆运。而右屯之后即海,据此则粮可给,兵可聚,始得为发轫地。"奏入,"廷栋力主之,于是有大凌河筑城之议"①。督师孙承宗依据当时敌我态势,不主张复义州,更不主张复广宁,而力持修复右屯卫城。此事,《明史·孙承宗传》记载:

> 禾嘉巡抚辽东,议复取广宁、义州、右屯三城。承宗言广宁道远,当先据右屯,筑城大凌河,以渐而进。兵部尚书梁廷栋主之,遂以七月兴工。②

孙承宗的意思是:第一,广宁、义州,暂且不修。第二,右屯重要,距海较近,便于运粮,应先筑守。但修筑右屯,敌军必来争。第三,为保右屯,还要修小凌河城与大凌河城,以成为其犄角。第四,大凌河城、小凌河城、右屯卫城、锦州城,以及松山、杏山、宁远纵串连接,加强宁锦防御体系。第五,孙承宗已经预见到:明筑右屯,敌军必至;而筑大凌,敌更必争。

然而,上述引文,有所含糊:既说督师孙承宗筑城大凌河,又说兵部尚书梁廷栋主之——营筑大凌河城,是孙承宗的主意,还是梁廷栋的主意,抑或是他人的主意?《崇

---

① 《明史·丘禾嘉传》,第261卷,第6770页,中华书局校点本,1974年。
② 《明史·孙承宗传》,第250卷,第6476页,中华书局校点本,1974年。

祯长编》记载原任兵科给事中孙三杰的疏言,道出其中的关系:

> （周）延儒首据揆路,欲用其私人孙元化、丘禾嘉而无术,则属梁廷栋藉破格用人之说,以为先资。明知元化、禾嘉无功,而冒节钺,不足服人,则设为复广宁,图金、复、海、盖之议。既而一事无成,惧干严谴,于是密主大凌之筑,聊以塞责。奉举国之精锐,付之一掷。第罢枢辅孙承宗以结其案,而丘禾嘉忽焉山、永,忽焉京卿矣! 延儒之脱卸作用,何其神也![①]

上引奏言,清楚说明:首辅周延儒密主营筑大凌河城,而授意兵部尚书梁廷栋,并由巡抚丘禾嘉执行之。其时,孙承宗主张修筑右屯城。至于后来,追究责任,本节后文,另有简述。

由是,崇祯帝旨准,周延儒授意,梁廷栋主之,孙承宗无奈,丘禾嘉执行,祖大寿、何可纲督责,遂同在广宁、大凌、右屯三地筑城为守。在筑大凌河城过程中,巡抚丘禾嘉评告总兵祖大寿,大寿也揭发禾嘉赃私。督师孙承宗不愿以武将去文臣,而密奏请改调丘禾嘉任他职。五月,命丘禾嘉任南京太仆寺卿,以孙毂代之。禾嘉尚未离任,兵部传檄,催促甚急。其城池修筑,相关史料,引为参酌:"刻下十月,计丈计尺,先筑土胎。土胎一就,先包城门二座,腰台二座。其所用砖石,察有兴水废堡,折（拆）运包砌",其不敷砖、石、灰另筹。"其挑河一事,工程浩大。且本镇营兵,尚须责以战守,不能独力办此。当蚤题班军,以正月到信,二月兴工,监管催督,另委能官,则亦可克期竣事矣。班军挑筑,行粮盐菜,自有往例,而筑城筑台,一切物料,费用不赀,朝廷当三空四尽之时,不敢数数控请"云云[②]。

时祖大寿督工,以军兵四千,又发班军四千,共同修筑大凌河城;并以四川石砫土兵万人护卫。但是,城工接近完成,兵部尚书梁廷栋罢去。朝廷议大凌河城荒远,筑城非策,乃令尽撤班军,赴蓟镇为守。丘禾嘉心惧,尽撤防兵,仅留班军万人,给粮万石。至是,孙承宗乃议以粮散军,委城而去,勿使资敌。丘禾嘉与祖大寿及其弟大弼,纵马上城东望,见大凌河水,绕流城东,远山苍翠处,即为十三山。丘禾嘉叹道:孙经略当

---

① 《崇祯长编》,第 62 卷,第 6 页,崇祯五年八月戊辰,台北中央研究院历史语言研究所校勘本,1962 年。

② 李光涛:《明清档案论文集》,第 494 页,台湾联经出版实业公司,1986 年。

年，以枢辅守边，有支持袁崇焕欲守宁远之勇气，今却欲委此大好城池丢弃，难道今无如袁崇焕之人乎？抑人官高而胆自薄耶？祖大弼闻言，目视其兄；祖大寿见状，亦正视其弟。于是，祖大寿、祖大弼兄弟二人，愿率四千精兵，与万余戍兵，共守此城。

先是，同年正月，督师孙承宗巡视辽西，至锦州时，皇太极正在沈阳巡视其新制成的红衣大炮。诸贝勒见炮身沉重，操练不易，深恐大凌河城建筑完成，虽有此炮，亦难攻克。后金贝勒诸臣力劝皇太极，趁大凌河城垣尚未完工之时，派军前往，摧毁其城，以免大凌河城变成宁远、锦州之东的又一座坚城。五月，皇太极使人分往大凌及锦州探听消息，回奏明巡抚丘禾嘉正在修筑大凌河城，并以祖大寿任大凌河城守备。

七月，明前锋总兵、大凌河城守备祖大寿，于兴工筑大凌河城之同时，孙定辽、祖可法、何可纲等为其副将，统率精锐四千，并带筑城戍军万余，运粮建舍，竖版筑城。祖大寿统御有方，明兵夫士气旺。大凌城工甫竣，后金大军突至。

明大凌河城驻军，原有官兵一万六千余名，后派出买战马及守宁远兵共二千二百人，实有官兵一万四千人，有夫役商贾约一万多人，全城共计约有三万余人①。守将祖大寿所部皆精锐，配备大炮，防守甚坚。但该城动工兴建时间较短，雉堞仅修完一半，城中粮秣储备少，后金大军骤至，仓促闭门拒战。

皇太极得到明军再次修筑大凌河城的消息，深感不安，下令说："沈阳、辽东之地，原非我有，乃天所赐也。今不事征讨，坐视汉人，开拓疆土，修建城郭，缮治甲兵，使得完备，我等岂能安处耶？"②七月二十七日，皇太极率军离沈阳西行，第二天渡过辽河，召集诸将，宣布攻明。八月初一日，大军自旧辽阳河出发，分兵两路：一路由贝勒德格类、岳讬、阿济格等率兵二万，经义州，屯驻于锦州与大凌河之间；一路由皇太极亲率主力，经白土厂（场），趋广宁大道，约定初六日会于大凌河城下。同时，将新铸红衣大炮四十位运往大凌河。

先是，天聪五年即崇祯四年（1631年）四月二十七日，后金遣库巴克等率蒙古十二人，前往明边，去捉舌头。三十日，又遣刘哈率二十人，再前往明边，去捉舌头。后金在二十天内，先后派遣七批人员，前往明边打探信息，了解明军筑城事情。分别从宁远、

---

① 《明兵部呈为王道直题报大凌河城之役明军损失情形本》（崇祯四年闰十一月十九日），《历史档案》，1981年，第1期。

② 《清太宗文皇帝实录》，第9卷，第12页，天聪五年七月庚子，中华书局影印本，1985年。

锦州归来人员报告："明人修筑大凌河城,基址已完,灰池亦备。"①后金得到明军修筑大凌河城的探报后,诸贝勒大臣会议后奏报："明人若果修城,我兵即当速往。不知皇上庙算如何? 臣等愚见,此次出兵,彼若出战则已,倘彼遁入锦州,我兵不可引还。恐往返之间,徒疲马力,非计也。且彼以畏我,不战而退,我又何为还军? 凡遇城池,务围困之,方为得计。倘蒙允行,则宜令多备糗粮,以充军实。至围城之事,秋不如夏之便也。"②上述意见,其要点是:第一,明军如修城,即派兵前往;第二,明军若出战,我军即进攻;第三,明军若弃城逃往锦州,我军不可不战而回;第四,对城中明军,加以围困;第五,应令多备军粮,且要充足;第六,进兵时间,夏季为便。皇太极为慎重起见,再派原任总兵官纳穆泰、图尔格领兵千人,前去探察明军修筑大凌河城的虚实。

但是,皇太极仍将注意力放在南征海岛军事上,派骑兵、步兵万人出征。六月,皇太极在多次派人前去打探明军修筑大凌河城的实情。经过三个月,十四次侦察,皇太极才下决心进兵,攻打大凌河城。他说:"闻明总兵祖大寿与何可刚(纲)等副将十四员,率山海关外八城兵,并修城夫役,兴筑大凌河城,欲乘我兵未至时竣工,昼夜催督甚力,因统大军往征之。"③

七月二十七日,皇太极率军西发,运载红衣大炮,往攻大凌河城。

(二)皇太极研制红衣大炮

自失陷永平四城之后,到围攻大凌河城之前,后金在军事上一个最重大的变化是:制造红衣大炮成功。而红衣大炮的制成,在大凌河之战中具有重大作用。

红衣大炮,明人以其来自西夷,称之为西洋大炮,或红夷大炮。黄一农解释红夷大炮名称时认为:"由于西洋大炮首先是由荷兰人传入的,而其时中国称荷兰人为红夷,故名之为红夷大炮。"④后金(清)人讳"夷"字,谐音称之为红衣大炮,或西洋大炮。红衣大炮是中国军事史上出现的最新武器,也是明朝军队中与后金军队中最新式的武器

①　《清太宗文皇帝实录》,第9卷,第2页,天聪五年五月丙子,中华书局影印本,1985年。

②　《清太宗文皇帝实录》,第9卷,第2页,天聪五年五月己卯,中华书局影印本,1985年。

③　《清太宗文皇帝实录》,第9卷,第12页,天聪五年七月癸巳,中华书局影印本,1985年。

④　黄一农:《红夷大炮与明清战争——以火炮测准之演变为例》,(台湾)《清华学报》,新26卷,第1期,1996年。

装备。

满洲军队的主要特点是骑射。《满洲源流考》记载："我朝素娴骑射，故能战必胜，攻必克。"①后金军作战时，以铁骑奔腾，驰骋冲突，野战争锋，所向无敌。努尔哈赤从进攻抚顺到夺取广宁，都是靠军队勇猛骑射，快速驰突取胜的。后金军的武器，主要是冷兵器，包括进攻的弓箭、刀枪，防护的头盔、铠甲，登城的云梯、楯车等，他们不会使用火器，更不会制造火器。后在同明军交战中，缴获了一些明军的火器、战车等。后金在天命五年即泰昌元年（1620 年）占领抚顺后，便从降将李永芳处得到火炮。翌年，因萨尔浒之捷又获得大量火炮。当年十二月，努尔哈赤谕各堡演放火炮②。后金的火炮并未用于实战，且均为明朝的旧式火炮。但在沈辽之战中，"李永芳得中国炮手，亲释其缚，人赏千金，即用以攻川兵，无不立碎者"③。此后，八旗军逐渐使用火器，但仍以冷兵器为主。

后金天命汗和天聪汗在宁远、锦州城下连遭红夷炮重创，使皇太极改变了对火炮的态度。天聪五年即崇祯四年（1631 年）正月，后金仿造的第一批红衣大炮，共四十门，在沈阳造成，皇太极定名号为"天祐助威大将军"④。满洲从此开始造炮，后金终于有了自制的红衣大炮。

本来在明朝，"中国长技，火炮为上"。据统计，从万历四十六年（1618 年）至天启元年（1621 年）的三年之间，明朝发往广宁前线的将军炮、灭虏炮、虎蹲炮、旋风炮、威远炮、佛朗机等共有二万二千一百四十四位（门），数量之多，实属惊人。但明军火炮在对后金军作战中，没有发挥其应有之威力。这是因为除明军腐败因素及火炮的射程近、威力弱之外，还因为没有同城墙结合。前此明军同后金军作战，出城布阵，野地争锋，火器列前，步骑在后。双方交战之时，明兵先放火炮。后金铁骑冲突，飞驰而来，冲过火力；有时明兵"火器不点，贼骑已前"，明军炮弹时而落在八旗骑兵后面，后金骑兵冲来，火炮失去作用。依恃坚固城墙和优良火器，抵御北方游猎民族骑兵南下，是明朝一贯坚持的北疆防务总则。但明军与努尔哈赤交战四年的实践证明，明辽军原有的火器，无法抵挡满洲铁骑。于是，明少詹事徐光启等廷臣，便将寻求新式武器的目光转向

① 《满洲源流考》，第 16 卷，《国俗一》，《文津阁四库全书》本，国家图书馆善本部藏。
② 《满文老档·太祖》，上册，第 280 页，天命六年十二月二十日，中华书局译注本，1990 年。
③ 谷应泰：《明史纪事本末·熊王功罪》，第 4 册，第 1425 页，中华书局，1977 年。
④ 《清太宗文皇帝实录》，第 8 卷，第 2 页，天聪五年正月壬午，中华书局影印本，1985 年。

海外。

　　明军使用的火器，主要是鸟枪、火炮、佛朗机等。到万历末、天启初，从海外购进红夷大炮即西洋大炮。先是，十六世纪中叶，欧洲科学技术迅速发展，火炮技术也得到创新。英国、法国、西班牙、葡萄牙国先后制造出新式铁铸前装滑膛炮，使中国的火炮相形见绌。中国火器领先世界之势，在受到佛郎机的冲击后，而让位于西方先进国家。万历年间，耶稣会士利玛窦等先后来到中国传教，随之将欧洲先进的火炮科技信息带入中国①。天命五年即泰昌元年（1620年），与利玛窦交往甚密的徐光启和李之藻，率先派人到澳门，购买了四门英国制造的新式火炮，称其为"红夷大炮"或"西洋大炮"②。天启三年至五年间，明廷又从澳门购进二十六门红夷大炮。以上三十门红夷大炮，"调往山海者十一门，炸者一门，则都城当有十八门"③。崇祯年间，明朝除继续由澳门购买红夷炮外，还依靠德国传教士汤若望等仿造红夷大炮④。这就使明军装备的红夷大炮数量迅速增加。

　　由西洋引进的红夷大炮，与中国传统火炮相比，有以下优长：第一，设计更加合理。红夷炮"不以尺寸为则，只以铳口空径为则"⑤。即炮身各部位的尺寸，如炮管长度、炮口管壁厚度等，均与炮管口径成一定比例，因而弹道低伸，射程较远。第二，瞄准具得到改进。红夷大炮要架于炮架或炮台上，不装准星、照门，而用铳规确定发射仰角。铳规"以铜为之，其状如覆矩，阔四分，厚一分，股长一尺，勾长一寸五分，以勾股所交为心，用四分规之一，规分十二度，中垂权线以取准"。用铳规瞄准，改目测为器量，更加准确和简便。第三，口径较粗，装药量大，因而杀伤力巨大。第四，射程远，威力大。一炮射数里远，对方骑兵尚未靠近，已经遭到炮弹轰击。毫无疑问，具备上述优长的红夷大炮，对满洲骑兵而言具有重大的杀伤力，形成严重威胁。

---

　　①　方豪：《明清间西洋机械工程学物理学与火器入华考略》，载《方豪六十自定稿》，上册，（台湾）学生书局，1969年。

　　②　《徐光启集》，上册，第178～181页，上海古籍出版社，1984年；另见金尼阁1621年报告，载方豪：《明末西洋火器流入我国之史料》，《东方杂志》，第40卷，第1号。

　　③　《明熹宗实录》，第68卷，第30页，天启六年二月戊戌，台北中央研究院历史语言研究所校勘本，1962年。

　　④　［法］费赖之：《在华耶稣会士列传·汤若望传》，转引自《方豪六十自定稿》，上册，（台湾）学生书局，1969年。

　　⑤　焦勖：《火器挈要》，上卷上，第5页，《海山仙馆丛书》本，道光十八年（1838年）刻本。

　　明军将红夷大炮第一次用于宁远的实战中。天命十一年即天启六年（1626年）正月，努尔哈赤领兵进攻明袁崇焕设防的宁远城。袁崇焕于宁远城上构筑炮台，安设十一门红夷大炮，则为努尔哈赤所始料不及。袁崇焕严拒努尔哈赤诱降后，命部下罗立等向城北八旗大营发射红夷大炮，"遂一炮歼虏数百"①。城堞之上，箭镞如雨注，悬牌似猬皮。袁崇焕指挥将卒用西洋大炮："架西洋大炮十一门，从城上击，周而不停，每炮所中，糜烂可数里。"②"每用西洋炮，则牌车如拉朽。"③经三天激战，八旗兵损失惨重，败回沈阳。努尔哈赤"自二十五岁征伐以来，战无不胜，攻无不克，惟宁远一城不下，遂大怀忿恨而回"④。当年八月，便含愤而死。但天命汗努尔哈赤至死尚未明了是被西洋大炮所击败。继承汗位的皇太极重蹈其父汗覆辙，于天聪元年即天启七年（1627年）五月，再次率军攻打锦州、宁远，苦战近月，竟未攻下，反被"凭坚城以用大炮"的明军所击败。

　　明军首次在宁远之战中使用红夷大炮，并获得成功。明军宁远之战的胜利，是袁崇焕凭坚城、用洋炮的胜利。这里有两个因素：一是用红衣大炮，二是使城炮结合。通过宁远之战，袁崇焕认识到红衣大炮的重要价值。他说："辽东之坏，虽人心不固，亦缘有形之险颓塌不堪，实无可以固人心者。虏利野战，惟有凭坚城以用大炮一着。"⑤他从抚顺、清河、开原、铁岭、沈阳、辽阳、西平、广宁诸城失陷中认识到：旷野厮杀，明军所短；凭城用炮，明军所长。所以，"凭坚城、用大炮"是明军以长击短、克敌制胜的法宝。应当说，徐光启、孙元化等人提出"以城护炮、以炮卫城"的战术思想，而袁崇焕将这一战术思想应用于作战实践。由是袁崇焕形成"凭坚城、用大炮"的守城战术。

　　相反，天命汗努尔哈赤的悲剧在于，根本没有认识到宁远运用新式武器红衣大炮，也没有认识到袁崇焕"凭坚城、用大炮"的守城战术。后金军队毫无顾忌，蜂拥攻城，遭到炮击，死伤惨重，天命汗在军事上犯了以己之短，攻人之长的错误。后金军的长处是

①　茅元仪：《督师纪略》，第12卷，第14页，清抄本。
②　计六奇：《明季北略》，第2卷，第8页，上海图书集成印书局，光绪十三年（1887年）刻本。
③　《明熹宗实录》，第70卷，第19页，天启六年四月辛卯，台北中央研究院历史语言研究所校勘本，1962年。
④　《清太祖武皇帝实录》，第4卷，第25页，台北故宫博物院藏，广文书局影印本，1970年。
⑤　《明熹宗实录》，第79卷，第19页，天启六年十二月庚申，台北中央研究院历史语言研究所校勘本，1962年。

平原野战，铁骑驰突，弓马取胜。朝鲜人李民寏说：后金"铁骑奔驰，冲突蹂躏，无不溃败"①。努尔哈赤没有认识到明军战术武器和战术思想的重大变化，继续使用旧的武器和旧的战术。出乎努尔哈赤意料，铁骑冲到城下，遇到西洋大炮，遭到轰击，碰壁而返。明兵坚守城池、施用大炮，改变守城战术，对付后金骑兵。努尔哈赤却没有看到这个新的变化，仍用旧的武器、旧的战术，进攻宁远，吃了大亏，兵败城下。

后金的天命汗和天聪汗，连遭西洋大炮重挫。皇太极惊呼："昔皇考太祖攻宁远，不克；今我攻锦州，又未克。似此野战之兵，尚不能胜，其何以张我国威耶！"②宁远与锦州城下，后金两次失败，究其失败之因，以武器装备而言，在于没有红衣大炮。明朝与后金，双方攻守战，红衣大炮，举足轻重，有者常胜，无者屡败。皇太极从宁远之败与宁锦之败的两次战败中认识到，要使八旗兵能够攻坚陷阵，关键在于掌握和使用红衣大炮。皇太极从两次失败中得出一条重要教训：后金要不惜一切代价，集中一切力量，研制红衣大炮，组建炮兵部队。

后金制造红衣大炮，其样炮来源于明军。天聪三年即崇祯二年（1629年），后金军首次入关，攻打北京。皇太极在此次战役中，除发挥骑射所长外，也使用过火器。如徐光启奏报："博询土人，言满桂之败，贼亦用火攻。每一骑负二炮，如田单火牛之法，疾赴我营，以至败衄。"③但这似是爆炸性的燃烧火器，而不是管形火炮。后金军破墙入塞后，在大安口遭明军围攻，范文程"以火器进攻，围解"④。这也是用缴获明军的火器。至于后金军红衣大炮的来源，一是天聪三年（1629年），皇太极率军攻北京城，略涿州，或获明军红夷大炮⑤。二是中国第一历史档案馆藏正黄旗汉军《世职谱档》袭字第三十一号载：骑都尉王承烈之曾祖王天相，征北京时自永平府（今河北卢龙）带回红夷炮进行仿制。

---

①　［朝］李民寏：《建州闻见录》，第40页，影印本，日本天理大学图书馆藏玉版书屋本。

②　《清太宗文皇帝实录》，第3卷，第16页，天聪元年五月癸巳，中华书局影印本，1985年。

③　《徐光启集》，第6卷，第289页，上海古籍出版社，1984年。

④　《清史列传·范文程》，第5卷，第1页，中华书局，1987年。

⑤　据《明熹宗实录》卷68天启六年二月戊戌载：当时北京城中已有红夷炮十八门。据《徐光启集·控陈迎铳事宜疏》载：崇祯二年十一月，萄人公沙的西劳、陆若汉等携十门红夷炮至涿州，留下四门加强涿州城防，其余六门于次年正月运抵北京。《清太宗实录》载：天聪三年即崇祯二年十月至十二月，皇太极率后金军队绕道入关，进攻北京，途中下遵化、良乡、固安等城，略涿州。皇太极此次作战，有可能从涿州一带获得红夷大炮。

皇太极得到明军的红夷大炮后,开始在沈阳仿造。《清太宗实录》天聪五年即崇祯四年(1631年)正月初八日载:"造红衣大将军炮成。"其炮身所镌铸文字曰"天祐助威大将军";另镌有:"天聪五年孟春吉旦造,督造官总兵官、额驸佟养性,监造官游击丁启明、备御祝世荫,铸匠王天相、窦守位,铁匠刘计平。"①从此,后金有了自己制造的红衣大炮。

皇太极很重视火器的制造,并对造炮汉人工匠加意保护,予以奖励。因佟养性造炮有功,重加赏赐。皇太极恐有人不服,宣称:"其有势豪嫉妒不从命者,非特貌养性,是轻国体、褒法令也,必谴毋赦!"②下令"以王天相创铸红衣炮功,及金世昌继造不用蜡辄铸成,俱升备御"③。天聪六年即崇祯五年(1632年)正月,皇太极亲往演武场校阅红衣炮演练,佟养性率所统汉兵擐甲胄、执器械列于两旁,置铅子于红衣将军炮内,进行演试,取得成功。皇太极优待降人、优遇铸炮工匠的政策,使得一批被俘汉人乐为其效力。由于采取上述鼓励发展新式火器的政策,使后金的火器制造较大发展,后设立炮局、药局。北京首都博物馆现藏清崇德八年即崇祯十六年(1643年)所铸神威大将军炮一尊,是一件文物的实证。

后金制造的红衣大炮,在打大凌河之战的围城与打援中发挥了重大的作用。

(三)围城与打援

后金发动的大凌河之战,从天聪五年即崇祯四年(1631年)七月二十七日,皇太极谒堂子、亲率诸贝勒统大军起行开始。

大凌河城,因城临大凌河而得名,明人称之为大凌城或凌城(今辽宁锦州大凌屯)。其西为小凌河,两河均流入海④。锦州"山川盘错,屹峙边陲"⑤,既有大凌河作天然屏障,又有大凌城作军事壁垒。大凌河城东距沈阳四百四十里,西至宁远一百四十里,距山海关三百三十四里,至松山堡四十里。明军在大凌河城已经三毁的基址上重新筑

---

① 《清太宗文皇帝实录》,第8卷,第2页,天聪五年正月壬午,中华书局影印本,1985年。

② 《清史稿·佟养性传》,第230卷,第9324页,中华书局标点本,1977年。

③ 《清太宗文皇帝实录》,第13卷,第16页,天聪七年三月庚戌,中华书局影印本,1985年。

④ 《大明一统志》,第25卷,第31页,明天顺五年(1461年)刻本。

⑤ 顾祖禹:《读史方舆纪要》,第37卷,第36页,上海书店出版社影印本,1998年。

城,受到后金的密切注视,后金不断派遣哨探,前去打探筑城情况。

皇太极对明修大凌河城作出反应:"上闻明总兵祖大寿与何可刚(纲)等副将十四员,率山海关外八城兵,并修城夫役,兴筑大凌河城。欲乘我兵未至时竣工,昼夜催督甚力。因统大军往征之。"①皇太极的目的很明确,就是不许明朝修复大凌河城,如已经动工,则加以破坏。经过七天准备,征调蒙古诸部,集合八旗满洲,汇聚贝勒将帅,于二十七日谒堂子出师。翌日,皇太极谕诸将道:

　　沈阳、辽东之地,原非我有,乃天所赐也。今不事征讨,坐视汉人,开拓疆土,修建城郭,缮治甲兵,使得完备,我等岂能安处耶?②

皇太极出兵的目的,是要阻止明军修建城堡,占领尽量多的辽西土地。经过五天行军,八月初二日,大军接近大凌河城。皇太极命分兵两路:贝勒德格类、岳讬、阿济格领兵二万由义州进发,屯兵于锦州与大凌河之间;皇太极亲统大军由白土场(厂)入趋广宁进发——两军约于初六日,在大凌河城外会合。明朝得到军报,兵部尚书熊明遇上言:"昨闻东兵六万,谋分三股来侵。"③

掘壕围城　时大凌河城工进度较缓慢,城基、墙垣、敌楼已粗完工,而城上雉堞,仅完成其半。城中明军有总兵祖大寿及副将何可纲等八员,参将、游击等约二十员,马兵七千余、步兵七千余,夫役、商人约万人。后金左右两翼大军,于八月初六日在大凌河城外会师。初七日,皇太极鉴于宁远、锦州攻城失败的惨痛教训,不再驰骑攻坚,而是围城打援:"攻城恐士卒被伤,不若掘壕筑墙以围之。彼兵若出,我则与战;外援若至,我则迎击。"④这就是"围城打援"的作战方略。

皇太极将后金军队,按照四方八隅部署:

城南面——正蓝旗固山额真觉罗色勒率本旗兵围正南面,莽古尔泰、德格类两贝勒率护军在后策应;镶蓝旗固山额真宗室篇古率本旗兵围南面之西,贝勒济尔哈朗率护军在后策应;蒙古固山额真吴讷格率本旗兵围南面之东。城南面是攻守的重点,祖

① 《清太宗文皇帝实录》,第9卷,第12页,天聪五年七月癸巳,中华书局影印本,1985年。
② 《清太宗文皇帝实录》,第9卷,第12页,天聪五年七月庚子,中华书局影印本,1985年。
③ 《崇祯长编》,第49卷,第14页,崇祯四年八月辛酉,台北中央研究院历史语言研究所校勘本,1962年。
④ 《清太宗文皇帝实录》,第9卷,第14页,天聪五年八月戊申,中华书局影印本,1985年。

大寿突围回锦州,必全力从南面突破;明宁远方向援军也必从南面扑来。因之,两蓝旗承担最繁重、最艰难的围堵任务。

城北面——正黄旗固山额真楞额礼率本旗兵围北面之西,镶黄旗固山额真额驸达尔哈率本旗兵围北面之东,贝勒阿巴泰率护军在后策应。

城东面——正白旗固山额真喀克笃礼率本旗兵围东面之北,额尔克楚虎尔贝勒多铎率护军在后策应;镶白旗固山额真伊尔登率本旗兵围东面之南,墨尔根戴青贝勒多尔衮率护军在后策应。

城西面——正红旗固山额真额驸和硕图率本旗兵围西面之北,大贝勒代善率护军在后策应;蒙古固山额真鄂本兑率本旗兵围正西面;镶红旗固山额真叶臣率本旗兵围西面之南,贝勒岳讬率护军在后策应。

蒙古诸部落贝勒各率所部兵围其隙处;总兵官额驸佟养性率汉兵载红衣炮、将军炮,当锦州大道而营。

诸将各固守汛地,勿纵一人出城。于是,贝勒诸将,各遵谕旨,分赴汛地,挖壕备战。

后金军的策略是,环城浚壕筑墙,图持久以困之。皇太极命环城四面掘壕筑墙:第一道,掘壕深宽各丈许,壕外筑墙,高丈许,墙上加以垛口;第二道,在墙内距五丈余地掘壕,广五尺、深七尺五寸,壕上铺秫秸,覆以土;第三道,在各旗营外周围挖掘深宽各五尺的拦马小壕。防守既固,城内、城外之人,遂不能出入,大凌河城与外界完全隔绝。后金军在围困大凌河城的同时,又分兵设伏,往截援兵。

夹击突围　后金劝诱祖大寿归降,大寿不理。皇太极又使其兵诈为明兵之来援者,以诱大寿出战而攻之。大寿发觉,复退城内。初九日,大凌河城守军,以少量骑兵出城,做军事侦探性出击。

初十日,祖大寿第一次突围。明军五百余骑出战,初做出城突围冲击。后金固山额真额驸达尔哈等率骑迎击,明军退回城内。

十二日,祖大寿第二次突围。他先派小股部队,从西面出城诱敌,后金正红旗将领图赖率军迎战。祖大寿继派重兵从南面突围,同两蓝旗军遭遇。后金图赖率先冲入,额驸达尔哈率军继进,其他各军相配合。两蓝旗兵进抵城壕,舍骑步战,明兵入壕。时壕岸与城上明军,骤然配合,矢炮齐发,两蓝旗兵,力不能抵,死伤惨重,仓皇败退。后金副将孟坦、原任副将屯布禄及游击、备御、兵士等死亡多人,受伤者更为众多,图赖也受创伤。皇太极得知败报,非常气愤,对前往看视图赖伤势的阿巩岱等"唾其面"而羞辱之,并发泄因失败而郁结的怒气。为此事,大贝勒莽古尔泰向皇太极流露怨言:"昨日之战,我属下将领被伤者多。"①皇太极不悦,兄弟二人发生争执与冲突。后皇太极以此为导火索,夺莽古尔泰和硕贝勒,降为多罗贝勒,削五牛录,罚银万两及甲胄鞍马等;后莽古尔泰及其胞弟德格类俱"中暴疾不能言而死"(见本书第一节)。此后,后金军不再轻易出战。

同日,后金军首次用红衣大炮攻大凌河城。先炮击城西南隅,摧毁城上雉堞,又以红衣大炮攻击城的南面,摧毁城上四个雉堞、两座敌楼。翌日,再以红衣大炮轰击城东台堡,台被击毁,守兵逃遁。十五日,后金军代善、济尔哈朗、多铎等率兵三千,以红衣大炮轰击大凌河城附近台堡,炮弹所炸,台堡房舍,俱被摧毁。

三十日,祖大寿第三次突围。后金正红旗固山额真和硕图、镶红旗固山额真叶臣、正蓝旗固山额真色勒、镶蓝旗固山额真篇古、镶白旗固山额真图尔格及蒙古兵,一齐出营,进行夹攻,明军不敌,奔入城内。后金军追至城壕,城上炮火齐下,后金军队,退回大营。

九月十九日,祖大寿第四次突围。祖大寿率军从城西南隅突围。后金军在南面之西的镶蓝旗固山额真篇古、西面之南的镶红旗固山额真叶臣,又调西面的蒙古固山额真鄂本兑和蒙古贝勒明安,共合四军,进行围堵,明军失利,退回城内。祖大寿闭城,自此以后,不再突围,等待援兵。

大凌被围,态势严重。《明纪》记载:"凌城出兵,悉败还。承宗闻之,驰赴锦州,禾嘉亦至。承宗遣总兵官吴襄、宋伟与禾嘉合兵往救。"明军要救援,后金军则要打援。在大凌河城外,增援与打援,双方战斗,异常激烈。

截伏打援 祖大寿被围大凌河城,三次突围失败,亟待援军解围。先是,大凌河城被围,震动京师朝野。吏科给事中宋玫上言:"榆关外控,惟宁、锦八城。而八城厚势,惟祖大寿一旅。毋论战守进退,夙将劲卒不可弃,实国家大势所关也。且大寿攒新造之版筑,即使其超轶绝伦,力能溃阵启行,势亦必借助外援。此又事理之必然者。倘文武将吏,不及今并力速为声救,而漫视为可弃可存之着,俾大寿一旦力穷智索,则军声一跌,势难复振。臣恐可忧甚大,诚不可日月玩也。三协诸路,兵制积弛,非关外伦比,

---

① 《清太宗文皇帝实录》,第 9 卷,第 19 页,天聪五年八月甲寅,中华书局影印本,1985 年。

人屡法弊,势不可用。倘敌人久缀大凌,阴谋间道,祸又不在己巳下矣。伏祈亟批御敕,谕辽抚道将,协图退敌,保全大凌城。再谕宣、蓟督、抚、道、将,各严讯地方,以备未然。此目前至急之务也。"①朝廷采纳宋玫等的奏言,命蓟镇整饬防备,急援凌城明军。

时明辽东巡抚发生人事变动,原任巡抚丘禾嘉奉调,但尚未离任;新任巡抚谢琏已经受命,却未到任。崇祯帝命丘禾嘉在大凌城图功,谢琏暂驻关外料理;谢琏赴任,到事平后,再行替代。时明督师孙承宗,年届七十高龄,身体有病,骑马不便,亲到宁远,指挥战事。孙承宗上疏称:"臣骑行不便,暂住宁远。"②八月二十九日旨云:"凌围已逾二旬,城中何堪久待。屡议会剿,未见刻期举行。"③后孙承宗意移驻锦州,调度指挥。

明廷决定,派师往援。后金策略,堵伏打援。后金军对明援军,施行堵截与伏击的战法,既正面邀击来援之明军,又设伏截堵逃遁之明军。在八月,后金军先后两次打退锦州方向来的明援军。

十六日,明军第一次增援大凌。明派松山军二千人,出援大凌,被后金阿山、劳萨、图鲁什等军击败。二十四日,总兵官宋伟已统兵马五千前赴宁远④。

二十六日,明军第二次增援大凌。先是,二十三日,皇太极派贝勒阿济格及硕讬,率领每旗蠹额真一员、精兵五百、蒙古兵五百,前往锦州、松山间,邀截明朝自锦州方向来增援大凌的军队。皇太极还亲自察看并确定打明援军的后金精锐骑兵的立营、设伏和瞭哨之地点。在后金军安设大营、布设埋伏、据高哨探三天后,明朝增援大凌的军队自锦州而来。时督师孙承宗闻警紧急,驰赴锦州。是日,"卯刻,明锦州副将二员,参将、游击十员,率兵六千,来攻阿济格营。时大雾,人觌面,不相识。及敌将至,忽有青气,自天冲入敌营,雾中开如门。于是,阿济格、硕讬列阵以待。顷之,雾霁。阿济格等进击之,大败敌兵。追杀至锦州城,生擒游击一员,获甲胄二百十九、马二百有六、旗蠹十五"⑤。明少量援军出师不利,败回锦州城内。

明督师孙承宗、巡抚丘禾嘉等,于九月又组织对大凌城,进行两次增援解围的军事出击。

① 《崇祯长编》,第50卷,第6页,崇祯四年九月壬午,台北中央研究院历史语言研究所校勘本,1962年。

② 《崇祯长编》,第50卷,第15页,崇祯四年九月乙未,台北中央研究院历史语言研究所校勘本,1962年。

③ 《明清史料》,乙编,第1本,第87页,中央研究院历史语言研究所集刊,1936年。

④ 《明清史料》,乙编,第1本,第70页,中央研究院历史语言研究所集刊,1936年。

⑤ 《清太宗文皇帝实录》,第9卷,第23页,天聪五年八月丁卯,中华书局影印本,1985年。

十六日,明军第三次增援大凌。皇太极率亲护军并贝勒多铎所部亲随护军二百、营兵一千五百,佟养性所部旧汉兵(汉军)五百,以及车楯等器械,往击锦州方向来的明军援兵。后金军骑兵在前,车兵留后。皇太极见锦州城南尘土飞起,遂遣前哨图鲁什、劳萨率兵二百前往侦察。皇太极命众军停止行进,率亲随护军二百与多铎等同往,皇太极踵随军后,缘山潜行。时锦州兵七千出城,逐图鲁什等至小凌河岸。明军前锋突近皇太极马前。皇太极擐甲弯弓,随行兵渡河直冲。明兵七千人,拼力冲杀,不敌溃遁,后金军攻击至锦州城外。是役,后金贝勒多铎在交锋中坠马,其战马跑到明军阵中,幸有护从查符塔,将自己坐骑给多铎换乘,多铎危难中逃出,险些被明军俘获。在还军时,贝勒阿济格所部及留后军队俱至,明兵复出击,步军列车楯、大炮、鸟枪于城壕外,骑兵随其后,距里许而阵。皇太极督兵将向前冲杀,明军退回,遭到追击,奔回壕内。后金军斩明副将一员,生擒把总一员。皇太极击败明军突出两次,拜天告捷①。

此战,明直隶巡按王道直奏报:"大清数千骑,分列五股,直逼锦城。两镇张左右二翼迎击,接刀于教场,连战十余阵,不胜,入城固守。"②明军第三次增援失败后,再进行最后一次增援大凌河城的行动。

尔后,登莱巡抚孙元化疏奏:孔有德、吴进胜,于初三日驾大小沙唬等船二十二只起行,赴援大凌③(此批援兵,后文另述)。此次举动,无济于事。

二十四日,明军第四次增援大凌。先是,后金得报:明辽东巡抚丘禾嘉、山海总兵宋伟、团练总兵吴襄,率山海马步兵,悉入锦州。是日,明太仆寺卿、监军道张春、山海总兵宋伟、团练总兵吴襄,率诸将张弘谟、杨华徵、薛大湖、张吉甫、满库、祖大乐、王子敬、赵国志、刘应国、金国臣、张邦才、于永绶,参将姜新、祖邦林、于应选、穆禄、桑阿尔寨、海参(三)代、王弘化,游击、守备、都司、备御、千总等共百余员,马步兵四万余,由锦州城出,往援大凌河城,欲解祖大寿之围。二十五日,明军渡小凌河,即掘壕堑,环列车楯,布设枪炮,阵列严整。二十六日,皇太极欲更番迎击,因分军为二,亲先率其半挺进,逼近明军,亦列车楯,两军对峙。见明军阵容整齐,森严壁垒,知是强敌,不宜轻战,

①　《清太宗文皇帝实录》,第9卷,第25页,天聪五年九月丁亥,中华书局影印本,1985年。
②　《崇祯长编》,第50卷,第11页,崇祯四年九月戊子,台北中央研究院历史语言研究所校勘本,1962年。
③　《崇祯长编》,第50卷,第13页,崇祯四年九月壬辰,台北中央研究院历史语言研究所校勘本,1962年。

决定暂退，"欲俟彼军起行前进，乘隙击之，遂引军还"①。于是，皇太极引兵远走大凌以诱之。其实，明朝庙堂、兵部早已预料："贼夷久顿，不得野战，屡移营，以诱我。伪举火，以误凌，显属狡谋。"②明总兵宋伟、吴襄还是耐不得性子，急着前行增援。

　　二十七日，明军见后金军不战而退，以为怯懦，四更起营，直趋大凌河，阵于长山口（在大凌城西），距城十五里，马步合营，环列枪炮。祖大寿在大凌河城遥望大军，恐为敌之诡计，不敢轻易出击。皇太极与大贝勒代善、莽古尔泰，贝勒德格类、阿济格、多铎、硕讬，率满洲、蒙古、旧汉兵（汉军）一万五千挺进③。皇太极虑车兵行动迟缓，率两翼骑兵，直冲明军营；以另一部精锐埋伏于明军归路。明军坚峙不动，严阵以待。皇太极乃率两翼劲骑，冲向明军宋伟大营，两军接战后，"火器齐发，声震天地，铅子如雹，矢下如雨"④。后金军左翼避枪炮，未迎敌冲入，随右翼军后而进。宋伟营中火器齐发，殊死力战；后金军纵骑冲锋，前锋兵多死伤。皇太极乃麾左翼军趋吴襄军营，逼攻其大营；并以佟养性部众，屯于明军营东，自东向西，辅助攻击，发大炮，放火箭，轰击其营。时黑云突起，风从西来，吴襄军乘风之势，纵火反扑，势焰甚炽，逼后金阵。天忽大雨，风向反刮，扑向明军，吴襄营毁，失利先走。宋伟与吴襄，不能配合，各自为战。吴襄军败走，宋伟营势孤，后金右翼攻宋伟营。少顷雨停，后金合兵，左右两翼军，猛攻宋伟营，力战，至晡。后金军冲入宋伟军营垒，明军遂败，奔溃，逃遁。后金军预设伏兵，截吴襄军与宋伟军归路。明援军四万，尽被歼灭，副将杨廷耀、张继续⑤、萧伟、汪子静，参将满库、游击吴汉臣等被斩⑥。监军张春、副将张弘谟、参将薛大湖及游击、都司、守备、备御等三十三人被擒，部卒死者无算⑦。明朝的记载是："总兵宋伟、吴襄及参将祖大乐、张邦才、靳国臣、于永绥、刘应国、赵国志、海参代、杨振、朱国仪、尤禄、李成、祁继光、祖大弼，俱逃回。夷将桑昂那木、气七庆，归正黑云龙、道臣张春、参将薛大湖俱被

① 《清太宗文皇帝实录》，第9卷，第28页，天聪五年九月乙未，中华书局影印本，1985年。
② 《明清史料》，乙编，第1本，81页，中央研究院历史语言研究所集刊，1936年。
③ 《满文老档·太宗》，下册，第1153页，天聪五年九月二十七日，中华书局译注本，1990年。
④ 《满文老档·太宗》，册Ⅴ，第567页，天聪五年九月戊戌，东洋文库本，1961年。
⑤ 《清太宗实录》卷9，页29"张继续"误作"张吉甫"，"汪子静"误作"王之敬"，"海参代"误作"海三代"。
⑥ 《崇祯长编》，第53卷，第16页，崇祯四年闰十一月壬子，台北中央研究院历史语言研究所校勘本，1962年。
⑦ 《清太宗文皇帝实录》，第9卷，第29页，天聪五年九月戊戌，中华书局影印本，1985年。

拘。"①但《清太宗实录》记载:"薄暮,上率军还营。时凉风骤起,大雨滂沱,前阵获总兵黑云龙乘隙单骑而逃。"②黑云龙逃归明朝,后明廷"特复其原官"③。

另据《圣武记》载述:祖大寿之弟大弼,为副总兵,号"万人敌"。他尝以五百骑兵,夜袭后金军,斫入皇太极大营,刃几及皇太极御马之腹,皇太极称其为"祖二疯子"。"至是,率死士百二十人能满洲语者,易服辫发,夜突御营于白云山。火药逼帐起,诸营惊扰。我侍卫亲军力战,黎明乃退"④。从此后金及蒙古诸营,皆严戒备,盘诘极慎,不出示发辫,即不得通行。

后金军获长山大捷后,皇太极率诸贝勒及领兵大臣拜天,行三跪九叩之礼。时被擒明军各官,见天聪汗皆跪拜,独张春直立不跪。皇太极大怒,援弓欲射之。代善谏曰:"我前此阵获之人,何尝不收养? 此人既欲以死成名,奈何杀之以遂其志乎! 遂置之。"张春遂不食;令剃发,不从。后张春"居古庙,服故衣冠,迄不失臣节而死"⑤。张春被执后,"其妻翟氏,绝食自缢"⑥。

皇太极打败明援军后,集中心思,软硬兼施,恩威并用,逼祖大寿投降。

(四)逼降祖大寿

皇太极发动大凌河之战的目的是:招降祖大寿,摧毁大凌城。后金打败明增援大凌河城的四万大军,为实现其上述目标准备了重要条件。

后金要招降祖大寿、摧毁大凌城,虽败明锦州宋伟、吴襄的援军,但仍要对大凌河城进行长期围困。围城打援的后金数万大军,兵要粮,马要秣。皇太极的后方基地面临粮荒,前方八旗军则"刍粮匮竭"。后金各旗军,为找粮下锅,明朝档案记载:"各夷樵我野粮,以盆捣米。"⑦其前线军粮,如何解决? 攻取台堡,因粮于明。后金利用新制造

① 《崇祯长编》,第50卷,第17页,崇祯四年九月戊戌,台北中央研究院历史语言研究所校勘本,1962年。
② 《清太宗文皇帝实录》,第9卷,第29~30页,天聪五年九月戊戌,中华书局影印本,1985年。
③ 《崇祯长编》,第51卷,第21页,崇祯四年十月癸丑,台北中央研究院历史语言研究所校勘本,1962年。
④ 魏源:《圣武记》,第1卷,第26页,中华书局校点本,1984年。
⑤ 《明史·张春传》,第291卷,第7464页,中华书局校点本,1974年。
⑥ 《崇祯长编》,第51卷,第31页,崇祯四年十月丁卯,台北中央研究院历史语言研究所校勘本,1962年。
⑦ 《明清史料》,乙编,第1本,第66页,中央研究院历史语言研究所刊印,1936年。

的红衣大炮,攻打明军的台堡,既可夺取粮食,又能演习炮兵,还可破明台堡。皇太极决定:派兵攻打明朝守军的于子章台,以达到一石三鸟的效果。

天聪五年即崇祯四年(1631年)十月初九日,后金遣官八员,率兵五百人,及旧汉兵(汉军)全军,运载红衣大炮六位、将军炮五十四位,往攻大凌河城附近的于子章台。于子章台位于明辽东边墙附近,垣墙坚固,储粮甚丰。后金军对于子章台,连攻三日,守军顽抗。后金军以红衣大炮,击坏台垛,守军中炮死者五十七人。台内守兵,孤立无援,军心惶惧,无力御守。十二日,明于子章台参将王景,带领男女六百七十八人,开门出台,投降后金。于子章台被攻陷后,对其周围台堡波及影响:"是台既下,其余各台,闻风惴恐,近者归降,远者弃走,所遗粮糗充积,足供我士马一月之饷。"攻打于子章台,红衣大炮起着独特的作用。《清太宗实录》记载:

> 至红衣大炮,我国创造后,携载攻城自此始。若非用红衣大炮击攻,则于子章台,必不易克。此台不克,则其余各台,不逃不降,必且固守。各台固守,则粮无由得。即欲运自沈阳,又路远不易致。今因攻克于子章台,而周围百余台闻之,或逃或降,得以资我粮糗,士马饱腾,以是久围大凌河,克成厥功者,皆因上创造红衣大将军炮故也。[1]

皇太极利用红衣大炮等火炮,"其严困大凌,又散攻小堡"[2],围城破堡,取得成效。皇太极虽攻取于子章台及其附近百余台堡,但此次作战的两个目标尚未实现——大凌城未破,祖大寿未降。先是,皇太极于八月初六日兵抵大凌河城郊。初七日,布置八旗围城分兵责任,并开始挖掘壕堑。经过三天战备,围城任务,初步完成。十一日,皇太极命系书于矢,射入大凌河城内,是为皇太极第一次招降书,对城内的蒙古兵民夫役商贾劝降,力图分化瓦解城守官兵商民。招降书之后,是一场恶战。十四日,皇太极又发出招降书。是书从其父汗死、袁崇焕派李喇嘛吊丧说起,直到此次攻城,但语气和缓,劝其讲和。是为皇太极第二次招降书。之后,双方进行两场激战。九月十八日,皇太极再发出劝降书。是为皇太极第三次招降书。之后,后金军与明军展开长山之战,明朝总兵宋伟、吴襄四万援军崩溃。十月初七日,皇太极派阵获明军千总姜桂携带分别

① 《清太宗文皇帝实录》,第10卷,第3~4页,天聪五年十月壬子,中华书局影印本,1985年。

② 《明清史料》,乙编,第1本,第66页,中央研究院历史语言研究所刊印,1936年。

给总兵祖大寿、副总兵何可纲和张存仁三封招降书。是为皇太极第四次招降书。祖大寿不许姜桂入城，而在城关内接见他，并说："尔不必再来，我宁死于此城，不降也！"①遂遣姜桂还。初九日，天聪汗向祖大寿复发出招降书。此书致祖大寿、何可纲、张存仁、窦承武四位将军，书称："姜桂还。言尔等恐我杀降，故招之不从。"皇太极表示："若杀尔等，于我何益？何如与众将军，共图大业。"天聪汗作出承诺："可遣人来，我当对天地盟誓；我亦遣人至尔处莅盟。既盟之后，复食其言，独不畏天地乎！幸无迟疑，伫俟回音。"②是为皇太极第五次招降书。

城内粮绝　大凌河城中的军民，从八月初六日祖大寿被围，到十月二十九日祖大寿逸出，其间八十三天。本来，大凌河城正在筑城之中，并未正式部署固守。先是，兵部尚书易人，巡抚禾嘉惶惧，"尽撤防兵，留班军万人，输粮万石"③。因而城中粮秣、柴薪、枪械、火器等，都没有做长期储存准备。因此，大凌河城内的官兵、夫役、商人、军马等，碰到的最大困难是粮秣与柴薪。

明刑科给事中常自裕上言："盖敌人素所畏忌者，惟大寿一人。辽左半壁，实倚赖之。若弃而不救，是自坏长城也。况祖帅而外，尚有孙定辽、祖可法、何可纲等战将，不可惜乎！五千之精锐，万余之班军，不可念乎！奈何因一战之溃败，遂不谋解围之长策，悒怏委顿至此极也！"④然事实上，虽欲增援，却无此增援之兵力。同时，大凌河城，四面受击。《清史稿·佟养性传》记载："击城西台，台兵降。又击城南，坏睥睨。翼日，击城东台，台圮，台兵夜遁。"⑤大凌河城，四周台堡，或毁或弃，更加孤立。

而祖大寿的解决办法：一是突围，但四次突围，均遭失败；二是待援，但四次增援，亦遭失败。祖大寿面临的困境是：突围不成，援兵不至，弹尽粮绝，战马倒毙。

先是，当宋伟、吴襄率四万援军临近大凌城时，祖大寿没有乘机突围，里应外合，夹击逸出，失去良机，困难更严重。继之，皇太极又命后金军用红衣大炮攻打于子章台，

---

① 《清太宗文皇帝实录》，第10卷，第1页，天聪五年十月丁未，中华书局影印本，1985年。

② 《清太宗文皇帝实录》，第10卷，第3页，天聪五年十月己酉，中华书局影印本，1985年。

③ 陈鹤：《明纪》，第53卷，《庄烈纪二》，中华书局，1936年。

④ 《崇祯长编》，第51卷，第28—29页，崇祯四年十月丙寅，台北中央研究院历史语言研究所校勘本，1962年。

⑤ 《清史稿校注》，第238卷，第8064页，台湾商务印书馆，1999年。其"翼"字，《清史稿·佟养性传》作"翌"。

扫荡台堡,获取粮糒。由是,大凌城内的祖大寿,本来已经极端困难的局面更加困难:

其一,"有出城樵采者,我军追之,皆仆不能奔。擒而讯之,言城中谷穗半堆,以汉斛约计之不过百石,原马七千,倒毙殆尽,尚余二百。其堪乘者,止七十匹。夫役死者过半,其存者不过以马肉为食耳。柴薪已绝,至劈马鞍为爨。兹遣取军士衣服者,以汉人故事,有食弓弦尚且固守者"①。

其二,"是日,大凌河有王世龙者,逾城来降。讯之,言:城中粮绝,夫役商贾悉饥死。见存者,人相食。马匹仆毙殆尽,止余三十骑而已"②。

其三,"明大凌河城内,粮绝薪尽,军士饥甚,杀其修城夫役及商贾平民为食,析骸而炊。又执军士之羸弱者,杀而食之,旦夕不能支。我兵修筑壕堑益坚,军容整暇。祖大寿等谋突围而出,侦我军防守严密,一人不能逸。欲守则外无援兵,内无刍糇,军民危急已极。而明之援兵,自外至者,又为我军所败。大寿等力竭计穷"③。

其四,"城内人先杀工役而食,今杀各营兵丁食之。军粮已尽,惟官长余米一二升耳"④。

其五,"先是,大凌河明人筑城时,骑步兵及工役商贾共三万余人,因相继阵亡,或饿死,或互相食,至是存者止万一千六百八十二人,马三十二匹"⑤。

其六,"大凌自八月初六日受围,直至十一月初九日始溃,百日之厄,炊骨析骸,古所没有"⑥。

其七,前锋总兵官祖大寿疏奏:"被围将及三月,城中食尽,杀人相食。"⑦

皇太极乘大凌城内危机,更加连续发动政治攻势。十月十四日,他再遣阵获明参将姜新,复往招降祖大寿。是为皇太极第六次招降书。祖大寿遂率众官出城,与姜新揖见。祖大寿随遣游击韩栋与姜新,同到后金军大营,觐见皇太极。是晚,皇太极遣巴

---

① 《清太宗文皇帝实录》,第9卷,第27页,天聪五年九月甲午,中华书局影印本,1985年。

② 《清太宗文皇帝实录》,第10卷,第3页,天聪五年十月庚戌,中华书局影印本,1985年。

③ 《清太宗文皇帝实录》,第10卷,第4页,天聪五年十月甲寅,中华书局影印本,1985年。

④ 《清太宗文皇帝实录》,第10卷,第6页,天聪五年十月甲子,中华书局影印本,1985年。

⑤ 《清太宗文皇帝实录》,第10卷,第14页,天聪五年十一月辛未,中华书局影印本,1985年。

⑥ 《兵部呈为王道直题报大凌河城之役明军损失情形本》(崇祯四年闰十一月十九日),《历史档案》,1981年,第1期。

⑦ 《崇祯长编》,第52卷,第3页,崇祯四年十一月壬申,台北中央研究院历史语言研究所校勘本,1962年。

克什达海、库尔缠与姜新,复送韩栋入大凌河城。时祖大寿使者往来,俱由正黄旗固山额真楞额礼所守的西北门出入。二十三日,皇太极命系书于矢,射入大凌河城内,是为第七次招降书。此书重申:"或因误听尔官长诳言,以为降我亦必被杀。夫既降我,即我之臣民,何忍加以诛戮!况诱杀已降,我岂不畏天耶!"①祖大寿令张存仁口诵皇太极来书。夜三更,密遣刘毓英约张存仁到南门城楼内,只有二人,密议投降。祖大寿降志始决,并由张存仁书写回书②。二十五日,祖大寿令其义子泽润,以书二函,系之于矢,自城内射出,请皇太极令副将石廷柱前往,亲与面议③。次日,后金副将石廷柱、巴克什达海、库尔缠、觉罗龙什、参将宁完我等往城南台下,遣阵获千总姜桂入城。既而姜桂偕城内游击韩栋,及从者一人至。韩栋言:"我祖总兵欲石副将过壕,亲告以心腹之语。"经过一番周折,商定惟石廷柱一人过壕,与祖大寿相见。祖大寿提出:"惟惜此身命,决意归顺于上。然身虽获生,妻子不能相见,生亦何益?尔等果不回军,进图大事,当先设良策,攻取锦州。倘得锦州,则吾妻子亦得相见。惟尔等图之。"石廷柱等回去后,诸贝勒问在军中的祖可法为何不降。回答道:"永平兵民,若不加屠戮,则天下之民,闻风归顺。因屠戮降民,是以人皆畏缩耳。"又有逃来人言:"汗于敌国之人,不论贫富,均皆诛戮,即顺之不免一死。以此众议纷纭,虽有归顺之意,一时难决!且祖总兵又以其次子在燕京为念。"并表示:"我等宁死城中,何为使妻子罹祸也!"④于是后金派石廷柱等,祖大寿派祖可法等,就祖大寿降后"锦州或以力攻,或以计取"事宜,进行密商。二十七日,祖大寿遣使告知皇太极:"我降志已决!至汗之待我,或杀或留,我降后或逃、或叛,俱当誓诸天地。"他还提出:"我欲令一人,潜入锦州,侦吾弟消息,倘被执讯,诘出虚实,为之奈何?我亲率兵,诈作逃走之状何如?"⑤

二十八日,大凌河城内各官,皆与祖大寿同谋归降,独副将何可纲不从。祖大寿做了一件对不起生死与共僚友的歉疚之事:

　　　　大凌河城内各官,皆与祖大寿同谋归降,独副将何可刚(纲)不从。大寿执之,

①　《清太宗文皇帝实录》,第10卷,第6页,天聪五年十月癸亥,中华书局影印本,1985年。
②　《清太宗文皇帝实录》,第60卷,第2页,崇德七年四月庚子朔,中华书局影印本,1985年。
③　《清太宗文皇帝实录》,第10卷,第6页,天聪五年十月乙丑,中华书局影印本,1985年。
④　《清太宗文皇帝实录》,第10卷,第9页,天聪五年十月丙寅,中华书局影印本,1985年。
⑤　《清太宗文皇帝实录》,第10卷,第10页,天聪五年十月丁卯,中华书局影印本,1985年。

令二人拽出城外,于我诸将前杀之。可刚(纲)颜色不变,不出一言,含笑而死。城内饥人,争取其肉。①

何可纲死后,他们编造假材料上报朝廷:"初未溃前一日,凌城食尽,副总兵何可纲语大寿曰:'子可出慰阁部,我当死此!'自为文以祭,遂死之。"②后明廷略明迹象,直隶巡按王道直疏奏:"凌河之困,独副总兵何可纲,大骂不屈,死无完肤。其正气万夫不慑,而忠心千古为昭。"③

祖大寿杀死副将何可纲后,遂遣副将四员、游击二员到后金军大营。皇太极同诸贝勒对天盟誓,誓曰:明总兵官祖大寿,副将刘天禄、张存仁、祖泽润、祖泽洪、祖可法、曹恭诚、韩大勋、孙定辽、裴国珍、陈邦选、李云、邓长春、刘毓英、窦承武等,"今率大凌河城内官员兵民归降。凡此归降将士,如诳诱诛戮,及得其户口之后,复离析其妻子,分散其财物、牲畜,天地降谴,夺吾纪算。若归降将士,怀欺挟诈,或逃或叛,有异心者,天地亦降之谴,夺其纪算"。祖大寿等誓曰:"祖大寿等,率众筑城,遇满洲国兵,围困三月,军饷已尽,率众出降,倾心归汗。"④

盟誓天地后,当用何策,以取锦州? 皇太极请祖大寿急言之。大寿曰:我即亲至御前,商议此事。祖大寿到后金皇太极大营,受到礼遇。祖大寿言其妻在锦州,请诡往以为内应,里应外合,共图锦州。此事,史载:"大寿言妻子在锦州,请归设计,诱降守者,遂纵归。"⑤皇太极与祖大寿密议计取锦州的对话:

问:今令尔至锦州,尔以何计入城;既入,又以何策成事?

答:我但云昨夜溃出,逃避入山,今夜徒步进城,彼未有不令入城者。锦州军民,俱我所属,但恐为丘巡抚所觉耳! 若我兵向我,则丘巡抚或擒或杀,亦易事也! 如初二日闻炮,则知我已入城。初三、初四日闻炮,则我事已成。皇上可以兵来矣!⑥

---

① 《清太宗文皇帝实录》,第10卷,第10页,天聪五年十月戊辰,中华书局影印本,1985年。
② 《崇祯长编》,第51卷,第33页,崇祯四年十月己巳,台北中央研究院历史语言研究所校勘本,1962年。
③ 《崇祯长编》,第53卷,第16页,崇祯四年闰十一月壬子,台北中央研究院历史语言研究所校勘本,1962年。
④ 《清太宗文皇帝实录》,第10卷,第10页,天聪五年十月戊辰,中华书局影印本,1985年。
⑤ 《历代通鉴辑览》,第114卷,第8页,清内府刻本。
⑥ 《清太宗文皇帝实录》,第10卷,第13~14页,天聪五年十一月庚午朔,中华书局影印本,1985年。

　　天聪汗皇太极许之。祖大寿依计献城投降,留其义子祖可法为人质。

　　二十九日,夜亥时,皇太极命贝勒阿巴泰、德格类、多尔衮、岳讬,率梅勒额真八员、官四十员、兵四千人,俱作汉装,偕祖大寿及所属兵三百五十人,作溃奔状,袭取锦州。漏下二鼓,大凌河城内,炮声不绝,祖大寿等从城南门出,率兵起行,阿巴泰等亦率军前往。时天降大雾,觌面不相识,军皆失伍,遂各收兵,及明而还。是夜,锦州明兵,闻到炮声,以为大凌河人得脱,分路应援,被后金军击败①。祖大寿等出城后,跑到白云山,时天有大雾。翌日(初一日)二更,祖大寿带领从子祖泽远及从者二十六人,进入锦州城②。

　　明前锋总兵官祖大寿,自大凌城"突围"而还锦州,后金破大凌河城。先是,大凌河明人筑城时,骑步兵及工役商贾共三万余人,因相继阵亡,或饿死,或互相食,至是存者止万一千六百八十二人,马三十二匹③。

　　十一月初二日,后金军听到从锦州方向传来的炮声。至于初三、初四两日,皇太极没有再听到从锦州城发出的信炮声。初四日,祖大寿自锦州派人到后金大营传话:"我前日仓卒起行,携带人少。锦州兵甚众,未及举事,将从容图之。"初九日,祖大寿又派人致书皇太极,解释不能举事的原因,并期望:"皇上悯恤归顺士卒,善加抚养,众心既服,大事易成。至我子侄等,尤望皇上垂盼。俟来年相会,再图此事。"祖大寿至锦州后,佯为后金做内应,而实与明军守锦州。皇太极则答书云:"将军子弟,我自爱养,不必忧虑。"④后皇太极向诸贝勒解释说:"朕思与其留大寿于我国,不如纵入锦州,令其献城,为我效力。即彼叛而不来,亦非我等意料不及,而误遣也。彼一身耳,叛亦听之。"⑤

　　十一月初九日,皇太极下令将大凌河城摧毁,降人剃发,派军悉毁大凌河至广宁一路墩台,携大小火炮三千五百位,并鸟枪、火药、铅子等战利品,班师。二十四日,皇太极率师回到沈阳。后皇太极赏大凌河城归降明诸将三十四人⑥,又赏大凌河城归降明

　　① 《清太宗文皇帝实录》,第10卷,第12～13页,天聪五年十月己巳,中华书局影印本,1985年。

　　② 《崇祯长编》,第51卷,第3页,崇祯四年十一月壬申,台北中央研究院历史语言研究所校勘本,1962年。

　　③ 《清太宗文皇帝实录》,第10卷,第14页,天聪五年十一月辛未,中华书局影印本,1985年。

　　④ 《清太宗文皇帝实录》,第10卷,第16页,天聪五年十一月戊寅,中华书局影印本,1985年。

　　⑤ 《清太宗文皇帝实录》,第10卷,第13页,天聪五年十一月庚午朔,中华书局影印本,1985年。

　　⑥ 《清太宗文皇帝实录》,第11卷,第13页,天聪六年三月戊戌,中华书局影印本,1985年。

诸将等达一百五十七人以男妇、牛只、房田和器物等①。至于祖大寿"自意叛逃",还是皇太极"刻意纵归"②,史料不足,难以确论,诸多学者,多抒己见。

天聪汗皇太极发动的大凌河之战,以明辽军的失败与后金军的胜利而结束。后金军胜利,明辽军失败,各方策略,下作概述。

(五)金、明的策略

在大凌河之战中,明军守城,失陷;派兵增援,溃败。其中原因,值得探讨。

第一,决策犹疑,判断错误。明督师孙承宗收复永平等四城,将后金军赶出山海关外之后,不顾年迈,亲赴辽西,整理关锦防线,重振辽军朝气。一些廷臣,头脑发胀,热衷进取,忽略固守。丘禾嘉巡抚辽东,与督师孙承宗不合,"议复取广宁、义州、右屯三城"③。丘巡抚的后台是兵部尚书梁廷栋和首辅周延儒,他提出城大凌、取义州、图广宁的设想,得到他们或隐或显的支持。于是,他们决策以锦州为基地,修大凌城,派兵驻守,逐节推进。其时,摆在督师孙承宗、巡抚丘禾嘉面前有两个问题:一个是大凌河城该不该修? 另一个是大凌河城该不该守?

大凌河城该不该修? 首辅、枢部、督师、巡抚的看法并不一致。先是,宁远城该不该修? 发生过一场大的争论。经略王在晋主张在山海关外八里铺修城,监军袁崇焕则主张在宁远修城。袁崇焕人微言轻,奏告首辅叶向高。叶向高比较开明,不轻做臆断。他请大学士孙承宗巡边,了解实情,再做决断。孙承宗亲自察看关外形胜,了解敌我态势,认为应在宁远筑城驻兵。他力图说服王在晋,"推心告语,凡七昼夜"。王在晋固执己见,拒不择善。孙承宗借给天启帝侍讲之机,参奏王在晋,王被调任南京兵部尚书。孙承宗任辽东经略,支持袁崇焕修建宁远城,并组建关锦防线。孙承宗、袁崇焕兴筑并固守宁远的方针正确,为后来明获宁远大捷、又获宁锦大捷所证明。尔后,明廷关于该不该兴筑锦州城,又发生争论。反对兴筑锦州城的是蓟辽总督阎鸣泰,阎鸣泰奏:"锦

---

① 《清太宗文皇帝实录》,第 17 卷,第 20 页,天聪八年二月乙丑,中华书局影印本,1985 年。

② 叶高树:《明清之际辽东的军事家族——李、毛、祖三家的比较》,《台湾师大历史学报》,第 42 期,2009 年 12 月。

③ 《明史·孙承宗传》,第 250 卷,第 6476 页,中华书局校点本,1974 年。

州遐僻奥区,原非扼要之地,当日议修,已属失策。顷以区区弹丸,几致挠动乾坤半璧。虽幸无事,然亦岌岌乎殆矣!窃意今日锦州,止可悬为虚着,慎弗徂为实着,止可设为活局,慎弗泥为死局。且此番之战,我兵损伤亦多。今日急务,无如补兵练兵为要。"①但明兵部署部事右侍郎霍维华,不同意阁鸣泰等人的意见。他在复内镇臣纪用与蓟辽总督阁鸣泰疏言道:"锦州一城,为奴所必争。内镇臣所云,轻兵以防,小修以补,贼至则坚壁清野以待,即督臣所谓'虚着活局'之意。臣部以为,锦州已守有成效,决不当议弃。倘临时设谋饵,敌出奇,应听新督师,熟计而行。今奴虽屡挫,狡谋叵测。关外练兵八万,战守足恃,不必专望外援。若关兵六万,亦宜分别训练,勿令战守两误。至蓟门各路,宜守兴水口,兵将宜添,尤为绸缪急着。"得旨:"关门之倚宁远,宁远之倚塔山、锦州,皆层层外护,多设藩篱,以壮金汤。杜文焕驻宁远,侯世禄驻塔山,尤世禄驻锦州。"②

明朝获宁锦大捷后,尚且争论锦州城筑守的价值,何遑论大凌城之修筑呢!关于大凌河城的兴筑,错综纷纭的意见,本文开始已经述及。营筑大凌河城,由首辅周延儒主意,兵部尚书梁廷栋主之,巡抚丘禾嘉执行,督师孙承宗勉从,总兵祖大寿督责。大凌河城失守后,追查责任,争辩不休。"曩时凌城之筑,枢辅鲁主其议。今即不必为既往之追咎,顾安所辞于就事论事之责任哉"③!一些大臣将主张修筑大凌河城的责任推到孙承宗身上。大凌河城该不该守?该守,应派军驻守;不该守,应敌来即撤。明军大凌河之败的悲剧在于:固守,没有粮储,不像固守;撤守,没有离退,不像撤守。本来,大凌河城的官兵、班军、夫役、商民,主要任务是筑城,没有边筑边守,更没有长期固守的方略。明军疏于哨探,对后金军的突袭,是守,还是撤?决策犹疑,判断错误。没有作出及时准确的决断,更没有部署兵力进行固守,也没有及时决定撤退,其结果是:凌城被围,城失兵败。

第二,临战易抚,指挥不力。明天启、崇祯年间,以枢臣、经略、巡抚三者,分别掌握军事大计,其庙堂决策与辽东指挥,未能相辅相依,也未能协和一致。而枢部、经略、巡抚,三臣争讦,互相侵权,或则筑守分歧,或则战守不一,或则彼此掣肘,或则不受节制,

---

　　①　《明熹宗实录》,第86卷,第9页,天启七年七月壬申,台北中央研究院历史语言研究所校勘本,1962年。

　　②　《明熹宗实录》,第86卷,第18页,天启七年七月己卯,台北中央研究院历史语言研究所校勘本,1962年。

　　③　《崇祯长编》,第50卷,第15页,崇祯四年九月乙未,台北中央研究院历史语言研究所校勘本,1962年。

造成上下僵化、运作失灵的局面。崇祯帝既刚愎自用，又缺乏辽事方略。上者不信任其下，下者不精诚其上。且对辽西重臣疑虑，滥杀无辜忠臣良将。袁崇焕死后，孙承宗老病，巡抚不受督师节制，属下抗命，相互猜疑。明军弱点暴露，为后金军所乘。上述大凌河城的修筑与固守，从皇帝、首辅、兵部、督师、巡抚、总兵六级，没有形成统一的战略决策，在大敌当前时，被动挨打，溃军失城。

　　明朝在辽西形势危急时刻，调动辽东巡抚。先是，巡抚丘禾嘉与总兵祖大寿不协，巡抚讦告总兵，总兵揭赃巡抚。督师孙承宗无奈，密奏于朝，禾嘉他调。《明纪》记载："先是，调禾嘉南京太仆寺卿，以孙毂代，未至而罢。改命谢琏，琏惧，久不至。兵事急，召琏驻关外，禾嘉留治事。及是，移驻松山，图再举。"[1]辽西烽火前线，巡抚忽而禾嘉，忽而孙毂，忽而谢琏，已经任职者拨弄是非，新命调任者怕死抗旨。前线大员，尚且如此，守城官兵，怎能拼力？崇祯帝谓："急援凌城与饬备惫防，已有严旨。丘禾嘉倚任方切，当鼓励图功。谢琏到日，令暂驻关外料理，俟事平议代。"[2]

　　其实，明天启朝的弊症至崇祯时仍存在。孙承宗曾疏奏："迩年兵多不练，饷多不核。以将用兵，而以文官招练。以将临阵，而以文官指发。以武略备边，而日增置文官于幕。以边任经、抚，而日问战守于朝。此极弊也。今天下当重将权，择一沉雄有气略者，授之节钺，得自辟置偏裨以下，勿使文吏用小见沾沾陵其上。边疆小胜小败，皆不足问，要使守关无阑入，而徐为恢复计。"[3]孙承宗以年迈抱病之躯，奔赴锦州，协调战守，但他遭到户科给事中吕黄钟的疏劾："枢辅孙承宗，荷累朝荣宠，受皇上恢复全辽之委。顷者大凌之筑，谁开衅端？长山之溃，孰为谋主？顾以数万甲兵，委之飘风，而竟翻然衣锦也。误封疆而背君父，罪孰甚焉。"[4]廷臣追咎筑城非策之责，交章论巡抚丘禾嘉及督师孙承宗。承宗后上疏引疾。寻得请，辞归里。

　　孙承宗、熊廷弼、袁崇焕之任辽事，皆为盖世之雄才，堪称能称其职者。他们三人所用之将，能委身许国，而效死不屈。只以阉竖宵小当朝执政，阴相排挤，暗设机关，又使文墨者流，从中横议。故辽事日坏，国事日非。熊廷弼尝言："朝堂议论，全不知兵。"

①　陈鹤：《明纪》，第53卷，《庄烈纪二》，中华书局，1936年。

②　《崇祯长编》，第50卷，第7页，崇祯四年九月壬午，台北中央研究院历史语言研究所校勘本，1962年。

③　《明史·孙承宗传》，第250卷，第6466页，中华书局校点本，1974年。

④　《崇祯长编》，第53卷，第6页，崇祯四年闰十一月甲辰，台北中央研究院历史语言研究所校勘本，1962年。

袁崇焕也说:"以臣之力,制全辽有余,调众口不足。一出国门,便成万里。忌能妒功,夫岂无人。即不以权力掣臣肘,亦能以意见乱臣谋。"①他们三人,结局悲惨:孙承宗罢斥,熊廷弼冤死,袁崇焕罹刑,明朝君主,自坏长城。至于辽西大将,赵率教被拒之三屯营外,野战而死;祖大寿力屈被招降;何可纲惨遭主帅杀害。功罪不分,冤狱横流,明朝之亡,为期不远。

第三,各自独立,互不配合。明辽东先锋总兵祖大寿力屈出降,大、小凌城后被刨毁。明朝此役,缺乏整体战略指导。明军失败之因,巡抚丘禾嘉不听督师孙承宗的意见,禾嘉屡易师期,错过出援良机。言者追论丧师辱国之责,孙承宗"极言禾嘉军谋牴牾之失"②。这表明督师与巡抚之间的矛盾。而总兵与总兵之间的矛盾,则表现为互相观望,拒不支援。长山之战,明援军四万人,大凌城军一万五千人;而后金军,明朝说三万人,《清太宗实录》说近两万人,《满文老档》则说实际上为一万五千人。后金军先攻明援军宋伟营,未见奏报吴襄军援救;后金军攻宋伟营受挫而转攻吴襄营,也未见奏报宋伟军援救。明军四万人的优势,分为二营,既不互相援应,则失去数量的优势。明朝之援军,分众为寡,以分对聚,结果被后金军逐个击破。同时,大凌河城内,守军、班军等三万人,也未能突围出城,里应外合,共同破敌。而城守将领总兵祖大寿,又亲自杀死副将何可纲。明朝锦州、大凌及附近百座台堡,总计七八万人,有辽西关锦防线作后盾,有连串八城作后援,却援军溃,而大凌失。

明军失败,原因很多,其枢督不协、督抚抵牾、总兵拒不互援、将领自相残杀——则是明军大凌河之败的重要原因。孙承宗为解大凌之围,救大寿之困,带抱病之躯,驰赴锦州城,遣团练总兵吴襄、山海总兵宋伟往救。此败的一个原因,《明史·孙承宗传》论述道:"禾嘉屡易师期,伟与襄又不相能,遂大败于长山。"此战,巡抚丘禾嘉没有起到指挥协调作用,"救凌之师,以轻入溃败"③。两位总兵,不相援助,责任更大。直隶巡按王道直以长山之败,疏参总兵吴襄、宋伟:"临阵退缩,战溃偷生,为军纪所不宥。"④陕西道御史周堪赓劾言:"总兵宋伟、吴襄,不能奋身遏敌,徒惜身

---

① 《明史·袁崇焕传》,第259卷,第6713页,中华书局校点本,1974年。

② 《明史·孙承宗传》,第250卷,第6476页,中华书局校点本,1974年。

③ 《崇祯长编》,第51卷,第15页,崇祯四年十月戊申,台北中央研究院历史语言研究所校勘本,1962年。

④ 《崇祯长编》,第51卷,第15页,崇祯四年十月戊申,台北中央研究院历史语言研究所校勘本,1962年。

命,致长山之役,丧师辱国。"①明朝的两路援军,意志不一,暮气沉沉,各自为战,各作主张,兵力分散,轻敌冒进,腹背受击,自速取败。

事后有人总结辽东指挥体系的矛盾。蓟辽总督曹文衡上言:"长山一战败绩,未始不由抚臣不总督师之权故也。臣熟审机宜,谓于关外抚臣,必加督师之衔,巡抚辽东。"②就是说,督师与巡抚的矛盾,除个人品质与素养因素外,还要从体制上加以解决,即督师与巡抚,一人而兼之。

明廷经此次大凌河之战,损失惨重,关外劲旅,丧失殆尽。王师疲于奔命,虽能固守关门,但内地之民变,从此四方蜂起。关外既无宁土,关内也无宁日。

在大凌河之战中,后金军围城,占领;围城打援,胜利。其中原因,值得探讨。

第一,围城打援,截伏蒴击。后金取胜的主要原因,在于接受了攻打宁远、锦州的教训,从诱敌出城、野外争锋,发展到围城打援、截伏蒴击的战法,避开明军凭城用炮之势,发挥后金骑兵野战之长。

后金对明朝之用兵,就其作战指挥而言,主要有两条:其一是迂回关内之远程作战,如上节的己巳北京之战。此种作战之弊在于,若遇到明军抄后路、捣沈阳,则十分危险;其二是攻打明军辽西防线的前沿城堡,分城突破,逐节推进。此种作战之利在于,后方是自己的基地,胜利可进,失利可退。己巳北京之战后,皇太极选择了后者。

后金同明朝争夺城池,战争怎样打法?清太祖努尔哈赤的传统打法是,骑兵驰突,野战争锋;诱敌出城,里应外合。但是,自宁远之战开始,明军采取的策略是:凭城固守,运用大炮;诱而不出,内无叛应。后者,既是明军丢城失地战史的教训,也是后金屠城戮民现实的报应。所以,天聪汗皇太极同明军作战,吸取宁远之败、宁锦之败的教训,而改变其攻城的方法为围城打援、截伏蒴击。在作战手段上,出明军之所料,先已出敌制胜。这是皇太极同明军作战的一项重大兵略转变,也是他对清朝军事史的一大贡献。

掘壕围城,是后金军进攻明朝城堡的一项新的战法。明宁前兵备道佥事陈新甲呈

①　《崇祯长编》,第53卷,第7页,崇祯四年闰十一月乙巳,台北中央研究院历史语言研究所校勘本,1962年。

②　《崇祯长编》,第53卷,第10页,崇祯四年闰十一月乙巳,台北中央研究院历史语言研究所校勘本,1962年。

报:"大凌河(城)一座,奴酋围困。周围共五十里,计壕大小四道。围城小壕二道,一道阔七尺、深八尺,外大壕一道,阔一丈一尺、深一丈三尺,壕上加土。城一丈二尺,连垛口一丈七尺。外拦马小壕一道,深、阔(各)五尺。奴酋营围城,并往西各处,共四十五营盘。内挨壕城周围一十二处,离城壕大营一十一处。往西顺路各处,奴营共二十二处。"①皇太极采取这项掘壕围城的攻城战法,主要原因是:其一,明军凭城用炮,后金军难以近城进攻。其二,后金占领辽沈地区后,实行一系列错误政策,引起汉民强烈的不满与仇恨,采用"内应"破城,已经难收成效。其三,大凌河以东,完全是后金的占领区域,后勤之供应,可连续不断。其四,大凌城位于关锦防线的最前沿,距离山海关、宁远较远,明军增援,困难更多。其五,明朝枢部、督师、巡抚、总兵意见不一,有可乘之机。其六,诱敌出城,进行野战,守将祖大寿有勇有谋,不会轻易出战。其七,锦州到凌城,为小凌河与大凌河之间的平原,在地形上有利骑兵野战。其八,后金军长期围困大凌河城,锦州明军必来增援,这给皇太极"打援"提供了机会。

野战打援,可以发挥后金军作战的优长。辽西锦州城外,小凌河与大凌河之间,一片平地,略有丘陵,适合骑兵,野战冲突。皇太极将军队分为两部分,一部分围城,另一部分打援。大凌河城被围,明军必然增援。吏科给事中宋玫上言:"榆关外控,惟宁、锦八城,而八城厚势,惟祖大寿一旅。毋论战守进退,夙将劲卒不可弃,实国家大势所关也。且大寿撄新造之版筑,即使其超轶绝伦,力能溃阵启行,势亦必借助外援,此又事理之必然者。倘文武将吏,不及今并力速为声救,而漫视为可弃可存之着,俾大寿一旦力穷智索,则军声一跌,势难复振。臣恐可忧甚大。"②皇太极料定山海、锦州明军,必然派遣援军,解救凌城之围,可以借机围城打援。天聪汗野战打援的特点是:其一,避开明军营阵。皇太极见明山海总兵宋伟、团练总兵吴襄,各扎车营,军容严整,便避其锋锐,率兵后退。其二,在运动中歼敌。皇太极统军后退,引诱明军前进,在其行进中,布阵之前,出敌不意,突然纵骑,厮杀冲突。其三,选择平原地带。后金骑兵,利于野战。皇太极选在长山地带,地形有利后金,既便于骑兵野战,也利于预设伏兵。其四,集中八旗精锐。皇太极聪明之处在于,以围

　　① 《兵部呈为王道直题报大凌河城之役明军损失情形本》(崇祯四年闰十一月十九日),《历史档案》,1981年,第1期。

　　② 《崇祯长编》,第50卷,第6页,崇祯四年九月壬午,台北中央研究院历史语言研究所校勘本,1962年。

城作手段,进行野战打援。既歼灭明军主力,又发挥自己优长,凌城久围困厄,最后不攻自破。其五,拼力围歼一营。明军在总数量上为优势,在实战上却"彼众我寡,彼聚我分"①。皇太极先以两翼并举,冲击宋伟营。明军火力甚猛,及时调整队伍:右翼在前,左翼踵随,既尽量减少伤亡,又集中兵力进击。在进击时,不是两翼各攻其一营,而是集中军力,先吃掉吴襄营,再吃掉宋伟营。其六,设伏截敌归路。明廷已经预断:"贼计总在断后,我师必当详筹锐进。"②结果还是遭到皇太极的暗算。当明军败遁时,皇太极在其归路上,预设伏兵,堵截溃军,获得大胜。所以,明人总结后金用兵之道:"贼夷善伏善诱。"③其七,各种兵器配合。皇太极此次作战的一个特点,是骑兵、步兵、炮兵配合作战,特别是运用火器,尤其是施用红衣大炮,改变往昔云梯、楯车攻城旧战法,采用大炮攻城新战法。其八,不杀投降俘虏。皇太极一改努尔哈赤杀降、阿敏屠城的错误,由屠城变为降城,对归降的官兵商民,剃发降顺,不予杀害。对尔后明军献城投降,产生深远影响。

第二,边围边谈,且谈且打。皇太极对大凌河城,不是单纯地围困,而是边围城、边招降,边谈判、边作战。

边围边谈。在努尔哈赤时期,后金军对明军作战,攻城之前,进行招降,宁远之战,就是例证。皇太极继承汗位之后,在宁锦之战中,也是进攻之前,进行招降。大凌河之战同宁远之战和宁锦之战相同之处,是都先发出招降书,不同之处是边围边谈。此役的和谈,同往常也不同。以和谈手段而言,有矢系书信,从城外射入城内;也有矢系书信,从城上射入城下,双方书信,频繁往来。书信之外,还有使臣。特别是明总兵祖大寿,亲到皇太极大营,商谈具体条件。天聪汗亲自出面同祖大寿谈判条件、作出承诺、密定谋取锦州计划、商定祖大寿出逃方案,表现出皇太极策略的灵活性。这在后金史上是第一次围城招降破城。当然,祖大寿的谋划,也存在漏洞。明兵科掌科事给事中祝世美,疏劾辽抚丘禾嘉:"初既报称,外兵出奇,适与内兵闯围同日,以故祖帅得出。居然以用奇居功,似乎祖帅出,而凌师可全。后复称:祖帅自去会愍,保全众兵,质其养子祖泽润,以疏远二十七人,随行赴锦,是凌城精锐,俱作叛卒,禾嘉之出奇安在哉? 夫

①　《明清史料》,乙编,第1本,第67页,中央研究院历史语言研究所刊印,1936年。
②　《明清史料》,乙编,第1本,第85页,中央研究院历史语言研究所刊印,1936年。
③　《明清史料》,乙编,第1本,第79页,中央研究院历史语言研究所刊印,1936年。

祖大寿世受国恩,邀圣天子非常宠遇,自当效死戮力,将功赎罪,以策桑榆。而禾嘉与祖帅面会,且不能先得一实语以入告,尚望其能得彼中消息乎!"①上文中的"憨"就是"汗",即天聪汗皇太极。祖大寿的辩辞,还是露出破绽。直隶巡按王道直覆奏:"辽帅祖大寿出凌之事,谓其阳结兄弟,质留螟子,始得以计脱围。"②上述疏奏表明祖大寿编造的谎言,已经被朝廷识破。

　　祖大寿假降,皇太极是否算招降成功? 皇太极向其诸贝勒大臣作出解释,曰:"朕思与其留大寿于我国,不如纵入锦州,令其献城,为我效力。即彼叛而不来,亦非我等意料不及,而误遣也。彼一身耳,叛亦听之。若不纵之使往,倘明国别令人据守锦州、宁远,则事难图矣! 今纵还大寿一人,而先携其子侄,及其诸将士以归,厚加恩养,再图进取,庶几有济也!"③祖大寿同皇太极会面,允降盟誓,其真降也好,假降也罢,皇太极已经动摇了祖大寿的心,离间了明朝君臣关系。皇太极对祖大寿既诱来,又放纵,或真降献锦州,或假降而不归,都对后金有利。皇太极的上述见解与策略,表现了一位政治家的抱负、胸怀、谋略与远见。这或许受了《三国演义》中诸葛亮"七擒七纵孟获"之影响。

　　边谈边打。后金军的打,一是攻打大凌河城,二是截堵城内突围的明军,三是截击增援的明军,四是伏击溃逃回锦州的败军。后金军"打"的重点是,截伏蒯击从锦州方向来增援的明军。大凌被围,明军必援。皇太极在和谈的同时,也在打仗。打仗之中,重在打援;打援之战,重在长山。长山一战,明军四万,全军溃败,凌城益孤。祖大寿力屈而降,影响甚大。祖氏一家,四代为将,兵驻辽西,并守雄镇,受天下之重任,明朝倚为长城④。然而,明总兵祖大寿力屈投降,使明朝失去了辽东最后一员勇将。

　　皇太极以围促谈,以围诱援,以打促谈,以谈破城,他将围城、和谈、打援三者有机结合,从而取得大凌河之役的成果——招降祖大寿,夺取大凌城。

　　第三,使用火炮,变革军制。后金军宁远之败与宁锦之败,究其原因,从武器说,就

　　① 《崇祯长编》,第52卷,第11页,崇祯四年十一月壬午,台北中央研究院历史语言研究所校勘本,1962年。

　　② 《崇祯长编》,第52卷,第15页,崇祯四年十一月戊子,台北中央研究院历史语言研究所校勘本,1962年。

　　③ 《清太宗文皇帝实录》,第10卷,第13页,天聪五年十一月庚午朔,中华书局影印本,1985年。

　　④ 金景善:《燕辕直指》,第900页,《燕行录选集》,韩国成均馆大学大东文化研究院影印本,1962年。

是没有红衣大炮。皇太极跟随其父汗在宁远城下吃了败仗,或言努尔哈赤被炮打伤。当时,努尔哈赤及其子皇太极,后金诸贝勒大臣,只是对失败沮丧,对宁远畏惧,对崇焕愤恨,对明军不服。八旗军队"骑马射箭"的历史传统,在后金贝勒诸臣中,烙印极深,影响极广。从已经看到的满文、汉文历史资料表明,他们没有一个人从红衣大炮、从火器装备方面,总结经验,得出教训。努尔哈赤死后,皇太极继承汗位,他仍按照八旗军队的传统战法,去攻锦州,又攻宁远,均遭失败。此时,皇太极还没有从中汲取应有的教训。他说:"昔皇考太祖攻宁远,不克;今我攻锦州,又未克。似此野战之兵,尚不能胜,其何以张我国威耶!"①这时三大贝勒代善、阿敏、莽古尔泰及其弟贝勒德格类等,都劝他距城近、炮火猛、不可攻、应退兵,皇太极愤怒地说了上面的话之后,亲率弟贝勒德格类等蜂拥进击,结果还是败下阵来。失败的后金军官兵"大放悲声",可见伤亡之惨重。宁远、宁锦两次血的失败教训,终于使皇太极觉醒:要制造红衣大炮,应组建炮兵部队。于是,后金在天聪五年即崇祯四年(1631 年)正月"造红衣大将军炮成,镌曰'天佑助威大将军'"。从此,后金开始自己制造红衣大炮。同年八月,皇太极在大凌河之战中,第一次使用红衣大炮。后金总结红衣大炮的作用道:"久围大凌河,克成厥功者,皆因上创造红衣大将军炮故也。自此凡遇行军,必携红衣大将军炮。"②

　　红衣大炮,用于实战。皇太极在大凌河之战中,八旗军用红衣炮围城、打援、突袭、破堡,大炮所向,尽显神威。后满洲通过仿造、缴获和招降等手段,获取了大量红衣大炮,使八旗军如虎添翼。用红衣大炮装备八旗军,既引起攻城战术的变化,也引起八旗军制的变革。天聪五年即崇祯四年(1631 年)正月,随着第一批红衣大炮仿造成功,八旗军队建立了新的一军,名 ujen cooha,汉音译为"乌真超哈",意译为"重军",即为使用火炮等火器的炮兵③。"乌真超哈"的建立,后金军在战场上,乃"无敌雄兵",可"威服天下"④。红衣炮督造官佟养性被任命为昂邦章京,是为后金第一位炮兵将领。乌真超哈的建立,是满洲八旗军制的重要变革。在这之前,八旗军以骑兵为主,亦有步兵;而建立乌真超哈,标志着后金军队已经是一支包括骑兵、炮兵和步兵的多兵种军队。就作战而言,既擅野战,又可攻坚,炮兵的火力与骑兵的冲击力、机动性得到良好

①　《清太宗文皇帝实录》,第 3 卷,第 16 页,天聪元年五月癸巳,中华书局影印本,1985 年。

②　《清太宗文皇帝实录》,第 10 卷,第 3 页,天聪五年十月壬子,中华书局影印本,1985 年。

③　《清史稿·佟养性传》,第 231 卷,第 9324 页,中华书局标点本,1977 年。

④　佟养性:《谨陈末议奏》,《天聪朝臣工奏议》,上卷,第 8 页,辽宁大学历史系铅印本,1980 年。

结合；就训练而言，亦由单一的骑兵训练，而为骑兵与炮兵、步兵合成训练。乌真超哈的建立，标志着八旗满洲摆脱了旧军制的原始性，是一项重大进步。乌真超哈独立于八旗之外，由皇太极直接掌握，因其至关重要而备受恩宠。天聪五年，皇太极"出阅新编汉兵，命守战各兵，分列两翼，使验放火炮、鸟枪，以器械精良，操演娴熟，出帑金大赉军士"①。次年正月，皇太极又"幸演武场阅兵，养性率所统汉兵，擐甲执兵，左右列阵，置铅于炮，立射的，演试之"②。

乌真超哈建立之初，除将领是汉军外，士卒皆为汉人，其中许多人原在明军中便会操炮，或者较为熟悉火炮，他们更了解明军用炮的技术，抽调这些汉人组成乌真超哈，可使其长为满洲所用。天聪七年即崇祯六年（1633年）七月，皇太极"命满洲各户有汉人十丁者，授绵甲一，共一千五百八十户"③，充实乌真超哈。八年即崇祯七年（1634年）五月，皇太极命名旧兵为汉军，孔有德、耿仲明部为"天佑兵"，尚可喜部为"天助兵"④，他们"携来红衣炮及大小火炮"，仍归该部⑤。崇德二年即崇祯十年（1637年）八月，"分乌真超哈为左、右翼"，设两固山额真。四年（1639年）六月，"时乌真超哈复析为八旗，合二旗为一固山，于是汉军旗始定"⑥。合二旗为一固山，设四固山额真。七年（1642年）六月，皇太极攻克锦州后，将乌真超哈与天佑兵、天助兵等重新编制，"时析乌真超哈为八旗"⑦。"定汉军八旗，设八固山"。乌真超哈向八旗汉军的演变，体现出后金炮兵由小到大、逐步趋向正规化的过程，实际上它还是炮兵、步兵及辎重运输之混合编制⑧。

第四，错失时机，兵无实惠。皇太极大凌河之役，取得重大战果。其一，摧毁大凌城。明兵科给事中李梦辰上言："各镇所调之精壮，尽皆挫衄，所余无几，不可孟浪复战。"⑨后金军此役，达到预期之目的。其二，招降祖大寿。尽管祖大寿时为假降，但祖

---

① 《清太宗文皇帝实录》，第8卷，第23页，天聪五年三月丁亥，中华书局影印本，1985年。

② 《八旗通志·初集》，第182卷，第4349页，东北师范大学出版社，1985年。

③ 《清太宗文皇帝实录》，第14卷，第22页，天聪七年七月辛卯朔，中华书局影印本，1985年。

④ 《清太宗文皇帝实录》，第18卷，第14页，天聪八年五月庚寅，中华书局影印本，1985年。

⑤ 《清朝文献通考》，第194卷，第6577页，浙江古籍出版社影印本，1988年。

⑥ 《清史稿·石廷柱传》，第231卷，第9331页，中华书局标点本，1977年。

⑦ 《清史稿·孔有德传》，第234卷，第9399页，中华书局标点本，1977年。

⑧ 解立红：《红衣大炮与满洲兴衰》，《满学研究》，第2辑，民族出版社，1994年。

⑨ 《崇祯长编》，第51卷，第30页，崇祯四年十月丙寅，台北中央研究院历史语言研究所校勘本，1962年。

大寿的心灵,产生巨大创伤。祖大寿杀将示降,坠尽名声,为天下耻,其"顾安能得人死力"①? 明朝辽军中最后的两员名将——祖大寿与何可纲,一被招降,一被横杀,此后明朝辽军再没有一员被八旗军畏惧的勇将。其三,辽军主力溃散。《满文老档》记载:"自征明以来,较之以前,此次杀敌,明兵甚多。"②此役,不仅宋伟、吴襄两军四万精锐溃散,而且"祖家军"全部精锐,丧失殆尽,关外明朝辽军,更加支离残破。其四,红衣大炮运用成功。由此开始组建的汉军,成为后金军队不可或缺的力量。其五,取得新的作战经验。后金在沈辽之战、西平之战中,围城打援都有成效,但此战将围城、和谈、打援相互结合,是中国古代军事史上围城打援一个成功的战例。

皇太极指挥此战,虽获重大军事与政治成果,却拖延时间过长,付出代价过大。后者原因之一,是作战时机选择不当。

皇太极自继承汗位并亲自主持重要战役以来,一个重大的缺陷,是不善于把握作战时机。他即位后亲自指挥的宁锦之战,之所以失败,其原因之一,是时机不利。因为略早一些,锦州城未筑完;略晚一些,则袁崇焕去职。他恰在这两个不利时机之间(参见前节《宁锦之战》)。他亲自指挥的北京之战,之所以失利,其原因之一,也是时机不利。因为略早一些,袁崇焕尚未任命、阉党尚未铲除、东林内阁亦未形成;略晚一些,阉党重新控制阁部,也会是另一番局面。他恰在两次阉党失势、东林内阁执政这个不利时间(参见上节《迂道远袭燕京之役》)。他亲自指挥的此次大凌河之战,在作战时机的选择上,也是慢了半拍。皇太极发动大凌河之战,主要是不让明军筑城,而让其退回锦州。要是皇太极进攻大凌河城,时间提早一个月,即在明军筑城未完之时,那么驱赶筑守大凌的明朝官军、班军,会容易得多,不至于费时三个月,也不至于伤亡那么多的官兵。

其实,皇太极早在天聪五年即崇祯四年(1631年)四月,就先后两次派员往明朝边境捉生。五月初三日即得到两条军情探报:"明人修筑大凌河城,基址已完,灰池亦备。"③初六日,诸贝勒大臣举行会议,奏报:"明人若果修城,我兵即当速往,不知皇上庙算如何?"④大凌河城距离沈阳并不远,三万军民筑城驰探也并不难,皇太极却三番

①　[朝]金景善:《燕辕直指》,第900页,《燕行录选集》,韩国成均馆大学大东文化研究院影印本,1962年。

②　《满文老档·太宗》,下册,第1155页,天聪五年九月二十七日,中华书局译注本,1990年。

③　《清太宗文皇帝实录》,第9卷,第2页,天聪五年五月丙子,中华书局影印本,1985年。

④　《清太宗文皇帝实录》,第14卷,第2页,天聪七年六月戊寅,中华书局影印本,1985年。

五次地派人前去探察,直至七月二十七日,皇太极才拜谒堂子,统军西发,中间整整拖了三个月。

以上的三个战例,其作战时机选择,都共同说明:皇太极在指挥重大战役之决策时,犹豫迟疑,缺乏睿断,这给后金及其军队,造成重大而惨痛的损失。

在大凌河之战中,就天聪汗与众贝勒来说,招降总兵祖大寿,摧毁明朝大凌城,得到良将精兵,缴获军械火器,收获可谓良多矣。然而,后金军的士卒没有掠到财富,也没有抢到金银。后贝勒阿济格奏言:

> 先我兵围大凌河,四阅月,尽获其良将精兵。在皇上与诸贝勒大臣,固有得人之庆;但部下士卒,及新附蒙古等,一无所获,皆以为徒劳。

正红旗固山额真和硕图也奏言:

> 向荷天佑,得大凌河。皇上与贝勒大臣,无不忻然;以下士卒,则皆不乐。①

后金军的官兵,自备马匹器械,自带干粮衣物,抛下妻妾儿女,冒着生命危险,却没有从大凌河之战中得到实惠,既一无所获,便牢骚抱怨。这次作战,对皇太极改变辽西攻城战,而为入关掠夺战,产生重要影响,起着重大作用。

后金天聪汗皇太极破大凌城、败明援军、降祖大寿后,改变逐个攻取明军关外八城的策略,而七次派兵入塞,残毁中原,掳掠财富。

---

① 《清太宗文皇帝实录》,第14卷,第18页,天聪七年六月戊寅,中华书局影印本,1985年。

五 破塞攻明掳掠诸战

（一）入攻腹地之战略决策

后金大凌河之役获得胜利，皇太极率军凯旋而归。皇太极在这场战争中，具体得到了什么？降祖大寿？大寿降而复叛。得大凌城？大凌是一座空城。获得降人？一万多降人还要管他们饭吃，使本来紧缺的粮食而更加紧缺。后金士卒在这场战争中，又具体得到了什么？贝勒阿济格坦率奏言："皇上与诸贝勒大臣，固有得人之庆；但部下士卒，及新附蒙古等，一无所获，皆以为徒劳。"①

大凌河城之战以后，八旗士卒，徒劳无获，不满情绪，相当普遍。后金是一个军事政权，既靠打仗巩固权力，也靠打仗掠夺财富。大凌河之战后，天聪汗皇太极，进兵矢镞，指向哪里？

在后金的周边，朝鲜居东，蒙古位西，明朝在南，后金对朝鲜、蒙古、明朝，兴兵攻战，何者为先？

先是，皇太极于天聪三年、四年就攻明问题，多次与贝勒、大臣、汉官乃至归附蒙古贵族进行商讨。至是，皇太极登上汗位已经七年，在外交上，对朝鲜的进攻取得胜利，对蒙古的征抚也有成效；在内政上，权力趋于稳定，经济有所发展，军力更加增强。天聪七年即崇祯六年（1633年）六月十三日，皇太极命诸贝勒大臣，就进攻朝鲜、蒙古、明朝三者，用兵何先，各抒所见，书面陈奏。据《清太宗实录》记载，共有十六位贝勒大臣、固山额真陈奏谏议。其时，二大贝勒阿敏已被高墙囚禁，三大贝勒莽古尔泰受到严厉处分，大贝勒代善危若朝露（本卷第一节已述）。由过去皇太极与三大贝勒"俱南面坐"，而更定为皇太极"南面独坐"②。除以上三位大贝勒之外，其十六位贝勒大臣是：

---

① 《清太宗文皇帝实录》，第14卷，第13页，天聪七年六月戊寅，中华书局影印本，1985年。
② 《清太宗文皇帝实录》，第11卷，第1页，天聪六年正月己亥朔，中华书局影印本，1985年。

贝勒济尔哈朗(皇太极之堂兄)、贝勒阿济格(皇太极之十二弟)、贝勒多尔衮(皇太极之十四弟)、贝勒多铎(皇太极之十五弟)、贝勒杜度(褚英长子)、贝勒岳讬(代善长子)、贝勒萨哈廉(代善第三子)、贝勒豪格(皇太极长子)、贝勒阿巴泰(皇太极九弟),固山额真额驸杨古利、正黄旗固山额真楞额礼、正红旗固山额真和硕图、镶红旗固山额真叶臣、镶蓝旗固山额真宗室篇古、镶白旗固山额真伊尔登、正白旗固山额真喀克笃礼。上述八旗固山额真中,有两位固山额真没有列名:其一是镶黄旗固山额真达尔哈,但杨古利位亚八贝勒、统左翼兵、名列诸固山额真之首;其二是正蓝旗固山额真觉罗色勒,在莽古尔泰暴死周年之际,其所属正蓝旗固山额真觉罗色勒,率领正蓝旗大臣及莽古尔泰姻戚二十五人,到莽古尔泰墓前祭奠,皇太极命议处色勒等。初拟将色勒等处斩,命从宽免死,"众唾其面",加以羞辱,并罢黜之。后将正蓝旗"附入皇上旗分"①。以上十六位贝勒大臣、固山额真,代表满洲八旗贵族的利益与意见。其具体谏言②,略分述如下。

第一,关于朝鲜。贝勒多铎言:"如大者不得,徒与朝鲜,较多寡,相责让,何益之有?"贝勒济尔哈朗奏言:"臣思朝鲜,不遵我约,当反其贡物,姑与之互市,不必往征。"贝勒杜度奏言:"朝鲜已在吾掌握,宜且勿征。"贝勒豪格奏言:"至于朝鲜,且暂行抚慰,俟我与敌国胜负既定,再为区处。"固山额真杨古利奏言:"朝鲜、察哈尔,且置度外。山海关外,宁远、锦州亦且缓图,但宜深入腹里。腹里既得,朝鲜皆吾手足。"正黄旗固山额真楞额礼奏言:"至于朝鲜,姑与和好。惟急图明国,则朝鲜自为我有也。"在十六位贝勒大臣、固山额真中,没有一人主张先用兵朝鲜。其中贝勒济尔哈朗、杜度、豪格,固山额真杨古利、楞额礼,都主张先攻明朝,对朝鲜则应采取:其一,先图大国,不与朝鲜相计较、争责让;其二,"暂行抚慰",表面上暂且实行和好政策;其三,"姑与之互市",暂且同朝鲜进行双边贸易;其四,对朝鲜"不遵我约"之处,略加制裁,适当宽容,集中力量,对付明朝;其五,征服明朝胜利后,对朝鲜"再为区处",使其成为后金—清的属国。

第二,关于蒙古。贝勒杜度奏言:"如察哈尔与我逼,则争之。若远可取大同地方,秣马以观其势。如察哈尔败遁,即深入明境。倘荷天佑,得破察哈尔,天下自然胆裂矣!"贝勒萨哈廉奏言:"盖察哈尔国,我虽不加兵,彼如虫食穴中,势必自尽,不烦急

---

① 《清太宗文皇帝实录》,第26卷,第7页,天聪九年十二月辛巳,中华书局影印本,1985年。

② 《清太宗文皇帝实录》,第14卷,第12~20页,天聪七年六月戊寅,中华书局影印本,1985年。

图。"贝勒多铎言:"臣以为察哈尔,且勿加兵。惟先图其大者,则其余自灭。"贝勒豪格奏言:"察哈尔若近,则相机而行;若离兴安岭二三日程,虽追无及。谨抒鄙见上陈。"固山额真杨古利奏言:"察哈尔,且置度外。山海关外,宁远、锦州亦且缓图,但宜深入腹里。腹里既得,察哈尔自尔归顺,不则远遁矣。"镶红旗固山额真叶臣奏言:"臣愚以为,先抵大同、宣府,秣马休兵,即在彼处,侦探察哈尔踪迹。近则我兵往征,若彼闻风远遁,则我国安宁,可无内顾之虞矣!"在十六位贝勒大臣、固山额真中,同样没有一人主张先用兵蒙古察哈尔部。但对蒙古察哈尔部,他们的建议是:其一,关键在对明朝战争的胜败,如占有中原腹地,察哈尔或则归顺,或则远遁。其二,察哈尔若不进逼,就置之度外;倘若进逼,就进行征讨。其三,应采取灵活策略:察哈尔林丹汗的蒙古军队,近边时就进兵攻伐;远遁时就不必追赶。其四,应图大放小,"先图其大者,则其余自灭"。其五,察哈尔势必内部纷争,不必急图,势必自尽。

第三,关于明朝。在十六位贝勒大臣、固山额真中,都共同主张先用兵明朝,意见完全一致。其内容包括用兵原因、进兵时机、进攻路线、攻明政策、进军兵略和攻明目的等六个方面。

其一,攻明原因。在明朝、朝鲜、蒙古三者之中,贝勒大臣、固山额真认为,应当先攻明朝。贝勒萨哈廉奏言:"明与察哈尔、朝鲜三国,若论其缓急,当宽朝鲜,拒察哈尔,而专征明国。"后金视明朝为敌国,贝勒济尔哈朗奏言:"至于明,乃吾敌国,宜举兵深入其境,焚其庐舍,取其财物,因粮于敌,此制胜之策也。"后金要集中兵力,先进攻明朝。后金进军明朝,能激发八旗军的旺盛斗志。贝勒多铎奏言:"我国之兵,非怯于斗者,但使所得,各饱其欲,则虽死不恤。稍不如意,遂无斗志。"同时可以获得财富、马匹。固山额真叶臣奏言:"我国兵力聚集,今年宜即出师,不然我国自此而贫,马亦难得,兵不加增。如谓马不足以运粮粮、负甲胄,亦可载之以牛车。"总之,后金器械已备,蓄积待发。正白旗固山额真喀克笃礼奏言:"我国之人,利行师,不宜偃息。且闲居何所底止?军旅之事,将戢而不用耶,抑委诸何人耶?今诚选徒蒐乘,鼓行而西,一出兵,而上天之眷佑,与人心之豫顺,适相协应,以臣度之,事必有成。至我国兵器,久已整理,如再俄延,我器修治,敌亦修治;我器坚固,敌亦坚固,坐待岁月,功何由成?惟皇上决策进兵,以邀天佑耳。"

皇太极决策进兵明朝,选择何时为宜?

其二,攻明时间。后金贝勒大臣、固山额真,一致认为:进攻明朝,愈快愈好。固山额真杨古利奏言:"兵贵神速,不可逗挠。若逾年不往,则敌人乘机修备,欲图再举,不特人事难齐,抑且天灾不测。废时失事,职此之由。"他的意见是,按年度计算发兵的时间。有的贝勒则是建议按季节计算进兵的时间。贝勒萨哈廉奏言:"臣意视今岁秋成丰歉,以图进取。且乘彼禾稼方熟,因粮于彼,为两次进兵之计,事必有成。"萨哈廉意持两可:歉收不进兵,丰收则进兵。贝勒阿济格奏言不待秋天,春天播种后即进兵:"臣意待耕耘毕,可即兴师。至收获之事,妇人稚子,亦可委也。何必留重兵,以废时日哉!若逡巡不往,则彼国中有备,而内乱亦渐消矣。"阿济格说待春播后,多尔衮则说宜开春就准备进兵:"今春宜整顿兵马,乘谷熟之时入边。"其他则主张乘时、乘势进兵。贝勒豪格言:"总宜乘时急进,若坐失此机,必将后悔。"固山额真、宗室篇古要立即出兵:"我军蓄锐已久,其势可用,宜即进边。"贝勒岳讬的奏言皇太极听了更高兴:"皇上春秋鼎盛,不乘时以立鸿业,后悔何及!"

既然都赞成尽快发兵,那么进军路线如何确定?

其三,攻明路线。关于后金军攻明的打击重点、主攻方向,又存在不同的主张。

一种意见是攻打山海关。贝勒萨哈廉言:"率训练之兵,坚锐之械,自一片石入,夺山海关,则宁远、锦州为无用矣!"但是,多数贝勒大臣、固山额真不赞成打山海关,也不赞成攻打宁远、锦州。贝勒多铎奏言:"若止攻山海关外之城,有如射覆,岂可必得。"认为攻打山海关,是根本没有把握的事情,就是宁远、锦州,也不可攻打。贝勒豪格奏言:"锦州、宁远,攻之无益,何也? 我国攻城之法,彼尽知之。况我兵曾攻之而未得,若复令攻之,必有畏难之意。虽得锦州,此外七城,尚烦攻取。若徒得一城,其余皆坚壁不肯下,弥旬旷日,恐老我师。"豪格对宁远、锦州之败,不仅脑烙深刻印象,而且心存畏惧情绪。固山额真叶臣奏言:"倘攻山海关,仍如宁远、锦州,不能即得,不益损威而长敌人之气乎!"在十六位奏言中,有十五人不主张直接进攻锦州、宁远、山海关。

另一种意见是内外夹击山海关。贝勒济尔哈朗言:"带梯牌、炮车,分兵之半,于山海关外立营;其半绕入关内,内外交攻,彼必势穷力弛矣!"贝勒豪格主张"用更番之法,俟秣马肥壮,益以汉兵,携巨炮分兵两路,一从宁远入,一从旧路入,夹攻山海关"。持这种主张者也只有二人。

大部分意见是破长城入中原。贝勒多铎奏言:"臣愚以为,宜直入长城,庶可厝士卒之心,亦可合皇上久长之计。"但是,从哪里突破长城? 一种主张是从第一次入口时的龙井关、大安口故道。贝勒萨哈廉言:"仍从故道而入,断燕京四面之路,相度地形,及彼积储之地,夺而据之。坚守勿归,二三年中,乘机伺便,纵兵奋攻,有不大勋克集者乎!"还有一种主张是从大同、宣府一带入口。固山额真叶臣言:"臣愚以为,先抵大同、宣府,秣马休兵,即在彼处,侦探察哈尔踪迹。近则我兵往征,若彼闻风远遁,则我国安宁,可无内顾之虞矣! 于是入攻明边,蹂躏其土地,焚毁其庐舍,彼国有不疲敝者乎?"

其四,攻明政策。贝勒豪格的奏言,比较有代表性。他建言:一是,从旧道而入,各处纵火攻略。二是,用布告颁示各屯寨:"告以我愿和,而彼不肯和之意。仍传谕各城,则彼处人民,虽被创痍,将自怨其主,无尤于我。"就是展开政治攻势,把不满和仇怨转嫁给明朝。三是,纵兵抢掠:"则我兵得餍所欲,而边外蒙古,愈加勉励矣!"四是,夹攻山海关,得之则已,不得则屯兵该地。五是,"遣人往招流贼,谕以来归,抚辑其众"。试图招降农民军。六是,利用明军同农民军交战之隙,乘机得利:"往侦流贼情形,彼方分师捍御,我伺其懈怠,乘夜袭之,事必可图也。"此外,在关外也进行配合:"山海以东,锦州以西,屡以兵挠其耕获,使之不得休息。"

其五,攻明兵略。第一种意见是,以北京为重点进攻目标。固山额真叶臣奏言:"进逼燕京,昼夜攻围,名为帝都,其实易攻。彼城上虽多积火药,我兵昼夜攻之,多必自焚。"这种战法,如果能赢,对于后金,自是好事。但难度最大,需另谋途径。第二种意见是攻打京畿地区。贝勒济尔哈朗言:"令贝勒大臣,各立军令状,率兵往攻,取其近京数城,屯兵久驻,伺隙窥便,以期必胜。"固山额真叶臣也奏言:"即就彼近(京)城一带,伐木制造梯牌,多方攻取。城虽不克,亦足耀我军威。"第三种意见是,入塞之后,见城就攻。固山额真伊尔登奏言:"与其盘桓于山海关之外,不若径入内地,视其城有可取,则取之。"固山额真杨古利也言:"亟当深入其境,遇城必克。所克之城,即令已出痘贝勒、将帅,率兵屯驻。"第四种意见是,根据实情,综合考虑。固山额真楞额礼奏言:"臣意宜先率外藩蒙古及本国兵,直抵内地,焚燕京周围庐舍。敌出则杀之,蹂躏其粮草、牲畜、财物,任我兵所取而回。然后再整师旅,复入山海关,据关扼险,屯驻城中,多积刍粮,以备往来攻伐之用。"此外,多数人让皇太极驻在山海关外,或留在都城沈阳。贝勒阿巴泰言:"皇上军于边外,挥诸贝勒、将帅,分八路驰入,驻军内地。"固山额真杨古利奏言:"皇上与贝勒之未出痘者,暂且还都。"

其六,攻明目的。后金军破墙入塞,攻打明朝腹地,其目的是:残毁与掳掠。贝勒多尔衮明确奏言:"今春宜整顿兵马,乘谷熟之时入边,围困燕京,截其援兵,残毁其屯堡、诸物,为久驻之计,可坐而待其毙也!"贝勒阿济格也奏言:"皇上宜亲驻边外,命诸贝勒、将帅,率马步大军进边,边内人民、财物、禾稼,应杀者杀之,应取者取之,应蹂躏者蹂躏之。"固山额真杨古利言:"倘不得城堡,则令兵纵略,焚其室庐,敌者杀之,拒者俘之,降者编为户口。所俘各照牛录,派数上献。至于兵士所获,不计多寡,听其自取。若此,则人人贪得,不待驱逼,而贾勇争先,兵势大振矣!"正黄旗固山额真楞额礼奏言:"臣意宜先率外藩蒙古及本国兵,直抵内地,焚燕京周围庐舍。敌出则杀之,蹂躏其粮草、牲畜、财物,任我兵所取而回。"正红旗固山额真和硕图奏言:"乘瑕而入,杀其人、取其物,务令士卒,各饮餍所欲。"镶蓝旗固山额真宗室篇古奏言:"宜即进边,焚毁其近京之城堡,杀其人民,戮力进取,何忧事之不成?"镶白旗固山额真伊尔登奏言:"径入内地,视其城有可取则取之;如不可取则戕其人民,焚其庐舍,以蹂躏之。"

可见,后金军多次迂道入内,其宗旨就是残毁与掳掠。残毁与掳掠,二者既相区别,又相联系。所谓残毁,对明朝而言,就是野蛮破坏;对后金而言,则是增加财富。诸如破坏城镇,焚烧村舍,屠杀汉民,抢劫财物,驱赶牲畜,蹂躏庄稼;所谓掳掠,对后金则是增加财富,对明朝也是野蛮破坏。诸如抢夺劳力、凌辱妇女、运回粮食、驱赶牲畜、驮载金银、剥夺衣服、掠夺布帛等。

皇太极从宁远之败、宁锦之败后,鉴于明军关锦防线坚固,海上全由明军控制,漠南蒙古诸部同后金结盟,第一次迂道入关取得经验,因而得出结论曰:"彼山海关、锦州,防守甚坚,徒劳我师,攻之何益? 惟当深入内地,取其无备城邑可也。"①皇太极在阅览投降后金的儒生文臣和后金贝勒大臣的建策后,确定了对明朝的作战方针——避开关外,袭扰关内,迂回残毁,掳掠腹地,削弱明朝实力,不断壮大自己,等待时机,与明决战。由是,八旗军不再正面强攻锦、宁,而是绕过关锦防线,取道蒙古,破塞入内,先后七次②。第一次,天聪三年即崇祯二年(1929 年),天聪汗率军绕道蒙古,从大安口、龙井关入塞,攻打北京(前面已述),翌年回军。兴师年为己巳年,又称己巳之役。第二次,天聪六年即崇祯五年(1632 年),皇太极在西征察哈尔蒙古的回程中,发动小规模的入塞掳掠。是年为壬申年,又称壬申之役。第三次,天聪八年即崇祯七年(1634

---

①　《清太宗文皇帝实录》,第 6 卷,第 13 页,天聪四年二月甲寅,中华书局影印本,1985 年。

②　后金一清军入塞掳掠,其次数计算,各书不一,有三次、四次、五次、六次、七次诸说。七次之说,参见郑天挺《关于明末农民战争史的几个问题》(载《及时学人谈丛》)、李洵《公元十五世纪到十七世纪中叶建州女真社会性质问题的探讨》(载《下学集》)和沈一民《试论 1644 年前明清战争对华北人口的影响》(载《明长陵营建 600 周年学术研讨会论文集》)等。

年），后金军入塞，蹂躏宣府、大同。是年为甲戌年，又称甲戌之役。第四次，天聪九年
即崇祯八年（1635 年），后金军入塞，蹂躏关内。是年为乙亥年，又称乙亥之役。第五
次，崇德元年即崇祯九年（1636 年），清军耀兵于京畿。是年为丙子年，又称丙子之役。
第六次，崇德三年即崇祯十一年（1638 年），清军兵至山东，攻占济南，翌年还师。兴师
年为戊寅年，又称戊寅之役。第七次，崇德七年即崇祯十五年（1642 年），清军再入山
东，大肆掳掠，翌年而归。兴师年为壬午年，又称壬午之役。以上七次①，金—清军俱
间道蒙古，破墙入扰，肆虐关内。皇太极第一次率军入塞，攻打北京，前面已述，另外六
次，分别阐述。

（二）第二次破塞攻明掳掠

在后金第一次破墙入塞三年后，值二征察哈尔林丹汗回师过程中，皇太极进行了
第二次破塞攻明掳掠之役。

天聪六年即崇祯五年（1632 年），皇太极在二征察哈尔林丹汗回师的途中，发动了
一次入塞攻明掳掠之役。是年为壬申年，又称壬申之役。先是，四月初一日，皇太极率
大军第二次征讨察哈尔林丹汗，谒堂子，出沈阳。后金军兴师动众，声势浩大，林丹汗
闻讯大惧，率部西奔。皇太极此次出征，以军事而言，其所获无多。那么，下步军事行
动，如何作出部署？五月十一日，皇太极召集大贝勒代善、贝勒莽古尔泰及诸贝勒，以
及满洲、蒙古、汉官等会议，决定进击明朝。《清太宗实录》记载皇太极谕曰："我等原征
察哈尔至此，察哈尔不能御而遁，追之无益。今我兵马疲惫，其暂旋师，以俟再举乎？
抑先取蒙古部民，复入明境乎？二者孰便，尔诸臣可定议以奏。"群臣集议奏云："我师
此来，已近明境，即先取蒙古部民，复入明地，以图大事，诚为上策。"于是，复定议征
明②。二十七日，皇太极驻归化城（今呼和浩特市）。皇太极军队远行的后勤补给，主
要有二：一是行猎，二是掳掠。清官书记载："自归化城南，及明国边境，所在居民逃匿
者，悉俘之；归附者，编为户口。"③二十八日，皇太极又谕两翼领兵诸贝勒曰："若俘获

① 郑天挺：《及时学人谈丛》，第 61 页，中华书局，2002 年。
② 《清太宗文皇帝实录》，第 11 卷，第 23 页，天聪六年五月戊申，中华书局影印本，1985 年。
③ 《清太宗文皇帝实录》，第 11 卷，第 25 页，天聪六年五月甲子，中华书局影印本，1985 年。

者多，可携则携之，不能尽携则任诸将酌行。凡诸贝勒所俘获者，酌分嬴马之兵留守，仍深入其地以扰之，俟旋师时，可纵焚其庐舍粮糗。朕驻归化城以待。"①

六月，后金大军进到明界，深入大同、阳和、宣府、张家口地方。此次入边，皇太极接受了宁完我、范文程等人的谏言，试探与明议和。寻与明宣府巡抚沈棨刑白马乌牛，订立盟约（另文专述）。后回师沈阳。七月初一日，后金军返还。

后金军在这次入塞过程中，受到明朝官民的顽强抵抗。如纳尔察"至大同，遇敌骑四百，同图鲁什硕翁科洛巴图鲁败之"②。又如博尔惠："遇明龙门城敌兵三千迎战，身先冲入击败之，遂略地数百里。师旋殿后，遇明右卫兵二百三十人邀击我兵。博尔惠率二十人击败之。"③后金军入明边后，对进行抵抗的城堡进行围攻。如内尔特"由大同入明边，破小石城，率善射者攻克之"④。又如索尼："率家丁败敌，独取阜台寨。"⑤八旗军对所过地区村屯汉、蒙人民，肆行抢掠和残暴屠戮，并获取大量人口、牲畜、金银、缎匹、粮食、皮张等。此行掳掠，蒙汉地区，数量惊人，仅举一例。《清太宗实录》记载："分略诸路大兵，所至村堡，悉焚其庐舍，弃其粮糗，各籍所俘获，以闻于上。共计人口、牲畜十万有余，其金银、缎帛，分给八贝勒。又每贝勒各牛十、羊百。军中有马毙者，以马及牛偿之。时新附总兵官麻登云等，及大凌河官员祖可法等，自游击以上皆从军，各按品级，以人口、牛羊厚赏之。羊数万，悉以犒军士。"⑥

（三）第三次破塞攻明掳掠

天聪八年即崇祯七年（1634年），后金军入塞攻掠，是为皇太极第三次破塞攻明掳掠之役，是年为甲戌年，又称甲戌之役。

后金军第三次破墙入塞，时明朝更趋衰落，后金更加强大。明朝更趋衰落的几例表现是：

---

① 《清太宗文皇帝实录》，第11卷，第25页，天聪六年五月乙丑，中华书局影印本，1985年。

② 《八旗通志·初集》，第143卷，第3735页，东北师范大学出版社，1985年。

③ 《八旗通志·初集》，第154卷，第3903页，东北师范大学出版社，1985年。

④ 《八旗通志·初集》，第143卷，第3731页，东北师范大学出版社，1985年。

⑤ 《八旗通志·初集》，第147卷，第3785页，东北师范大学出版社，1985年。

⑥ 《清太宗文皇帝实录》，第12卷，第4页，天聪六年六月辛未，中华书局影印本，1985年。

第一，朝廷内阁，发生变动。崇祯初政，打击阉党，魏忠贤、客氏死，阉党受到唾弃，依附于魏忠贤的阁臣、官员，纷纷下台。钦定逆案，列名者《明史·阉党列传》记载二百一十一人①。东林党人，重被启用，任职内阁。但自袁崇焕被磔死后，周延儒为首辅："延儒柄政，必为逆党翻局。"②温体仁先同周延儒并相，体仁"忌延儒居己上，并思倾之"。延儒免职归里，体仁遂为首辅。温体仁机深刺骨，"惟日与善类为仇"③。周、温内阁，排斥正人，崇祯新政，实告终结。

第二，西北饥荒，民变四处。先是，因陕西饥馑，饥民流窜。边军缺饷，士兵哗变，转而为盗。延绥、固原、甘肃、临洮、宁夏五镇总兵，皆以勤王之师，入援京畿，因而陕、甘地方空虚，民变蜂起，势益蔓延。兼之山西劲卒五千，在巡抚耿如杞督率入援之际，疲于奔命，且乏粮饷，致掠夺民需。及事发，耿如杞被逮，其五千劲卒，遂溃散而叛。风气所及，延绥、甘肃等镇之兵，亦效尤而溃。于是陕、晋之间，民变大起，防守更懈。

第三，宣大防御，更加空虚。李自成车箱峡突围，势力复炽，关中大震。明调兵遣将，堵剿农民军，长城防守，更为虚弱。己巳京师困扰，长山援军丧师，大凌城失陷，祖大寿投降，蓟、辽、宣、大、太五镇，相继残破，塞垣空疏，防务虚懈，边备大坏。后金大军，"四路纷来，至墙下而始觉"④。

第四，宣抚盟誓，责其违约。先是，上年皇太极远征察哈尔兵近宣府，明宣府巡抚沈棨，遣使向后金通款，刑白马定盟，廷议责其专擅，罢其官，毁其盟。后金责明违约，为其进攻口实。

后金更加强大的几例表现是：

第一，天聪汗权，日益巩固。皇太极先惩治二大贝勒阿敏，又处罚三大贝勒莽古尔泰，大贝勒代善比较服帖。天聪朝废除"三尊佛"并列御政，出现皇太极"南面独坐"局面。

第二，调整政策，任用汉官。皇太极调整对汉官、汉儒、汉民、汉军的政策，他们逐渐受到重用，或受到某种重视。皇太极成立"乌真超哈"，组建汉军。孔有德、耿仲明降

①　《明史·阉党列传》，第 305 卷，第 7583 页，中华书局校点本，1974 年。

②　《明史·周延儒传》，第 308 卷，第 7926 页，中华书局校点本，1974 年。

③　《明史·温体仁传》，第 308 卷，第 7935 页，中华书局校点本，1974 年。

④　《明档》，第 201 号卷，第 8 号，中国第一历史档案馆藏。

后金,有德为都元帅,仲明为总兵,其军为"天佑兵";尚可喜也降后金,为总兵,其军为"天助兵",从而加强了后金的军事实力。

第三,辽西军事,取得进展。明朝大凌城陷,祖大寿降,军事遭到打击,军心受到瓦解。

第四,林丹大汗,溃败西遁。天聪六年即崇祯五年(1632年)夏,察哈尔林丹汗同后金军交战不敌,率部众西逃,后金势力,向西扩展,到达明朝大同、宣府边外。昨日明朝盟友之牧地,今日成为后金之前哨。

第五,后金军力,近于宣府。后金军追击林丹汗,兵锋到达宣府、张家口、大同边外,熟悉山川险隘,探知防务虚实,为此次后金军大举入边,熟悉了路径,积累了经验。

在上述明朝衰弱、后金强大的态势下,后金天聪汗皇太极,率军向明朝发动了第三次入塞之战。

天聪八年即崇祯七年(1634年)五月十一日,皇太极再次问询诸贝勒大臣:"征明当由何路进兵?"贝勒大臣俱以"宜从山海关大路而入"奏对。皇太极谓:"诸贝勒大臣所议,未协军机,今我大军,宜直抵宣、大。蒙古察哈尔国,先为我兵所败,心胆皆裂,举国骚然,彼贝勒大臣,将来归我,我往必遇诸途,尔众贝勒可多备衣服,以赏彼贝勒大臣将之来降者。我师往征大同,兼可收纳察哈尔来归贝勒官民,计莫有善于此者。"①后金军经蒙古地区,进抵宣府、大同。皇太极作出进军部署:右翼五旗由上榆林出口,左翼五旗由沙岭出口,各路大军,进行准备。二十二日,皇太极亲率大贝勒代善,贝勒阿巴泰、德格类、阿济格、多尔衮、多铎、岳讬(后病回)、萨哈廉、豪格等,统大军西进②。都元帅孔有德、总兵耿仲明和尚可喜等率兵前发。后渡辽河,经都尔鼻。蒙古扎鲁特、土默特、巴林、奈曼等部先后率马步兵来会。二十九日,大军到达纳里特河,各路兵马,所立营寨,绵亘山野,声势雄壮。六月初一日,大军继续向西行,后察哈尔余部,连日累旬,携带部众,驱赶牲畜,纷纷归附。

皇太极此次入塞主战区域,为明宣、大地区。宣府为明"九边"之一,属山西行都指挥使司,宣府左卫与宣府右卫,二卫同城。大同也为"九边"之一,领四州(浑源州、应州、朔州、蔚州)七县(大同、怀仁、山阴、马邑、广灵、广昌、灵丘),既是大同府的所在地,

---

① 《清太宗文皇帝实录》,第18卷,第16页,天聪八年五月丙申,中华书局影印本,1985年。
② 《清太宗文皇帝实录》,第18卷,第23页,天聪八年五月丁未,中华书局影印本,1985年。

又是山西行都指挥使司驻地,还是代王的藩封地。

天聪汗皇太极为突破长城隘口,入宣、大地区残毁掳掠,将大军分为四路:第一路,由和硕贝勒德格类率两蓝旗及蒙古巴林、扎鲁特、土默特部落诸贝勒之兵组成东路军,进独石口(今河北省沽源县南),会主力军于朔州(今山西省朔州市)。此路长城隘口险峻,且距朔州的路程,较其他三路最远。第二路,由大贝勒代善同其子萨哈廉、硕讬率领两红旗及蒙古敖汉、奈曼、阿禄、三吴喇忒、喀喇沁部兵等组成的西路军,自喀拉俄保地方,入得胜堡(或德胜堡,今山西大同北),"往略大同一带,取其城堡,西略黄河,会兵于朔州"①。第三路,由贝勒阿济格、和硕贝勒多尔衮、贝勒多铎率两白旗及蒙古阿禄翁牛特、察哈尔新附等部所组成的中路军,自巴颜朱尔格地方,入龙门口(今河北省赤城县龙门所),与主力军会于宣府。第四路,由皇太极率贝勒阿巴泰、和硕贝勒豪格、超品公杨古利统领两黄旗及汉军固山额真石廷柱、马光远、王世选,都元帅孔有德、总兵官耿仲明"天佑兵"和总兵官尚可喜"天助兵",以及蒙古科尔沁部兵等,从尚方堡或上方堡、膳房堡(今河北省万全县东),经宣府,趋应州(今山西省应县)。定议后,金四路大军,于七月初八日入边②。时明军对后金的军事行动一无所知,直至"奴四路纷来,至墙下而始觉"③。

后金四路大军,分别攻入塞内。

第四路军,由皇太极亲率贝勒阿巴泰、和硕贝勒豪格、超品公杨古利统领正黄旗固山额真纳穆泰、镶黄旗固山额真梅勒章京达尔哈,汉军固山额真昂邦章京石廷柱、马光远、王世选,"天佑兵"都元帅孔有德、总兵官耿仲明和"天助兵"总兵官尚可喜,蒙古科尔沁土谢图济农巴达礼、扎萨克图杜棱、额驸孔果尔(额哲)、卓礼克图台吉吴克善等接近边墙。皇太极先派和硕贝勒豪格、超品公杨古利率两黄旗精兵,于七月初七日,急趋尚方堡,拆毁边墙,攻台捉生。初八日,皇太极亲率大军,进入尚方堡,由拆毁墙处,分道疾急而进,到达宣府右卫。皇太极进边后,即赍书给明守军参将(见后文),两日后移营宣府南。后金军攻新城,明守兵发炮还击,不克。大军西进大同,给明代王致书。二十二日,皇太极率第四路军边进边战,略屯破堡,到达应州,包围其城。翌日,进攻小西

① 《清太宗文皇帝实录》,第19卷,第10页,天聪八年六月甲申,中华书局影印本,1985年。
② 《清太宗文皇帝实录》,第19卷,第12页,天聪八年七月己丑,中华书局影印本,1985年。
③ 《明档》,第201号卷,第8号,中国第一历史档案馆藏。

城,守军抵抗,攻而不克。明监生张文衡投奔皇太极,进言献策。

第三路军,由贝勒阿济格、和硕贝勒多尔衮、贝勒多铎率护军统领等,正白旗固山额真昂邦章京阿山、镶白旗固山额真梅勒章京伊尔登,及蒙古阿禄翁牛特部落孙杜棱、察哈尔新附土巴济农、额林臣戴青、多尔济塔苏尔海、俄伯类、布颜代、顾实等诸军所组成的中路军,冲入口后,进攻保安。二十六日,两白旗军会攻保安城,明守军奋力抵御,但寡不敌众,城被攻破,守备阵亡。两白旗军攻克保安后,急赴应州,同皇太极两黄旗军会师。

第二路军,由大贝勒代善同其子和硕贝勒萨哈廉、硕讬,率领正红旗固山额真梅勒章京叶克书、镶红旗固山额真昂邦章京叶臣、右翼固山额真甲喇章京阿代,以及敖汉部落杜棱济农,奈曼部落衮出斯巴图鲁,阿禄部落塔赖达尔汉、俄木布达尔汉卓礼克图,三吴喇忒部落车根,喀喇沁部落古鲁思辖布、耿格尔等组成的西路军,攻入得胜堡,明守堡参将李全兵败自缢死。代善军分作两股:代善、萨哈廉率一股军队向大同,攻怀仁,不克;硕讬等率另一股军队围攻井坪(今山西省平鲁县南井坪镇),也不克。寻代善军亦至,两军并力攻城,又不克。代善率两红旗军营朔州城外。皇太极调代善军向东,赴马邑驻扎。后萨哈廉出略至崞县,知县黎壮图辫发投降。后金兵将城中财物,捆载三百车而去。

第一路军,由和硕贝勒德格类率正蓝旗固山额真觉罗色勒、镶蓝旗固山额真篇古、左翼固山额真公吴讷格及两蓝旗护军将领,以及蒙古巴林、扎鲁特、土默特部落诸贝勒之兵组成东路军,进攻独石口。宣府与辽东为唇齿,而独石扼宣府前锋,“其五路险隘,则独石锁钥”①。二十八日,德格类督军,攻入独石口。镶蓝旗军进攻长安岭,克之。攻赤城堡(今河北省赤城),不克。正蓝旗军赶上,两旗并力,攻城也不克。乃奔保安州,“知州阎生斗集吏民拒守,城陷被执,死之”②,城中守备徐国泰、判官李师圣、吏目王本立、生员姚时中、训导张文魁等同时俱死③,国泰阖门十三人皆殉难。德格类率领的两蓝旗军,虽破保安,却未能按预定计划,会兵于朔州,而会师应州。

明廷闻报后金军攻入宣府、大同地区,恐其东进,京师戒严,加强防御。令总兵官

---

①　《宣府镇总图说》,《明经世文编》,第 460 卷,第 5045 页,中华书局影印本,1962 年。

②　夏燮:《明通鉴》,第 84 卷,第 3211 页,中华书局,1959 年。

③　《明史·阎生斗传》,第 291 卷,第 7465 页,中华书局校点本,1974 年。

陈弘范移驻居庸关,保定巡抚丁魁楚驻紫荆关,山西巡抚戴君恩移驻雁门关。又调宁远总兵吴襄、山海总兵尤世威,以官兵二万,分道援大同。

八月初二日,皇太极命诸贝勒率领各路大军,攻略山西代州一带地区。后金军分为左右两翼:左翼由多尔衮、多铎、豪格率领,攻略代州城东地区,后大军进到五台山而还。右翼由萨哈廉、硕托率领,攻略代州城西地区,探知崞县城垣颓坏,乘夜突袭,攻克县城。后金军左右两翼军队,在代州城附近,攻台堡,破驿站,掠获财物,劫夺马匹,攻掠数日,各回原营。各营军在其附近地区,攻打城堡,遇到抵抗。十一日,灵丘县王家庄的石家村堡,后金汉军固山额真石廷柱等以炮轰击,坏其城朵,竖梯强登。皇太极亲自督战,御前护军满朱锡礼、海桑二人先登,守堡军民“用大刀、木石砍击,皆坠”①。一个村堡,寡不敌众,虽力抵御,仍被攻破。在攻打王家庄时,城守备出战,被杀;其子代为守城,又被杀。后金军攻城时,礼部承政巴都礼,督众力攻,中箭而亡。后阿济格统兵继续攻打灵丘县。十三日,灵丘之战,激烈残酷。知县蒋秉采募兵坚守,“力屈,众溃,投缳而死,合门殉焉”②。后金军“拔灵丘县,杀知县一员、守备一员”③。后金军攻克一座村堡,一个县城,无不大掠。八旗大军拔营,北行四十里驻营。皇太极得报明总督张宗衡、总兵曹文诏驻怀仁县,预料其必奔大同,派军往怀仁后山路设伏。当后金军夜二更赶到预定地点时,明军已于日暮前撤往大同。

十四日,后金军起行,向大同进发。大同是明大同府的治地,也是山西行都指挥使司所在地,大同前、后、中、左、右五卫,很长时间与行都档司同城。十五日,皇太极亲率左翼多尔衮、多铎、豪格等统军,赶到大同。皇太极在大同城南岗,遥见明总兵曹文诏率领骑兵在城东门外结营。皇太极没有组织军队向明军立即发起进攻,而是派人分别向曹文诏及其众官投送两书,一面向曹文诏等投送议和书,一面派额驸多尔济等率军进攻曹文诏设在城外的骑兵营,明军不敌,退回城内。时明代王之母杨太妃同总督张宗衡、总兵曹文诏议,派降金汉人鲍承先在狱中之子鲍韬,往后金军大营送议和书(后宗衡、文诏论罪)。鲍韬在途中被蒙古兵抢其衣服及骡子,并遭杀戮;但韬命大,未死复苏,被救活并送到皇太极大营,细报详情,皇太极命赍书答之。时明崇祯帝见宣、大危

---

① 《清太宗文皇帝实录》,第19卷,第20页,天聪八年八月甲子,中华书局影印本,1985年。
② 夏燮:《明通鉴》,第84卷,第3212页,中华书局,1959年。
③ 《清太宗文皇帝实录》,第19卷,第22页,天聪八年八月戊辰,中华书局影印本,1985年。

急,派宁远总兵吴襄、山海总兵尤世威二路往援,吴襄军失利,尤世威军斩三十级。后金军围大同五日后,各路军队,四处分进。"东路至繁峙,中路至八角,西路至三岔"①,蹂躏土地,抢掠财物。

二十日,后金各路大军先后汇集大同,分左右两翼,环大同驻营。同时捉获僧人等,令往城里催促回答和议之事。皇太极先后四次派人到大同城内,人不回还,书亦无报。

军事攻击同时,附之致书议和。皇太极先后八次发出议和书:第一书,七月初八日,刚入边,至宣府,即发出议和书。此书致明朝官吏,书云:

> 予向与尔等定盟时,在我毫无欺诳之意,亦并无猜疑尔等之心。故对天地盟誓,以成和好。孰意尔等竟阴怀诡谲,不念前盟。初约遣人于辽东,寻盟久候不至。予三次遣使,辽人复拒不纳,且袭我边部,杀我二十余人。伊虽如此,予犹欲追念前盟,共敦和好。曾经遗书归化城。辽东执事者,毁弃誓词,侵我边塞。尔等之意云何?若谓辽人不和,与尔无涉。我两国盟誓具在,可即遣使来。若谓辽人既不欲和,尔亦难以独和,则不必遣使。至今不惟不遣人来,且无一语相复,是以予切望之心,从此断绝也。尔等或以向日诈盟,自为得计,恐上天必不见佑。予纵可欺,上天岂可欺乎!况盟誓者,同此上天;称名者,各是国主。同盟之人,何论大小耶!今尔等果愿和好,可遣信使,持尔主玺书来,速与裁决,勿延时日。不然,予惟量力前进耳,夫复何言?今予此来,尔地方已遭残破,若再经此,城郭虽存,糗粮不继,民何所恃耶?尔等乃民之父母,明知强弱之形,已不相敌,而不念军民之涂炭,议和不允,其故何也?若谓古人有既盟而复毁者,因而效之,是特守株之见耳。古有盟而复毁者,亦有始终不变者,自宜随时权变也。如执迷不悟,干戈相寻,尔国之祸,何时已乎!既为民父母,不以民之疾苦,奏于朝廷,速议和好,但偷安窃禄,惟恐上之罪己,则尔之所谓大臣者,亦何益于民耶!予未尝不愿太平,值此炎暑,岂乐兴兵?皆尔等不赞成和议之所致耳。

皇太极将入塞攻掠的责任推卸给明朝。

---

① 谈迁:《国榷》,第 93 卷,第 5654 页,中华书局,1958 年。

同日,发布给明朝军民书。其书谕军民云:

予与尔明国构兵之故,非我所愿,止因辽东各官,欺侮难受,及上奏又壅蔽不达,故兴兵至此。冀尔主下询其由,岂知用兵多年,竟无一言相问。及予屡次致书,遣人议和,并不纳我使臣,亦不答书。前年临尔边地,秋毫无犯,结盟而归。予以诚心议和,毫无疑贰,誓诸天地。不意尔官吏阴怀诡诈,从前盟约,尽为尔君臣所毁。凡人盟誓,皆同此天,无论大小,称名各是国主,岂有可以轻弃之理耶? 古云:"下情上达,天下罔不治;下情上壅,天下罔不乱。"似此干戈不息,皆由汝官吏壅蔽下情,尔国君不愿议和所致。尔等父母妻子离散,无辜之民,死于锋镝,实非予之故,乃尔国君之过也。

是为第二书。皇太极将宣、大军民遭受残毁掳掠的不满,引向明朝皇帝和官吏。

第三书,十三日,给明代王的议和书。第四书,八月十五日,至大同,给明总兵曹文诏议和书。第五书,与上同日,给大同、宣府、阳和各官员书。第六书,十八日,派阵获明千总曹天良给明代王母杨氏议和书。此书报代王之母杨太妃曰:

朕曾遣使于各处议和,尔皇帝黜戮大臣,大臣畏惧,以致蒙蔽,不能上达。王母今遣使修好,诚属为国为民之意也! 我此番进兵,原为情不得达,故入内地,蹂躏土地,扰累人民,以昭白我愿和不得和之故。下民怨恨,上天自鉴,此我进兵意也。已将此意作书,布告各处。今王母诚能主持和议,当速成之,勿延时日,缓一日,则民受一日之害;蚤一日,则民受一日之福。若和议果成,我兵不终日而出境矣。我若不思太平,专嗜杀戮,又何以服诸蒙古而统众兵也! 予之议和,实出真诚,若稍有越志,独不畏上天乎! 惟愿尔等,亦以至诚相待耳![1]

皇太极想通过明代王之母杨氏,将其"议和书"奏报崇祯皇帝,实为空泛之想。城中将崇祯帝致后金的书信置于北楼口,文曰:"满洲原系我属国,今既叛犯我边境,当此炎天深入,必有大祸。今四下聚兵,令首尾不能相救。我国人有得罪逃去,及阵中被

---

① 《清太宗文皇帝实录》,第19卷,第22页,天聪八年八月辛未,中华书局影印本,1985年。

擒,欲来投归者,不拘汉人、满洲、蒙古,一体恩养。有汉人来归者,照黑云龙养之;有满洲、蒙古来归者,照桑噶尔寨养之。若不来归,非死于吾之刀枪,则死于吾之炮下。又不然,亦被彼诬而杀之矣!"①

第七书,二十四日,给明崇祯皇帝书。第八书,与上同日,又给明王太监议和书。第九书,二十六日,给明总督张宗衡议和书。第十书,闰八月初三日,给明宣府王太监、吴太监议和书。

其实,议和之事,极为微妙,降金汉人王文奎曾向皇太极直言:"汉人以宋时故辙为鉴,举国之人,俱讳言和。"②明朝官员,因为和事,罢官者有之,杀头者也有之,所以,明朝文武官员,对于皇太极的议和书,既不敢回书,更不敢奏报。

十书议和不报,出边时间较久,皇太极下令,八旗军撤退。闰八月初七日,皇太极率军出尚方堡班师。

是役,天聪汗皇太极从五月二十二日出发,到九月十九日回沈,其间共计一百四十九天,仅攻克崞县、灵丘、保安和万全左卫等城,于阳和,于大同,或过而未战,或围而未下。皇太极此次亲征,深入至今河北省西北部及山西省北部,纵深至山西省中部,攻围大小城、镇、台、堡五十余座,"蹂躏宣、大逾五旬,杀掠无算"③,对宣府、大同地区,生命财产,破坏极大。袭击宣、大,震动京师。同时沿途收纳察哈尔林丹汗残部。

后金军所到之处,或"禾稼尽蹂躏,庐舍尽焚毁";或"台堡之人,俘斩甚众"。兵部尚书张凤翼奏报:"任(后金)游骑之抄掠,无能设伏歼除,所谓训练者安在? 无事则若称缺饷,有警又自处无兵,招练无闻,只动呼吁,所谓精锋者又安在?"④明朝的边吏认为,金军只在掠夺,所以他们任其自便。明朝阁臣王应熊对崇祯帝说:"山西崞县,虏止二十⑤骑,掠子女千余人。过代州,望城上亲戚,相向悲啼,城上不发一矢,任其饱掠以去。"⑥崇祯帝听后,为之顿足叹息⑦。

---

①　《清太宗文皇帝实录》,第19卷,第24页,天聪八年八月丁丑,中华书局影印本,1985年。

②　《清太宗文皇帝实录》,第12卷,第12页,天聪六年八月丁卯,中华书局影印本,1985年。

③　谷应泰:《明史纪事本末·东兵入口》,第4册,第1495页,中华书局,1977年。

④　《明档》,201号卷,第8号,中国第一历史档案馆藏。

⑤　谷应泰《明史纪事本末·东兵入口》作"二千骑"。

⑥　谈迁:《国榷》,第93卷,第5660页,中华书局,1958年。

⑦　谷应泰:《明史纪事本末·东兵入口》,第4册,第1495页,中华书局,1977年。

（四）第四次破塞攻明掳掠

天聪九年即崇祯八年（1635 年），后金军入塞攻掠，是为皇太极第四次破塞攻明掳掠之役，事在乙亥年，又称乙亥之役。

此役有两个明显的特点：

其一，为解决后勤补给。皇太极派多尔衮、岳讬、萨哈廉和豪格等率军，第三次征战察哈尔部林丹汗，时林丹汗已死，获其遗孀苏泰太后、其子额哲，及其部众等，还获其传国玉玺"制诰之宝"，取得了决定性的胜利。多尔衮统领的回归队伍里，不仅有后金出征的大队人马，而且有林丹汗的遗孀、儿子及其部众。这些众多的人马、妇幼，其生活资源怎样解决？除打猎之外，主要靠抢掠。因此，多尔衮等在凯旋回师途中，破墙入塞，肆行掳掠。《八旗通志·初集》也作了记载：天聪九年即崇祯八年（1635 年）五月至七月，后金军在征察哈尔林丹汗回师的途中，"时岳讬贝勒有疾，分兵驻守归化，萨哈廉同多尔衮、豪格两贝勒进略山西"①。

此役，《明史纪事本末》记载："建州兵入河套，收插汗全部。还趋朔州，略平远铁山堡。趋阳和，参将丁奎光遇之，把总赵科败没。趋神池，距代州十里，逾代州不攻而去。寻分兵攻定襄，略五台。七月，出宣府境。"②谈迁记载后金军入塞后之攻掠亦略同：经山西阳和，趋神池，攻忻州，扰定襄，掠五台③。七月，在击败明朝各路守军与援兵之后，后金军于平鲁（虏）卫出塞，返回沈阳。

其二，关内与关外配合。一方面崇祯帝调动关外军增援关内，另一方面皇太极兵扰关外以策应关内。早在五月十四日，皇太极就指出，"我国出师诸贝勒，今大概业已进入大明山西地方"④。时皇太极派和硕贝勒多铎率军，在广宁（今北宁）、锦州一带骚扰⑤，以牵制明军，策应入塞和硕贝勒多尔衮军；而崇祯帝"不仅调动了本地的军队，并且也调来了辽东精兵以作支援"⑥。此役，满文档案作了记载：

①　《八旗通志·初集》，第 129 卷，第 3548 页，东北师范大学出版社，1985 年。
②　谷应泰：《明史纪事本末·东兵入口》，第 4 册，第 1495 页，中华书局，1977 年。
③　谈迁：《国榷》，第 94 卷，第 5706～5707 页，中华书局，2005 年。
④　《天聪九年档》，第 104～105 页，天津古籍出版社，1987 年。
⑤　《清太宗文皇帝实录》，第 23 卷，第 10 页，天聪九年五月壬申，中华书局影印本，1985 年。
⑥　沈一民：《清南略考实》，第 63 页，黑龙江大学出版社，2010 年。

满洲军三贝勒率兵出边时,命纳木泰、图尔格依二将,率章京六员、兵一千殿后。时明大同城守王姓总兵官属下兵,守宁远、锦州总兵官祖大寿援兵,共马步兵三千人出战,左翼主将图尔格依先见之,即行冲入,明兵皆遁,图尔格依乘胜掩杀,拥至边壕。满洲兵下马步战,击杀明兵甚众。为[①]满洲前兵堵截之明马步兵五百余人于一台上列营,满洲兵右翼将纳木泰见之,即行围攻,尽斩之。其马匹伤毙者甚多,满洲兵共获马三百。[②]

这次后金军破塞掳掠概况,《清太宗实录》作了记载。和硕贝勒多尔衮,贝勒岳讬、萨哈廉、豪格等,回师途中,分为两部:

其一,岳讬部。时贝勒岳讬有疾,分兵一千,驻营归化城(今呼和浩特市)。后金军抢掠"所得牲畜粮米,送至岳讬所"[③]。其时的抢掠,主要是供给岳讬部官兵生活费用所需。

其二,多尔衮部。多尔衮、萨哈廉、豪格三贝勒率众兵,并察哈尔林丹汗之子额尔克孔果尔额哲及其大臣,往略明山西一带,自平鲁(虏)冲入塞内。《清太宗实录》记载:"我军由朔州前发,有明宁武关参将,率兵五十名来探。我镶蓝旗前锋参领席特库击败之,杀十余人,参将中伤,领余兵遁走,我军直抵长城下。三贝勒遣前锋将领硕翁科罗巴图鲁劳萨,往毁长城。劳萨乘夜前往,遇明羊房口步兵出迎,击败之。次日,又败宁武关哨卒,斩十人,生擒二人,遂毁关,入略代州。大军于忻州驻扎,于是,三贝勒纵兵略忻州一带。又令右翼正黄旗喀迩喀玛,防御忻州。有敌兵千余,从忻州出战,我哨卒击败之。比我军将还,前锋参领苏尔德、安达礼,率四十人,伏于忻口,遇明往来哨卒三百人,败之,斩杀大半,获马六十匹。我军至忻口,明总督遣副将一员,领兵七百人,从代州来探。我左翼主帅固山额真图尔格,率诸贝勒所属护卫,自忻口追击至崞县,获马六十余匹。我军至黑峰口,劳萨击明游击下哨卒四十名,俱斩之,获马三十余匹。我军出长城,自应州赴平鲁卫。卫内有马步兵五百人,出城列阵,三贝勒即令右翼主帅正黄旗固山额真纳穆泰、图尔格,率兵破其阵,追击至城壕,明兵死者百余人。三贝勒率大军出边,令纳穆泰、图尔格,率章

---

① 原译文衍一"为"字,引用时笔者删之。

② 《清初内国史院满文档案译编》,上册,第187页,光明日报出版社,1989年。

③ 《清太宗文皇帝实录》,第24卷,第10页,天聪九年八月庚辰,中华书局影印本,1985年。

京十六员、兵千名殿后。有明大同城守王姓总兵属下兵,及宁远锦州总兵祖大寿援兵,共马步卒三千人,齐出。图尔格先见之,遂奋勇冲入,明兵皆溃,图尔格乘胜掩杀,拥至壕边,我军皆步战,击死明兵甚众。明溃兵马步约五百余人,复于台上列营,纳穆泰率兵围台奋击,尽歼其众,其马匹伤死者甚多,我军获马二百匹。"①

此役,清初内国史院满文档案作了记载:

吏部和硕墨尔根戴青贝勒,礼部和硕贝勒萨哈廉,汗之子和硕贝勒豪格等,率众兵携察哈尔汗之子额尔克孔果尔及其大臣等,往略明山西地方,自平鲁卫入。

时管镶白旗护军津博尔辉率二十人遇胡右卫兵二百人,击败之,生擒一人。是日,以所得牲畜粮米,遣人送至岳托军。

我军由此前进,经过朔州时,宁武关参将率兵五十人来探,镶蓝旗前锋甲喇章京席特库遇而败之,杀十余人,参将中伤,领余兵遁走。

满洲兵抵长城后,满洲军三贝勒遣前锋将领硕翁科罗巴图鲁劳萨,往毁长城。巴图鲁硕翁科罗乘夜前往,时遇明羊房口步兵出迎,击败之。次日,击败宁武关哨卒,杀十人,生擒二人。于是,破关而入,略代州一带,众兵营于忻州。满洲军贝勒纵兵略忻州一带,令右翼正黄旗喀尔喀玛防御忻州。时有明兵千人自忻州城出战,满洲哨卒击败之。于是,满洲大军还,令前锋苏尔德依、安达礼率四十人伏于忻口,遇明往来侦卒三百人,击败之,杀之过半,获马六十。满洲大军至忻口后,明军门遣副将一员,率兵七百人,自代州城来探满洲兵情形。满洲军左翼主帅图尔格依率诸贝勒所属侍卫,自忻口追杀至崞县,获马六十余。

满洲大军抵黑峰口,前锋将硕翁科罗巴图鲁击败明游击下哨卒四十人,尽斩之,获马三十余。满洲军出长城,自应州城赴平鲁卫。时平鲁卫骑兵五百人,出城列阵,满洲军诸贝勒见之,令黄旗骑兵固山额真纳术泰、镶白旗图尔格依二将,率兵破敌阵,追击至城壕,明兵百余人被杀。……

满洲兵入明边内弛(驰)略,众军共俘获人口七万六千二百,出边与岳托贝勒会。②

---

①　《清太宗文皇帝实录》,第 24 卷,第 10～11 页,天聪九年八月庚辰,中华书局影印本,1985 年。

②　《清初内国史院满文档案译编》,上册,第 186～187 页,光明日报出版社,1989 年。

此役，后金军所攻略与所虏获，《清太宗实录》记载：

> 是役也，我军入明边驰略，自平鲁冲入朔州，直抵长城，又经宁武关、代州、忻州、崞县、黑峰口、应州，而复还平鲁，斩击明兵六千余人，计俘获人口、牲畜七万六千二百有奇。乃出边与贝勒岳讬会于归化城。①

这次后金军入塞掳掠，当地人民损失惨重，八旗官兵虏获丰厚：

其一，虏获人口、牲畜七万六千二百余。上面所引文献，其虏获之数字，并不相同：《清太宗实录》记载为"计俘获人口、牲畜七万六千二百有奇"；《八旗通志·初集》记载为"获俘人畜七万六千二百余"；而《清初内国史院满文档案译编》记载为"共俘获人口七万六千二百"②。后金军虏获的数字，常人与畜并计，这里应是虏获人口与牲畜的合计数字。

其二，另有掠获骆驼八十七峰、马一百五十四匹、貂皮六百二十余张。

其三，骚扰地区包括山西省大同地区，朔州地区的平房卫、应县，忻州地区的神池、宁武、忻州、定襄、崞县、五台等，还有今河北省张家口地区的宣府、沙河堡等③。较之第三次破塞攻明掳掠，更加深入内地。

总之，后金军第四次破塞攻明掳掠之役，虽仅在今张家口、大同、朔州、忻州地区等，但给当地居民造成生命与财产的巨大损失，也使明军受到一次新的打击。尔后，皇太极又发动第五次破塞掳掠之役。

（五）第五次破塞攻明掳掠

崇德元年即崇祯九年（1636 年），清军耀兵于京畿，是为皇太极第五次破塞攻明掳掠之役。是年为丙子年，又称丙子之役。

后金在第二次迁道入塞和第三次迁道入塞的两年之间，发生两件军政大事：其一

---

① 《清太宗文皇帝实录》，第 24 卷，第 11 页，天聪九年八月庚辰，中华书局影印本，1985 年。

② 《八旗通志·初集》，第 129 卷，第 3548 页，东北师范大学出版社，1985 年。

③ 《清太宗文皇帝实录》，第 24 卷，第 9 页，天聪九年八月庚辰，中华书局影印本，1985 年。

是征服察哈尔部,完成对漠南蒙古的统一。《国榷》记载:"插部全收,建憨大悦。置酒高会,语其下曰:'南朝君骄而臣谄,兵弱而民穷,亡无日矣!'"上文中的"插部"即察哈尔,"建憨"即天聪汗皇太极。这为其进攻明朝,既增加了实力,又增强信心。其二是后金改国号为大清。此为明清关系史上重大的事件。

天聪十年即崇祯九年(1636年)四月初五日,后金大贝勒代善,和硕贝勒济尔哈朗、多尔衮、多铎、岳讬、豪格等诸王贝勒大臣,恭请皇太极上尊号。和硕贝勒多尔衮捧满洲字表文,蒙古科尔沁土谢图济农巴达礼捧蒙古字表文,都元帅孔有德捧汉字表文,率诸王贝勒大臣请皇太极上尊号。十一日:

> 上以受尊号,祭告天地,皇太极受"宽温仁圣皇帝尊号"。建国号曰"大清",改元为崇德元年。①

皇太极称皇帝,国号为大清,年号为崇德,这是满洲史上、也是清朝史上一件划时代的大事。崇德帝皇太极为这件大事及其相关事情忙了一个多月之后,便发动对明朝第三次大规模的迁道入塞的战争。

崇德元年即崇祯九年(1636年)五月二十七日,皇太极御盛京皇宫翔凤楼,召集诸王贝勒大臣会议,宣布决定出师,迁道入塞攻明。与会者有:和硕睿亲王多尔衮、和硕豫亲王多铎、和硕肃亲王豪格、和硕成亲王岳讬、汉军固山额真石廷柱,及出征多罗武英郡王阿济格、多罗饶余贝勒阿巴泰,超品公、额驸杨古利,固山额真宗室拜尹图、谭泰、叶克书、阿山、图尔格、宗室篇古、额驸达尔哈等。他说:凡行师重大事宜,宜共同计议而行;攻城时,可取则取,不可取则不取;争论不决之事,听武英郡王阿济格剖断;进兵时多"慎始怠终",应引以为戒;攻城时尽量诱其出城,"汉人若出城,野战破之甚易"②。此外,就鼓励俘获事,专门作出规定:第一,此行若多所俘获,每牛录止派取男妇六人,牛二头;其附满洲牛录下蒙古贝勒之人,及内外新编入牛录内者,亦照此派取;如一无所俘获者,毋得派取。第二,军士或以所获之物私献本主,不得滥行收取,须与从征者均分之,其所取者亦不过金银、绸缎及堪用衣服而已。第三,吸

---

① 《清太宗文皇帝实录》,第28卷,第11页,天聪十年四月乙酉,中华书局影印本,1985年。
② 《清太宗文皇帝实录》,第29卷,第9页,崇德元年五月庚午,中华书局影印本,1985年。

取征宣、大时"师行甚缓,鲜所俘获"的教训,此番勿再缓行。第四,每旗出一官员,每牛录出一甲士,到长城边上,准备迎接俘虏,接到俘虏立即送回,勿以俘获之少,而不令送回①。

皇太极此次攻明,实际派两支军队,第一支由阿济格、阿巴泰率领,迂道近边,破墙而入,残毁京畿,抢掠财富;第二支由多尔衮、多铎、岳讬、豪格率领,向山海关进兵,以牵制关外明军。

三十日,崇德帝皇太极命多罗武英郡王阿济格、多罗余饶贝勒阿巴泰、超品公额驸杨古利,固山额真宗室拜尹图及谭泰、叶克书、叶臣、阿山、图尔格、宗室篇古、额驸达尔哈等率军攻明。皇太极亲诣堂子行礼拜天,送至演武场,清攻明大军起行。

六月二十七日,阿济格、阿巴泰率军入边。清军分为三路:一路为两黄旗军,自巴颜德木地方攻入;一路为两白旗、正蓝旗军,自坤都地方攻入;另一路为两红旗、镶蓝旗军,自大巴颜攻入。时明朝已经得到清军将要入边的探报,作出相应的部署:布告居民,坚壁清野,商民入城,坚决固守。明军也做出对策:"令固守城池,俟满洲兵出,务出奇计,或击其中,或击其尾。"清军入边后八日,相会于延庆州。延庆州(今北京市延庆县),明永乐十二年(1414年)置隆庆州,隆庆元年(1567年)改名为延庆州,直隶京师,在北京西北,距京师一百七十里。明设延庆右卫,卫在居庸关北口,后徙治怀来,直隶后军都督府。

七月初五日,清军阿山等率兵先攻长安岭堡和雕鹗堡,两堡均隶明万全都指挥使司,堡外为蒙古游牧地。前者,为嘉靖俺答入边的通道;后者,为永乐帝北征死于榆木川皇太孙迎灵处。两堡地形险峻,东西跨岭,"中通线道,旁径逼仄"②。时两城堡残破,明守军恃险而疏备。阿济格军攻破长安岭堡和雕鹗堡后,会师于京畿西北之延庆州。初六日,清军入塞内。清军先后击败明军七次,俘获人畜万余。清军入喜峰口,明巡山海、居庸二关御史王肇坤激众往御,力寡不敌,退保昌平③。

明廷闻报,京师戒严。急令宦官李国辅守紫荆关,许进忠守倒马关,张元亨守龙泉关,崔良用守固关,力阻清军,卫守北京。清军避开明军严密防守的隘口,经延庆,入居

<hr>

① 《清太宗实录》,第40至41页,抄本,中国国家图书馆善本部藏。

② 顾祖禹:《读史方舆纪要》,第18卷,第32页,上海书店出版社影印本,1998年。

③ 谈迁《国榷》卷95载:"建虏入喜峰口,巡关御史王肇坤死之。"《明史纪事本末·东兵入口》《明季北略》等书亦同。《崇祯实录》《清太宗实录》及《明史·王肇坤传》等,记载王肇坤死于清兵入昌平之战。

庸,向昌平,逼京师。崇祯帝以张元佐为兵部右侍郎镇守昌平,司礼监太监魏国征守天寿山。魏国征当日起程,而张元佐迟至三日。崇祯帝对阁臣曰:"内臣即日行道,而侍郎三日未出,何怪朕用内臣!"①寻清兵进军居庸关昌平北路,大同总兵王朴驰援,斩杀清兵一千一百零四人,俘获一百四十三人②。清军虽受挫,仍挺进昌平。初七日,清军攻打昌平前,阿济格将曾被招降的二千人释放,使其诈称逃归做内应,巡关太监及御史王肇坤,未察其谋,开门引入。清军合二十旗攻城,火炮并发,毁其城楼,图尔格率兵登城,城里内应,遂克昌平,"肇坤被四矢两刃而死。丕昌出降"③。"总兵巢丕昌降,户部主事王桂、赵悦,提督太监王希忠等皆被杀"④。王桂(又作王一桂)因督饷昌平,城陷被执,不屈死之,其"妻妾子女暨家众二十七人悉赴井死"⑤。先是,明熹宗天启帝葬于天寿山的德陵。德陵在永陵东北一里处,其"殿楼门亭俱黄瓦"⑥。谈迁《国榷》记载:清军"焚天寿山德陵"⑦。昌平失陷,崇祯帝命文武大臣,分守都门。初八日,清兵进薄西山,攻巩华城。巩华城在昌平州南二十里,明初永乐帝北征,其后明帝上陵多驻于此。旧有行宫,正统时为水所坏,嘉靖时修复行宫,并筑城池环之,名曰"巩华",行宫在巩华城中⑧。巩华城为皇帝行宫,守将姜瑄以发炮却清军的进攻。清军驻营沙河、清河,掳掠西山,时清军谋南下,继"诈降"之后,又行反间计,利用在己巳之役中俘获而逃归的黑云龙作"反间"。据载:"诈遗我副总兵黑云龙书约内应。以云龙勇敢,先陷虏脱归,欲计去之。上知其诈,召谕云龙,尔第安之。朕悉虏计,对群臣焚之矣! 尔且诱之入,亦一机也。云龙出,设伏西山之北隅诱之,果斩获。建虏知中计,走良乡"⑨。初十日,清兵屯沙河,抄河南而出。明兵部传檄征调山东总兵刘泽清五千人,山西总兵王忠、猛如虎四千人,大同总兵王朴、保定总兵董用文各五千人,辽东前锋总兵祖大寿一万五千人,关宁蓟密各总兵祖大乐、李重镇、马如龙共万七千人,总计五万一千人入

①　《崇祯实录》,第9卷,第12页,崇祯九年八月庚辰,台北中央研究院历史语言研究所校勘本,1962年。
②　谈迁:《国榷》,第95卷,第5746页,六月辛丑,中华书局,1958年。
③　《明史·王肇坤传》,第291卷,第7465页,中华书局校点本,1974年。
④　《崇祯实录》,第9卷,第10页,崇祯九年七月己酉,台北中央研究院历史语言研究所校勘本,1962年。
⑤　《明史·王肇坤传附王一桂传》,第291卷,第7465~7466页,中华书局校点本,1974年。
⑥　顾炎武:《昌平山水记》,上卷,第9页,北京古籍出版社,1980年。
⑦　谈迁:《国榷》,第95卷,第5747页,中华书局,1958年。
⑧　光绪《昌平州志》,第3卷上,第55页,北京古籍出版社,1998年。
⑨　谈迁:《国榷》,第95卷,第5748页,中华书局,1958年。

援①。十五日,清军克宝坻,杀知县赵国鼎②。兵部尚书张凤翼因皇陵震惊、坐视不救,遭到疏劾。凤翼心惧,自请督师。二十一日,"兵部尚书张凤翼自请总督各镇援兵出师,许之。赐尚方剑,给万金,赏功牌五百。以监视关宁太监高起潜为总监,南援霸州。辽东前锋总兵祖大寿为提督,同山海总兵张时杰属起潜,给三万金,赏功牌千,购赏格"③。

清军按照皇太极的谕令,不占据城池,进行残毁掠夺,未在沙河、清河久驻,继续南进④。清军两黄、两红、镶蓝、蒙古共十旗兵,合攻定兴。时明辞职家居江村的前光禄寺少卿鹿善继等,由村进城,登城坚守,七日城破,清兵以力胁降,"提刀索衣",善继不屈,破口大骂:"天朝鹿太常衣,肯覆羯狗奴耶!"清兵怒甚,连砍三刀,复射一矢,鹿善继仍骂不绝口,伤重而死,年六十二⑤。时"中原士大夫,非望风而走,则髡发以降";鹿善继等尽管"捧一篑以塞溃川,挽杯水以浇烈焰"⑥,却表现出志士仁人的可贵骨气。清兵继陷房山(今北京市房山区)⑦,杀典史孟增秀。

八月,清军分兵,攻掠畿南一带。明军与清军激战于涿州(今河北省涿州市)。在畿南,明军五万驻琉璃河,辽东总兵王威并三屯营兵会涿州。初五日,明总兵王朴败清军于涿州,斩二百余级⑧。清军涿州失利,初六日转攻固安。初八日,清军陷文安。寻陷永清。分攻漷县(今北京市通州区)、遂安、雄县⑨。清军图尔格、萨穆什喀两旗攻克雄县⑩。初九日,明督师兵部尚书张凤翼、总督宣大梁廷栋及总监高起潜,小败清军于涿州南,斩三百余级,清军攻锋受挫。十四日,转攻香河,回涿州。十四日,清军达尔

---

　　① 《崇祯实录》,第9卷,第10~11页,崇祯九年七月壬子,台北中央研究院历史语言研究所校勘本,1962年。

　　② 谷应泰:《明史纪事本末·东兵入口》,第4册,第1496页,中华书局,1977年。

　　③ 《崇祯实录》,第9卷,第11页,崇祯九年七月癸亥,台北中央研究院历史语言研究所校勘本,1962年。

　　④ 计六奇《明季北略·大清兵入塞》(光绪十三年[1887年]上海图书集成印书局本)七月、八月干支系日换算有错:七月"初六丁未"应作"初五丁未"、"初八己酉"应作"初七己酉"、"十六丁巳"应作"十五丁巳"、"二十二癸亥"应作"二十一癸亥",八月"二十日辛丑"应作"二十日辛卯"、"三十辛丑"等。

　　⑤ 《鹿公墓志铭》,《鹿忠节公年谱》,清刻本。

　　⑥ 计六奇:《明季北略》,第12卷,第4页,光绪十三年(1887年)刻本。

　　⑦ 《崇祯实录》,第9卷,第11页,崇祯九年七月癸亥,台北中央研究院历史语言研究所校勘本,1962年。

　　⑧ 谈迁:《国榷》,第95卷,第5754页,中华书局,1958年。

　　⑨ 《崇祯实录》,第9卷,第12页,崇祯九年八月丙子,台北中央研究院历史语言研究所校勘本,1962年。

　　⑩ 《清太宗文皇帝实录》,第31卷,第4页,崇德元年九月乙卯,中华书局影印本,1985年。

哈、达赖二旗合克顺义(今北京市顺义区),顺义知县上官荩兵败自经①。十五日,清军知明大军在卢沟桥(今北京市丰台区境)一带,"趋东北,至怀柔、大(文)安,陷西和"②。清军镶红旗攻克文安。同日,"建虏自香河,趋河西务"③。十九日,清兵分屯密云(今北京市密云县)、平谷(今北京市平谷区),后攻陷城堡甚多④。"寻复掠雄县而北。遍蹂畿内,攻略城堡"⑤。其时,清军两黄、两红、两白等十旗合攻宝坻,守城明军顽强抵御,叶臣等穴其城,攻克之⑥。此外,在畿南保定府地带,清官方文献记载:拜尹图一旗军独克安肃县,叶臣一旗军独克安州,阿山一旗军独克东安县,萨穆什喀、苏纳二旗合陷容城⑦。

阿济格、阿巴泰率领清军,由北京西北,而正北,而西南,而东南,再东北。清军遍蹂躏京畿州县,攻陷城堡,焚毁村庄,掳掠财物,屠杀官民。转向东北,准备回师。三十日,明督师兵部尚书张凤翼自京出,总督宣大梁廷栋自南至,俱踵之,不敢击。张凤翼屯驻迁安之五重安,从郭林奇之计,固垒自守。时清军出建昌冷口,守将崔秉德主张力守,请率兵遏其归路,但总监高起潜令半渡击之。名为截击,实望速归,不敢邀战,而阴纵之。永平监军刘景辉⑧忿之,欲自身战,士民挽之。不听,率兵战于迁安枣村河。深夜袭击,杀一二百人。督师"凤翼自在五重安,经旬不出"⑨。

先是,八月十二日,皇太极估计阿济格所属八旗将士抵达长城,为减轻明军对这支军队的压力,决定派遣和硕睿亲王多尔衮、和硕豫亲王多铎、多罗贝勒岳讬、豪格等,其行动是配合武英郡王阿济格乘隙从容出边。兵分两翼,先后启行:和硕睿亲王率右翼兵由中后所入,和硕豫亲王率左翼兵由锦州入⑩。九月初九日,"清兵攻山海关之一片

① 谈迁:《国榷》,第95卷,第5755页,中华书局,1958年。

② 《崇祯实录》,第9卷,第12页,崇祯九年七月乙酉,台北中央研究院历史语言研究所校勘本,1962年。

③ 谈迁:《国榷》,第95卷,第5755页,中华书局,1958年。

④ 《崇祯实录》,第9卷,第12页,崇祯九年八月辛丑,台北中央研究院历史语言研究所校勘本,1962年。

⑤ 谷应泰:《明史纪事本末·东兵入口》,第4册,第1496页,中华书局,1977年。

⑥ 《清太宗文皇帝实录》,第31卷,第4页,崇德元年九月乙卯,中华书局影印本,1985年。

⑦ 《清太宗文皇帝实录》,第31卷,第4页,崇德元年九月乙卯,中华书局影印本,1985年。

⑧ "辉":《国榷》作"耀"。

⑨ 《崇祯实录》,第9卷,13页,崇祯九年八月辛丑,台北中央研究院历史语言研究所校勘本,1962年。

⑩ 《清太宗文皇帝实录》,第30卷,第3页,崇德元年九月乙卯,中华书局影印本,1985年。

石、红山沟,山永巡抚冯任御却之"①。

九月初一日,清军携带所掠取的大批人畜物资,从容出冷口(今河北迁安东北)东归。《国榷》记载:

> 建虏出冷口,掠我子女,俱艳饰乘骑,奏乐凯归。斫塞上木白而书曰:"各官免送!"凡四日乃尽。侦骑拾其遗牌,亦书"各官免送"。高起潜度退尽,始进石门山,报斩三级。②

清军退出冷口后,明兵部尚书、督师张凤翼,兵部侍郎、宣大总梁廷栋,相继死去,又相继论罪。初二日,"督师兵部尚书张凤翼卒于行营。或曰:'惧罪饮药也!'"③初十日,总督宣大兵部右侍郎梁廷栋被免官。寻,梁廷栋也死。

梁廷栋,万历进士,留心边务,喜好谈兵。廷栋以兵部右侍郎兼右都御史,总督宣府、大同、山西军务。此次清军由间道逾天寿山,克昌平,逼京师,其山后地域,为廷栋军事防区,命廷栋戴罪入援。及出御敌,一筹莫展,遂郁以殁。

张凤翼,万历进士,历官主事、参政、巡抚、尚书等。先是,孙承宗曾上疏斥他"才鄙而怯,识暗而狡,工于趋利,巧于避患"④。至是,兵部尚书张凤翼惧罪,自请督师。已巳之役,兵部尚书王洽下狱死,复坐大辟。王洽前鉴,凤翼自知,"凤翼知不免,日服大黄药,病已殆,犹治军书不休。至八月末,都城解严,凤翼即以九月朔卒。已而,议罪夺其官"⑤。张凤翼、梁廷栋二人,身负重任,畏敌如虎,临阵怯战,京畿多遭残破,屡被言官弹劾。"两人益惧,度解严后,必罹重谴,日服大黄药求死"。至九月初一日,凤翼卒。"逾旬日,廷栋亦卒。已,法司定罪,廷栋坐大辟,以既死不究云"⑥。

崇祯帝在此次丙子之变中,格局偏隘,心胸狭窄。其一,明唐王朱聿键"率护军千人勤王,汝南道周以典止之,不听。至裕州,巡按御史杨绳武以闻,命劝阻还国"⑦。后

① 《崇祯实录》,第 9 卷,第 13 页,崇祯九年九月庚戌,台北中央研究院历史语言研究所校勘本,1962 年。
② 谈迁:《国榷》,第 95 卷,第 5757 页,中华书局,1958 年。
③ 《崇祯实录》,第 9 卷,第 13 页,崇祯九年九月癸卯,台北中央研究院历史语言研究所校勘本,1962 年。
④ 《明史·张凤翼传》,第 257 卷,第 6632 页,中华书局校点本,1974 年。
⑤ 《明史·张凤翼传》,第 257 卷,第 6635 页,中华书局校点本,1974 年。
⑥ 《明史·梁廷栋传》,第 257 卷,第 6628 页,中华书局校点本,1974 年。
⑦ 《崇祯实录》,第 9 卷,第 11 页,崇祯九年八月壬申朔,台北中央研究院历史语言研究所校勘本,1962 年。

废唐王聿键为庶人，因"以前擅兵入援也"①。其二，御史金光宸参劾督师张凤翼及镇守通州兵部右侍郎仇维桢，"首叙内臣功为借援，又请罢内臣督兵"。崇祯帝于平台召见时大怒，命"锦衣卫褫冠服，下诏狱"②。时大风雷电，光绕御座，崇祯帝怕上天示警，命释放之，候旨议谪。崇祯帝不善听取不同建言，不愿利用一切力量，共同对敌，维护江山。

清军第三次迂道入塞之战，从阿济格奉命率军五月三十日起行，攻克明边墙隘口，长驱而入，残毁京畿地区，至九月初一日过冷口东归，二十八日返抵沈阳，总共为一百二十二天，即四个月的时间。其中在塞内时间，从六月二十七日入边，到九月初一日出边，总计六十六天。期间，清朝与明朝，喜忧相悖，各有评论。

清朝多罗武郡王阿济格等奉表报捷称："宽温仁圣皇帝命统领大军，往征明国。仰蒙上天眷佑，皇上德威，攻克明国边城，长驱而入，燕京附近疆土，纵兵驰突。凡克城十二，摧敌阵五十八，俘获人畜十八万，生擒总兵巢丕昌等。我国出征将士，全军奏凯而归。"③

明朝"以二州八县生灵，结一饱飏之局"④。实际上岂止"二州八县"？时明朝顺天府属五州二十二县，或被蹂躏，或遭残毁，城镇村庄，官民百姓，全遭劫难，几无幸免，甚且波及保定府属安肃、定兴、雄县，以及延庆州、保安州等。总之，京畿地区，东西南北，铁骑践踏，似无完土。这是自己巳之后，北京受到最严重的骚扰。明前工部右侍郎刘宗周上言："自己巳以来，无日不绸缪未雨，而天下祸乱，一至于此。往者袁崇焕误国，其他不过为法受过耳。小人竞起，而修门户之怨。举朝士芝异己者，概坐焕党，次第置之重典，或削籍去。自此，小人进而君子退，中官用事而外廷浸疏，朝政日隳，边政日坏。今日之祸，实己巳酿成之也！"⑤

谈迁曰："张凤翼自请出师，盖惧为丁汝夔之续耳。以枢臣之重，提衡诸将，何所不

① 《崇祯实录》，第9卷，第16页，崇祯九年十一月（无日），台北中央研究院历史语言研究所校勘本1962年。

② 张岱：《石匮书后集》，第1卷，第17页，中华书局，1960年。

③ 《清太宗文皇帝实录》，第31卷，第7页，崇德元年九月己巳，中华书局影印本，1985年。

④ 《崇祯实录》，第9卷，第14页，崇祯九年十月壬申朔，台北中央研究院历史语言研究所校勘本，1962年。

⑤ 《崇祯实录》，第9卷，第14页，崇祯九年十月壬申朔，台北中央研究院历史语言研究所校勘本，1962年。

得志！而参以总阃，分其节制，权且掣矣。然枢臣所统卒，度不下一二万，足当一面。纵敌饱飏，则又不当委罪总阃也。建房善用兵，分掠则未知其众寡，且隔出莫测。及出塞，则大部俱返。虽捆载而行，必精兵殿后。然雏视我兵，恋辎重，有生之志，无死之心。其便可击，而甘受巾帼之名。失此良会，若辈真有胸无心者矣！高起潜云'半渡而击'，欲纵房自免，猾阉之习。其后而三尺法，尝行于制阃，终不及总监，亦何以令阃外作其气哉！夫建房日强，昨岁全收插部，更无西顾之虞，且资其众，日见雄长。闻插部全收，建憨大悦，置酒高会，语其下曰：'南朝君骄而臣谄，兵弱而民穷，亡无日矣！'噫！堂堂中国，为建房所窃料如此，而当事漫不加意。前失于坐视插部，不为笼驭；今失于惰归，令彼狃为坦道也。边事积瘵，欲毋以国与敌得乎！可胜叹哉！可胜叹哉！"[1]

清军出塞之时，高马艳饰，奏乐凯归，砍木白书，"各官免送"；明朝总兵剃发投降，总督一筹莫展，尚书日服大黄，皇帝则惩处唐王——明军已败而复败，清军已胜而再胜。

（六）第六次破塞攻明掳掠

崇德三年即崇祯十一年（1638 年），清军兵至山东，攻占济南，翌年还师，是为皇太极第六次破塞攻明掳掠之役。兴师年为戊寅年，又称戊寅之役。

皇太极在第五次与第六次迁道入关攻战之间，远征朝鲜，取得胜利，订立"君臣之盟"。由是，皇太极在其西翼臣服察哈尔，又在其东翼臣服朝鲜，"蒙古已尽入我版图，朝鲜又为我侯服"[2]，解除南战明朝的他顾之忧，得以集中兵力，专事攻入塞内。

崇德三年即崇祯十一年（1638 年）八月二十三日，皇太极命和硕睿亲王多尔衮为大将军，多罗贝勒豪格、多罗饶余贝勒阿巴泰为副，统领左翼军，由青山关（今河北省抚宁境）入边；以多罗贝勒岳讬为扬武大将军，多罗安平贝勒杜度为副，统领右翼军，从墙子岭口（今北京市密云境）入边，分左右翼，两路进兵，约定于通州会合后南下。皇太极发动了第六次迁道入塞攻明之战。

皇太极宣布攻明的理由："征伐非朕所乐为也，朕常欲和，而明不从，是以兴师耳。"

---

①　谈迁：《国榷》，第 95 卷，第 5757 页，中华书局，1958 年。

②　《清太宗文皇帝实录》，第 45 卷，第 24 页，崇德四年三月己巳，中华书局影印本，1985 年。

将战争的责任完全推卸给明朝。他宣示军律:第一,凡亲王、郡王、贝勒、贝子,临阵时若七旗王、贝勒、贝子败走,一旗王、贝勒、贝子拒战,则将七旗之七牛录人员给予拒战之一旗,若七旗王、贝勒、贝子拒战,一旗王、贝勒、贝子皆败走,即把败走旗所属人员均分给七旗,若一旗内拒战者半、败走者半,即以败走者所属人员,给予本旗拒战者。第二,野战时,本旗大臣率本旗军下马立,王、贝勒、贝子等率护军乘马立于后。第三,对阵时,王、贝勒、贝子、大臣,不按队伍轻进,见敌寡妄自冲突者,夺其所乘马匹及俘获人口。第四,两军相对,必整齐队伍,各按汛地,从容前进。如擅离本队,随别队而行,擅离本汛地,由他汛而入,及众军已进,而独却立观望者,或处死、或籍没、或鞭责、或革职、或罚银,酌量治罪。第五,敌人不战而逃时,宜用精兵、骁骑合力驰击,护军统领不得前进,止宜领纛,整伍分队,以蹑其后。倘追兵遇敌伏,或于蹑追时,遇敌旁出,护军统领可亲击之。第六,大军起营时,各按牛录旗纛,整队而行。若有一二人离队往来,寻索遗物及酗酒者、喧哗者,皆加罪处罚。第七,一切军器都书写姓名,马必系牌印烙。不印烙者,罚银二两;箭无姓名者,罚银二十两。第七,入敌境若有人离营私掠被杀者,妻子入官,仍治本管章京罪。第八,勿毁寺庙,勿妄杀平民,勿剥取被俘获人的衣服,勿离散其夫妇,勿贪掠财物,勿用俘获之人看守马匹,勿食熟食,勿饮酒,有不遵者,依律治罪,等等①。

二十七日,岳讬率右翼军先行。九月初四日,多尔衮率左翼军继行。清两翼大军出发后,皇太极谕诸王贝勒大臣曰:"明人闻我二路进兵,则山海关以东宁远、锦州兵,必往西援。朕率和硕郑亲王济尔哈朗及固山贝子大臣,亲统大军,前往山海关一带,牵制其援兵。"②后皇太极亲统大军,从义州渡大凌河后,在这一带进行牵制。

九月二十二日,岳讬率右翼军从密云北边墙子岭口,拆毁长城,突破明边。先是,岳讬捉获明军哨卒,得知"墙子岭坚固不可入,且密云总督率兵来援,惟岭东西两旁高处可以越入"③。岳讬决定,分兵四路,同时前进。第一路由护军统领图赖为帅,带兵从岭右侧逾越高峰入边。第二路由阿代等统兵从距岭五里与十五里间高山上突入。第三路由谭泰等率领距阿代十五里高峰无边墙处突入。第四路由巴特玛等率蒙古军

①　《清太宗文皇帝实录》,第43卷,第15～18页,崇德三年八月癸丑,中华书局影印本,1985年。
②　《清太宗文皇帝实录》,第43卷,第27页,崇德三年九月壬申,中华书局影印本,1985年。
③　《清太宗文皇帝实录》,第44卷,第3页,崇德三年十月丁酉,中华书局影印本,1985年。

及汉军从东小门平坦处举火炮、树云梯攻入。墙子岭属蓟镇，在密云东北①，设有关城，"洪武年建"②。虽地势开阔，道路平漫，却关城坚固，重兵防守。关城两侧，高山突兀，陡壁断立，地形险隘。清军登山涉险，蚁附而上。墙子岭路守将为明总兵吴国俊，时正与蓟辽总督吴阿衡等，给监视内监邓希诏贺寿③，交觥饮酒，毫无戒备。闻警，国俊仓猝而回，调御失措，败走密云。总督蓟辽兵部右侍郎吴阿衡，酒醉未醒，提兵应援。见清军入边，率数百人，退入墙子岭堡内。阿衡将马步兵，分为三队，依岭立寨，俱为清军所败，吴阿衡败殁④。二十八日，多尔衮率左翼军从董家口东青山关西二里许，毁墙而入，攻进塞内。董家口（今河北省秦皇岛市抚宁县驻操营镇董家口村境）为长城重要关隘，关口地较平缓，河谷大路宽敞，为长城内外重要通道，朵颜、泰宁、福余三卫袭扰塞内，往往出没于此。但长城险峻，关城石筑，垣高城坚，敌台林立，防守严密，不易突入。其东二十里，有青山关口，《读史方舆纪要》载自喜峰口至青山口⑤，凡七口。先是，"万历初，朵颜犯喜峰，戚继光勒兵出青山口败之"⑥。这段长城关隘，为蒙古进出通径。边墙破坏，残垣矮墙，布兵分散，守御空虚，岳讬率军破墙而入后，明青山关二百守军，调往增援，其附近董家口、青山营、青山关三处人民，得闻警报，弃城逃走。多尔衮军登山，由边墙残缺处，毁墙而入。清军"乘其无备，不伤一人，得其边境，毁墙而进，莫敢撄锋"⑦。

岳讬军破墙子岭后，等待多尔衮大军。于是，薄丰润，向通州。明辽东副总兵丁志祥、窦濬等率兵来援，夜战，斩十九级⑧，力不能御，失利而退。清兵两路大军，在京郊通州会师，然后沿京师城北部，迂回至涿州。清军以"宽正面、大纵深"⑨之势，分兵八路，横行南下：东路沿京杭大运河，西路沿太行山东麓，其余六路，在山河间，由北向南，

---

①　顾祖禹：《读史方舆纪要》，第11卷，第28页，上海书店出版社，1998年。

②　《四镇三关志·蓟镇形胜》，第2卷，第34叶，清抄本。

③　"邓希诏"：《国榷》作"鄢希诏"，《明史·杨嗣昌传》、《明史纪事本末·东兵入口》亦作"邓希诏"。

④　谷应泰《明史纪事本末·东兵入口》，第4册，第1498页，中华书局，1977年。

⑤　《明史·卢象昇传》"九月，大清兵入墙子岭、青山"云云。《明史·杨嗣昌传》亦作"青口山"。"青口山"：《清太宗实录》、《读史方舆纪要》作"青口"、"青口关"、"青山口"等。

⑥　顾祖禹：《读史方舆纪要》，第11卷，第30页，上海书店出版社影印本，1998年。

⑦　《清太宗文皇帝实录》，第44卷，第6页，崇德三年十月戊戌，中华书局影印本，1985年。

⑧　谈迁：《国榷》，第96卷，第5819页，中华书局，1985年。

⑨　邱心田、孔德骐：《清代前期军事史》，第84页，军事科学出版社，1998年。

纵兵并进,北京以西,太行以东,燕山之南,空旷原野,千里平川,清军骑兵,扬鞭驰突,沿途所过,六府城镇,皆被攻掠。

与此同时,皇太极为使迁回关内和进攻宁、锦相配合,后援第四次远征军长驱深入,冀打通山海关通道,率济尔哈朗、多铎等大军向山海关进发。时明崇祯帝三次调前锋总兵祖大寿,祖逗留不前。第四次征调,祖大寿才于十月二十二日,从锦州到宁远。后金军跟进,祖大寿往驻中后所(今辽宁省绥中县)。后路大军过大凌河西进。皇太极于十一月初一日,命和硕豫亲王多铎往会和硕郑亲王济尔哈朗。在中后所地方,遭遇祖大寿军之强烈抵抗。《清太宗实录》记载:"和硕豫亲王多铎,率本部兵往会和硕郑亲王济尔哈朗。将过中后所,会明总兵祖大寿闻我兵征燕京,率兵往援至其城,遂以兵来袭多铎兵后。土默特部落俄木布楚虎尔,及满洲兵甲喇章京翁克等率众先奔,护军统领哈宁噶、甲喇章京阿尔津、俄罗塞臣等,且战且退。固山贝子博洛向前迎击,乃却之。多铎兵阵没者九人,失马三十匹,多铎收兵不战,即于是夜至济尔哈朗营。济尔哈朗等闻之忿甚,次日同多铎率兵复至中后所。"①《沈阳状启》却不同记载:"皇帝西行时,祖大寿在中路结阵,十王以五百轻骑冲犯阵前。祖将大军四面围住,扑战良久。后稍开一路,则十王仅以彼百余骑突阵而出,而军兵折损者过半,被擒者亦多。"②上述"十王"应作"十五王",为多铎,是知多铎兵败。尔后祖大寿不敢称其功,清人亦讳其败,故明清两方记载皆失其实。初四日,皇太极驻连山(今辽宁省葫芦岛市连山区)。初五日,皇太极至中后所。皇太极连发两书招降祖大寿,大寿拒降。皇太极见策应左右翼大军入塞作战目的已经完成,其先锋受挫,车驾回至沈阳③。

清军左右翼大军破边墙,入蓟镇。明廷闻报,举朝震惊。崇祯帝急调各地兵马勤王:征辽东前锋总兵祖大寿入援;命宣大总督卢象昇率总兵杨国柱、虎大威进易州出其右;移青州、登州、莱州、天津之兵出其左;檄总兵刘泽清以山东兵遏其前;总督高起潜部为机动应援;又令孙传庭与总督洪承畴合兵十五万俱出潼关入援。但清军未攻北京,而挥师南下。

十一月初九日,清军自涿州、陷定州后,进围高阳。县令雷之渤闻警先逃,辞官告

---

① 《清太宗文皇帝实录》,第44卷,第13页,崇德三年十一月己未朔,中华书局影印本,1985年。

② 《沈阳状启》,仁祖十六年(1638年)十二月十一日,辽宁大学历史系铅印本,1983年。

③ 《清太宗文皇帝实录》,第44卷,第23页,崇德三年十一月丙戌,中华书局影印本,1985年。

老还乡原明大学士、兵部尚书、督师孙承宗，本无守土之责，却督率全家儿孙和全城乡民，登城守御，誓死不降。他们拆房梁作滚木、搬石阶作礧石，以秫秸裹火药，阻击清军登城。十二日，寡不敌众，高阳城破，承宗被俘，拒不降清。他对劝降的清官道："我天朝大臣，城亡与亡，死耳，无多言！"孙承宗望阙叩拜，投缳而死，年七十六。其子孙二十人及其妇孺共三十余人，都不屈而死。惟其长子孙铨因在外地做官，六龄孙之澧因栖于草丛而幸免于死①。接着，清军连下真定府属衡水、武邑、枣强，广平府属鸡泽，顺天府属文安、霸州，河间府属阜城，进围陷广平府属威县，杀邑人原翰林王建极。至顺德府属内丘，知县高翔汉力守十余天，清兵始退。

十二月初，命大学士刘宇亮督察各镇援兵，夺卢象昇尚书衔，以侍郎督师。卢象昇"锐志合兵，将伺其隙"，合兵夹击之；崇祯帝不允，只得分兵，驰援真定。卢象昇从涿州进据保定，命令诸将分道出击。清兵又攻克顺德府属平乡、南和、沙河，真定府属元氏、赞皇、临城、高邑，河间府属献县等城镇。然后分兵三路深入：一由易州趋真定，一由新城趋河间，一由涿州趋巨鹿。兵锋锐盛，势不可当。卢象昇名督天下兵，实不及二万，且其兵既分散又贪猾，所亲率兵仅五千。战庆都，获小胜。十一日，卢象昇率部进至巨鹿南贾庄。时东阁大学士、掌兵部事杨嗣昌与监督太监高起潜主和，卢象昇主战，议不合，相交恶②。象昇所行，受到扼制。

象昇，宜兴人，天启二年进士。虽文士，善骑射，娴将略，募兵训练，号"天雄军"。临阵冲杀，身先士卒，同农民军作战，屡出奇制胜，被任命为宣府、大同、山西总督。时遭父丧，身着麻衣，奉诏督师。召宣府、大同、山西三总兵杨国柱、王朴、虎大威入卫，由象昇督援兵。平台陛见，陈"三可忧：山陵，国脉也；通、德二仓，国储也；腹地空虚，国腹藏也"③。由于杨嗣昌主和作梗，中枢掣制，卢象昇作战方略难以实现。象昇在"分疲卒五千，大敌西冲，援师西隔，事由中制，食尽力穷"④的困境下，晨出帐，身戴孝，披麻衣，拜将士，誓言曰："吾与尔辈并受国恩，患不得死，勿患不得生！"⑤五千将士，失声号泣。于是，卢象昇下令拔寨进兵，兼程至蒿水桥，与清兵相遇，总兵王朴先逃，卢象昇将

①　余三乐：《孙承宗传》，第256页，北京燕山出版社，2000年。

②　《明史·杨嗣昌传》，第252卷，《》，第6513页，中华书局校点本，1974年。

③　张岱：《石匮书后集》，第15卷，第117页，中华书局，1959年。

④　《明史·卢象昇传》，第261卷，第6764页，中华书局校点本，1974年。

⑤　谷应泰：《明史纪事本末·东兵入口》，第4册，第1501页，中华书局，1977年。

中军,虎大威率左翼,杨国柱率右翼,与清兵展开激战。半夜以后,气氛悲壮。清骑兵至,连围三重,卢象昇军以"刃必见血,人必带伤,马必喘汗"①之精神,麾兵迎战,声动天地,交锋六时,炮尽矢绝。虎大威挠其马,想突围冲出。卢象昇道:"虎将军,今吾效命之秋也!"招后骑冲进,奋力督战。清军围攻益急,象昇身中四矢、三刃,仍手击数十人,后因马蹶,仆地遇害,年三十九。属下杨陆凯恐清兵残其尸,而伏其上,背负二十四矢而死,象昇中军,全部覆没。虎大威、杨国柱等,溃围逃脱②。

卢象昇战殁后,大学士、首辅刘宇亮自请往前线督察,过安平得报清军将至,急趋晋州躲避。知州陈宏绪闭门不纳,宇亮欲以军法从事,宏绪传语给宇亮曰:"督师之来,以御敌也! 今敌且至,奈何避之? 刍粮不继,责有司;欲入城,不敢闻命!"③知州陈宏绪将避敌逃生的大学士、宰相刘宇亮拒之城外。守御抗击者另如吴桥训导刘廷训,时清军近城,知县李綮隆缒城逃走,廷训登城同兵民泣守,坚持三昼夜。"廷训中流矢,束胸力战,又中六矢乃死"④。

崇德四年即崇祯十二年(1639年)正月,清兵自顺德(今河北省邢台市)、大名转至山东。先是,明兵部尚书杨嗣昌错估形势,认为清军必经德州,自济南调兵援德州,而济南空虚,疏于戒备。多尔衮却绕开德州,经临清,渡运河,一趋高唐,一趋济宁,急驰南下,合指济南。城守官告急,杨嗣昌无应,大将祖宽观望,山东总兵倪宠援抵德州而返,巡抚罗继祖则奉命移德州。至是,清兵猝至,济南被围。清兵梯城而上,明军惊骇逃溃。初二日,济南陷。清兵攻下济南后,明左布政使张秉文、巡按御史宋学朱、知府苟好善、副使周之训、参议邓谦等死之,德王朱由枢被执。时周之训见城破,"望阙再拜,与妻刘氏偕死,阖门殉之"⑤。邓谦战死于城上,其"族戚偕从,死者四十余人"⑥。府城济南,惨遭焚毁。史载:济南城内外积尸达十三万具⑦。时督师大学士刘宇亮与陈新甲率各镇勤王兵,只尾随清军而行。清军陷济南后,取东平,下莘县,复至济宁、临

① 谈迁:《国榷》,第96卷,第5820页,中华书局,1958年。
② 《明史·卢象昇传》,第261卷,第6765页,中华书局校点本,1974年。
③ 《明史·刘宇亮传》,第253卷,第6537页,中华书局校点本,1974年。
④ 《明史·刘廷训传》,第291卷,第7467页,中华书局校点本,1974年。
⑤ 《明史·张秉文传附宋学朱传》,第291卷,第7469页,中华书局校点本,1974年。
⑥ 《明史·张秉文传附邓谦传》,291卷,第7470页,中华书局校点本,1974年。
⑦ 谷应泰:《明史纪事本末·东兵入口》,第4册,第1503页,中华书局,1977年。

清、固城,分兵克营丘、馆陶。接着又取庆云、东光、海丰,再东行入冠县,略阳谷、寿张至章丘、东平,攻入汶上,焚康庄驿,克兖州、沧州、青县等十六处,直至山东临清州之东昌(今山东省聊城)。明总督孙传庭自陕州①(今河南省三门峡市),大学士杨嗣昌自登州、莱州,祖大寿自青州,安庆巡抚史可法自徐州,聚集兵力,进行声援。

二月,多尔衮率大军至天津卫,时值运河水涨,辎重绵亘难渡。"或议乘我饱归,击其半渡"②,但明将王朴、曹变蛟、刘光祚等相顾不敢动,使清兵数日渡运河后东归。

三月初七日,清左翼军出边。十一日,清右翼军出边。二十一日,多尔衮等班师回到沈阳。

清兵此次迂回入关窜扰,东逼北京,西迫大同,南破济南,席卷直隶大部和山东西部,《清太宗实录》统计,共计攻克一府、三州、五十五县、二关,擒明亲王一、郡王一、将军一、总理太监一,杀郡王五、将军六、总督二,居民被俘四十六万,并掠夺大批人畜、金银、物资,数额之大,不可胜计。而清军克勤郡王岳讬(代善长子),与其弟辅国公马瞻(又作玛占,代善第六子),以及大将公和尔本都死之。

皇太极发动的第六次入关征明的战争,入关五个月,转掠二千里,"毁其边墙,破其城堡,所至之地,纵横无敌"③。两路大军共败明军五十七阵,攻陷九府所属州县:顺天府所辖顺义、昌平、文安、庆云、霸州,保定府所辖博野、庆都、蠡县、深泽、高阳,河间府所辖献、青、任丘、阜城、兴济、吴桥、故城、宁津,真定府所辖获鹿、藁城、栾城、灵寿、元氏、无极、平山、酉阳、行唐、南宫、新河、枣强、武邑、饶阳、武强、赵州、柏乡、临城、高邑、赞皇、宁晋、深州、衡水,顺德府所辖沙河、南和、平乡、唐山、内丘、任县、巨鹿、广宗、栾城,广平府所辖鸡泽、威县、清河,兖州府所辖平阴,东昌府所辖博平、茌平、清平、高唐、恩县、夏津、武城,济南府所辖历城、齐河、禹城、齐东、泰安、长山、海丰、肥城,凡破七十余城④,焚掠杀伤,不可胜计。其所俘获:人畜计四十六万二千三百零三,右翼军掠获

---

① 《明史·地理志三》:"陕州,元属河南府路。洪武元年四月改属南阳府,以州治陕县省入。"

② 魏源:《圣武记》,第1卷,第29页,中华书局校点本,1984年。

③ 《清太宗文皇帝实录》,第46卷,第4页,崇德四年四月辛丑,中华书局影印本,1985年。

④ 《清太宗实录》卷45崇德四年三月壬申作:"克济南府、赵州、高唐州、深州、墙子岭、灵寿、丘、商河、东光、高邑、临城、蠡、南宫、新河、青、庆云、任、庆都、获鹿、隆平、平乡、高阳、广宗、茌平、魏、恩、巨鹿、博平、禹城、长山、行唐、海丰、滦城、盐山、博野、南河、沙河、兴济、无极、宁津、威、宁晋、陵、元氏、唐山、内丘、鸡泽、平原、饶阳、南皮、济阳、清平、任丘、清河、夏津、吴桥、武城、文安、莘、故城诸县及临洺关,共计一府、三州、五十五县、二关。"

黄金四千零三十九两、白银九十七万七千四百零六两,左翼军掠获金银等数字不详。杀明两名总督及守备以上官员百余人,生擒德王朱由枢、郡王朱慈颙、奉国将军朱慈赏、监军太监冯允升等,加上事后崇祯帝诛文武失事诸臣巡抚张其平、颜继祖,总兵倪宠、陈国威,内监邓希诏、孙茂霖等三十二人①,明朝损失,创巨痛深。

中原地区,蒙难深重。明兵科给事中李永茂报告:自京南庆都、新乐、真定、栾城、柏乡、内丘,至顺德府,行程千里,"一望荆榛,四郊瓦砾",整个畿南郡邑,"民亡之十九",种种惨状,目不忍睹②。

此外,清军第六次入塞,"乃决定各以一部兵力分别进扰明朝北边及西北边各关口,实施牵制扰乱。而以主力直接进击宁、锦二城"③。上述论断,缺乏史据。皇太极此次作战的主攻目标,是在塞内残毁掳掠,而不是攻占山海关。

(七)第七次破塞攻明掳掠

崇德七年即崇祯十五年(1642年),清军再入山东,大肆掳掠,翌年而归,是为皇太极第七次破塞攻明掳掠之役。兴师年为壬午年,又称壬午之役。

皇太极在第六次与第七次入塞攻明的四年之间,清朝更强大,明朝更衰落。其中最为突出的是四件大事:第一件,清朝取得松锦之战的胜利,明总督洪承畴统帅十三万大军覆没,清军逼降祖大寿,攻克锦州、松山、塔山、杏山四城。第二件,李自成攻陷河南,明福王常洵被杀;张献忠攻陷襄阳,襄王被杀,后张献忠攻取武昌。时中原地区,蝗旱频仍,兵连祸结,边腹交困。第三件,辽东遭遇灾荒,"今岁禾谷未收"④,米粮短缺,粮价腾贵。第四件,八旗中出现"善友教",合群结党,私自印制散播札付,列名者达三百多人⑤。皇太极利用锦松大捷的有利形势,又转移八旗族众的不满情绪,并以明廷拒绝议和为借口,发动第七次迁道入塞的攻明战争。

崇德七年即崇祯十五年(1642年)十月十四日,皇太极命多罗饶余贝勒阿巴泰为

①　谷应泰:《明史纪事本末·东兵入口》,第4册,第1504页,中华书局,1977年。
②　李永茂:《刑襄题稿》,中华书局,1985年。
③　《中国历代战争史》(修订一版),第15册,第219页,黎明文化事业出版公司出版,1979年。
④　《清太宗文皇帝实录》,第58卷,第13页,崇德六年十一月戊寅,中华书局影印本,1985年。
⑤　《清太宗文皇帝实录》,第60卷,第24页,崇德七年五月戊寅,中华书局影印本,1985年。

奉命大将军、内大臣图尔格为副将军,率领固山额真阿山、谭泰、叶克舒、何洛会、吴赖、马喇希、巴特玛、石廷柱、祖泽润、李国翰、金砺等八旗满洲、蒙古、汉军官兵,迂道入塞,五攻明朝。此次出征,以"屡欲与明修好,而彼国君臣,执迷不从"为口实,目的还是消耗明朝国力,残毁城乡,掳掠财富,以战养兵,以战养民,"可恃俘获,以为生计"①。同时申明纪律:"尔等一入明境,遇老弱闲散之人,毋任意妄杀,不应作俘之人,毋夺其衣服,毋离人妻子,毋焚毁财物,毋暴殄粮谷。"②他说,前次兵临山东时,有人因索取财物,而严刑拷逼,非仁义之师,应引以为戒。

皇太极在送别阿巴泰等时,特别谕曰:其一,敬慎勿骄,"尔等勿以我兵强盛,自弛防范。古云:'骄敌者败!'其敬慎戒备以行"。其二,"我军至明,彼或遣使求和。尔等即应之曰:'我等奉命来征,惟君命是听,他无可言。尔如有言,其向我君言之,必吾君谕令班师,方可退兵。'"其三,"如遇流寇,亦云:'尔等见明政紊乱,激而成变,我国来征,亦正为此。'以善言抚谕之"。如其欲遣使来见者或有书信,可以携其使来,可许转达。此外,皇太极为配合阿巴泰等领兵入塞,命多罗豫郡王多铎等率兵赴宁远边外立营,以牵制关外明军入援。他命祖大寿写招降信,给其外甥吴三桂。

清军出发后,沿大凌河西进。清军分为左右两翼,向明边墙前进。时明军探到清军放出的消息:六万大军攻宁远,进界岭口;六万大军攻山海关,进青山口;又五万大军进蓟州。明廷得到的哨报,有虚有实,亦真亦假。实际上清军分为左右两翼,左翼兵向界岭口、右翼兵向黄崖口进发。

十一月初五日,先是,清军左翼兵前进所经之处,地阔路平,便于行兵,两骑并行,沿路擒杀明军哨卒七十三人,获马三十三匹。至是,从界岭口(今河北省迁安与抚宁交界处),毁边墙而入。时明大同兵二千五百人往守山海关,因行粮缺乏,在台头营驻扎。清军将入长城,明军拒战。清军以护军和骑兵,两路夹击,打败明军,获马四百三十三匹。清军右翼兵前进道路艰难,地隘路险,俱单骑而进,路上俘获明侦卒,得知:距雁门关黄崖口外四十四里余处有石城关甚隘,木栅三层,两层用石围砌,里面安置四门大炮,三处埋伏地雷,有步兵五十人。又距二十里有雁门关,用石筑砌,内有大炮四门,步兵一百,两处设有地雷。清前锋兵,同汉军每旗兵五名、骁骑校一名、护军四十名,乘夜

---

①　《清太宗文皇帝实录》,第65卷,第8页,崇德八年六月己卯,中华书局影印本,1985年。

②　《清太宗文皇帝实录》,第63卷,第13页,崇德七年十月辛亥,中华书局影印本,1985年。

拆毁两关,取其地雷,守关明兵来不及发炮,全部为清军所戮。初八日,清兵从黄崖口,分两路入长城。一路从右山路登夺其边口,追击山城明军,直至山下,进克其城;另一路从山路进攻,败明守军,攻入长城。清军斩明守备一员,其步兵一千四百人逃溃,当地百姓闻警也都逃避山中①。明军败报传到朝廷,崇祯帝急令征调援兵,命蓟镇东西两协合兵,策应蓟州;又命山东总兵刘泽清入援。

清军左右两翼兵,初十日,向蓟州进发。时蓟州城总兵白腾蛟闻报清军入边,率军前去堵御,城守空虚,仅有三员参将、千余新兵。清军从大军中选出一千四百余名骑兵、步兵和护军,分为前锋、护军、骑兵三队,前往蓟州城东进攻。明镇守蓟州总兵白腾蛟率本部马兵在前,马兰峪总兵白广恩率马兵三千、步兵三千在后,直奔蓟州。清军同明军激战,打败明军,占领蓟州城,生擒参将一员,阵斩游击三员,其余或死或逃,获马六百三十六匹。清军已乘胜分陷迁安、三河,攻平谷,受抵御,分道一趋通州,另一趋天津。初九日,京师戒严,勋戚大臣,分守九门。十三日,清军另一路攻陷蓟州。十六日,清军深入内地,分往真定、河间、香河等地。明援兵多畏怯观望而不敢战,辽督范志完入援,胆小无谋,不敢一战,他率军走到哪里,该处州县多被攻破。

闰十一月初六日,清兵攻河间,第二天分兵向临清。初八日,清军克霸州,明兵备金事赵烨、同知丁师羲等,城陷被俘,不屈而死。翌日,攻陷文安。初十日,自青县趋长芦。清军从畿南向山东纵略。十二日,先是,临清被围,"力拒数日,援不至"②,清军破城,攻入临清,临清兵民,进行巷战。天津参将贺秉钺扶父灵柩至临清,城破"巷战终日,矢尽,被执死"③。清军占领临清,明总兵刘源清兵败,自经而死。明前宣大总督、兵部右侍郎张宗衡、户部郎中陈兴言、原太常寺少卿张振秀等皆遭杀害④。寻陷阜城,杀知县吕大成。又陷景州。十八日,清军攻陷河间府城,明参议赵珽、知府颜胤绍、知县陈三接等皆死之。时胤绍知城必破,先集全家老少于室中,积柴堆绕,而身往城上指挥,城破,"趋归官舍,举火焚室,衣冠北向再拜,跃入火中同死"⑤。二十二日,清军攻东昌时,遭到明山东总兵官刘泽清的抵御,遂改向西攻冠县。二十五日,清兵自临清分

① 《清太宗文皇帝实录》,第 63 卷,第 29~32 页,崇德七年十一月丙申,中华书局影印本,1985 年。
② 《明史·张振秀传》,第 291 卷,第 7475 页,中华书局校点本,1974 年。
③ 《明史·张焜芳传附贺秉钺传》,第 291 卷,第 7477 页,中华书局校点本,1974 年。
④ 谈迁:《国榷》,第 98 卷,第 5950 页,中华书局,1958 年。
⑤ 《明史·颜胤绍传》,第 291 卷,第 7471 页,中华书局校点本,1974 年。

五路进兵。孔有德、巢丕昌、祖洪基等分掠莘县、馆陶、高唐诸县。他们在馆陶城下受到当地兵民的阻击。原来,该县城守制定守御之法:在城上每一垛口,用兵民五人把守——钩丁两把、砍刀三把,清兵将云梯靠近城墙后,城上守兵寂然无声,当清兵爬梯登城,靠近城垛口时,守城兵民持钩者,将上城之清兵钩住;持刀者,向登城清兵乱砍,遂使清兵登城失败,清军尽力攻城一天未破,且死伤很多人马。据明方奏报,守城兵民用钩子钩住清军一个头目,砍下他的头,并将其尸身掷下城去,吓得清军不敢再攻,便弃此城而走①。二十六日,清军攻清丰。翌日,攻章丘。

十二月初二日,清兵自长垣趋曹、濮两县,另遣骑兵抵青州,"入临淄,知县文昌时阖室自焚死"②。初三日,清军破阳信,杀知县张予卿。初六日,又陷滨州。清军进抵兖州,知府邓藩锡见清兵来攻,即往告鲁王朱以派,请"王诚散积储以鼓士气,城犹可存。不然,大事一去,悔无及矣"③,鲁王不允。邓藩锡与监军参议王维新、同知谭丝、山东兵备金事樊吉人、推官李昌期、滋阳知县郝芳声、副将丁文明、长史俞起蛟等分门死守。清军攻城猛烈,守军力不能支。八日,城破,副将丁文明战死,邓藩锡受缚拒降被杀,王维新身被二十一创而亡。鲁王朱以派被俘,清兵索金,金尽,自经④。清军攻克兖州府城后,分兵略泰安,并攻陷青州、鱼台、武城、金乡、单县。初九日,清军克沭阳县(今江苏省淮阴市沭阳县)。明日,清军连克沂州、丰县(今江苏省徐州市丰县)⑤,杀丰县知县刘光先。先是,清军二千余骑攻县西城,不克,清军夜间准备云梯,被掠逃出县民三次急报敌情,但城中守军因白天小胜而麻痹,拂晓,清军佯攻城西南隅,守军集中兵力防堵;清军却突竖云梯,攀攻城西北隅,清兵登梯上城,沿城厮杀,城被攻破。后清军连陷蒙阴⑥、泗水、滕县⑦。

---

① 《明档》,234 号卷,第 2 号,中国第一历史档案馆藏。

② 《崇祯实录》,第 15 卷,第 20 页,崇祯十五年十二月丁卯,台北中央研究院历史语言研究所校勘本,1962 年。

③ 《明史·邓藩锡传》,第 291 卷,第 7475 页,中华书局校点本,1974 年。

④ 谈迁:《国榷》,第 98 卷,第 5954 页,中华书局,1958 年。

⑤ 《崇祯实录》,第 15 卷,第 19 页,崇祯十五年十二月乙亥,台北中央研究院历史语言研究所校勘本,1962 年。

⑥ 《崇祯实录》崇祯十五年闰十一月甲戌(初九日)、乙亥(初十日)、戊寅(十三日)错简,应系于十二月。

⑦ "滕县":《崇祯实录》崇祯十五年闰十一月戊寅条作"邹县"。

　　时滕县知县吴良能见城将破,"尽杀家属,拜母出,力战死"①。尔后,清军相继攻陷赣榆(今江苏省连云港市赣榆县)、峄县、郯城。同月,李自成至荆州,"士民开门迎之";又至承天,焚显陵享殿。张献忠则陷太湖,后陷武昌。

　　崇德八年即崇祯十六年(1643年)正月,清军克开州,趋东昌。

　　二月,清军掠寿光。又攻德州,陷武定、莱阳,杀原工部右侍郎宋玫、吏部郎中宋应亨、知县张宏等。十八日,清军与明山东总兵刘泽清战于安丘,失利。二十八日,清军进攻莱州、登州,两军会师。先是,上月初九日夜,清军直抵潍县,列营插帐,奋勇攻城,城上兵民,发炮下击,清军穴城,挖成六洞,城角忽陷,竖梯登城,飞矢如蝗。原任巡抚张尔忠以病躯支床,卧当矢石,黎民百姓,齐心抗敌:"在城老幼男妇,竭力一心,未字闺秀、青衿内室,及瞽夫幼子,悉运砖石柴束。又如方欲举火,而闻城上欲以铁作炮子,即各碎食锅以酬急。"②坚守七昼夜,潍城终未陷。

　　三月初二日,清军陷顺德,知府吉孔嘉等被杀③。初四日,清军攻德州不克。初七日,攻乐陵。初九日,掠庆云。十二日,陷南宫。时春草满野,嘉禾遍地,清军解鞍牧马,纵掠财富。而其信使,略经化装,南北驿路,任意往来,明军诸哨卡,竟无盘诘之者。后清军取道彰德、顺德北走,明命真定、保定加强防备。三十日,清军至保定,明命各省督抚会剿。

　　四月,清军北返。先是,清兵"分大军为二路:一过山东莱州、登州,直抵宁海州及海州;一渡黄河回至莒州、沂州"④。清军北返后,明朝判断清兵军事意图,崇祯帝下诏蓟辽总督赵光抃、关外督师范志完会师平原,准备堵截。清军来时,明援军在河间观望不战,然后又调兵北向。清军解鞍纵牧月余后,再分为左右两翼:"左翼大军沿青州府、德州、沧州、天津卫,至燕京城南,过三河县,历三月,抵密云;右翼大军沿东昌府、广平府、彰德府、真定府、保定府,过燕京迤北,历三月,亦抵密云。"⑤先是,崇祯帝尝于岁首之日,东向揖拜周延儒道:"朕以天下听先生!"在清军北返逼近京畿时,崇祯帝忧甚,大

　　①　《明史·邢国玺传附吴良能传》,第291卷,第7474页,中华书局校点本,1974年。

　　②　《明清史料》,乙编,第5本,第486页,中央研究院历史语言研究所刊印,1936年。

　　③　《崇祯实录》,第16卷,第2页,崇祯十六年三月甲午朔,台北中央研究院历史语言研究所校勘本,1962年。

　　④　《清太宗文皇帝实录》,第65卷,第25页,崇德八年七月丁巳,中华书局影印本,1985年。

　　⑤　《清太宗文皇帝实录》,第65卷,第25~26页,崇德八年七月丁巳,中华书局影印本,1985年。

学士、首辅周延儒自请督师，崇祯帝允其请，降手敕，赐章服、给金帛，延儒"朝受命，夕启行"①。延儒驻通州，却不敢战，"惟与幕下客饮酒娱乐，而日腾章奏捷"②。清兵在北返途中，十八日，于密云螺山，与明将赵光抃、唐通、白广恩等八镇兵交战，"八镇皆逃，惟步营两监军御史在，御史蒋拱宸饰功报捷"，自请督师的首辅周延儒也编造"斩百余级"捷报上奏崇祯帝。其实，"时边城既隳，子女玉帛捆载出入如织，卒无一矢加遗也"③。于是，清军"两翼合攻墙子岭，斩关而出"④。后崇祯帝命周延儒自尽，又命将赵光抃与范志完"同日斩西市"⑤。先是，清军统帅阿巴泰始率军从南方北返，其车驮成队，长三十余里者，十有余起，渡卢沟桥，旬日未毕。明勤王之师，屯驻于通州，无敢出而阻截之者。清军得以徐徐安辔，出口以归。

清军右翼军两白旗、正蓝旗兵，于五月初一日出口；左翼军于五月二十三日出口⑥，左右翼兵出边后会师，至六月十一日，回到盛京。

此次用兵，历八个月，清军南去北返，如入无人之境。明军此次遭到的惨重失败，则超过了前六次。清军所获，《清太宗实录》记载："大军直抵明境，至兖州府，莫能拒守。将明国鲁王及乐陵、阳信、东原、安丘、滋阳诸王，及管理府事宗室等官数千人，尽皆诛戮。计攻克三府、十八州、六十七县，共八十八城，归顺者六城，击败敌兵三十九处。所获黄金万有二千二百五十两，白金二百二十万五千二百七十七两有奇，珍珠四千四百四十两，各色缎共五万二千二百三十匹，缎衣、裘衣万有三千八百四十领，貂、狐、豹、虎等皮五百有奇，整角及角面千有一百六十副，俘获人民三十六万九千名口，驼、马、骡、牛、驴、羊共三十二万一千有奇，外有窖发所得银两，剖为三分，以一分给赏将士。其众兵私获财物，莫可算数。"⑦七月二十六日，《清太宗实录》又载："共俘获人畜九十二万三百"云云⑧。

总之，清军第七次迁道入塞，残毁掳掠，综述如下：与明军作战，共三十九次，生擒

---

① 《明史·吴甡传》，第252卷，第6524页，中华书局校点本，1974年。
② 《明史·周延儒传》，第308卷，第7930页，中华书局校点本，1974年。
③ 谷应泰：《明史纪事本末·东兵入口》，第4册，第1506页，中华书局，1977年。
④ 《清太宗文皇帝实录》，第65卷，第26页，崇德八年七月丁巳，中华书局影印本，1985年。
⑤ 《明史·赵光抃传》，第259卷，第6720页，中华书局校点本，1974年。
⑥ 《清太宗文皇帝实录》，第65卷，第5页，崇德八年六月丙子，中华书局影印本，1985年。
⑦ 《清太宗文皇帝实录》，第64卷，第24页，崇德八年五月癸卯，中华书局影印本，1985年。
⑧ 《清太宗文皇帝实录》，第65卷，第26页，崇德八年七月丁巳，中华书局影印本，1985年。

明总兵五员、兵道五员、郎中一员、科臣一员、副将五员、参将八员、游击四员,全部处死。其余总兵、副将、参将、游击等官,被戮杀者,无法计数。共攻克兖州、顺德、河间三府、十八州、六十七县,共八十八座城镇。归顺者一州、五县。擒斩明兖州府鲁王朱以派、乐陵郡王朱以泛、阳信郡王朱弘福、东原郡王朱以源、安丘郡王朱弘榾和滋阳王①及管理府事宗室等数千人,皆诛杀之。所获而点交于皇太极之财物,计黄金一万二千二百五十两,白银二百二十万五千二百七十七两,珍珠四千四百四十两,绸缎五万二千二百三十匹,缎衣、皮衣一万三千八百四十领,貂、狐、豹等皮五百多张,整角及角面千有一百六十副。俘获三十六万九千二百六十余人,牲畜五十五一千零四十余头②。其未交出者,不知凡几矣。

(八)清明胜败之得失

皇太极从天聪元年即天启七年(1627年),至崇德八年即崇祯十六年(1643年),先后对明朝发动十次大规模的军事进攻,其中七次在关内,三次在关外。这十次对明战争,依时间顺序,分别是:其一,天聪元年即天启七年(1627年)的宁锦之战。是役,皇太极同其父汗努尔哈赤的宁远之战一样,损兵折将,失败而返。聪明的皇太极改变同明军在辽西争夺城池的攻城战,转而绕道蒙古,进攻塞内。其二,天聪三年即崇祯二年(1629年)的第一次迂道入塞之战。是役,皇太极首次统军入塞,攻打北京,并攻占永平等四城,翌年回军,收兵沈阳。其三,天聪五年即崇祯四年(1631年)的大凌河之战。是役,毁大凌河城,逼降祖大寿(后回明)。其四,天聪六年即崇祯五年(1632年)的第二次破塞攻明掳掠之战。此役关内河套地区受到残害。其五,天聪八年即崇祯七年(1634年)的第三次破墙入塞之战。是役,蹂躏宣府、大同,掳获而归。其六,天聪九年即崇祯八年(1635年)的第四次破塞攻明掳掠之战。此役,主要在河套地区,也殃及晋北一带。其七,崇德元年即崇祯九年(1636年)的第四次迂道入塞之战。是役,耀兵京畿,得意北归。其八,崇德三年即崇祯十一年(1638年)的第六次迂道入塞之战。是役,兵渡运河,攻陷济南,肆意掳掠,翌年还师。其九,崇德四年即崇祯十二年(1639

---

① 夏燮:《明通鉴》,第88卷,第3399页,中华书局,1959年。

② 此统计依据清朝向朝鲜报捷人畜总数减去俘获人口数而得出的数字,与《圣武记》所载数字基本相同。

年)的松锦之战。是役,俘获洪承畴,破明军十三万,再降祖大寿,占领锦州城。其十,崇德七年即崇祯十五年(1642年)的第七次迁道入塞之战。是役,再入山东,翌年出塞,大肆俘获,满载而归。此次即第七次清军破塞凯旋后,时过三个月,皇太极病死。皇太极在位十七年,以同明战争始,以同明战争终。皇太极同明朝的十次大战,伴随着他整个帝汗的军政生涯。

皇太极的对手,是崇祯皇帝。两人之在位,均为十七年,几乎同时登位,几乎同时离世,都身逢乱世,也都赍志以殁。朱由检与皇太极,南北二帝,互为天敌。仅就皇太极发动十次迁道入塞攻明掳掠之战来说,其兵略,其得失,其影响,其鉴戒,都值得思考,也值得归纳。

于明朝方面:

第一,皇明肌体,病入膏肓。明朝从洪武元年(1368年),到崇祯元年(1628年),其间整整二百六十年,历经十五位皇帝。崇祯帝前的三位皇帝——万历帝、泰昌帝、天启帝,都败在天命汗努尔哈赤的手下。万历帝萨尔浒之败,泰昌帝登位一月死,天启帝丢失沈阳、辽阳、广宁。后金坐大,成了气候。明自辽事以来,由万历末年合九边饷止二百八十万,后加派辽饷九百万,剿饷三百三十万,练饷七百三十余万,共一千九百六十多万。以上总计,共约二千二百四十余万。"自古有一年而括二千万以输京师,又括京师二千万以输边者乎"①? 横征暴敛,社会危机,"民不聊生,益起为盗"②。崇祯帝比天启帝,除边患之外,又多内乱;除人祸之外,又加天灾。其时,"明国三年饥馑,禾稼不登,人皆相食,或食草根、树皮,饿死者什之九,兼以流贼纵横,土寇劫掠,百姓皆弃田土而去。榛芜遍野,其城堡乡村,居民甚少"③。还有瘟疫。以北京为例,崇祯十四、十五、十六连续三年,京师地区发生瘟疫。崇祯十五年(1642年),文献记载:"北京甚疫,死亡昼夜相继,阖城惊悼。"④清军第七次打到京畿地区时,疫情更为严重。该年二月至七月,史籍记载:"京师大疫,死者无算。"⑤《崇祯实录》也记载:"京师大疫,死亡日以

①　《明史·食货志二》,第78卷,第1904页,中华书局校点本,1974年。
②　《明史·杨嗣昌传》,第252卷,第6515页,中华书局校点本,1974年。
③　《清太宗文皇帝实录》,第65卷,第26页,崇德八年七月丁巳,中华书局影印本,1985年。
④　《崇祯实录》,第14卷,第7页,崇祯十五年七月丁亥,台北中央研究院历史语言研究所校勘本,1962年。
⑤　夏燮:《明通鉴》,第89卷,第3413页,中华书局,1959年。

万计。"①死亡人数过多,竟然无人收敛。"有阖家丧亡,竟无收敛者"②。明朝内困外扰,天灾人祸,气数已尽。皇太极认为:"以朕度之,明有必亡之兆。何以言之? 彼流寇内讧,土贼蜂起,或百万,或三四十万,攻城掠地,莫可止遏。明所恃者,惟祖大寿之兵,并锦州、松山之兵,及洪承畴所领各省援兵耳,今皆败亡已尽。即有招募新兵,亦仅可充数,安能拒战? 明之将卒,岂但不能敌我,反自行剽掠,自残人民,行贿朝臣,诈为己功。朝臣专尚奸谀,蔽主耳目,私纳贿赂,罚及无罪,赏及无功。以此观之,明之必亡,昭然矣!"③

第二,明军防线,分散虚懈。明朝鉴于后金—清军屡次长驱迂道入塞的教训,在军事上作了调整:设关内、关外两督,而关外加督师衔;又分设昌平、保定二总督,所谓"千里之内有四督臣"④。在宁远、永平、顺天、密云、天津、保定设六巡抚,宁远、山海、中协、西协、昌平、通州、天津、保定设八总兵。还有监督太监握重兵从中牵制⑤。另临机派大学士、首辅亲自督师。至十二月,明朝兵部调集了三十九万五千余人的援军。虽明军设防,星罗棋布,却事权不一,拥兵观望。清兵入关的突破口,每次各异,皆不相同。明朝防御,极为被动。

明军长城防线,辽东、蓟州、宣府、大同、太原五镇,实为"畿辅之地,安危系焉"⑥。此段长城,逶迤崎岖,兵力不足,防守虚懈。明军分散兵力守御,清军则集中兵力突破。特别是蒙古近边诸部,熟悉路径,作为向导,使得后金—清军,七次破塞,屡屡得手。而且每次进边,攻击边隘,各不相同。清军攻破长城之后,进入中原地区,中州防务,名强实弱,面对清军数万骑兵的勇猛冲突,明朝军队却软弱分散。明兵部右侍郎兼侍读学士倪元璐在崇祯帝召对时奏言:"至于我兵情形,惟见单弱。臣至淮上,此天下重镇,乃抚院标兵不满二千,每日兵饷不过五分。抚臣史可法,最称忠勇,当敌攻淮北,亦仅画河而守,遏敌南渡已耳。济南、德州,土兵皆不满千。

---

①　《崇祯实录》,第16卷,第13页,崇祯十六年七月庚申,台北中央研究院历史语言研究所校勘本,1962年。

②　康熙《通州志·裖祥》,第11卷,康熙三十六年(1697年)刻本。

③　《清太宗文皇帝实录》,第65卷,第10~11页,崇德八年六月癸未,中华书局影印本,1985年。

④　《明史·范志完传》,第259卷,第6722页,中华书局校点本,1974年。

⑤　魏源:《圣武记》,第1卷,第31页,中华书局,1984年。

⑥　程道生:《九边考》,第37页,石印本,1919年。

山东标兵,亦仅三千。其饷皆同淮上。所见应天、浙江、江西援兵,皆无马甲,饷有不足四分者。总兵唐通,今之名将,统兵不满三千;曾对臣言,亦不任杀敌。嗟乎!竭天下之财以养兵,而兵饥如此。宜乎!兵多乃饷薄,而兵少又如此,臣诚不知其故也。"①就是以上这点单弱的兵力,不仅要对付八旗军,而且要应付农民军。兵力本已单弱,军官更为无能。

以济南为例。崇德三年即崇祯十一年(1638年)冬,清兵自畿辅南下,明礼部尚书兼东阁大学士、掌兵部事杨嗣昌檄山东巡抚颜继祖移师德州,于是济南空虚,止乡兵五百,莱州援兵七百,势弱不足守。巡按御史宋学朱方行部章丘,闻警驰还,与山东布政使张秉文及副使周之训、翁鸿业,参议邓谦,盐运使唐世熊等议守城,连章告急于朝。"嗣昌无以应,督师中官高起潜拥重兵临清不救,大将祖宽、倪宠等亦观望。大清兵徇下州县十有六,遂临济南,秉文等分门死守,昼夜不解甲,援兵竟无至者。明年正月初二日,城溃,秉文擐甲巷战,已被箭,力不能支,死之。妻方、妾陈,并投大明湖死"②。山东首府济南只有一千二百守军,宰辅、督师、监军、总兵等皆拥兵不救,坐看府城失陷,死亡官民,以十万计。

第三,指挥失职,调度失误。以第六次清军入塞为例,当戒严时廷臣多请练边兵。大学士、入参机务、掌兵部事杨嗣昌因定议:宣府、大同、山西三镇,兵十七万八千八百有奇,三总兵各练万,总督练三万,以二万驻怀来,一万驻阳和,东西策应,余授镇监、巡抚以下分练。延绥、宁夏、甘肃、固原、临洮五镇,兵十五万五千七百有奇,五总兵各练万,总督练三万,以二万驻固原,一万驻延安,东西策应。余授巡抚、副将以下分练。辽东、蓟镇兵二十四万有奇。五总兵各练万,总督练五万。外自锦州,内抵居庸,东西策应。余授镇监、巡抚以下分练。汰通州、昌平督治二侍郎,设保定一总督,合畿辅、山东、河北兵,得十五万七千有奇。四总兵各练二万,总督练三万。北自昌平,南抵河北,闻警策应。余授巡抚以下分练。又以畿辅重地,议增监司四人。于是大名、广平、顺德增一人,真定、保定、河间各一人。蓟辽总督下增监军三人。"议上,帝悉从之。嗣昌所议兵凡七十三万有奇。然民流饷绌,未尝有实也"③。时流民四散,赤地千里,既无兵

①　谈迁:《国榷》,第99卷,第5969页,中华书局,1958年。

②　《明史·张秉文传》,第291卷,第7469页,中华书局校点本,1974年。

③　《明史·杨嗣昌传》,第252卷,第6514页,中华书局校点本,1974年。

员,更无粮饷,杨嗣昌的定议,纯属纸上谈兵。后杨嗣昌兵败忧惧,不食而死。崇祯帝怒将总监、分监、巡抚、总兵、副将等,"凡三十六人,同日弃市"①。

　　清军虽然其铁骑精兵,绵亘数十里,冲突飘忽,所向无前,却有弱点。清军的弱点:"真敌无几,辽人过多;又敌人归营,散涣疏略,夜即淫酗,弢弓熟寐;又中怯畏死,稍失利即合营痛哭;又辽人每陵西虏,心志不咸者,此其情也,难民入敌中而知之。"②而明军对付清军,也存在许多弱点:其一是军纪太差。给事中熊汝霖奏言:"外县难民,纷纷如都,不云被兵,而云避援军。兵破霸州,未尝杀百姓;援军继至,遂无孑遗。朝廷岁费数百万金钱以养兵,岂欲毒我赤子乎!"③清军"未尝杀百姓",明军到后"遂无孑遗"。官军如范志完"兵至河间淫掠"④。其二是畏敌远避。谈迁曰:"戊己间,东师再入,浴铁之骑,躏赵蹂齐,驰突二千里,烟燧望于淮海。当其时,建牙如山,分成如林,咸缩朒逆避,无撄其锋者。"⑤其三是东逃西窜。清官书记载:明"兵势大衰,人心震恐,东西逃窜。我兵所向,力莫能支。明国之势,已如此矣"⑥!

　　统领大军,同清作战,兵士用力,将帅用谋。明军指挥,将帅寡谋,畏首畏尾,丧失战机。清军破墙攻入,固然声势凌人,但其返归,有隙可乘。明兵部右侍郎倪元璐在召对时申奏:"今敌分东西二路,东路谍至青县、大城,西路谍从定州移方顺桥稍西。臣度其必俟两帜相望,西路从保定突冲良(乡)、涿(州),转掠过东,合营出口。宜及敌未合,尽集各路兵,并攻东路,勿击首尾,避其锋悍,制奇设伏,直捣中坚。凡敌辎重难民,率居中坚。猝击冲之,难民必乱,势成破竹。东路既溃,则西路自不敢东,势不得不趋固、龙二关,罥于险阻。于是合山西、宣大、保定三路重兵,遮追夹击,亦可得志。如此庶成大创,去不复来。"⑦但是,明朝崇祯帝、兵部、总督、监军等,并未采纳上述奏议,却恰如给事中熊汝霖奏言:"兵入墙子岭以来,南北往返,诸军谨随其后,如厮隶之于贵官,负

---

　　①　《明史·杨嗣昌传》,第252卷,第6514页,中华书局校点本,1974年。又《明史·庄列帝本纪二》作三十三人。

　　②　谈迁:《国榷》,第99卷,第5969页,中华书局,1958年。

　　③　夏燮:《明通鉴》,第89卷,第3413页,中华书局,1959年。

　　④　谈迁:《国榷》,第98卷,第5951页,中华书局,1958年。

　　⑤　谈迁:《国榷》,第99卷,第5965页,中华书局,1958年。

　　⑥　《清太宗文皇帝实录》,第65卷,第26页,崇德八年七月丁巳,中华书局影印本,1985年。

　　⑦　谈迁:《国榷》,第99卷,第5969页,中华书局,1958年。

弩前驱,望尘莫及。何名为将? 何名为督师?"崇祯帝听后,"深然之"①。然而,上述谏言,未被采纳。

所以,清军破塞时,以集中对分散;入塞后,则以分散对集中;出塞时,又以集中对分散。而明军时时处处被动:"今敌分兵,亦与俱分;恐敌合兵,不得复合。敌势并力奋死,即遂翻然枕席上过。"②清军轻易入塞,轻易破城,轻易纵横,又轻易出塞。这既暴露明军指挥之无能,也表明崇祯皇帝之无能。

第四,崇祯皇帝,刚愎无能。语云:"天下治乱,缘于宰辅。"崇祯帝在位十七年,《明史·宰辅年表》记其宰辅为五十人,其中首辅九人。在九位首辅中,除在袁崇焕事件前后施凤来、韩爌二人免相外,尔后七位首辅是:周延儒、温体仁、张至发、刘宇亮、薛国观、范复粹、陈演。周延儒与温体仁在《明史》中被列入"奸臣传"。何谓奸臣?"小人世所恒有,不容概被以奸名。必其窃弄威柄、搆结祸乱、动摇宗祏、屠害忠良、心迹俱恶、终身阴贼者,始加以恶名,而不敢辞"。奸臣在"有明一代,巨奸大恶,多出于寺人内竖,求之外廷诸臣,盖亦鲜矣③。《明史·奸臣列传》对周延儒与温体仁的评论是"怀私植党,误国覆邦"。首辅中的张至发和薛国观,既为温体仁所荐,又皆"效法体仁,蔽贤植党,国事日坏,以至于亡"④。其余如刘宇亮,统领各镇勤王援兵过保定,闻清兵将至,吓得面无人色⑤。又如范复粹,任首辅不到一年,福王被害,崇祯闻之泣下,复粹应对说:"此乃天数!"崇祯帝则说:"虽气数,亦赖人事挽回。"⑥作为首辅,对如此重大事件,不作自责,实不得体。至于陈演"庸才寡学,工结纳"⑦。演任首辅八个月,罢政,逾月,明亡,被杀。《明史·宰辅年表》论道:"欲知宰相贤否,视天下治乱。"宰辅是皇帝的一面镜子。欲知皇帝贤否,审视宰辅忠奸。群臣对奸辅,频上奏章,屡加弹劾。崇祯帝却有个怪癖:"帝自即位,务抑言官,不欲以其言,斥免大臣。弹章愈多,位愈固。"⑧崇祯帝不仅拒绝谏忠言,而且惩罚忠言者。给事中熊汝霖奏言:"自戒严以来,臣疏凡二十

① 夏燮:《明通鉴》,第89卷,第3413页,中华书局,1959年。
② 谈迁:《国榷》,第99卷,第5970页,中华书局,1958年。
③ 《明史·奸臣列传·序论》,第308卷,第7905页,中华书局校点本,1974年。
④ 《明史·温体仁传》,第308卷,第7936页,中华书局校点本,1974年。
⑤ 《明史·刘宇亮传》,第253卷,第6537页,中华书局校点本,1974年。
⑥ 《明史·范复粹传》,第253卷,第6545页,中华书局校点本,1974年。
⑦ 《明史·陈演传》,第253卷,第6547页,中华书局校点本,1974年。
⑧ 《明史·张四知等传》,第253卷,第6546页,中华书局校点本,1974年。

上。援剿机宜,百不行一。而所揣敌情,不幸言中矣。比者外县难民,纷纷如都,皆云避兵,不云避敌。霸州之破,敌犹不多杀掠,官军继至,始无孑遗。朝廷岁费数百万金钱以养兵,岂欲毒我赤子!"①崇祯帝厌恶汝霖疏中有"饮泣地下"一语,将其贬谪为福建按察司照磨。崇祯帝的这个怪癖,只能有一个解释:"方以类聚,物以群分。"崇祯帝临死前御书衣襟:"诸臣误朕。"实则相反,明末忠臣、能臣、勇将、战将,或罢或死,不得善终。明社将倾,人才俱尽。所以,不是诸臣误崇祯,而是崇祯误诸臣。

总之,朱由检与皇太极——前者不谙兵旅,不察民情,不纳建言,不善用人;后者则熟悉骑射,熟悉兵略,熟悉民情,熟悉将帅。应当说,就个人素质而言,崇祯帝朱由检不是崇德帝皇太极的对手。况且,他们的社会背景,有着巨大的差异。其时,明朝社会危机严重,崇祯帝个人才能平庸,遇上强劲对手,历史结局,只有失败。

于清朝方面:

第一,进攻方略,重大决策。清太祖努尔哈赤同明作战,抚清、萨尔浒、开铁、沈辽、广宁、宁远六战,俱在关外。其特点是在内线作战,后方近、时间短、目标集中、速战速决。清太宗皇太极的七次入塞,其特点是在外线作战,后方远、时间长、目标分散、拖泥带水。这在满洲军事史上、在明清军事史上,都是空前创举,也是重大突破。皇太极对明朝总的战略是:攻破山海关,占领北京城。于此,他经常思忖:"大兵一举,彼明主若弃燕京而走,其追之乎,抑不追而竟攻京城? 或攻之不克,即围而守之乎? 彼明主若欲请和,其许之乎,抑拒之乎? 若我不许,而彼逼迫求和,更当何以处之? 倘蒙天佑,克取燕京,其民人应作何安辑?"②为着实现皇太极上述战略目标,汉人降附生员杨名显、杨誉显等条奏急图、缓图和渐图三策:急图之策——先攻北京,北京乃天下之元首,天下乃北京之股肱,未有元首去而股肱能存者;缓图之策——先取近京府县,府县乃京都之羽翼,京都乃府县之腹心,未有羽翼去而腹心能保者;渐图之策——拓地屯田,驻兵于宁、锦附近地方,耕其田土,时加纵掠,使彼不得耕种,彼必弃宁、锦而逃矣,宁、锦一为我有,山海更何所恃? 山海既得,我自出入无阻③。以上三策,虽有道理,但有隙阙,均不完善,回顾历史,看得更清。皇太极第一次入口作战,千里绕袭,避实击虚,出其不

---

① 《明史·熊汝霖传》,第 276 卷,第 7079 页,中华书局校点本,1974 年。
② 《清太宗文皇帝实录》,第 22 卷,第 15 页,天聪九年二月戊子,中华书局影印本,1985 年。
③ 《清太宗文皇帝实录》,第 22 卷,第 20 页,天聪九年二月己亥,中华书局影印本,1985 年。

意，攻其不备，破墙入塞，直捣京师，可谓"实有超人之创意"①！此举，或可称为急图之策。但明朝京师，城高兵众，国力雄厚，后金叩打，并非"如石投卵之易"！皇太极后六次缓图之攻，均在关内，站不住脚，纵掠而归，北京亦非"不攻而自得"！皇太极第六次、第七次既派兵入口，又派兵攻宁、锦：于前者，仍蹈旧辙；于后者，兵挫而归。所谓渐图之策，明军不会自弃锦州，更不会自弃宁远；清军则不会"不劳而收万全者也"！所以，以上急图、缓图、渐图三策，书生之见，并不中用。

第二，残毁掳掠，收到实惠。七次入塞作战，掳掠巨大财富。正如胡贡明《奏本》所言："我国地窄人稀，贡赋极少，全赖兵马出去抢些财物。"所以，出兵之际，八旗官兵，俱欣然相语道："去抢西边！"八旗军七次对明入塞征战，如果说第一次政治色彩更浓的话，那么后六次入塞征战，对明政治残毁与经济掠夺并重，或者说更加重视掳掠财富。八旗军七次入塞所掳掠的财富，仅据《清太宗实录》记载清军第五次、第六次和第七次部分数字的统计，共为：黄金一万六千二百八十九两，白银三百一十八万二千六百八十三两，珍珠四千四百四十两，绸缎五万二千二百三十匹，缎衣、裘衣一万有三千八百四十领，貂、狐、豹、虎等皮五百有奇，人畜一百五十六万二千四百二十三。至于官兵"私获财物，莫可算数"。当然，受苦最惨的是平民百姓。明巡抚保定右金都御史徐标奏曰："自淮来数千里，见城陷处，固荡然一空，即有完城，仅余四壁，蓬嵩（蒿）满路，鸡犬无音，曾未遇一耕者，土地人民，如今有几？皇上亦何以致治乎？"崇祯帝听了徐标奏对后，"唏嘘泣下"②。其时，关内的百姓，遭受官军、民军、清军、劣绅、灾荒、瘟疫的六重苦难，皇太极也说："明国三年饥馑，禾稼不登，人皆相食，或食草根树皮，饿死者什之九。兼以流贼纵横，土寇劫掠，百姓皆弃田土而去，榛芜遍野，其城堡乡村，居民甚少。"③

皇太极在对明进取决策时，受到两个方面的影响：满洲军事贵族多主张进兵塞内，残毁掳掠；清廷汉军谋士则多主张攻山海、取北京。前者着眼于官兵目前物质利益，后者则着眼于清廷长远政治利益。首先，明廷国家机器，受到沉重打击。己巳兵部尚书王洽论大辟，督师袁崇焕遭磔刑，大将满桂、赵率教战死；甲戌兵至宣府，京师戒严；丙子兵破昌平，焚德陵，张凤翼削职自尽；戊寅崇祯帝对济南陷落、失七十余城，大为愤

①　《中国历代战争史》（修订一版），第 15 册，第 205 页，黎明文化事业公司出版，1979 年。

②　《崇祯实录》，第 16 卷，第 7 页，崇祯十六年五月己亥，台北中央研究院历史语言研究所校勘本，1962 年。

③　《清太宗文皇帝实录》，第 65 卷，第 26 页，崇德八年七月丁巳，中华书局影印本，1985 年。

慨,唏嘘泪下,命杨嗣昌议文武诸臣失事罪,分五等:曰守边失机,曰残破城邑,曰失陷藩封,曰失亡主帅,曰纵敌出塞。于是中官蓟镇总监邓希诏、分监孙茂霖,巡抚则顺天陈祖苞、保定张其平、山东颜继祖,总兵则蓟镇吴国俊、陈国威,山东倪宠、援剿祖宽、李重镇及他副将以下,至州县有司,凡三十六人,同日弃市①。蓟辽总督吴阿衡战死,大学士刘宇亮罢官。壬午则总督赵光抃,督察范志完弃市,首辅周延儒赐自尽。其次,皇太极七次入塞残毁掳掠,对于八旗军事贵族、下层官兵来说,确实得到实惠。明巡抚保定右佥都御史徐标奏言:中原地区,"物力已尽,蹂躏无余,蓬蒿满路,鸡犬无音,曾未遇一耕者,成何世界?皇上无几人民,无几土地"②。所以,皇太极耀兵塞内,对崇祯皇帝、对中原人民是一大历史悲剧。史载:八旗军所过,"遍蹂畿内,民多残破";"一望荆棘,四郊瓦砾";"畿南郡邑,民亡什九";"荒草寒林,无人行踪"。而对皇太极、对八旗官兵是一大历史喜剧,八旗军所过,俘获人畜,掳掠金银,贝勒将士,暴发致富。

第三,军制火炮,重大突破。皇太极在七次入塞及其他战争中,不断地完善军队建制、军种配置、火器装置和军事训练等。其中最主要的是两件事:一件是由八旗满洲,扩充为八旗蒙古、八旗汉军,完善了八旗的军制(详见前文);另一件是研制红衣大炮成功,且用之装备乌真超哈,从而有了一支火炮部队(详见前文)。皇太极的八旗军队,在七次入塞之战中,既发挥骑兵的传统优势,又施展炮火的巨大威力。于是,明军有的优势,清军也有;而清军有的优势,明军却无。骑兵冲突与火炮威慑,成为清军的双翼,克敌制胜,勇往无前。正如皇太极指出:"我军所向,彼莫能支。纵横冲突,如入无人之境。"③

第四,丧失良机,千古遗憾。尽管皇太极"入口作战"的兵略,清史研究者多加以肯定,但事实却不然。皇太极的七次迂道入塞攻明,从战术上说,是成功的;但从战略上说,则是其军事谋略艺术中的败笔。

皇太极曾就攻明兵略进行讨论。固山额真李国翰、佟图赖、祖泽润,梅勒章京祖可法、张存仁奏言:"锦州、松山、杏山、塔山,一时俱为我有,明国人心动摇,北京震骇。唯当因天时,顺人事,大兵前行,炮火继后,直抵北京,而攻克之。是圣汗万世奇功,自北(此)而定。我国之富贵,亦自此而得。自上至下,无不宽裕者矣。"④皇太极则认为:

① 《明史·杨嗣昌传》,第252卷,第6514页,中华书局校点本,1974年。
② 谈迁:《国榷》,第99卷,第5974页,中华书局,1958年。
③ 《清太宗文皇帝实录》,第65卷,第4页,崇德八年六月丙子,中华书局影印本,1985年。
④ 《清初内国史院满文档案译编》,第479页,光明日报出版社,1989年。

"尔等建议,直取燕京,朕意以为不可。取燕京如伐大树,须先从两旁斫削,则大树自仆。朕今不取关外四城,岂能即克山海? 今明国精兵已尽,我兵四围纵略,彼国势日衰,我兵力日强,从此燕京可得矣!"①

其实,早在崇德五年即崇祯十三年(1640年)正月,都察院参政祖可法、张存仁等奏论进取之计。略谓:

其一,制定国家进取大计:"窃惟有国家者,必有大计。大计定,而后举措神;举措神,而后奏功捷也。"

其二,评"剪枝伐树"论:"皇上曾以'剪枝伐树'之喻,见谕臣等。彼时心疑之,而不敢妄言。今熟思之,皇上必有睿见,而臣等窃有进焉。夫去人一手,而人不死;去人一足,而人犹生。若断喉刺心,则其人立毙矣。去手足之说,即剪枝叶之计,可施于劲敌之小邦,不可施于积弱之大国也。伏愿皇上,蚤定妙算。"

其三,"刺心之着"为上策:"攻心为上,不角力而角智,勿取物而取城。则直捣燕京,割据河北,在指日间矣。燕京之易得者,内多客处之人,若断其通津粮运、西山煤路,彼势将立困。必不能如凌河之持久,此刺心之着也!"

其四,"断喉之着"为中策:"如欲先得关外各城,莫若直抵关门。久不经战守之地,内皆西南客兵,攻取甚易。兼石门之煤不通,铁场堡之柴不进,困取亦易。山海关既取,关外等城,已置绝地,可唾手而得。此断喉之着也。"

其五,"剪枝之着"为下策:"如欲不加攻克,而先得宁、锦,莫如我兵屯驻广宁,逼临宁、锦门户,使彼耕种自废,难以图存。锦州必撤守,而回宁远;宁远必撤守,而回山海。此剪重枝伐美树之著也。"②

祖大寿也建言:"以臣目击机会,欲先取山海关外五城。彼已虚弱,北京震惊,山海关外惊惶,况吴总兵罪重忧深,文武官员,心皆恐怖。臣虽衰老,拙于谋算,于明徒有虚名。然际此机会,图报有心,并仗圣威,敢献所见。明之文武官员,有能无能,臣所悉知。城之虚实,兵之强弱,亦无所不知。宜乘此时,或招抚,或征讨,先攻中后所,收吴总兵官家眷,吴襄必为之心动,吴三桂亦自然扰乱。其余中右所、前屯卫,不劳而自得矣。至中前所,一过可平也。破山海关,更易于破宁远矣。山海关乃未曾征战之地,其

---

① 《清太宗文皇帝实录》,第62卷,第14~15页,崇德七年九月壬申,中华书局影印本,1985年。
② 《清太宗文皇帝实录》,第50卷,第14~16页,崇德五年正月壬申,中华书局影印本,1985年。

驻守官兵,悉为乌合之众,绝其咽喉,则失其屏障,海运钱粮,自必不通,长城自必不能固守,即欲保全北京,亦无策也。如此,宁远何以支持?此臣管见愚测,不足当圣听。惟时机可乘,敢披愚忠,不胜恐惶,谨此奏闻,伏祈圣鉴。"①

先是,明辽东巡抚袁崇焕建成以锦州为前锋、宁远为中坚、山海为后劲的关宁锦防线,并在辽西地区坚壁清野。于是,皇太极改变谋略,对蒙古和朝鲜用兵,剪除明朝左右两翼,免去南进后顾之忧。随之,皇太极制定南进中原的新兵略:避开宁锦,绕道蒙古,插入塞内,七掠中原。这对皇太极是喜悦,还是悲哀?抛开政治的、民族的、经济的、心理的因素不说,仅从兵略来说,皇太极纵兵入口作战,不是成功范例。因为:

其一,兵贵据城。用兵的目的,在于夺取城镇。城镇是彼方地域之行政、经济和文化的重心,占有它就占有或控制一方土地。后金—清军至明城堡,或则仅为空城,如崇德三年即崇祯十一年(1638年),清军攻至遵化,遵化"守城之卒,不战自溃,时得空城三座"②;或则仅为屯堡,即零星镇屯和分散寨堡。后金—清军所抵明朝城镇,尽管明军腐败,也不乏兵民之抵抗者。以其第二次入口为例,所攻多不能克,劫掠小城堡,盘桓两个多月,遭到明军堵截。明宣府巡抚焦源清奏本称:"奴贼步步受亏,始不敢存站。……奴贼节年大举入犯,似未有如此番之踉跄者。"③清军扫荡府、州、县城后,抢掠完就走,没有占据通衢大城和边塞要隘,达不到军事征战之政治目的。

其二,兵贵得民。得到土地和人民,就得到实际控制权,也得到获取贡赋的权力。后金—清军扫荡府、州、县城后,掳掠大量人口,回到盛京沈阳,男人作耕农、奴仆,女人作妻姜、奴婢。这虽可补充其劳力困乏,但演出背井离乡、家破人亡的惨剧。其所掠牲畜、财帛虽可缓解其经济之困难,但不能促进其经济之发展,达不到军事征战之经济目的。用兵之法:全国为上,其次破国,其次伐兵,其次攻城,其次掳掠,而掳掠最下。皇太极多次派兵入口——屠城,杀戮,焚毁,俘获,抢掠,这是兵略中之最下者。

其三,兵贵攻坚。宁远和锦州是后金—清要攻夺关门的障碍,皇太极两次受挫之后,不是愈挫愈奋,巧计攻坚,而是绕开坚城,入塞远袭。以其第六次入口作战为例,皇太极将八旗军分作两大部,一部入边袭扰,另一部进攻锦、宁。其入边军队,先分作两

①　《清初内国史院满文档案译编》,上册,第505~506页,光明日报出版社,1989年。
②　《沈馆录》,第1卷,第19页,《辽海丛书》影印本,辽沈书社,1985年。
③　《明清史料》,甲编,第8本,第785页,中央研究院历史语言研究所刊印,1931年。

翼,复析为八道,逼燕京、迫大同、陷济南。此路清军,虽俘获大量人口、牲畜、金银、衣物,却达不到征战之战略目的。其辽西军队,抵中后所,同祖大寿军激战。清军"满洲兵甲喇章京翁克等,率众先奔。护军统领哈宁噶,甲喇章京阿尔津、俄罗塞臣等,且战且退"①。而多铎率领之先锋五百人,亦被祖大寿军"四面围住,扑战良久后,稍开一路,则十王仅以百余骑突阵而出"②。是知,祖大寿胜皇太极甚明。由是,清军统帅皇太极率领济尔哈朗、多铎等败退。可见,皇太极既定锦州、宁远为坚城,却用兵分散,以寡击众,以弱敌强,造成失利。皇太极在战略、战术的策划上,不敢攻坚,不愿攻坚,不善攻坚,不做攻坚,既是其性格之弱点,又是其兵略之弱点。

其四,兵贵争时。在一切财富中,时间是最宝贵的财富。皇太极从天聪三年(1629年)到崇德四年(1639年),共费时十年,占其帝位生涯十七年近三分之二的时日,而未能夺取锦州一城,是不能耶,抑不为耶? 自袁崇焕死后,皇太极已于天聪五年即崇祯四年(1631年)制成红衣大炮。同年八月,皇太极用红衣大炮攻围明将祖大寿据守的大凌河城。此役,八旗军用红衣大炮攻城、破堡、打援,克大凌城,降祖大寿,并缴获明军含红衣大炮在内的大小火炮三千五百多位。其时,皇太极如采用大凌河之役以红衣大炮围城打援的战法,完全有可能较早地攻破并夺取锦州城。乘胜前进,再接再厉,亦有望攻取宁远城。

皇太极的正确兵略,应于天聪五年即崇祯四年(1631年),在大凌河取胜之后,集中兵力,乘威南进,筑城屯田,长久计议,以围城打援、施红衣炮的战术,围锦州,攻宁远,奋力拼打,逐个击破,但此机错过。崇德六年即崇祯十四年(1641年)七月至崇德七年即崇祯十五年(1642年)四月,皇太极取得松锦大战的全胜。皇太极的正确兵略,应乘己之锐、趁彼之虚,用"围锦打松"之战术,围攻宁远,逐节推进,攻克四城,兵叩关门;那么,攻破山海关,问鼎北京城,登上金銮宝殿者,可能是皇太极,而不是李自成。但是,主帅的谋略是争战否泰演化的枢轴。乃父乃子宁远两次兵败的"魔影",始终笼罩在皇太极的头上。因而,皇太极松锦大捷后第七次派大军入口,继续其"残毁掳掠"兵略之错误。由是,皇太极与紫禁城的金銮宝座,失之交臂。

清太宗皇太极七次用兵塞内表明,皇太极是有抱负的政治家,但缺乏宏大格局,而

---

① 《清太宗文皇帝实录》,第44卷,第16页,崇德三年十一月己未朔,中华书局影印本,1985年。

② 《沈馆录》,第1卷,第17页,《辽海丛书》影印本,辽沈书社,1985年。

不是伟大的政治家；是有胆略的军事家，但缺乏远大谋略，而不是伟大的军事家。皇太极未能断喉刺心，率军破关，入主中原，定鼎天下。否则，李自成不会率军进京，灭亡明朝。那么，满洲史、明清史将会是另一番格局。

六　统一蒙古诸部

（一）漠南蒙古分化

　　蒙古在明朝正德、嘉靖年间，重新划分势力范围，确定蒙古各部格局。明正德五年（1510 年），成吉思汗第十五世孙巴图蒙克（1464—1543 年）[1]在祭祀成吉思汗的八白室（今内蒙古伊克昭盟伊金霍洛旗成吉思汗陵地），登上汗位，称大元可汗，即达延汗。《蒙古源流》（汉译本）记述：达延汗号巴图蒙克，父为博勒呼济农，母为锡吉尔福金，甲申年即天顺八年（1464 年）生。上代可汗满都鲁汗死，其遗孀满都海福金求元室之裔。庚寅年即成化六年（1470 年），满都海福金与巴图蒙克结婚。称巴图蒙克为达延汗，时满都海福金年三十三岁，巴图蒙克汗年仅七岁。达延汗为人"贤智卓越"，[2]值瓦剌分裂与衰微之际，以控弦之骑十万，打败枭雄部酋，迫使瓦剌西迁，结束蒙古诸部各自为政的局面，成为重新统一蒙古的君主。达延汗在漠南、漠北地区，和平分封诸子，成了后世蒙古各部落形成的起源，影响极为广泛而深远。达延汗分封诸子，建六万户——左翼三万户，察哈尔（察罕儿）、喀尔喀（哈剌哈）、兀良哈（后被击灭）；右翼三万户，鄂尔多斯、土默特、应绍不（永邵卜）。达延汗治世七十四年，岁癸卯即嘉靖二十二年（1543 年），年八十，乃殁。达延汗死后，长子早丧，嫡孙年幼，汗权衰微，相互争斗，各部实力，此消彼长，分化重组，驻地转移，形成明末蒙古诸部落。到满洲兴起时，同天命、天聪、崇德三朝直接有关的重要蒙古部落，主要是：察哈尔（察罕儿）万户，由达延汗及其长子铁力摆户（图鲁博罗特）统领。长子铁力摆户（图鲁博罗特）先死，由铁力摆户（图鲁博罗特）之子博迪即博迪阿喇克（卜赤）嗣为汗。明嘉靖二十六年（1547 年）为羊年，博迪汗死，其子打来孙立，是为打来孙汗（达赉逊库登汗）。打来孙汗（达赉逊库登汗）继位后，因受到其从父俺达汗等欺凌与

---

　　① 巴图蒙克即达延汗的生卒年有异说，今取上说。

　　② 《李朝成宗大王实录》，第 175 卷，第 23 页，十六年二月庚辰，日本学习院东洋文化研究所，1959 年。

逼迫,以及水草不丰,而举部东迁。史载:"二十六年夏,今小王子庭直辽东。"①但据明兵部郎中唐顺之条奏:"自嘉靖二十九年以后,迤北把都儿、打来孙二房,收属东夷,而居其地,遂巢辽、蓟之间。"②这说明察哈尔部已经完成东迁。《皇明世法录》引《蓟门考·东房考》也载:打来孙汗(达赉逊库登汗)与俺达汗"有隙",举部东迁之后,"由是分为东西二房。本夷素称察罕儿,迩来住巢离边渐近,为蓟、辽患"。

打来孙汗(达赉逊库登汗)东迁,产生重大历史影响。冯瑗在《开原图说》中评论:"元小王子苗裔打来孙者,收复三卫属夷,举部东迁,驻潢水之北,西南犯蓟门,东北犯辽左,而辽始有虏患。"察哈尔部东迁到辽、蓟地域后,明万历前期,在辽、东地区,形成三股鼎足的军政势力:明朝、蒙古与女真——满洲。明朝同蒙古的矛盾,成为此期此区的主要矛盾。特别是"隆庆和议"后,明万历前期,在辽、蓟地域,经过长期反复、激烈残酷的厮杀,人力、物力、财力、资源均遭到极大的破坏,损失惨重,两败俱伤。满洲的努尔哈赤则隐藏于赫图阿拉地区,暗自发展,形成气候。所以,辽东地区明朝与蒙古的厮杀,为满洲的勃然崛起,提供了历史的机遇。此种影响与后果,和田清认为:"小王子东迁的事实,当时明人只顾俺答的威胁,并没有重视。后代的学者也未尝没有人等闲视之。其实,东迁意义极为重大。这个纯粹蒙古的中心部落、大元可汗的正统后裔,率领所部十万东迁,移牧于兴安岭东南半部,不仅是历史上无与伦比的罕有事件;由于移动的结果,在蒙古内部引起了重大变化,并使明廷辽东大为疲蔽,不久便形成了清朝兴起的基础。"③察哈尔部东迁到老哈河以西、广宁(今辽宁省北镇市)以北地域。打来孙汗(达赉逊库登汗)的后裔,形成浩齐特(蒿齐特)、苏尼特、乌珠穆沁、敖汉、奈曼、克什坦(克什克腾)等部。因达延汗及其长子铁力摆户(图鲁博罗特)既领察哈尔万户,又统左翼三万户,故此系自诩为正宗嫡系的"宗主",且为诸部之雄长。后满洲的努尔哈赤及其子皇太极,成为蒙古察哈尔部林丹汗的克星。

察哈尔部盛衰 漠南蒙古的察哈尔部,即插汉、察汉、擦汉儿、擦汉脑儿等④。察

---

① 严从简:《殊域周咨录》,第21卷,第698页,中华书局,1993年。

② 《明世宗实录》,第464卷,第12页,嘉靖三十七年九月辛丑,台北中央研究院历史语言研究所校勘本,1962年。

③ [日]和田清:《明代蒙古史论集》,下册,第425页,商务印书馆,1984年。

④ 《明神宗实录》第373卷万历三十年六月戊申:"擦汉脑儿,原系元裔,住牧旧大宁熬母林等处,部落繁衍,介在蓟、辽之间。"

哈尔为蒙古语"边"的音译;明嘉靖时打来孙汗(达赉逊库登汗),受俺答汗的逼迫,徙牧于辽东边外,以地近边而得部名。日本学者和田清认为:"察哈尔原本是部族名而非地名,它原来的根据地并不是今察哈尔地方。"①达延汗统一蒙古各部,成为继成吉思汗、忽必烈之后,又一位统一蒙古各部的大汗。察哈尔部领主世袭蒙古汗位,号称蒙古各部的共主。后来蒙古可汗实际上成了察哈尔部的汗。前述打来孙汗(达赉逊库登汗)东迁后,成为辽东地区重要的军政势力。万历年间,努尔哈赤在满洲建元称汗,库图克图也在蒙古登位称汗。库图克图汗,就是来孙汗(达赉逊库登汗)的四世孙林丹汗。

　　林丹汗(1592—1634年),又称陵丹汗,亦称库图克图,明称作虎墩兔。《明史·鞑靼传》记载:"虎墩兔者,居插汉儿地,亦曰插汉儿王子,元裔也。其祖打来孙,始驻牧宣塞外。俺答方强,惧为所并,乃徙帐于辽,收福余杂部,数入掠蓟西,四传至虎墩兔,遂益盛。"②先是,达延汗长子铁力摆户(图鲁博罗特)掌管察哈尔万户,并统领左翼三万户,驻帐察哈尔。铁力摆户(图鲁博罗特)之子博迪(博迪阿喇克),博迪(博迪阿喇克)子为打来孙汗(达赉逊库登汗)。打来孙汗(达赉逊库登汗)又称库登汗,因躲避俺答汗的威胁,举部东迁,移帐西拉木伦河流域。嘉靖三十六年(1557年),打来孙汗(达赉逊库登汗)殁,年三十八岁。翌年,其子土蛮(图们)台吉即汗位,时年二十岁,万历二十年(1592年),土蛮(图们)汗殁,在位三十五年,年五十四岁。翌年,子布延台吉(卜言台周)即位,称彻辰汗。万历三十一年(1603年)殁,在位十年,年四十九岁。翌年,布延汗长子莽和克台吉先已殁,由其孙林丹(陵丹)即位③,驻帐在广宁(今辽宁省北宁市)以北。万历三十二年(1604年),林丹即汗位④,年十三岁,众称库图克图汗,明人谐其音称为虎墩兔汗。林丹汗登汗位比努尔哈赤登汗位,在时间上,早十二年,年龄却比努尔哈赤小三十三岁。恰巧,林丹汗与皇太极同岁。后来,天聪汗成了林丹汗的克星。此期,林丹汗虽各部名义上尊其为大汗,实际上却各自为政。在林丹汗祖父布延(卜言台周)汗时,蒙古各部还要向大汗纳贡,至林丹汗时各部已多不纳贡。明文献记载:"虎罕自祖父以来为诸部长,诸部尽皆纳贡。其祖父死,虎年幼,沉溺酒色,诸部各自称雄,

　　①　[日]和田清:《明代蒙古史论集》,上册,第387页,商务印书馆,1984年。
　　②　《明史·鞑靼传》,第327卷,第8491页,中华书局校点本,1974年。
　　③　高文德、蔡志纯:《蒙古世系》,第24页,中国社会科学出版社,1979年。
　　④　张穆:《蒙古游牧记》,第7卷,台湾商务印书馆影印《文渊阁四库全书》本,1980年。

献贡遂绝。"①林丹汗自称"蒙古大汗",实际只统辖察哈尔部,因称之为察哈尔汗。然而,林丹汗是建州兴起前漠南蒙古最强大的势力。察哈尔部时为"漠南蒙古诸部的宗主部"②,作为察哈尔汗的库图克图,其登临汗位又极盛一时,被其七世祖达延汗的幽灵所纠缠,且"垂涎各部之赏"。林丹汗尝称:"南朝止一大明皇帝,北边止我一人。"③因之,林丹汗冀图继承大元可汗的事业,南讨明朝抚赏,东与后金争雄,号令漠南蒙古。

明朝首先拉拢察哈尔部林丹汗,给予抚赏、市赏等银近五万两,以使其号召蒙古各部,阻遏后金西进。天命六年即天启元年(1621年),喀尔喀的炒花、煖兔等也仿效察哈尔,向明廷要求新赏,喀喇沁部也求赏。明朝经略大臣,无论是熊廷弼、袁应泰还是袁崇焕都采用此策,他们认为抚赏蒙古贵族首领,即使不能使蒙古骑兵进击后金,也不至于使其成为后金的盟友。

时明朝、后金与察哈尔部,都要在辽东保持或建立统治地位。萨尔浒大战之后,后金势力的扩张威胁着察哈尔部,察哈尔部的强大又妨碍后金抚绥漠南蒙古;而在明朝看来,察哈尔部与后金相比较,主要威胁来自后金。因此,在明朝、后金与察哈尔部的鼎足矛盾中,明廷与后金的矛盾是主要的。后金为着对抗明朝,必须先征抚察哈尔部;明朝为了对付后金,便利用林丹汗与努尔哈赤的矛盾,同察哈尔部联合抵御后金的进攻。明朝联合林丹汗,共同抵御后金,实行"以西虏制东夷"的策略,为此,就要增加对林丹汗的岁币④,并把原由明朝直接给予漠南东部蒙古诸部的岁币,转交给林丹汗控制。先是,据《明熹宗实录》记载,仅天命七八年即天启二三年的两年三季,明朝给蒙古各部首领的赏银,就用银共三十万六千九百余两⑤。明廷每年给林丹汗赏银先为四千两,后增至四万两,再增至八万两,尔后更多。

林丹汗兴起之日,恰逢俺答汗衰落之时。俺答汗于万历十年(1582年)死,其子黄台吉继承汗位,但立三年而死,黄台吉子撦力克登汗位。未几,撦力克又死,撦力克之

① 《崇祯长编》,第11卷,第11页,崇祯元年七月己巳,台北中央研究院历史语言研究所校勘本,1962年。
② 周清澍主编:《内蒙古历史地理》,第214页,内蒙古大学出版社,1994年。
③ 《崇祯长编》,第11卷,第11页,崇祯元年七月己巳,台北中央研究院历史语言研究所校勘本,1962年。
④ 岁币:即明朝每年以赏赐的名义,给蒙古王公定额的物资和金银。
⑤ 《明熹宗实录》,第42卷,第23页,天启三年十二月己酉,台北中央研究院历史语言研究所校勘本,1962年。

孙卜失兔（卜石兔）袭封爵、继汗位。其时，配四汗①、主兵柄的三娘子死，卜什兔汗徒建空名，部势衰落。卜什兔衰，林丹汗兴。林丹汗借后金军陷抚顺、下开原之机，向明廷提出"助明朝、邀封赏"。天命四年即万历四十七年（1619 年），后金灭宰赛及叶赫，叶赫贝勒金台什孙女为林丹汗后（苏泰福金），于是明蓟辽总督文球、巡抚周永春等，给林丹汗白金四千两，使其"联结炒花诸部，以捍大清兵"②。第二年，明廷加林丹汗赏银至四万两。天命九年即天启四年（1624 年），林丹汗近属歹青因领赏不满在边关哗噪而被杀，明朝边臣议每年给偿命银一万三千两，而林丹汗不悦，对明若即若离。未几，后金军袭破炒花，其部半降后金，半投察哈尔。不久，林丹汗攻哈喇嗔、卜言台周、卜失兔诸部，哈喇嗔部多被掳，卜言台周仅以身免，卜失兔败走河套。察哈尔势力日盛，明廷商讨对策。王象乾密奏抚赏察哈尔之计，崇祯帝命王象乾往与袁崇焕督师共商对策。《明史·鞑靼传》记载："象乾至边，与崇焕议合，皆言西靖而东自宁，虎不款，而东西并急。因定岁予插金八万一千两，以示羁縻。"③就是明廷以牛羊、茶果、米谷、布匹、金银为附金，换取察哈尔林丹汗不犯边，而求得西边安靖；明廷得以集中力量，对付后金军队西进。

天命汗与林丹汗之关系，既受明朝同察哈尔"抚赏"的制约，也受后金同察哈尔利害的影响。

努尔哈赤进入辽沈地区之前，推行"远交近攻之术"④，忙于统一女真诸部，无暇顾及察哈尔部。时察哈尔部实力雄厚，其势力范围，"东起辽东，西至洮河，皆受此虏约束"⑤，拥有八大部、二十四营，号称四十万蒙古。《山中闻见录》也作了类似载述："东起辽西，西尽辽河，皆受插[汉]要约。"⑥林丹汗"帐房千余"⑦，牧地辽阔，部众繁衍，牧畜孳盛，兵强马壮，依恃明朝，对后金态度骄横。但是，自努尔哈赤建立后金，就形成明朝、后金与蒙古三足鼎立之势。林丹汗并没有认识到后金的实际地位，天命四年即万历

①　谷应泰：《明史纪事本末·西人封贡》，第 4 册，第 1566 页，中华书局，1977 年。

②　《明史·鞑靼传》，第 327 卷，第 8492 页，中华书局校点本，1974 年。

③　《明史·鞑靼传》，第 327 卷，第 8493 页，中华书局校点本，1974 年。

④　《李朝光海君日记》，第 23 卷，第 5 页，元年十二月丙寅，日本学习院东洋文化研究所刊印，1959 年。

⑤　沈曾植：《蒙古源流笺证》，第 8 卷，海日楼遗书，屠守斋校补本，1932 年。

⑥　彭孙贻：《山中闻见录》，第 8 卷，《西人志》。

⑦　《明神宗实录》，第 373 卷，第 9 页，万历三十年六月戊申，台北中央研究院历史语言研究所校勘本，1962 年。

四十七年(1619年)十月,林丹汗遣使后金,狂称"统四十万众蒙古国主巴图鲁成吉思汗,问水滨三万人满洲国主"云云。诸贝勒大臣见林丹汗来书大怒,要将其来使一半斩杀,另一半劓鼻馘耳放归。努尔哈赤说使者无罪,暂加扣留,待派使臣返回后再作处理。天命五年即万历四十八年(1620年)正月,天命汗努尔哈赤遣使赍书报察哈尔部林丹汗。其书曰:"阅察哈尔汗来书,称'四十万蒙古国主巴图鲁成吉思汗,致书水滨三万满洲国主神武英明皇帝'云云。尔奈何以四十万蒙古之众,骄吾国耶?我闻明洪武时,取尔大都,尔蒙古以四十万众,败亡殆尽,逃窜得脱者,仅六万人。且此六万之众,又不尽属于尔,属鄂尔多斯者万人,属十二土默特者万人,属阿索忒、雍谢布、喀喇沁者万人,此右三万之众,固各有所主也,于尔何与哉!即左三万之众,亦岂尽为尔有?以不足三万人之国,乃远引陈言,骄语四十万,而轻吾国为三万人,天地岂不知之!吾固不若尔四十万之众也,不若尔之勇也。因吾国之少且弱也,遂仰蒙天地眷佑,以哈达、辉发、乌喇、叶赫,暨明之抚顺、清河、开原、铁岭等八处,悉授予焉!……昔吾未征明之先,尔曾与明构兵,尽失其铠胄、驼马、器械,仅得脱去。其后再构兵,格根戴青贝勒之从臣,并十余人被杀,毫无所获而回。尔侵明者二,有何虏获?克何名城?败何劲旅乎?夫明岂真以此赏厚汝耶?以我征伐之故,兵威所震,男子亡于锋镝,妇女守其孤孽。明畏我,姑以利诱汝耳!且明与朝鲜,言语虽殊,服制相类,二国尚结为同心;尔与我,言语虽殊,服制亦类,尔果有知识,来书宜云:'明,吾深仇也,皇兄征之,天地眷佑,俾堕其城,破其众,愿与天地眷佑之主合谋,以伐深仇之明。'如是立言,岂不甚善与!"[1]

天命汗在回书中试图祭起元顺帝的亡灵,并历数其兵败之辱,以激起林丹汗的隐愤,拆散察哈尔部与明朝的联盟;并通过炫耀八旗军威,拉拢察哈尔部倒向后金一边,共同对抗明朝。明朝得知林丹汗派"部夷三金榜什等,曾与奴尔哈赤讲说,奴儿不理,口出妄言"[2]。但是,林丹汗与努尔哈赤在辽东地区现实利益的冲突,涂抹了孛儿只斤氏与天潢贵胄朱氏贵族历史的旧账。林丹汗以囚械其来使,对努尔哈赤赍书作出回答。努尔哈赤误闻其使臣被林丹汗所杀,要杀前羁留的林丹汗来使;他又派使臣往约,互还使臣,但林丹汗不答。努尔哈赤怒斩其使,而后金使臣却以贿赂守者逃归。后金

---

[1] 《清太祖高皇帝实录》,第7卷,第2~4页,天命五年正月丙申,中华书局影印本,1986年。

[2] 《明神宗实录》,第594卷,第6页,万历四十八年五月戊戌,台北中央研究院历史语言研究所校勘本,1962年。

杀死林丹汗使臣，林丹汗对后金斩其使臣也无可奈何。在努尔哈赤攻占沈阳、辽阳后，后金同察哈尔的关系发生了新的变化。

努尔哈赤进入辽沈地区，后金势力渐大，明朝力渐不支，察哈尔受到威胁。林丹汗深感力量不足，常求助于明朝。其他诸部被林丹汗杀掠，需要寻求后金庇护。因此，在漠南蒙古内部便形成两股军事政治势力：一是以林丹汗为首，主张得到明朝的抚赏与支持，控制和辖治漠南蒙古诸部；另一是诸多部的首领，企图取得后金的支持与援助，摆脱林丹汗的劫掠与控制。明朝重要官员如经略王在晋、总督王象乾、宁前道袁崇焕等，都先后主张加紧对蒙古抚款，并与之结盟，以抗击后金。明辽东经略王在晋奏报"今日以款虏为急着"，而"款虏"的重点是虎墩兔憨即林丹汗："西虏以憨为主，憨之顺逆，西虏所视为向背，亦东夷所视为重轻，故讲赏惟憨之费巨。"①魏源也说："明人思用东部插汉小王子（即察哈尔林丹汗），欲以敌大清。"②

明廷面对东部后金与西部蒙古，其东西策略即东对后金、西对蒙古的策略，后来袁崇焕概括为："外战东夷，内抚西虏。"③袁崇焕在给天启帝的上疏中，详细分析了明朝、后金、蒙古的三方关系，并提出朝廷应采取之对策："虎带甲可数十万，强与弱，奴非虎敌；然奴百战枭雄，虎无纪律，乱与整，虎又非奴敌。臣故亲出，厚遣其领赏之人，嘱其无与奴野战，脱有急，移于我之近边，彼此声势相倚。量虎感皇上多年豢养之恩，且自图存，必不折而入奴。若哈喇慎之三十六家，最称狡猾。自督臣王象乾一抚之后，顺多逆少。今日之计，我方有事于东，不得不修好西虏，即未必可用，然不为我害，即已为我用矣。岁费金钱数十万，其亦不虚掷乎！西款不坏，我得一意防奴。"④此间，明总督王象乾派员往抚三十六家。天命七年即天启二年（1622年）四月，明与喀喇沁结盟。寻祖大寿与察哈尔首领之一拱兔，朱梅与敖汉部首领结盟。林丹汗"见各部内附，亦孤而求款"。同年八月，明朝与察哈尔部结盟⑤。八月，明经略王在晋遣使与林丹汗使臣贵英恰盟誓，盟词曰："愿助兵灭奴，并力恢复天朝疆土。若奴兵到，憨兵不到，断革旧赏；

①　王在晋：《三朝辽事实录》，第11卷，第9页，江苏省立国学图书馆藏本。

②　魏源：《圣武记》，第3卷，第96页，中华书局，1984年。

③　佚名《今史》，第4卷，崇祯元年七月二十三日，清钞本。

④　《明熹宗实录》，第72卷，第18页，天启六年六月戊子，台北中央研究院历史语言研究所校勘本，1962年。

⑤　王在晋：《三朝辽事实录》，第11卷，第11页，江苏省立国学图书馆藏本。

倘奴酋通赂,背盟阴合,罹显罚。"①明朝与蒙古的联盟,在一定时期内,得到了加强和延续。后来,察哈尔部西迁,这种联盟便告结束。

察哈尔部西迁 林丹汗虽对蒙古文化有所建树,如组织贤能译者三十余人,完成对《甘珠尔》的蒙古文翻译,并用金字钞写;却实行错误政策,加速了察哈尔内部的分崩离析。他掠土地,劫牛羊,穷奢极欲,暴虐无道:"枭休悖慢,耳目不忍睹闻。"②他自恃士马强盛,横行漠南,破喀喇沁,灭土默特,逼喀尔喀,袭科尔沁。史载察哈尔部属五路头目的妻子,被林丹汗重臣贵英恰强占,受害头目含愤投巴林部首领炒花,"炒花不能养,投奴酋,奴酋用之守广宁"③。察哈尔的敖汉部、奈曼部,因对林丹汗不满,其使者往来于后金④。《旧满洲档》又载:兀鲁特部一位丧夫的福金,率领其幼子及四百六十人等归顺后金。天命七年即天启二年(1622 年)二月,察哈尔兀鲁特部贝勒明安,带领兀尔宰图、锁诺木等十六贝勒,及内喀尔喀五部台吉石里胡那克等,"各率所属军民,三千余户,并驱其畜产"⑤,归附后金。次年七月,蒙古兀鲁特诸贝勒同后金诸贝勒共同盟誓,以巩固双方的关系。天命十年即天启五年(1625 年),林丹汗率兵围科尔沁⑥,及后金军来援,乃退。林丹汗扩张势力,冯陵邻部,诸部不满。林丹汗为抵御努尔哈赤对其附近部落的瓦解,从天命十一年即天启六年(1626 年)起,先后讨伐与后金结为姻盟的科尔沁部等。科尔沁等部在后金援助下,打退了林丹汗的军事进攻。天命汗凭借有利的形势,向漠南蒙古发动军事攻势。

后金宁远之败后,内喀尔喀部五部贝勒,乘机出兵奇袭,攻掠后金汛地,杀其哨探,移营相逼。后金即向蒙古内喀尔喀境内,发动重大军事攻击。天命十一年即天启六年(1626 年)四月,后金精骑万人,分为八路,攻巴林部,射杀其囊奴克台吉。《明熹宗实录》记载:"逆奴掩袭炒花部落,杀其名王贵人,掠其牛马。虏众避难,来归者以二千计。"⑦继

---

① 王在晋:《三朝辽事实录》,第 11 卷,第 10 页,江苏省立国学图书馆藏本。

② 《明史·鞑靼传》,第 327 卷,第 8493 页,中华书局校点本,1974 年。

③ 王在晋:《三朝辽事实录》,第 11 卷,第 12 页,江苏省立国学图书馆藏本。

④ 《满文老档·太祖》,册Ⅱ,第 560 页,天命七年三月初六日,东洋文库本,1956 年。

⑤ 《清太祖高皇帝实录》,第 8 卷,第 14 页,天命七年二月壬午,中华书局影印本,1986 年。

⑥ 魏源:《圣武记》卷 3:"蒙古同名者有两科尔沁,同名同族":一居嫩江,称嫩科尔沁;另一居北,称阿禄(阿鲁)科尔沁。

⑦ 《明熹宗实录》,第 71 卷,第 21 页,天启六年五月甲子,台北中央研究院历史语言研究所校勘本,1962 年。

进至西拉木轮河,"获畜产无算,驱之不尽"①。此役,后金军扫击巴林、巴岳特、乌济业特三部牧地,俘获人畜五万六千五余②,是为后金军大规模进攻蒙古之始③。明人评论道:"此奴攻西虏之始。于是朵颜各部不能自存,而插酋亦有去故土,就宣、大之思矣。"④不久,敖汉部首领都令、色令与奈曼部首领黄把都儿"折入于奴"⑤。后金此次出动大军进攻,喀尔喀受到很大损失,对内喀尔喀五部产生重大影响。明抚夷副将王牧民据炒花报称急奏:"昂奴(囊努克)近东边住牧,猛有奴儿哈赤兵到围住,杀伤昂奴,妻子掠去。我各头脑,因马瘦弱,住的星散,时齐不上兵来,不曾追赶。今黄把都儿,会同巴领、宰赛、煖兔、卜儿亥五大营,在捨莫林(西拉木伦)一处住牧。差人会虎墩兔憨,助兵报仇,不知肯不肯等情。"⑥到皇太极继承汗位时,明朝孙承宗、王象乾、袁崇焕或引退、或病老、或去职,明"抚西虏"之策未能有效继续。此期,明朝、后金与蒙古之间的关系,发生明显变化。明朝与蒙古不稳固的同盟,被后金打开了缺口,林丹汗更加孤立。林丹汗之孙扎尔布台吉、色楞台吉逃往科尔沁,又从科尔沁至后金,在沈阳行叩首礼⑦。

皇太极继承汗位后,由于漠南蒙古东与后金接壤,西与明朝毗连,具有重要战略地位,于是成为后金与明朝的争夺对象。皇太极认为,要与明朝抗争,入主中原,就必须使漠南蒙古归服,以断明朝之左臂。明朝则认为,要抵挡日益强盛的后金,也必须控制蒙古,遏制后金。天命十一年即天启六年(1626年)十月,皇太极刚继承汗位不久,即命大贝勒代善等率精骑万人,往征蒙古喀尔喀扎鲁特部落,擒获喀尔喀扎鲁特部落贝勒巴克与其二子,及喇什希布、戴青、桑噶尔寨等十四贝勒,杀其贝勒鄂尔寨图,"尽俘获其子女、人民、牲畜而还"⑧。此役,为天聪汗皇太极军事进攻蒙古诸部之始,并威逼

① 《清太祖高皇帝实录》,第10卷,第9页,天命十一年四月辛巳,中华书局影印本,1986年。

② 《清太祖武皇帝实录》,第4卷,第27叶,台北故宫博物院藏,广文书局影印本,1970年。

③ 祁韵士:《皇朝藩部要略》,第1卷,《内蒙古要略一》,筠渌山房本,全国图书馆文献缩微复制中心,1993年。

④ 王在晋:《三朝辽事实录》,第16卷,第19页,江苏省立国学图书馆藏本。

⑤ 王在晋:《三朝辽事实录》,第17卷,第26页,江苏省立国学图书馆藏本。

⑥ 《明熹宗实录》,第73卷,第14页,天启六年闰六月乙卯,台北中央研究院历史语言研究所校勘本,1962年。

⑦ 《满文老档·太祖》,册Ⅲ,第983页,天命十年八月初十日,东洋文库本,1958年。

⑧ 《清太宗文皇帝实录》,第1卷,第11页,天命十一年十月甲子,中华书局影印本,1985年。

到察哈尔部。后金征扎鲁特部不久,察哈尔乘机出兵袭击喀尔喀:"察哈尔汗出兵,尽掠我喀尔喀,从者养之,拒者杀之。"①林丹汗的这种政策,也引起察哈尔各部的恐慌。察哈尔的敖汉、奈曼等部,与后金相邻,内怕林丹汗兼并,外怕后金军进攻,贵族平民,惶恐不安。天聪元年即天启七年(1627 年)二月初二日,天聪汗遣使敖汉、奈曼部,晓之以利害,争取其归附,这对林丹汗是一个直接的威胁。四月二十九日,皇太极致察哈尔部济农台吉、奈曼部衮出斯洪巴图鲁、敖汉部杜棱等书曰:"汝等以通好事,令喇嘛来言,我已有书答之。今贝勒等,复遣使致书,果欲讲和,可令汝汗特遣使臣来,来时务以诚信之言教之,若词多支蔓,便启争端,一言不善,遂败乃事。我惟有据来使所言,遣使相报耳。我两国非若明人,夙为仇敌,岂以征战为善,而以太平为不美乎!凡人用奸谋诡计,而能成事者鲜矣,惟能以诚信往来,克成厥好,斯可以永久弗替耳。若讲和好,我必不背科尔沁,以科尔沁曾以和好之事,推我主盟也。"②

五月,皇太极率军攻打锦州、宁远不克,却惊动敖汉、奈曼等部。六月初五日,皇太极在回师途中得报:"蒙古敖汉部落诸贝勒、奈曼部落诸贝勒,举国来附。"七月,明总督王之臣题曰:"闻西虏都令、色令等,携带部夷二万余人,投顺东奴,心甚虑之。幸奴子不即收纳,致令徘徊河上。而部夷穷饿,多鸟惊兽散,此其必致之势也。初都令等闻虎酋之欲谋己也,忿激离巢。其投足未定之时,诸头目愿向天朝。副将朱梅差通官以书招之,都令亦欣然欲来。后闻虎酋兵动,恐天朝不能庇,决意投奴。"③敖汉、奈曼等部受到后金和林丹汗两方面威胁,难以在原地立足,经过选择,投附后金。敖汉、奈曼二部东归后金之后,察哈尔其他部落,也在作出抉择:或远离察哈尔,或则投附后金。八月,住地在明宁远(今辽宁省兴城市)西北的察哈尔可喇克绰特部台吉巴尔巴图鲁等,率家属降于后金。十一月,察哈尔大贝勒昂坤杜棱也率部属归附后金。十二月,察哈尔阿拉克绰特部多尔济依尔登率属投归后金。于是,察哈尔林丹汗感到后金的威胁,考虑西迁,避敌后金。据《崇祯实录》记载:天聪二年即崇祯元年(1628 年)六月,察哈尔"拔帐而西,骚动宣、云,已逾半载"④。察哈尔部在敖汉、奈曼等部归附后金之后,开始西迁,到宣府、大同塞外。

①　《满文老档·天聪朝》,下册,第 808 页,天聪元年正月初九日,中华书局译注本,1990 年。
②　《清太宗文皇帝实录》,第 3 卷,第 9 页,天聪元年四月乙丑,中华书局影印本,1985 年。
③　王在晋:《三朝辽事实录》,第 17 卷,第 36 页,江苏省立国学图书馆藏本。
④　《崇祯长编》,第 10 卷,第 16 页,崇祯元年六月癸卯,台北中央研究院历史语言研究所校勘本,1962 年。

　　察哈尔部西迁的原因,史学界有不同的看法。日本学者和田清认为:"正在这时,各酋骄横已经不能控制,陵丹汗也不得不对属下远族喀尔喀的强酋有所畏忌,对近族敖汉、奈曼等的跋扈也无可奈何。所谓八大营二十四部部众,也都逐渐显出背离、独立的倾向。而助长、煽动这种背离倾向的,是新兴的劲敌清太祖所施巧妙的调侃手段。到这时候,陵丹汗虽想膺惩背叛,巩固统一,为时已晚,心有余而力不足。清天命十年(明天启五年)冬十一月,讨伐北方科尔沁部的贰心,无效。十一年和天聪元年间,南方亲族敖汉、奈曼反而逃亡投清,部下的喀尔喀巴林、扎鲁特部里,也出现逃往科尔沁的人,其间还渐有清军侵越的事件发生,以至可汗本人终于不得不西迁避难。"①就是说,察哈尔西迁于宣府、大同边外,主要是为躲避后金的进攻。林丹汗之所以西迁,而没有北迁,是因为察哈尔想西迁达到两个目的:既可避开后金威逼,又能得到明朝抚赏。

　　察哈尔林丹汗从其游牧地西拉木轮河迤北地域西迁,明宣府北边喀喇沁等部成为其受害者。天聪元年即天启七年(1627年)十月,"插汉西攻摆言台吉、哈喇慎诸部。诸部多溃散,或入边内避之"②。察哈尔进入喀喇沁部住牧地区。十一月,巡抚宣府秦士文奏报:"插汉儿即虎墩兔憨,争哈喇慎所分部落,谋犯塞,宜豫为备。时虎墩兔憨倾朝(巢)而来……直抵杀胡堡,克归化城,夺银佛寺。"③十二月,林丹汗已驻独石口塞外旧开平所④。时察哈尔部已经进入明宣府、大同塞外喀喇沁、土默特⑤两部驻牧地带。翌年二月初一日,喀喇沁塔布囊等致后金书中曰:"察哈尔汗不道,伤残骨肉,天聪汗及大小诸贝勒俱知之矣。欺凌我喀喇沁部众,夺去妻子、牲畜,我汗黄台吉与博硕克图汗、鄂尔多斯济农,同雍谢布及阿索特、阿巴噶、喀尔喀等部落合兵,土默特部格根汗赵城地方,杀察哈尔所驻兵四万。"⑥喀喇沁塔不囊,即喀喇沁属部朵颜三十六家;格根汗,即俺答汗号;赵城,和田清先生说应为归化城,以其建有大召寺故名召城,汉语音译

---

　　①　[日]和田清:《明代蒙古史论集》,下册,第439页,商务印书馆,1984年。

　　②　《崇祯实录》,卷首,第8页,天启七年十月庚申,台北中央研究院历史语言研究所校勘本,1962年。

　　③　《崇祯实录》,卷首,第1页,天启七年十一月甲子朔,台北中央研究院历史语言研究所校勘本,1962年。

　　④　《崇祯实录》,卷首,第6页,天启七年十二月辛酉,台北中央研究院历史语言研究所校勘本,1962年。

　　⑤　魏源:《圣武记》卷3:蒙古有"三土默特,其二部分左右翼,异姓同牧(左翼元臣济拉玛斋,右翼元太祖裔)。其一部号归化城土默特,与右翼为近族"。

　　⑥　《满文老档·太宗朝》,下册,第877页,中华书局译注本,1990年。

为赵城。具体时间可能在天启七年十二月至崇祯元年正月左右。巴颜苏伯即张家口，这是右翼诸部联军对察哈尔发动的一次反扑。从张家口入市的阿巴噶等少数阿禄部落也参加了此役，联军袭击归化城获得胜利，而其杀伤人数过于夸张。但是右翼诸部自知不敌察哈尔，故有鄂尔多斯部向明朝求援，喀喇沁约后金共同讨察哈尔之事。后金则认为察哈尔根本动摇，立即决定于秋季组织征讨。

　　察哈尔部西迁，激化了内部的矛盾，加速了自身的衰落。早在察哈尔西迁之前，察哈尔阿禄部落，就对把持宣、大市贸的喀喇沁、土默特等部不满，存在矛盾。如明督师尚书王之臣疏言："蓟门、辽东，各有虎款赏。其宣府、张家口，乃虎贸易之地。虎酋差夷往来张家口卖马买货哈喇慎家，往往截夺其货物而杀之。赴喜峰口领赏贸易三十六家，截劫亦如之。虎使人讲说，各部傲然不理。虎每云：'南朝止一大明皇帝，北边止我一人，何得处处称王？我当先处理（里），后处外。'"①自察哈尔西迁之后，转到宣府、大同互市，从而激化了原有的部落矛盾。天聪二年即崇祯元年（1628年）三月，察哈尔部林丹汗西迁到明宣府、大同边外后，杀土默特五路台吉。五月，林丹汗遣其大臣贵英恰，至明宣府新平堡索赏，被明将诱杀。林丹汗举兵攻掠大同一带。六月，明陕西道御史李柄奏言："插部受赏辽东今已十年，虎墩兔嗜利好色，驭下无法，众部落如都令、色令、拱兔等咸散，于是插酋动西行之念。谋报哈喇慎向年仇隙，一举而攻溃哈喇（慎）部落，乘胜西攻宣镇边外白酋等。又乘胜西攻大同边外顺义王卜石兔，致卜石兔不支，西遁套内暂住。而插遂在宣、大时东时西，随水草住牧，此数月来情节也。"②时察哈尔住牧于明宣、大迤北，而土默特当时也避入套内，因此右翼诸部北征察哈尔时在此聚兵。九月，"虎墩兔西击卜石兔、永召卜，败之。都令、色令、宰生合把气喇嘛，追杀袄儿都司（即鄂尔多斯）吉能兵马之半。又屯延、宁塞外，穷兵追卜石兔，而佯请款于督师，要求过倍。兵部尚书王在晋不敢闻"③。此役，永召卜（永谢布）、卜石兔等部，一战皆溃："插汉掳卜失兔阏氏与金印，各部皆远走迤西。更遣精骑入套，吉囊子孙皆俯首属之。东起辽西，西尽洮河，皆受插要约，威行河套以西矣。"④察哈尔战胜了永谢布（喀喇沁

　　①　《崇祯长编》，第11卷，第11页，崇祯元年七月己巳，台北中央研究院历史语言研究所校勘本，1962年。

　　②　《崇祯长编》，第10卷，第11～12页，崇祯元年六月庚子，台北中央研究院历史语言研究所校勘本，1962年。

　　③　谷应泰：《明史纪事本末·插汉寇边》，第4册，第1442页，中华书局，1977年。

　　④　谷应泰：《明史纪事本末·西人封贡》，第4册，第1569页，中华书局，1977年。

分部)、土默特、袄儿都司(鄂尔多斯)三部。

明蓟辽督师袁崇焕分析其时察哈尔、炒花等边情关系曰:"其时诸部,俱受戎索,有警炒花先来报臣,臣得为备。(后金)愤炒花泄其谋,遂移攻炒(花)。炒(花)卒,其部宰赛等西逃,而依于虎。虎利炒之人畜,遂并之。自虎并炒,而虎之部八大营俱不安。内都令、色令,素不善于虎,居炒之西、虎之南,我亦倚以为藩也。炒失而都与之邻矣。外畏强邻,内惧虎,求内徙,为两避。臣在事时将许之,臣去而都令降矣。都(令)既降,虎恐其部为都(令)续,遂吞并乃蛮、黑石炭等,一概收之,惟余拱兔一家。拱(兔)居宁远边,最恭顺。今春亦为攻去。虎辅车既失,独与强邻。虎自揣非敌西避,而修怨于卜(卜石兔)。欲据卜地、得卜赏,因以远患,遂住牧宣、大。卜又非虎敌,亦西窜矣。三十六家本卜部落,流离失食。我之边人,不肯为存恤,故东附,且欲借力抗虎,此今日边情大概也。"[1]从袁崇焕对当时明朝边外诸部形势的分析中可以看出:后金的军事打压与政治笼络,加剧察哈尔内部分裂;林丹汗西迁——逼迫一些部落投向后金,其结果是既削弱明朝抗御后金的力量,又加速察哈尔部的败亡。

察哈尔林丹汗在西迁之后,中断了明朝的抚赏,增加了内部的困难,树立了更多的敌人。明大同巡抚张宗衡分析林丹汗西迁后之情形云:"插全恃抚金为命,两年不领,资用竭矣。兼以巢穴未定,半怀携贰,东西驰驱,劳顿已甚。驻牧处草根皆空,马瘦如柴,暴骨成莽。"[2]林丹汗处于逆天时、违地利、缺人和的被动局面。天聪元年即天启七年(1627 年),喀喇沁部与后金会盟,双方"刑白马乌牛,誓告天地"[3]。林丹汗已经众叛亲离,四面楚歌。

皇太极统一察哈尔部,历史提供难得的机遇。天聪汗皇太极先后发兵,三征察哈尔。

(二)林丹汗之败亡

皇太极继汗位后,继承其父努尔哈赤对蒙古各部联姻结盟的政策,把打击的矛头主要指向察哈尔部的林丹汗。先是,天命汗与林丹汗,虽有矛盾与冲突,但一直未在军

---

① 《崇祯长编》,第 14 卷,第 3 页,崇祯元年十月壬辰,台北中央研究院历史语言研究所校勘本,1962 年。

② 《崇祯长编》,第 19 卷,第 36 页,崇祯二年三月壬申,台北中央研究院历史语言研究所校勘本,1962 年。

③ 《清太宗文皇帝实录》,第 4 卷,第 11 页,天聪二年八月辛卯,中华书局影印本,1985 年。

事上正面交锋。天聪汗皇太极对察哈尔部的三次军事进攻,在后金、明朝与蒙古的关系史上,是重大的历史事件,产生了深远的影响。

一征察哈尔 先是,天命十一年即天启六年(1626年)十月,皇太极刚登上汗位不久,就对蒙古扎鲁特部发动大规模的军事进攻。是为后金针对内喀尔喀发动的一次大规模的进攻,也是皇太极继位后对内喀尔喀的第一次大规模军事进攻。其理由是:"尔喀尔喀五部落,竟潜通于明,听其巧言,利其厚赂,以兵助之,是尔之先绝我好也。又尔卓礼克图贝勒下,有托克退者,犯我台站,且扰害我人民,掠取我财畜,至再至三。甚至将所杀之人,献首于明。畴昔盟言安在哉?昔盟誓时,尔五部落执政诸贝勒,及卓礼克图贝勒,俱与此盟,而昂安不从。尔等因以昂安委我裁置,我是以兴师诛昂安。嗣后尔扎鲁特诸贝勒复云:'昂安之罪,固应诛戮,我部落仍愿修旧好,不似东四部落,或食言败盟也。我故归桑土妻子,及昂安之子。癸亥年(1623年),复申盟誓云:'察哈尔,我仇也;科尔沁,我戚也。尔慎无与察哈尔通好,或要截我遣往科尔沁之人,致起兵端。'无何,尔又背此盟。于甲子年(1624年),尔扎鲁特右翼,袭我使于汉察喇地方。乙丑年(1625年),又追我使于辽河畔,恣行劫夺。是年,又要截我使臣顾锡,刃伤其首,尽夺其牲畜、财物。尔扎鲁特何其贪利而背义也。然我犹念前好,不问尔罪,远征巴林,所俘获尔使百余人,悉行遣释。后桑土以诳言而来窥我,我已洞悉其奸,仍不执桑土,遣之归,以观其动静。盖我之推诚于尔,不欲终弃前盟如此。丙寅年(1626年),尔扎鲁特左翼诸贝勒,觇我使臣之出,屡次要截道路,劫夺财畜,并行残害。是尔扎鲁特之贪诈不仁,妄加于我者,终无已时也。我之所以兴师致讨者,职是故耳。"①于是,命大贝勒代善、阿敏,贝勒德格类、济尔哈朗、岳讬、硕讬、萨哈廉、豪格等,率领精锐万人,前往征讨。随之,派副将楞额礼等率兵深入喀尔喀巴林地方,纵火燎原,驱逐哨卒,以张声势,进行配合。师出半个月后,大贝勒代善遣使奏捷:"喀尔喀扎鲁特部落贝勒巴克与其二子,及喇什布希、戴青、桑噶尔寨等十四贝勒,俱已擒获。杀其贝勒鄂尔寨图,尽俘获其子女、人民、牲畜而还。"②是役,皇太极新登上汗位后的第一次对外作战,主要收获是:其一,对阳结盟后金而阴通明朝的喀尔喀扎鲁特部贝勒进行打击,起到"杀鸡吓猴"的作用;其二,获取驼、马、牛、羊三千九百四十二头只;其三,巩固新汗地位。于

---

① 《清太宗文皇帝实录》,第1卷,第9~10页,天命十一年十月己酉,中华书局影印本,1985年。
② 《清太宗文皇帝实录》,第1卷,第11页,天命十一年十月甲子,中华书局影印本,1985年。

此，《清太宗实录》记载："是役也，大贝勒阿敏亲党，行事变常，语言乖异，有'谁畏谁'、'谁奈何谁'等语。比遣使奏捷于上，语侵代善，欲相诟詈。代善容忍，以善言解之"①云云。可以从侧面看出，此战的一个目的是要消弭后金四大贝勒之间的裂缝。

由上，天聪元年即天启七年（1627年），皇太极于新纪元之年，在军事方面主要做了两件事情：第一件是正月初八日，发兵朝鲜，师出顺利，先定"江华之盟"，后定"平壤之盟"，同朝鲜结为"兄弟之盟"，从而瓦解明朝东翼防线，消除进攻明朝的后顾之忧。第二件是五月初六日，出兵进攻锦州、宁远，结果兵败。皇太极说："昔皇考太祖攻宁远，不克；今我攻锦州，又未克。似此野战之兵，尚不能胜，其何以张我国威耶？"②皇太极在用兵的同时，还运用笼络手段，争取受察哈尔部欺凌的敖汉、奈曼等蒙古部落。

二月初二日，皇太极得知林丹汗将兴兵攻打喀尔喀诸部消息，遣使致书受林丹汗欺压和侵掠的奈曼部衮出斯巴图鲁，解释征讨明朝与进攻朝鲜的原因，其书曰："闻尔曾与乌木萨忒绰尔济喇嘛言，欲与我国和好。果尔，尔衮出斯巴图鲁可与敖汉部落杜棱、塞臣卓礼克图定议，遣一晓事人来，以便计议。我素秉直道而行，善者不欺，恶者不惧。……尔等诚欲和好，同除强暴，各保疆圉，正在此时。彼察哈尔汗，攻掠喀尔喀，以异姓之臣为达鲁花，居诸贝勒之上矣。又离析诸贝勒之妻，强娶诸贝勒之女，以妻摆牙喇之奴矣。尔等岂无见闻乎？若以我言为然，可将此书与两克西克腾诸贝勒观之。"③这封信，揭露了林丹汗的罪恶，离间了察哈尔部同诸部的关系，得到理解，收到效果。七月，敖汉、奈曼部落衮出斯巴图鲁、琐诺木杜棱、塞臣卓礼克图三贝勒等，率众归附，寻求保护。皇太极等盛宴迎接会见，衮出斯奏道："吾等因察哈尔汗不道，来归皇上，叩求皇上福庇。"天聪汗皇太极摆设大宴，并加赏赐。宴后，皇太极率大贝勒代善、阿敏、莽古尔泰，贝勒阿巴泰、德格类、阿济格、杜度、岳讬、硕讬、萨哈廉、豪格，及蒙古来归诸贝勒，告天盟誓，曰："臣皇太极敢昭告于皇天上帝，察哈尔汗，败弃典常，罔恤兄弟，无故残害喀尔喀五部落，以故敖汉、奈曼部落诸贝勒，与察哈尔汗交恶，来归于我。我若不加轸念，视若编氓，勒迁内地者，上天鉴谴，夺其纪算；若加之爱养，仍令各安疆土，而琐诺木杜棱、衮出斯巴图鲁、塞臣卓礼克图、土谢图、戴青达尔汉、桑噶尔寨、俄齐尔、杜

①　《清太宗文皇帝实录》，第1卷，第11页，天命十一年十月甲子，中华书局影印本，1985年。
②　《清太宗文皇帝实录》，第3卷，第16页，天聪元年五月癸巳，中华书局影印本，1985年。
③　《清太宗文皇帝实录》，第2卷，第3～5页，天聪元年二月己亥，中华书局影印本，1985年。

尔霸诸贝勒,听察哈尔离间之言,背我而怀贰心者,天亦鉴谴,夺其纪算。若各遵誓辞,无相违弃,天佑我等,福祚延长,子孙繁盛,千秋万世,永享安乐。"①察哈尔部林丹汗的错误政策,将原来自己的盟友奈曼、敖汉部推向后金,其结果是自己的盟友成为自己的敌人,自己的敌人成了自己盟友的朋友。

天聪二年即崇祯元年(1628年)二月,喀喇沁、鄂尔多斯、阿巴亥、阿苏特等部,因不堪忍受林丹汗的蹂躏,而组成联军十万人马,与林丹汗率领的四万人马,大战于土默特部赵城(今内蒙古呼和浩特地区),林丹汗大败而逃,联军获胜②。时喀喇沁部贝勒苏布地杜棱古英、朵内衮济等,致书皇太极,希望合力兴师,进击取之。书曰:"察哈尔汗不道,伤残骨肉。天聪皇帝与大小贝勒俱知之。我喀喇沁部落,被其欺陵,夺去妻子、牲畜。我汗与布颜台吉、博硕克图汗、鄂尔多斯济农,同雍谢布及阿苏忒、阿霸垓、喀尔喀诸部落合兵,至土默特部落格根汗赵城地方,杀察哈尔所驻兵四万人。我汗与布颜台吉率兵十万回时,复值察哈尔兵三千人,赴明张家口请赏,未得而回,又尽杀之。今左翼阿禄阿霸垓三部落,及喀尔喀部落,遣使来约,欲与我合力兴师,且有与天聪皇帝同举兵之语,请天聪皇帝睿裁。"又载:"观伊等来约之言,察哈尔汗根本摇动。可乘此机,秣马肥壮,及草青时,同嫩阿霸垓、喀喇沁、土默特兴师取之。"③不久,皇太极派遣使臣往谕喀喇沁,但两次遭到察哈尔多罗特部截杀。

于是,皇太极亲自率军,攻打察哈尔多罗特部。十五日,后金侦知该部青巴图鲁塞棱主力在敖木轮地方,驻兵以待。大军来到,俱擐甲胄,众骑驰击,"多罗特部落多尔济哈谈巴图鲁中伤遁走,尽获其妻子,杀其台吉古鲁,俘获万一千二百人"④。后金这次出征,扫荡了阿拉克绰特和多罗特两部之地,获捷班师。寻天聪汗皇太极以敖木轮之捷告天。敖木轮之捷,天聪汗皇太极拉开统一蒙古察哈尔部的战幕。此捷之后,皇太极打通了与喀喇沁部的通道,震动了漠南蒙古诸部,增强了战胜林丹汗的信心。随之遣使赉书谕喀喇沁部落贝勒吴尔赫及塔布囊等曰:"汝以察哈尔汗不道,来书欲与我国和好,合兵讨之。如果欲和好,尔两塔布囊可为倡率,令贝勒吴尔赫,各遣人来,面议一

---

① 《清太宗文皇帝实录》,第3卷,第20~21页,天聪元年七月己巳,中华书局影印本,1985年。

② 此条史事,《满文老档》《清太宗实录》与《崇祯长编》系于二月,《崇祯实录》系于三月,后者则应是收到奏报的时间。

③ 《清太宗文皇帝实录》,第4卷,第2~3页,中华书局影印本,1985年。

④ 《清太宗文皇帝实录》,第4卷,第5页,天聪二年二月丁未,中华书局影印本,1985年。

切。"皇太极的意图在于,瓦解察哈尔,扩大同盟圈。

四月初三日,皇太极对先已归降的敖汉部落琐诺木杜棱额驸,赐号济农。十三日,巴林部贝勒塞特尔、台吉塞冷、阿玉石、满朱习礼等率众归顺后金,皇太极率诸贝勒出迎五里,设大宴,盛迎之①。五月,明军撤出锦州,退往宁远。皇太极命贝勒阿巴泰等率军,往略明地,毁锦州、杏山、高桥三城。后金进军察哈尔的基地,大大地向前推进。五月,贝勒阿巴泰、岳讬,师至中途,闻顾特塔布囊部落自察哈尔逃至蒙古阿喇克绰忒部落旧地居住,遇归降后金国者,辄行截杀,遣人往觇之,得实,因遣使以其事闻。于是,皇太极命贝勒济尔哈朗、豪格,率兵往取顾特塔布囊部落。后贝勒济尔哈朗等遣人奏报:"顾特塔布囊已被擒戮,尽收其民,俘获人口、驼、马、牛、羊以万计。"②

五月,发生敖木林之战。《崇祯长编》记载:"朵颜三十六家部落,与插汉战于旱(旱)落兀素,胜之,杀获万计。"③此事,《崇祯实录》也作了记载:"朵颜卫苏不的即长昂孙也,三十六家同伯颜阿亥等部,与插汉虎墩兔憨战于敖木林,插汉失利,杀伤万余人。"④战事的起因是,五月二十一日,皇太极以顾特塔布囊部,自察哈尔迁至蒙古阿喇克绰忒部居住,遇归降后金的蒙古人,概行截杀;命贝勒济尔哈朗、豪格率军,往征顾特塔布囊。后顾特塔布囊被擒杀,尽收其民,俘获人口驼马牛羊以万计⑤。以上二月、五月两次征战,都是后金军队和敖汉、奈曼等部联军,攻击察哈尔部属住牧于宁远西北的阿喇克绰特部和多罗特部,而不是林丹汗率领西迁的察哈尔部。朵颜三十六家在后金两次出征扫清大凌河上游(敖木林)一带察哈尔残部,处于腹背受敌的局面,才转而归附后金。对敖木林之役时间,《清太宗实录》记为正月,《崇祯长编》记为四月,都不准确。而《崇祯实录》与《国榷》均系于五月己巳条⑥,同《满文老档》的所记时间一致,应当是正确的⑦。此战,察哈尔部受到重大打击,实力大为削弱。

七月,喀喇沁部派遣喇嘛四人,率五百三十人使团到达沈阳。随之,喀喇沁部决定

①　《清太宗文皇帝实录》,第4卷,第7页,天聪二年四月丙辰,中华书局影印本,1985年。
②　《清太宗文皇帝实录》,第4卷,第9页,天聪二年五月乙酉,中华书局影印本,1985年。
③　《崇祯长编》,第8卷,第26页,元年四月戊午,台北中央研究院历史语言研究所校勘本,1962年。
④　《崇祯实录》,第1卷,第8页,元年五月己巳,台北中央研究院历史语言研究所校勘本,1962年。
⑤　《清太宗文皇帝实录》,第4卷,第9页,天聪二年五月乙酉,中华书局影印本,1985年。
⑥　谈迁:《国榷》,第89卷,第5435页,中华书局,1958年。
⑦　达力扎布:《明代漠南蒙古历史研究》,第301页,内蒙古文化出版社,1998年。

投归后金。八月，后金国与喀喇沁经过商谈，同心修睦，结成联盟，共同攻打林丹汗。

九月初三日，天聪汗皇太极决定亲率大军，会同蒙古诸部，征讨察哈尔部。后金遣使往会蒙古科尔沁、喀喇沁、敖汉、奈曼、喀尔喀等部贝勒，"令各率所部兵，会于所约之地"①。皇太极第一次以"盟主"的身份发号施令，统帅蒙古诸部军队向察哈尔林丹汗发起进攻。接着，皇太极率领满洲、蒙古诸路大军西征。初六日，皇太极率领大军离开沈阳，西征林丹汗。初八日，大军经都尔鼻（今辽宁省彰武）地方，敖汉、奈曼部兵来会。初九日，大军进抵辽阳，喀尔喀部诸贝勒，各领兵来会。十二日，大军至绰洛郭尔地驻营，科尔沁部兵来会。翌日，扎鲁特部台吉喀巴海，率兵来会。十七日，喀喇沁部汗喇思喀布、布颜阿海之子台吉毕喇什、万旦卫征、塔布囊马济、贝勒耿格尔及众小台吉、塔布囊等，各率师来会。十九日，满洲、蒙古大军，乘夜进发。翌日，大军连续进攻席尔哈、席伯图、英汤图等地，尽行攻克之。随后，皇太极指挥大军，乘胜前进，追捕败军，直至兴安岭。《清太宗实录》记载："遣精骑追捕败军，至兴安岭，获人畜无算。"②皇太极在进军胜利中，严惩违反纪律者。原额真达敏，对察哈尔降人，掠其财物，杀其男妇，命杀达敏，其从者鞭八十，穿耳刺鼻③。皇太极亲征察哈尔大军，于十月十五日回到沈阳。

是役，为后金第一次由皇太极亲自统帅，会集蒙古诸部兵马，共同进击察哈尔部林丹汗。师出纵骑，无果而归。

其原因之一是，科尔沁部奥巴没有如约前来会兵。奥巴遣使察哈尔，请求返还其被掠人畜，与察哈尔仍然藕断丝连。奥巴不愿与后金一起攻击蒙古大汗，以故敷衍后金，没有真正攻击察哈尔。事后议奥巴九罪，进行了有情有理、有利有节的惩罚④。后金军队与前来赴约的敖汉、奈曼、喀喇沁等部兵东略至兴安岭南端，未至西拉木伦河即班师，这就使察哈尔得以暂时立足于明朝宣府、大同塞外。随后皇太极颁敕"科尔沁、敖汉、奈曼、喀尔喀、喀喇沁五部落，令悉遵我朝制度"⑤。

其原因之二是，后金统帅皇太极没有侦查明了林丹汗的实情，也没有制定明确的战略目标。

① 《清太宗文皇帝实录》，第 4 卷，第 12 页，天聪二年九月庚申，中华书局影印本，1985 年。

② 《清太宗文皇帝实录》，第 4 卷，第 14 页，天聪二年九月丁丑，中华书局影印本，1985 年。

③ 张葳：《旧满洲档译注》，《天聪朝一》，第 220 页，台北故宫博物院印行，1977 年。

④ 《清太宗文皇帝实录》，第 4 卷，第 15～17 页，天聪二年十二月丁亥，中华书局影印本，1985 年。

⑤ 《清太宗文皇帝实录》，第 5 卷，第 2 页，天聪三年正月辛未，中华书局影印本，1985 年。

然而，皇太极在第一次进攻林丹汗时，其成功之处在于，组成满洲、蒙古联军，共同进讨；其不足之处在于，未能同察哈尔部主力交战。但是，皇太极通过对察哈尔部的第一次进兵，确立了对蒙古诸部的盟主地位，建立了蒙古归附各部对后金的臣属关系。

二征察哈尔   天聪三年即崇祯二年（1629 年），后金发动首次迁道入塞的进攻明朝京师之战。次年，攻占永平等四城，后班师。天聪五年即崇祯四年（1631 年），后金又进行大凌河之役，逼降明总兵祖大寿，夺取大凌河城。时后金东线已经打败朝鲜，订立"兄弟之盟"；南线因有明朝关锦防线，难以突破；西线林丹汗不甘心失败，仇恨臣服后金的蒙古诸部，掠杀阿禄科尔沁部，该部向后金求援。于是皇太极将进军的重点，再次转向西线的察哈尔部。进军前，先准备。天聪六年即崇祯五年（1632 年）三月二十日，皇太极以将征察哈尔，遣使知会蒙古各部：命蒙古喀喇沁、土默特、扎鲁特、翁牛特、巴林、科尔沁、阿禄科尔沁等部，出兵随征，相约在昭乌达会师。并下达军令曰："朕以察哈尔汗不道，亲率大军征讨，必纪律严明，方能克敌制胜。尔固山额真、梅勒额真、甲喇额真、牛录额真，以次相统，当严行晓谕所属军士，一出国门，悉禀遵军法，整肃而行。若有喧哗者，除本人即予责惩外，该管将领，仍照例治罪。大军启行之时，若有擅离大纛，一二人私行者，许执送本固山额真，罚私行人银三两，给与执送之人。驻营时，采薪取水，务结队偕行。有失火者，论死。凡军器，自马绊以上，俱书各人字号，马须印烙，并紧系字牌。……启行之日，不得饮酒。若有离纛后行，为守城门及守关门人所执者，贯耳以徇。"[1]这道军令，既为着严肃后金军纪，增强战斗力；又为着大军所经不扰蒙古部民，争取蒙古各部对此次征讨的支持。

天聪六年即崇祯五年（1632 年）正月初一日，皇太极由"与三大贝勒俱南面坐"，始更定为"南面独坐"[2]。皇太极"南面独坐"，结束"三尊佛"局面，表明汗位的提升与汗权的强化。四月初一日，皇太极会同归服的蒙古诸部，发动了第二次对察哈尔部的征讨。是日，皇太极亲率大军由盛京出发，往征察哈尔。次日，渡辽河，值水涨，皇太极与诸贝勒乘舟渡河，并渡辎重，人马皆浮水，两昼夜而过。初四日，大军至都尔鼻地方，喀喇沁、土默特部落诸贝勒，各率所部兵来会。初七日，大军经都尔白尔济地方，镶黄旗固山额真、额驸达尔哈所属蒙古二人，盗良马六匹逃去。初九日，大军次西拉木伦河

① 《清太宗文皇帝实录》，第 11 卷，第 14～15 页，天聪六年三月丁巳，中华书局影印本，1985 年。

② 《清太宗文皇帝实录》，第 11 卷，第 1 页，天聪六年正月己亥朔，中华书局影印本，1985 年。

时,沿途蒙古各贝勒皆率所部兵来会。皇太极统领满洲八旗和投顺后金的科尔沁、内喀尔喀、敖汉、奈曼和喀喇沁等部蒙古骑兵,会兵于西拉木伦河地带,共同大举进攻察哈尔部①。十二日,巴林等部落首领率兵来会。皇太极赐盛宴,招待蒙古各部首领。这次满洲、蒙古大军出征,"一欲为我藩国报仇,一欲除却心腹大患"②。集中力量打击林丹汗,统一漠南蒙古。十七日,大军次喀拉木伦河。十八日,大军次哈纳崖。是夜,镶黄旗固山额真、额驸达尔哈家旧蒙古二人,盗良马六匹,潜奔蒙古察哈尔部,告以"满洲已举大兵无数,来征汝国,我等从军至哈纳崖先逃来"。林丹汗闻警大惊,"遍谕部众,弃本土西奔,遣人赴归化城,驱富民及牲畜尽渡黄河。察哈尔国人,仓卒逃遁,一切辎重,皆委之而去"③。林丹汗率部至黄河套西,部众散处黄河套及套西一带。二十二日,大军过兴安岭,次大儿湖的公古里河。大儿湖广袤约八十里,东西三河,环流灌注,水卤不可饮,东距沈阳一千三百五十里。二十三日,大军次都勒河。命每贝勒下拨良马二匹,入察哈尔国边界捉生。二十三日,察哈尔国一人,步行逃至后金军大营。讯之,云:"皇上大军前来,有二人驰六骑往报,察哈尔汗大惧,其部民有两牛以上,可以携带者,尽携之,奔库黑得勒酥地方。自大儿湖距彼地,约一月程。"④林丹汗率部西遁的消息,再次得到证实。天聪汗皇太极鉴于形势发生变化,谕率兵诸贝勒大臣曰:"察哈尔知我整旅而来,必不敢撄我军锋,追愈急,则彼遁愈远。我马疲粮竭,不如且赴归化城暂住。"因命喀山、吴拜,率兵八十名,往调前遣阿山、图鲁什、劳萨等先锋军返还。于是大军回返,趋归化城(今内蒙古呼和浩特市)。

　　五月初十日,皇太极得报:"观敌人大队踪迹,逃去已久。恐我兵追之无及。"⑤是日,皇太极自布龙图旋师,至枯囊地方驻营。十一日,皇太极召集大贝勒代善、贝勒莽古尔泰及诸贝勒满洲、蒙古、汉官等,谕曰:"我等原征察哈尔至此,察哈尔不能御而遁,追之无益。今我兵马疲惫,其暂旋师,以俟再举乎? 抑先取蒙古部民,复入明境乎? 二者孰便,尔诸臣可定议以奏。"于是群臣集议,奏云:"我师此来,已近明境,即先取蒙古

　　① 蒋良骐:《东华录·天聪朝》,天聪六年四月,清木刻本。
　　② 《天聪朝臣工奏议》,第13页,辽宁大学历史系铅印本,1980年。
　　③ 《清太宗文皇帝实录》,第11卷,第19页,天聪六年四月乙酉,中华书局影印本,1985年。
　　④ 《清太宗文皇帝实录》,第11卷,第19~20页,天聪六年四月庚寅,中华书局影印本,1985年。
　　⑤ 《清太宗文皇帝实录》,第11卷,第23页,天聪六年五月丁未,中华书局影印本,1985年。

部民,复入明地,以图大事,诚为上策。"①于是,皇太极决定:掳掠察哈尔部民财物,并进兵攻打明朝。十二日,大军边往取察哈尔部民,边向明宣府、大同进军。二十三日,大军次木鲁哈喇克沁地方,分兵两翼:左翼以贝勒阿济格为帅,率巴克什吴讷格、科尔沁土谢图额驸奥巴,及巴林、扎鲁特、喀喇沁、土默特、阿禄等部落兵万人,往掠大同、宣府边外一带察哈尔部民;右翼以贝勒济尔哈朗、岳讬、德格类、萨哈廉、多尔衮、多铎、豪格等,率兵二万人,往掠归化城黄河一带汉民。又以车尔格、察哈喇率兵五百人,往黄河取备船艘为前队;以图鲁什、劳萨先往捉生。皇太极与大贝勒代善、贝勒莽古尔泰等,统大军继进②。二十日,皇太极至归化城,驻营。六月初八日,皇太极率大军自归化城起行,趋向明边,沿途不断给明边官致书,斥责明朝罪恶,劝其早日归降。后金军经宣府、张家口边外,肆行抢掠,饱欲而返。七月二十四日,皇太极率军,回到沈阳。

皇太极第二次亲征察哈尔林丹汗之役,历时四十天。据《清太宗实录》记载,仅斩一人、获六人,又获马一匹、骆驼一峰,败敌近百人。后金军只斩获几名哨兵,始终未同察哈尔军队相遇,结果"不得踪迹而还"。皇太极在深入察哈尔境后,主要困难:一是缺水——"天气炎热,无水,人亦晕倒"③。其时,以一黄羊,易水一碗,可以看出,水之珍贵。二是缺粮——大军"分道而猎,及合围,见黄羊遍野,不可数计,遂杀死数万。时军中粮尽,因脯而食之"④。是役,在军事、政治、贸易三个方面,均对后金产生影响。

其一,军事战果不大。此役的军事意义在于,逼迫林丹汗放弃本土,西逃青海,部众涣散离析,部力大为削弱。后来贝勒阿济格总结二征察哈尔的教训道:"往征察哈尔时,皇上坚意前进,幸上天眷佑,仅遇彼之哨兵,而察哈尔汗已自远遁。彼时若渡黄河,略其财物,散给士卒,以所获牲畜为馈粮,可以持久。纵离家遥远,亦当遣一贝勒,领兵数百,乘草青马肥时,袭察哈尔踪迹,庶远振军威,近慰众望。乃以粮运不继,皇上虑之,转向归化城进发。揆之出师初意,似不相符矣!"⑤皇太极没有长驱远袭,横加打

---

① 《清太宗文皇帝实录》,第11卷,第23页,天聪六年五月戊申,中华书局影印本,1985年。
② 《清太宗文皇帝实录》,第11卷,第24～25页,天聪六年五月庚申,中华书局影印本,1985年。
③ 《满文老档·太宗》,下册,第1284页,天聪六年五月十九日,中华书局译注本,1990年。
④ 《清太宗文皇帝实录》,第11卷,第24页,天聪六年五月丙辰,中华书局影印本,1985年。
⑤ 《清太宗文皇帝实录》,第14卷,第13页,天聪七年六月戊寅,中华书局影印本,1985年。

击,犁庭扫穴,却是遇难而退,没有实现出师目的。

其二,政治意义不小。此役的政治意义在于,四月十二日,大军次扎滚乌达地方,"巴林部落塞特尔、阿禄部落奔巴楚虎尔,顾鲁台吉、僧格台吉,科尔沁国土谢图额驸奥巴、布塔齐哈谈巴图鲁、孔果尔冰图、国舅吴克善、满朱习礼额驸、桑噶尔寨,阿禄部落孙杜棱、东戴青、塔赖楚虎尔之子穆章等诸贝勒,各率所部兵来会。又北边蒙古诸部落贝勒,亦各率所部兵来会。谒上,上御座,土谢图额驸奥巴,率各部落贝勒,遥拜,复独近前叩首,行抱见礼,上起座答礼。奥巴跪请上安毕,诸贝勒各序齿相见。上命土谢图额驸坐上左侧,其余诸贝勒及本国诸贝勒以次坐。阿禄部落孙杜棱率本部众贝勒朝见,上命孙杜棱与大贝协代善同坐,诸贝勒与本国诸贝勒同坐。于是蒙古诸贝勒各以所携酒献,上饮毕,复献马。上酌纳之,赐大宴"①。这实际上是一次皇太极与蒙古诸部首领的会盟。天聪汗皇太极以盟主身份发号施令。十六日,皇太极召集科尔沁国土谢图额驸并其昆弟诸贝勒及扎鲁特、敖汉、奈曼、阿禄各部落贝勒等,谕之曰:"朕以察哈尔汗不道,整旅徂征。先期谕尔等,率所部兵来会,今尔等所率兵,多寡不齐,迟速亦异,惟土谢图额驸率来军士甚多,又不惜所畜马匹,散给部众,疾驰来会,足见立心诚恳,忧乐相同,朕甚嘉之。若吴克善者,则于朕心有所不慊矣。扎鲁特诸贝勒,亦属实心效力。至若巴林诸贝勒,既托命于我,自应身先士卒,竭力戎行,乃吝惜马匹,怠缓不前,何耶? 尔同类之喀尔喀诸贝勒,为察哈尔所俘戮者有之矣,离其夫妇者有之矣,取其部曲、只存孑身者亦有之矣,朕从大公起见,兴师来此,正尔等奋志雪仇之日也。今视尔等,似犹有惧心者。彼察哈尔能至我城下否,我亦有惧心否,尔塞特尔,动辄托病,果何病耶? 不念及国政,而嗜饮无度,为酒所困耳。又阿禄诸贝勒,为察哈尔所逐,自奔投我国以来,朕每谓当移营近地,乃不遵朕言,仍于远处放牧,复为察哈尔所掠。且以所掠诸物,献于明,诳云:'满兵进攻之后,我入其地,而得之以献。'是彼指侵夺我国之名,以诳告于明也。属国为人所袭,朕犹有憾,阿禄诸贝勒躬罹其害,蓄怨自深,岂不思仗朕力以复仇者! 乃竟不散给尔马,不多发尔兵,仅以一旅之师,勉强应命。应俟班师日议罪。至尔敖汉、奈曼诸贝勒,独先他部来归,济农移居沈阳,班第年少,衮出斯巴图鲁身居本国,汝等较巴林殊优,然亦未为尽善也。"又谕曰:"今朕所忧者,惟恐八旗诸贝勒,不体朕意,或将汝等良马美物,欺而夺之耳。若两国贝勒,联姻缔盟,彼此相

① 《清太宗文皇帝实录》,第 11 卷,第 16～17 页,天聪六年四月己卯,中华书局影印本,1985 年。

馈,各出所愿则可,有不愿者则勿与也。倘有恃威强索者,尔当奏闻。"众皆叩首受命①。皇太极为了加强对蒙古各部的控制,次年八月遣使到蒙古各部颁布法律,正式建立起他们对后金的从属关系,密切相互往来。

其三,贸易有新拓展。其时察哈尔林丹汗所属诸部,或投附后金,或自称雄长,原有献贡,拒绝交纳:"各自称雄,献贡遂绝。"②此役,逼迫察哈尔部远离宣府、大同外地区,失去明朝的市赏。察哈尔部断了明廷的岁赏,如同中原,秋成歉收:"插恃抚金为命,两年不得,资用已竭,食尽马乏,暴骨成莽。插之望款,不啻望岁。"③翌年,林丹汗遣人到明延绥、宁夏讨赏,明边吏不应。林丹汗合五万余骑,连营数十里,纵掠塞外④。后金则乘机同明议和,同漠南蒙古诸部等,"大市于张家口"⑤。于是,后金在边口的贸易,有了新的拓展。

三征察哈尔　皇太极二征林丹汗后,明朝和后金发生许多重大事情。其一,明朝力量更加削弱。天聪七年即崇祯六年(1633 年)五月,孔有德、耿仲明率部投降后金。寻封孔有德为都元帅,耿仲明为总兵官。后尚可喜亦降,授为总兵官。六月,后金派贝勒岳讬、德格类等会同孔有德、耿仲明统领军兵,进攻明旅顺口,后克之。其二,出兵掳掠明朝边民。后金地区,发生灾荒,粮食奇缺。天聪八年即崇祯七年(1634 年)五月,皇太极亲率大军第二次入塞进攻明朝。后金军攻入宣府、大同地区,肆意抢夺,掳掠而归。此期,皇太极与林丹汗发生历史性变化。

后金与察哈尔关系,发生转折性的变局。皇太极拉拢蒙古首领,孤立林丹汗,瓦解察哈尔。天聪七年即崇祯六年(1633 年)正月,皇太极将长女下嫁给敖汉部贝勒都喇尔巴图鲁之子班第为妻。二月,蒙古阿禄科尔沁车根汗率固本巴图鲁、达尔马代衮、吴巴什等举部归附后金⑥。四月,察哈尔汗属下两翼大总管塔什海虎鲁克赛桑归附后金,言:"察哈尔汗残虐不道,国人思乱。"⑦翌年正月,蒿齐忒部台吉额林臣归附后金。

---

①　《清太宗文皇帝实录》,第 11 卷,第 18 页,天聪六年四月癸未,中华书局影印本,1985 年。

②　《崇祯长编》,第 11 卷,第 11 页,崇祯元年七月己巳,台北中央研究院历史语言研究所校勘本,1962 年。

③　《明史·鞑靼传》,第 327 卷,第 8493 页,中华书局校点本,1974 年。

④　谷应泰:《明史纪事本末·补遗》,第 3 卷,第 1444 页,中华书局,1977 年。

⑤　《清史稿·太宗本纪》,第 2 卷,第 40 页,中华书局标点本,1977 年。

⑥　《清太宗文皇帝实录》,第 13 卷,第 7 页,天聪七年二月癸亥朔,中华书局影印本,1985 年。

⑦　《清太宗文皇帝实录》,第 13 卷,第 17 页,天聪七年四月乙丑,中华书局影印本,1985 年。

六月，皇太极得到二征征察哈尔部时之报："壬申年（天聪六年），上统大军，往征蒙古察哈尔国林丹汗时，林丹汗举国惊恐无措。林丹汗见人心惶忧，知国势不可为，为窜逃计，遂弃故业，渡黄河，西奔图白忒部落，牲畜死者甚多。其臣民向苦其暴虐，抗违不往，中途逗留者十之七八。又食尽，杀人以食。自相屠戮，夺取牲畜财物，相继溃散。"①察哈尔许多部众，不愿再随林丹西迁土蕃——青藏一带地方。同月，察哈尔候痕巴图鲁率其民千人投归后金；察哈尔额林臣戴青等五寨桑率二千七百人又投附后金；察哈尔土巴济农复率其民千户归附后金。喀尔喀部巴噶达尔汉归附后金。七月，察哈尔林丹之妻率其八寨桑，以一千二百户归降后金。闰八月，皇太极连续得到来自察哈尔的奏报："察哈尔林丹汗病痘，殂于打草滩②地方，其子及国人，皆欲来归。"③又得到奏报：察哈尔寨桑噶尔马济农等率小寨桑、扎萨古尔及贝勒、台吉、塔布囊等并其国人六千，"送察哈尔汗妻窦土门福金，携其国人来降"④。后皇太极将窦土门福金纳娶之。十二月，察哈尔祁他特车尔贝、塞冷布都马尔等，各率所部人民，归降后金。天聪九年即崇祯八年（1635年）二月，后金编审内外喀喇沁蒙古壮丁共一万六千九百五十三名，分为十一旗，并确立蒙古八旗建制⑤。

以上说明，天聪汗正在巩固根基，日益强大，林丹汗却是众叛亲离，土崩瓦解。察哈尔内部发生最重大的变局是：先是，察哈尔噶尔马济农等遣使后金请降，言："林丹汗病殂，汗子及国人皆欲来归。"⑥皇太极为证实上述奏报是否真实，派阿什达尔汉等前往核查。天聪汗得到确讯，林丹汗已经病死。于是，天聪汗皇太极决定出动大军，三征察哈尔。

天聪九年即崇祯八年（1635年）二月二十六日，天聪汗皇太极命和硕墨尔根戴青贝勒多尔衮，贝勒岳讬、萨哈廉、豪格为统兵元帅，以固山额真纳穆泰为右翼，以吏部承政、镶白固山额真图尔格为左翼，率护军、骑兵万人，三征察哈尔，往收察哈尔林丹汗之子额尔克孔果尔额哲⑦。三月，多尔衮等在宣府水泉口，招抚了林丹汗的遗孀囊囊福

①　《清太宗文皇帝实录》，第19卷，第3页，天聪八年六月辛酉，中华书局影印本，1985年。
②　打草滩（大草滩）：在西喇卫古尔（撒里畏兀儿）部落西日塔拉，今甘肃省天祝藏族自治县境内。
③　《清太宗文皇帝实录》，第20卷，第2页，天聪八年闰八月庚寅，中华书局影印本，1985年。
④　《清太宗文皇帝实录》，第20卷，第11页，天聪八年闰八月辛亥，中华书局影印本，1985年。
⑤　《清太宗文皇帝实录》，第22卷，第12～14页，天聪九年二月丁亥，中华书局影印本，1985年。
⑥　《清太宗文皇帝实录》，第20卷，第2页，天聪八年闰八月庚寅，中华书局影印本，1985年。
⑦　《清太宗文皇帝实录》，第22卷，第24页，天聪九年二月丁未，中华书局影印本，1985年。

金,从他们口中得知额哲等人的驻牧地。后多尔衮等,遣礼部启心郎祁充格等赍疏奏言:"臣等奉命率大军,至西喇朱尔格地方,遇察哈尔汗妻囊囊太后、琐诺木台吉,率部下一千五百户来降。臣等以礼接见,设宴宴之。已遣温泰等引之见上矣。"四月初二日,皇太极派大臣济席哈、海塞等,往驻上都旧址,等候出征察哈尔诸贝勒的消息。和硕贝勒多尔衮,贝勒岳讬、萨哈廉、豪格等统领大军,初十日,渡河。多尔衮等从囊囊太后部众中,得知苏泰太后及其子额哲的驻牧地。多尔衮等率领后金大军继续前进,至黄河造船,前往黄河河套一带,收抚察哈尔部众,寻找苏泰太后及其子额哲等人的下落。苏泰太后为皇太极母舅叶赫贝勒金台石之孙女,台吉德尔格勒之女。

二十八日,大军进抵察哈尔林丹汗之子额尔克孔果尔额哲国人所驻牧的托里图地方。其时天雾昏黑,额哲部中无备。多尔衮等恐被额哲惊觉,夜间按兵不动。多尔衮、岳讬、萨哈廉、豪格议商决定,派遣随军的叶赫金台石贝勒之孙南楮,及其叔祖阿什达尔汉等,先见南楮之姐林丹汗遗孀苏泰太后及其子额哲,面告满洲诸贝勒多尔衮等,奉天聪汗皇太极之命,统率大军前来,招抚苏泰太后及其子额哲,军纪严明,秋毫不犯。南楮等受命后,急驰至苏泰太后大营。到大营后,南楮高声喊道:"尔福金苏泰太后之亲弟南楮至矣,可进语福金!"苏泰太后听到这个突如其来的消息后,既惊又喜,但怕有诈。苏泰太后遂令她的从者旧叶赫人亲自目睹,加以辨认。还报道:"是真!"苏泰太后恸哭而出营帐,与其久别之弟抱见。随之,苏泰太后令其子额哲,率领众寨桑,出迎后金军。此事,《钦定蒙古源流》记载:"林丹库图克图汗运败,妻苏台太后系珠尔齐特精太师之子德格勒太师之女,同子额尔克洪果尔二人,限于时命,仍回原处。汗族之诸延四人,领兵往迎。岁次乙亥五月,于鄂尔多斯游牧之托赉地方被获,因取蒙古汗之统。"[1]上文中的珠尔齐特精太师,即叶赫贝勒金台石。在上文之下,张尔田校补注曰:"天聪九年五月丙子,林丹汗子额尔克洪果尔额哲降。初,贝勒多尔济[衮]、岳讬、萨哈璘、豪格统兵至黄河西,额哲驻地托里图地方,其母苏泰福金,叶赫贝勒锦台什女孙。因遣其弟南楚偕同族往告,招之降。时天雾昏黑,额哲不虞,军至无备。苏泰与额哲乃惶,牵众宰桑迎。于是,全部平。"[2]这是多尔衮利用姻亲关系,取得政治与军事"一石

---

① 萨囊彻辰:《钦定蒙古源流》,第 8 卷,第 14 页,台湾商务印书馆影印《文渊阁四库全书》本,1986 年。

② 萨囊彻辰著、沈曾植笺证、张尔田校补:《蒙古源流笺证》,第 8 卷,第 13 页,海日楼遗书之一(沈氏藏版),屠守斋校补本,1932 年刊印。

二鸟"的生动史例。于是,多尔衮等命列旗纛,鸣画角,吹鼓乐,隆重前进。多尔衮同额哲等,率领双方大臣,行拜天礼。礼毕,多尔衮、岳讬、萨哈廉、豪格等依次与额哲交拜抱见。尔后,多尔衮等到苏泰太后营帐,苏泰太后迎入相见,行礼,设宴。多尔衮等秘议,恐额尔克孔果尔及其群臣生疑,乃誓告天地云:"我等待额尔克孔果尔,若有异念,天地降谴。我等推诚敦信,如此盟誓。若伊等不从,包藏异心,伊等当被天地谴责。"

翌日,苏泰太后、额哲设宴,送多尔衮等驼马、雕鞍、貂裘、琥珀、金银、苏缎等物。多尔衮等谢却其驼、马,其余礼品俱收下。多尔衮等仍设宴答礼,并赠以雕鞍、马、黑貂裘等礼物。最后,多尔衮等奏言:"臣等荷蒙天眷,仰仗皇威,谨遵指授方略,进止以时,所有察哈尔国苏泰太后母子,及其部众人民,悉已招降归附。其襄襄太后,同琐诺木台吉,率其部众人民,先已投诚,谅至国境矣。谨遣礼部启心郎祁充格,具奏以闻。"①八月初三日,和硕贝勒多尔衮,贝勒岳讬、萨哈廉、豪格等,征察哈尔国,获历代传国玉玺。

先是,相传传国宝玺,藏于元朝大内,至顺帝为明洪武帝朱元璋所败,弃大都城,携玺逃至沙碛。顺帝后死于应昌,宝玺遂遗失。二百余年后,有在山冈下牧羊者,见一山羊,三日不啮草,但以蹄跑地,牧者发掘,见此宝玺。既而归于元后裔博硕克图汗,后博硕克图为察哈尔林丹汗所侵国破,玺复归于林丹汗。贝勒多尔衮等,闻宝玺为林丹汗遗孀苏泰太后福金所收藏,索要,得之。玺文为"汉篆'制诰之宝'四字,璠玙为质,交龙为纽,光气焕烂,洵至宝也"。多尔衮等见宝玺后甚喜,曰:"皇上洪福非常,天锡至宝,此一统万年之瑞也。"②遂收其玺,携降民渡黄河,至归化城。

时贝勒岳讬有疾,分兵一千,驻营归化城,防守察哈尔降民。多尔衮、萨哈廉和豪格三贝勒率众兵,并察哈尔林丹汗子额尔克孔果尔额哲及其大臣,往略明山西一带,自平鲁卫入。时镶白旗护军参领博尔惠,率二十人,遇明右卫兵二百人,败之,生擒一人。是日,以所得牲畜、粮米,送至岳讬所。"我军由朔州前发,有明宁武关参将,率兵五十名来探。我镶蓝旗前锋参领席特库击败之,杀十余人,参将中伤,领余兵遁走。我军直抵长城下,三贝勒遣前锋将领硕翁科罗巴图鲁劳萨,往毁长城。劳萨乘夜前往,遇明羊房口步兵出迎,击败之。次日,又败宁武关哨卒,斩十人,生擒二人,遂毁关,入略代州。大军于忻州驻扎。于是,三贝勒纵兵略忻州一带。又令右翼正黄旗喀迩喀玛防御忻

---

① 《清太宗文皇帝实录》,第23卷,第14页,天聪九年五月丙子,中华书局影印本,1985年。
② 《清太宗文皇帝实录》,第24卷,第9页,天聪九年八月庚辰,中华书局影印本,1985年。

州,有敌兵千余,从忻州出战,我哨卒击败之。比我军将还,前锋参领苏尔德、安达礼,率四十人,伏于忻口,遇明往来哨卒三百人,败之,斩杀大半,获马六十匹。我军至忻口,明总督遣副将一员,领兵七百人,从代州来探。我左翼主帅固山额真图尔格,率诸贝勒所属护卫,自忻口追击至崞县,获马六十余匹。我军至黑峰口,劳萨击明游击下哨卒四十名,俱斩之,获马三十余匹。我军出长城,自应州赴平鲁卫。卫内有马步兵五百人,出城列阵,三贝勒即令右翼主帅正黄旗固山额真纳穆泰、图尔格,率兵破其阵,追击至城壕,明兵死者百余人。三贝勒率大军出边,令纳穆泰,图尔格率章京十六员、兵千名殿后。有明大同城守王姓总兵属下兵,及宁远、锦州总兵祖大寿援兵,共马步卒三千人,齐出。图尔格先见之,遂奋勇冲入,明兵皆溃。图尔格乘胜掩杀,拥至壕边。我军皆步战,击死明兵甚众。明溃兵马步约五百余人,复于台上列营。纳穆泰率兵围台奋击,尽歼其众。其马匹伤死者甚多,我军获马二百匹"①。

　　九月,后金军凯旋回到沈阳。初四日,皇太极派遣刚林、罗硕等,诣凯旋诸贝勒军前,商约相见日期。初五日,后金凯旋诸贝勒等,携归降人民、牲畜、财物至,营于皇太极御营之右二里许。初六日,皇太极出御营,迎凯旋诸贝勒,举行隆重仪式。时诸贝勒率归降察哈尔林丹汗之子额尔克孔果尔额哲,及其诸大臣,从天聪汗侧,驰马拜谒。在皇太极御营南冈上筑坛,设黄案,焚香,吹螺,掌号。皇太极率众拜天毕,还御座。凯旋诸贝勒设案,铺以毡,奉献所得"制诰之宝"玉玺于案上。由正黄旗固山额真纳穆泰、镶白旗固山额真吏部承政图尔格,举案前进,诸贝勒率众遥跪以献。御幄前设黄案,陈香烛,皇太极受玉玺,亲捧之,率众复拜天,行礼,复位。传谕左右曰:"此玉玺乃历代帝王所用之宝,天以畀朕,信非偶然也。"于是凯旋诸贝勒,率诸大臣遥跪。国舅阿什达尔汉奏曰:"仰蒙天眷,复赖皇上洪庥,收服察哈尔汗子额尔克孔果尔,并察哈尔汗遗孀苏泰太后,与其群臣百姓,又获历代帝王传国玉玺,又入明宣、大界,至山西地方,多所俘获,大败敌兵。此行甚利。"②奏毕回班。于是察哈尔汗遗孀苏泰太后及其子额哲、察哈尔汗妇弟泰松格格,及其臣额尔克楚虎尔琐诺木卫寨桑等,各以金印、玉带、诸色数珠、蟒缎、金银、器皿、驼马等进献。苏泰太后进前,皇太极起迎,出幄,以礼相见。额哲率其部诸大臣跪拜,行抱见礼。皇太极饮酒之时,皇后及三妃,率诸贝勒福金等出营,迎苏

---

①　《清太宗文皇帝实录》,第24卷,第9～11页,天聪九年八月庚辰,中华书局影印本,1985年。

②　《清太宗文皇帝实录》,第25卷,第2页,天聪九年九月癸丑,中华书局影印本,1985年。

泰太后，俱以礼相见。皇太极大宴后金凯旋诸贝勒、苏泰太后及额哲与其诸大臣。

后金军三征察哈尔之役，回程顺攻明朝晋北地区。大军出征，时已半年，士马疲劳，衣食匮乏。如贝勒岳讬患病，在归化城休养。靠其他旗抢掠的牲畜、粮米，送至岳讬所，以解燃眉之急。因之，多尔衮等收取额哲、苏泰太后等后，没有立即回师，而在明边外饱掠后，才回师沈阳。《清太宗实录》记载："是役也，我军入明边驰略，自平鲁口入朔州，直抵长城。又经宁武关、代州、忻州、崞县、黑峰口、应州，而复还平鲁，斩击明兵六千余人，计俘获人口、牲畜七万六千二百有奇。乃出边，与贝勒岳讬会于归化城。方三贝勒入边后，贝勒岳讬驻守归化城。"①后金军在归化城地区，纵马放牧，抢掠财富。

后金精锐军队，三征察哈尔部，都没有同察哈尔部主力交战。皇太极实际上是不战而降察哈尔。皇太极未经决战，统一了察哈尔部。在统一察哈尔部的过程中，皇太极采取的策略是：第一，"慑之以兵，怀之以德"②，将军事征服和招抚劝降相结合。多尔衮在招降苏泰太后时，利用其弟南楮的亲情关系，顺利地降顺苏泰太后及其子额哲。第二，利用矛盾，分化瓦解。采取恰当策略，利用蒙古各部族之间矛盾，逐步切断漠南蒙古喀尔喀各部同察哈尔部的联系，同时拆散其同明朝的盟约。主要孤立和打击察哈尔部林丹汗。第三，抓住时机，发兵进剿。当皇太极得知林丹汗西迁并病死的确讯后，派兵前往，长驱深入，耐心争取，一举成功。第四，降顺兵民，妥善安置。皇太极对林丹汗遗孀苏泰太后及其子额哲，以及其他寨桑、台吉、部民等，都安置抚养（详见后文）。

后金统一察哈尔，具有重大的意义。

第一，吞并察哈尔部。察哈尔汗不仅是察哈尔部的大汗，而且是蒙古各部的宗主。察哈尔部的灭亡，既是漠南蒙古全部归于后金统治的标志，也是成吉思汗创立大蒙古国在其故土最终覆灭的标志。林丹汗的遗孀窦土门福金和囊囊福金都嫁给皇太极，苏泰福金则嫁给济尔哈朗。林丹汗之子、年十四岁的额哲，则娶了皇太极第二女、十二岁的马喀塔③。随着额哲投降后金，察哈尔部的贵族、喇嘛也相继归降后金。《清太宗实录》记载了一长串名单：额哲部下群臣额齐格顾实、多木藏顾实、额齐格喇嘛、达尔汉喇嘛、阿木出忒喇嘛、卓礼克图格龙、俄克绰特巴俄木布、朱成格达尔汉诺颜、额布格寨

---

① 《清太宗文皇帝实录》，第24卷，第11页，天聪九年八月庚辰，中华书局影印本，1985年。

② 《清太宗文皇帝实录》，第20卷，第25页，天聪八年十月庚戌，中华书局影印本，1985年。

③ 《星源吉庆》，第29页，学苑出版社，1998年。

桑、布兑杜棱诺颜、巴牙思户达尔汉塔布囊、达赖浑津、布泰阿噶喇户、琐诺木卫寨桑、额参塞臣、额尔克楚虎尔、阿齐图太锡、波罗库鲁克、巴特玛都喇尔、扎唐伊尔都齐、苏朗察尔庇、毕木布寨桑、杜棱大云、俄思户布都马尔、图巴太锡、摆户寨桑、塞冷叶尔登、祁他特西格津、伊图寨桑、褚阳寨桑、波布达雅齐、塞冷古英、萨马克谈古英、喀木卫达尔汉、达尔马台吉、巴雅海塔布囊、通阿寨桑、囊弩克台吉、吴尔寨图古英、达鲁齐诺颜、阿拜泰台吉、萨代寨桑、阿津泰达尔汉寨桑、朝科、卿礼、巴特玛寨桑、古木台吉、吴巴什苏朗、辛达孙古英、波格勒寨桑、库图克达尔汉、讷木汉达尔汉、扎萨克古英、西达布都马尔、绰思熙扎萨古尔、琐诺木札萨古尔、俄齐尔札萨古尔、海赖札萨古尔、巴达礼札萨古尔、博尔达扎萨古尔、巴颜图寨桑、土巴台吉、多尔济冰图、土轮齐达户、占泰寨桑、翁讷和寨桑、苏朗塔布囊、博洛尔泰喀萨克等，率其部民归降。随以察哈尔额尔克楚虎尔妻，及其部下人达云绰尔齐、宜特格尔图、额尔克多克辛、托诺达尔汉塔布囊、托克脱和都喇尔寨桑、劳罕俄尔洛克诺颜、布兑寨臣、额尔克俄尔洛克、僧格寨桑、古鲁古英、琐诺木诺颜、塞臣卓礼克图、门都赫塔苏尔海、僧格塔苏尔海、朱喇图巴图尔、布尔噶图宜特格尔图、吴哈纳特白里户、额墨格墨尔根、巴图都喇尔、沙里额尔克古英等官，并其部民归降①。在此先后，漠南蒙古各部，先后降服后金。

察哈尔部被后金征服，明朝失去北面屏障，边事越发不可收拾。《明史·鞑靼传》记载：

　　　明未亡，而插先毙，诸部皆折入于大清。国计愈困，边事愈棘，朝议愈纷，明亦遂不可为矣！②

第二，补充大量兵马。《圣武记》曰："夫草昧之初，以一城一旅敌中原，必先树羽翼于同部。故得朝鲜人十，不若得蒙古人一。"③皇太极统一漠南蒙古后，扩大了兵源，仿照八旗满洲兵制，编设八旗蒙古。如天聪九年即崇祯八年（1635 年），编内外喀喇沁蒙古壮丁一万六千万多名，除盲人和残废者外，凡年在六十岁以下、十八岁以上者都被编

　① 《清太宗文皇帝实录》，第 23 卷，第 12～13 页，天聪九年五月丙子，中华书局影印本，1985 年。
　② 《明史·鞑靼传》，第 327 卷，第 8444 页。中华书局校点本，1974 年。
　③ 魏源：《圣武记》，第 1 卷，第 9 页，中华书局，1984 年。

入。从此以后,八旗蒙古作为八旗劲旅的重要组成部分,成为对明征战的主力军队。

以编审内外喀喇沁蒙古壮丁为例,编审壮丁一万六千九百五十三名,分为十一旗。其中古鲁思辖布杜棱等共五千二百八十六名为一旗,以古鲁思辖布为固山额真;俄木布楚虎尔等共一千八百二十六名为一旗,以俄木布楚虎尔为固山额真;耿格尔等共二千一十一名一旗,以耿格尔与单把同管固山额真事;正黄旗津扎等之壮丁及旧喀喇沁壮丁共一千二百五十六名,合旧蒙古为一旗,以阿代为固山额真;镶黄旗吴思库等之壮丁及旧喀喇沁壮丁共一千四十五名,合旧蒙古为一旗,以达赖为固山额真;正红旗昂阿等之壮丁及旧喀喇沁壮丁共八百七十名,合旧蒙古为一旗,以恩格图为固山额真;镶红旗苏木尔等之壮丁及旧喀喇沁壮丁共一千十六名,合旧蒙古为一旗,以额驸布彦代为固山额真;正白旗布尔哈图、阿玉石等之壮丁及旧喀喇沁壮丁共八百九十名,合旧蒙古为一旗,以伊拜为固山额真;镶白旗喇木布里等之壮丁及旧喀喇沁壮丁共九百八十名,合旧壮丁为一旗,以额驸苏纳为固山额真;正蓝旗什喇祁他特等之壮丁及旧喀喇沁壮丁共八百六十名,合旧蒙古为一旗,以吴赖为固山额真;镶蓝旗诺木齐等之壮丁及旧喀喇沁壮丁共九百一十三名,合旧蒙古为一旗,以扈什布为固山额真。此次编审壮丁时,谕令"凡年六十以下,十八以上,并从本地方带来汉人,每家所有壮丁若干名,俱照例编审。其目不能视,足不能行,手不能持者,不入编审内。如诸贝勒、塔布囊及一切人等,有隐匿壮丁不送编审者,或经人举首,出首之人,准其离主,将所隐之人入官,仍交刑部,照例治以隐匿之罪。其十家之长,罚马二。永著为令"①。

满洲的骑射,一重兵,二重马。在统一漠南蒙古的过程中,皇太极既补充了兵,又补充了马。从蒙古的战利、贡献、罚没和通市中,获得大量蒙古马匹。其通市,如《钦定八旗通志》所载:"以出兵所得汉人财帛及与朝鲜所得货物,尽与蒙古易马。"②

第三,后金可靠盟友。皇太极继东征朝鲜解除了左翼威胁之后,又解除了右翼蒙古的威胁,使后金从根本上扭转了"四境逼处"的被围态势,从战略上由朝鲜、明朝、蒙古三面包围的局面,变为对明朝三面包围的态势,同时也为迂回袭扰明朝腹地开辟了通路。天聪八年即崇祯七年(1634年)十月,皇太极征察哈尔回师后,在其父努尔哈赤灵前祭告说:"乃者,朝鲜素未输诚,今已称弟纳贡;喀尔喀五部,举国来归;喀喇沁、土

① 《清太宗文皇帝实录》,第22卷,第12~14页,天聪九年二月丁亥,中华书局影印本,1985年。
② 《钦定八旗通志》,第7卷,第47页,吉林文史出版社,2002年。

默特,以及阿禄诸部落,无不臣服;察哈尔兄弟,其先归附者半,后察哈尔汗携其余众,避我西奔,未至汤古忒部落,殂于西喇卫古尔部落打草滩地,其执政大臣,率所属尽来归附。"①这是皇太极对统一蒙古业绩及其意义的总结。以蒙古明安贝勒为例,蒙古兀鲁特部明安贝勒,是察哈尔蒙古降服后金的一个代表人物,也是清初满蒙关系的一个家族典型:明安先为初设兀鲁特蒙古旗,后改隶满洲正黄旗。后明安多次随军征战,在大凌河之战中立有大功。是役,明总兵祖大寿出城作战,明安贝勒同和硕图固山额真等夹击,祖大寿兵失利退入城内。后金军伪装成明军增援,祖大寿误中其计出战,明安等齐进奋击。祖大寿败阵,寻率众投降。顺治初,进二等伯,雍正追进一等侯。其子昂洪、多尔济、纳穆生格、朗素等多有军功,地位显赫。长子昂洪,天命朝从征巴林、扎鲁特,后在大凌河战役中立功,进三等副将。昂洪子鄂齐尔,官内大臣,后授为领侍卫内大臣,乾隆追封为三等男。子多尔济,为额驸,伐扎鲁特、征克什克腾,皆有战功。设六部,为刑部承政,专管蒙古事。后授内大臣,预议政。子纳穆生格,清军入关后,从征福建,殁于海。幼子朗素,袭明安职。孙马兰泰,雍正进为一等侯,署前锋统领,后官参赞大臣、领侍卫内大臣、军机大臣。科尔沁部的布颜代贝勒,天命七年即天启二年(1622年),同明安率所属归后金,娶公主,为额驸,后隶满洲镶红旗。他在觉华岛之役中率蒙古骑兵,同武讷格立有奇勋,以军功晋镶红旗固山额真。《清史稿·明安传附布颜代传》赞扬其英勇精神:布颜代在一次战斗中,"身被数伤,所乘马亦创,犹力战冲锋殪敌,遂以创卒。年六十有一"。布当亦随明安投后金,后授二等参将世职,隶满洲正蓝旗,晋三等男。到天聪十年即崇祯九年(1636年)三月二十二日,漠南蒙古十六部、四十九贝勒,在盛京集会,尊皇太极为"博格达·彻辰汗"(宽温仁圣皇帝),尊奉皇太极为共主。整个漠南蒙古诸部,皆臣服于后金。

第四,直接马市贸易。后金吞并察哈尔蒙古,南部边界已同明朝宣府、大同接近,从而便于直接或间接地同明进行贸易。天聪六年即崇祯五年(1632年),后金在宣府,与明互市,获利丰厚。班师之后,继续进行。八年,后金派人由喀喇沁地方与明贸易,使臣返回途中被明人截杀,"所携财物,尽被掠去"②。九年,多尔衮收察哈尔林丹汗之

---

① 《清太宗文皇帝实录》,第20卷,第25页,天聪八年十月庚戌,中华书局影印本,1985年。
② 《清初内国史院满文档案译编》,上册,第88页,光明日报出版社,1989年。

子额哲返回时,至明大同沙河堡,双方并出"货物互市"①。天聪十年即崇祯九年(1636年)二月,后金遣察汉喇嘛等,率每家十五人,各携貂皮五十张、人参百斛,往明山西杀虎口贸易②。六月,皇太极又遣诺木图等率八家,每家三人及每旗蒙古一人,携每家金银千两,与土默特部鄂木布楚虎尔等,同往蓟镇喜峰口贸易③。崇德二年即崇祯十年(1637年),清廷遣阿尔津携俄莫克图等,"率商人百余及八家官员,携货往归化城贸易"④。同年八月,皇太极派"吴拜等出张家口,往迎归化城贸易之丹岱等,遇明哨卒十六人,斩十五人,生擒一人,获马十九匹,奏闻"⑤。崇德三年即崇祯十一年(1638年)六月,满洲八家以银两万五千六十六两及貂皮等物,梅勒章京以上银九千三百六十九两及貂皮等物,往土默特贸易,易得大量蟒缎、素缎、布帛、金线、衣服、红毡、卧柜、草纸、茶、粉等物而归⑥。随后又遣额尔德尼达尔汉囊苏喇嘛等四十人,"携黑貂皮一千七百张、人参二千七百斤,前往蒙古土默特部落贸易"⑦。

　　后金统一察哈尔部后,可以直接在张家口同明进行贸易。天聪六年即崇祯五年(1632年),后金与明"大市于明张家口"⑧。崇德三年即崇祯十一年(1638年)七月,皇太极派遣达雅齐塔布囊卫寨桑等,往明张家口议"开关互市"⑨。又遣达雅齐塔布囊,率喀喇沁部落毕喇什、喇什希布等,往明张家口,"与明镇守官议岁币,一如与喀喇沁贝勒之数,兼议开关贸易事"⑩。七月,清人屯大青山议和,"卢象昇请讲市、不讲赏,许之"⑪。十月,皇太极派"达雅齐、卫寨桑、多罗额驸毕喇西、喇斯希布等,自张家口贸易还"⑫。崇德四年即崇祯十二年(1639年)五月,达雅齐、卫寨桑、诺木图卫征、喇嘛卫

①　《清初内国史院满文档案译编》,上册,第188页,光明日报出版社,1989年。
②　《满文老档·太宗》,下册,第1395页,中华书局译注本,1990年。
③　《满文老档·太宗》,下册,第1514页,中华书局译注本,1990年。
④　《清太宗文皇帝实录》,第36卷,第10页,崇德二年六月癸丑,中华书局影印本,1985年。
⑤　《清太宗文皇帝实录》,第38卷,第11页,崇德二年八月庚申,中华书局影印本,1985年。
⑥　《清初内国史院满文档案译编》,上册,第323页,光明日报出版社,1989年。
⑦　《清初内国史院满文档案译编》,上册,第328页,光明日报出版社,1989年。
⑧　《清太宗文皇帝实录》,第12卷,第7页,天聪六年六月癸巳,中华书局影印本,1985年。
⑨　《清太宗文皇帝实录》,第42卷,第9页,崇德三年七月壬申,中华书局影印本,1985年。
⑩　《清初内国史院满文档案译编》,上册,第328页,光明日报出版社,1989年。
⑪　彭孙贻:《山中闻见录·建州》,第5卷,第86页,《清入关前史料选辑》,中国人民大学出版社,1991年。
⑫　《清太宗文皇帝实录》,第44卷,第9页,崇德三年十月己亥,中华书局影印本,1985年。

征囊苏，以"与明人创议开市，有裨国计"①，因其之功，受到封赏。八月，"以张家口互市缎匹，赐诸王、贝勒、贝子、公及承政、固山额真以上各官有差"②。崇德八年即崇祯十六年（1643年）七月，皇太极谕鄂尔多斯济农、土默特部落格根汗，以及乌朱穆沁、蒿齐忒、苏尼特等部落，"令其各安地方，仍与汉人贸易"③。清朝通过鄂尔多斯、土默特等部，同汉民贸易。

皇太极还派喇嘛到杀虎口进行贸易。天聪汗遣察汉喇嘛、额尔德尼囊苏、艾松古、达代、邦荪，率每家十五人，携貂皮各五十张、人参各百斤，往明边杀虎口贸易④。崇德四年即崇祯十二年（1639年）五月，皇太极谕责弟多铎曰：当年至张家口与明议互市事，兼索察哈尔旧例。正当议时，尔乃大言于众曰："明之所与者，多不过银三千两、缎三百匹而已，岂可为此微物而驻兵乎？"皇太极又谕："昔太祖时，以人参与明人互市。明人不以贵美之物，出售于我，止得粗恶片金、绌绫、缎匹。其时贝子、大臣家人，有得明国私市好缎一匹者，阿敦阿格奏请将其人处死。所以华整之服，亦不可得。尔等岂不知之！今朕嗣位以来，励精图治，国势日昌，地广粮裕。又以价令各处互市，文绣锦绮，无不备具。尔诸王、贝子、大臣，所被服者非欤？往时亦尝有此否也？朕之为众开市，岂属无益？尔英俄尔岱、索尼等，不见昔日库中余布，尚无十匹之贮乎！"并谕："且常愿诸王贝勒、贝子、大臣，俱仰荷天庥，长享富贵。今尔等不已臻富贵乎？"⑤"库中余布，尚无十匹"！足见当年财货之匮乏，物资之短缺！皇太极的上述谕旨，道出了互市在后金经济中的作用。天聪八年即崇祯七年（1634年），后金首次在明宣、大与明互市之前，主要是与朝鲜互市和转市明朝的产品。八年之后，与明朝的互市逐渐占据主要地位。

第五，打开入塞通道。在征抚漠南蒙古过程中，后金天命朝同漠南蒙古尚交结，重盟谊，不事讹诈，也少征讨⑥。到天聪朝时，既动员八旗蒙古实行联合作战，又对抗颜拒从者进行军事征讨。漠南蒙古降顺后金，进"九白之贡"⑦，表示臣服。"九九之数"，

---

① 《清太宗文皇帝实录》，第46卷，第19页，崇德四年五月庚辰，中华书局影印本，1985年。

② 《清太宗文皇帝实录》，第48卷，第16页，崇德四年八月壬子，中华书局影印本，1985年。

③ 《清太宗文皇帝实录》，第65卷，第26页，崇德八年七月丁巳，中华书局影印本，1985年。

④ 《清太宗文皇帝实录》，第27卷，第17页，天聪十年二月庚寅，中华书局影印本，1985年。

⑤ 《清太宗文皇帝实录》，第46卷，第22~23页，崇德四年五月辛巳，中华书局影印本，1985年。

⑥ 《明清档案与蒙古史研究》，第179页，内蒙古人民出版社，2000年。

⑦ 福格：《听雨丛谈》，第2卷，《九白》："蒙古地在沙漠，罕有出产，每爵献白马八匹、白驼一匹，谓之九白贡。"

为蒙古大礼之数,当年不儿罕谒见成吉思汗,以"九九金银器皿、九九童男童女、九九骗马、骆驼等物,皆以九九为数来献"①。后金统一漠南蒙古,使明朝防御战线拉长,由山海关直至宁夏,都成为与后金直接相邻的前线,北京则成为后金—清军随时可以进攻的目标。后金征服漠南蒙古,逐渐组成八旗蒙古,打通从西北进入中原的道路。皇太极的军队,先后七次迁道入塞,甚至攻陷济南府城,都是间道蒙古,而破墙入塞的。皇太极征服漠南蒙古,从根本上改变关外军政力量对比:由万历、天启年间的明朝、蒙古、满洲鼎足三分之势,到满洲与蒙古联盟,共同对付明朝,形成后金与明朝分庭抗礼的局面,从而改变后金与明朝的力量对比,占领更为广阔的地域,拥有更为雄厚的骑兵,占有更丰厚的资源,在政治上、军事上,取得更为优势的地位,为后来清军入关,迁鼎北京,入主中原,奠下基础。

(三)统一漠南蒙古

到后金兴起时,同天命朝直接有关的重要蒙古部落:其察哈尔(察罕儿)万户、鄂尔多斯万户、土默特万户、内喀尔喀、应绍不(永邵卜)后演变为喀喇慎(喀喇沁)等前已述。其中喀尔喀(哈剌哈)万户,由达延汗第九子纳力布剌和第十一子格列山只分领,共有十二个鄂托克(部)。他们的后裔分成两支:第九子纳力布剌的后裔,统领五个鄂托克向东北发展,在今内蒙古境区,形成内喀尔喀。内喀尔喀到虎喇哈赤时,其五子分牧,形成五部,各领其所属军民:长子兀把赛(乌巴什),领扎鲁特部;次子速把亥(苏巴海),领巴林部;三子兀班,领翁吉剌部;四子索宁岱青,领巴岳特(巴约特)部;五子炒花自统大营,领乌齐叶特部,为泰宁卫都督。他们住牧在开原、铁岭、沈阳、广宁边外,和泰宁卫地域大致相符,直接同海西女真为邻。后兀班之孙宰赛(斋赛),所领扎鲁特部移近福余卫,与开原北关叶赫交往,同后金常有纠纷。此内喀尔喀五部,前文已作了叙述。其第十一子格列山只,统领的七个鄂托克(部),往西北发展,在大漠迤北地域,即进入今蒙古国境内。他们住牧在贝加尔湖迤南、河套迤北、兴安岭以西、厄鲁特以东的漠北地域,形成外喀尔喀蒙古(即外蒙古),以其分居于喀尔喀河流域而得名。格列山只后裔阿巴岱,赴唐古忒(今西藏),谒达赖喇嘛,"请藏经,归漠北,部众智而汗之,遂世

①　谢再善译:《蒙古秘史》,第 180 页,开明书店,1951 年。

号土谢图汗,并其族车臣汗、札萨克图汗而三"[1]。外喀尔喀蒙古分为土谢图汗、札萨克图汗和车臣汗三部。土谢图汗部,居住在三部之中,住牧于土拉河流域地区。札萨克图汗部,居住在土谢图汗之西,主要驻牧在杭爱山南麓地带。车臣汗部,居住在土谢图汗之东,住牧于克鲁伦河流域地带。外喀尔喀三部游牧地域,东起黑龙江呼伦贝尔,西至阿尔泰山,南达瀚海,北到贝加尔湖,"东西延袤五千里,南北三千里"[2]。

蒙古诸部在天命朝,各部情况,相当复杂。其漠南蒙古科尔沁部,先祖首领为成吉思汗之弟合撒尔的后裔。先是,明永乐年间,蒙古主要分为鞑靼与瓦剌,东西对峙。后瓦剌败鞑靼,鞑靼合撒尔十三世孙为图美尼雅哈齐,十四世孙为奎蒙克塔斯哈喇率部东走,驻牧于嫩江流域。所部称科尔沁,或称嫩江科尔沁,明人称好儿趁。科尔沁与满洲,同属阿尔泰语系,都信奉萨满教,也有相似的习俗。所以满洲同科尔沁蒙古容易沟通,这也是他们联姻的一个重要文化基础。奎蒙克塔斯哈喇定居嫩江流域称科尔沁后,其子博第达喇,有子九人,分掌诸部:长子齐齐克、次子纳穆赛,袭领科尔沁部;又次子乌巴什,领所部号为郭尔罗斯;再次子爱纳噶,领所部号为杜尔伯特;另次子阿敏,领所部号为扎赉特。齐齐克,号巴图尔诺颜,其子为翁果岱贝勒,翁果岱子奥巴贝勒。纳穆赛,子莽古斯贝勒,莽古斯子宰桑贝勒;子明安贝勒,明安子栋国尔贝勒;子洪果尔贝勒。科尔沁部东邻乌拉,东南近哈达、叶赫,西南界扎鲁特,南接内喀尔喀,北临嫩江上游地区。魏源《圣武记》载:"科尔沁部在喜峰口外,东西距八百七十里,南北距二千有百里,南界盛京边墙,北界索伦。本元太祖弟哈萨尔之后,明初置兀良哈三卫之一也,后自立国曰科尔沁。明洪熙间,为厄鲁特所破,东避嫩江,以同族有阿鲁科尔沁,因号嫩江科尔沁以自别。其扎赉特、杜尔伯特、郭尔罗斯三部,皆科尔沁一部所分,兄弟同牧。"[3]科尔沁所分诸部,不同部落、不同首领、不同时期、不同场合,对后金采取不同的对策——时亲时疏,时附时离,时盟时背,时友时敌。但就总体而言,在天命朝时期,基本上归顺了后金。皇太极继承父业,完全绥服了漠南蒙古科尔沁部。

蒙古诸部在天聪朝,内喀尔喀五部——扎鲁特、巴林、翁吉剌特、巴岳特和乌齐叶

① 魏源:《圣武记》,第 3 卷,第 102 页,中华书局,1958 年。

② 张穆:《蒙古游牧记》,第 7 卷,《外蒙古喀尔喀四部总叙》,清同治六年(1867 年)刊本。

③ 魏源:《圣武记》,第 3 卷,第 97~98 页,中华书局校点本,1984 年。

特部,完全臣服后金;察哈尔部,已经归降后金。在崇德朝,皇太极加强并完善对蒙古诸部的治理与管辖。至于外喀尔喀诸部,经过天命、天聪、崇德三朝的抚绥与征战,也已向清朝遣使朝贡。后在康熙时期,完全臣服于清,并全部纳版图。

皇太极在天聪时期,突出业绩是征服漠南蒙古察哈尔部。察哈尔部林丹汗之子额哲归附后金,皇太极命其率部住牧义州边外孙岛习尔哈地方①。翌年正月,皇太极第二女马喀塔下嫁额哲,时额哲十四岁,公主十二岁。四月,额哲等蒙古十六部四十九贝勒,同上皇太极尊号,承认其为蒙古的共主。同月,额哲被封为和硕亲王,继续管领随其归降的部众。后康熙帝追述道:"昔额哲、阿布奈被俘,不没入旗下为奴,封额哲为亲王,所部人员,亦加抚养。"②额哲及其弟阿布奈没有编入满洲八旗下役使,而是另立外藩旗分,就是组成一个扎萨克旗。额哲虽然已失去汗位,却成为外藩蒙古诸扎萨克之一。在崇德年间,外藩蒙古分为左右两翼会盟。科尔沁部土谢图亲王,为左翼科尔沁等十旗首领;额哲为右翼扎萨克各旗首领③。崇德六年即崇祯四年(1641年)正月,察哈尔固伦额驸、和硕亲王额哲病逝,时年二十岁④。顺治二年(1645年)正月,皇太极之次女马喀塔再嫁额哲之弟阿布奈,后命阿布奈袭爵⑤。康熙十四年(1675年),阿布奈之子布尔尼,乘吴三桂反乱而发动叛乱,遭清军击溃,布尔尼被杀。清廷命杀阿布奈及其诸子,女子没为官奴,察哈尔汗后嗣遂绝,察哈尔扎萨克旗,也至此结束。

林丹汗病死部散,其子额哲降后金,对漠南蒙古各部产生巨大影响。先是,漠南蒙古右翼三万户,鄂尔多斯部、土默特部、喀喇沁部,到明末时,逐渐分化,领地众多,各自为政。漠南蒙古右翼三部,受到察哈尔部打压,喀喇沁部被击溃,土默特、鄂尔多斯避兵于河套。天聪六年即崇祯五年(1632年),后金第二次征讨察哈尔,林丹汗率部西迁。其时,察哈尔部众,纷纷脱离林丹汗。右翼诸部乘机摆脱察哈尔部控制,投附后金。天聪八年即崇祯七年(1634年)闰八月,皇太极命鄂尔多斯济农额林臣、土默特部

---

① 《清太宗文皇帝实录》,第26卷,第1页,天聪九年十一月丁未,中华书局影印本,1985年。
② 《清圣祖仁皇帝实录》,第54卷,第19页,康熙十四年四月丁巳,台湾华文书局影印本。
③ 《清初内国史院满文档案译编》,上册,第258页,光明日报出版社,1989年。
④ 《清太宗文皇帝实录》,第54卷,第12页,崇德六年正月己亥,中华书局影印本,1985年。
⑤ 马喀塔:康熙二年(1623年)死,年三十九岁。

博硕克图汗子俄木布,分别收集其部众,在其移牧处驻牧①。清对曾被察哈尔兼并的蒙古右翼三部,采取与左翼不同的处置方法。有的部落如土默特,对后金采取若亲若疏的政策。如土默特部归降后金的次年,发生毛罕事件。时多尔衮率军招降额哲还师,贝勒岳讬因病留住归化城。岳讬发现博硕克图子乳母之夫毛罕,私自遣人会喀尔喀部、乌朱穆秦部之人与明朝贸易,并泄露军机,遂派兵杀死毛罕,截获贸易商人②。此前,多尔衮曾截获喀尔喀车臣汗招抚林丹汗子额哲的信函③。岳讬疑其与喀尔喀私通谋叛,将俄木布带回沈阳。后归化城土默特正式"编立旗分牛录,设固山额真、梅勒章京、牛录章京,仍依品级,各授以世职"④,两部每年都遣使盛京朝贡。另外,巴林部受察哈尔部侵扰,大部分逃往嫩科尔沁。后巴林部色特尔台吉、满珠习礼台吉(昂阿子)等率领部属,自科尔沁归附皇太极。皇太极建立扎萨克旗时,色特尔之子色布腾掌右翼,满珠习礼掌左翼。扎鲁特部在天聪初归附后金。

从蒙古诸部共上皇太极尊号,及每年正旦朝贺的名录来看,漠南蒙古各部都已经臣服清朝。《钦定外藩蒙古王公表传》天命、天聪、崇德三朝封爵简表⑤,是蒙古诸部臣服清朝的表证。该表所列,简述如下。

科尔沁部:

奥巴,元太祖弟哈巴图哈萨尔之裔。天命九年(1624年)归附后金。十一年(1626年)封土谢图汗。天聪六年(1632年)卒。

巴达礼,奥巴长子。天聪七年(1633年)授济农,袭土谢图号。崇德元年(1636年),封扎萨克和硕土谢图亲王,诏世袭罔替。

满珠习礼,土谢图汗奥巴从子,追封福亲王莽古斯之孙,忠亲王宰桑之子。崇德元年(1636年),封扎萨克多罗巴图鲁郡王。诏世袭罔替。后晋为扎萨克和硕达尔汉亲王。

乌克善,满珠习礼之兄。崇德元年(1636年)封和硕卓哩克图亲王,诏世袭罔替。

布达齐,土谢图汗奥巴之弟。天命十一年(1626年),赐扎萨克图杜棱号。崇德元年(1636年),封扎萨克多罗扎萨克图郡王,诏世袭罔替。

---

① 《清太宗文皇帝实录》,第20卷,第7页,天聪八年闰八月壬辰条,中华书局影印本,1985年。

② 《清初内国史院满文档案译编》,上册,第187页,光明日报出版社,1989年。

③ 《清太宗文皇帝实录》,第23卷,第15页,天聪九年五月丙子,中华书局影印本,1985年。

④ 《清太宗文皇帝实录》,第42卷,第2页,崇德三年六月庚申,中华书局影印本,1985年。

⑤ 李桓:《国朝耆献类征》(初编),卷首,第11至17,光绪十六年(1890年)刻本。

洪果尔，达尔汉亲王满珠习礼之叔父。崇德元年（1636 年），封扎萨克多罗冰图郡王，诏世袭罔替。崇德六年（1641 年）卒。

栋果尔，冰图郡王洪果尔从子。崇德元年（1636 年），封镇国公。崇德八年（1644 年）卒。

喇嘛什希，土谢图汗奥巴之从弟。崇德元年（1636 年），封扎萨克镇国公，诏世袭罔替。

扎赉特部：

蒙衮，元太祖弟哈巴图哈萨尔之裔。天命九年（1624 年），归附后金。同年，赐达尔汉和硕齐号。崇德八年（1643 年）卒。诏世袭罔替。

杜尔伯特部：

色棱，元太祖弟哈巴图哈萨尔之裔。天命九年（1624 年），归附后金。崇德元年（1636 年），封辅国公。诏世袭罔替。

郭尔罗斯部：

布木巴，元太祖弟哈巴图哈萨尔之裔。天命九年（1624 年），归附后金。顺治五年（1648 年），始封为扎萨克镇国公。诏世袭罔替。

固穆，布木巴之从弟，毕里衮鄂齐尔之从祖。天命九年（1624 年），归附后金，崇德元年（1636 年），封扎萨克辅国公。诏世袭罔替。

喀喇沁部：

固噜思奇布，元臣济拉玛之裔。初为喀喇沁塔布囊。天聪二年（1628 年），归附后金。天聪九年（1635 年），授扎萨克。崇德元年（1636 年），封固山贝子，赐多罗杜棱号。

色棱，固噜思奇布族祖。初为喀喇沁塔布囊。天聪九年（1635 年），授扎萨克。诏世袭罔替。

土默特部：

善巴，元臣济拉玛之裔。初为土默特塔布囊。天聪三年（1629 年），归附后金。天聪九年（1635 年），授扎萨克。崇德元年（1636 年），封达尔汉镇国公。诏世袭罔替。

敖汉部：

班第，元太祖之裔。天聪元年（1627 年），归附后金。崇德元年（1636 年），封扎萨克多罗郡王。诏世袭罔替。

奈曼部：

衮楚克，元太祖之裔。天聪元年（1627 年），归附后金。崇德元年（1636 年），封扎萨克多罗达尔汉郡王。诏世袭罔替。

翁牛特部：

逊杜棱，元太祖弟谔楚因之裔。初为阿噜部济农。天聪六年(1632年)，归附后金。崇德元年(1636年)，封扎萨克多罗杜棱郡王。诏世袭罔替。

噶尔玛，郡王逊杜棱从子。初为喀喇齐哩克台吉。崇德八年(1643年)，封镇国公。诏世袭罔替。

栋岱青，郡王逊杜棱之弟。崇德元年(1636年)，授扎萨克，赐多罗达尔汉青号。诏世袭罔替。

乌珠穆沁部：

多尔济，元太祖之裔。崇德二年(1637年)，归清。崇德六年(1641年)，封扎萨克和硕车臣亲王。诏世袭罔替。

苏尼特部：

腾机思，元太祖之裔。崇德四年(1639年)，归清。崇德六年(1641年)，封扎萨克多罗墨尔根郡王。诏世袭罔替。

叟塞，腾机思之族兄。崇德七年(1642年)，封扎萨克多罗杜棱郡王。诏世袭罔替。

阿巴噶部：

多尔济，元太祖弟布格博功格图之裔。号额齐格颜。崇德四年(1639年)，归清。崇德六年(1641年)，封扎萨克多罗卓哩克图郡王。诏世袭罔替。

四子部落：

鄂木布，元太祖弟哈巴图哈萨尔之裔。天聪四年(1630年)，归附后金。崇德元年(1636年)，授扎萨克，赐达尔汉卓哩克图号。诏世袭罔替。

以上，共十三部，二十五人。

后金对外喀尔喀蒙古影响很大。天聪九年即崇祯八年(1635年)五月，外喀尔喀蒙古车臣汗等，发出两封信函：一封给天聪汗皇太极，冀图同后金通好；另一封给林丹汗之子额哲，拉拢其投归外喀尔喀。其前书云："马哈撒嘛谛塞臣汗、土谢图汗、塞臣济农，率大小诸贝勒，奏书于水滨六十三姓满洲国天聪皇帝。人君抚有大宝，以宣扬美名于诸国为贵。其兴起教化，盛于诸国之名，各当力图。我六万蒙古之主，虽不能奋兴，然谊属同宗，尚能守此大宝。倘谓大业尚存，可互相通好，信使不绝。如此则我等，方可谓生为有福之人,称为强盛之主也。"其后书云:"夫我等素无怨恨,并非仇敌。自汗弃世,闻尔国全来附我。自秋以来,即令哨卒侦探实耗。我等与尔汗,原系同宗。满洲岂尔等之主耶?即宜来归,勿再迟延。譬诸衣服,有表有里。太后乃吾福金之妹,若欲他往,揆之国体宗谊,未有亲于我者,其三思之。"①同年十二月初七日,车臣汗等派遣一百三十六人的使团至盛京,向崇德帝朝贡奉表。其书云:"成吉思汗后裔,马哈撒嘛谛塞臣汗等,书奉天下无敌天聪皇帝,伏惟皇帝,躬膺厚祉,起居康泰。乡(向)者,察哈尔胡土克图汗,居必不可败之势,与大国抗衡,今已既灭其国矣!现今安迩怀远,以图太平之道,天聪皇帝自有睿裁。但今抚有大宝,必声名洋溢,为天下法,使政令炳曜,如日方升,庶几当时利赖,万世传休。倘蒙睿鉴,以此言为然,愿往来通问不绝,共守盟约,以享太平。"②这份表文说明,皇太极降服察哈尔部,震动外喀尔喀蒙古;获得"制诰之宝",更加声名远播。因此,外喀尔喀车臣汗愿同天聪汗"往来通问不绝,共守盟约,以享太平"。

皇太极登上清朝皇帝大位,对外喀尔喀蒙古、厄鲁特蒙古,以及西藏达赖喇嘛、班禅喇嘛,均产生重大影响。在外喀尔喀蒙古三部中,车臣(塞臣)部在大兴安岭西麓,是靠后金最近的一部。车臣汗遣使同后金聘问盟约,影响其另外两部。崇德三年即崇祯十一年(1638年),喀尔喀三部遣使来朝,皇太极规定喀尔喀三部每年贡"白驼一,白马八,谓之九白之贡"。从此,外喀尔喀臣属于清朝③。

外喀尔喀部落土谢图汗也遣朝贡使臣,上表行礼。表文曰:"土谢图汗敬奉表于宽温仁圣皇帝陛下,恭候万安。近闻欲筵致达赖喇嘛,反复思之诚是。喀尔喀七固山,及厄鲁特四部落,皆有同心。若遣使延致,乞同往何如?凡所议,悉与皇上无异。谨随表文,献黄弓二张、马三匹,奉使卿里萨米、纳古尔舍津二人,已自宝庙前起行矣。"④蒙古喀尔喀部落马哈撒嘛谛塞臣汗,也表示相同愿望。除向崇德帝献其地所产名兽獭喜、貂皮、马匹外,还上表行礼。表文曰:"马哈撒嘛谛塞臣汗,奉表敬候皇上起居万安。闻欲延致达赖喇嘛,甚善。此地喀尔喀七固山,及厄鲁特四部落,亦有同心。乞遣使者过我国,同往请之。我等公同会议,遣使候安,并献方物。"⑤十月,厄鲁特顾实汗遣使到

①　《清太宗文皇帝实录》,第23卷,第15~16页,天聪九年五月丙子,中华书局影印本,1985年。

②　《清太宗文皇帝实录》,第26卷,第8页,天聪九年十二月癸未,中华书局影印本,1985年。

③　《皇朝开国方略》,第25卷,第6叶,广百宋斋本,光绪十年(1884年)。

④　《清太宗文皇帝实录》,第38卷,第6~7页,崇德二年八月庚戌,中华书局影印本,1985年。

⑤　《清太宗文皇帝实录》,第38卷,第5~6页,崇德二年八月辛丑,中华书局影印本,1985年。

盛京,其表文曰:"厄鲁特部落顾实车臣绰尔济,遣其头目库鲁克,来贡马匹、白狐皮、獭喜兽、绒毯等物。顾实车臣绰尔济初未入贡,闻上威德远播,至丙子年,乃遣使。因路远,于是岁始至。"①扎萨克图汗距盛京较远,也遣使朝贡。"喀尔喀部落查萨克图汗,鄂尔多斯部落善达遣绰什熙等头目来朝,贡驼马、雕翎等物"②。时外喀尔喀车臣汗、土谢图汗及厄鲁特四部落,以及西藏达赖喇嘛,都承认皇太极为其皇上。到崇德七年即崇祯十五年(1642年),西藏达赖喇嘛等遣使到盛京。据史载:"图白忒部落达赖喇嘛,遣伊拉古克三胡土克图、戴青绰尔济等,至盛京。上亲率诸王贝勒大臣,出怀远门,迎之。还至马馆前,上率众拜天,行三跪九叩头礼毕,进马馆。上御座,伊拉古克三胡土克图等朝见。上起迎,伊拉古克三胡土克图等,以达赖喇嘛书进上。上立受之,遇以优礼。上升御榻坐,设二座于榻右,命两喇嘛坐。其同来徒众,行三跪九叩头礼。次与喇嘛同来之厄鲁特部落使臣,及其从役,行三跪九叩头礼。于是命古式安布,宣读达赖喇嘛,及图白忒部落臧巴汗来书,赐茶。喇嘛等诵经一遍,方饮,设大宴宴之。伊拉古克三胡土克图及同来喇嘛等,各献驼马、番菩提数珠、黑狐皮、羢单、羢褐、花毯、茶叶、狐腋裘、狼皮等物。酌纳之。"③《圣武记》载:"奉书及方物,约共行善事。并先卦验,知必当一统。"④

外喀尔喀蒙古完全归附清朝则是在康熙时期。《钦定外藩蒙古王公表传》记载:喀尔喀土谢图汗部,察珲多尔济,元太祖裔喀尔喀格呼森扎扎赉尔珲台吉之五世孙,继其父衮布,称汗号土谢图。康熙二十七年(1688年)归清,设旗二十,先后受爵二十一⑤。其主要驻牧在土拉河一带地域。喀尔喀车臣汗部,元太祖裔喀尔喀格呼森扎扎赉尔珲台吉之七世孙,继其父伊勒登阿喇布坦称汗号车臣。康熙二十七年(1688年)归清,设旗二十三,先后受爵二十六⑥。喀尔喀札萨克图汗部,元太祖裔喀尔喀格呼森扎扎赉尔珲台吉之七世孙,其曾祖素巴第称汗,号扎萨克图。康熙二十七年(1688年)归清,设旗十九,先后受爵二十二⑦。

① 《清太宗文皇帝实录》,第39卷,第1~2页,崇德二年十月丙午,中华书局影印本,1985年。
② 《清太宗文皇帝实录》,第59卷,第24页,崇德七年三月丁亥,中华书局影印本,1985年。
③ 《清太宗文皇帝实录》,第63卷,第1~2页,崇德七年十月己亥,中华书局影印本,1985年。
④ 魏源:《圣武记》,第5卷,第201页,中华书局,1984年。
⑤ 李桓:《国朝耆献类征》(初编),卷首,第19卷,第1页,光绪十六年(1890年)刻本。
⑥ 李桓:《国朝耆献类征》(初编),卷首,第20卷,第1页,光绪十六年(1890年)刻本。
⑦ 李桓:《国朝耆献类征》(初编),卷首,第21卷,第1页,光绪十六年(1890年)刻本。

(四)对蒙古之治策

皇太极在统一蒙古的过程中,对蒙古各部,颁行政策,制定制度,封赏官爵,加强管理。

第一,联姻。早在天命朝,努尔哈赤不仅娶科尔沁两贝勒的女儿为妻,他的儿子也相继纳蒙古王公的女儿做妻子。仅万历四十二年(1614年),努尔哈赤的四个儿子,即次子代善娶扎鲁特部钟嫩贝勒女为妻,第五子莽古尔泰娶扎鲁特部纳齐贝勒妹为妻,第八子皇太极娶科尔沁部莽古思贝勒女为妻,第十子德格类娶扎鲁特部额尔济格贝勒女为妻。尔后,第十二子阿济格娶科尔沁部孔果尔女为妻,第十四子多尔衮娶桑阿尔寨台吉女为妻。努尔哈赤在位时,同科尔沁联姻十次,其中娶入九次、嫁出一次。其子皇太极继续实行上述联姻政策,皇太极在位时,同科尔沁联姻十八次,其中娶入十次、嫁出八次。皇太极的两位皇后,都是莽古斯贝勒之女,其中孝庄后辅育顺治、康熙两代皇帝,定鼎中原,功在社稷。努尔哈赤之孙顺治帝,两位皇后也都出自科尔沁。蒙古科尔沁部与后金政权,通过联姻,巩固同盟,以加强自己的势力,来对抗察哈尔部。总之,由于蒙古科尔沁部归附后金最早,博尔吉特氏与爱新觉罗氏世为懿亲。清太祖、太宗、世祖和圣祖先后有四位皇后、十三位皇妃,出自蒙古科尔沁等部。所以,魏源评论道:"科尔沁从龙佐命,世为肺附,与国休戚。孝端文皇后、孝庄文皇后、孝惠章皇后皆科尔沁女,故世祖当草创初,冲龄践阼,中外帖然,繄蒙古外戚扈戴之力。自天命至乾隆初,额驸尚主者八,有大征伐,辄属橐前驱,劳在王室,非直亲懿而已。"[1]蒙古科尔沁部博尔吉特氏,影响清初五朝(天命、天聪、崇德、顺治、康熙)四帝(太祖、太宗、世祖、圣祖)的政治与血缘,其中以皇太极孝庄文皇后博尔吉特氏尤为突出。

在天聪朝,满洲与察哈尔联姻也是一例。皇太极先娶察哈尔林丹汗的遗孀窦土门福金(巴特马·璪)[2],后封为衍庆宫淑妃。又娶其遗孀囊囊福金(那木钟)[3],后封为麟趾宫贵妃。她生下一子,名博穆博果尔。皇太极还将第二女马喀塔下嫁给林丹汗之子额哲为妻。额哲死后,马喀塔再嫁其弟阿布奈。和硕贝勒济尔哈朗妻子已死,继娶

① 魏源:《圣武记》,第3卷,第99页,中华书局,1985年。
② 《清太宗文皇帝实录》,第20卷,第12~14页,天聪八年闰八月癸丑,中华书局影印本,1985年。
③ 《清太宗文皇帝实录》,第24卷,第3页,天聪九年七月戊辰,中华书局影印本,1985年。

其妻妹、林丹汗遗孀苏泰福金为妻。大贝勒代善娶林丹汗之女、额哲之妹泰松格格为妻①。皇太极之子豪格娶察哈尔伯奇福金,皇太极七兄阿巴泰也娶察哈尔俄尔哲图福金②。满洲与察哈尔,由昔日之仇敌,成为今日之亲家。如卫送窦土门福金到盛京的蒙古多尼库鲁克等,接到皇太极纳娶窦土门福金谕旨时,喜曰:"我等此行,乃送福金,非私来也。皇上纳之,则新附诸国,与我等皆不胜踊跃欢庆之至矣!"③众人欢庆,望天拜谢。此例可见,满洲爱新觉罗氏家族,同蒙古博尔吉特氏家族,相互联姻,彼此嫁娶,婚配血缘融合,结成政治联盟。

　　第二,法令。皇太极对蒙古,颁谕法令,进行管理。天聪三年即崇祯二年(1629年),皇太极对已归附的蒙古科尔沁、敖汉、奈曼、喀尔喀、喀喇沁五个部落,令其"悉遵我朝制度"④,就是遵行后金的制度。皇太极要求蒙古各部落,如遇征战,提供兵力。三月,皇太极遣国舅阿什达尔汉同尼堪等,赍敕往谕归顺各部落蒙古诸贝勒,申定军令。天聪汗敕曰:"尔等既皆归顺,凡遇出师期约,宜各踊跃争赴,协力同心,共申敌忾,毋有后期。我兵若征察哈尔,凡管旗事务诸贝勒,年七十以下,十三以上,俱从征,违者罚马百、驼十。迟三日不至者约会之地者,罚马十。我军入敌境,以至出境,有不至者,罚马百、驼十。若往征明国,每旗大贝勒各一员,台吉各二员,以精兵百人从征,违者罚马千、驼百。迟三日不至约会之地者,罚马十。我军入敌境,以至出境,有不至者,罚马千、驼百。于相约之地,辄行掳掠者,罚马百、驼十。"⑤这是很严刻的政令与军令。军令对察哈尔的征战,每部落年龄十三至七十,都要出征。年逾花甲的老人,未成丁的少年,全体出动,一律从征。军令又规定:对明朝的征战,每蒙古旗出贝勒一人、台吉二人、兵士百人。军令规定:对迟到者、不到者、违纪掳掠者,均作了具体的约束规定。

　　第三,编旗。皇太极对蒙古各部不同情况,采取不同措置,划定牧界,编牛录旗。天聪六年即崇祯五年(1632年),皇太极遣济尔哈朗、萨哈廉等人,前往蒙古地域,"指授归顺蒙古诸贝勒牧地,申明约法"⑥。天聪八年即崇祯七年(1634年),皇太极又命

---

　　①　《清太宗文皇帝实录》,第25卷,第3~4页,天聪九年九月丙辰,中华书局影印本,1985年。

　　②　《清太宗文皇帝实录》,第25卷,第5页,天聪九年九月戊午,中华书局影印本,1985年。

　　③　《清太宗文皇帝实录》,第20卷,第14页,天聪八年闰八月癸丑,中华书局影印本,1985年。

　　④　《清太宗文皇帝实录》,第5卷,第2页,天聪三年正月辛未,中华书局影印本,1985年。

　　⑤　《清太宗文皇帝实录》,第5卷,第8页,天聪三年三月戊午,中华书局影印本,1985年。

　　⑥　《清太宗文皇帝实录》,第12卷,第23页,天聪六年十月甲戌,中华书局影印本,1985年。

阿什达尔汉、塔布囊达雅齐等人,召开会议,确定敖汉、奈曼、巴林、扎鲁特、翁牛特、四子、塔赖、吴喇忒、喀喇沁、土默特各部落管事大小诸贝勒等,会于硕翁科尔地方,确定诸贝勒牧放地界,分定地方户口之数,"既分之后,倘有越此定界者,坐以侵犯之罪。至于往来驻牧,彼此会齐,同时移动,不许参差"①。在此基础上,进行编旗。有的编入八旗满洲,有的编为八旗蒙古,有的则编为扎萨克旗。崇德元年即崇祯九年(1636 年)四月,察哈尔林丹汗已亡,漠南蒙古十六部四十九王公与满洲八旗王公和汉军诸王,共上皇太极尊号。这表明漠南蒙古诸部,共尊皇太极为蒙古的大汗。十月,清廷派遣蒙古衙门承政尼堪等,偕阿什达尔汉、达雅齐塔布囊等人,前往察哈尔、喀尔喀、科尔沁等蒙古地区,与蒙古诸王、台吉会盟,清点壮丁,统编牛录,以五十户,编一牛录,任命牛录额真,编制册籍,加强管理②,在蒙古正式推行满洲制度。

在科尔沁部,编牛录旗如下:土谢图亲王旗甲兵九百三十六人、二千九百家、五十八牛录;扎萨克图郡旗王甲兵七百三十四人、二千零五十家、四十一牛录;拉玛斯喜旗甲兵六百三十八人、一千八百家、三十六牛录;扎赖特达尔汉绍齐旗甲兵六百四十五人、二千七百五十家、五十五牛录;杜尔伯特色棱旗甲兵九百七十四人、三千二百家、六十四牛录;卓里克图亲王旗甲兵五百八十七人、一千九百五十家、三十九牛录;穆寨旗甲兵二百四十人、六百家、十二牛录;噶儿图旗甲兵一百五十二人、四百五十家、九牛录;东果尔旗甲兵七百六十人、二千九百三十家、五十八牛录;郭尔罗斯布木巴旗甲兵五百一十八人、一千七百家、三十四牛录;古穆旗甲兵五百零五人、二千零五十家、四十二牛录③。总计甲兵六千六百五十七人、二万二千三百八十家、四百四十八牛录④。以上,科尔沁部共为十旗。

科尔沁部外其他旗如下:奈曼部,达尔汉郡王旗一千二百一十家、二十四牛录;敖汉部,班第、索诺木一千三百家、二十六牛录;巴林部,阿玉石旗六百二十家、十二牛录;满珠习礼旗八百八十家、一十七牛录;扎鲁特右翼,桑阿噶哩等旗一千九百八十家、三十八牛录;云顿等八十二家、二牛录;(茂明安)车根,五百三十家、十一牛录;扎鲁特部左翼,内齐等旗一千四百三十家、二十九牛录;图拜色楞等二千一百九十四家、四十二

① 《清太宗文皇帝实录》,第 21 卷,第 2 页,天聪八年十一月壬戌,中华书局影印本,1985 年。
② 《清太宗文皇帝实录》,第 32 卷,第 6 页,崇德元年十一月丙午,中华书局影印本,1985 年。
③ "古穆"旗下牛录数缺载,依据总数,推算得出。
④ 《满文老档·太宗》,下册,第 1682 页,中华书局译注本,1990 年。

牛录；茂明安部巴特玛四百八十家、十牛录；阿禄科尔沁穆章三千家、六十牛录；翁牛特部杜棱郡王等八百家、十六牛录；哈喇车里克噶尔玛等五百家、九牛录；翁牛特部达尔汉戴青等旗一千八百三十家、三十四牛录；乌拉特部图巴等七百五十家、十四牛录；色棱等三百九十五家、八牛录；额布根等七百五十家、十五牛录，等等。总计一万八千七百三十一家、三百六十七牛录、甲兵五千四百五十六人①。综上两项，共计兵甲一万二千一百一十三人、四万一千一百一十一家、八百一十五牛录。以上各旗，大小不一，户数不均，隶属关系，仍旧不变。其旗长的名称，时汉译为"扎萨克贝勒"，后统一译为"扎萨克"（蒙古语意为执政者）。崇德元年即崇祯九年（1636 年），漠南蒙古户口的核查，甲兵的编册，牛录的编定，牛录额真的任命，扎萨克的封赐，标志着蒙古扎萨克旗的建立②。皇太极按照八旗满洲的办法，创建了八旗蒙古，它具有组织严密，纵骑疾驱，机动灵活，战斗力强等特点，成为后金重要的军事力量。扎萨克旗制度最初建立于漠南蒙古，至康熙年间增至四十九旗，清代称之为内扎萨克旗或内扎萨克蒙古，简称内蒙古。这个制度后来逐渐被推广到陆续归附的其他蒙古部落，形成了外扎萨克旗。

自崇德七年即崇祯十五年（1642 年）正月，开始在《清太宗实录》中又出现外藩"二十七旗"之说。崇德四年即崇祯十二年（1639 年）二月出征明松山，"外藩奈曼部落达尔汉郡王衮出斯巴图鲁，吴喇忒部落杜巴、吴班、巴克巴海，扎鲁特部落桑噶尔、内齐、穆章，四子部落宜尔扎木，巴林部落满珠习礼，翁牛特部落达尔汉戴青、东寨桑吴巴什等，率十三旗兵来会"③。四月，清军班师，分遣四子部、翁牛特、巴林、穆章（阿禄科尔沁旗扎萨克）等六旗蒙古兵还④，次遣敖汉、奈曼、三吴喇忒、二扎鲁特等部落七旗蒙古兵还共十三旗。五月，"遣理藩院参政塞冷、尼堪等往滔里河波洛代刚甘地方，会同科尔沁十旗诸王、贝勒审问征济南府、中后所时少发兵马之故，定其罪案"⑤。八月，又命多尔济达尔汉诺颜等率八旗内外审事官"集敖汉、奈曼、三吴喇忒、二扎鲁特、穆章、四

① 《满文老档·太宗》，下册，第 1673 至 1674 页，中华书局译注本，1990 年。

② 关于扎萨克旗初建的时间，学界存在不同看法，有天命九年、天命十一年、天聪八年、天聪九年、崇德元年等说。参见达力扎布：《明代漠南蒙古历史研究》；郑玉英：《试论清初八旗蒙古问题》，载《辽宁大学学报》，1983 年，第 1 期。

③ 《清太宗文皇帝实录》，第 45 卷，第 15 页，崇德四年二月丙午，中华书局影印本，1985 年。

④ 《清太宗文皇帝实录》，第 46 卷，第 2 页，崇德四年四月乙未，中华书局影印本，1985 年。

⑤ 《清太宗文皇帝实录》，第 46 卷，第 10 页，崇德四年五月己未，中华书局影印本，1985 年。

子部落、二巴林、翁牛特诸部于西拉木伦河乌兰布尔噶苏地方,会同外藩贝勒大臣等会讯征济南府、中后所二处遣兵不及额及一切事情"①。以上旗数,与崇德元年编牛录时的情况基本一致。即科尔沁十旗,其余各部十四旗。加上喀喇沁一旗、土默特二旗,共二十七旗。

第四,册封。先是,天聪十年即崇祯九年(1636年)四月初五日,大贝勒代善等、和硕墨尔根戴青贝勒多尔衮、和硕额尔克楚虎尔贝勒多铎、和硕贝勒岳讬、豪格等,都元帅孔有德和总兵官耿仲明、尚可喜、石廷柱、马光远等,外藩蒙古贝勒科尔沁国土谢图济农巴达礼、扎萨克图杜棱、布塔齐,卓礼克图台吉吴克善,喇嘛斯希木塞、杜尔伯特部落塞冷、扎赖特部落蒙夸,郭尔罗斯部落布木巴、古木、杜棱济农,奈曼部落衮出斯巴图鲁,巴林部落阿玉石、满珠习礼,扎鲁特部落内齐、车根,吴喇忒部落土门、杜巴、塞冷,喀喇沁部落古鲁思辖布、塞冷,土默特部落塔布囊耿格尔、单把等,共请皇太极上尊号。"管吏部和硕墨尔根戴青贝勒多尔衮捧满字表文一道,科尔沁国土谢图济农巴达礼捧蒙古字表文一道,都元帅孔有德捧汉字表文一道,率诸贝勒大臣、文武各官,诣阙跪进"②。这意在象征崇德皇帝是由满洲、蒙古、汉人共同拥戴的。

同月二十三日,漠南蒙古十六部四十九王公,因上皇太极尊号之功,受到皇太极的册封。崇德帝皇太极分叙外藩蒙古诸贝勒军功:"封科尔沁国巴达礼为和硕土谢图亲王,(科尔沁部)吴克善为和硕卓礼克图亲王,(察哈尔部)固伦额驸额哲为和硕亲王,(科尔沁部)布塔齐为多罗扎萨克图郡王,(科尔沁部)满朱习礼为多罗巴图鲁郡王,奈曼部落衮出斯巴图鲁为多罗达尔汉郡王,(翁牛特部)孙杜棱为多罗杜棱郡王,(敖汉部)固伦额驸班第为多罗郡王,(科尔沁部)孔果尔为冰图王,(翁牛特部)东(即栋戴青)为多罗达尔汉戴青,(四子部落)俄木布为多罗达尔汉卓里克图,(喀喇沁部)古鲁思辖布为多罗杜棱、(土默特部)单巴为达尔汉,(土默特部)耿格尔为多罗贝勒。各赐雕鞍、甲胄、金银、器皿、彩缎、文绮有差。"③皇太极先封爵号的蒙古贵族共十四人,后封乌珠穆沁右翼多尔济为亲王,封苏尼特左翼腾机思为郡王④。据《钦定外藩蒙古回部王公表传》记载统计,至顺治五年(1648年),获封爵和扎萨克衔的蒙古王公人数,已超过二

---

① 《清太宗文皇帝实录》,第48卷,第2页,崇德四年八月庚寅,中华书局影印本,1985年。

② 《清太宗文皇帝实录》,第28卷,第9页,天聪十年四月己卯,中华书局影印本,1985年。

③ 《清太宗文皇帝实录》,第28卷,第36页,天聪十年四月丁酉,中华书局影印本,1985年。

④ 《清太宗文皇帝实录》,第58卷,第11页,崇德六年十月壬申,中华书局影印本,1985年。

十七人。《清圣祖实录》记载,康熙元年(1662 年)二月,理藩院题请并获旨准差大臣往科尔沁、乌珠穆秦等四十七旗会盟①。说明后来已增至四十七旗。崇德皇帝授予蒙古贵族满洲爵号之后,其原有的汗、济农等蒙古称号,随之而逐渐取消。

除上之外,还封其妻。崇德二年即崇祯十年(1637 年)九月,皇太极遣内弘文院大学士希福、蒙古衙门参政艾松古等,赍诰命,前往封:外藩奈曼部落多罗达尔汉郡王衮出斯巴图鲁妻,为多罗达尔汉郡王之福金;吴喇忒部落多罗杜棱郡王孙杜棱妻,为多罗杜棱郡王福金;四子部落多罗达尔汉卓礼克图俄木布妻,为多罗达尔汉卓礼克图福金;多罗达尔汉戴青东妻,为多罗达尔汉戴青福金;土默特部落多罗达尔汉单把妻,为多罗达尔汉福金;喀喇沁部落多罗杜棱古鲁思辖布妻,为多罗杜棱福金。赐衮出斯巴图鲁妻诰命制曰:"朕闻表章懿德,锡予褒封,乃圣王之常经,古今之通典。今朕诞登大宝,效法前王,爰定藩封,特颁制诰,封尔多罗达尔汉郡王之妻,为多罗达尔汉郡王福金。尔其属守闺箴,毋违妇德,益辅佐尔多罗达尔汉郡王,敬慎持心,忠勤践职,勋垂当世,誉显来兹。"②

第五,赏赐。崇德二年即崇祯十年(1637 年)十月二十五日,皇太极四十六岁生日时,满、蒙、汉诸王贝勒大臣等,上表贺寿。蒙古科尔沁部土谢图亲王巴达礼、卓礼克图亲王吴克善、扎萨克图郡王布塔齐、巴图鲁郡王满朱习礼等,奈曼部落达尔汉郡王衮出斯巴图鲁,翁牛特部落杜棱郡王孙杜棱,四子部落达尔汉卓礼克图俄木布、达尔汉戴青东,敖汉部落固伦额驸班第,喀喇沁部落查萨衮杜棱古鲁思辖布,土默特部落查萨衮达尔汉单把等,或亲至、或遣臣,奉表称贺。尔后,皇太极颁赐:"赐内六旗诸王、贝勒、贝子等,每旗银六百两。恭顺王、怀顺王、智顺王,各马二匹、貂皮二十张、银二百两。外藩蒙古十三旗诸王、贝勒、贝子等,每旗各甲二副、雕鞍一副、玲珑撒袋一副、弓矢俱全、蟒缎二匹、素缎十八匹、布二百匹。"③同日,皇太极还赏赐鄂尔多斯部落贡使古塞尔图吴巴什、古禄台吉下德勒图,善达台吉下哈尔邦,布达代楚虎尔下恩得贝,鄂尔多斯济农下额美巴图鲁,萨甘台吉下海塞,沙克察台吉下纳彦泰、巴图,貂裘、貂帽、靴、带等物,其从人亦各赐银两。又赏赐喀尔喀部落古木土谢图汗下贡使洪果兑、额德图,豆尔

---

①　《清圣祖仁皇帝实录》,第 6 卷,第 7 页,康熙元年二月辛亥,中华书局影印本,1985 年。

②　《清太宗文皇帝实录》,第 38 卷,第 16 页,崇德二年九月乙酉,中华书局影印本,1985 年。

③　《清太宗文皇帝实录》,第 39 卷,第 10 页,崇德二年十月己未,中华书局影印本,1985 年。

格齐诺颜下琐诺木、德秦塔布囊，硕雷下毕礼克图山津、贝衮浑津，喀尔喀部落胡土克图喇嘛下顾实喇嘛，诺言木翰喇嘛下卫征郎苏，硕雷噶尔马福金下萨马克、囊嘉达尔汉，吴喇忒部落塞冷下土伯特等，彩缎文绮，其从人亦各赐布匹，等等。其后，皇太极对蒙古王公，赏赐不断，不再赘述。

第六，重教。满洲原来的宗教是萨满教，蒙古原来的宗教也是萨满教。先是，十六世纪后半叶，藏传佛教传入蒙古地区，后来藏传佛教逐渐在蒙古取得统治地位。万历四年（1576年），漠南蒙古土蛮（图们）汗，往见噶尔玛喇嘛，遂受禅教。后聚集六万人，宣示教令。万历二十年（1592年），图们汗殁。翌年，子布延台吉即位，称彻辰汗，实行"以政治佛教，致大国于太平"的政策。布延汗万历三十一年（1603年）殁。翌年，其孙林丹（陵丹）即位。林丹汗时期，喇嘛教在蒙古地区盛行。《蒙古源流》记载：林丹汗从迈大哩诺们汗、卓尼绰尔济等，"承受秘密精深之灌顶，扶持经教"。后又遇萨斯嘉班辰沙喇巴胡土克土，复"承受秘密精深之灌顶，创修昭释迦牟尼佛庙，以及各项庙宇"[1]。后魏源曰："葱岭以东，惟回部诸城郭国自为教外，其土伯特四部、青海二十九旗、厄鲁特汗王各旗、喀尔喀八十二旗、蒙古游牧五十九旗、滇蜀边番数十土司皆黄教。"时藏传佛教在今西藏、青海、北疆、外喀尔喀蒙古、漠南蒙古等地区广泛传播，所以，"黄教服，而准、蒙之番民皆服"[2]。因之，后金对藏传佛教的政策，直接关系到后金同蒙、藏关系的亲疏与成败。然而，满洲地区的藏传佛教，是从蒙古地区传入的。

早在努尔哈赤的建州时期，满洲已经信奉佛教。据朝鲜李民寏在赫图阿拉所见："奴酋常坐，手持念珠而数之。将胡则颈系一条巾，巾末悬念珠而数之。"[3]后金还在赫图阿拉兴建佛寺。明万历四十三年（1615年）四月，"始建佛寺及玉皇诸庙于城东之阜，凡七大庙，三年乃成"[4]。后金进入辽沈地区后，发布汗谕，保护庙宇，违者治罪。天命汗努尔哈赤对蒙古大喇嘛"二聘交加，腆仪优待"[5]。努尔哈赤遣使往迎乌斯藏（西藏）大喇嘛干禄打儿罕囊素到辽阳。天命六年即天启元年（1621年）八月，干禄打儿罕囊素喇嘛圆寂，天命汗命修建宝塔，弘扬佛法，并示纪念。后金还命派六十三户诸

① ［日］和田清：《明代蒙古史论集》，下册，第431页，商务印书馆，1985年。
② 魏源：《圣武记》，第5卷，第219页，中华书局，1984年。
③ ［朝］李民寏：《建州闻见录》，影印本，第32页，日本天理大学图书馆藏玉版书屋本。
④ 《清太祖高皇帝实录》，第4卷，第13页，万历四十三年四月丁丑朔，中华书局影印本，1986年。
⑤ 《大喇嘛坟碑记》，《辽阳碑志选》，第37页，铅印本。

申为之种地纳粮，以供香火。

皇太极继承汗位后，沿袭乃父对蒙古喇嘛教的政策，继续尊重喇嘛教。天聪元年即天启七年（1627年），乌木萨忒绰尔济喇嘛将至沈阳，皇太极命国舅阿什达尔汉同达雅齐，率八人往迎之①。翌年，喀喇沁部落使喇嘛四人，率五百三十人到沈阳议和。皇太极命贝勒阿济格、硕讬、萨哈廉往迎，设宴宴之②。后与喀喇沁部落议和，誓告天地，词曰："我满洲国，与喀喇沁，同心修睦，刑白马乌牛，誓告天地。既盟之后，如我两国，有不践盟言，怀贰心者，天地鉴谴，夺其寿命。若遵守盟约，天地垂佑，俾寿命延长，子孙绵远，永享太平。"③四年，喀喇沁部落满朱习礼胡土克图喇嘛至沈阳，皇太极令其住于城外五里馆舍。随之，皇太极与两大贝勒及诸贝勒出城，至馆喇嘛所，设帷幄，皇太极升御座，喇嘛进见。皇太极"自御座起立，执手相见，设宴宴之"④。

优礼喇嘛，保护寺庙。皇太极在多次出征前的《汗谕》中，屡屡申告，保护寺庙。保护归化城格根汗庙是一例，皇太极《汗谕》曰："满洲国天聪皇帝，敕谕归化城格根汗庙宇，理宜虔奉，毋许拆毁。如有擅敢拆毁，并擅取器物者，我兵既已经此，岂有不再至之理？察出决不轻贷。"⑤

保护宗教，兴建寺庙。皇太极命兴修寺庙，备陈诸祭物，"祀嘛哈噶喇佛于佛寺内。又以已故沙尔巴胡土克图，自孟库地方送佛像至。命造银塔一座，涂以金，藏其骸骨于塔中，置佛殿左侧，礼祀之"⑥。在盛京兴建实胜寺，修寺的缘起，皇太极征察哈尔时，察哈尔林丹汗惧，出奔图白忒部落，至打草滩而卒，其部人归顺后金。有墨尔根喇嘛、载古帕斯八喇嘛，所供嘛哈噶喇佛至盛京。皇太极命于盛京城西三里外，建寺供奉之。至是告成，赐名实胜寺。寺内铸钟，重千斤，悬寺内。东西建石碑二：东一碑，前镌满洲字，后镌汉字；西一碑，前镌蒙古字，后镌图白忒字。

碑文云："幽谷无私，有至斯响。洪钟虚受，无来不应。而况于法身圆对，规矩冥立，一音称物，宫商潜运。故如来利见迦维，托生王室，凭五衍之轼，拯溺逝川；开八正

① 《清太宗文皇帝实录》，第3卷，第17页，天聪元年六月壬子，中华书局影印本，1985年。
② 《清太宗文皇帝实录》，第4卷，第11页，天聪二年七月戊寅，中华书局影印本，1985年。
③ 《清太宗文皇帝实录》，第4卷，第11页，天聪二年八月辛卯，中华书局影印本，1985年。
④ 《清太宗文皇帝实录》，第7卷，第17页，天聪四年七月甲申，中华书局影印本，1985年。
⑤ 《清太宗文皇帝实录》，第12卷，第3～4页，天聪六年六月辛未，中华书局影印本，1985年。
⑥ 《清太宗文皇帝实录》，第27卷，第1～2页，天聪十年正月壬子，中华书局影印本，1985年。

之门,大庇交丧。于是,玄关幽键,感而遂通。遥源浚波,酌而不竭。既而方广东被,教肆南移。周、鲁二庄,同昭夜景之鉴;汉、晋两明,并勒丹青之饰。自兹遗文间出,列刹相望,其来盖亦远矣。至大元世祖时,有喇嘛帕斯八,用千金铸护法嘛哈噶喇,奉祀于五台山。后请移于沙漠。又有喇嘛沙尔巴胡土克图,复移于大元裔察哈尔林丹汗国祀之。我大清国宽温仁圣皇帝,征破其国,人民咸归。时有喇嘛墨尔根,载佛像而来。上闻之,乃命众喇嘛往迎,以礼舁至盛京西郊。因曰:有护法不可无大圣,犹之乎有大圣,不可无护法也。乃命工部,卜地建寺于城西三里许,构大殿五楹,装塑西方佛像三尊,左右列阿难、迦叶、无量寿、莲华生、八大菩萨、十八罗汉,绘四怛的喇佛城于棚厂,又陈设尊胜塔、菩萨塔,供佛金华严世界。具上嵌东珠。又有须弥山七宝八物,及金壶、金钟、金银器皿俱全。东西庑,各三楹。东藏如来一百八尧托生画像,并诸品经卷;西供嘛哈噶喇。前天王殿三楹,外山门三楹。至于僧寮、禅宝、厨舍、钟鼓、音乐之类,悉为之备。营于崇德元年丙子岁孟秋,至崇德三年戊寅岁告成。名曰:莲华净土实胜寺。殿宇弘丽,塑像巍峨,层轩延袤,永奉神居。岂惟寒暑,调雨旸若,受一时之福利,将世弥积而功宣。身逾远而名劭,行将垂示于无穷矣。大清崇德三年戊寅秋八月吉旦立。"①

实胜寺碑文为满文、汉文、蒙古文、图白忒文。寺庙告成,举行盛典,崇德皇帝率内外诸王、贝勒、贝子,文武众官,出怀远门,幸实胜寺。皇太极将至,喇嘛及僧作乐,引至佛位前,皇太极率众行三跪九叩头礼。后御仪门外,设宴宴毕。恭顺王孔有德、怀顺王耿仲明、智顺王尚可喜,及朝鲜国王二子,并外藩蒙古土谢图亲王巴达礼、卓礼克图亲王吴克善、扎萨克图郡王布塔齐及其子海赖,冰图王孔果尔,扎鲁特部落内齐、桑噶尔,四子部落巴拜,翁牛特部落达尔汉戴青,巴林部落满珠习礼,吴喇忒部落杜巴,喀喇沁部落查萨衮杜棱、万旦、塞冷,土默特部落查萨衮达尔汉、俄木布楚虎尔,乌朱穆秦部落多尔济塞臣济农,席勒图绰尔济喇嘛,古门绰尔济喇嘛,护卫桑噶尔寨、都喇尔达尔汉等,各献驼、马、银两、缎匹、貂皮、纸张等物,以为施助。上俱命寺僧收掌之②。

皇太极将兴修庙宇之事,遣官往谕朝鲜国王。书曰:"予旧居兴京城,有寺宇颓圮者,今复加修理。又蒙古大元世祖忽必烈时,帕斯八喇嘛,以千金铸佛一尊。后汤古忒

---

① 《清太宗文皇帝实录》,第43卷,第8~10页,崇德三年年八月壬寅,中华书局影印本,1985年。
② 《清太宗文皇帝实录》,第43卷,第10~11页,崇德三年年八月壬寅,中华书局影印本,1985年。

国沙尔巴胡土克图喇嘛，携之归于太祖成吉思后裔察哈尔林丹汗。今察哈尔国灭，阖属来附，此佛已至我国。复有诸宝，妆成佛像，亦皆携至。今虔造寺宇供养，想尊崇释教，亦王所稔知也。"①又遣察汉喇嘛等，致书于图白忒汗。书曰："大清国宽温仁圣皇帝，致书于图白忒汗，自古释氏，所制经典，宜于流布。朕不欲其泯绝不传，故特遣使，延致高僧，宣扬法教。尔乃图白忒之主，振兴三宝，是所乐闻。倘即敦遣前来，朕心嘉悦。至所以延请之意，俱令所遣额尔德尼达尔汉格隆、察汉格隆、玉噶扎礼格隆、盆绰克额木齐、巴喇衮噶尔格隆、喇克巴格隆、伊思谈巴达尔扎、准雷俄木布、根敦班第等使臣口述。"又与喇嘛书曰："大清国宽温仁圣皇帝，致书于掌佛法大喇嘛。朕不忍古来经典，泯绝不传，故特遣使，延致高僧，宣扬佛教，利益众生，唯尔意所愿耳。其所以延请之意，俱令使臣口述。"②

皇太极在优礼喇嘛的同时，对喇嘛的违规行为也予制裁。他对喇嘛中的弊端，发出《汗谕》曰："奸民欲避差徭，多相率为僧。旧岁已令稽察寺庙，毋得私行建造。今除明朝汉官旧建寺庙外，其余地方，妄行新造者，及较前更多。该部贝勒大臣，可再详确稽察。先经察过准留者若干，后违法新造者若干。其违法新造者，务治其罪。至于喇嘛班第和尚，亦必清察人数。如系真喇嘛班第和尚，许居城外清净寺庙焚修，毋得容留妇女，有犯清规。若本无诚洁之心，诈称喇嘛班第和尚，容留妇女，不守清规者，勒令还俗。佛教本清净正直，以洁诚事之，自可获福。若以邪念事之，反生罪孽。嗣后若有违法，擅称喇嘛和尚，及私建庙宇者，依律治罪。其愿为喇嘛和尚，及修造寺庙，须启明该部贝勒，方免其罪。凡有给喇嘛班第和尚饮食者，令男子馈送于寺。如男子他出，毋得私邀至家，给之饮食，违者以奸论罪。有首发者，即将首发之人，准其离主。再满洲、蒙古、汉人，土默特、喀喇沁，巫觋星士等，妄言吉凶，奸惑妇女，诱取财物者，实繁有徒。此等满洲、蒙古、汉人，岂无本主该管，何以不加禁止，任其妄行！嗣后若不严行禁止，有被获者，将此妄行之人，必杀无赦。该管牛录额真、章京及本主，各坐以应得之罪。有用巫觋星士者，亦坐以应得之罪。若道士及持斋之人，妄行惑众，亦一体治罪。"③又如，皇太极闻喇嘛等不遵戒律，遣察汉喇嘛、戴青囊苏、理藩院参政尼堪等宣谕曰："今

---

① 《清太宗文皇帝实录》，第24卷，第4页，天聪九年七月癸酉，中华书局影印本，1985年。

② 《清太宗文皇帝实录》，第49卷，第3～4页，崇德四年十月庚寅，中华书局影印本，1985年。

③ 《清太宗文皇帝实录》，第10卷，第20～21页，天聪五年闰十一月庚戌，中华书局影印本，1985年。

闻尔等,不遵喇嘛戒律,任意妄行。朕若不惩治,谁则治之?凡人请尔喇嘛诵经者,必率众喇嘛同行,不许一二人私往。且尔喇嘛等,又不出征、从猎,何用收集多人?"喇嘛等皆曰:"然。余人俱当遣出。"察汉喇嘛、戴青囊苏等,以喇嘛之言还奏。崇德帝曰:"喇嘛处闲人虽多,然须于其中,择有用壮丁,能随征行猎者,方可取之。若怯懦无用之人,取之何益?"于是,以内齐讬音喇嘛,及诸无行喇嘛等,所私自收集汉人、朝鲜人,俱遣还本主,给以妻室。以土谢图亲王下一喇嘛、扎鲁特部落青巴图鲁下一喇嘛,不遵戒律,令之娶妻;又不从,阉之①。皇太极从征战与农事考虑,不许占用过多劳力、兵员,对寺庙僧侣数额,严加限制。而对于淫僧,屡教不改者,加以阉割,以示惩戒。

努尔哈赤、皇太极制定的尊重喇嘛教政策,顺治、康熙、雍正、乾隆四朝,继续法祖继承,产生深远而重大影响。康熙年间,外喀尔喀蒙古决定投向时,哲布尊丹巴胡图克图喇嘛曰:"俄罗斯持教、衣冠俱不同,必以我为异类,宜投中国兴黄教之地。"②乾隆年间,乾隆帝对西藏问题的解决也是一样的。清朝尊重喇嘛教的政策,对外喀尔喀蒙古完全归顺清朝,对巩固同内蒙古的联盟,以及对西藏的统一,均起了极为关键的作用。

第七,会盟。后金—清与蒙古的会盟,天命汗努尔哈赤是其经始者。会盟原是蒙古游牧民族一种传统的施政方式,漠南蒙古各部,归附满洲之后,努尔哈赤及其子皇太极,对蒙古传统会盟形式,加以利用,"因俗而治"。后金与蒙古,通过会盟,协调利益,颁布法令,处理政务,巩固联系。早在天命年间,后金同喀尔喀内扎萨克六部会盟,是在漠南蒙古各部归附后金过程中,逐步建立和形成的。天命十一年即天启六年(1626年)六月,努尔哈赤以科尔沁台吉奥巴归附,与结盟通好,刑白马乌牛,祭告天地,进行盟誓。天命汗誓曰:"我以公直处世,被明及察哈尔、喀尔喀,辄肆陵侮,不能堪,乃昭告于天,天佑我。又察哈尔、喀尔喀,合兵侵掠科尔沁奥巴台吉,奥巴台吉亦蒙天佑。今奥巴台吉,怨恨察哈尔、喀尔喀二部落,来此同谋国事。乃天以我两人,被困厄,俾相合也。如能体天心,绝欺诈,式好无尤,天必眷之。不然,天降之罚,俾罹灾害。我两人既相盟好,后世子孙,有渝盟者,天亦降罚,俾罹灾害。如克守盟好,终始弗渝,天亦永为眷顾焉。"奥巴台吉亦誓曰:"我不敢忘天佑,及皇帝助,以故来此,与皇帝会,昭告天地,订盟好。若渝盟负恩,与察哈尔、喀尔喀合,天其降罚于奥巴,俾罹灾害。若践盟,不忘

---

① 《清太宗文皇帝实录》,第 44 卷,第 28 页,崇德三年十二月丁巳,中华书局影印本,1985 年。

② 松筠:《绥服纪略》,见《圣武记》,第 5 卷,第 207 页,中华书局,1984 年。

皇帝恩,式好无尤,受天眷禄。我后世子孙,有渝盟者,天亦降罚,俾罹灾害。若世守盟好,天亦永为眷顾焉。"①时盟于浑河岸,努尔哈赤率奥巴行三跪九叩首礼,以誓书,宣于众,对天焚祝。这是后金同科尔沁盟誓的典型一例。翌日,后金赐科尔沁台吉奥巴为土谢图汗。并赐其兄土梅,号代达尔汉,弟布塔齐(布达齐),号扎萨克图杜棱;贺尔禾代,号青卓礼克图②。

　　天聪年间,蒙古归附日众,皇太极逐步加强对蒙古各部的管辖。会盟便成为后金管理蒙古各部的重要形式。时后金发动对明朝,或对朝鲜,或对察哈尔部的征战,常在蒙古各部会兵出征时,举行会盟,发布谕旨,规定纪律,协调行动。皇太极亲自参加会盟,宴赏蒙古各部首领;有时也派遣贝勒或大臣前往蒙古地区,召集各部首领举行会盟。如天聪八年即崇祯七年(1634年),皇太极派阿什达尔汉等,至蒙古右翼诸部会盟,划分牧地,查核户口③。崇德元年即崇祯九年(1636年),皇太极派派阿什达尔汉、达雅齐塔布囊等,往蒙古各部,大会敖汉、奈曼、巴林、扎鲁特、翁牛特、吴喇忒、喀喇沁、土默特等部首领,宣示谕旨,会审犯罪,划分地界,核定户口,编审牛录,规定汛地。

　　崇德元年即崇祯九年(1636年),清廷对会盟的礼仪作出规定。有事则临时确定地点召集,无事则罢。崇德二年即崇祯十年(1637年)七月,清廷派阿什达尔汉等人前往古尔班察干地方,与左翼科尔沁诸王公会盟,"清理刑狱"④。八月,阿什达尔汉等人又去巴林、扎鲁特、喀喇沁、土默特、阿禄诸部,诸王、贝勒等会盟,"颁赦诏,审理刑狱"⑤。崇德四年即崇祯十二年(1639年),皇太极以上年外藩蒙古诸部攻明之役中派兵甚少等,先后三次遣官往蒙古地区会盟。第一次在五月。皇太极遣理藩院参政塞冷等,前往滔里河波洛代刚甘地方,同科尔沁部十旗诸王贝勒会盟,审问⑥。第二次在八月。先是皇太极命多尔济达尔汉诺颜等,率八旗内外审事官,集敖汉、奈曼、三吴喇忒、二扎鲁特、穆章、四子部落、二巴林、二翁牛特诸部,于西拉木伦河乌兰布尔噶苏地方,同外藩贝勒大臣会盟。其一,议罚奈曼达尔汉郡王衮出斯巴图鲁、穆章,各马五十匹,

　　① 《清太祖高皇帝实录》,第10卷,第12～13页,天命十一年六月丁丑,中华书局影印本,1986年。
　　② 《清太祖高皇帝实录》,第10卷,第14页,天命十一年六月戊寅,中华书局影印本,1986年。
　　③ 《清太宗文皇帝实录》,第21卷,第1页,天聪八年十一月壬戌,中华书局影印本,1985年。
　　④ 《清太宗文皇帝实录》,第37卷,第17页,崇德二年七月癸未,中华书局影印本,1985年。
　　⑤ 《清太宗文皇帝实录》,第38卷,第11页,崇德二年八月己未,中华书局影印本1985年。
　　⑥ 《清太宗文皇帝实录》,第46卷,第10页,崇德四年五月戊午,中华书局影印本,1985年。

宜尔扎木马三十匹。其二,议衮楚克、塔尔济、吴班、吉勒黑、达彦等五人,前征密云时,自其汛地却避。诸固山额真、护军统领、外藩蒙古贝勒,与兵部大臣公议:为首五人,罪应死,仍籍其家;小拨什库,各鞭一百;甲士各鞭五十。但二位多罗贝勒表示异议,曰:"若战败而走,自当论死。彼等不过规避汛地耳。且衮楚克、塔尔济,有投诚功,应免死削职,籍其家;吴班、吉勒黑、达彦等三人,应各鞭一百,籍其家;小拨什库等,各鞭一百;甲士,各鞭五十,释放。"其三,议出征喀尔喀师凯旋时,令富者出马,与无马者均乘。敖汉固伦额驸多罗郡王下达当吴巴什,及子寨桑、俄木布,私藏马百四十匹于格格特地方,并欲杀首告者。达当寨桑、俄木布父子三人,应论死,籍其家。其四,四子部落宜尔札木,元旦不朝贺、进贡,议夺其所属人员。奏闻,得旨:"衮出斯巴图鲁、穆章、宜尔扎木,各免罚马;衮楚克、塔尔济、吴班、吉勒黑、达彦,各免罪及籍没家产,止分其牲畜为三分,以二分给本主,一分给察哈尔国大臣。达当、寨桑、俄木布,各免死,籍其家,以人丁四十四户,并马、驼、牛、羊,赐固伦额驸、郡王,并给贫户琐诺木、宜尔扎木,免夺属员。"[1]第三次在十一月。先是,遣参政塞冷、尼堪等,率八旗审事官八员,往迈赖滚俄罗木地方,召集喀喇沁、土默特部落贝勒、塔布囊等会盟,诘其征济南等发兵不及额数等罪。至是,议喀尔喀土谢图汗下多尔济台吉及陶齐,既至镶红旗布颜代家,又往土默特部落查萨衮达尔汉及多尔济家,而查萨衮达尔汉、多尔济等,任其往来出入。应罚查萨衮达尔汉马五十匹,多尔济马二十匹。奏闻,"上命从宽,各罚一九数"[2]。

第八,礼仪。崇德皇帝遣部院大臣,前往外藩蒙古诸和硕亲王、多罗郡王、多罗贝勒、固山贝子等处,或举行会盟,或办理政事,或审理罪犯,则需遵行如下礼仪。第一,出迎。诸王等应至五里外迎接。第二,接谕。诸王率众皆下马,排班立于西,俟谕书经过后,方可上马,自后进前,陪伴谕旨到府。府中大堂,设案拈香。赍书大臣,陈旨案上,在东侧西向立。王行一跪三叩头礼,不起。第三,宣谕。赍书大臣,将谕旨自案上取下,授予读祝人。宣谕之时,王跪聆听。读祝人立读毕,呈与王。王双手接受,授予属员,行一跪三叩头礼。礼毕,先将谕旨收藏。王与使臣互行一跪一叩头礼毕,虚中位,使臣在东面,王在西面,对坐。第四,相见。若无谕旨,王即于马上相见,陪伴左右,至府下马,互行一跪一叩头礼。礼毕,王在西面,使臣在东面,对坐。第五,赐赏。若帝

---

①　《清太宗文皇帝实录》,第48卷,第4页,崇德四年八月庚寅,中华书局影印本,1985年。

②　《清太宗文皇帝实录》,第49卷,第9页,崇德四年十一月丙寅,中华书局影印本,1985年。

赐恩赏,诸王出营,迎至府。呈赏物时,跪受。若系衣物,则即服之,遥向帝行二跪六叩头礼。若系平常财资食物,亦跪受,仍遥行二跪六叩头礼。礼毕,仍虚中位,王坐于东,使臣坐于西。第六,送行。送行使臣,必送至迎接之处。第七,进献。外藩诸王、贝勒、贝子遣人朝贺进献。第八,领赏。圣帝若有所恩赏赐其主,令来人赍还。到府之后,王亦自府出迎领受,遥向帝行二跪六叩头礼①。

第九,衙门。皇太极为对蒙古进行管理,先创设蒙古衙门,后"更定蒙古衙门为理藩院,专治蒙古诸部事务"。其级别,同六部,是为中枢行政机关设置理属院之始。

皇太极通过各种治策、法令、礼仪与制度,以加强对蒙古各部的管理。天聪九年即崇祯八年(1635年),在蒙古地区推行军政合一的盟旗制度,任命蒙古贵族为扎萨克即旗长,旗以上设盟。盟长、旗长皆有封爵,享受特权,以行笼络,还制定宣谕、封爵、联姻、编旗、朝贡、会盟、重教、赏赐、诉讼、驿传等制度。这些重要的治策与举措,不仅加强与密切了后金—清朝同蒙古诸部的关系;而且为清朝入关后对蒙古与西藏等的管理,提供了模式与经验。

---

① 《满文老档·太宗》,下册,第1628～1629页,中华书局译注本,1990年。

七　松锦大战

（一）战前形势

松锦大战前，明、清军政形势，发生重大变化。

明朝方面，由于后金—清军七次迂道入边残毁，军兵屡败，国力大衰。加之大凌城失陷，祖大寿投降（后逃回），且失去孙承宗、袁崇焕、赵率教、满桂、何可纲等一批重臣武将，辽西关锦防线，防御能力削弱。崇德二年即崇祯十年（1637 年），李自成、张献忠等领导的农民军，已发展到川、晋、陕、楚、豫、鲁，明廷陷于内线与外线两面作战的困境。崇祯帝一心想要剿灭农民军，而对清军的进攻则由消极抵抗变为妥协议和。次年，他派兵部尚书杨嗣昌暗中与清议和，企图稳住关锦防线，移用援辽粮饷和兵力，集中剿灭农民军。陈新甲接任兵部尚书后，继续同清议和。后因走漏消息，遭到朝野反对而作罢，陈心甲也作了刀下鬼[①]。崇德四年即崇祯十二年（1639 年），当西线农民军一时受挫而转入低潮时，明廷便把在内线同农民军作战有功的三边总督洪承畴，升为兵部尚书，总督蓟辽军务，兼筹粮饷，以加强关外军事力量。

先是，后金占领广宁（今辽宁省北镇市）后，同明山海关中间隔着辽西走廊，就是锦州至山海关之间的沿海狭长地带。明朝孙承宗、袁崇焕先后建立起关宁锦防线，关宁锦防线以山海关为后劲，宁远为中坚，锦州为前锋，锦州成为明、清守、攻关宁锦防线的前沿军事重镇。锦州往西南依次为松山、杏山、塔山、连山、宁远，每城间隔约为二十里上下。宁远是锦州的依托，锦州是宁远的屏障。明与后金—清经过长期对峙后，皇太极认识到，要入主中原，必先夺取山海关；要夺占山海关，必先突破关宁锦防线，占领辽西走廊；而要突破关宁锦防线、夺占辽西走廊，必须夺取关外八城；要想夺取关外八城，

---

① 《明史·陈新甲传》，第 257 卷，第 6639 页，中华书局校点本，1974 年。

必先夺占锦州,否则,清军即使迂道进关,也是兵饷无继,进退失据。明廷也很清楚,要保住北京,必须保住山海关;要保住山海关,就必须固守关宁锦防线;因此,坚守关宁锦防线,御守辽西走廊,必须要固守其先锋堡垒——锦州。所以,明与清在辽西走廊的一场大战,必然以围绕攻、守锦州而展开。

明朝军政方面,形势更为不利。清文馆秘书院副理事官张文衡奏报明朝腐败道:"彼文武大小官员,俱是钱买的。文的无谋,武的无勇,管军马者,克军钱;造器械者,减官钱。军士日不聊生,器械不堪实用,兵何心用命? 每出征时,反趁勤王,一味抢掠。俗语常云:'鞑子、流贼是梳子,自家兵马胜如篦子。'兵马如此,虽多何益! 况太监专权,好财喜谀,赏罚失人心。在事的好官,也作不的事;未任事的好人,又不肯出头。上下里外,通同扯谎,事事俱坏极了。"又说:"今起五省之兵,逐日征剿,是贼半天下,兵亦半天下。"①所以,明朝政治腐败与军力衰弱,是清军敢于进攻锦州的根本原因。

清朝军政方面,形势更加有利。在北方,皇太极统一黑龙江流域诸部及其活动的广大地域,扩大了兵源、财富和版图。这就使得清初的权力更加巩固,从而稳定了北方,并解除了南攻明朝的后顾之忧。在沿海,皇太极攻取旅顺等辽南城镇,冲破了明军的海上防线,从海上对京、津、登、莱形成威胁。在东翼,皇太极两次发兵征朝鲜,最终使朝鲜臣服,基本断绝其同明朝的关系,归服于清朝政权之下,从而切断了明朝的右臂。在西翼,皇太极进兵蒙古,击败察哈尔部林丹汗,统一了漠南蒙古,并使之为其藩属,从而切断了明朝的左臂。在塞外,皇太极于天聪五年即崇祯四年(1631年)发动了大凌河之战,是役,毁大凌河城,逼降祖大寿。在中原,自大凌河之战以后,皇太极连续发动三次迂道入塞之战,取得重大军事胜利。明朝更加衰落,清朝更为强盛。

于是,明、清的军政形势,发生了根本变化:明军处处被动,清军处处主动;原来明对后金—清朝的弧形包围,倒转过来,变成为后金—清朝对明朝的弧形包围。

因此,整个辽东战略形势,对清朝极为有利。《清太宗实录》记载:"铁骑如云,加以蒙古军士,即取天下,亦有余力。"②这话明显有张饰之意,但是,面对新的形势,皇太极及时总结前四次入塞的经验与教训,在对明战略上,作出重大调整。

---

① 《张文衡请勿失时机奏》,《天聪朝臣工奏议》,卷下,第89页,辽宁大学历史系铅印本,1980年。
② 《清太宗文皇帝实录》,第50卷,第14页,崇德五年正月壬申,中华书局影印本,1985年。

先是,皇太极自夺取大凌河城后,在辽西没有取得任何进展。八旗军仅在锦州以北、义州、右屯之间,游移骚扰,未得进取;或在宁远以南,游击偷袭,未做大举。特别是对锦州,没有重大军事行动。

皇太极先图锦州的谋略,是经过一段实践而形成的。鉴于关宁锦防线,明军守御颇坚固,他曾一度放弃直取宁、锦的兵略,而改从蒙古绕道进关。天聪三年即崇祯二年(1629 年),他首次率大军袭击北京,攻占了滦州、迁安、永平、遵化四城。他撤军东归后,留下贝勒阿敏驻守永平,作为尔后进取北京的前哨阵地。但永平等四城很快被明兵夺回,阿敏撤兵,败回沈阳,遭到囚禁,郁闷而死。后乾隆帝论述山海关控扼关内外形势时说:

> 以当时盛京而论,有此关控扼其中,内外气脉,不能贯注。即由他路入边,而彼终得挠我之后。所以,天聪三年,太宗文皇帝亲统大军征明,进围燕京,仍复释之而去。圣谟深远,未尝不筹虑及此。迨后攻克永平、滦州、遵化,皆留将督兵驻守,或欲藉以为内外夹攻山海关之策。乃代镇之贝勒阿敏,乖张怯懦,竟弃已得之各城而归。太宗愤甚,数其罪而责之,虽贷其死而全亲亲之谊,遂不复躬总六师入边,亦深以山海关中隔为难也。[1]

此后,清兵多次进关,打了许多胜仗,都是残毁俘掠,运载财物而归。所克山东、河北、山西各城邑,都丢弃不守,"皆由山海关阻隔之故"[2]。皇太极从历史经验中认识到:要占一城、守一城,得一地、保一地,就必须在山海关外,稳扎稳打,陷城占地。因此,要从根本上打破关宁锦防线,就要对关外八城,逐城攻克,逐城占领。否则,既不能在辽西站稳脚跟,更不能在关内稳住阵脚。皇太极深知,满洲崛起于关外,要定鼎北京,统一中原,必须占锦州、陷宁远、破山海、进北京。

皇太极为打破辽西战场对峙局面,而发动大规模攻坚战。皇太极认为:"大军屡入塞,不得明尺寸地,皆由山海关阻隔。而欲取关,非先取关外四城不可。"[3]其时关外四

---

①　《清高宗纯皇帝实录》,第 1066 卷,第 1～2 页,乾隆四十三年九月丁亥朔,中华书局影印本,1986 年。

②　魏源:《圣武记》,第 1 卷,第 32 页,中华书局,1984 年。

③　魏源:《圣武记》,第 1 卷,第 29 页,中华书局,1984 年。

城，主要是指宁远以北之锦州、松山、杏山、塔山，锦州则首当其冲。时明、清双方军力对比，已经发生明显变化，清军已有能力攻占锦州等四城，突破关锦防线。因此，皇太极决意沿辽西走廊前进，夺取锦、松、杏、塔四城。其实，早在明军失陷广宁之后，锦州就成为明军关宁锦防线的前哨阵地。

　　锦州地理位置，尤应值得重视。在锦州东南三十里是松山城，松山城偏西南二十里是杏山城，而杏山城西南约四十里便是塔山城。这三城护卫着锦州城，在其背后西南一百二十里是宁远城，为锦州城之后盾。从袁崇焕经营辽西关宁锦防线，便首筑宁远城，次修锦州城，锦州成为明军战略防御的前沿要塞。袁崇焕死后，继任者也无不重视锦州。明派辽东名将祖大寿驻守此城，防御非常坚固，清兵望而却步。因之，锦州坚城不破，清军难进一步。反之，锦州一破，则松山、杏山、塔山，三城俱下，宁远孤立，山海危机，京师动摇。锦州城是明军关宁锦防线首要环节，打断这个环节，整个关宁锦防线，就会随之瓦解。

　　皇太极的文馆谋士们，曾多次奏言：集中兵力，围攻锦州。

　　先是，归顺汉人生员杨名显、杨誉显、杨生辉三人，于天聪八年即崇祯七年（1634年）二月奏称："扩地屯田，遣兵于宁、锦切近地界处，住扎耕种。时惊之以兵，使彼不得耕种，宁、锦必弃而逃矣。宁、锦一为我有，山海更无所恃！山海归我，出入自便，在我无逾险涉远之苦，在彼有唇亡齿寒之虑。"①但他们提出先图宁锦、后取山海的奏议，没有受到皇太极的重视。

　　尔后，崇德五年即崇祯十三年（1640年）正月，都察院参政祖可法、张存仁，理事官马国柱、雷兴等人，联名奏言"进取之计"，陈述应采取的进兵战略。其中提出进兵之策："我兵屯驻广宁，逼临宁锦门户，使彼耕种自废，难以图存。锦州必撤守，而回宁远；宁远必撤守，而回山海。"②祖可法等提出的作战方略，同前述杨名显等三人所见略同，但被又一次否定。皇太极仍然坚持迂道入塞，"残毁"与"掳掠"的作战方略。同年四月十一日，都察院参政、梅勒章京张存仁，根据形势，再次奏言"围困锦州之计"的进取方略。

　　张存仁奏言："臣观今日情势，围困锦州之计，实出万全。但略地易以得利，而围城

①　《杨名显等谨陈四款奏》，《天聪朝臣工奏议》，卷下，第93页，辽宁大学历史系铅印本，1980年。
②　《清太宗文皇帝实录》，第50卷，第16页，崇德五年正月壬申，中华书局影印本，1985年。

难以见功,必须旷日持久,将士不无苦难懈怠之心。愿皇上鼓励三军之气,坚持围困之策,截彼侦探,禁我逃亡,远不过一岁,近不过数月,自有可乘机会。虽云成事在天,而定谋未始不由于人也。兵法曰'全城为上',盖贵得人、得地,不贵得空城之意也。昔元太祖平定沙漠,劳数十余年之力,及取中原,欲屠近河人民,以其隙地牧马。赖耶律楚材画财赋之策,而太祖勉从。太祖之世,虽大业未成,而世祖一统之基,实耶律楚材一语启之也。由是以观,欲成大业者,非人地兼得,未易为也。人地兼得之术,莫若攻心。往年永平被屠,武臣生而缙绅死,文士寒心。今宁远、锦州,既有寒心之文士,掣肘于内;又有贰志之祖帅,首鼠其中。明国见我大军压境,急则议弃锦归宁,再则议弃宁入关,而祖帅跋疐畏罪,岂肯轻离巢穴? 事若缓则虑持久,事若急则虑身家。人多以为祖帅背恩失信,无颜再降。臣确知其惟便是图,本无定见。一当危急,束身归命矣。况伊所素恃者蒙古耳,数年以来,蒙古多慕圣化来归,彼必疑而防之,防之严则思离,离则思变。伏愿皇上,以屯种为本。时率精锐,直抵锦城。布命令于蒙古,以为间谍之计。再多擒土人,兵卒广布,招抚敕谕,探祖帅心事以招之,体文士性情以安之,言之透彻,彼心必动,未有不相率来归者。此攻心之策,得人、得地之术也。往者大凌河之降,松山之抗,岂非明效大验! 古帝王传檄而定天下者,莫不由此。"[1]

上述陈奏进兵方略,其要点是:

第一,集中兵力,围困锦州。攻城与围城,前者易见成效,后者不易见成效。皇太极曾有大凌河之战的成功经验,也有宁锦之战的失败教训。虽此时清军力量空前强大,但"凭坚城、用大炮"仍为明军所长。所以,张存仁力主对锦州围而不攻,断绝其兵援和粮饷,使之不战而自溃。围困需时持久,少则数月,多则经年,不要怕苦难,不要懈军心。

第二,屯种为本,长久之计。既然对锦州采取长久围困之计,军队的粮饷应尽量就地解决。所以,在锦州城外,义州、广宁、右屯等处,垦地种田,建立基地,应广布兵卒,招抚敕谕,等待时机,攻克锦州。

第三,攻心为上,辅以兵力。鉴于永平屠城的教训,要使生员归降,不要使文士寒心,对锦州城内的儒生文士,要耐心体恤,给以优待,实施感化,使其来归。以元太祖成吉思汗、世祖忽必烈帝为借鉴,动摇锦州文士之心。

---

① 《清太宗文皇帝实录》,第51卷,第18~19页,崇德五年四月壬戌,中华书局影印本,1985年。

第四,巧用心机,招降祖帅。分析祖大寿因有"贰志",不会入关,也不会死守。特别分析祖大寿"惟便是图,本无定见"的性格,他既私虑身家,又顾及部将,首鼠两端,再次招降,其必定走投无路,"束身归命"。

第五,利用蒙古,策应锦州。招抚、策反锦州城里的蒙古官兵背明降清。其已降附者,可"以为间谍";未降服者,疑虑祖大寿。总之,借用蒙古力量,以围困与招降两手,瓦解锦州城的坚固防御。

第六,外围内困,乘机双打。清军死围锦州,或锦州守军突围,或关内明军出援,不管前者,抑或后者,都为清军野地争战、骑兵驰突提供可乘、有利之机。促使明军内部瓦解,收到外战而内溃的结果。

张存仁总结以往对明作战的经验与教训之后,对局势作出正确分析、准确判断,提出符合实际的对明作战方略。后来战争胜利的事实,证实了张存仁的预见。

但是,围攻锦州的前沿基地,是设在广宁,还是设在义州?张存仁等曾建议设在广宁。因屯驻广宁,可进逼锦州。皇太极却不选广宁,而选定义州(今辽宁省义县)。这是因为义州比广宁更为有利:其一,历史悠久,历代重镇。义州本秦辽西郡,唐始建城,金改为州,明洪武设义州卫①。其二,义州距锦州九十里,比广宁更逼临锦州(锦州至广宁一百四十里),为锦州北面门户。其三,义州邻大凌河畔,开阔平坦,土壤肥沃,水源充足,适于耕种。其四,义州供应粮饷路途较近,交通便利,减少长途挽输之苦。其五,义州原有城垣基础,修城较为省力,便于驻兵防守。其六,义州距沈阳不远,便于军队轮换,也便于同后方联络。皇太极选中义州作为围攻锦州的前进基地,实为得策。后张存仁说:"臣先言修广宁而守之者,因与白土厂相近,实为国家辟土地、立城池,渐次前进之计。今大兵住义州,已超出寻常,为臣望外之事。"②

其实,明朝中有识之士,早已看出义州对锦州的重要战略价值,奏言朝廷关注。辽东巡抚方一藻指出:"义州为前锋门户,形格势禁,足以制奴西窥","揣度辽局,此地在所必争"。他在三年前(崇祯十年),曾亲自到义州相度地势,然后上疏建议,尽速修复义州。囿于艰难时势,无人给予注意,其结果是:"往复商略,驯致迁延,迄今倏逾三

---

① 《大明一统志》,第25卷,第27页,明天顺五年(1461年)刻本。
② 《清太宗文皇帝实录》,第53卷,第24页,崇德五年十二月辛未,中华书局影印本,1985年。

载。"①其时,明廷既没有气魄、也不愿意,既没有能力、也没有勇气修复并坚守义州城。

皇太极采纳张存仁等围困锦州、屯兵耕种的奏议后,积极进行部署与军备。皇太极主要做了几件事情:第一件,筑城屯种。崇德五年即崇祯十三年(1640年)三月,皇太极命郑亲王济尔哈朗、多罗贝勒多铎分任右、左翼军主帅,率"官兵往修义州城,驻扎屯田"②。清军边筑城、边耕种,并骚扰明锦州城外一带,田地不得耕种,庄稼不得收获。皇太极还亲自率诸王贝勒大臣等诣堂子,为济尔哈朗驻屯义州,行礼祭纛,鸣炮送行。一个多月后,清军在义州"修城筑室,俱已完备。义州东西四十里田地,皆已开垦"③。第二件,储备米谷。在尔后一年多的时间内,除当地生产的粮食外,还从朝鲜用船运载米谷一万包④,限令四月十五日开航,二十五日必运到大、小凌河口,以供军需。第三件,配备火器。赶造红衣大炮六十位,招募"善梯者"一千人。第四件,调买马匹。从蒙古喀喇沁部购买良马一万匹,充实前线战马。第五件,征调军兵。征发蒙古诸部骑兵,以及朝鲜水师五千名⑤。第六件,亲自视察。皇太极于三月十八日派济尔哈朗等筑屯义州,五月十五日,亲到义州城:"阅视建造房屋处所。"⑥又于十七日,往阅锦州城。并贮备了充足的战备物资和兵马。

到崇德六年即崇祯十四年(1641年)三月,驻屯义州,整整一年。据明朝方面的奏报:在义州"所来马步夷兵甚多,每歇宿有三十余处,大营小营,更难细数",还"亲见车载大红夷(炮)三位,小炮亦难细数,又随带锹镢等项甚多"。由总兵官石廷柱带领,"尽入义州城内",还有孔有德、耿仲明、尚可喜及蒙古等众,也都来到义州⑦。义州成了清军前进战略基地,起着集结军队、屯种粮秣、储存物资和换防休整的作用。

松锦大战,从崇德五年即崇祯十三年(1640年)四月开始,至崇德七年即崇祯十五年(1642年)五月结束。明、清双方各投入十多万大军,共历时两年多。其全部过程,为三个阶段:围困锦州、松山决战和攻占四城。

---

① "兵部为遵旨深筹等事",《明档》,第960号,中国第一历史档案馆藏。

② 《清太宗文皇帝实录》,第51卷,第12页,崇德五年三月己亥,中华书局影印本,1985年。

③ 《清太宗文皇帝实录》,第51卷,第20页,崇德五年四月丙寅,中华书局影印本,1985年。

④ 《清太宗文皇帝实录》,第52卷,第2页,崇德五年六月戊辰,中华书局影印本,1985年。

⑤ 《清太宗文皇帝实录》,第51卷,第14页,崇德五年三月辛丑,中华书局影印本,1985年。

⑥ 《清太宗文皇帝实录》,第51卷,第29页,崇德五年五月乙未,中华书局影印本,1985年。

⑦ 李光涛:《洪承畴背明始末》,《明清档案论文集》,第634页,联经出版事业公司,1986年。

（二）围困锦州

清派大军，围困锦州，分为四个时期：两翼驻军，严密监视；周防无隙，攻占外城；明军反扑，锦外激战；汉官献策，围锦打援。

清军围困锦州，自崇德五年即崇祯十三年（1640 年）四月十一日，到崇德六年即崇祯十四年（1641 年）八月十八日，其间一年零四个月。

两翼驻军，密切监视。锦州以其"城西有锦水，故名"①。锦州"枕山而襟海，西则股肱长安，东则咽喉丰沛，内屏畿甸，外控要荒"②，是明朝关锦防线的重镇，也是明军辽西防线的首冲。它地处大、小凌河之间，其南三十里为松山，松山西南二十里为杏山，杏山南四十里为塔山，构成关锦防线宁远以北四城防御体系。锦州地处形胜，位居冲要，屏障宁远，守护山海，远卫京师。清军要沿辽西走廊前进，首要障碍，就是锦州。因此，关外之存亡，北京之安危，决于锦州城，系于祖大寿。攻守锦州，意义重大。皇太极战略重点转移的第一个争战目标就是围困锦州。

崇德五年即崇祯十三年（1640 年）三月十八日，皇太极派郑亲王济尔哈朗、多罗贝勒多铎率军前往义州驻扎屯种，拉开了松锦大战的序幕。四月十五日，皇太极得到济尔哈朗已经完成修城筑室的奏报后，二十九日，命"和硕郑亲王济尔哈朗、多罗贝勒多铎，率师围明宁、锦等处，兼屯田义州，修筑城垣"③。这标志着松锦大战的开端。同日，皇太极命和硕睿亲王多尔衮、和硕肃亲王豪格等留守盛京。皇太极作出上述部署后，起行离沈，前往巡察。皇太极正在前往义州途中，济尔哈朗等派军夺取明军"锦北传烽紧地"蔡家楼，拔除其监视清军行动的一个哨站④。五月十五日，皇太极到达并阅视新建义州城垣、房屋等。当天，皇太极起行，前往锦州方向巡视。十七日，皇太极遥阅锦州城时，得到济尔哈朗的捷报。先是，蒙古多罗特部民原投明朝，时住杏山西五里台，欲改投于清。济尔哈朗等带兵前去搬接，同锦州地区明军遭遇，击败明军，获马匹、甲胄、器械。皇太极很重视该地区蒙古部民叛明投清，特派人回盛京宣谕捷音。二十二日，皇太极自驻跸地叶家堡起行，在济尔哈朗等护卫下，向锦州进发。二十五日，皇

---

① 高士奇：《扈从东巡日录》，卷上，第 8 页，《辽海丛书》影印本，辽海书社，1985 年。
② 康熙《锦州府志》，第 1 卷，第 3 页，《辽海丛书》影印本，辽海书社，1985 年。
③ 《清太宗文皇帝实录》，第 51 卷，第 24 页，崇德五年四月庚辰，中华书局影印本，1985 年。
④ 《明档》，第 16 号卷，第 5 号，中国第一历史档案馆藏。

太极等到达锦州城外。

　　皇太极巡视锦州城守与周围形胜，先后采取以下措施：一是命军兵分为左右两翼，围困锦州。二是命汉军携带红衣大炮，在锦州城东布列。三是命军士收割城外东、北、西三面的庄稼。四是命汉军举炮击毁锦州周围的明军台堡，使其成为孤城。五是派兵设伏于锦州城西南乌欣河口，待截城中出来的牲畜①。六是截杀出城刈草敌兵，不给城中马草、柴薪。七是实行官兵轮流更戍，每期三个月②。八是调朝鲜舟师一千五百名、精炮一千位备战用，自备粮资、马匹③。先是，命朝鲜派"兵五千、船一百一十五艘，载为万包"，运至大凌河口三山岛备用。皇太极此行巡视，历时一个月，对于锦州城防，了解更多详情。皇太极向济尔哈朗、多铎等指授方略后，三十日起行，回銮沈阳。后派和硕睿亲王多尔衮、和硕肃亲王豪格等率其属下官兵之半，前往替换济尔哈朗、多铎等，继续在义州筑城屯田。七月初六日，多尔衮等奏报：清军分为左右两翼，围困锦州——"一则断绝敌人往来之路；一则投诚之人，可以乘便而来；一则禾稼成熟之时，我兵易于收获"④。皇太极赞成多尔衮等的奏报，并提出在锦州城西选择山城，储存收获的粮草。

　　在围困锦州的同时，皇太极向祖大寿之子祖泽远、又命祖泽洪向其弟泽远发出两封劝降书。其后书云："我皇上亲统大军，见驻于彼，换班耕种，势在必得宁、锦。贤弟若能情词委婉劝父归顺，不但吾弟兄享无穷之富贵，凡我宗族皆被宠渥矣。若漫不为意，一旦大军入城，恐贤弟身名俱丧，而老母及全家眷属，亦难瓦全，悔将何及耶！"⑤这两封信对祖大寿的军心，起着缓慢瓦解的作用。

　　皇太极在义州驻屯，引起明廷密切关注。先是，同年三月，清军先遣驻屯军兵刚到义州，明总督洪承畴和代方一藻巡抚辽东的丘民仰，即命前锋总兵祖大寿、团练总兵吴三桂"先扼锦州、松山御之"⑥。不久，辽东总兵刘肇基奏称："奴屯义州，几及一月，不进不退，不掠不攻。屡据回乡口称，节凭前锋哨报，谓奴盘旋义土，开垦种田，往来山

① 《清太宗文皇帝实录》，第52卷，第18页，崇德五年七月辛丑，中华书局影印本，1985年。
② 《清太宗文皇帝实录》，第52卷，第1页，崇德五年六月乙丑，中华书局影印本，1985年。
③ 《清太宗文皇帝实录》，第52卷，第20页，崇德五年七月丙午，中华书局影印本，1985年。
④ 《清太宗文皇帝实录》，第52卷，第13页，崇德五年七月乙酉，中华书局影印本，1985年。
⑤ 《清太宗文皇帝实录》，第52卷，第15~16页，崇德五年七月丁亥，中华书局影印本，1985年。
⑥ 《崇祯实录》，第13卷，第2页，崇祯十三年三月丁亥，台北中央研究院历史语言研究所校勘本，1962年。

中,采取木植,一图盖房,一图耕食,其为久踞之计无疑矣。且以哨马特扰松、锦,断我樵薪。又以游骑,尝突海隅,梗我粮道。其为困我之计,又无疑矣。奴一日不去,则辽一日受危。"①四月,明哨兵侦报清兵集结义州:"马步骑约数万,广(宁)、义(州)一带屯堡,贼骑云扰蜂屯,日驱穷夷难民,伐树禾,辟草莱。时以锐骑尝我、扰我,逼处卧榻之侧,肆其豕突狼奔之志。"崇祯帝下旨:"倍加侦备,勿得少有弛懈。"②五月,洪承畴出关督师,令锦州总兵祖大寿、团练总兵吴三桂、分练总兵刘肇基出杏山。辽东巡抚在奏疏中说:"今奴远屯义州,实出下策,千里馈粮,士无宿饱,其失一;志骄意满,力疲马乏,其失二;地届新垦,究同石田,其失三;旷日持久,瑕隙易生,其失四。我第站定脚跟,整兵严阵松(山)、锦(州)之间,合群策群力,始示弱以误之,终逼义以驱之,计未有不跟踉却顾者。批将欲驱狂奴,必须奇正互用。"此为对战局之错误分析,书生论断。最后,他上方略说:以吴三桂率所部疾趋松山,刘肇基率马步官兵疾趋杏山,他本人驰赴中左所,从中勉效决策。丘民仰坐守镇城宁远,用固根本。按兵部所议,前锋总兵祖大寿"相机挠之、惊之、剪之、骄之,逼之。乘其骄惰,三镇出不意,攻奴中坚,用彰声揪"③。

同时,援锦明兵出关,向锦州、松山缓进。清兵欲将锦州围住,不能不攻击各路援兵,特别是锦州城外的军事据点也必须逐个扫除。在睿亲王多尔衮、肃亲王豪格、饶余贝勒阿巴泰、安平贝勒杜度等替换济尔哈朗后,连续攻克锦州城西九个哨所、小凌河西岸两个哨所,共十一个哨所④,使锦州城周围,尽为清兵所有。从六月到十二月末,在半年的时间内,双方争战不断。从《清太宗实录》与《崇祯实录》中,记载了对于锦州清军围困与明军反围困的激烈斗争:

五月初三日,据大胜等堡守堡官报:清兵及其家丁在义州城外"四面耕种","其精兵达贼,俱在城南下营"⑤。十八日,总兵吴三桂、刘肇基出杏山,前锋祖大寿以副总兵祖泽远遇清兵松、杏间。"三桂受围,肇基救出之"⑥。总兵吴三桂却奏报:"与贼血战,

<hr>

①　《兵部为辽东署总兵刘肇基奏报战守机宜事行稿》,《历史档案》,1985年,第1期。

②　《明档》,第85号卷,第9号,中国第一历史档案馆藏。

③　《明档》,第153号卷,第4号,中国第一历史档案馆藏。

④　《清太宗文皇帝实录》,第52卷,第13页,崇德五年七月乙酉,中华书局影印本,1985年。

⑤　《明档》,第86号卷,第2号,中国第一历史档案馆藏。

⑥　《崇祯实录》,第13卷,第5页,崇祯十三年五月戊戌,台北中央研究院历史语言研究所校勘本,1962年。

大获全胜。"①此战，副总兵程继儒临阵胆怯，被总督洪承畴斩之。六月十五日，明台丁王显明报称：义州房子已盖完，城已补完②。七月初六日，多尔衮等奏报：清兵收割锦州城西庄稼时，明马步兵自城西北出动，枪炮并施；以护军出战，分作三队冲击，明兵败回城中。七月十四日，多尔衮等又报：八日深夜，明锦州马步兵五百偷袭清兵镶蓝旗营，为哨兵发现，清军杀出，明军溃败。三十日，多尔衮等再报：锦州明兵出动千人，多尔衮与豪格率军迎战，叶克舒坐骑中箭颠蹶而落马；图尔格力救，"身被重伤五处，轻伤十八处，马中伤十九处"③，由此可见战斗激烈。同日，杜度率一军伏于宁远路，遇明兵自关内运米千石往锦州，杀其押车部卒三百九十人，获驼、马、骡、牛、驴七百八十七头。明朝则报："是月，总兵曹变蛟、左光先、吴三桂，合御清兵于黄土台，凡三战，松山、杏山皆捷。"④八月，明兵曾夜袭义州，伤满、汉军民八十九人。九月十三日，多尔衮再报：初九日，多尔衮与诸将率部往杏山出击，半路得报松山明骑兵出，即率军奔松山，击败明兵；清兵欲还，松山明又出动马步兵，复回师还击。十一月初八日，新换防围锦州的郑亲王济尔哈朗等奏：多铎率护军与骑兵一千五百人，乘夜前往锦州西桑噶尔寨堡设伏。次日，发现明骑兵四人，即令追赶。明伏兵齐出，多铎率军迎击，追至塔山，斩明兵八十六人。又有一次，清兵得知明兵乘夜在杏山与塔山间运粮，追斩明兵五十余人，俘虏五十人，获牛、驴百余头。

以上战斗，少者几百人，多者上千人，彼此攻杀，互有伤亡。但清军围困锦州，围而不死，未收实效。

周防无隙，攻占外城。清军两翼围监锦州八个月，成效不大，皇太极决策围锦州，采取"由远渐近，围逼锦州以困之"⑤的渐进策略，稳扎稳进，围紧围死。先是，崇德五年即崇祯十三年（1640年）十二月，张存仁陈奏围困锦州城不见效果。他奏道："我兵始困义州，又困锦州，如猛虎之逼犬豕，莫之敢撄矣。至今犹奋螳臂以当车轮，乃思虑所不及也。虽然非彼之智勇，能抗我兵；必我兵围困不严，得偷运粮糗接济，故苟延旦夕耳。"他进而提出围锦的措施："新春大兵之攻锦州，或挖壕，或炮击，不克不止。臣料

① 《明档》，第16号卷，第7号，中国第一历史档案馆藏。
② 《明档》，第88号卷，第7号，中国第一历史档案馆藏。
③ 《清太宗文皇帝实录》，第53卷，第9页，崇德五年十月壬申，中华书局影印本，1985年。
④ 《崇祯实录》，第13卷，第8页，崇祯十三年七月，台北中央研究院历史语言研究所校勘本，1962年。
⑤ 《清太宗文皇帝实录》，第55卷，第4页，崇德六年三月丁酉，中华书局影印本，1985年。

城之必得也,必其内蒙古有变,中自溃乱。倘无此事,则城之得也,亦无定期。若欲久困,必绕城筑台,兵围数匝,始可得也。松山、杏山、塔山,乃锦州之羽翼,宁远之咽喉也,此三城不破,宁、锦之胆不丧。三城之中,惟塔山可取。其城在两山之下,若从山上以炮击之,其屋室自坏,不多费力,而城可得矣。城一得,锦州之羽翼折,而宁远之咽喉塞。羽折喉塞,宁、锦之胆自丧。兵法云:'困坚城者,必留其隙。'今锦州虽不甚坚,正当留山海以为之隙。"①张存仁建议的要点:一是,严围锦州,掘壕筑台,数层围困,辅以炮击。二是,锦州城里,分化蒙古,促之内变,使其自乱。三是,攻取塔山,折其羽翼,使之丧胆,乘机进攻。四是,围困锦州,留其缺隙,逼之外逃,乘机截杀。

张存仁的奏言,尚未引起皇太极的重视。从这时的军事形势来看,明辽西前锋四城——锦州、松山、杏山、塔山,处势危迫,急需增援,储运粮食,尤为重要。明军担心锦州如被围死,必然缺粮,一旦缺粮,定会自溃。因此,抓住空隙,运输粮食,增加兵力,更为急需。时从天津发运的米豆,已运往宁远一带。宁远地区储米猛增至一万石,而前锋三城各仓只存二千石②。明决定"将宁西粮料,多运松、锦,以防不虞"。时逢崇德六年即崇祯十四年(1641年)正旦,明臣决计"以新年过节,出其不意",将粮运至锦州。正月初二三两天,明将一万六千石粮食,装载上车,派兵防护,尽速赶运。此行果然躲过清兵监视,于初七日,进锦州城,车载粮食,全部入仓。次日,运粮空车,返回宁远。至初九日,清兵闻讯,出动骑兵共二万余,企图夺粮,至沙河堡,分为四股,进行追击。明兵发炮攻击,清兵一无所得,仍从原路,返回营地。明军数百辆大车,装载万余石粮食,安然进入锦州。这表明清军并没有将锦州城围住,也没有把宁、锦之间交通线切断,围困锦州,并不成功。

清兵围城不严,究其原因,在于松懈。睿亲王多尔衮、肃亲王豪格等统领的围城军队,比前述张存仁疏告的问题更为严重。主要是围城军队离城太远,且在远处牧放马匹,军兵多人轮休回家。多尔衮、豪格、阿巴泰、杜度、罗讬、硕讬、阿山、谭泰等,在执行围城任务时,擅自移军,退到国王碑以东,即在离锦州城三十里处驻营。他们还私自决定每牛录甲兵三人轮流回家一次,后又以每次甲兵五人、每旗章京一员轮流回家。围城士兵,换班之际,或各带很多子弟,或令家人代替,或推病不去,或驻久逃亡,从而导

---

① 《清太宗文皇帝实录》,第53卷,第22~23页,崇德五年十二月辛未,中华书局影印本,1985年。
② 《明档》,第87号卷,第5号,中国第一历史档案馆藏。

致严重后果:部伍减员,滥竽充数,军心涣散,无心围战。至于锦州城内,军兵百姓,随便出入,运粮车辆,不断进城。锦州城内明兵马匹,在城外草地牧养,出关援锦军队也退回休整、养马。多尔衮统帅的军队,"尔等在外,意图安寝,离城远驻,既求休息,疾速还家,且归安寝"①。明军抓住清军的弱点,将大量粮食运到锦州。皇太极得到上述奏报,勃然大怒。

《清太宗实录》记载:"原令由远渐近围逼锦州以困之。今离城远驻,敌必多运粮草入城,彼此相持,稽延月日,何时能得锦州耶? 上怒甚,竟日未解。后值发兵更番之期,因命甲喇章京车尔布等,赍敕往谕多尔衮等曰:'尔等围困锦州,果能使敌人内不得出,外不得入,周防无隙耶? 我围城之兵,尚有余力,故于士卒中,择马匹之疲者遣还耶! 若果周防无隙,何以使锦州汉人,出城田猎,车牛挽运军粮,任意往来。如此田猎、挽运非止一人,尔等觉察者安在?"②皇太极命郑亲王济尔哈朗更换多尔衮等,还至辽河,盛怒不息,令全军不许入城,要调查事情原委。多尔衮主动承担责任:"不逼围锦州,遣兵回家,轻违谕旨,致误锦州不得速破。我既总掌兵柄,将所属之兵,议遣还家之时,倡言由我,遣发由我。悖旨之罪甚重,应死。"最后旨定多尔衮降为郡王、罚银万两,豪格降为郡王、罚银八千两,其他贝勒杜度、阿巴泰、罗讬、硕讬等,固山额真阿山、谭泰、叶克书、何洛会、巴特玛、马喇希、准塔等各罚银有差③。并令"各罚银完纳,始许入城"。于是,王、贝勒、固山额真等缴纳罚银完毕,才入城。此事过后半月,"诸王贝勒大臣,半皆获罪,不许入署";因而,"各部事务及攻战器械俱误"。到四月初七日,才令其"入署办事,不可怠惰,不许入大清门"。至十七日,方获旨准,"遂进大清门,各入朝办事"④。崇德六年即崇祯十四年(1641年)三月初四日,郑亲王济尔哈朗及阿济格、多铎、阿达礼、罗洛宏率军前往锦州,代睿亲王多尔衮等,对锦州实行严密围困。他采取张存仁的建议,将八旗军将士,进到离城很近,却又为炮火不及之处扎营。"每面立八营,绕营浚深壕,沿壕筑垛口。两旗之间,复浚长壕。近城设罗卒哨探"⑤。在锦州城四面,每面立营八座,绕营挖掘深壕,沿壕筑砌垛口,在每两旗之间,挖一道长壕,于近城地带,设

① 《清太宗文皇帝实录》,第55卷,第13页,崇德六年三月戊戌,中华书局影印本,1985年。
② 《清太宗文皇帝实录》,第55卷,第4~5页,崇德六年三月丁酉,中华书局影印本,1985年。
③ 蒋良骐:《东华录》,第3卷,第16叶,清刻本。
④ 《清太宗文皇帝实录》,第55卷,第27页,崇德六年四月壬戌,中华书局影印本1985年。
⑤ 《清太宗文皇帝实录》,第55卷,第15页,崇德六年三月辛丑,中华书局影印本,1985年。

哨兵巡逻,严密监视锦州城内及宁远以北明兵动静。经过此次番部署,锦州城垣内外,已被八旗军队完全严密包围。据明兵部三月三十日奏报:围锦清兵,马步万余,在城四面,挖掘壕堑,安设大炮四十位。杏山以北,大小山头,清军哨兵,遍布联络。另据锦州前线报称:"奴众此番倾巢困锦,内打栅木,外挑壕堑,水泄不通,人影断绝。松城与锦相隔十八里,奴贼离锦五六里下营,即近在松城左右,今锦城壕栅已成,奴众精骑,尽绕松城,势虽困锦,实乃伺松。"①

济尔哈朗在对锦州城外掘壕围困的同时,实施瓦解锦州城内蒙古人的策略。时锦州城里的蒙古人,见清军严整,围城坚决,志在必得,惶恐动摇。锦州东关副总兵、蒙古诺木齐(那木气)塔布囊、吴巴什台吉、绰克讬台吉等十五人,密谋降清。其中一人欲往告祖大寿,被吴巴什发现并幽杀。他们派人从城上缒下,递送降书,约期内应。济尔哈朗会诸王贝勒、固山额真议商并奏报,皇太极览奏后大悦。三月二十四日夜,清军至锦州外城,城上蒙古兵缒绳城下,清军陆续攀绳而上,城上城下,两兵夹击,明兵败退。清军奏捷称:"三月二十四日暮时,闻锦州关内蒙古兵,与城内明兵接战,两白旗营,相去甚近,率兵先登,左右之兵,相继尽登,俱至外城。诺木齐塔布囊、绰克讬台吉、吴巴什台吉等,尽率其官属兵丁以降。"②此战,诺木齐等"降于清,东关陷"③。清军攻陷锦州外城,降副将、都司等官八十六员、男妇六千二百余名口。皇太极闻捷报后,盛京八门,击鼓宣捷。四月初五日,又命恭顺王孔有德、智顺王尚可喜等各率本部将士,前往锦州,协助围城。此前,朝鲜也派总兵柳琳等率军一千五百人、马一千一百五十匹,前来锦州援助清军④。

明军反扑,锦外激战。明兵失去锦州外城,朝廷为之惊慌。先是,上年十一月,洪承畴驻宁远,调整兵力部署,筹办粮饷。本年正月,洪承畴至松山视察。他奏请增调宣大总兵王朴、宣府总兵杨国柱及蓟镇总兵唐通、山海总兵马科兵共七万赴援获准。至是,清军攻破锦州外城,明军形势更加不利,祖大寿派人向朝廷告急。崇祯帝急命驻守宁远的洪承畴率王朴、唐通、吴三桂等八总兵及副将以下二百多员、步骑十三万驰援锦

---

① 《明清史料》,乙编,第 3 本,第 296 页,中央研究院历史语言研究所刊印,1936 年。

② 《清太宗文皇帝实录》,第 55 卷,第 18 页,崇德六年三月壬寅,中华书局影印本,1985 年。

③ 《崇祯实录》,第 14 卷,第 4 页,崇祯十四年四月壬子,台北中央研究院历史语言研究所校勘本,1962 年。

④ 《清太宗文皇帝实录》,第 55 卷,第 13 页,崇德六年三月己亥,中华书局影印本,1985 年。

州。正月间,蓟辽总督洪承畴率宁远总兵吴三桂、辽东总兵王廷臣、东协总兵曹变蛟、援剿总兵白广恩等到宁远驻兵。洪承畴亲自驰往松山巡视,发现兵力单薄不足防御,便奏请调宣府总兵杨国柱、大同总兵王朴、山海关总兵马科、密云总兵唐通各率所部来援,以备春季清兵可能发动的进攻。四月下旬,洪承畴挥军进至松山与杏山之间,再移军至松山城附近的石门,遂与围城的清兵遭遇。二十五日,双方展开激战。明兵推进到离松山只有数里的地方,自南向北,布列车、骑、步、火器诸营,以马兵张为两翼:在西石门,有吴三桂、王廷臣、杨国柱营兵;在东石门,有曹变蛟、白广恩、马科营兵;王朴的营兵,居东西石门之中,应援左右翼兵。清军郑亲王济尔哈朗也进行部署:"右真王闻援兵大至,以我国炮手四百人为先锋,坚守南山。分其军为二队:一以防塔山之归路,一以遮锦州之来路。作瓦家于阵中,以示久驻之计。"①

五月,洪承畴督军进援。十七日②,明军与清兵于杏山激战。先是,皇太极命郑亲王济尔哈朗、多罗贝勒多铎、多罗郡王阿达礼、多罗贝勒罗洛宏、固山贝子博洛等,率精锐护军一千五百人,前往杏山接应归降的蒙古多罗特部民苏班代、阿巴尔代等三十家共六十人。济尔哈朗等于夜间偷过锦州,在返回时,被明兵侦知,于是,总兵吴三桂、刘肇基、祖大寿等皆出兵,计七千余人,全力堵截清军。清军济尔哈朗等骁勇能战,奋力冲击,将吴三桂围住,幸被刘肇基救出③。明副总兵程德儒临阵胆怯,后洪承畴以尚方剑斩之。此役明军失亡千人,双方杀伤相当,清军稍得优势④。清在乳峰山⑤部署步兵,在东西石门屯聚精骑约二万,各埋伏于松山周围,列阵待战。明兵七镇劲旅在山下,分为东西、两路进兵。各挑选精锐步兵,携带弓箭、枪炮上山,攻击清步兵。清兵则从山上,居高下击。明兵冒矢石奋进,已抢至近台高处,向山上摇旗放炮。锦州城内听得炮声不断,知道援兵已至,便出南门,摆列营阵,与援兵遥相呼应,形成夹击清兵之势。明援军步兵登山,与清步兵搏斗,山顶为清两红旗和镶蓝等三旗营地,为明兵所

①　《李朝仁祖大王实录》,第42卷,第28页,十九年七月丙戌,日本学习院东洋文化研究所,1959年。

②　《崇祯实录》第13卷第5页和《国榷》第97卷第5865页均记为戊戌,即十八日;《清太宗实录》第51卷第30页记为丁酉,即十七日。从后说。

③　《崇祯实录》,第13卷,第5页,崇祯十三年五月戊戌,台北中央研究院历史语言研究所校勘本,1962年。

④　《清太宗文皇帝实录》,第51卷,第29页,崇德五年五月丁酉,中华书局影印本,1985年。

⑤　康熙《锦州府志》第1卷第4叶:"乳峰山,在城东南十五里。"

夺,人马多死伤。此时,清骑兵自西石门冲出精锐七八千,明各镇将士鼓勇当先,直冲十余合,兵气强劲,清兵受挫。清军原欲以精锐骑兵,将明军阵冲垮。但明马步官兵拒战,清军没有得势。于是,清军推出红衣大炮三十余门,从东西两面,向明马步营,猛射连发炮弹,明兵遭到损失。明兵仍不退缩,坚持战斗,直到酉时,清兵退去。此次战斗,清兵失利。

洪承畴调动七镇进兵松山,总计兵力约六万。据明朝方面记载,清兵约有二万余人。但双方实际投入的战斗兵员并不多,故双方伤亡还不够严重。明前线塘报:斩杀清兵二十五人,其中有将官,还生擒一人。明伤亡颇重,据洪承畴呈报:阵亡七百三十八人,伤者七百九十三人,失毙马、骡六百六十二匹头①。清和硕郑亲王济尔哈朗等遣官奏报:"明经略洪承畴,率总兵六员,兵六万人,来援锦州,屯于松山北冈。我军击败之,斩首二千级。"②清军报捷数字,显然有所夸张。战后洪承畴表示:"大敌在前,兵凶战危,解围救锦,时刻难缓,死者方埋,伤者未起,半月之内,即再督决战,用纾锦州之急。"③洪承畴决心解锦州之围。

从五月到八月,明援军屡进,清军亦奋力阻击,双方在松、杏之间,不断发生战斗。明援军锐气正盛,小有胜利。辽抚奏疏称:"乃锦围三月未解,盖以二十年来,未能与逆奴扑砍一阵,所以数月间,多方鼓舞,先作其气,先壮其胆。今有此几番战胜,军声已振,解围有望,目下惟候机缘一凑耳。"④一份佚名的残本奏疏:"前次擒斩奴虏一千五百余级,皆出万死一生,心力颇为竭尽。"⑤时朝鲜领兵将柳琳率军同明军交战,或放炮不中,或去丸虚放:"星州军金得平放炮不中,李士龙去丸虚放。监胡知之,甚怒,斩士龙,杖得平。"⑥朝鲜文献也记载:"清人围锦州,数与汉兵交战,而汉兵尚强。九王请济师于汗,汗使八王率骑赴之。"据其得到的情报,"时清人与汉兵相持,自春徂夏,清国大将三人降,二人战死。汗闻之,忧愤呕血"⑦。

---

① 《明清史料》,乙编,第 4 本,第 310~311 页,中央研究院历史语言研究所刊印,1936 年。
② 《清太宗文皇帝实录》,第 55 卷,第 29 页,崇德六年五月丁丑,中华书局影印本,1985 年。
③ 《明清史料》,乙编,第 4 本,第 312 页,中央研究院历史语言研究所刊印,1936 年。
④ 《明清史料》,乙编,第 4 本,第 362 页,中央研究院历史语言研究所刊印,1936 年。
⑤ 《明清史料》,丁编,第 7 本,第 674 页,上海商务印书馆,1951 年。
⑥ 《李朝仁祖大王实录》,第 42 卷,第 16 页,十九年五月戊寅,日本学习院东洋文化研究所,1959 年。
⑦ 《李朝仁祖大王实录》,第 42 卷,第 32 页,十九年九月庚辰,日本学习院东洋文化研究所,1959 年。

汉官献策,围锦打援。七月二十三日,汉军固山额真石廷柱上取锦州、破援兵之策:"锦州系辽左首镇也,蜂屯蚁聚,与我国相持。皇上发兵围困,凿重壕,筑高垒,轮流更换,防御严密。誓必灭此叛贼,乃可席卷中原,诚皇上之神机妙算也。第明国京都,倚祖大寿为保障,遭此围困之急,日夜发兵救援。近值八九月间,天气爽凉,度彼必与我国并力一战。乘此时现在围城者,不必更换掣回。仍将应换之兵,挑选精壮,分置各旗屯田之处,秣马驻防,一旦有警,乘夜潜进。各营侦探虚实,如敌人驻定营寨,我兵四面环列,用红衣炮攻击,彼纵有百万之众,安能当我四十炮位之威也。敌营稍动,我军奋力突入。绕过锦州城,直抵松山、杏山等处,敌兵谅不能当。况松、杏环城有壕,彼兵一败,岂能遽入其城?即城上安设火器,彼此混杂,恐其误中己兵,必不敢施放。我军纵横驰击,彼必零落逃窜。如此大创一番,敌兵寒心丧胆,锦州从此失恃,不能固守矣。倘蒙上天垂念,锦城一破,则关外八城,闻风震动。安知当年沈阳得而辽阳随破,沙岭捷而广宁随顺之一大机会也哉!"其条奏,略如下:

一、我国兵马得大败锦州援兵一阵,则各处援辽之局破矣。局一破,一二年难以再举,我皇上无西顾之忧矣。

二、援兵从宁远至松山,带来行粮,不过六七日,若少挫其锋,势必速退,或犹豫数日,亦必托言取讨行粮而去。我军伺其回时,暗伏高桥,择狭隘之处,凿壕截击,仍拨锦州劲兵尾其后,如此前后夹攻,糇粮不给,进退无路,安知彼之援兵,不为我之降众也。

三、我以兵马四面远围,夜则凿壕困守,昼则火炮攻击。彼欲战无路,欲退无门,不一二日间,自生变乱,我可坐待敌人之毙,何必轻生死、亲冒矢石,而甘蹈白刃之危也!

四、洪承畴,书生辈耳!受朝廷重任,总督天下兵马,不能辞避,各处援辽总镇官兵,亦不过旧日亡命之徒,谁不知我国王、贝勒破山东、擒德王、克昌平、斩诸将,战无不胜,攻无不取。今伊被命援锦州,出于万不得已,虽在松山妄张声势,实明国法度逼迫,并非才能出众、踊跃赴义之人也。如祖总兵一失,洪承畴各总兵,俱无所倚恃,纵得逃还,不过东市就诛而已。

最后,石廷柱说:"况明国气运渐衰,旱潦虫灾,种种迭见,流贼叛民,处处啸聚。我皇上乘运奋兴,王、贝勒同心协助,定鼎之谟,在此一举,时不容缓,机不可失!"[①]

石廷柱上述条奏,预见到八九月间,将在松山附近进行一场激战。他明确提出清

---

① 《清太宗文皇帝实录》,第56卷,第26页,崇德六年七月丁酉,中华书局影印本,1985年。

军围锦打援的兵略，设伏高桥，赢得胜利。皇太极采纳了石廷柱的建议，其作战部署，其具体战术，都在松锦大战中得到印证。

因此，松山大战，即将展开。

（三）松山激战

先是，崇德五年即崇祯十三年（1640年）五月，锦州被围，羽书告急。同月，明蓟辽总督洪承畴出关，驻宁远。十二月，明征调宣府总兵杨国柱、大同总兵王朴、密云总兵唐通、蓟镇总兵白广恩、东协总兵曹变蛟、山海关总兵马科、前屯卫总兵王廷臣、宁远总兵吴三桂，共八镇官兵十万，马四万、骡一万，克期出关①。崇德六年即崇祯十四年（1641年）春，"锦州被围，填壕毁堑，声援断绝"②。祖大寿派人突围出城，向明廷求援。三月，增调大同王朴、宣府杨国柱、蓟镇唐通、榆林马科等率兵共七万往关外。后崇祯帝得报，命蓟辽总督洪承畴率领王朴、杨国柱、唐通、白广恩、曹变蛟、马科、王廷臣、吴三桂八总兵及副将以下官员二百余名，步骑十三万，火速驰援，解围锦州。七月二十八日，明军到达松山。明朝以倾国精锐，汇聚于辽西一隅，解锦州之围，保关锦防线，护山海关，卫北京城。

蓟辽总督洪承畴密陈作战方略。他认为，"奴屯锦、义之间，将为持久之计"。故"今日筹辽非徒言守，必守而兼战，然后可以成其守；而战又非浪战，必正而出之以奇，然后可以守其战"。兵部肯定洪承畴的方略："战守双筹，内外兼顾，切中机宜。"请求崇祯帝予以旨准实行。同时，兵部要洪承畴将方略作以调整。第一，抚臣仍居宁远，不宜移驻塔山。此城势低，四面皆高，为受敌之所，如清兵一部出高桥，会切断塔山与松、锦的联系；如出连山，则切断宁远与塔山的联系。第二，督臣不宜驻中后，应暂驻前屯。兵部强调，洪承畴最担心锦州运道中梗，樵采不通；出关兵数量多，关外粮草一时难以供应。崇祯帝旨准洪承畴的方略和兵部的呈奏，命户部速发米豆，运到前线，宁远饷司，不得疏虞③。

---

① 《崇祯实录》，第13卷，第11页，崇祯十三年十二月，台北中央研究院历史语言研究所校勘本，1962年。

② 《明史·丘民仰传》，第261卷，第6769页，中华书局校点本，1974年。

③ 《明档》，第153号卷，第2号，中国第一历史档案馆藏。

但是,总督洪承畴,驻军宁远,探窥局势,不敢轻进。五月,洪承畴命总兵杨国柱率领一支精兵,屯松山北冈,被清军发现。济尔哈朗"令右翼兵击之,失利,山顶立寨,两红旗、镶蓝旗三旗驻营之地,为敌所夺";另外四旗护军等与明军交战,"人马被伤者甚众"。皇太极认为"右翼山营被夺,损伤士卒,皆郑亲王指挥失律之故"。因其"偶误耳,着免议"①。洪承畴选择松山为兵马集结地,进军救援锦州。

洪承畴于崇德六年即崇祯十四年(1641 年)七月二十六日,在宁远誓师,援锦州,自率六万兵马先行,余军后继,往松山城集结。二十八日,抵松山,夜见清兵屯乳峰山东。承畴兵登乳峰山西。乳峰与锦州,相距很近,炮石相应。又东西石门并进兵,以分其势。遂立车营,环以木城,部署略定②。时多尔衮率右翼军驻守乳峰山东的东石门,豪格率左翼军驻守乳峰山西的西石门,阻止明兵进入锦州。洪承畴决定:"东西二门并进兵,以分其势,遂立车营,环以木城,部署略定,建州兵大骇。"③清军多尔衮见此,"颇劳心焦思,亲自披坚执锐"④,欲与明军大战。

八月初二日,明军出战。祖大寿督兵,从城内杀出,冲闯清兵之围。清兵围匝三重,闯过二重围,被清兵逐回。明援军合力作战,清兵拼死抵御。明朝战报载:此役斩清兵百三十级,杀固山、牛录等官二十余人。明军损失相当,但总兵杨国柱先出陷伏,"突围中矢,坠马卒"⑤,即以山西总兵李辅明代之。此战,《崇祯实录》记载:"乙巳,合战,战甚力,斩百三十级,获王子及孤山、牛鹿,杀二十余人,阳和总兵官杨国柱阵殁,李辅明代统其兵。祖大寿分步卒三道,欲突围出。兵围三匝,克其二,望外援,犹隔不得达。"⑥初六日,睿郡王多尔衮、肃郡王豪格已派人向皇太极驰报:"明国会集各省兵,来拒我师。我兵击败其三营,获马五十四,敌兵来者甚众。"⑦皇太极命满洲学士额色黑

① 《清太宗文皇帝实录》,第 56 卷,第 15 页,崇德六年七月乙酉,中华书局影印本,1985 年。

② 《崇祯实录》,第 14 卷,第 7 页,崇祯十四年七月庚子,台北中央研究院历史语言研究所校勘本,1962 年。

③ 谷应泰:《明史纪事本末·锦宁战守》,第 4 册,第 1482 页,中华书局,1977 年。

④ 《多尔衮摄政日记》,闰六月十二日,抄本。

⑤ 《明史·杨国柱传》,第 272 卷,第 6975 页,中华书局校点本,1974 年。

⑥ 《崇祯实录》,第 14 卷,第 7 页,崇祯十四年七月乙巳,台北中央研究院历史语言研究所校勘本,1962 年。

⑦ 《清太宗文皇帝实录》,第 57 卷,第 17 页,崇德六年八月丁巳,中华书局影印本,1985 年。

往谕多尔衮:"敌人若来侵犯,王等可相机击之,不来切勿轻动,各当固守汛地。"①初八日,皇太极命固山额真英俄尔岱等率军增援。同日,清军攻击乳峰山西侧明兵营,被击退;再攻击,又被击退。初九日,明兵攻西石门,王朴所部战败,"各将俱沮"。初十日,明兵再战,清兵受挫。时清军主帅多尔衮已深感到明军的顽强,不再出战。明军"数战围不解",清军亦失利,陷于腹背受敌局面。多尔衮说:"洪军门于南山向北放炮,祖大寿从城头向南放炮,我兵存身无地,神器实为凶险。"②于是清军师退六十里,"分守各隘,上疏请兵"③。同日,洪承畴没有采纳马绍愉、张斗的用兵建议:"马绍愉请洪承畴乘锐出奇击之,可解锦州围,承畴不纳。而长岭山,自塔山迤逦至锦州,地可旁抄。大同监军张斗言,宜驻一军长岭山,防其抄袭我后。承畴亦不纳,且曰:'我十二年老督师,若书生,何知耶!'"④十一日,多尔衮遣使告急:"敌兵实众",无法抵敌,请求派郑亲王率兵前来助战。前线求援急报,不断送到沈阳,皇太极急得"忧愤呕血"⑤,患鼻衄,出血不止,他不顾有病,决定亲征。皇太极"传檄各部军马,星集京师"⑥。朝鲜文献记载:"锦州卫南朝援兵极盛,故悉发国中兵继援。"⑦

十五日,皇太极亲率大军,自沈阳起行。时皇太极患鼻衄出血不止,以椀盛血,骑马三日,急驰行进。其弟多罗武英郡王阿济格劝他缓行,皇太极说:"行军制胜,利在神速。朕如有翼可飞,当即飞去,何以徐行也!"⑧

十九日,皇太极率领援军,到达锦州城北五十里的戚家堡(今辽宁省锦县齐家堡)。此时他已有一个作战方案,便派遣大学士刚林往谕多尔衮、豪格等人曰:"朕当即至矣,可令前遣之固山额真宗室拜尹图、多罗额驸英俄尔岱兵,及科尔沁土谢图亲王兵、察哈尔琐诺木卫寨桑等兵,先在高桥驻营,俟朕至时,合围松山、杏山。"⑨

①　《清太宗文皇帝实录》,第57卷,第17页,崇德六年八月丁巳,中华书局影印本,1985年。
②　《多尔衮摄政日记》,闰六月初七日,抄本。
③　计六奇:《明季北略》,第18卷,第12页,光绪十三年(1887年)刻本。
④　《崇祯实录》,第14卷,第8页,崇祯十四年八月癸丑,台北中央研究院历史语言研究所校勘本,1962年。
⑤　《李朝仁祖大王实录》,第42卷,第32页,十九年九月庚辰,日本学习院东洋文化研究所,1959年。
⑥　《清太宗文皇帝实录》,第57卷,18页,崇德六年八月丁巳,中华书局影印本,1985年。
⑦　《沈阳状启》,第278页,辽宁大学历史系校印本,1983年。
⑧　《清太宗文皇帝实录》,第57卷,第19页,崇德六年八月壬戌,中华书局影印本,1985年。
⑨　《清太宗文皇帝实录》,第57卷,第19页,崇德六年八月壬戌,中华书局影印本,1985年。

是日,皇太极到达松山后,立即召开作战会议。他"亲率数骑,相视情形,往来指挥,立马黄盖下"①。皇太极登上松山城南山阜,察看明军营垒,见明军以步兵在松山城北和乳峰山之间立七营,以骑兵驻松山东、西、北三面,合步、骑兵,号十三万,部署严整。时皇太极"登其岭,横窥洪阵久之。见大众集前,后队颇弱。猛省曰:'此阵有前权,而无后守,可破也!'"②于是,将主力部队部署在松山与杏山间,乌欣河南山至海边,"横截大路,绵亘驻营"③。并于锦州至南海角之间,掘三道大壕,各深八尺、宽丈余,包围松山明军,并切断其松山、杏山之间的联系。清军从王宝山、壮镇台、寨儿山、长岭山、刘喜屯、向阴屯、灰窑山至南海口等处下营,各处挖壕,断绝松山要路。又"遣诸贝勒大臣,各以精兵伏于杏山、连山、塔山及沿海诸要路"④。皇太极之作战部署是:围锦打援——将原重点围困锦州的兵力,转移到重点打击援锦明军。这就由松山、锦州明军对清军的包围,转变为清军对明军的反包围,即将洪承畴率领的十三万大军,包围在松山一带,使锦州、松山、宁远,彼此孤立,无法互援。清军由被动转向主动。

明总督洪承畴陷于被动局面,他见清军"环松山而营,大惧。欲战,则力不支;欲守,则粮已竭,遂合谋退遁"⑤。是夜,洪承畴等欲收缩兵力,"撤其七营步兵,迎松山城而营"⑥,企图聚兵,突破重围。

二十日,明、清两军,列阵大战。接战良久,矢飞炮鸣,杀伤相当,未分胜负。皇太极先派阿济格率军进攻塔山,夺取了明军在笔架山的十二堆储粮。其时,明军粮食被抢夺,退路被截断,因为无粮秣,而气挫势穷。洪承畴担心明军步、骑兵被分割,将步骑数万之众,收缩在松山城内。

皇太极亲自上阵,张黄盖,率护军,往来布阵,立马指挥。他对明军可能突围西逃,已早有所料,并预作部署。他命两翼八旗护军及骑兵、蒙古兵、前锋兵:"俱比翼排列,直抵海边,各固守汛地。敌兵之遁者,有百人,则以百人追之;千人,则以千人追之;如

---

① 高士奇:《扈从东巡日录》,卷上,第 8 页,《辽海丛书》影印本,辽沈书社,1985 年。

② 计六奇:《明季北略》,第 18 卷,第 12 页,光绪十三年(1887 年)刻本。

③ 《清太宗文皇帝实录》,第 57 卷,第 21 页,崇德六年八月壬戌,中华书局影印本,1985 年。

④ 高士奇:《扈从东巡日录》,卷上,第 8 页,《辽海丛书》影印本,辽沈书社,1985 年。

⑤ 《清太宗文皇帝实录》,第 57 卷,第 21 页,崇德六年八月壬戌,中华书局影印本,1985 年。

⑥ 蒋良骐:《东华录》,第 3 卷,第 18 叶,清刻本。

敌兵众多,则蹑后追击,直抵塔山。"①时明军南逃的海陆两路,皆为清军封堵。在杏山附近,蒙古固山额真库鲁克达尔汉阿赖、察哈尔毛海各率所部蒙古兵伏于此,专候明溃兵。在锦州至塔山大路,有多罗睿郡王多尔衮、贝子罗托、公屯齐等率四旗护军和科尔沁土谢图亲王兵横截明兵归路。在塔山附近,有正黄旗骑兵镇国将军宗室巴布海、护军统领图赖,各以本部堵击逃入塔山城的明兵。如明兵越塔山南去,可追击至连山。在桑噶尔塞堡,布置博洛一军截击。在小凌河口至海滨,以正黄旗固山额真谭泰率四百骑兵巡守,绝明兵归路。

二十一日,洪承畴见形势严峻,召开会议,共谋对策。他对总兵王朴、李辅明、唐通、白广恩、曹变蛟、马科、王廷臣、吴三桂诸将说:"彼兵新旧叠为攻守,我兵既出,亦利速战。当各敕厉本部,与之力斗。余身执枹鼓以从事,解围制胜,在此一举矣!"②洪承畴拟于次日,与清军死战。但是,诸将意见不一。洪承畴又对诸将说:"往时诸君俱矢报效,今正其会。虽粮尽被围,宜明告吏卒:战亦死,不战亦死,若战或可幸万一,不肖决意孤注,明天望诸君悉力。"③明军面临强敌,又缺乏粮食,多主张"回宁远就食"。洪承畴夸大明军面临"兵"与"粮"两个困难——其一是兵:"奴势重大,终不能闯壕,恐日久根固,此贼尤难剿杀。"其二是粮:"海仓之粮,未及运入,为清所夺。松山中守兵,自有一年之粮,城外列屯,十万援兵,粮道既绝,城中之粮,欲分不足。"监军张若麒赞成回宁远曰:"松山之粮,仅给三日。且今不但锦州困,松山又困,各帅既欲暂回宁远,以图再战,似可允也。"④于是,洪承畴放弃解锦州之围的计划,决定分兵两路突围。他传令大同总兵王朴、蓟州总兵白广恩、密云总兵唐通等三镇马步兵为左路,宁远总兵吴三桂、山海关总兵马科、原任总兵李辅明等三镇马步兵为右路,合二路兵马,于初更时,突围南逃。

当夜,明总兵王朴"怯甚",尚未到约定突围时间,率领部众,已先逃遁。由此致使明军大乱,唐通、马科、吴三桂、白广恩、李辅明等,马步争驰,自相践踏,弓甲遍野,尸横满地,忽进,忽退,遇伏,大溃。洪承畴等人突围未成,退守松山城。冲杀而出去的明军,在尖山、石灰窑山⑤一带,遭到截击,伤亡惨重。总兵吴三桂、王朴等逃入杏山;总

① 《清太宗文皇帝实录》,第57卷,第22页,崇德六年八月甲子,中华书局影印本,1985年。
② 谷应泰:《明史纪事本末·锦宁战守》,第4册,第1483页,中华书局,1977年。
③ 谈迁:《国榷》,第97卷,第5904页,中华书局,1958年。
④ 谷应泰:《明史纪事本末·锦宁战守》,第4册,第1483页,中华书局,1977年。
⑤ 康熙《锦州府志》第1卷第4叶:"石灰窑山,在城南二十五里。"

兵马科、李辅明等奔入塔山；监军张若麒、马绍愉等由海上乘渔舟逃回宁远；其余残兵败将，奔向海边。当吴三桂、王朴等沿海边逃跑时，清军迎头截击。其他明军，也遭截堵。数万明军，前有大海，后有追兵，盔甲遍野，溃不成军。"明兵窜走，弥山遍野，自杏山迤南沿海至塔山一路，赴海死者，不可胜计"①。仅曹变蛟、王廷臣败入松山，与洪承畴共守松山城。《清太宗实录》记载，明兵得脱者仅二百余人，显系夸大战果。其余明军，逃出重围，奔往杏山、塔山。

二十二日，皇太极扎大营于松山城外，"欲四面浚壕困之"。是夜，洪承畴组织明军分道突围，皆未成功。但驻守乳峰山的总兵曹变蛟，屡战辄胜，"勇冠诸军"②，率马步兵，冲出重围。曹变蛟军先冲击镶黄旗护军鳌拜巴图鲁汛地，又冲击正黄旗宗室巴布海汛地，再突入皇太极御营。朝鲜文献也记载明军"潜入汗阵"。明军突入御营，清"军中大惊"③，双方展开激烈拼杀，结果曹变蛟中创，退入松山。皇太极为此大怒，命将守卫大营"门将，以不捍汉兵，斩杀"，并惩处数百名有关官兵。明兵奔窜一夜，精疲力竭，盔甲、弓箭也多走失。清兵掩击穷追，吴三桂、王朴和六镇残兵拼死闯过清兵堵截，陆续溃入杏山城。侥幸生还的李辅明，奏报其突围的险恶经历说："本职二十二日早，欲入杏城收兵，岂料贼奴，遍置铁桶，势难入杏，复行中左所，岂贼南北皆营，中路断绝，不能入城，及察各镇将，不识居址何地。本职于二十三日卯时入宁城。"李辅明的奏报，反映了当日明军溃败的惨状。曹变蛟、王廷臣两总兵和辽东巡抚丘民仰撤退到松山，同洪承畴及其万余残卒守城。

此战，《崇祯实录》记载："辛酉（十八日），清兵以三千骑来援。午刻，据长岭山。声言：'欲困松山城。'洪承畴不为动。甲子（二十一日），合战。边兵敢战，深入寨其大旗，进斩九级。清兵议旋师，故将孔有德控马止之。遂复进攻松山，掘壕揲土，壕深浚及八尺，绝边人饷道。乳峰故在锦州城外，松山又乳峰外。边军进屯松山，为锦州声援。至是，环壕绝堑，松山亦困。承畴谓其下曰：'新旧叠为攻守，我兵既出，利在速战，当各救厉本部，与之力斗。吾身执桴鼓，与诸公从事，解围制胜，在此举矣！'诸将议饷乏，请为宁远就饷。薄暮，张若麒抵承畴书，亦言：'松山之粮，仅给三日，若复进师，不但困锦，

---

① 《清太宗文皇帝实录》，第 57 卷，第 25 页，崇德六年八月甲子，中华书局影印本，1985 年。

② 《明史·曹变蛟传》，第 272 卷，第 6975 页，中华书局校点本，1974 年。

③ 《清太宗文皇帝实录》，第 57 卷，第 27 页，崇德六年八月乙丑，中华书局影印本，1985 年。

又复困松山。'于是,诸将议论蜂起,各怀去志。承畴怒曰:'往时诸君,俱矢报效,今正当其会。虽粮尽被围,宜明告吏卒:战亦死,不战亦死,况战或可冀幸万一!麾军一退,不可复止。吾决意孤注,明日望诸(君)悉力。'方起送诸将出,总兵王朴怯甚,先遁。于是各帅争驰,马步自相蹂践,弓甲遍野,遥望火光,谓在不敢前走,还为伏兵所截,大溃。曹变蛟、王廷臣突入松山,巡抚辽东丘明(民)仰,誓与承畴同守。承畴夜留兵三之一婴城,率其复决围冲阵而前,清兵邀之尖山石灰窑,皆力战,清兵暂却,俄而云合,不得入城,移屯海岸。海潮大上,一军尽没。得脱者,仅二百余人。独白广恩还松山,若麒、绍愉得附渔舟,偕诸监军,逃至宁远。"①

二十四日,皇太极命内大臣、宗室锡翰等,率领精兵与蒙古兵"一伏于高桥大路,一伏于桑噶尔寨堡(即大兴堡),以杏山逃兵,必由此路出也"②。又命隋苏等率兵从旁助应。清军设伏后,不久有明军约一千人,由杏山遁出南逃,遇伏败走,追至塔山,斩获甚多。

二十六日,先是皇太极判断,逃入杏山的明军,必定再奔宁远。于是又遣军至杏山、宁远之间扼险设伏。至是,逃入杏山城的吴三桂、王朴等,率残部逃出,向宁远奔遁,遭到清军追击,败奔至高桥。清军多铎等"伏兵四起,阻截前路,追兵蹑后。三桂、王朴并士卒,手足无措。欲遁走,伏兵合力进击,敌各路溃窜。我军追击至暮,自海至桑噶尔寨堡,列兵固守,敌兵乘夜遁走者,俱斩之,三桂、王朴,仅以身免"③。清军一举将其歼灭,吴、王二人,仅以身免,逃回宁远。后王朴以"首逃下诏狱,十五年五月伏诛"④。

二十七日,皇太极命清军"行猎山野,并搜剿逋敌"⑤,将逃亡和藏匿山野的明军,像行猎一样,全部收降。

二十八日,清军塔瞻等率兵,往高桥设伏,歼灭明两股溃军,共骑步兵一千六百余人。

松山激战,历时十天,明军大败,清军获胜,斩杀明军五万三千七百八十三人,获马

---

①　《崇祯实录》,第 14 卷,第 8～9 页,崇祯十四年八月辛酉,台北中央研究院历史语言研究所校勘本,1962 年。

②　《清太宗文皇帝实录》,第 57 卷,第 27 页,崇德六年八月丁卯,中华书局影印本,1985 年。

③　《清太宗文皇帝实录》,第 57 卷,第 28～29 页,崇德六年八月己巳,中华书局影印本,1985 年。

④　《明史·王朴传》,第 272 卷,第 6980 页,中华书局校点本,1974 年。

⑤　《清太宗文皇帝实录》,第 57 卷,第 29 页,崇德六年八月庚午,中华书局影印本,1985 年。

七千四百四十四匹、驼六十六峰、甲胄九千三百四十六副。另外"赴海死者,以数万计,浮尸水面,如乘潮雁鹜,与波上下"①。明军投海死者及丢弃马匹、甲胄数以万计②。

此时,锦州、松山皆为清军围困,唯有杏山、塔山,未被清军控制,且收容大批败退明兵。清军在获得松山大捷后,同明军展开攻守松山、锦州、塔山、杏山四城的激战。

(四)攻陷四城

清军取得松山大捷之后,乘势对关锦防线北四城即宁远以北四城——松山、锦州、塔山和杏山,分别围困,逐个攻打。是年冬季,"辽东大雪,丈余"③,清军冒着风雪严寒,继续围困,进攻四城。从崇德六年即崇祯十四年(1641 年)九月至次年四月,皇太极对松山、锦州、塔山、杏山四城,调派大军,集中兵力,分别包围,逐城攻破。

攻陷松山 松山城(今辽宁省凌海市松山乡)位于锦州东南约三十里地方,"以地有松山而名"④。且相传城北山上以多松树而名山。松山城地势,四周为高缘,中间偏低,状如大锅,城建在锅底部台地之上。今存该城遗址,为一座方城,长、宽各约三百余米。时在关外八城中,"松山系旧城,不甚高厚"⑤。松山城具有重要的战略地位,它位于锦州城与杏山堡之间,为宁远与锦州的咽喉之地。时人具揭首辅周延儒曰:"相公入朝,愿首以松山为急,国家安危系焉,舍此无可措手矣。"⑥所以,清军攻破松山,不独使锦州失去犄角、宁远动摇,而且使山海危急、京师震惊。

皇太极早已看到松山城的重要性。他在崇德四年即崇祯十二年(1639 年)二月十四日,曾派八旗军,携带红衣大炮,攻松山城。皇太极"倾众犯辽,多载炮火,大攻松山,

---

① 高士奇:《扈从东巡日录》,卷上,第 8 页,《辽海丛书》影印本,辽沈书社,1985 年。

② 明军兵力,共十三万,各书记载,相差不多。《清太宗实录》《清史稿》《明季北略》《明史》等记为十三万,《李朝实录》记为十二万,《国榷》等记为十万。清军兵力,官书未载,《明季北略》记为二十四万,显系夸大。时八旗满洲、八旗蒙古、八旗汉军,总兵力约十二万。此次出师,皇太极"悉索沈中之丁",实为清军之总动员,还调外藩蒙古诸部兵马,征发朝鲜出兵助战,合其兵力总数,或与明军相当。

③ 《崇祯实录》,第 14 卷,第 11 页,崇祯十四年十一月辛卯,台北中央研究院历史语言研究所校勘本,1962 年。

④ 顾祖禹:《读史方舆纪要》,第 37 卷,第 36 页,上海书店出版社影印本,1998 年。

⑤ 《明档》,第 229 号卷,第 6 号,中国第一历史档案馆藏。

⑥ 谷应泰:《明史纪事本末·锦宁战守》,第 4 册,第 1484 页,中华书局,1977 年。

将欲尽力一举,妄图破克,以摇撼八城"①。清军环城发炮,台堞俱摧,屡登屡却,伤亡惨重。登城失败,分道挖城,清军在松山城南,分道穴城,并且宣布:"此松山城,有能穴地以炮药崩溃之者,城破时,为首效力及运送火药之人,无主者赏而授之以官,奴仆则赏以人、牛,准离其主;其指示督率官员,照先登大城例升赏。协同穴城兵丁,视其出力多少,以次赏赉。"②攻城不下,复加招降,派遣使臣招抚,宣称:"若能察天意,顺时势,速来归命,则不特军民免于死亡,尔等之丰功伟绩,何可限量乎!"③遭到明松山副将金国凤等人的拒绝。金国凤率兵三千,戮力死守,激战四十日,清兵解围而去④。后皇太极几次冀图攻破松山,都没有成功。此次,皇太极大规模进兵松山,必欲破城,擒洪总督。

　　松山被围,报传京师,崇祯震动,朝野惊慌。明朝辽军,经此一围,军心已散,无力再战。崇祯帝谕旨,命洪承畴以守为战,以战为守,要竭尽全力,守住松山城。崇祯帝对援救松山不力,严旨责问:"围城望救甚切,已有屡旨剿援,乃至今未发一兵,未通一信,抚镇道将,料理何事?"⑤明史科给事中迅速奏称:各衙门及其所属,都"不以力行为尽职,而以题复为尽职,不论是何条奏,但一题复,即为了事,当日具文,而当日已忘之矣。"崇祯朝上下,以谕旨传达谕旨,以题复落实题复,既不想做实事,也不肯做实事。松山城内,两万官兵,"每丁五日,放米二碗"。松山危情,内缺粮薪,外无援助,更加危重。九月初二日,宁前道石凤台奏道:"锦、松、杏孳奴,重重围困,亟不能解,钱粮匮诎,智勇难施,督抚在围,必不能出,必不肯出。"⑥所以,清军包围,已经一月,援救松山,一筹莫展。

　　皇太极命加强对松山城攻击,向前移营,缩紧包围,绕城掘壕,四面列炮,断其出入,以困毙之。传谕曰:"所掘壕堑,可周围巡视。其城外薪草,即令我兵割取。"⑦据从松山城逃出的明参谋官汪镇东目睹:"奴挖地为壕,壕上有桩,桩上有绳,绳上有铃,铃

　　① 《兵部呈为高起潜题松山防卫获胜事本》,《历史档案》,1984年,第2期。

　　② 《清太宗文皇帝实录》,第45卷,崇德四年三月辛酉,中华书局影印本,1985年。按:《清史稿·太宗本纪二》此事系于"己未(初二日)",《清太宗实录》则系于"辛酉"(初四日)。

　　③ 《清太宗文皇帝实录》,第45卷,23页,崇德四年三月丁卯,中华书局影印本,1985年。

　　④ 《明史·金国凤传》,第272卷,第6973页,中华书局校点本,1974年。

　　⑤ 《明清史料》,乙编,第4本,第336页,中央研究院历史语言研究所集刊,1936年。

　　⑥ 《明清史料》,乙编,第4本,第328页,中央研究院历史语言研究所集刊,1936年。

　　⑦ 蒋良骐:《东华录》,第3卷,第21叶,清刻本。

边有犬,其狡已极。"松山城内,虽有"战车二千辆,大炮二千门";却"言战不能,望援不至"①。明宁前道石凤台塘报:"松山自八月二十一日闰围之后,奴营遍布,水泄不通,督、抚在松许久,音耗寂然,本道屡差探听,无路可入。"②松山城内,缺粮短薪:"米粮有限,主客聚食,三月之后,恐不可支。"明朝兵部认为:松山城内,二万士卒,坚守时间,不能久待——"非饿死,则杀死"。

　　松山被围,断绝外援,情状危机,明方奏报:"督抚司道,复坐困松山,内无粮草,外无援兵,封疆诚岌岌危矣!"③但是,总兵曹变蛟,为明骁将,尝转战千里,身不解甲者,二十七昼夜。九月,洪承畴、曹变蛟等尽率城中马步兵,突围失败④。皇太极粉碎明军突围的计划后,更加紧对松、锦的围困。首先,严密包围。命郡王阿达礼、贝勒多铎等围松山,于城外筑城、掘壕。其次,增强军队。命郑亲王济尔哈朗、贝勒杜度等人,集中兵力,加以围困。再次,防止突围。为阻止松山、锦州明军突围西逃,并防止宁远明军前来增援,命蒙古科尔沁亲王武克善、郡王满珠习礼等人围杏山、高桥。诸种措施,将明军队,加以困死,坐以待毙。十二月,洪承畴以兵六千人,夜冲清军大营,清军还击,斩四百余人,明军退入城内,紧闭城门。关内援兵,竟驻宁远,卷缩城内,不敢前进。洪承畴"欲战则力不支,欲守则粮已竭,欲遁又未敢成队而出"⑤。松山明军,坐困城中。

　　崇德七年即崇祯十五年(1642年)初,松山城内,两万士卒,人多粮少,军民饥困,"转调路俱绝,阖城食尽"⑥。洪承畴派人执密札求援,结果未得粒米寸薪。城中严重缺粮,起初人日发米二碗,不久减至一碗,寻杀马充饥,后至人相食。朝廷先派顺天巡抚杨绳武督师救承畴,但兵不敢出战;又派副将焦埏赴援,出山海关败没。副将杨振请行,至吕洪山遇伏,军没被俘。清军令杨振往松山说降,近城时,杨振就地向南坐,语从官李禄道:"为我告城中人坚守,援军即日至矣!"⑦杨振、李禄,皆被杀害。时"松山城内,糇粮罄绝,人皆相食"⑧。松山副将夏成德,遣人密约降清,许为内应,并以其子夏

①　《明清史料》,乙编,第4本,第322页,中央研究院历史语言研究所刊印,1936年。
②　《明清史料》,乙编,第4本,第331页,中央研究院历史语言研究所刊印,1936年。
③　《明清史料》,乙编,第4本,第327页,中央研究院历史语言研究所刊印,1936年。
④　《明史·曹变蛟传》,第272卷,第6979页,中华书局校点本,1974年。
⑤　蒋良骐:《东华录》,第3卷,第22页,清刻本。
⑥　夏燮:《明通鉴》,第88卷,第3276页,中华书局,1959年。
⑦　《明史·杨振传》,第272卷,第6974页,中华书局校点本,1974年。
⑧　《清太宗文皇帝实录》,第60卷,第20页,崇德七年五月癸酉,中华书局影印本,1985年。

舒为质。二月十八日夜①，清军应约攻城，由南城墙，登梯而入，"众俱继之，敌兵方觉"②，遂克松山城。

次日晨，夏承德率部生擒洪承畴及巡抚丘民仰，总兵王廷相、曹变蛟、祖大乐，游击祖大名、祖大成，总兵白广恩之子白良弼等。然后进行全城大搜杀，诛斩明巡抚丘民仰及总兵曹变蛟、王廷臣，兵道张斗、姚恭、王之祯，副将江翥、饶勋、朱文德，游击以下官员百余人，兵丁三千零六十三人等。监军、郎中张若麒逃，从海上荡渔舟还。夏承德部因开门投降，其下男妇幼稚三千一百一十三人，获免死。清军获得妇女孩幼一千二百四十九口，甲胄军械一万五千二百六十七件，各种火器三千二百七十三位，金银珠宝一万五千有奇，绸缎衣服等一万五千九百余。皇太极下令把洪承畴及祖大乐等送往沈阳，将松山城"毁如平地"。

洪承畴城破被擒后，被送到沈阳③。五月初五日，明总督洪承畴等跪大清门外，剃发称臣。但明松山城陷，报总督洪承畴死。其《家主尽节松山奏本》称："八月，因轻战挠溃，(安)臣家主坐困松城，内乏粮糗，外杳救援，杀战马以饲军，马尽而军多饿毙，军士皆感平日恩信联结，忍饥苦守，以死为期，毫无叛志。乃逆将夏成德，见粮断援绝，开门献城。(安)臣家主被执，义不受辱，骂贼不屈，惟西向庭阙叩头，口称'天王圣明，臣力已竭，愿为厉鬼杀贼'等语。奴恨数年战守，经碎体而亡。从来死节之惨，就义之正，未有如(安)臣家主者也。"④事闻，崇祯帝甚为惊悼，特降洪承畴"义殉可悯"、"节烈弥笃"之旨，又亲临致祭，以旌忠烈。命在北京为总督洪承畴设坛十六，赐祭哀甚，又命在北京城外，为洪承畴建祠⑤。时洪承畴是否"殉节"，辽东"塘报"互异。《明清史料》中的《兵部行〈确察洪承畴等殉节塘报互异〉稿》，可为其时互异"塘报"的史证⑥。但是，

---

① 松山破城时间：《清太宗实录》《清史稿·太宗本纪》俱载为二月十八日，《崇祯实录》、《国榷》等均载为三月十八日，后者当为接到奏报时间。

② 《清太宗文皇帝实录》，第 59 卷，第 7 页，崇德七年二月辛酉，中华书局影印本，1985 年。

③ 昭梿：《啸亭杂录·用洪文襄》："松山既破，擒洪文襄归。洪感明帝之遇，誓死不屈，日夜蓬头跣足，骂詈不休。文皇命诸文臣劝勉，洪不答一语。上乃亲至洪馆，解貂裘与之服，徐曰：'先生得无冷乎？'洪茫然视上，久之，叹曰：'真命世之主也！'因叩头请降。"

④ 李光涛：《洪承畴背明始末》，《明清档案论文集》，第 631 页，联经出版事业公司，1986 年。

⑤ 刘献廷《广阳杂记》第 2 卷第 104 页："北都正阳门，西月城中有关壮缪庙，东月城有观音大士庙。其观音庙，崇祯中敕建，以祀经略洪承畴，而配祀关壮缪者也。后知洪生降，改祠大士焉。"

⑥ 《明清史料》，乙编，第 4 本，第 398 页，中央研究院历史语言研究所刊印，1936 年。

巡抚丘民仰,城陷死难,"塘报"确实。崇祯帝命为丘民仰设坛、建祠,崇祯帝将亲祭时,"闻承畴降,乃止"①。

降服锦州 先是,锦州守将祖大寿向明廷报称:"锦城米仅供月余,而豆则未及一月。倘狡虏声警再殷,宁锦气脉中断,则松、杏、锦三城势已危,朝不逾夕矣。"②至是,洪承畴松山战败后,锦州形势,危若悬卵。九月二十二日,皇太极命济尔哈朗等对锦州"所掘壕堑,可周围巡视。其城外薪草,即令我军割取。"清军对锦州不仅断绝其粮食,而且断绝其薪草。十月,皇太极派孔有德、尚可喜、耿仲明等率领属下官兵驻防锦州城外。随之张存仁奏言:"锦州一破,则三边悉动摇矣!"建议皇太极加紧对锦州的围攻。十一月,命多尔衮等驻防锦州城外。十二月,命祖大寿之子泽洪,到锦州领取妻子,并说服其父投降。泽洪等至锦州,竟未能同其父交谈而回。

崇德七年即崇祯十五年(1642年)二月,清军外攻内应,占领松山城。其时的形势,"松山已破,杏山、锦州,指日沦没"③,皇太极仍尽力劝祖大寿投降。他命将祖大名、祖大成二人,纵还锦州。三月初十日,清军围困锦州,掘壕防守,轮番更戍,已历一年。其时锦州城内,"援兵尽绝,城内粮尽,饥民相食",祖大寿战守计穷,率众出城,到清和硕郑亲王济尔哈朗、多罗睿郡王多尔衮等军前"叩首乞降"。济尔哈朗等派员到盛京具奏。其间,祖泽远遣人欲邀祖泽洪到锦州面谈,回答祖泽洪已回沈阳,祖大寿又要见祖大乐,然后"我即归顺。我若归顺,宁远已可得也"。经诸王大臣商议,令祖大寿来使同祖大乐相见。降而后叛的祖大寿又提出:"王可许与盟誓及有用文移否?如有之,即归顺矣!"经过来回反复,次早"祖大寿率众官诣军前,叩首降"④。清军入城,占领锦州。

皇太极对祖大寿等作了区别处理:第一,对祖大寿以礼相待。祖大寿被送到沈阳,皇太极等待祖大寿已经十年,不改初衷,以礼相待。第二,对其部属妥善安置。将祖大寿部众留养,其祖大弼等及男妇、僧人、喇嘛共四千八百九十四名口,俱免死入册。第三,凡非其部众者屠杀。不属于祖大寿部属者副将以下官员十七人,兵丁八千余人,都遭屠戮。第四,蒙古兵尽遭屠戮。"凡在锦州蒙古人,俱查出处斩"。蒙古兵有数千,以

---

① 《明史·丘民仰传》,第261卷,第6769页,中华书局校点本,1974年。
② 《兵部为总兵官祖大寿题御敌之等事行稿》,《历史档案》,1985年,第2期。
③ 《清太宗文皇帝实录》,第59卷,第9页,崇德七年二月甲子,中华书局影印本,1985年。
④ 《清太宗文皇帝实录》,第59卷,第11页,崇德七年三月己卯,中华书局影印本,1985年。

宴会的名义,让他们去掉随身带的弓和剑,驱赶到野外,遂出动满洲"铁蹄躁之",皆被惨杀。第五,原在锦州居民商贾,悉于保全①。第六,斩俘获一万二千四百多人,甲胄军械七千二百多件,各种火器六百多位。第七,百姓财物,"收取一空"。第八,平毁锦州城。

总之,锦州自崇德五年即崇祯十三年(1640年)五月二十五日,至崇德七年即崇祯十五年(1642年)三月初十日,被围近两年,为清军占领。

攻克塔山　塔山城(今辽宁省葫芦岛市连山区)位于松山与连山之间,南距宁远四十里,北距杏山也四十里。先是清和硕郑亲王济尔哈朗、多罗睿郡王多尔衮、多罗肃郡王豪格,率右翼将士,及两翼护军,汉军,运载火器,列红衣炮于塔山城西。崇德七年即崇祯十五年(1642年)四月初八日,清军开始进攻塔山城。四月初九日午时,城崩二十余丈,清兵由城垣崩处,先登入城,遂克其城。城内三营官属兵丁共七千余名,尽被歼灭,俘获城内物资,不计其数②。塔山堡位重势要,据顾祖禹《读史方舆纪要》引《一统志》所载:"卫境南自北而东南有战歌、安家、庆春、永丰、古城、广积、积粮、长安、镇安、永安、蛇山、海泉、海山、新安、林树、泰新、盐场、三山、塔山、海滨、刘兴、兴安、城南、老军凡二十四堡。"塔山堡之陷,其余各堡,未经弓矢,亦皆尽没。尔后,毁其城垣,进攻杏山。

占领杏山　杏山城(今辽宁省凌海市杏山乡)位于松山与塔山两城之间,南距塔山四十里,北距松山二十里。清军在围困锦州、松山、塔山时,也围困杏山,并于九月十二日,派郡王阿济格等人率军,全力围攻杏山。崇德七年即崇祯十五年(1642年)四月二十一日,清军攻杏山城。先是,清军攻克塔山后,十二日,皇太极遣和讬、钟古等赍《敕谕》,往杏山招抚。谕云:"杏山吕将军及众官军士等,朕以大军,久围松、锦。松山军民粮尽,人相杀而食。副将夏承德,势穷力竭,自分必死,遂质子于军前,接引大军入城。故将夏承德同谋归顺之众,尽宥养之。其祖大乐、祖大成、祖大名等,因系祖大寿之昆弟,俱经惠养。即总督洪承畴,亦赦而养之。其余抗拒者,尽皆诛之。锦州自被围以来,有出城樵采者,既为我兵截击,城中粮尽,又互相残食,军民死伤殆尽。祖大寿势迫,匹马来归。"又说:"今尔杏山,受困日浅。若不劳我士马,敕书到日,即举城投顺,朕

---

①　《清太宗文皇帝实录》,第59卷,第17页,崇德七年三月壬午,中华书局影印本,1985年。
②　《清太宗文皇帝实录》,第60卷,第13页,崇德七年四月辛亥,中华书局影印本,1985年。

当保抚全城,秋毫无犯。汝等不特可全身家,并当叙尔献城之功。"否则"朕命速降而不来降,后或攻或困,城下之日,尽行屠戮,悔无及矣"①!杏山城内守将答云:"任汝攻击,我等断然不降!"②拒绝投降,送还《敕谕》。二十一日黎明,和硕郑亲王济尔哈朗、多罗睿郡王多尔衮、多罗饶余贝勒阿巴泰等,命移炮于城北面,先攻取其近城几处墩台。二十二日,济尔哈朗等率军攻城。在杏山城前,列红衣大炮,击毁城垣约二十五丈余。清军将欲登城,城中危急,明军守城副将吕品奇率领众官,开启城门,至清军营,叩首投降。并云:"我等先欲归顺,畏惧军威,所以未降。今或杀或宥,惟命是听。"③济尔哈朗遂令将士入城,立于城上,并拨兵守门。其投降官属兵丁,及人畜牧业物数,俟察明具奏。是战,清军在籍获杏山投降官民及俘获,计获男子二千五百七十六人,妇女幼稚四千二百六十二口,驼二只、马二十二匹、牛五头、骡七头、米谷一百四十四石、甲二千七百四十六副,红衣炮、鸟枪共八百六十有三位。清军攻克杏山,"报至,京师大震"④。

清军于崇德七年即崇祯十五年(1642 年)二月十八日占领松山城后,于三月初十日,占领锦州城。四月初九日,又攻占塔山城。最后,四月二十二日,再夺占杏山城。后将松山、塔山、杏山三城毁之。至此,在两个多月时间,松山、锦州、塔山、杏山四城,均被清军全部占领,明军关宁锦防线北段崩溃。

(五)胜败申论

松锦大战于明、清兴亡,具有重大的历史意义。此役以清军歼灭洪承畴援锦大军与夺占辽西锦州、松山、杏山、塔山四城而告终结,并为尔后入主中原奠定基础。明朝则相反,不仅失掉十余万兵马,以及辽西四城,而且将大明江山堕入危境之中。乾隆帝在萨尔浒树立纪念碑,后嘉庆帝在松山亦树《太宗皇帝大破明师于松山之战书事文》纪念碑。清朝皇帝重视这两次大战,并在原战场树碑纪念,表明这两次大战是明、清在关

---

① 《清太宗文皇帝实录》,第 60 卷,第 15 页,崇德七年四月辛亥,中华书局影印本,1985 年。
② 《清太宗文皇帝实录》,第 60 卷,第 17 页,崇德七年四月甲子,中华书局影印本,1985 年。
③ 《清太宗文皇帝实录》,第 60 卷,第 17 页,崇德七年四月甲子,中华书局影印本,1985 年。
④ 《崇祯实录》,第 15 卷,第 4 页,崇祯十五年三月丁亥,台北中央研究院历史语言研究所校勘本,1962 年。

外的两次战略决战,对清兴明亡具有深远影响。萨尔浒大捷使后金"克辽东,取沈阳,王基开,帝业定"。如乾隆帝所说:"我大清亿万年丕丕基实肇乎此。"松锦大捷使清攻克辽西四城,摧毁关锦防线,亦如乾隆帝所说:"我太宗大破明师十三万,擒洪承畴,式廓皇图,永定帝业。"所以,"太祖一战而王基开,太宗一战而帝业定"①。总之,萨尔浒大战、松锦大战,加上沈辽大战,是清朝开国史上的三块里程碑,反映了清朝开国史三次重大的历史转折。明朝与后金——清自万历四十六年即天命三年(1618 年)抚顺第一次交锋,至崇祯十七年即顺治元年(1644 年)清军入关前,在近三十年间,曾发生大小百余次争战,但对明、清兴亡产生极其深远影响的主要是三大战役,这就是萨尔浒大战、沈辽大战和松锦大战。萨尔浒大战是明、清重大军事冲突的开端,标志着双方军事态势的转化——明辽军由进攻转为防御,后金军由防御转为进攻;沈辽大战是明、清激烈军事冲突的高潮,标志着双方政治形势的转化——明朝在辽东统治的终结,后金在辽东统治的确立;松锦大战是明、清辽东军事冲突的结束,标志着双方辽西军事僵局的打破——明军顿失关外的军事凭借,清军转入新的战略进攻,为破山海关、定鼎北京、入主中原,准备条件,奠下基础。

松锦大战,明军失败,清军胜利,各有其因。

明军失败,原因复杂。从根本上说,在于明朝腐败,大厦将倾。崇祯帝面对清朝军队和农民军队,受到外线与内线两个战场的双重打击。但是,农民军暂时失利,转入低潮,朝廷将军事重点,转向关外辽西战线。崇德四年即崇祯十二年(1639 年)正月,任命三边总督洪承畴为蓟辽总督,负责辽西军务。但崇德五年即崇祯十三年(1640 年)四月至翌年八月一年零四个月的时间里,明朝关内形势急剧恶化,李自成已经攻陷河南,福王常洵被杀;张献忠攻陷襄阳,襄王翊铭被杀;中原饥荒,哀鸿遍野:"是年,两京、山东、河南、山西、陕西、浙江,大旱蝗。至冬,大饥,人相食,草木俱尽,道馑相望。"②京师饥民,流亡塞路。

明朝社会危机深重,军事极端腐败,且军中事权不一、文武不协、监军掣肘、将贪兵惰。凡军国大计,皆决于文臣。身任边防之将帅,都由文臣担任,且由内臣监军。号令不一,事权不专。其时,明朝辽东统帅孙承宗、熊廷弼、袁崇焕皆死于辽事;名将杜松、

---

① 颛琰:《太宗皇帝大破明师于松山之战书事文》,清武英殿刻本。

② 《崇祯实录》,第 13 卷,第 12 页,崇祯十三年十二月,台北中央研究院历史语言研究所校勘本,1962 年。

刘綎、满桂、贺世贤、罗一贵、赵率教、何可纲等皆死于疆场。能协调关外战事、且富有辽事经验的统帅,一个没有;至于武将,只剩下一个祖大寿,既已先降,且被围困。可以说,整个调到辽西关锦防线的明军统帅与将领,没有一个是清军统帅与将领的对手。明军统帅洪承畴是否为清军统帅皇太极的对手呢? 事实证明也不是。

明军松山失败的根源,在于腐败的社会机制。但明军在关内、关外战场上,都打过一些胜仗。因之,明军松山之败,还有具体原因。明朝皇帝朱由检、兵部尚书陈新甲、监军郎中张若麒,以及八镇总兵等,都不能辞其咎。明人评论,此役之败,或谓崇祯帝"主意多变"、"性急催战";或谓"总督和监军互相掣肘";或谓"张若麒一人误之也";或谓"陈新甲、张若麒辈,其肉岂足食乎"①! 时人痛恨陈新甲、张若麒二人,自然不无道理。突围时总兵王朴先逃,各总兵不战自溃,遂使局面不可收拾,他们应各负其咎。明军松山之败,究其具体原因,概括说来,一语破的,皇太极言:"君暗臣蔽。"君暗必臣蔽,臣蔽则君暗。其具体的表现,在于洪承畴与陈新甲的兵略分歧。

解救锦州之策,庙堂存在分歧。两种兵略,"朝议两端"②。一种兵略是以兵部尚书陈新甲为代表,另一种兵略是以蓟辽总督洪承畴为代表。《崇祯实录》记载:"陈新甲奏陈边事:'欲出兵塔山,趋大胜堡,攻营之西北;出杏山,抄锦、昌,攻其北;出兵松山,渡小凌河,攻其东;又正兵出松山,攻其南。'命下行营议之。洪承畴虽统正兵,仅白广恩、马科、吴三桂敢战,若分三将于三路,虑众寡不敌,且兵既分,则势更弱。洪承畴请且战且守,略曰:'久持松、杏,转运锦州,守御颇坚,未易撼动。若清再越今秋,不但清穷,即鲜亦穷矣! 此可守而后可战之策也! 今本兵议战,安敢迁延? 但恐转运为艰,鞭长莫及,国体攸关,不若稍待,使彼自困之为得也。'上是之。而新甲执前议,职方郎中张若麒,躁率喜事,见前战松山、石门,皆有斩级,谓围可立解,上密奏。"③兵部尚书陈新甲的作战方略是:分兵四路,解救锦州之围;蓟辽总督洪承畴的作战方略是:守而后战,待彼自困。崇祯帝先赞同洪承畴的意见,又接受陈新甲的建议,他派职方郎中张若麒前往宁远监军,又命原绥德知县马绍谕出关赞划军务。松山败后,或因陈新甲主和议被杀,史书多砭其议。平心而论,如按陈新甲作战方略行事,或可胜利,即便不胜,当

①　谈迁:《国榷》,第 97 卷,第 5905 页,中华书局,1958 年。

②　《明史·丘民仰传》,第 261 卷,第 6769 页,中华书局校点本,1974 年。

③　《崇祯实录》,第 14 卷,第 5~6 页,崇祯十四年六月乙巳,台北中央研究院历史语言研究所校勘本,1962 年。

不至于全军覆没。当然,作为兵部尚书,松锦之败,负有责任。但主要责任,在于洪承畴。

洪承畴,福建南安人,万历进士。崇祯帝以其知兵,命为兵部尚书、三边总督、督关中军务。洪承畴同农民军作战,屡战辄胜,李自成潼关兵败,仅十八骑走商洛,洪承畴屡立战功,深受兵部和崇祯的赞赏。后清军屯筑义州,围困锦州,明廷命洪承畴为兵部尚书、总督蓟辽,调集八总兵、十三万步骑、四万马匹并足支一年粮料于宁远,以解祖大寿锦州之围。明军与清军展开松锦会战,结果——洪承畴兵败被俘,皇太极获得全胜。明军是役失败的原因,论者或谓"庙堂趣兵速战",或谓"将领不听调遣",或谓"营伍纷纭,号令难施,而人心不一"①等,皆轻论洪承畴兵略之失。洪总督议用持久之战,从宁远到锦州建立一条饷道,以救援锦州。有学者概括其兵略为"步步为营,且战且守,待敌自困,一战解围"②。上述兵略,何得何失?看清汉军固山额真石廷柱给皇太极的条奏:"明援兵从宁远至松山,带来行粮,不过六七日,若少挫其锋,势必速退,或犹豫数日,亦必托言取讨行粮而去。我军伺其回时,添兵设伏高桥,择狭隘之处,凿壕截击,仍拨锦州劲兵尾其后,如此前后夹击,糗粮不给,进退无路,安知彼之援兵,不为我之降众也!"③皇太极采纳了石廷柱的建议。洪承畴的兵略,落入皇太极之彀中。洪承畴在松锦会战中,兵略之失,条析如下:

其一,轻进顿师,错失军机。兵贵拙速,不贵巧久。速虽拙,可迅胜;久虽巧,斯生患。洪承畴于崇德四年即崇祯十二年(1639年)正月十九日,受命为蓟辽总督,表明崇祯帝加强辽西战事的关注。翌年五月,洪总督简锐集饷,出山海关。崇祯十四年即崇德六年(1641年)三月二十一日,锦州告急,洪承畴会八镇——宁远总兵吴三桂、大同总兵王朴、宣府总兵李辅明、密云总兵唐通、援辽总兵左光先(后以蓟州总兵白广恩代)、东协总兵曹变蛟、山海总兵马科、辽东总兵刘肇基(后以前屯卫总兵王廷臣代)的兵马于宁远。宁远距锦州,逶迤百余里。洪总督设谋:建立饷道,步步为营,边战边运,济援锦州。但是,时不我待,同月二十四日,清济尔哈朗等克锦州外城。清军又于锦州内城之外,环城而营,深沟高垒,重兵紧围,绝其出入。时锦州内外交困,急待解救,直

① 《明史·金国凤传》,第272卷,第6974页,中华书局校点本,1974年。
② 李新达:《洪承畴传》,王思治主编:《清代人物传稿》,上编,第2卷,第300页,中华书局,1986年。
③ 《清太宗文皇帝实录》,第56卷,第25页,崇德六年六月丁酉,中华书局影印本,1985年。

至七月二十八日，洪承畴援锦之师，才驻营松山。况且，宁远距松山，才百里路程；其间拖宕，四个多月。其时，洪承畴出关，用师年余，宁远会师，亦逾四月，顿兵耗饷，锦围未解。作为崇祯皇帝朱由检、兵部尚书陈新甲，见到锦州求援急报，趣洪进师，当无大错。洪承畴旨在解围，却计设巧久，轻进顿兵，延缓时间，老师糜饷。洪总督将十余万大军，环松山立营，图进解锦州之围，却退无回旋之地——自断与后方杏山、塔山、宁远等城的联络。皇太极观察洪承畴阵势，决定对其掘长壕，断粮道，使之陷于绝境。洪承畴虽处于"孤危之地"，锐气尚盛，例如：乘锐决战，或分兵袭清营，"可以得志"；或退保杏山，"徐图制胜"；或分屯长岭山，可防清兵抄明兵后，并使饷道保持通畅。尤其是大敌当前，不思如何破阵解围，竟"退师就饷"，这是一大失误。退兵时，"不能善后，形见势绌"，此又一失误。"九塞之精锐，中国之粮刍，尽付一掷"①。从一开始，洪承畴就完全陷于被动。

其二，部署失误，决战失机。洪承畴统十三万之众，入孤危之地，首尾全无照应。洪总督亲自率兵六万先进，以诸军居后继之；大军抵松山，却布兵分散：以骑兵绕列松山城之东、西、北三面，步兵在乳峰山至松山道中分屯为七营并卫以长壕。明军到位后，即同清军激战。据《清太宗实录》记载：清军右翼郑亲王济尔哈朗失利，山顶两红、镶蓝三旗驻营之地为明军所夺，"人马被伤者甚众"②。又据《李朝仁祖实录》记载："九王阵于汉阵之东，直冲汉阵，不利而退。清人兵马，死伤甚多。"③是役，清军失利，几至溃败。宜乘彼困待援之机，鼓锐骑突解锦之围。其时，祖大寿数次督兵突围，洪总督如组织松山军同锦州军南北夹击，战局便会主动。时赞画马绍愉建议："乘锐出奇"，夺取大胜；兵道张斗也建议：防敌抄后，以免被动。将之智者，机权识变。但洪承畴不通机变，没有采纳，坐失时机；却轻蔑地说："我十二年老督师，若书生，何知耶！"④朝鲜人评论洪承畴松山兵败的一个原因是："军门洪承畴年少自用，不听群言，以至于败。"⑤智

① 谈迁：《国榷》，第 97 卷，第 5905 页，中华书局，1958 年。
② 《清太宗文皇帝实录》，第 56 卷，第 14 页，崇德六年七月乙酉，中华书局影印本，1985 年。
③ 《李朝仁祖大王实录》，第 42 卷，第 34 页，十九年十月庚戌，日本学习院东洋文化研究所，1959 年。
④ 《崇祯实录》，第 14 卷，第 8 页，崇祯十四年八月癸丑，台北中央研究院历史语言研究所校勘本，1962 年。
⑤ 《李朝仁祖大王实录》，第 42 卷，第 33 页，十九年九月甲午，日本学习院东洋文化研究所，1959 年。

者不后时,谋者不留缺。洪承畴在松山会战的关键时刻,"阵有前权,而无后守"①,既后时,又留缺,错过决战机会,留给敌人空缺。

其三,帅才不周,战必隙缺。皇太极在清军松山失利,态势紧急危难之时,以"行军制胜,利在神速",不顾病患②,急点兵马,亲率援军,疾驰五日,自沈奔松,立营待战。八月十九日,清军统帅皇太极在松山附近戚家堡驻营后,即举行诸王贝勒大臣会议,共议攻守之策。皇太极的军事重点是:围困锦州,打击松山。其兵略是:围城打援,横堑山海,断彼粮道,隘处设伏,邀其退路,纵骑驰突。翌日,皇太极指挥并完成穿越松、杏通道,直至海角大壕,置明军于包围之中;切断明军粮源,阻隔明军饷道;并在明军从杏山撤往宁远通路之要隘——高桥和桑噶尔寨堡设伏,候其通过,扼险掩杀。洪总督未以己之长,贾锐决战,速解锦围;反以己之短,予彼机会,批亢捣虚。皇太极利用洪承畴的短阙,断其粮食之源,置其死亡之地。

其四,自断粮料,反资于敌。洪总督由宁远进军松山时,先率六万人马前行,其后继部队亦接踵而至,十三万大军所需的粮料,不能及时运至松山,只好准备三天行粮,命将粮料储于塔山附近海中笔架山上,但未设重兵御守,军兵自带行粮,仅够数日食用。他忘记了"赤眉百万众无食,而君臣面缚宜阳"的惨痛历史教训。粮食为军中命脉,切不可等闲视之。愚将,粮资于敌;智将,粮取于敌。清军统帅皇太极,看准洪承畴的致命弱点,决定断其粮道,避免直接决战,躲其锋锐,击其要害,就是采取派军断其粮道、夺其粮仓的釜底抽薪之计。二十日,皇太极派阿济格率军攻塔山,夺取了明军在笔架山存储的粮料十二堆,并令各牛录派甲士运取之。明军储粮,未运去锦州,反资于清军,松山之粮,不足三日。明军储粮被夺,所带行粮将罄,欲野战,则力不支;欲坚守,则粮已竭——全军将士,军心涣散;八镇将领,一片恐慌。严峻缺粮形势,逼迫他们闯围,返回宁远就食。退师就食,岂有此理? 此为清军截杀,提供难得机会。严阵以待的清军趁机截杀,一夜之间,方寸之地,十万大军,落得惨败。

其五,事权不专,号令不一。先是,洪承畴就总兵金国凤将兵胜败之事,奏言统帅应"事权专、号令一、人心肃"。史籍记载:"总督洪承畴上言:'国凤素怀忠勇,前守松

---

①　计六奇:《明季北略》,第 38 卷,第 12 页,光绪十三年(1887 年)刻本。

②　《清太宗文皇帝实录》第 57 卷崇德六年八月壬戌:"上行急,鼻衄不止,承以椀,行三日,衄方止。"

山,兵不满三千,乃能力抗强敌,卒保孤城,非其才力优也,以事权专,号令一,而人心肃也。迨擢任大将,兵近万人,反致陨命,非其才力短也,由营伍纷纭,号令难施,而人心不一也。乞自今设连营节制之法,凡遇警守城,及统兵出战,惟总兵官令是听,庶军心齐肃,战守有资,所系于封疆甚大。'帝即允行之。"①但是,清军断粮包围,明军极度惊慌,大敌当前,堑垒困围,岂有退师就食之理? 二十一日,洪承畴决定次日突围,诸将不愿拼战。洪氏未能"惟其令是听",封疆事大,临机果断,事权专,号令一,斩懦将,肃军心;而左顾右盼、计无所出,自乱其军、自去其胜。当夜,总兵王朴先遁,顿时步骑大乱。尔后,吴三桂、唐通、马科、白广恩、李辅明等五总兵带所部沿海迭退。总兵曹变蛟率军直突清军御营,中创遁还松山城,同洪承畴、王廷臣带兵万人困守。冲围的各部明军,遭到清军的追击、截击、伏击和横击。清军纵骑,横扫明军,明军官兵,或被逼涉海,尽没于潮;或遭蹂躏,不可胜计。二十六日,退到杏山的吴三桂和王朴,率余部冲出,欲奔向宁远。退至高桥,中伏,溃败。短短六天,松山一带,十万官兵,败没殆尽。遍野死伤狼藉,海上浮尸蔽涛。所余败兵,部分逃入松山城,部分遁向宁远城。

其六,暗知彼己,敌何自困? 洪承畴作为明辽军总统帅,既不料己,内部出现叛将,夏成德密约清军登城,松山城陷;又不料彼,清军后方辽阔,筑城屯田义州,围困锦州经年。锦州外城已陷,内城被围数重。洪承畴何以将清军拖疲、甚至拖垮? 明军不去解围,清军不会自困。洪总督所谓"待敌自困,一战解围"之议,大言媚上,自欺欺人。明军松山败后,洪承畴率败兵万余,缩守松山城。松山、锦州、杏山、塔山,四座重城,均被围困,援兵无望,粮食且绝。翌年二月,松山城陷,洪氏降清。三月,锦州守将祖大寿举城投降。四月,杏山与塔山,亦相继失陷。洪承畴的错误兵略,使明军丧失辽左四城,损失约十五万军队②。松锦之败,这是明朝在辽西损失的最大一支精锐军队,也是明朝在关外损失的最后一支精锐军队,从而,打破双方长达二十年之久的辽西军事僵局,清军开始新的战略进攻。

其七,合兵解围,合而未齐。明末史学家谈迁总结辽东萨尔浒与松山两大决战,明军失败原因时说:"自辽难以来,悬师东指,决十万之众于一战,惟杨镐与洪氏。镐分兵

---

① 《明史·金国凤传》,第272卷,第6974页,中华书局校点本,1974年。
② 明军八镇总兵数十三万余人,被困在锦州的约二万余人,总计约十五万人。

而败,洪氏合之亦败,其失并也。"①杨经略分兵之败,原因在于:兵分四路,彼此分隔,分而未合,各被击破。天命汗则看准明军分兵的致命弱点,采取"凭尔几路来,我自一路去"②的作战方针,取得萨尔浒大捷。同样,洪总督合兵之败,原因在于:兵会八镇,合而不齐,前众后寡,有正无奇。皇太极也抓住明军合兵缺粮的致命弱点,采取断其粮道、退路设伏的策略,取得松山大捷。所以,杨经略分兵而未合,洪总督合兵而未齐,其失败原因,都是一样的。虽有步兵立营、骑兵列阵,但无后援机动、粮秣保障、奇着制胜。两军对垒,兵力相当,布设奇伏,智者之优。前述笔架山粮食被劫,是一例证;吴三桂、王朴率败兵自杏山奔宁远,皇太极先于高桥、桑噶尔寨堡设伏兵,果然吴、王中伏,两员总兵,仅以身免,是又一例证。洪承畴不得不吞下统兵时兵合而不相齐、首尾而不相及和布阵时无奇兵、无后守的毒果。

其八,进退失时,尤怨庙算。洪总督在进军时,兵部尚书陈新甲以"师老财匮"而令其尽速进兵;所派监军、郎中张若麒亦报请"密敕趣战";崇祯帝密敕"刻期进兵"③。崇祯皇帝朱由检和兵部尚书陈新甲,其别的误失姑且不论。然而,总督出关,老师糜饷,"用师年余,费饷数十万,而锦围未解,内地又困"。况且,洪承畴顿兵宁远达数月之久,却不速解锦州燃眉之急,趣之促之,情理宜然,这不能成为其失败的遁词。兵部尚书、总督蓟辽洪承畴,是松锦战场的统帅,当有权临机决断。《孙子》曰:"将能而君不御者,胜。"李筌注曰:"将在外,君命有所不受者胜,真将军也!"《孙子》又曰:"战道必胜,主曰无战,必战可也;战道不胜,主曰必战,无战可也。"张预注曰:"苟有必胜之道,虽君命不战,可必战也;苟无必胜之道,虽君命必战,可不战也。与其从令而败事,不若违制而成功。"④此役,洪总督并不是"真将军也!"洪承畴谋略不周,轻进顿师,进不能突围,退不能善后,拒纳善谏,兵败疆场,垂辫降北。

清军胜利,原因复杂。从根本上说,在于满洲新兴。当然,清军也有局部的失败,但总体上赢得此次战役的胜利。

最为突出的是:皇太极长于野战,而短于攻城,在松锦大战中,始终采取围城打援的战术,不仅消灭洪承畴率领的十三万援军,而且困逼松山、锦州、杏山、塔山的

①　谈迁:《国榷》,第 97 卷,第 5904～5905 页,中华书局,1958 年。
②　夏允彝:《幸存录·东人大略》,下卷,第 10 页,商务印书馆,1912 年。
③　谈迁:《国榷》,第 97 卷,第 5899 页,中华书局,1958 年。
④　《孙子·谋攻》《孙子·地形》,上海广益书局,1922 年。

明军献城投降,摧毁了明军经营多年的关宁锦防线北段,为进取中原铺平了道路。松锦之捷,是皇太极一生军事艺术中最精彩的杰作,也是中国军事史上围城打援的范例。

清军松锦之战,其取胜之兵略:一是御驾亲征,二是兵略正确,三是围城打援,四是用红衣炮,五是各个围破,六是用间内应。《清太宗实录》记载:"锦州之役,上整旅亲征,击败明援兵十三万,锦州、松山相继归降,又用红衣炮攻克杏山、塔山等处。"①皇太极在松锦大战中的成功兵略,举其大要,列作六点。

第一,御驾亲征。明、清松锦大战,明军变化的特点是:劣势——优势——劣势;清军变化的特点则是:优势——劣势——优势。就是明军由锦州被围的劣势,转化为集中十三万军队于松山的优势,又变为劣势;清军则由围困锦州的优势,转化为面对松山十三万明军的劣势,再变为优势。洪承畴进兵松山后,同清军交锋。清军接战,损失惨重。多尔衮遣官奏报,请派援军,协力拒敌。朝鲜文献记载:沈阳官民,得知"军兵大半见败,大将数人,亦为致毙。行街之人,多有惶惶不乐之色。城外远处,则坊曲之间,哭声彻天"②。前方急报,驰至盛京,清军统率皇太极不顾患病,决定亲征,昼夜急行,奔赴前线。皇太极疾驰到松山,立即观察地理形势,举行贝勒大臣会议,针对明军部署,共议攻围之策。皇太极作出明确判断,及时调整战术,重新进行部署,化被动为主动,经过一夜,各赴汛地。明军见皇太极"亲率大军,环松山而营,大惧,欲战则力不支,欲守则粮已竭,遂合谋退遁"。皇太极在松山决战中,大路掘壕,断敌粮道,横击掩杀,高桥设伏等,正如清人总结道:激战过程,"悉如睿算"。皇太极御驾亲征,振奋军心,临机决策,调整战术,对扭转战局,起关键作用。相反,明朝最高决策者,或庙堂,或兵部,远在京师,塘报迟缓,不了解实情,凭主观臆断。洪承畴虽临阵指挥,却没有最高决策权。因此,清军取得松锦大捷,崇德帝皇太极御驾亲征,前线指挥,临机决断,对于扭转战局,取得战役胜利,实是一大关键。

第二,兵略正确。继天命汗宁远之败后,又遭宁锦之败,皇太极进行战略调整。东面两次兵败朝鲜;西面打败林丹汗,统一漠南蒙古;北面远征黑龙江地域,绥服索伦部;南面则先后四次迁道入塞,残毁掳掠。正如章京盛忠所言:"年来我兵内入,累次破城

① 《清太宗文皇帝实录》,第61卷,第16页,崇德七年六月癸亥,中华书局影印本,1985年。
② 《沈阳状启》,仁祖十八年四月二十二日,辽宁大学历史系铅印本,1983年。

获捷，而不得坐守其地者，皆因关门阻隔，首尾难顾，是以得其城而不能保。"①时明、清军政形势，双方力量对比，发生有利于清、不利于明的变化。"定鼎之谟，在此一举，时不容缓，机不可失"②！皇太极能依据彼此态势，掌握作战时机，转移主攻方向，选择战略目标，制定作战方略，临阵正确指挥，表现出卓越的军事才能。清军驻屯义州，为着松锦大战，做了充分准备。皇太极对明军守城兵力、援军数量、经过道路、粮秣储存、作战方略及逃遁线路等，都有清晰了解与准确判断，因此能掌握整体松锦战场的主动权。

第三，围锦打援。皇太极在关内施行残毁掠夺的方针，激起中原广大民众的反抗。清军几次入关，寸土未得，实因"关门未开，盖以关外之八城未得耳"③。皇太极总结多次破墙入塞的历史，既汲取两次攻打宁远的教训，也接受攻陷大凌城的经验，因而首先围攻关宁锦防线的先锋要塞锦州。而在围攻锦州时，先于城外挖壕筑垒，切断城内明军与外界的联系，实行长围久困，迫使对方陷于饥境，而急待救援。然后在预先设好的战场上，埋伏精兵。在松山、塔山、杏山三城，也是如此。皇太极将"围城"、"攻坚"、"隔离"、"堵截"、"设伏"、"打援"、"追击"、"诱降"等战法，有机结合，巧妙运作，利用优势，一举取胜。

第四，用红衣炮。红衣大炮原是明军对付八旗军的法宝，而今成为清军攻坚打援的强大武器。皇太极除令左右翼八旗携带火器外，又命善用大炮的孔、耿、尚及汉军参战，还征发朝鲜火炮手随军。在围困锦州时，清军发红衣大炮毁其外城，缩紧包围；在塔山攻坚战中，清军发红衣炮，轰城崩塌二十余丈，然后"由崩处先登，遂克其城"；同样，杏山城之攻克，亦是"列红衣炮击毁城垣"，促成清军之胜利④。

第五，各个击破。明军总督洪承畴统帅八总兵、十三万兵马，集结松山，占有优势。其时，清军从义州到塔山，战线过长，兵力分散，长期露宿，处于劣势。但是，皇太极的高明之处在于，将明军辽西的十五万兵马，逼于四处——锦州、松山、杏山、塔山，加以分割，进行围困，使之孤立，逐个攻破。先是，杨镐在萨尔浒大战中，兵分四路，分进合击；但是，兵分四路，分而未合，被天命汗努尔哈赤集中兵力，逐路击破。至是，洪承畴同杨镐一样，在松锦大战中，合兵一路，并力解围；但是，兵合一路，合而为分，被皇太极

①　《盛忠奏陈攻取山海关外八城策略事本》，《历史档案》，1982年，第2期。

②　《清太宗文皇帝实录》，第56卷，第26页，崇德六年七月丁酉，中华书局影印本，1985年。

③　《段学孔奏陈攻取关外八城方略事本》，见《历史档案》，1982年，第2期。

④　《清太宗文皇帝实录》，第60卷，第17页，崇德七年四月甲子，中华书局影印本，1985年。

集中兵力,逐个击破。洪承畴与杨镐相同的是,兵力一分为四,而被逐个攻破。洪承畴与杨镐不同的是,杨镐主动地将兵力分为四路,被各个击破;洪承畴却被动地使兵力分割为四,遭各个击破。皇太极与努尔哈赤相同的是,集中八旗精锐,逐个击败敌军。皇太极与努尔哈赤不同的是,努尔哈赤利用明军已经分为四路的布局,集中兵力,逐个击破;皇太极却巧妙地将洪承畴的军队,强行分割为四,然后逐个击破。集中优势,各个击破——这是兵家之常理。然而,杨镐与洪承畴都犯下兵家所忌的同样错误,努尔哈赤与皇太极都聪明地实践了这个兵家之常理。

第六,劝降策反。皇太极劝降与策反,极其用心,屡奏成效。他曾派人潜入锦州,策反明军中的蒙古将士。果然,城内蒙古诺木齐塔布囊等约降,与清军里应外合,清军攻取锦州东关外城。松山副将夏成德献城降清,也是清军劝降的结果。在长期围困战中,先后敕谕蓟辽总督洪承畴、锦州守将祖大寿,对松山、锦州、塔山、杏山守城官兵多次进行劝降。后来洪承畴被擒降清,皇太极亲自到洪馆看望与劝说,对洪承畴剃发降清起着重大作用。至于祖大寿,更是采取多种方法,通过各种渠道,晓以利害,反复诱劝。祖大寿终在绝境中,再次献城降清。

第七,断敌粮道。明军与清军,在数量上,明军多而清军少;在后方上,明军近而清军远——清军如何转不利为有利? 这就要以彼之长为彼之短,而以己之短为己之长。皇太极在这个有利与不利、彼长与己短的关系上,抓住了一个关键的点,这就是粮食。明军的粮食,重要储存地在锦州和松山附近的笔架山。笔架山在海中,山与岸之间的通道,海水涨潮则通道隐,退潮则通道显。明军以为清军骑兵不会着力海上,而清军恰恰在海水退潮时,突击抢了明军在笔架山的粮食,不仅"因粮于敌",而且"扰乱敌魂"。果然,明军因缺粮而军魂散、心骚动,因之有"回宁远就食"之举。这成为松山洪承畴十三万大军溃败的一个溃堤的蚁穴。《清史稿·左宗棠传》说:"行军之法,必避长围,防后路。"洪承畴在松山之战中,既未避长围,又未防后路,给皇太极以可乘之机。

第八,设伏截击。皇太极到松山前线之后,一个重要的决策是:高桥设伏,截击明军。高桥在松山与宁远之间,西临山,东濒海,为从松山往来宁远必经的咽喉之处。皇太极预先在高桥埋设伏兵,等待截击从松山回宁远的明军。果然,王朴、吴三桂率领败兵狂奔宁远。这群惊魂未定的溃兵,刚到高桥,正中其计。明军逃命,惊恐,饥饿,疲惫;清军静待,镇定,饱满,有备——两军相遇,明军惨败,明总兵王朴、吴三桂仅以身免,逃回宁远。这是因为明军统帅预想不周,而清军统帅设计周全。《孙子兵法·计篇》说:"夫未战而庙算胜者,得算多也;未战而庙算不胜者,得算少也。多算胜,少算不胜,而况于无算乎! 吾以此观之,胜负见矣。"在这里,仅借用"算",计算也。少算不胜,何况无算呢! 皇太极算了高桥设伏,洪承畴没有算及于此。可以说,整个松锦大战,清军多算,明军少算,这是两军胜败的重要原因。

总之,明、清辽西松锦大战,明军统帅为洪承畴;清军统帅为皇太极。此战谋略集中表现于双方军事统帅的争战谋划及其实施。

清崇德帝皇太极统帅的八旗军,在十年之间,曾七次入塞,虽予关内明军以重大杀伤,但对关外辽西明军未做决战。后乾隆帝总结历史教训时曰:"山海关,京东天险。明代重兵守此,以防我朝。而大军每从喜峰、居庸间道内袭,如入无人之境。然终有山海关控扼其间,则内外声势不接;即入其他口,而彼挠我后路。故贝勒阿敏弃滦、永、遵、迁四城而归。太宗虽怒谴之,而自此不亲统大军入口。所克山东、直隶郡邑,辄不守而去,皆由山海关阻隔之故。"①其实,早已有智者疏谏,先取山海关、后夺北京城的兵略,皇太极未撷取其合理的内核,而以"未协军机"②拒之。至是,十年时间,锦州未下,宁远未破,榆关未攻,从军事地理说,可谓寸土未进。事实又回到十年之前:只有夺取锦州、兵叩关门,才能问鼎北京、入主中原。于是,皇太极决定围困辽左北端首镇锦州。锦州总兵祖大寿告急,明廷派洪承畴率军解围,这就爆发了明、清松锦大战。

明军总督洪承畴与清军统帅皇太极,在松锦会战的军事舞台上,各以其兵略奇正,导致各自的胜败。

由上可见,明、清松锦大战,明朝方面——总督成擒,全军败没;清朝方面——松山大胜,连克四镇。就兵略而言,其关键在于明军统帅洪承畴兵略之错误,清军统帅皇太极兵略之正确。一次独立战役的胜败,主帅的谋略是争战否泰演化的枢轴。所以,洪承畴作为松锦之役明军的统帅,其兵略之错误,是不容辞其咎的。所谓松锦兵败"主要并非洪承畴的过失"和"败是正常的,不败是不可能的"之论断,颇有商榷余地。洪承畴在《明史》中无传,在《清国史》中也无传,在《清史列传》中才有传。清人在其传记中多有讳饰,论者或多忽视对其错误兵略作理性的批评。

明、清辽西争局中,明军统帅熊廷弼、洪承畴,后金—清军统帅努尔哈赤、皇太极,

---

① 魏源:《圣武记》,第1卷,第32页,中华书局,1984年。

② 《清太宗文皇帝实录》,第18卷,第16页,天聪八年五月丙申,中华书局影印本,1985年。

历史表明，都有缺失：熊廷弼在广宁之战中的"三方布置策"，是一个空泛的兵略，是导致明军广宁之败的重要因素。努尔哈赤在宁远之战中的"硬拼蛮冲"，是一个鲁莽的兵略，造成了天命汗的宁远兵败、病发身死。皇太极在入口诸战中的"远袭掳掠"，是一个野蛮的兵略，使崇德帝失去中原民心、错过北京登极机会，铸成其终生之憾。洪承畴在松锦大战中的"轻进顿师"，是一个愚蠢的兵略，从而导致明军松锦兵败。由是，可以得到历史的启示：在帝制时代，一个军队，一个民族，一个国家，其胜败，其荣辱，其盛衰，虽然原因复杂，但是并不多极。一个军队的兵略，一个民族的政略，一个国家的方略，对这个军队的胜败，对这个民族的荣辱，对这个国家的盛衰，有着极其重要的意义。但是，军队的兵略、民族的政略、国家的方略，在很大程度上取决于这个军队的统帅、这个民族的领袖、这个国家的君主。因此，要取得军事的胜利，就要有一个优秀的统帅及其好的兵略；要取得民族的繁荣，就要有一个杰出的领袖及其好的政略；要取得国家的强盛，就要有一个英明的君主及其好的方略。在这里，民众巨大力量不容忽视，但需要有一定条件；这个历史条件，本文不及讨论。

八 东征朝鲜

（一）朝金关系

建州同朝鲜的关系，既历史久远，又十分密切。早在明永乐二年（1404年），建州女真首领之一阿哈出被封为建州卫指挥使。努尔哈赤的先祖猛哥帖木儿，也是建州女真首领之一，经转徙到朝鲜斡木河地区（今朝鲜会宁）居住。他在明永乐十年（1412年）朝贡时，被永乐帝封为建州左卫指挥使。猛哥帖木儿在这里农耕植谷，打围放牧[①]。后发生"斡木河事件"，致"猛哥帖木儿、阿谷等男子俱被杀死，妇女尽行抢去"[②]。猛哥帖木儿及其长子权豆（阿谷）惨遭杀害，次子董山（童仓）被掳走，弟凡察负伤出逃。建州左卫受到重创，寨破人亡，劫难空前。后凡察到北京"朝贡"，受明封为建州左卫指挥使。不久，董山被"赎回"。此前，建州卫指挥使阿哈出之孙李满住，经朝廷旨准先迁到婆猪江（今浑江），后迁到苏子河一带居住。至是，凡察与董山获明廷旨准，也迁到辽东浑河支流苏子河地域，同李满住合住在一起[③]。后董山又被封为建州右卫指挥使[④]。在建州部民转徙辽东地域时，遭到朝鲜官兵阻拦。建州部民冲破拦阻，损失很大，留下创伤。

建州女真三部合居后，部众繁衍，势力日大。当时明朝与朝鲜都不愿意看到建州女真日渐强大，更不愿看到女真人"犯抢"行为，或单独用兵，或联合兵力，深入建州，进

---

① 《李朝太宗大王实录》，第11卷，第10页，六年三月丙申，日本学习院东洋文化研究所刊印，1959年。

② 《李朝世宗大王实录》，第62卷，第19页，十五年十一月乙巳，日本学习院东洋文化研究所刊印，1959年。

③ 《李朝世宗大王实录》，第89卷，第30页，二十二年六月丁亥，日本学习院东洋文化研究所刊印，1959年。

④ 《明英宗实录》，第89卷，第6页，正统七年二月甲辰，台北中央研究院历史语言研究所校勘本，1962年。

行攻剿。第一次,明宣德八年即李朝世宗十五年(1433年)四月,朝鲜发兵一万五千人,分为七路,进攻建州卫女真。建州女真遭受重创,损失惨重:被杀二百六十人,被俘二百四十八人,被抢马、牛一百八十头匹①。第二次,在成化三年即李朝世祖十三年(1467年)九月,朝鲜与明朝合军,进攻建州。是役,朝鲜派军一万五千人,分为五道,进攻建州,"入攻婆猪江,斩李满住及古纳哈、豆里之子甫罗充等二十四名;擒满住、古纳哈等妻子及妇女二十四口,射杀未斩头一百七十五名,获汉人男一名、女五口,并兵械、器仗、牛马,焚家舍、积谷"②。建州女真遭受明军与朝鲜军双重打击,"寨舍被焚毁,部民被杀俘,粮食遭烧掠,首领遭斩杀,焚荡殆尽,部落残破"③。这件事情,朝鲜大将在得胜后,命析白木书云:"朝鲜大将康纯领精兵一万攻建州。"朝鲜国王李琇对康纯曰:"'攻'字未快,'灭'字最好!"④这说明朝鲜同建州冤仇之深。朝鲜对建州犁庭扫穴的攻剿,在建州女真首领与部民的心灵中,刻下烙印,留下仇恨。

努尔哈赤起兵后,同朝鲜尽量结好关系。明万历二十三年十二月(1596年1月),朝鲜南部主簿申忠一受命到建州卫首府佛阿拉。努尔哈赤在大厅接见申忠一,表示愿意同朝鲜结好。但是,在建州兴起史上,影响后金同朝鲜的关系,六件事情,相当重要。

第一件,出兵参战。天命四年即万历四十七年(1619年),在萨尔浒大战中,朝鲜受明廷调发,而派都元帅姜弘立率军一万三千人参战。姜弘立兵败投降,朝鲜全军覆没。天命汗努尔哈赤将朝鲜都元帅姜弘立收养于赫图阿拉,并优礼相待,想通过姜弘立沟通双方关系。但朝鲜国王同明朝关系密切,敌视后金。朝鲜公然出兵协助明朝攻打后金,在双方关系中留下阴影。

第二件,贸易摩擦。朝鲜与后金,接壤之境地,东自豆满江(今图们江)口,西至鸭绿江口,边界上开有义州(今朝鲜新义州)、中江(今朝鲜平安北道邻中国临江县处)、会宁(今朝鲜咸镜北道)三个边贸集市,以与后金之镇江(今辽宁省丹东境)、临江(今吉林省龙井市境)、豆满(今吉林省图们市)三市进行交易。粮食是重要的交易品,朝鲜国都在京城(今首尔),而其产粮地区多在西部、南部,运粮至鸭绿江各市场,须借海运,明游

---

① 谢肇华:《评析朝鲜对建州卫的第一次用兵》,《满学研究》,第5辑,民族出版社,2000年。

② 《李朝世祖大王实录》,第44卷,第6页,十三年十月壬寅,日本学习院东洋文化研究所刊印,1959年。

③ 阎崇年:《天命汗》,第16页,吉林文史出版社,1993年。

④ 《李朝世祖大王实录》,第44卷,第42页,十三年十一月辛巳,日本学习院东洋文化研究所刊印,1959年。

击毛文龙巡弋海上，粮船不便北上。而朝鲜国之东北部多山，所产之粮不足以当地食用，故会宁市场无余粮可售。朝鲜又不愿意将粮食同后金交易，常引起边境冲突。后金指责朝鲜索取金银，不与牛角；朝鲜商贾与后金的贸易，时抬物价，以劣充优，短斤缺两。贸易纠纷不断，朝鲜商贾不至。

第三，边民纠纷。图们江地域为满洲的发祥地，其居民瓦尔喀，与建州女真同语言、同习俗、同族群。随着后金的日渐强大，后金需要他们，他们愿附后金。越境投附后金者，既有女真人，也有朝鲜人。朝鲜国王为此大惧，派官吏阻止其民向北越界，且常以逋逃为名而越界捕杀。同样，后金掳掠的汉人，时有逃往朝鲜者，朝鲜将其遣送明朝；辽东难民，逃往朝鲜，朝鲜又容留辽东逃民①。后金对朝鲜的上述做法极为不满。

第四件，补充财富。后金人口增长过快，衣食匮乏，物资短缺。明朝同后金处于战争状态，马市、木市被关闭，后金同明朝的贸易渠道断绝。皇太极将朝鲜作为重要财富之源，如后金一次向朝鲜索要"木绵四万匹、牛四千头、绵绸四千匹、布四千匹"②。至于粮食、火器、弹子、食盐、布帛、纸张、农具等，更需要朝鲜补给。

第五，朝、明关系。朝鲜是明朝的臣属藩邦，又是与后金仅一江之隔的近邻，故朝鲜对明朝与后金均处于重要的战略地位。明朝进攻后金，必先联络朝鲜，以成夹击之势；后金崛兴辽东，必先争取朝鲜，避免两面受敌。时明、金对峙，朝鲜态度，确实重要。后金西进征明，常有后顾之忧。为此，后金将朝鲜纳入自身发展的战略范围之内。当时影响后金与朝鲜的关系，主要是毛文龙事件。

第六，毛帅事件。先是，天命六年即天启元年（1621年），明辽东巡抚王化贞，为使明军出广宁，渡辽河，攻后金，便派游击毛文龙率领二百余人，进入河东，联络辽民，以牵制后金。五月十一日，毛文龙率部由三岔河东渡到猪岛、鹿岛、禽道等地，地近后金，活动困难。时辽东廪生王一宁来会，建议求助朝鲜，共图发展之计。七月初，他们到朝鲜弥串堡，得报后金镇江守将佟养真派兵外出，城防空虚，议袭镇江。令千总陈忠过江，潜约镇江中军陈良策为内应。二十日深夜，毛文龙率领三千人马，突袭镇江，陈良

---

① 《清太宗文皇帝实录》，第7卷，第8页，天聪四年六月乙卯，中华书局影印本，1985年。

② 《李朝仁祖大王实录》，第15卷，第31页，五年二月丙午，日本学习院东洋文化研究所刊印，1959年。

策降。尔后生擒佟养真及其子佟松年等六十余人，收兵民万人。明军镇江捷报，全辽军民震动。宽甸、瑷阳、汤站、险山等城堡，相继叛金投明，"数百里之内，望风归附"①。毛文龙因功授参将，不久又晋升为平辽总兵，史称"毛帅"。后金失守镇江，大为震惊，命贝勒阿敏、皇太极等率军前去镇压。毛文龙退入朝鲜境内。时朝鲜"昌州、义州以南，安州、肃州以北，客居其六七，主居其三四"②。明辽沈失陷，难民渡江，避居朝鲜，人数甚多，毛文龙则利用他们反金。后金兵几次入朝进击，并遣使赴朝鲜致书道："如果我两国真心想友好相处，那么就逮捕毛文龙、陈良策交来。"③文龙兵败，退入朝鲜。朝鲜国王恐毛文龙有日后之患，使其驻于海岛。兵部议"毛文龙寄身海岛，如有应援，可出其不意，潜师捣虚，有此可用之众"④。此议得到明廷旨准。天命七年即天启二年（1622年）十一月十一日，毛文龙率部进驻朝鲜皮岛（椵岛、从云岛）。此岛位于明朝、后金和朝鲜之间，其地"南可以屏蔽登、莱，东可以联络朝鲜，北可以攻冲辽、沈，□平辽扼要区也"⑤。随着毛文龙势力日益壮大，后金就更加归罪于朝鲜的支持，正如毛文龙所言："奴酋之恨臣掣尾，每转恨于朝鲜之假地。"⑥努尔哈赤虽然多次致书，要朝鲜断绝与毛文龙往来，如果擒获毛文龙，则以朝鲜降将姜弘立作为交换，但是遭到朝鲜严词拒绝。当时后金战略的重点是在辽西，而对东江的毛文龙则封官许愿，采取招抚之策，然而毛文龙乃无降金之意。

由上，后金对朝鲜的政策，主要有两种政见：一种以皇太极为代表的主战派，另一种以代善为代表的主和派——"子洪太时常劝其父欲犯我国，其长子贵永介则每以四面受敌，仇怨甚多，则大非自保之理，极力主和，务要安全"⑦。上文中的洪太时即皇太极，为努尔哈赤第八子；贵永介即代善，努尔哈赤第二子，因其长子已死，故常称其为长子。努尔哈赤为避免东西两线作战，而不敢冒险进兵朝鲜，故对朝鲜采取笼络与和睦的政策。他曾多次派遣使臣赴朝投书，希望朝鲜，不事南朝，结好后金，"子子孙孙，永

---

① 谷应泰：《明史纪事本末·毛帅东江》，第4册，第1450页，中华书局，1977年。

② 《明史·外国列传一·朝鲜传》，第320卷，第8305页，中华书局校点本，1974年。

③ 重译《满文老档·太祖朝》，第28卷，天命六年十一月十二日，辽宁大学历史系铅印本。

④ 张岱：《石匮书后集》，第10卷，第87页，中华书局，1960年。

⑤ 毛承斗辑：《东江疏揭塘报节抄》，第1卷，第7页，浙江古籍出版社，1986年。

⑥ 《明清史料》，甲编，第8本，第710页，中央研究院历史语言研究所刊印，1931年。

⑦ 《李朝光海君日记》，第147卷，第5页，十一年十二月丙寅，日本学习院东洋文化研究所刊印，1959年。

结盟约"。然而，朝鲜支持明朝，坚决反对后金。朝鲜为防御后金侵犯，支援毛文龙：划给大片"闲田"，使其兵民驻耕；免征商税，"以助军调"；供给粮食，以解决生计；补充火器，增强其军力。因此，毛文龙在朝鲜的支持下，有了基地，势力大增，还控制着宣川、定州、龙川、铁山、昌城、满浦、漳鹿、长山、石城、广鹿、三山、旅顺等地，对后金形成一定威胁。毛文龙对后金的军事行动规模不大，仅是骚扰性的，但"牵制则有余"①。因此，后金的许多贝勒大臣认为："毛文龙之患，当速灭耳！ 文龙一日不灭，则奸叛一日不息，良民一日不宁。"②

　　皇太极继承汗位后，要寻找军事突破口，夺得胜利，巩固汗位。如进攻明朝，宁远城下，刚受挫折；如进兵察哈尔蒙古，对林丹汗，把握不大。皇太极的选择是，以对朝鲜战争的捷报，来缓和社会矛盾，巩固新汗地位。他说："我气不过就是东江，只为山险谷深，前埋后伏，且他奸细甚巧，我的动静言语霎时便知，可恨！ 可恨！ 定要拿他。绝了东江，一直西去。"③又据朝鲜所得情报说："奴酋死后，第四子黑还勃烈承袭，分付先抢东江，以除根本之忧；次犯山海关、宁远等城云。"④上文"第四子黑还勃烈"就是第四大贝勒皇太极，他继承汗位后，将进攻的铁骑，首先指向朝鲜。

　　后金进攻朝鲜的口实，大贝勒阿敏在给朝鲜国王李倧书中略曰："向者我军往取我属国瓦尔喀时，尔国无端出境，与我军相拒，一也。乌喇贝勒布占泰之屡侵尔国也，尔以乌喇属我姻戚，求释于我，我为劝谕息兵，尔曾无一善言相报，二也。我两国原无仇怨，尔于己未年，发兵助明，合谋图我。幸蒙天鉴，明兵败衄，尔之帅卒，为我阵擒。我不忘旧好，故不加诛戮，且豢养之，纵令返国。至于再三，尔不遣一介来谢，三也。天以辽东赐我，辽东之民，我民也。尔国容匿毛文龙潜据海岛，致我辽东百姓，被其侵扰，听其引诱。我曾令尔缚送毛文龙，复成两国之好，尔竟不从，四也。辛酉年，我军攻剿毛文龙，惟明人是问，亦望尔惠顾前好，不以一矢相加。尔国究无一善言相报，五也。文龙系明国之将，明且无粮饷给与，尔乃予以地土，导其耕种，资之糗粮，赡其军实，六也。

　　① 《明熹宗实录》，第 25 卷，第 14 页，天启二年八月丁丑，台北中央研究院历史语言研究所校勘本，1962 年。

　　② 毛承斗辑：《东江疏揭塘报节抄》，第 4 卷，第 53 页，浙江古籍出版社，1986 年。

　　③ 毛承斗辑：《东江疏揭塘报节秒》，第 6 卷，第 97 页，浙江古籍出版社，1986 年。

　　④ 《李朝仁祖大王实录》，第 14 卷，第 36～37 页，四年十月癸亥，日本学习院东洋文化研究所刊印，1959 年。

尔云：'何故杀我何通事？'我军进取广宁后，禁绝奸细，潜来窥探之人，不杀何待！我皇考上宾，明方与我为敌，尚遣使来吊，兼贺新君即位。我皇考与尔朝鲜，素相和好，毫无嫌隙，何竟不遣一使吊问？七也。尔如此负恩构怨，难以悉数，我用是统率大军，声罪致讨。"①这就是进攻朝鲜的"七宗恼恨"。

然而，天聪汗皇太极选择改元之年进攻朝鲜，除上述"七宗恼恨"外，还有政治、军事、经济、时势和外事等五个因素：其一，皇太极新登汗位，要以对外军功，巩固大汗权位。其二，宁远之败，不敢南进；林丹汗兵强，不便西攻；派师东进，可操胜券。其三，后金灾荒，急需掳掠。这年冬春，后金饥荒，"国中大饥，斗米价银八两，人相食"②。其四，同明和谈，利用机会。时袁崇焕同皇太极遣使往来，进行和议。袁崇焕想借机进行备战，皇太极则想借机进攻朝鲜，而避免后顾之忧。其五，朝鲜内乱，有机可乘。先是，朝鲜发生宫廷政变。朝鲜武将李适、韩明琏等以光海君无道，逼使退位，推其侄绫阳君李倧为朝鲜王。李适与韩明琏等内讧而为乱③，乱军败没，李适被擒斩，明琏子韩润等入后金。韩润称姜弘立等妻子乱中被诛，劝其借后金兵复仇。姜弘立信之，向天聪汗乞兵。皇太极遂利用了朝鲜内部李适等废立君王之乱。以上是皇太极发动对朝鲜战争的难得机会。

于是，天聪元年即天启七年（1627年）正月，后金发动了进攻朝鲜的战争。这一年为丁卯年，朝鲜史籍称之为"丁卯之变"，清代文献称之为"丁卯之役"。

（二）丁卯之役

天聪元年即天启七年（1627年）正月初八日，皇太极命大贝勒阿敏，贝勒济尔哈朗、阿济格、杜度、岳讬、硕讬等，统帅大军，东征朝鲜。皇太极授以或兵攻毛文龙、或并取朝鲜的"两图"方略："朝鲜屡世获罪我国，理宜声讨，然此行非专伐朝鲜也。明毛文

① 《清太宗文皇帝实录》，第2卷，第11～12页，天聪元年三月辛巳，中华书局影印本，1985年。
② 《清太宗实录》（初纂本），第2卷，第44叶，清抄本。
③ 《清太祖高皇帝实录》第10卷天命十年正月癸亥："朝鲜国韩润、韩义来降。初润之父明廉（明琏），与总兵李适谋篡逆，举兵攻王京城。国王发兵迎战，为明廉等所败，弃王京城走，明廉及国入据其城。国之部将执国及明廉，诛之。明廉子润与侄义俱罪，遁走来归。上以润为游击，以义为备御官。"

龙近彼海岛，倚恃披猖，纳我叛民，故整旅徂征。若朝鲜可取，则并取之。"①又据《旧满洲档译注》记载："朝鲜国对满洲国，犯有重重之罪。虽然如此，但这次并非指着朝鲜而来讨伐的。因明的毛文龙，住在靠近朝鲜的海岛，经常收容逃亡者，因此生气而来找他。"由上可见，皇太极此次出兵，采取"两图"的方略：主攻毛文龙，次攻朝鲜国。

阿敏率领三万余骑出征，进军十分谨慎，他把大军隐匿在凤凰城，并且向朝鲜降帅姜弘立了解实情，问道："我今缚送毛文龙，则朝鲜将从之乎？"答曰："缚送则未可知，而我国岂有顾惜之理。"②此次征战，以军事进攻开始，附之朝、金议和，终以平壤盟誓。

攻克平壤　十三日，后金军进至明军哨地，阿敏命总兵官楞额礼，备御官叶臣、雅苏、孟安等率领八十人，夜袭明军驻守哨卒，将其全部擒获，无一人逃脱。十四日，后金军渡过鸭绿江，进逼朝鲜义州（今新义州）。又遣朝鲜人韩润等，"变着华服，潜引贼入城。及晓，贼薄城驰突，反民开城纳贼，城遂陷"③。韩润一行，潜入城里，以为内应。他还令人登南山呼曰："城中将士，解甲出降，南土军兵，悉出归乡，不然铁骑蹂躏，乱杀靡遗。"是夜，后金兵薄义州城，树立云梯，突然攻城。阿敏命巴图鲁艾搏率八旗精锐，攀梯登城。总兵楞额礼与副将阿山、叶臣等率八十人，继之登城。时镇节度使李莞酒醉不醒，军伍废弛，守将李莞、崔梦亮④等仓猝应战。此时韩润率先潜入官兵，"焚火军器，一城大乱，反氓开门"，遂克义州，杀府尹李莞，通判崔梦亮等自尽。城中有明兵一万、朝鲜兵二万，后金军攻克义州后，屠其兵卒，俘其居民。《仁祖实录》记载："众寡不敌，力不能支，李莞、崔梦亮等抗贼不屈，同被磔杀，大小将官，数万民兵，屠戮无遗。"⑤是日，驻军义州。

当夜，阿敏派济尔哈朗等率领大军前进，分兵南攻毛文龙驻守的铁山。因毛文龙自冰合之后，移驻皮岛，未能捉获。后金军攻占铁山后，杀守将毛有俊、刘文举等官兵多人。阿敏因毛文龙避居皮岛，隔海相望，无法进攻；而将主攻矢镞指向朝鲜。于是留

①　《清太宗文皇帝实录》，第2卷，第1页，天聪元年正月丙午，中华书局影印本，1985年。

②　《李朝仁祖大王实录》，第15卷，第32页，五年二月丁未，日本学习院东洋文化研究所刊印，1959年。

③　《春坡堂日月录》，第12卷，第11页，见刘家驹：《清朝初期的中韩关系》，第30页，文史哲出版社，1986年。

④　《清太宗实录》卷2天聪元年三月辛巳作"崔鸣亮"，《李朝仁祖实录》卷16五年四月丁酉朔作"崔梦亮"，从后者。

⑤　《李朝仁祖大王实录》，第16卷，第2页，五年四月丁酉朔，日本学习院东洋文化研究所刊印，1959年。

大臣八人、兵千人,驻守义州。十五日,阿敏亲率大军与济尔哈朗等会合,挥师东进,直奔定州。随之,后金军攻郭山凌汉山城,招降不从,竖立云梯,鳞次登城,矢石如雨,陷城后杀守城节度使奇协。十七日,后金兵以朝鲜降将姜弘立、韩润为向导,进抵定州。阿敏派人向该城守将金搢投致朝鲜国王书,书曰:“我方统大兵来,尔国要和好,差官认罪,火速来讲。”朝鲜答书称:“我国与尔,本来无怨恨。我国臣事皇朝,二百余年。皇朝伐尔国时,要我兵马。既有天子敕命,何敢违也? ……尔若息兵通好,则必以礼义相接,不可以兵戈相胁。”①阿敏见朝鲜定州守将拒绝和议,便发动进攻,一举下定州。阿敏虏获定州节度使金搢、郭山节度使朴惟健等。尔后,阿敏派人向皇太极上报进军方案。他告知后金兵顺利攻取义州、铁山,毛文龙已逃往皮岛,“如内情合适,即进趋王京”。并“请发在外移营蒙古兵,及在内分管蒙古兵,驻守义州,以便调取大军前进”②。皇太极览阅来书后,允诺阿敏增兵的请求,并在复书中谕曰:“前进事宜,你们要深思而行”,“如果不可,切勿强行”③。这表明皇太极赞成阿敏“进趋王京”的兵略。同时皇太极谕曰:“一切事宜,有当请命者,尔行间诸贝勒,公同议定,遣使来奏,我据所奏裁定。我在都城,何能遥度耶!”④朝鲜王京汉城得知后金兵渡江东进,义州、定州相继失守的败报,惊恐万状,都城震骇。朝鲜国王李倧召集群臣,商讨对策。时诸道之兵,虽已檄召,未及会集,形势危殆。李倧为了“暂避凶锋,以为后图”,奉庙社主,迁入江华岛(在今首尔西北方海中)。李倧又将王妃等送往江华岛,并下《罪己书》。这些措施,无一奏效。

阿敏率军,乘胜前进。十九日,后金兵渡过清川江,驻营。时后金先遣部队,已到达安州城下。副元帅兼平安兵使南以兴等,“前数日,城中闻贼兵日近,整顿兵械,为死守计”。后金招降,城中不答。二十日,阿敏统领大队兵马,驰达安州,安营城下。阿敏派突骑巡城喊道:“无罪南兵,开城出送。城中将士,解甲出降。我且按兵,以候汝降战之答。”⑤南以兴命人回曰:“我国只知战与死而已,本无降与和耳!”阿敏又派使者投

①《李朝仁祖大王实录》,第16卷,第3页,五年四月丁酉朔,日本学习院东洋文化研究所刊印,1959年。
②《清太宗文皇帝实录》,第2卷,第10页,天聪元年三月辛巳,中华书局影印本,1985年。
③ 张葳:《旧满洲档译注》,清太宗朝(一),第164页,天聪元年正月十八日,台北故宫博物院印本,1971年。
④《清太宗文皇帝实录》,第2卷,第10页,天聪元年三月辛巳,中华书局影印本,1985年。
⑤ 〔朝〕赵庆男:《乱中杂录》,第6卷,见潘喆等编:《清入关前史料选辑》,第3辑,第303页,中国人民大学出版社,1991年。

书,其书大意如前,"又添七宗恼恨"。答书曰:"连得二书,要息兵修好,共享太平,其意甚好。但前书既云要好,而兵随其后,此我之所未晓也。自今以往,彼此解兵,两国和好,岂不美哉。"①二十一日黎明,后金兵攻城,双方激战,三进三退,十分惨烈。据载:"是日黎明,远近烟雾,不辨咫尺。贼中吹角鸣鼓,呐喊飐旗,万骑骈进,云屯雷击。城中炮射,一时俱发。坠骑落壕,死者山积。前仆后入,左冲右突,并驱骆驼,输进长梯,一时登城。长枪短兵,彼此相搏。势如风火,措手不及。贼满城中,追逐乱杀。"②朝鲜守军,安州激战,孤立无援,城陷人亡。南以兴、金浚等官员,堆积火药,自烧而死。但后金官兵,也伤亡很大。阿敏决定:"遂驻军安州,息马四日,所俘获悉为区处。"③

二十五日,阿敏率大军,自安州起行,向平壤挺进。后金大军,攻陷安州,兵逼平壤,李朝上下,一片惊慌。各路守军,纷纷溃散。黄州、凤山、瑞兴、平山等邑军民,"鸟惊鱼骇,望风先溃"④。因此,后金兵"如入无人之境,诸将士皆逃匿,无一人当其锋"⑤。阿敏等率军到平壤城外。平壤是朝鲜旧京,也是朝鲜半岛北部军政中心。后金进军迅猛,朝鲜防守溃散。据都体察使张晚驰启:"平壤大镇,守城军械,始甚严备。而自见安州屠戮,军民褫魂,绲城逃溃。都巡察使尹暄不能禁,亦自遁避。本城积年蓄聚,荡然都尽。"⑥二十六日,阿敏率军进至平壤城。"城中巡抚、总兵以下各官及兵民等,皆弃城走"⑦。阿敏等率领后金军,未遇抵抗,占领平壤。后金军遂尽陷大同江以北各城,兵至大同江以南。

后金军占领平壤后,一面展开军事进攻,一面进行议和活动。

朝金议和　后金军占领平壤后,贝勒、固山额真之间,对于是否进军朝鲜王京汉城,发生几次意见分歧:"一半则欲还;一半则以为不可,更欲动兵。"⑧贝勒岳讬、济尔哈朗等认为此次出征,主要是讨伐毛文龙,朝鲜既破一道,可不继续进兵。但金军统帅

---

①　《李朝仁祖大王实录》,第16卷,第3页,五年四月丁酉朔,日本学习院东洋文化研究所刊印,1959年。

②　[朝]赵庆男:《乱中杂录》,第6卷,见潘喆等编:《清入关前史料选辑》,第3辑,第304页,中国人民大学出版社,1991年。

③　《清太宗文皇帝实录》,第2卷,第10页,天聪元年三月辛巳,中华书局影印本,1985年。

④　《李朝仁祖大王实录》,第16卷,第2页,五年四月丁酉朔,日本学习院东洋文化研究所刊印,1959年。

⑤　《承政院日记》,第17册,第802页,刻本。

⑥　《李朝仁祖大王实录》,第16卷,第2页,五年四月丁酉朔,日本学习院东洋文化研究所刊印,1959年。

⑦　《清太宗文皇帝实录》,第2卷,第10页,天聪元年三月辛巳,中华书局影印本,1985年。

⑧　《李朝仁祖大王实录》,第15卷,第33页,五年二月丁未,日本学习院东洋文化研究所刊印,1959年。

阿敏认为不可，坚持前进，遂向黄州，直指汉城。后诸贝勒及总兵官李永芳议曰："我等奉上命，秉义而行，若自背前言，不义。前书已有言，朝鲜若遣亲信大臣来，负罪请和，盟誓天地，即行班师。今盍暂驻于此，待其大臣至，听其言辞再议。"阿敏面诟李永芳曰："我岂不能杀尔蛮奴！尔何得多言！"①李永芳自是终无一言。于是阿敏统帅大军，继续前进。

二十七日，后金兵至中和（今平壤南），驻营秣马。阿敏遣使往朝鲜国王李倧住所，致书议和，未达而还。同日，朝鲜国王李倧逃往江华岛，并命已归降后金的朝鲜元帅姜弘立之子姜璹、参将朴兰英之子朴霙，携带王廷文书，到后金军大营。时姜弘立、朴兰英俱在军中，阿敏令他们叩见诸贝勒后，各与其父相见。他们携带文书，其书曰："你们突然无故兴兵，攻入我国腹地。我们两国，原来并无事故相处。自古以来，欺弱凌卑，谓之不义。无故杀捕人民，是为逆天啊！如果说有罪的话，应当先派人来问，然后声讨，方合义理。或是今先退兵，再议和的话，才可言和吧！"②二十八日，阿敏在致朝鲜的复书中指出"七宗恼恨"，并提出："如要和好相处，速派使者来，我愿听之。"③二月初五日，阿敏不理会朝鲜国王来书，率军占领黄州城（今韩国黄海道黄州城）。其时朝鲜，无力抵抗："无兵可以战守，无食可以拾支，智者不能为谋，勇者不能出手。"④翌日，朝鲜李倧遣使谈判议和事宜。阿敏"遣使胁和，要以三事：一曰割地，二曰捉文龙，三曰借兵一万，助伐南朝"⑤。朝鲜使者不允，阿敏率军深入，进至平山（距江华岛百余里）驻营。初七日，阿敏接见朝鲜使臣原昌君李觉。原昌君李觉曰："吾王闻贝勒至，特遣我来，凡有所言，我身任之。今我国自愿诏罪，贵国必欲如何定议？敝国贫瘠，愿悉索吾土物产以献，若如此可以定议，请驻兵于此。吾王恐惧，已弃城避于海岛。城中府库财物，仓皇散失。贝勒若以兵前进，吾王无可与言。此事亦难定议矣！"⑥阿敏不从，令吹角进兵，直趋王京。岳讬、济尔哈朗等出面劝阻，曰："我等统朝廷重兵，不可久留于外。

① 《清太宗文皇帝实录》，第2卷，第14页，天聪元年三月辛巳，中华书局影印本，1985年。
② 张葳：《旧满洲档译注》，清太宗朝（一），第172～173页，台北故宫博物院印本，1971年。
③ 张葳：《旧满洲档译注》，清太宗朝（一），第173页，台北故宫博物院印本，1971年。
④ 《李朝仁祖大王实录》，第15卷，五年正月丁亥，第11页，日本学习院东洋文化研究所刊印，1959年。
⑤ ［朝］李肯翊：《燃藜室记述》，23，潘喆等编：《清入关前史料选辑》，第1辑，第444页，中国人民大学出版社，1984年。
⑥ 《清太宗文皇帝实录》，第2卷，第14页，天聪元年三月辛巳，中华书局影印本，1985年。

且蒙古与明，逼近我国，皆敌人也，宜急归防御。"而且"朝鲜王京，阻江为险，江岸置木栅枪炮，兵马环列。且闻冰已解，亦恐难渡"①。阿敏不听，坚持进军。岳讬察其情，知不可劝止，遂策马还本营。济尔哈朗也认为不宜深入，遂驻兵平山城。贝勒岳讬邀阿敏之弟济尔哈朗贝勒，令八旗大臣"公同议定"。七旗大臣所议皆同，独阿敏所领镶蓝旗大臣顾三台、孟坦、舒赛，从阿敏议。议久不决，既而岳讬、济尔哈朗、阿济格等，同会于一所，共议遣人令朝鲜国王定盟，以告阿敏。阿敏乃从之。初八日，朝鲜使臣来到平山后金大营，表示国王认错，商谈议和条件。于是，决定遣刘兴祚（刘海）、巴克什库尔缠等往江华岛议和。

在议和过程中，三项条款，分歧严重：

第一，永绝明朝。二月初二日，阿敏给朝鲜国王书曰："两国和好，共言美事，贵国实心要好，不必仍事南朝，绝其交往，而我国为兄，贵国为弟。"②后金要求朝鲜与明朝永绝交往，两国成为兄弟之邦。朝鲜君臣，以明为上国，故坚守忠义，李倧认为此乃"大义所系，断不可许"③。阿敏仍然坚持，李倧作了调和：尊明朝为事大，和金国为友邻。五日，他又致书阿敏："事大交邻，自有其道。今我和贵国者，所以交邻也；事皇朝者，所以事大也。斯二者并行，而不相悖矣。"④阿敏见朝鲜对明朝态度坚持不改，故对"永绝明朝"一款不再强求。十四日，后金使臣回言："不绝天朝一款，自是好意，不必强要。"⑤于是，阿敏等不强求朝鲜接受"永绝明朝"的条款。

第二，去明年号。阿敏虽不强求朝鲜"永绝明朝"，却对其仍书"天启"年号而"勃然生怒"。谓："贵国拿'天启'来压我（后金）！我非天启所属之国也，若无国号，写我天聪年号，结为唇齿之邦。"⑥阿敏又提出"以'聪'字易'启'字何如"？朝鲜仍不同意。朝鲜国王李倧提出："年号依中国揭帖例，不书何如？"后金使臣亦说："国王答书，非如咨奏公文之比。天朝揭帖则本不书年月，如广宁袁巡抚所送揭帖例为之，则'天启'二字，自

---

① 《清太宗文皇帝实录》，第 7 卷，第 9 页，天聪四年六月乙卯，中华书局影印本，1985 年。
② 《李朝仁祖大王实录》，第 15 卷，第 22 页，五年二月己亥，日本学习院东洋文化研究所刊印，1959 年。
③ 《李朝仁祖大王实录》，第 15 卷，第 23 页，五年二月己亥，日本学习院东洋文化研究所刊印，1959 年。
④ 《李朝仁祖大王实录》，第 15 卷，第 25 页，五年二月壬寅，日本学习院东洋文化研究所刊印，1959 年。
⑤ 《李朝仁祖大王实录》，第 15 卷，第 37 页，五年二月辛亥，日本学习院东洋文化研究所刊印，1959 年。
⑥ 《李朝仁祖大王实录》，第 15 卷，第 42 页，五年二月戊午，日本学习院东洋文化研究所刊印，1959 年。

然不书。"最后双方均作让步："不书年号,从揭帖式。"①

第三,莅盟宣誓。朝鲜国王李倧以母丧"方在忧服之中","三年之内,绝不杀生"②为由,拒绝杀牲,同金盟誓。阿敏得知后认为,朝鲜国王不愿发誓,是不愿讲和,糊涂了事,进行塞责。二十八日,阿敏致朝鲜书曰："和好两国之愿,无盟誓,何以信其诚? 今贵国王悭滞不誓,是言和而意不欲和也!"③后金坚持举行盟誓仪式。经刘兴祚从中斡旋,朝鲜国王李倧以居丧不莅盟,遣大臣等往代,即"国王在殿上焚香告天,令大臣于外处刑牲以誓"④,将仪式降等,双方均接受,最后共识,盟誓议和。

朝鲜王廷内部,和战两议。三月初二日,阿敏派副将刘兴祚等十人,随朝鲜使臣进昌君李觉,乘舟抵江华岛,见李倧。李倧端坐,不出一言。刘兴祚怒曰："汝何物,作此土偶状耶!"李倧色赧,于是说道："吾因母丧未终故耳!"兴祚曰："尔惟好自尊大,狂悖无礼,国中百姓,致罹兵祸,不为不甚矣!"李倧不悦,无辞以辩。兴祚曰："今日之事,成败在于俄顷。尔欲修好议和,可遣汝亲子弟一人往,盟诸天地,汝国所产财物牲畜,每年循礼贡献,尔亲定额数。事竣,我即旋军。"李倧犹豫未决,曰："城下之盟,《春秋》耻之。汝国果行大义,尽退兵,而后议和。"兴祚曰："汝尚以支辞抵饰耶! 迟一日,则汝民受一日害,恐旦夕不能以相保矣!"当时军事形势,江华岛很艰难:不仅兵败失地,生民涂炭;而且"江都所储之米,未满一朝之用"⑤。李倧面临外逼内困之危,遂遣其族弟原昌君李觉,并侍郎一员、官四员,偕刘兴祚来到平山,见阿敏等诸贝勒⑥。时朝鲜国王李倧兵败出逃,无力抵抗,和议之事,大臣纷纭。太学生尹鸣殷等上书,"请斩差胡及朴兰英等首,函送天朝,举义斥和,背城一战。"李倧答曰："羁縻之道,自古有之。姑许息兵,未为不可。"⑦备局启称:"朝廷之羁縻此贼,盖出于一时缓兵之计,而恐外方信听道路之言,谓朝廷不思大义,通好丑虏,忠义之士扼腕,介胄之士解体,则所关非细。"⑧可见朝臣,反对议和。李倧下谕将领曰："为民讲好,朝廷事也。乘机杀贼,将领事也。如

① 《李朝仁祖大王实录》,第15卷,第42页,五年二月庚申,日本学习院东洋文化研究所刊印,1959年。
② 《李朝仁祖大王实录》,第15卷,第47页,五年二月丁卯,日本学习院东洋文化研究所刊印,1959年。
③ 《李朝仁祖大王实录》,第15卷,第46页,五年二月乙丑,日本学习院东洋文化研究所刊印,1959年。
④ 《李朝仁祖大王实录》,第15卷,第49页,五年三月己巳,日本学习院东洋文化研究所刊印,1959年。
⑤ 《李朝仁祖大王实录》,第15卷,第18页,五年正月甲午,日本学习院东洋文化研究所刊印,1959年。
⑥ 《清太宗文皇帝实录》,第2卷,第14页,天聪元年三月辛巳,中华书局影印本,1985年。
⑦ 《李朝仁祖大王实录》,第15卷,第24页,五年二月庚子,日本学习院东洋文化研究所刊印,1959年。
⑧ 《李朝仁祖大王实录》,第15卷,第24页,五年二月辛丑,日本学习院东洋文化研究所刊印,1959年。

或可图,勿以和为拘。"①他力图先稳住武将,再说服文臣。尹煌上书,直指国王:"而今日之误国,非庙堂而谁乎!"时后金军施加压力,刘兴祚揭帖云:"吾恐金人再为一激,势必下王京,不惟四部道受害,八部道生民亦难安矣。事机一错,祸不忍言。"②议和与抵抗,国王与群臣,反复议论,多次交锋。朝鲜国王李倧道:"御敌之道,战、守、和三策而已。今日之势,既不能战,又不能守,奈何不和?"群臣仍坚持:"苟盟不可为。"最后,朝鲜国王李倧曰:"上有宗社,下有生灵,不得不尔!"③主和派终占上风,决定同后金盟誓议和。

两次盟誓　后金与朝鲜,武力与外交,交替使用,反复协商,达成协议,焚书定盟。三月初三日夜,朝鲜国王李倧率领群臣和后金纳穆泰等八大臣,在江华岛设坛,焚书盟誓。盟誓时,李倧亲行焚香告天礼,由朝鲜左副承旨李明汉宣读誓文,文曰:"朝鲜国王以今丁卯年某月日与金国立誓:我两国已讲定和好,今后各遵约誓,各守封疆,毋争竞细故,非理征求。若我国与金国计仇,违背和好,兴兵侵伐,则亦皇天降灾。若金国仍起不良之心,违背和好,兴兵侵伐,则亦皇天降祸。两国君臣,各守信心,共享太平。皇天后土,岳渎神祇,监听。此誓。"④《誓文》规定:第一,各遵约誓,各守封疆——表明后金与朝鲜是平等的兄弟关系。第二,毋争细故,非理征求——表明后金与朝鲜应着眼于大事,不应任意征伐与索求。第三,遵守盟誓,不兴干戈——表明后金与朝鲜互相尊重,不侵略与讨伐对方。第四,遵守信约,共享太平——表明后金与朝鲜平等守约,结为兄弟之邦。

礼毕焚表,李倧还宫。尔后,朝鲜国议政判书李行远等八员,后金固山额真纳穆泰等八员,亦焚书盟誓,宰白马乌牛,焚香,设酒、肉、骨、血、土各一器,告祭天地。朝鲜誓文曰:"若与金国计仇,存一毫不善之心,亦血出骨白,现天就死。二国大臣,各行公道,毫无欺罔。欢饮此酒,乐食此肉,皇天保佑,获福万万。"后金誓文曰:"朝鲜国王,今与大金国二王子立誓,两国已讲和美,今后同心合意,若与金国计仇,整理兵马,新建城堡,存心不善,皇天降祸。若二王子仍起不良之心,亦皇天降祸。若两国二王,同心同德,公道偕处,皇天保佑,获福万万。"⑤读毕焚表,和礼告成。两国战争状态,应当即行

---

①　《李朝仁祖大王实录》,第15卷,第28页,五年二月甲辰,日本学习院东洋文化研究所刊印,1959年。
②　《李朝仁祖大王实录》,第15卷,第34页,五年二月戊申,日本学习院东洋文化研究所刊印,1959年。
③　《李朝仁祖大王实录》,第15卷,第48页,五年二月丁卯,日本学习院东洋文化研究所刊印,1959年。
④　《李朝仁祖大王实录》,第15卷,第50页,五年三月庚午,日本学习院东洋文化研究所刊印,1959年。
⑤　《李朝仁祖大王实录》,第15卷,第50页,五年三月庚午,日本学习院东洋文化研究所刊印,1959年。

结束。

但是，阿敏等因反对议和，并未亲临盟誓，故对誓文，不予承认。和议既成，理应退军；阿敏坚意，进攻王京。《清太宗实录》记载，岳托曰："吾等来此，事已成矣。我国中御前禁军甚少，蒙古与明，皆我敌国，或有边疆之事，不当思豫备乎！况我军中，俘获甚多，宜令朝鲜王盟誓，即可班师。"阿敏曰："汝等欲归者，自归耳，吾则必到王京。吾常慕明国皇帝，及朝鲜国王，所居城郭宫殿。无因得见，今既至此，何不一见而归乎！我意至彼近地再议。如不从，即屯种以居，至吾等怀念妻子，度有不遣来完聚者乎！"随向贝勒杜度曰："他人愿去者去，我叔侄二人，可同住于此。"杜度变色答曰："吾何为与尔同住？皇上乃我叔父，我何可远离耶！"①阿敏以未参加盟誓为由，不顾贝勒岳托及诸贝勒劝止，"令八旗将士，分路纵掠三日，财物人畜，悉行驱载，至平壤城驻营。即于城内，分给俘获"②。阿敏率领军队，所到之处，分兵抢掠，"子女财畜，荡覆无余"③。

阿敏到达平壤之后，要同朝鲜再次盟誓。朝鲜国王李倧先不同意，然而无奈，亦无他策，派遣族弟原昌君李觉等，于三月十八日，赴平壤阿敏大营，再次举行盟誓。于是阿敏偕朝鲜王弟李觉及同来侍郎，复誓天地，宰白马乌牛，焚香，设酒、肉、骨、血、土各一器，统兵诸贝勒及诸将以下，俱擐甲胄，行九拜礼。读毕，焚之。阿敏誓书曰："如果朝鲜国王李倧将应送金（满洲）国汗之礼物，背约不送；对金（满洲）国派来的使者，不像对明的使者一样恭敬；对金（满洲）心怀恶意，巩固城郭，整顿兵马；并将金（满洲）所获得的已剃发的人，如逃来朝鲜，就据为己有，而不给回。王曾说过：与其和远方的明往来，不如和近处的金（满洲）国往来。如果违背上述之言，则将向天地控告，而讨伐朝鲜国。天地以朝鲜王为非，殃必及之，寿命不到就死了。如朝鲜国王不违背誓言而相处时，金（满洲）国的阿敏贝勒启衅讨伐的话，则必遭殃而死。我们两国遵守誓言而相处，天地必眷佑，而让我们世远年久地过太平的日子。"④

后金与朝鲜，先定"江华之盟"，后定"平壤之盟"⑤。朝鲜国王与大臣认为，"平壤

---

① 《清太宗文皇帝实录》，第 2 卷，第 16 页，天聪元年三月辛巳，中华书局影印本，1985 年。

② 《清太宗文皇帝实录》，第 2 卷，第 18 页，天聪元年三月乙酉，中华书局影印本，1985 年。

③ 《李朝仁祖大王实录》，第 15 卷，第 54 页，五年三月丁丑，日本学习院东洋文化研究所刊印，1959 年。

④ 张葳：《旧满洲档译注》，清太宗朝（一），第 179 页，天聪元年三月，台北故宫博物院印本，1971 年。

⑤ 阿敏"平壤之盟"《誓书》载于《清太宗实录》第 2 卷第 19 页。但仅以《誓文》誊本于三月二十一日送朝鲜国王，故《仁祖实录》及《承政院日记》等朝鲜官方文书所未载。

之盟"与"江华之盟"，同"当初盟意，大不相同"①。朝鲜国王畏其"生梗"而"答之"。总之，"江华之盟"与"平壤之盟"两盟誓文，有所不同。前者，强调双方之四条共同约束；后者，则突出对朝鲜的五条单方义务。其后"崇德元年皇太极亲率大军讨伐朝鲜时，即以朝鲜违背平壤之盟为藉口"②。

"平壤之盟"既定，四月初八日，后金军渡江，出朝鲜境。四月十五日，皇太极谕曰："天佑我国，平服朝鲜，声名宣播。今与兄贝勒，互行拜见之礼。外国闻之，愈章其美。"③后金定大军凯旋之礼。十八日，皇太极"率诸贝勒逾行幄数武，立马以待。凯旋诸贝勒，策马驰至，遂同下马，依次排立，竖纛，拜天，行三跪九叩头礼"。尔后，皇太极御行幄，"三大贝勒，左右列坐，令李觉坐阿敏下，诸贝勒分翼坐"，举行筵宴，庆祝凯旋④。十九日，皇太极御行幄，有功将士，叙功行赏。二十五日，赐朝鲜国王族弟李觉宴。

阿敏率军撤离朝鲜后，为防御明军毛文龙，令冷格里等领三千人马留驻义州。但朝鲜提出"当初讲和，约以各守封疆，至于誓天。而撤兵之后，余众尚留我境"。为此，后金达海等回言曰："义州留兵，非疑贵国。毛兵方在贵境，我兵既撤之后，彼若乘虚夺据，则非但往来阻绝，恐伤两国和好之义。"⑤鉴于后金与明朝议和中断；皇太极宁锦之役兵败；时"义州大水，城中如海。胡人等皆聚统军亭避水。蒙古数百人溺死"⑥，"粮饷已乏，疠疫方炽，死亡甚多"⑦。因此，九月十二日，奉谕留驻义州后金兵全部撤退，朝鲜义州府尹严幌即率领兵民入守义州城。

后金东征朝鲜，朝鲜即遣使向明朝乞援并奏闻⑧。明辽东巡抚袁崇焕闻之，即自宁远觉华岛发水师应援毛文龙，并遣使贻书皇太极"急撤犯鲜之兵"⑨；又遣精兵九千

① 《李朝仁祖大王实录》，第15卷，第61页，五年三月戊子，日本学习院东洋文化研究所刊印，1959年。
② 刘家驹：《清朝初期的中韩关系》，第16页，文史哲出版社，1986年。
③ 《清太宗文皇帝实录》，第3卷，第7页，天聪元年四月丙午，中华书局影印本，1985年。
④ 《清太宗文皇帝实录》，第3卷，第8页，天聪元年四月甲寅，中华书局影印本，1985年。
⑤ 《李朝仁祖大王实录》，第17卷，第3页，五年八月己亥，日本学习院东洋文化研究所刊印，1959年。
⑥ 《李朝仁祖大王实录》，第17卷，第4页，五年八月癸卯，日本学习院东洋文化研究所刊印，1959年。
⑦ 《承政院日记》，第18册，第861叶，刻本。
⑧ 《李朝仁祖大王实录》，第16卷，第1页，五年四月丁酉朔，日本学习院东洋文化研究所刊印，1959年。
⑨ 《明熹宗实录》，第82卷，第3页，天启七年三月辛未，台北中央研究院历史语言研究所校勘本，1962年。

进逼三岔河岸以牵制后金①。而明廷对朝鲜既加以无端指责，且无任何实际表示②。

皇太极发动的"丁卯之役"，对后金作用，主要表现在：其一，于政治，化解内部危机，与朝鲜结成兄弟之邦，摆脱孤立困境。其二，于经济，冲破禁运封锁，得到朝鲜粮食，补充大量物资。其三，于军事，获得巨大胜利，破坏明军包围，增强左翼防线。其四，于贸易，义州、会宁先后重新开市，有利于后金经贸发展。其五，于民族，扭转宁远兵败沮丧士气，重振军民旺盛斗志。总之，"丁卯之役"对满洲民族之发展，对后金政权之巩固，作用重大，影响深远。

（三）丙子之役

"丁卯之役"后，经过十年，后金发生巨大变化。此期，皇太极做了几件具有重大历史意义的事情。第一，改族名为满洲，标明一个新兴民族的崛起。第二，征服察哈尔林丹汗，统一漠南蒙古。第三，统一黑龙江流域诸部及其活动的广大地域，稳定了北方。第四，皇太极设反间计，崇祯帝磔杀袁崇焕。先是袁崇焕计斩毛文龙，崇祯帝又屈杀袁崇焕。前者，毛文龙余部孔有德、尚可喜、耿仲明等投降后金，东江实力，大为衰落；后者，皇太极借崇祯帝除掉自己的克星袁崇焕，辽西明军，积衰积弱。第五，对明军事节节胜利。皇太极连续发动四次迁道入塞之战，攻打北京，耀兵塞内。还进行大凌河之战，取得重大军事胜利。第六，改国号为大清。天聪十年即崇祯九年（1636年）四月，皇太极即皇帝位，改国号为大清。

但是，当皇太极欲称尊号时，要朝鲜上表，而朝鲜国王严词拒绝。崇德皇帝举行称帝典礼时，适朝鲜使臣罗法宪、李廓留在沈阳，后金国要他们二人得参列之荣，二人抵死不从。命其持后金国书返朝鲜，二人竟弃国书于通远堡而去。朝鲜主战派诸臣上表其国王，称金使为"胡差"，称后金国为"贼奴"，称金国书为"虏书"，称金国皇帝为"贼

① 《明熹宗实录》，第83卷，第17页，天启七年四月丁巳，台北中央研究院历史语言研究所校勘本，1962年。

② 《明熹宗实录》，第82卷，第2页，天启七年三月庚午，台北中央研究院历史语言研究所校勘本，1962年。

酋"。他们视大明为天朝,视后金为寇虏。及朝鲜请降,皇太极仍要求交出其国中主战派诸臣。

皇太极以此为借口,于崇德元年即崇祯九年(1636年),发动第二次东征朝鲜的战争。这一年为丙子年,朝鲜史籍称之为"丙子之变",清代文献称之为"丙子之役"。"丙子之役"是朝鲜与清朝关系恶化与冲突的表现。

朝金关系恶化　皇太极通过"丁卯之役",虽然同朝鲜结为"兄弟之邦";但是仍然不满足,要同朝鲜成为"臣属关系"。随着后金国势日强,兵势日盛,皇太极对朝鲜摇摆于明朝与后金之间的"双面外交"政策,极为不满,企图毁约。早在天聪五年即明崇祯四年(1631年)正月,后金因朝鲜减少"春秋二季贡物"之事,扣留其使臣。皇太极派遣使臣往致朝鲜国王书曰:"王勿听偏向明朝诸臣之言,二心视我。"①皇太极对朝鲜亲明疏金的态度,恼怒之情,跃然纸上。翌年十一月,后金赴朝鲜使臣直言不讳地提出:"当革兄弟之盟,更结君臣之约,待来差以天使之礼。"②后金改国号为大清,成为清朝与朝鲜关系的转折点。其时,"诸国来附,兼得玺瑞",军政实力的强大,漠南蒙古的统一,以及其他的因素,朝野上下内外,出现新的局面,恭请皇太极改元称帝:"合辞陈奏,请上进称尊号。"③皇太极想利用"改元称帝"之机,采取外交手段,迫使朝鲜称臣,顺附清朝,永绝明朝。

天聪十年即崇祯九年(1636年)二月初二日,皇太极借吊祭朝鲜国王妃丧之机,命户部承政英俄尔岱等,率领包括蒙古使臣在内一百七十五人的庞大代表团赴朝鲜。他们带去以后金八和硕贝勒、十七固山大臣,及蒙古四十九贝勒,致朝鲜国王文书。蒙古四十九贝勒署名致书朝鲜国王,略谓:我等与明国交好已二百余年,但因明朝历数将尽,而后金天眷有归,"我蒙古各国贝勒朝集盛京,俱以天意眷顾我皇上,欲恭上尊号"云云。后金和硕贝勒、固山额真书曰:"我等谨遵上谕,遣使相闻。王可即遣亲近子弟来此,共为陈奏,我等承天意,奉尊号。事已确定,推戴之诚,谅王素有同心也。"④十六日,英俄尔岱等一行到达朝鲜义州。他向义州府尹李淑说明此次出使之意,并欲"致书

①《清太宗文皇帝实录》,第8卷,第7页,天聪五年正月壬寅,中华书局影印本,1985年。

②[朝]李肯翊:《燃藜室记述》,27,潘喆等编:《清入关前史料选辑》,第1辑,第469页,中国人民大学出版社,1984年。

③《清太宗文皇帝实录》,第26卷,第17页,天聪九年十二月甲辰,中华书局影印本,1985年。

④《清太宗文皇帝实录》,第27卷,第10~11页,崇德元年二月丁丑,中华书局影印本,1985年。

于主上,陈僭号,请与共尊汗为帝,同为臣事"①。义州府尹李淑立即将此事报朝鲜国王。

二十四日,后金使臣英俄尔岱等人到达汉城(今首尔)。他们在受到勾管所官员接待时,出示皇太极的谕书三张:一是问安信,二是恤吊唁,三是祭品单。尔后,英俄尔岱又出示两封文书:后金执政八大臣和后金外藩蒙古贝勒,分别致朝鲜国王的文书。但是勾管所官员,以"人臣无致书君上之规"为由,对以上两封致朝鲜国王来书"却而不受"。英俄尔岱态度强硬地说:"我汗征讨必捷,功业巍隆,内而八高山(固山额真),外而诸藩王子,皆愿正位。我汗曰'与朝鲜结为兄弟,不可不通议'云,故各送差人奉书而来,何可不受?"②外藩蒙古使臣随之齐声曰:"天朝失德,只据北京。我等归附金国,当享富贵。闻贵国与金结为兄弟,意谓闻之必喜,而牢拒至此,何也?"朝鲜官员,严词以对。英俄尔岱愤怒,曰:"明日返回,给马则骑马回,不给马则步行回。"后他派员到明政门外吊祭,而自率使团仓促返回。时英俄尔岱等人,"密知其机,益生疑惧之心。破关步出,散入闾家,夺马而走,道路观者,莫不惊骇,闾巷儿童,争相投石"而逐之。于是"京城为之震动,庙堂始为恫㤞。发遣宰臣乞留,相属于道,胡将终不入来"。英俄尔岱一行,冲破艰难而回。上述事情传出后,朝鲜备局上疏:"胡差入京之后,其所言之悖慢,所当据义竣斥。"馆学儒生也请求"焚虏书,斩虏使,以明大义"。朝鲜国王李倧认为"斩使焚书,似为过矣"。朝鲜国王既不接见后金来使,也不接阅其来书,以示朝鲜拒绝皇太极上尊号、称皇帝之意。

朝鲜对拥戴皇太极上尊号之事,庙堂纷纭,朝议两端。掌令洪翼汉疏曰:"臣闻今者龙胡(即英俄尔岱)之来,即金汗称帝事也。臣堕地之初,只闻有大明天子耳,此言奚为而至哉。……今乃服事胡虏,偷安仅存,纵延晷刻,其于祖宗何,其于天下何,其于后世何!"又道:"臣愚以为戮其使而取其书,函其首奏闻于皇朝,责其背兄弟之约,僭天子之号,明言礼义之大,悉陈邻国之道,则我之说益申,我之势益张矣。"③太学生金寿弘等一百三十八人"请斩虏使,焚虏书,以明大义"。完城君崔鸣吉却曰:"答其循例之书,而拒其悖理之言,君臣之义,邻国之道,得以两全。权宜缓祸之策,亦何可全然不思乎?

---

① 〔朝〕李肯翊:《燃藜室记述》,27,潘喆等编:《清入关前史料选辑》,第1辑,第472页,中国人民大学出版社,1984年。

② 《李朝仁祖大王实录》,第32卷,第10页,十四年二月己亥,日本学习院东洋文化研究所刊印,1959年。

③ 《李朝仁祖大王实录》,第32卷,第9页,十四年二月丙申,日本学习院东洋文化研究所刊印,1959年。

金差不妨招见，所不可见者西狁耳。西狁不必薄待，所当严斥者悖书耳！事机一误，后虽悔之，不可及已！"①同时，朝廷诸臣，纷纷上疏。谏院启称："胡差之到馆，严辞斥绝，以明大义，益硕发之志，以为备御之策，则中外人心，岂不耸动，忠义之士，皆欲为殿下决一死战。"弘文馆疏称："札请以大义责虏使，严词痛斥，以折僭逆之心。"备局奏称："今者此虏兹肆猖炽，敢以僭号之说，托以通议，此岂我国君臣所忍闻者？不量强弱存亡之势，一以大义决断，欲书不受，严斥其言。"谏院又启曰："虏使径出，危机已形，备御之策，比前万急。"②鉴于"虏使发怒而去，我国终必被兵"，朝鲜国王李倧便进行备战，并"以书三封，谕其边臣固守边疆"。但此谕书，被英俄尔岱等人所截获。

朝鲜国王李倧看到后金使臣气愤回国，又夺走斥和主战的谕书，深感"兵革之祸，迫在朝夕"。于是，李倧遣使前往后金解释。三月初二日，命罗德宪、李廓等人出使后金。李倧在致后金汗书中辩解，其不接见英俄尔岱等使臣，是因"寡人有疾，不即相见。不料贵使发怒径去，殊未知其故也。贵使虽带同别差他书，此则非但前例之所无，抑约条之所未有，故接待宰臣，不敢收领转示。亦是事体当然，寡人非有所失也"。此书结语是："略布鄙忱，同希恕谅。"③英俄尔岱等人，三月二十日回到沈阳。他带回截获朝鲜国王给边臣的主战斥和谕书。书曰："国运不幸，忽遇丁卯年之事，不得已误与讲和。十年之间，使命往来，益肆凭陵。此先世所未有之惭愧也。含愧忍辱，前为一番，以雪其恨，此我拳拳所注念者也。今满洲日益强盛，欲称大号，故意以书商议。我国君臣，不计强弱存亡之形，以正理决断，不受彼书。满洲使臣，每日在此恐吓索书。我辈竟未接待，悻悻而去。都内男女，明知兵戈之祸，在于眉睫，亦以决断为上策。……可晓谕各处屯民知悉，正直贤人，各摅谋略，激励勇猛之士，遇难互相救助，以报国恩。"④皇太极览阅上书后，认为：朝鲜"决意断绝"两国"平壤之盟"，召诸贝勒大臣传阅此书，诸贝勒大臣认为可乘机兴兵问罪，一举攻灭朝鲜。皇太极意欲先上尊号，后再兴兵。他遣人持书往谕朝鲜国王，晓以利害，令其入质，如若不许，则将出兵。

崇德元年即崇祯九年（1636年）四月十一日，盛京举行隆重大典，皇太极"受宽温仁圣皇帝尊号，建国号曰大清，改元为崇德元年"，祭告天地，即皇帝位。但在群臣行三

①　《李朝仁祖大王实录》，第32卷，第11页，十四年二月辛丑，日本学习院东洋文化研究所刊印，1959年。

②　《李朝仁祖大王实录》，第32卷，第11页，十四年二月壬寅，日本学习院东洋文化研究所刊印，1959年。

③　《李朝仁祖大王实录》，第32卷，第12页，十四年三月戊申，日本学习院东洋文化研究所刊印，1959年。

④　《清太宗文皇帝实录》，第28卷，第5～6页，崇德元年三月乙丑，中华书局影印本，1985年。

跪九叩大礼时，"朝鲜使臣罗德宪、李廓不拜"，于是"胡差等殴捽廓等，衣冠尽破，虽或颠仆，终不曲腰，以示不屈之意"①。皇太极虽很气愤，却制止众人粗待朝鲜使臣之举。他谕："朝鲜使臣罗德宪、李廓无理处，难以枚举，是皆朝鲜国王有意构怨。欲朕先起衅端，戮其使臣，然后加朕以背弃盟誓之名，故令其如此耳。"②十五日，遣朝鲜使臣罗德宪、李廓回国。皇太极命罗德宪等带给朝鲜国王李倧礼物，并致朝鲜国王以二千二百言的长谕，叙述两国历史、交往、盟约，驳其"巧言饰非"之辞，表示"慈系往事，予无复置念"，最后强硬申言："尔王若自知悔罪，当送子弟为质，不然朕即于某月某日，举大军以临尔境。尔时虽悔何及！"③朝鲜国王李倧览阅大清崇德皇帝的致书后，发出《答金汗书》。朝鲜称其为"檄书"，书中辩说朝金关系中的"汉人之事"、"边民之事"和"谗间之说"三端，尔后申明："如今番信使之往，劫以非礼，困辱百端，是果待邻国使臣之礼耶？贵使之来，辱我臣僚，无复礼敬，劫卖横夺，靡有止极。当初结盟，本欲保境安民，而今则民无余力，市无余货，沿途州邑，所在空匮。若此不已，与被兵而覆亡等耳。由是国人皆奋，以和为非。"而且表明："我国无兵可挟，无财可资，而所讲者大义，所恃者上天而已。"④朝鲜国王李倧既然表明"国人皆奋，以和为非"，就无异于断绝和路，准备宣战。李倧为阻止和抗击清军入侵，其备御之策除了传谕八道加强战备外，就是遣使请求明朝给予支持和援助。其时明朝内忧外逼，自顾不暇，何遑朝鲜！明朝虽几次派人赴朝鲜表彰其反清精神，却无愿、无能、无力，也无助于朝鲜以实际的军事援助。朝鲜君臣对明朝皇帝，空抱幻想，顿感失望。

皇太极改元称帝，驱逐朝鲜使臣，致书朝鲜国王之后，没有立即兴兵征朝，而是举师西进，发动第四次迂道入塞攻掠之战。此次清军进入长城，威胁京师，俘获财富，凯旋而回。但朝鲜君臣，对明朝之腐败，清朝之强盛，囿于道义，缺乏明见。李倧没有调整策略，结好清朝。皇太极取得第四次攻明胜利之后，企图避免征朝战争，胁迫朝鲜议和。十月，皇太极派遣马福塔等到朝鲜义州，向府尹林庆业警告："我以十一月二十六日，当举兵东来，尔国若遣使更讲和好，则虽兵发在道，当罢归。且我国称帝，南朝所不

①　[朝]李肯翊：《燃藜室记述》，27，潘喆等编：《清入关前史料选辑》，第1辑，第476页，中国人民大学出版社，1984年。

②　《清太宗文皇帝实录》，第28卷，第15页，崇德元年四月乙酉，中华书局影印本，1985年。

③　《清太宗文皇帝实录》，第28卷，第34页，崇德元年四月己丑。中华书局影印本，1985年。

④　《李朝仁祖大王实录》，第32卷，第31页，十四年六月庚寅，日本学习院东洋文化研究所刊印，1959年。

能禁,而尔国欲禁之,何也?"①

　　十一月,皇太极对朝鲜来使小译说:"尔国若不于十一月二十五日前,入送大臣王子,更定和议,则我当大举东抢。"②皇太极在答朝鲜国王书中曰:"贵国多筑山城,我当从大路,直向京城,其可以山城捍我耶? 贵国所恃者江都,我若蹂躏八路,则其可以一小岛为国乎?"朝鲜为文化之邦,以礼义自绳,重文轻武,上下苟安。在国难临头之时,有臣揭请密访叶赫金台石子孙,"许以原封,使率其部落而来";李倧则寄希望于满洲宗室内乱,以"天亡之"。他还寄希望于明朝:"小邦斥和之后,朝夕被兵,而兵残力弱,无以抵抗,唯望父母邦之来救矣!"③朝鲜国王李倧既没有盼到满洲宗室内哄的机会,也没有得到明朝派出军队的援助,而使其臣民再次遭受了深重的战争灾难。

　　皇太极在同李倧力图用和谈解决双方关系恶化的同时,又在积极准备对朝鲜的战争。十一月十九日,皇太极在笃恭殿召集诸贝勒大臣,以朝鲜"败盟逆命",将统大军征之,谕曰:"尔等简阅甲士,每牛录各选骑兵十五人、步兵十人、护军七人,共甲三十二副;昂邦章京石廷柱所统汉军,每甲士一人、箭五十枝,甲士二人、备长枪一杆;二牛录备云梯一,挨牌一,穴城之斧、钻、锹、镢俱全,马匹各烙印系牌,一应器械,各书号记。携半月行粮,于二十九日来会。"④当天。皇太极以往征朝鲜之由,祭告太庙。祝文曰:"今朝鲜违天败盟,臣将亲统大军致讨,以声其罪。"二十九日,皇帝谕诸将士曰:"今者往征朝鲜,非朕之乐于兴戎也。特以朝鲜败盟,纳我逃人,献之明国。孔、耿二王,来降于我,彼兴兵截杀,我师既至,彼仍抗拒。且遇我使臣,不以旧礼,赍去书词,拒而不视。又贻书于平安道洪观察使云:'丁卯年权许讲和,今已永绝,当谨备关隘,激励勇士。'其书为英俄尔岱等遇而夺之,是彼之毁弃盟好,乐祸怀奸,将未有已,不得已兴兵伐之。若嗜杀殃民,朕心有所不忍,上天以好生为德,人命岂可轻视! 屠戮无辜,实为不仁;妄杀已降,实为不义。今与尔等约:大军所过,不许毁拆寺庙,逆命者诛之,不逆命者勿杀,以城降者勿侵其城,以堡归者勿扰其堡,俱令剃发,有逃亡来归者恩养之,凡阵获官

　　① 〔朝〕李肯翊:《燃藜室记述》,27,潘喆等编:《清入关前史料选辑》,第1辑,第483页,中国人民大学出版社,1984年。

　　② 〔朝〕李肯翊:《燃藜室记述》,27,潘喆等编:《清入关前史料选辑》,第1辑,第484页,中国人民大学出版社,1984年。

　　③ 《李朝仁祖大王实录》,第33卷,第16页,十四年九月甲辰,日本学习院东洋文化研究所刊印,1959年。

　　④ 《清太宗文皇帝实录》,第23卷,第12～13页,崇德元年十一月己未,中华书局影印本,1985年。

兵,彼既拒战,杀之勿养。所克获城堡人民,勿离其夫妇,勿夺其衣服,即老者聩者,残疾不堪取携者,亦勿夺其衣服,仍令安居于家,勿使弃于道路,妇女勿得淫乱。违者军法从事。"

皇太极又谕朝鲜国王曰:"朝鲜官属军民人等知悉,朕亲统大军来此,原非好用兵戈,利兹疆土也。朕与尔国,壤地相接,从无嫌隙,向欲常相和好,奈尔国君臣不愿。己未岁助明害我,兴兵构怨,其端自尔国发之。当时犹念大义,姑为容隐,未遽加兵。及既得辽东之后,属我版图,尔国又招诱我辽民而献之明国。复容匿明人居于尔地,给以粮饷,协谋图我。朕是以怒而兴师,有丁卯年之役也。朕犹念邻国之谊,兵不深入,结好而归。此岂尔兵将之力,能退我师哉!盖朕悯民命之伤残,念交邻之大义,欲仍敦和好,故撤师耳。迩来十年之间,尔国君臣,纳我叛亡,盗我物产,明之孔、耿二将来归,尔又兴兵截战。我兵往援,尔以枪炮拒敌,战争又自尔启之。又明欲侵我,索船于尔,尔即与之。及朕取船征明,尔辄不敢发。尔居两国之间,若皆不与,犹可也。乃与明而不与我,岂非助明而图我乎!且我国使臣,不令接见,所遗之书,又不开视,悖慢无礼,又自尔行之。今尔主又与平安道洪观察使密书,其言皆欲与朕弃盟修怨,启衅寻仇。朕因是特起义兵,声罪致讨,原非欲加害尔等也。亦尔之君臣,贻祸于尔等耳!尔等但安居乐业,慎毋轻动。如妄自窜走,恐遇我兵见害。凡拒敌者必诛,奔逃者则俘之,倾心归顺者秋毫无犯,更加恩养。谕尔有众,咸使闻知。"①

皇太极用兵朝鲜,政治意图之外,还有经济需求。《满文老档·太宗朝》崇德元年十月十六日记载:皇太极派遣都察院承政阿什达尔汉、蒙古衙门承政达雅齐塔布囊,往察哈尔、喀尔喀部诸贝勒处;弘文院大学士希福、蒙古衙门承政尼堪,往科尔沁部诸贝勒处。他们曰:"今俟冰冻,即当出师。在此期间,凡欲亲来朝,或遣人来朝,或来探亲者,俱著停止。"又曰:"至停其前来之缘由,我国内粮米歉收,以粮米赈济之闲散人口甚多,来朝人之马匹皆以粮喂之,不够。因命停止。此谕勿令他人知之,尔等阅毕密藏之。"皇太极之用兵朝鲜,还有其经济实用之目的。

皇太极做了各方面充分的准备,发动第二次进攻朝鲜之役。冰冻之后,隆冬季节,丙子之役,终于爆发。

围攻南汉山城　"丙子之役"最激烈、最关键的争战,是南汉山城攻守之战。

---

① 《清太宗文皇帝实录》,第23卷,第17～18页,崇德元年十一月己巳,中华书局影印本,1985年。

崇德元年即崇祯九年(1636年)十二月初一日,皇太极命和硕郑亲王济尔哈朗留守沈阳,巩固后方。多罗武英郡王阿济格驻牛庄,备边防敌。多罗饶余贝勒阿巴泰驻海城,收集边民。是日,蒙古诸王贝勒各率兵应约会于沈阳。初二日,皇太极亲自统领十二万大军,分左右翼,东征朝鲜。车驾至沙河堡东冈,命和硕睿亲王多尔衮、多罗贝勒豪格等人率领左翼兵,从宽甸入长山口,以牵制朝鲜东北诸道的兵力。初三日,命马福塔、劳萨等率领三百精锐,不要攻城占地,而是伪作商人,日夜兼程,潜往朝鲜都城,采取突然攻击的办法以备里应外合。马福塔率首队前锋于初八日渡江。接着又派多铎、硕讬等率领护军千人,继马福塔等人之后往围之。初九日,皇太极恐怕马福塔、多铎等率领的先头部队兵力太少,于是又命岳讬、杨古利等率三千人马,速往增援。十三日,命贝勒杜度及孔有德、尚可喜、耿仲明等,率精骑往攻皮岛、云从岛、大花岛、铁山一带,以阻止和切断明军对朝鲜的援助。

初十日,崇德帝皇太极率大军渡过鸭绿江,直趋朝鲜王京——汉城(今首尔)。朝鲜义州府尹林庆业九日驰启:"鸭绿江边,贼兵弥漫。是夕,贼兵分路渡江,罔昼夜倍道亟进。"①皇太极进抵朝鲜后,没有夺占朝鲜门户义州,也没有攻占西路重镇安州,而是采用第一次破墙入塞的战法,深入袭击、直捣京城的兵略,急如风火,倍道向前,铁骑奔驰,直逼王京。十二日,清军前队五百余骑,到达王京汉城。十三日,清军大队,已到平壤。清军向朝鲜王京汉城推进,朝鲜境内,一片惊慌。其时汉城,军民惊惧,"上下慌忙,莫知所措"②。十四日晨,朝鲜国王李倧派原任领议政尹昉,将庙社主、王宫妃嫔、王子及凤林和麟平两大君等,送往江华岛(江都)。时满朝卿相,以江都为固,父母妻子,争先入送。午后,李倧带领大臣出汉城南门,将向江华岛。时探卒驰报:"贼已过延曙驿,胡将马夫大率数百铁骑已到弘济院。而以一支兵遮阳川江,以截江都之路。"③

李倧无奈,退回城内。李倧在南门城楼召见群臣,问道:"事急矣,将奈何?"大臣诸宰,仓皇失色,朝班大乱,不知所措。时汉城士大夫,扶老携幼,相离奔走,颠仆道路,哭声雷震。李倧急令都监大将申景禛,率军出城,阻击清军,结果"为贼尽没,只余数骑"。

---

① [朝]赵庆男:《乱中杂录》,第4卷,第10页,汉城广熙出版社本,1968年。
② [朝]李肯翊:《燃藜室记述》,27,潘喆等编:《清入关前史料选辑》,第1辑,第486页,中国人民大学出版社,1984年。
③ [朝]李肯翊:《燃藜室记述》,27,潘喆等编:《清入关前史料选辑》,第1辑,第486页,中国人民大学出版社,1984年。

李倧接受完城君、判尹崔鸣吉之请："以单骑并驰往见贼将,问无端动兵、潜师深入之意。虏若不复听臣而杀臣,则臣当死马蹄之下。幸而接话,则少驻其锋。近京师保障之地,莫如南汉。请上由水沟门,疾驰入山城,以观其变。"崔鸣吉具牛酒迎劳清军诸将,以为缓兵之计。寻清军醒悟道:崔鸣吉等"以诡言,缓我师"①。鸣吉缓师,争得时间。当日,风雨雪夜,李倧从崔鸣吉之议,"从水沟门出,向南汉山城"②。李倧一行,仓促出逃,十分狼狈,"夫妇相失,哭声震天"。其情景,据史载:"世子牵马者逸,世子亲策马以行。侍卫卒与避乱士女,糅杂而前。至水沟门,门小人多,拼命争出。母子夫妇,相失叫号。老弱者,僵死相枕矣。黄昏,上渡新川所坡两津水,昏黑始抵山足。群臣皆落后,其紧随圣驾者,仅五六人矣!"③风雪山路,下马步行,二更时分,始入南汉。李倧立足未定,大臣建议:孤城驻跸,外无所援,粮食缺乏;江都更好,敌兵难犯,请幸江都。李倧决定,移避江都。十五日晓,大驾发南汉山城,时"大雪之后,山坡冰冻,御乘磋跌,上下马步行,累次颠仆,玉体不宁,还入城中"④。

南汉山城,在汉城(今首尔)东三十里,地势险绝,城墙坚固,利于防守,不便仰攻。时南汉山城中,"守城者一万四千,以一万守堞,以四千出击"⑤。城中还有宗室、官员、仆役等八百余人,粮食仅够一月之用。全城有十二门,兵力单弱,守四门,及各将台。命申景禛守东城望月台,李曙守北门,元斗杓守北城,具宏守南将台,李时白守西将台,具仁里守南门。守城官兵,分堞防御,"每堞三人,险要处每堞二人;极险处一人防守,昼则分番休息;绝险之处,则不须分排,昼则令军兵休息"⑥。并以蜡书,下达各道,募兵勤王,救援京城。因兵力不足,又做草人,穿以衣服,立于城上,以为疑兵。在李倧逃至当日,清军前锋马福塔等,率军进逼南汉山城。十六日,多铎、岳讬等率领两支清军增援部队,相继到达南汉山城。清军共有四千余人,在城外立寨,伐取松木,四周列栅,

①　《清太宗文皇帝实录》,第33卷,第11页,崇德二年正月丙辰,中华书局影印本,1985年。

②　《李朝仁祖大王实录》,第33卷,第41页,十四年十二月甲申,日本学习院东洋文化研究所刊印,1959年。

③　《南汉解围录》,丙子十二月十四日,刘家驹:《清朝初期的中韩关系》,第108页,文史哲出版社,1986年。

④　《朝野纪闻》,丙子十二月十五日,刘家驹:《清朝初期的中韩关系》,第109页,文史哲出版社,1986年。

⑤　《李朝仁祖大王实录》,第33卷,第46页,十四年十二月甲午,日本学习院东洋文化研究所刊印,1959年。

⑥　《南汉解围录》,第5页,刘家驹:《清朝初期的中韩关系》,第110页,文史哲出版社,1986年。

进行包围，内外不通①。清军围困南汉山城兵不足，白天做草人，虚张声势；夜间燃烟火，如昼光明。

朝鲜国王李倧被围困在南汉山城以后，不断以蜡书下谕于诸道监兵使"勤王"。书称："君臣上下，寄在孤城，危若一发。汲汲之势，卿可想也。星夜驰赴，前后合击。期剿灭，以救君父之急。"②各地臣民，纷纷勤王。李倧御大门，颁哀痛文曰："一隅孤城，和事已绝，内无可恃之势，外乏蚁子之援云。"读完之后，百官痛哭。是夜，清军四处屯营，近城十里，烟火通明③。结果，三起勤王之师，均为清军击败；两次突围之战，皆以失败告终。城内粮草，极为缺乏，"每兵二人，日给一人之粮"④。时天降大雪，四塞晦暝，"将士之马皆饥毙，避乱入城人皆弃子女，惨不忍见"⑤。因此人心浮动，不断有人逃亡。

二十九日，皇太极率领大军到达南汉山城，在西门外驻营。"其数无量，旗麾剑戟，鼓乐歌舞，盘回雀跃之状，殆不可形言"⑥。时清军围困南汉山城已经十五日。双方使臣，不断往返。分歧症结，主要在于：清军要朝鲜称臣，承认彼此为君臣关系；朝鲜不愿称臣，而维系兄弟关系。朝鲜大臣，主和派崔鸣吉同意接受皇太极的条件；斥和派则坚守信义——"父子之恩，其可忘乎？君臣之义，其可背乎？"沈光洙曾伏地求李倧道："请斩一人，以绝和议，以谢人心。"李倧问道："一人为谁？"对曰："崔鸣吉也！"⑦此例可见，主和派与斥和派，政见角立，水火不容。

崇德二年即崇祯十年（1637）正月初一日，皇太极登上南汉山城东望月峰，环视形势，俯瞰城中，认为南汉山城，地形险要，高大坚实，易守难攻，不利骑兵，决定围城，打援，劝降。初二日，李倧遣右议政洪瑞凤等于清军大营。皇太极遣户部承政英俄尔岱、马福塔，赍敕朝鲜国王。其敕曰："昔年我军东征瓦尔喀时，尔朝鲜以兵截战。后明国来侵我，尔朝鲜又率兵助之。彼时念邻国之好，竟置不言。及获辽东地方，尔复招纳辽

---

① 《清太宗文皇帝实录》，第32卷，第27页，崇德元年十二月丙申，中华书局影印本，1985年。

② ［朝］李肯翊：《燃藜室记述》，27，潘喆等编：《清入关前史料选辑》，第1辑，第492页，中国人民大学出版社，1984年。

③ ［朝］赵庆男：《乱中杂录》，第4卷，第12页，汉城广熙出版社本，1968年。

④ 《承政院日记》，第54册，第570页，刻本。

⑤ ［朝］赵庆男：《乱中杂录》，第4卷，第13页，汉城广熙出版社本，1968年。

⑥ ［朝］赵庆男：《乱中杂录》，第4卷，第14页，汉城广熙出版社本，1968年。

⑦ 《李朝仁祖大王实录》，第33卷，第44页，十四年十二月戊子，日本学习院东洋文化研究所刊，1959年。

东之民，献于明国。朕始赫怒兴师，于丁卯年伐尔，岂恃强凌弱，无故加兵耶？尔自是阳为和顺，阴图报复。时令尔边臣，聚集智谋之士，激励勇敢之人，欲何为也？今朕亲统大军，陈师尔境，尔何不令智谋者效策，勇敢者效力，以当一战乎！朕今此来，并非恃强侵尔之地也。尔乃孱弱之邦，屡扰我疆界，采参捕猎，遇我国逃民，尔辄执献于明。及孔有德、耿仲明二人，自明来归，朕遣军接应，尔兵以鸟枪击战，是兵端先自尔启也。且朕之弟侄诸王，及外藩诸王，致书于尔，尔辄以从无致书之例，置而不视。不思丁卯年之役，尔遁入海岛，遣使请成，是时非听命于朕之弟侄诸王，而谁听耶？朕之弟侄，何不如尔，而尔忽之。至外藩诸王贝勒，彼皆大元皇帝子孙，何卑于尔？尔朝鲜不尝臣服大元，年年纳贡乎！今何妄自尊大如是，置书不视，尔之心昏且骄矣。尔朝鲜先世，非归附辽、金、元三朝，每年奉贡称臣，而图存者乎！今历代以来，曾有不奉贡称臣于人，而得自存者乎！朕既以弟善视尔，尔反行背逆，启衅构兵，陷害生民，遗弃城郭、宫室，离别妻子，奔逃载道，入此山城，得久延乎！度尔之意，或犹以城下之盟为耻，欲湔洗丁卯之辱，是徒弃安乐，而自结祸于盟好之国也。似尔今日，弃城郭、宫室，遁入山城，积罪负愆，以致国破民残，遗笑万世，又何以湔洗之哉！既欲湔洗前辱，何不出战，乃效妇人匿迹遁藏也。尔虽遁匿此城，意图苟免，朕岂肯舍之而去乎！朕之弟侄诸王，及在内文武诸臣，在外归附诸王贝勒，欲上尊号，尔何以云'非尔君臣之所忍言'乎！夫尊号之称否，岂任尔之私意？尔之此言，亦太谬矣！夫人，天佑之，则尊为天子；天祸之，则降为庶民。朕亦不与尔计，但尔修整城郭，待朕使臣，顿失常礼者何故？又令我使臣见尔宰执，欲设计执之。尔又父事明国，专图害我者何故？此乃罪之大者，其余小罪，又何可胜数！朕是以总率大军，亲至尔八道。尔所父事之明国，如何为尔应援，朕将拭目以俟。宁有子受祸，而父不救之理？不然，则是尔罔识去就，自贻祸于国与民也。群黎百姓，岂不怀恨于尔哉。尔若有辞，不妨奏朕。"①

　　朝鲜"斥和派"大臣仍放言，要抵制清使来书，抵抗清军围城。初三日，朝鲜国王复遣洪瑞凤等奉国书于清军大营。其复书言："往日之事，小邦已知罪矣。有罪而伐之，知罪而恕之，此大国所以体天心而容万物者也。如蒙念丁卯誓天之约，恤小邦生灵之命，容令小邦，改图自新，则小邦之洗心从事，自今日始矣。"②回书仍然回避"尊号称

---

①　《清太宗文皇帝实录》，第33卷，第2～4页，崇德二年正月壬寅，中华书局影印本，1985年。

②　《李朝仁祖大王实录》，第34卷，第3页，十五年正月癸卯，日本学习院东洋文化研究所刊印，1959年。

臣"、"决绝明朝"的问题。是日，朝鲜全罗道沈总兵、忠清道李总兵，率兵前来解围，被清军贝勒岳讬部击退。初七日，全罗、忠清两道合兵来援南汉山城，再次为清兵击败，死者甚众。但清军损失很大，超品公额驸杨古利阵亡，是为朝鲜南汉山城唯一大捷。杨古利①，早年从努尔哈赤，受信任，为额驸，屡建大功勋，位亚八贝勒。杨古利受伤，"创重，遂卒，时年六十六"②。杨古利死于军，舁其尸至，皇太极"亲解御衣衣之，哭之恸，视含殓"③。阵丧大将，"上哭之恸，群臣屡劝不止"④。后将其陪葬福陵，又改陪葬于昭陵。《钦定八旗通志》载录乾隆帝《赐奠功臣扬古利墓》诗云："主吏勇过汉，长孙陪似唐。溯思同麦饭，恩合奠椒浆。百战英雄胜，一心诚且良。两朝勋绩赫，异姓独封王。"

时多尔衮、豪格等率领左翼军，孔有德、耿仲明、尚可喜及汉军甲喇章京金玉和携火炮，已到达南汉山城，朝鲜君臣看到清大兵压境，救援无望，粮草日缺，抗清态度，开始松软。十一日，朝鲜国王李倧致皇太极书曰："小邦僻在海隅，惟事诗书，不事兵革，以弱服强，以小事大，乃理之常，岂敢与大国相较哉！……今皇帝方以英武之略，抚定诸国，而新建大号，首揭'宽温仁圣'四字，盖将以体天地之道，而恢伯王之业，则如小邦愿改前愆，自托洪庇者，宜若不在弃绝之中。"⑤此稿拟出，颇有争议。但书稿中称皇太极为"皇帝"，因"城中粮食，日甚一日"，大臣之中，态度变化。十五日，李倧遣官问询投送国书不报之由，英俄尔岱等告知："若无新语，不须更来。"⑥显然是指没有回答清使提出的要求。清加紧对朝鲜国王迫降，在望月峰上竖起白旗，书写"招降"二字，以示城中官兵。

皇太极为为突破僵局，改变战术，重新部署。他从俘获口中得知："国王与长子及群臣俱在南汉，其余妻子在江华岛。"江华岛为其宗器、社主、宫眷及群臣家财所在之地也。皇太极决心，先夺取江华岛，再攻南汉山城，故决定造船，进攻江华岛："先攻此岛，

---

① 杨古利：《清太祖高皇帝实录》作"杨古利"，《满洲实录》作"扬古利"，《清太宗文皇帝实录》通作"杨古利"，《钦定八旗通志》作"扬古利"，《清史稿》通作"扬古利"，《清国史》也通作"扬古利"。

② 《清史稿·扬古利传》，第 226 卷，9194 页，中华书局标点本，1977 年。

③ 《清国史·扬古利传》，第 5 册，第 131 页，中华书局影印嘉业堂钞本，1993 年。

④ 《清太宗文皇帝实录》，第 33 卷，第 10 页，崇德二年正月戊申，中华书局影印本，1985 年。

⑤ 《李朝仁祖大王实录》，第 34 卷，第 6～7 页，十五年正月辛亥，日本学习院东洋文化研究所刊印，1959 年。

⑥ 《李朝仁祖大王实录》，第 34 卷，第 8 页，十五年正月丙辰，日本学习院东洋文化研究所刊印，1959 年。

若得其妻子,则城内之人,自然归顺。若犹不顺,然后攻城,计亦未晚。"①所造船只,限二月十五日以内竣工。十八日,命多尔衮等人率领左翼兵约三万人,大小战船八十余只,往攻江华岛。又致书朝鲜国王曰:"今尔有众,欲生耶,亟宜出城归命;欲战耶,亦宜亟出一战。"②十九日,清军与进行和议、备战江华相配合,发炮攻城,"虏放大炮于城中,炮丸大如鹅卵。或有中死者,人皆骇惧"③。朝鲜国王迫于政治与军事的双重压力,遣使复书,称皇太极为"陛下",则示自己为臣。并曰:"诸藩合辞,共进尊号,天人所归。"④承认皇太极,上尊号为帝。

　　清军在攻打江华岛、加速备船的准备期间,频繁活动,进行议和。但李倧在同皇太极往返议和中,顾及"出城"一款。因为靖康之难,徽、钦被俘,为前车之鉴。他们认为:"出城被执与死守战死等耳,决不可从。"⑤李倧以"重围未解,帝怒方盛"为虑,所以不能"出城归命"。十八日,在朝鲜大臣会议上,为复清书事,"入侍之臣,无不泣下。世子在上旁,号泣之声,闻于户外"。在此悲氛下,李倧提出:"古人有城上拜天子者,盖以礼有不可废,而兵威亦可怕也。然小邦情愿既如上所陈,则是词穷也,是知警也,是倾心归命也。"⑥二十日,皇太极拒绝朝鲜李倧的请求,派英俄尔岱等往谕朝鲜国王曰:"命尔出城见朕者,一则见尔诚心悦服,一则欲加恩于尔,令永主尔国,旋师以后,示仁信于天下耳。若以计诱尔,何以示信天下!"⑦当天,朝鲜国王复书,仍然表示不能"出城归命",书曰:"今日满城百官士庶,同见事势危迫,归命之议,同然一词。而独于出城一节,皆谓我国从来未有之事,以死自期,不欲其出。若大国督之不已,恐他日所得不过积尸空城而已。"⑧清使臣英俄尔岱见此书,拒绝接受,他说:"汝国所答与皇帝书意不同,故不受。"二十三日,朝鲜国王又派使往清营,致书皇太极曰:"陛下既以贷罪许臣,臣既以臣礼事陛下,则出城与否,特其小节耳,宁有许其大,而不许其小者乎? 故臣之所望,欲待天兵退舍之日,亲拜恩敕于城中,

①　《清太宗文皇帝实录》,第33卷,第13页,崇德二年正月丙辰,中华书局影印本,1985年。
②　《清太宗文皇帝实录》,第33卷,第17页,崇德二年正月丁巳,中华书局影印本,1985年。
③　《李朝仁祖大王实录》,第34卷,第10页,十五年正月己未,日本学习院东洋文化研究所刊印,1959年。
④　《清太宗文皇帝实录》,第33卷,第18页,崇德二年正月己未,中华书局影印本,1985年。
⑤　《南汉日记》,第3卷,第42页,刘家驹:《清朝初期的中韩关系》,文史哲出版社,1986年。
⑥　《李朝仁祖大王实录》,第34卷,第10页,十五年正月戊午,日本学习院东洋文化研究所刊印,1959年。
⑦　《清太宗文皇帝实录》,第33卷,第19页,崇德二年正月庚申,中华书局影印本,1985年。
⑧　《清太宗文皇帝实录》,卷33卷,第21页,崇德二年正月庚申,中华书局影印本,1985年。

而设坛望拜，以送乘舆，而即差大臣充谢恩使，以表小邦诚心感悦之情。自兹以往，事大之礼，悉照常式，永世不绝。"①依然隐晦表示，不愿出城归降。此书又被清方退回，城内人心，更加不安，希望早日达成和议。

议和同时，继续攻城。同日，皇太极下令攻南汉山城，城坚势险，久攻不下。诸将认为："此城之险，实天所设，若欲破灭，必致死伤众多，不如坚守松城，待其自溃。"登城失利，施以重炮。环绕城垣，布设火炮。隔台之外，再设大炮。火炮轰鸣，连日攻城："炮名虎蹲，一名红夷，丸大如木瓜，能飞数十里。每向行宫而放之，终日不绝。落于司仓，凡家贯穿三重，入地底尺许。"②"大炮中望月台，大将旗柱折，又连中城垛，一隅几尽破坏，女墙则已无所蔽。……丸之落于城中者相继，人皆畏惧"③。君臣上下，惊恐万状。时朝鲜王廷，斥和主战，颇激朝野。然而，讲义理者多，知时势者少。崔鸣吉之见，被多臣鄙视。但除和议，并无出路。拖时愈久，国损愈惨。

多尔衮率军，进攻江华岛。二十二日，多尔衮等率领大军至江华岛渡口。用车轮架运所造之船八十艘，进屯甲串津，曳到岸边，拖入海中。前一天，朝鲜江华岛守将得到清军来攻的探报，却自信："江冰尚坚，何能运船。"又得探报，清军进攻，始为惊诧，仓卒部署，进行迎战，但兵数零星，人多逃散。多尔衮率领"舟师将渡海时，江华岛敌船，约有百艘，列为两翼。我舟师从中冲入，连发红衣炮。敌船兵役，不能抵敌逃去，于是我兵登岸"④。朝兵迎战，不敌败去。将官具元一，投海而死。凤林大君、金庆征等人，便退守城中。多尔衮率清军，先放虎蹲炮，继发红衣大炮，大败守军，破江华城。朝鲜舟师二十六只，检察使金庆征、留守张绅、忠清水使姜晋昕等，皆不战而溃，"贼以扁舟渡江，如入无人之境。至南门，大臣金尚容及洪命亨、沈谞、李时稷、宋时荣等，皆自决死之。尹昉弃宗社、妃嫔，变着常服，伏窜间家，内官寻得之。韩兴一、吕尔征等，咸出降。城中人物，汹惧奔走。贼声言：'我非欲战，实为和事而来，勿为惊动。且军卒冻馁，宜饷酒食。'即以牛酒馈之。贼又曰：'中分城内，一居鲜人，一居我军。'一如其言。

　　① 《李朝仁祖大王实录》，第34卷，第16页，十五年正月癸亥，日本学习院东洋文化研究所刊印，1959年。

　　② ［朝］李肯翊：《燃藜室记述》，27，潘喆等编：《清入关前史料选辑》，第1辑，第508页，中国人民大学出版社，1984年。

　　③ ［朝］李肯翊：《燃藜室记述》，27，潘喆等编：《清入关前史料选辑》，第1辑，第509页，中国人民大学出版社，1984年。

　　④ 《清太宗文皇帝实录》，第34卷，第4页，崇德二年二月乙亥，中华书局影印本，1985年。

则又请见两大君,及至,问:'庙社主安在?'答以'埋置'。则曰'何必埋之,不久当还奉安'云"①。二十三日,清军占领江华岛,俘获朝鲜王妃一人、王子二人、宗室七十六人、阁臣一人、侍郎一人,及群臣妻子家口等。攻陷江华岛后,多尔衮严令官兵"守视城门,护尔家室"②,保其宗族,一无所扰。同前次阿敏相比,多尔衮之声誉日高,深为内外军民所重。

二十四日,皇太极遣使通告朝鲜国王,清军已攻占江华岛,宗室嫔宫及文武百官的妻子都被俘。朝鲜国王和群臣得知此讯,虽举朝震惊,却并不相信。

二十五日,清军连日发炮,炮丸飞落王宫。"炮声终日不止,城堞遇丸尽颓,军情益汹惧"③。

二十六日,朝鲜使臣洪瑞凤等人赴清营复书,英俄尔岱、马福塔出见曰:"尔国所恃者江都也,吾已攻陷,执嫔宫两大君及夫人矣!"洪瑞凤表示不信,英俄尔岱便出示大君手书、韩兴一状启,又示江都所获二人。英俄尔岱等要求送出"斥和人",即交出主战者。

二十七日,洪瑞凤等人返回南汉山城,向国王李倧和群臣报告在清营所见,并奉上大君书及状启。其时,南汉山城外,清军以红衣大炮等攻城,城堞多坏,伤亡惨重,官兵惊惧,危在旦夕;南汉山城内,因闻江都失陷,城中臣庶有家眷者,举皆号哭。"宗社人民,既已如此,吾何生为? 遂决出城之计"④。两司争之,李倧不听,遂定出降之议。朝鲜国王李倧命李弘胄、金荩国、崔鸣吉等往清军大营,致书皇太极曰:"今闻陛下旋驾有日,若不早自趋诣,仰觐龙光,则微诚莫伸,追悔何及? 第惟臣方将以三百年宗社,数千里生民,仰托于陛下。"⑤明确表示,出城投降,并候"明降诏旨,以开臣安心归命之路"⑥。南汉山城被围,凡四十七日夜。明朝未出一将一兵相助,亦无一使一纸相劳。李倧走投无路,决定献城投降。

三田渡受降 二十八日,皇太极又收到朝鲜国王来书,称皇太极为皇帝,朝鲜为小

---

① [朝]赵庆男:《乱中杂录》,第4卷,第19页,汉城广熙出版社本,1968年。
② 《清太宗文皇帝实录》,第34卷,第24页,崇德二年正月甲子,中华书局影印本,1985年。
③ 《李朝仁祖大王实录》,第34卷,第18页,十五年正月乙丑,日本学习院东洋文化研究所刊印,1959年。
④ [朝]赵庆男:《乱中杂录》,第4卷,第21页,汉城广熙出版社本,1968年。
⑤ 《清太宗文皇帝实录》,第33卷,第29页,崇德二年正月丁卯,中华书局影印本,1985年。
⑥ 《李朝仁祖大王实录》,第34卷,第20页,十五年正月丁卯,日本学习院东洋文化研究所刊印,1959年。

邦,自己为臣。且对"浮议坏事"诸臣,加以斥黜;并把前弘文馆校理尹集、前修撰吴达济等人,作为"斥和者"即主战者,"送诣军前,以俟处分"①。二十九日,夜二更,李倧命将"斥和人"洪翼汉、吴达济、尹集三人送往清军大营。皇太极见洪翼汉等三人问道:"汝等何以斥两国之和乎? 既斥其和,何不攻我?"三人曰:"不斥其和,只沮送使。"皇太极大笑,命"解其缚,给其冠"②。后以其"倡议祖明、败盟、构兵"罪斩之③。崇德帝对崔鸣吉,则优礼相待,赏赉有加④。皇太极认为同朝鲜国王李倧签订"城下之盟"时机已成熟,条件已具备,并征询诸贝勒大臣,皆表赞同。于是,皇太极遣使敕谕朝鲜国王李倧,提出投降条款十七项:

(一)当去明国之年号,绝明国之交往,献纳明国所与之诰命册印,躬来朝谒。

(二)尔以长子,并再令一子为质。

(三)诸大臣有子者以子,无子者以弟为质。

(四)尔有不讳,则朕立尔质子嗣位。

(五)从此一应文移,奉大清国之正朔。

(六)万寿节及中宫千秋、皇子千秋、冬至、元旦及庆吊等事,俱行贡献之礼,并遣大臣及内官奉表。

(七)其所进往来之表,及朕降诏敕,或有事遣使传谕,尔与使臣相见之礼,及尔陪臣谒见,并迎送馈使之礼,毋违明国旧例。

(八)朕若征明国,降诏遣使,调尔步骑舟师,或数万,或克期会处,数目限期,不得有误。

(九)朕今移师攻取皮岛,尔可发鸟枪、弓箭手等,兵船五十艘。

(十)大军将还,宜备礼献犒。

(十一)军中俘获,过鸭绿江后,若有逃回者,执送本主。若欲赎还,听从两主之便……

---

① 《明清史料》,甲编,第7本,第612页,中央研究院历史语言研究所刊印,1931年。

② [朝]赵庆男:《乱中杂录》,第4卷,第23页,汉城广熙出版社本,1968年。

③ 《清太宗文皇帝实录》,第34卷,第15页,崇德二年三月甲辰,中华书局影印本,1985年。

④ 崔鸣吉:朝鲜主和派首领,"前后国书,皆出鸣吉之手"。对其评论,或贬或褒。贬者,前文已述。褒者,《中国历代战争史》第15册第182页载:"时朝鲜国,尚儒臣,缺名将,故讲义理者多,度知时势者少。崔鸣吉之见,亦可谓独出其群侪者矣。"

（十二）尔与内外诸臣，缔结婚媾，以固和好。

（十三）新旧城垣，不许擅筑。

（十四）尔国所有瓦尔喀，俱当刷送。

（十五）日本贸易，听尔如旧，当导其使者来朝，朕亦将遣使与彼往来。

（十六）其东边瓦尔喀，有私自逃居于彼者，不得复与贸易往来……

（十七）每年进贡一次，其方物数目：黄金百两，白银千两，水牛角二百对，豹皮百张，鹿皮百张，茶千包，水獭皮四百张，青黍皮三百张，胡椒十斗，腰刀二十六口，顺刀二十口，苏木二百斤，大纸千卷，小纸千五百卷，五爪龙席四领，各样花席四十领，白苎布二百匹，各色锦绸二千匹，各色细麻布四百匹，各色绸布万匹，布千四百匹，米万包①。

江华岛失陷，妻子被俘，"受困南汉，旦夕城陷，八道人民，流离四散，各道援兵，皆被击败，宗社将覆，无计可免"②。朝鲜国王李倧接受以上条款后，便派洪瑞凤、崔鸣吉等人往清营，商量出城投降事宜。清方由英俄尔岱负责接待谈判，规定：国王投降仪式设在三田渡（麻田浦）筑坛；时间为正月三十日；朝鲜国王李倧出城，不穿龙袍，改穿青衣；李倧出城，不许出南面正门，而出西门；投降时免除"衔璧舆榇"等。

三十日辰时，朝鲜国王李倧，身着蓝衣，带领群臣和长子、次子、三子等，出南汉山城西门，步行至汉江东岸三田渡（麻田浦），向清崇德帝皇太极投降。受降坛，设黄幄，临汉江之碧水，挹黄州之山色。受降仪式，《承政院日记》等书略载：皇太极登坛端坐，上张黄幕，护军环卫。刀矛剑戟，旗纛森列；精兵数万，结阵拥立；张乐鼓吹，庄严肃穆。英俄尔岱驰马前导，朝鲜国王李倧等随后。引李倧等至坛外，行三拜九叩大礼。再领到坛下，又令进前三拜九叩。李倧奏曰："皇帝天心，赦臣万罪，生已死之身，存已亡之国，俾得重立宗社。缘臣罪过多端，故加之罚。今臣服罪恶，来谒皇上。自兹以后，改过自新，世世子孙，不忘厚泽。"皇太极谕曰："朝鲜国王，既知罪来降，朕岂有念旧恶苛责之理。今后一心尽忠，不忘恩德可也，前事毋再言及。"随之，礼臣赞礼，引入升阶，李倧坐于皇太极左侧，其次是和硕亲王、多罗郡王、多罗贝勒等，再次是李倧长子等。右侧是和硕亲王、多罗郡王、多罗贝勒等，其次是李倧次子、三子，再次是蒙古诸王。朝鲜大臣给席于坛上东隅，江都被执之臣使坐于坛下西隅。坐定举茶，尔后盛宴。宴间射

---

① 《清太宗文皇帝实录》，第33卷，第29～32页，崇德二年正月戊辰，中华书局影印本，1985年。

② 《清太宗文皇帝实录》，第33卷，第32页，崇德二年正月庚午，中华书局影印本，1985年。

艺,杂耍表演。宴罢,皇太极赐李倧黑貂袍套、白马雕鞍,又赏给世子、大臣等黑貂皮套。仪式完毕,降坛奏乐。后令朝鲜君臣会见被俘嫔宫及夫人,相互洒泣曰:"稍缓数日,我等皆为灰烬矣!"①又命英俄尔岱、马福塔送朝鲜君臣和嫔宫夫人返回王京汉城,留下长子、次子为人质。礼毕,申刻,皇太极还营。李倧在清兵护送下,返回王京,沿途民众,数以万计,夹路号哭。李倧回到王京,御昌庆宫养和堂。后在三田渡竖立"三田渡碑"。碑正面汉文书镌"大清皇帝功德碑"②,碑阴以满文、汉文合璧书镌碑文③。

　　二月初二日,皇太极先行班师,命多尔衮、杜度率领八旗满洲、八旗蒙古、八旗汉军大军,携所俘获与辎重后行。派硕讬、孔有德、耿仲明、尚可喜率领部众,携红衣大炮往攻皮岛。二十一日,皇太极历时十九天,回到沈阳,举城欢庆。清军撤走时,分为四路,"一枝兵仍执世子及次子等夫妻并其僚属,置诸军中,从大路以去;一枝兵逾铁岭,出咸镜道,渡头满江以去;一枝兵由京畿右道山路,至平安道昌城、碧潼等地,渡鸭绿江上流以去;一枝兵自汉江乘船下海,悉取沿海舟楫,以真狄及孔、耿所领辽兵,参杂藏书,仍胁本国西路败卒,张其形势,以图皮岛"④。皇太极为了防止清军沿途掠夺,招致朝鲜军民不满,于二月初四日,传谕诸王等曰:"嗣后尔等,各宜严禁彼地满洲、蒙古、汉人士卒,勿得劫掠降民,违者该管章京及骁骑校、小拨什库等,一并治罪,劫掠之人,置之重典,为首者斩以徇。"⑤可是,清军官兵,阳奉阴违,不听禁令,依然抢掠:"深山穷谷,无远不到,被抢之患,甚于来时。"⑥初八日,多尔衮、杜度等军班师,携带大量财物,押着朝鲜俘虏⑦,及世子、次子、侍卫、宰臣等五百余人,离开汉城,还师沈阳。所经沿途,城镇官民,道旁跪送。跪送官民中,有以妻子被俘,遮道跪奏道:"小民等妻子被俘,求赐完聚。"皇太极谕曰:"今将士俱以血战得之,宁有勒令空还之理乎! 待至我国后,任尔

---

①　《清太宗文皇帝实录》,第 33 卷,第 34 页,崇德二年正月庚午,中华书局影印本,1985 年。

②　《拟题朝鲜称颂皇帝功德碑文稿》,《明清史料》,甲编,第 7 本,第 639 页,中央研究历史语言研究所刊印,1931 年。

③　笔者实地踏查所见。

④　《朝鲜记闻》,第 5 卷,第 127 页,刘家驹:《清朝初期的中韩关系》,文史哲出版社,1986 年。

⑤　《清太宗文皇帝实录》,第 34 卷,第 4 页,崇德二年二月甲戌,中华书局影印本,1985 年。

⑥　《南汉解围录》,第 24 页,第 126 页,刘家驹:《清朝初期的中韩关系》,文史哲出版社,1986 年。

⑦　朝鲜《野乘》卷 12 记载"沈阳人市六十万,而被掳于蒙古者,不在此数,其多可知"。又朝鲜文献记载"被俘人口,无虑五十余万"等。清军掳掠朝鲜人口,确切数字,无法统计。所谓"五十万"、"六十万"云,可能夸大。

等之便,准与收赎,俾尔完聚,以示宽恩。"①由于人众物多,辎重随行,边走边抢,行军缓慢,在朝鲜境内,只需十余日路程,却走了七十三天,直到四月十五日才全部回到沈阳。

清军降服朝鲜之后,回师顺道攻陷皮岛。朝鲜附清,皮岛益孤。二月初二日,皇太极命硕讬、三顺王等合朝鲜水军战船五十艘,往攻毛文龙所遗留之皮岛。时明将沈世魁等,率兵二万,装备火器,储足粮草,驻守皮岛。硕讬等初"攻皮岛,久未下"②。皇太极又命阿济格率兵一千,前往助攻。四月初五日,阿济格会议诸将,制定作战方案。分兵两路,突击偷袭:一路步军固山额真萨穆什喀在前统领偷袭,攻打皮岛西北隅之山嘴;又命固山额真阿山、叶臣,乘船在后督战;另一路由兵部承政车尔格率领,八旗骑兵、汉军、三顺王军及朝鲜兵,乘船突然列于岛上,汉军固山额真石廷柱、户部承政马福塔在后督战。初六日,阿济格致书皮岛守将沈世魁,劝其归降,未得答复。初八日,阿济格下令进攻皮岛,两路大军,分兵夹击,经过激战,明军溃败,擒获沈世魁,拒降后被斩③。清军攻占皮岛,斩杀明军万余,俘获男女三千四百多人,大船七十艘、炮十位,其余金银、衣缎、马牛、宝器等物无算。是为皇太极"丙子之役"的又一胜利,也是了结"丁卯之役"未结之题。

此次胜利,意义在于:其一,切断朝鲜与明朝的联系,"天朝之路,今已绝矣"④。其二,拔除明朝在清朝腹地的一个钉子。其三,清朝后方更为稳定。其四,获得大量银物。计得:蟒素缎四万二千余匹、银三万一千两、青布十八万匹、红毡五万条、珠宝等二千余件、红衣大炮七门、法兰西炮二门、西洋炮一门,俘获三千余人⑤。

皇太极发动并指挥的"丙子之役",采取长驱直入、打击要害的兵略,以骑兵、步兵、炮兵、水兵联合作战,特别发挥红衣大炮的作用,清军取得胜利,朝鲜兵败降服。此一战法,清军长驱深入朝鲜,置义州、平壤等重镇所不顾,径直进攻朝鲜王京汉城(今首尔);朝鲜国王李倧逃到南汉山城,皇太极则集中兵力围攻南汉山城;而朝鲜庙社主、王妃王子等俱在江华岛,皇太极再调多尔衮率水师与炮队等,攻陷江华岛,从而震慑南汉

①　《清太宗文皇帝实录》,第34卷,第7页,崇德二年二月辛巳,中华书局影印本,1985年。
②　《八旗通志·阿济格传》,第140卷,第3680页,东北师范大学出版社,1985年。
③　《李朝仁祖大王实录》,第34卷,第46页,十五年四月癸巳,日本学习院东洋文化研究所刊印,1959年。
④　《李朝仁祖大王实录》,第34卷,第44页,十五年四月丁亥,日本学习院东洋文化研究所刊印,1959年。
⑤　《清太宗文皇帝实录》,第34卷,第21页,崇德二年四月丙戌,中华书局影印本,1985年。

山城①，国王李倧，走投无路，身着青衣，出城投降。

"丙子之役"对清朝、朝鲜、明朝三方，都产生重要影响。

其一，于政治，清朝与朝鲜由"兄弟之盟"，变为"君臣之盟"，即从兄弟平等关系，变为君臣隶属关系。且朝鲜自此永绝明朝，奉大清正朔，用崇德年号。朝鲜与清朝的臣属宗主关系，维持几乎有清一代，影响可谓深远。

其二，于经济，朝鲜向清朝纳贡，贡物数量巨大，前述数字可证。皇太极还向朝鲜征调粮食、枪炮、弹药、布帛、纸张、船只等，并命朝鲜在会宁与清朝互市。

其三，于军事，朝鲜从后金的敌人，变为清朝攻明的帮手；由后金的前线，变为清朝的后方。

其四，于外交，清朝由朝鲜之敌国，而先为兄弟之国，继为宗主之国。

皇太极一生亲自指挥的重大战役，主要有：宁锦之战、第一次入塞之战、大凌河之战、第二次入塞之战、丙子之战、松锦之战和察哈尔之战。其中第一次入塞之战，是皇太极政治谋略与军事胆略的精彩表现；丙子之战、大凌河之战与松锦之战，则是皇太极军事谋略与军事指挥的艺术杰作，也是他对中华军事智慧宝库的重大贡献。

---

① 李光涛《明清档案论文集》第 359 页载："承韩国友人孔在锡先生来函见示：'南汉山城，在汉城东五十余里外山。江都，在汉城西一百余里海岛，一名江华岛。三田渡，在汉城东三十余里野，即我仁祖大王降屈之地，今有碑，名曰三田渡碑。'"

九 明清议和

后金—清同明朝,既有战争,也有议和。双方的议和活动,前后达二十余年,时断时续,忽战忽和,亦款亦战,有虚有实。按其时间顺序,主要分为天命、天聪、崇德三个时期。

(一)天命议和

后金—清与明朝的和议活动,以天命十一年即天启六年(1626年),袁崇焕遣使到沈阳,后金汗皇太极也遣使到宁远为始。但在此前,双方边事,书使穿梭,屡有交往。

早在明万历二十四年(1596年),明朝就派遣官员余希元到建州。《清太祖实录》记载:"明遣官一员,朝鲜官二员,从者二百人来。上令我军尽甲,观兵于外。遇于妙弘廓地界,迎入大城,优礼答遣之。"①努尔哈赤"亲迎至妙洪科地界,接入大城,以礼相待。公事毕,辞别而去"②。

明万历三十六年(1608年)三月,建州就同明辽东官员,盟誓建碑,协议和平。努尔哈赤谓群臣曰:"吾欲与明,昭告天地,同归于好。"随后,建州遣使往广宁,会见明辽东副将及抚顺所备御等,共同誓词勒碑,刑白马乌牛祭天。其誓词曰:"两国各守边境,敢窃逾越者,无论满洲、汉人,见之杀无赦。若见而不杀,殃及不杀之人。明若渝盟,其广宁巡抚、总兵、辽东道、副将、开原道、参将等官,均受其殃;满洲渝盟,殃亦及之。"誓毕,遂建碑于双方的沿边地方③。这是建州同明朝通过议和,而达成的第一个盟誓。

尔后,明万历四十一年(1613年)九月二十六日,努尔哈赤至明抚顺所。抚顺游击

---

① 《清太祖高皇帝实录》,第2卷,第19页,丙申年(1596年)二月戊戌朔,中华书局影印本,1986年。
② 《满洲实录》,第2卷,第99页,丙申年(1596年)二月,辽宁通志馆影印本,1930年。
③ 《清太祖高皇帝实录》,第3卷,第15页,戊申年(1608年)三月,中华书局影印本,1986年。

李永芳出城三里外，以礼接见，导入教场。努尔哈赤致李永芳文书，文曰："昔叶赫、哈达、乌喇、辉发、蒙古、席北、卦尔察等九姓之国，于癸巳岁，合兵侵我。我是以兴师御之。天厌其辜，我师大捷，斩叶赫布寨，获乌喇布占泰以归。逮丁酉岁，刑马歃血，以相寻盟，通婚媾，无忘旧好。讵意叶赫渝弃前盟，将已字之女，悔而不予。至乌喇国布占泰，吾所恩育者也，反以德为仇，故伐之，而歼其兵，取其国。今布占泰孑然一身，奔于叶赫。叶赫又留之，不吾与。此吾所以征叶赫也。我与汝国，何嫌何怨，欲相侵耶？"①努尔哈赤既以书与永芳，遂还。努尔哈赤此次投书，是想争取李永芳，并通过他向朝廷转述自己的愿望。

万历四十二年（1614年）四月，明遣备御萧伯芝，自称大臣，乘八抬轿，到赫图阿拉，递交文书，述古来兴废故事，要建州勿再扩张。时努尔哈赤已经吞并哈达、辉发、乌拉，兵锋锐盛，意气益骄，"竟不视其书，遣之还"②。

万历四十三年（1615年）四月，明广宁总兵张承胤遣通事董国荫，致书努尔哈赤，曰："汝所居界外地，皆属我，今立碑其地。其柴河、三岔、抚安三路之田，汝勿刈获。其收汝边民，迁汝国。"努尔哈赤答曰："吾累世田庐，一旦令吾弃之，是尔欲弃盟好，故为斯言耳！昔贤云：'海水不溢，帝心不移。'今既助叶赫，又令吾境内之民，所种禾黍，勿刈获而迁。将帝心已移耶？帝之言，自不可违，但不愿太平，与我交恶。吾国小，受小害；汝国大，得无受大害乎！吾国之民无多，不难于迁，汝大国能尽藏其众乎！若构兵起衅，非独吾国患也。汝自恃国大兵众，辄欲陵我，讵知大可以小，小可以大，皆由天意。设汝每城屯兵一万，汝国势亦不能。若止屯兵一千，则城中兵民，适足为吾俘耳！"通事董国荫曰："此言太过矣！"遂去。自此，"明侵我疆土，于边外数处，立石碑为界"③。

以上，努尔哈赤在建州时期，同明朝官员有过五次重要的交往。后金作为一个独立政权，同明朝官员通书往来，始于天命三年即万历四十六年（1618年）四月。

先是，天命元年即万历四十四年（1616年）正月，努尔哈赤在赫图阿拉，称汗建元，自践汗位。天命汗努尔哈赤建立后金，开始成为一个独立政权，同明朝分庭抗礼。他

①　《清太祖高皇帝实录》，第4卷，第11页，癸丑年（1613年）九月庚辰，中华书局影印本，1986年。

②　《清太祖高皇帝实录》，第4卷，第11页，甲寅年（1614年）四月，中华书局影印本，1986年。

③　《清太祖高皇帝实录》，第4卷，第14页，乙卯年（1615年）四月，中华书局影印本，1986年。

建元称汗后,花费两年的时间,整顿内部,扩大势力。天命三年即万历四十六年(1618年)正月,努尔哈赤对诸贝勒大臣宣布:"今岁必征大明!"努尔哈赤向明朝发起进攻时,采取军事进攻与政治和议的两手策略。从此,在后金与明朝的关系中,以军事进攻为主,政治议和为辅,既和又战,相辅相成。所以,"军事进攻为主,政治议和为辅",既攻城,又招降,这是后金—清朝对明朝的基本方略。

天命三年即万历四十六年(1618年)四月十五日,努尔哈赤率兵进围明抚顺城,捉获一人,遗书谕游击李永芳降。其书曰:"尔明发兵疆外,卫助叶赫。我乃兴师而来,汝抚顺所一游击耳,纵战亦必不胜。今谕汝降者:汝降,则我兵即日深入;汝不降,是汝误我深入之期也。汝素多才智,识时务人也。我国广揽人才,即稍堪驱策者,犹将举而用之,结为婚媾。况如汝者,有不更加优宠,与我一等大臣并列耶!汝不战而降,俾汝职守如故,豢养汝;汝若战,则我之矢,岂能识汝!必众矢交集而死。既无力制胜,死何益哉!且汝出城降,则我兵不入城,汝之士卒,皆得安全。若我入城,则男妇老弱,必致惊溃,亦大不利于汝矣!勿谓朕虚声恐喝,而不信也!汝思区区一城,吾不能下,何用兴师为哉!失此弗图,悔无及已。其城中大小官吏兵民等,献城来降者,保其父母妻子,以及亲族,俱无离散,岂不甚善!降不降,汝熟计之。毋不忍一时之忿,违朕言,致偾失事机也。"①抚顺游击李永芳得书后,立城南门上,言纳款之事。李永芳见后金军势强兵众,树云梯登城,遂冠带整齐,乘马出城降。后金固山额真阿敦,引李永芳下马,跪见天命汗努尔哈赤。努尔哈赤在马上以礼相答。于是,抚顺(今辽宁省抚顺市抚顺县)、东州(今辽宁省抚顺市东洲区)、马根单(今辽宁省抚顺市马郡乡)三城,及台堡寨共五百余悉下。努尔哈赤驻跸抚顺城。

同年六月,明朝与后金发生纠纷。《清太祖武皇帝实录》记载:大明边民,每年越边窃采满洲参、矿、果、木等物,扰害无极。一日,帝曰:"昔与大明立碑,宰马结盟,原为杜其混扰。今大明边民,累扰吾地。吾杀潜越禁边者,亦不为罪。"遂于六月,遣答儿汉蝦(即达尔汉侍卫扈尔汉),将越边窃物之人,遇则杀之,约有五十余。时帝闻广宁新任都堂至,乃遣纲孤里、方吉纳二人往见之。都堂李维翰将纲孤里、方吉纳,并从者九人,各以铁索系之。仍差人至满洲,谓帝曰:"吾民出边,汝当解还,安得遽杀之?"帝曰:"昔竖碑盟言,若见越禁边者不杀,殃及于不杀之人。今何负前盟而如是强为之说。"使者曰:

---

① 《清太祖高皇帝实录》,第5卷,第15～16页,天命三年四月甲辰,中华书局影印本,1986年。

"不然，但将首杀吾民者答儿汉蝦，献与抵罪则已，不然此事难寝。"甚以言逼之。帝不从。使者曰："此事已闻于上，乃不容隐者，汝国岂无罪人乎？ 盍将此等人，献之边上，杀以示众，此事遂息。"帝欲图大明所拘十一人还，即于狱中取自夜黑所掳十人，解至抚顺所杀之。大明遂将所拘十一人放归①。

明朝与后金的纠纷，通过遣使，进行沟通。如天命三年即明万历四十六年（1618年）的遣使事例。史书记载："明广宁巡抚遣通事一人、从者五人，及前送书者一人，来言欲两国修好，可还所俘数人，并遣使来。"于此，努尔哈赤说："朕征战时所俘获者，即我民也，虽一人何可还耶！ 若以我为是，于所俘外更加馈赠之礼则和；如以我为非，则不必言和，当征伐如故耳。"随后，将明朝来使遣还②。

萨尔浒大战之前，明朝与后金，仍有使往来，明派李继学及通事（翻译）就是一例。天命四年即明万历四十七年（1619年）正月丙午（二十二日），《清太祖武皇帝实录》记载：令大明使者李继学及通事，赍书返回。其文书曰："皇上若声辽人之罪，撤出边之兵，以我为是，解其七恨，加以王封，岂有不罢兵之理！ 再将我原赏及抚顺所原有敕书五百道，并开原所有敕书千道，皆赐吾兵将，我与大臣外加缎三千匹，金三百两，银三千两"③。这里努尔哈赤提出明朝不可能接受的条件，如要一千五百道敕书，以及大量的金银和绸缎。

努尔哈赤攻打明辽东抚顺、清河、开原、铁岭、沈阳、辽阳、广宁和宁远八座重镇，其中清河、开原、铁岭、沈阳、辽阳、广宁六座重镇都没有提出议和，只有开始的抚顺与结尾的宁远，提出议和，和战配合。前者已述，至于后者，《清太祖实录》记载：努尔哈赤率倾国之师，进攻宁远，连陷右屯、大凌河、锦州、松山、小凌河、杏山、塔山、连山八城后，兵临孤城宁远。后金军越城五里，横截山海大路驻营。努尔哈赤纵放所俘汉人，派其进入宁远城，告袁崇焕曰："汝等此城，吾以兵二十万来攻，破之必矣！ 城内官若降，吾将贵重之，加豢养焉。"宁远道袁崇焕答曰："汗何故遽尔加兵耶？ 锦、宁二城，汝国既得而弃之，以所弃之地，吾修治而居。宁各守其地以死，讵肯降耶！ 且汗称来兵二十万，

---

① 《清太祖武皇帝实录》，第 2 卷，第 28 页，天命三年六月，台北故宫博物院藏，广文书局影印本，1970 年。

② 《清太祖高皇帝实录》，第 5 卷，第 23 页，天命三年六月己卯（二十二日），中华书局影印本，1986 年。

③ 《清太祖武皇帝实录》，第 3 卷，第 1 页，天命四年正月二十二日，台北故宫博物院藏，广文书局影印本，1970 年。

虚也！约有十三万，我亦不以来兵为少也！"努尔哈赤欲统兵攻城，命军中准备攻城器具。二十四日，后金兵执楯牌，进薄城下。后金军将毁城进攻，时天寒土冻，凿穿数处，城坚不堕，军士奋勇，乘间攻击。明总兵满桂、宁远道袁崇焕、参将祖大寿，率领兵民，撄城固守，火器炮石，纷射城下。后金军死战不退，但不能攻，且战且退。翼日，再度攻城，又不能克，伤亡惨重，失利而退①。后金宁远兵败之后，同年八月十一日，努尔哈赤死去。天命汗努尔哈赤之死，是清朝兴起史上一个转折点。明朝与后金的关系，后金宗室内部，随着天命汗之死，发生了重大变局。这时，明辽东巡抚袁崇焕，抓住有利的时机，提出同后金议和。这是明、清关系史上的一件大事，也是明、清关系史上的一个转折点。明朝与后金，双方为着"自固"，都需要议和。

于后金：议和是后金的急切需要。

自努尔哈赤建元称汗，至南明永历帝兵败被俘，在中华民族内部，明、清（后金）之间的战争长达四十六年。甲申之际，主客易位，明祚灭亡，清都北京。此前，努尔哈赤崛起辽东，统一建州女真，吞并扈伦四部，征抚漠南蒙古，举兵袭陷抚顺。明军在萨尔浒之役四路丧师后，努尔哈赤一得志于开原、铁岭，二得志于沈阳、辽阳，三得志于广宁、义州。明军败报频至，举朝震惊。努尔哈赤公开打出反明旗帜后，以军事进攻为主，未尝与明帝议和。天命十一年即天启六年（1626 年），努尔哈赤死，子皇太极立。明宁远巡抚袁崇焕遣使往沈阳吊丧，兼贺新汗即位，并觇视其虚实。从此，拉开了明朝与后金议和的帷幕。其时，后金出现重大历史转折，遇到重大社会困难。这主要表现在：

第一，军事上，努尔哈赤率领号称十三万大军攻宁远，兵败。尔后，皇太极兵攻宁、锦，又败。他说："昔皇考太祖攻宁远，不克；今我攻锦州，又未克。似此野战之兵，尚不能胜，其何以张我国威耶！"②后金连年出兵征战，竟无尺寸土地之得。后金主殂兵挫，满洲军民沮丧。

第二，政治上，皇太极初立，与三大贝勒"俱南面坐"③。皇太极不容于众贝勒，众贝勒也不容于皇太极。皇太极"虽有一汗之虚名，实无异整黄旗一贝勒也"④。诸贝勒

①　《清太祖高皇帝实录》，第 10 卷，第 6 页，天命十一年正月戊午，中华书局影印本，1986 年。

②　《清太宗文皇帝实录》，第 3 卷，第 16 页，天聪元年五月癸巳，中华书局影印本，1985 年。

③　《清太宗文皇帝实录》，第 11 卷，第 1 页，天聪六年正月己亥朔，中华书局影印本，1985 年。

④　《天聪朝臣工奏议》，上卷，第 30 页，辽宁大学历史系铅印本，1980 年。

对皇太极心怀不平,他欲借外交胜利,来缓解其内部骨肉相残之困局。

第三,经济上,连年战争,马市关闭,贡市停止,辽东大饥,粮食奇缺,物价飞涨,"斗谷八两银,人有相食者"①。

第四,策略上,后金军西进,受到袁崇焕阻挡;蒙古林丹汗实力强大,又同明朝结有共同抵御后金的盟约。皇太极欲调整进兵方略,希图与明议和,兵锋东指朝鲜,以收到兴师克捷、获取粮布、兼略皮岛和巩固汗位一石四鸟的效果。

其时,有人在《奏本》中综论当时天下的大势大局,分析后金与明朝的形势,指出明朝与后金各有其短长:"野地浪战,南朝万万不能;撄城固守,我国每每弗下。"并奏称后金战胜明朝,时机未到,不可强求;机会已到,则不可失。故认为后金对明朝"图霸制胜"之大计,"惟讲和与自固二策"②。皇太极鉴于形势,运筹帷幄,决计遣使携书赴宁远同明议和。

于明朝:议和是明朝的缓兵之策。

明自万历四十六年(1618年)失陷抚顺以后,丢城失地,屡战屡败。先是抚顺、清河,继是萨尔浒,又是开原、铁岭,再是沈阳、辽阳,复是广宁、义州——作战,一仗败一仗;城镇,一城失一城。八年以来,宁远虽胜,其北诸城,却需修葺。而要修缮诸城,则需争取时间。明辽东巡抚袁崇焕不仅了解后金前述弱点,而且看到明朝自身困难。

第一,军事上,袁崇焕虽获宁远大捷,但靠"凭坚城以用大炮"③之策取胜,并未与八旗军野战争锋。为着锐意恢复失地,需藉和谈作阻兵计,宁锦八城,加以修缮,训练士马,运粮治炮,集民耕屯。

第二,政治上,天启末年,庙堂腐败,宦官专权,朝政黑暗。天启帝死,崇祯帝立,国势败坏,党争激烈,新朝初建,也需调整。

第三,经济上,自失陷抚顺以来,兵连十载,军队饷银,数额大增,粮秣军械,运往关外,中空外竭,灾荒严重,哀鸿遍野。

第四,策略上,袁崇焕相机而动,主张同后金议和。崇焕奏报,优旨许之,从而开始

---

① 《满文老档·太宗》,册Ⅳ,第87页,天聪元年六月二十三日,东洋文库本,1959年。

② 《明清史料》,甲编,第1本,第48页,中央研究院历史语言研究所刊印,1930年。

③ 《明熹宗实录》,第79卷,第19页,天启六年十二月庚申,台北中央研究院历史语言研究所校勘本,1962年。

了明朝对后金策略的重大转变,是为明朝与后金关系史上的一个转折点。

　　议和同战争一样,都是政治斗争的一种形式而已。为着达到政治目的,它可用刀剑,也可用笔舌,或兼而用之。虽然战争已把明朝这个重病躯体拼命地往下拖,但它仍自诩为"天朝",而视后金作"东夷",徒好大言,不尚实际,更以宋金和约为鉴戒,不愿同后金议和。然而,袁崇焕能体察形势,不泥成见,疏陈把议和作为明廷对后金的一种策略。他说:"守为正着,战为奇着,款为旁着"①。袁崇焕把守、战、款,作为三种策略,在同后金斗争中,守攻相济,款战并用。但是,袁崇焕议和,冒着政治风险:"南朝之君,深鉴宋室之覆辙。文臣以口舌纸笔支吾了事,不肯担当以玷清议;武官只垂手听人指挥,不敢专决。"②

　　后来,袁崇焕落狱殒身,此为一大原因。

　　既然议和为后金与明朝的双方需要,袁崇焕与皇太极,便开始议和活动。

　　袁崇焕宁远得胜后,升为辽东巡抚,深受朝廷信任,颇有匡复大志。天命十一年即天启六年(1626年)八月十一日,努尔哈赤去世,后金军民沉浸在一片悲哀之中。蒙古各部贝勒、台吉,或亲至、或遣使,前往沈阳,烧纸吊祭,哀唁老汗逝世,兼贺新汗继位。先是,王之臣与袁崇焕、内臣依据"便宜行事"谕旨商议,派使前往沈阳,察探"彼中虚实",并提出"万一此道有济,贤于十万甲兵"。旨批:"阃外机宜,悉听便宜行事。"③十月,明宁远巡抚袁崇焕派都司傅有爵、田成及李喇嘛(即喇嘛镏南木坐)等三十四人,到沈阳为努尔哈赤吊丧,并祝贺新汗皇太极即位。这个惊人的举动,令人们感到意外。后金与明朝自天命四年即万历四十六年(1618年)以来,八年之间,矢镞纷飞,处于战争状态,并无使臣往来。他名为吊唁,实则是借机刺探后金内部的军政情报。

　　皇太极也心中有数。他明白袁崇焕的意图,便将计就计,顺水推舟,对从宁远来的明方使臣,盛情款待,表现大度。时大贝勒代善出征喀尔喀扎鲁特部凯旋归来,皇太极要让明使观看后金军队士气之旺,军容之盛,邀请他们随同出迎十五里,阅示后金军凯旋大礼,还赏给李喇嘛一峰骆驼、五匹马、二十八只羊。傅有爵、李喇嘛等一行,在沈阳驻留将近一个月。临走时,皇太极派方吉纳、温塔石带领七个人,随同明使去宁远,并向袁崇焕

　　①　《崇祯长编》,第11卷,第15页,崇祯元年七月乙亥,台北中央研究院历史语言研究所校勘本,1962年。

　　②　《天聪朝臣工奏议》,上卷,第19页,辽宁大学历史系铅印本,1980年。

　　③　《明熹宗实录》,第76卷,第16页,天启六年九月戊戌,台北中央研究院历史语言研究所校勘本,1962年。

献参、貂、玄狐、雕鞍等礼物。皇太极致袁崇焕书,文曰:"大满洲国皇帝,致书于大明国袁巡抚:尔停息干戈,遣李喇嘛等来吊丧,并贺新君即位。尔循聘问之常,我亦岂有他意。既以礼来,当以礼往,故遣官致谢。至两国和好之事,前皇考往宁远时,曾致玺书与尔,令汝转达,至今尚未回答。汝主如答前书,欲两国和好,我当览书词以复之。两国通好,诚信为先。尔须实吐衷情,勿事支饰也。"①皇太极明确表示:两国和好之事,父汗往宁远时,曾予致书,要求转奉,但至今未复。你们真要和好,作出回应,我将答复。

　　后金遣使到宁远,袁崇焕立即奏报朝廷。后金来使,恭谨执礼。袁崇焕奏言:"奴遣方金纳、温台什二夷,奉书至臣,恭敬和顺,三步一叩,如辽东受赏时。"②袁崇焕又奏言:"自宁远败后,旋报(努尔哈赤)死亡,只据回乡之口,未敢遽信。幸而厂臣主持于内,镇守内臣,经、督、镇、道诸臣,具有方略,且谋算周详。而喇嘛僧慧足当机,定能制变,故能往能返。奴死的耗,与奴子情形,我已备得,尚复何求?不谓其慑服皇上天威,遣使谢吊。我既先往以为间,其来也正可因而间之。此则臣从同事诸臣之后,定不遗余力者,谨以一往一还情形上闻。"得旨:"据奏,喇嘛僧往还,奴中情形甚悉。皆厂臣斟酌机权主持于内,镇、督、经臣协谋于外,故能使奉使得人,夷情坐得,朕甚嘉焉。夷使同来,正烦筹策,抗则速遣之,驯则徐间之。无厌之求,慎无轻许;有备之迹,须使明知。严婉互用,操纵兼施。勿挑其怒,勿堕其狡。夷在,无急款以失中国之体;夷去,无弛防以启窥伺之端。战守在我,叛服听之。该抚还会同镇守内臣及经臣、督臣、顺天抚臣,酌议妥确。"③袁崇焕据此旨意,既将方吉纳等遣还,也不接受皇太极来书。其理由是,来书封面书写"大金"与"大明"字样并列,有失"天朝"尊严,无法向朝廷转奉。袁崇焕没有拆封,就让方吉纳等将原书带回。辽东巡抚袁崇焕既不复信,也未派使者随同其往沈阳。袁崇焕的收获是得到努尔哈赤死亡及其汗位继承的实情。明朝与后金第一次和议使臣往返活动,由此结束④。

　　①　《清太宗文皇帝实录》,第1卷,第13页,天命十一年十一月乙酉,中华书局影印本,1985年。

　　②　《明熹宗实录》,第79卷,第20页,天启六年十二月庚申,台北中央研究院历史语言研究所校勘本,1962年。

　　③　《明熹宗实录》,第79卷,第11～12页,天启六年十二月辛亥,台北中央研究院历史语言研究所校勘本,1962年。

　　④　袁崇焕派傅有爵、李喇嘛等往沈阳议和,事在皇太极新登汗位之后,本应列在下文"天聪议和"之内,但因其时年号仍为天命,故将其纳入天命朝。

　　袁崇焕将遣使、议和之事,及时奏报朝廷。据《明熹宗实录》记载:先后于天命十一年即天启六年(1626 年)的九月戊戌(二十九日)、十月壬子(十三日)、十二月辛亥(十三日)和庚申日(二十二日)、十二月乙丑(二十七日),还有天聪元年即天启七年(1627年)的正月庚辰(十二日)、正月甲午(二十六日)、二月己亥(初二日),八次奉书,疏报朝廷。旨称可以同后金议和,并允其便宜行事①。《明史·袁崇焕传》称:"崇焕初议和,中朝不知。"此言系失实,为不确之论。袁崇焕自己也辩白道:"若臣向以侦谕用间,何尝许以'款'字? 前后章疏,俱在御前。有谓以款误,臣不受也!"②

　　明廷对同后金议和的政策,朝臣分歧,摇摆不定。辽东督师王之臣在奏疏中认为:"天朝之大,有泰山四维之势,可恃以无恐耳。我若顿忘国贼,与之议和,彼必离心,是驱鱼爵③于渊丛,而益敌以自孤也。臣款款之愚,必不敢强同一时,终遗后悔。度我力能战则战,不能则守。观变待时,虏自瓦解。何必曲为之和,以酿无穷之衅乎!"因谕"边疆以防御为正,款事不可轻议。这本说亦是"④。袁崇焕于议和持慎重态度,他以皇太极来书"大明"与"大金"并写,不便奏闻,既不遣使,也不回书。既然督师王之臣与巡抚袁崇焕不和,朝廷恐蹈从前河西熊、王经、抚不和而失陷广宁之覆辙,于此年正月召回王之臣,加太子太保衔、管兵部事;关宁兵马,俱听袁崇焕调度。

　　后金和明朝都需要以议和作为"自固"之需。皇太极之目的,在于集中兵力,进攻朝鲜。袁崇焕之目的,在于修缮关外八城,加强防御。因此,双方又在进行新的议和试探。

　　皇太极命达海、库尔缠与三大贝勒代善、阿敏、莽古尔泰等,共同会议,草拟复书。一个月后,天聪元年即天启七年(1627 年)正月初八日,皇太极命方吉纳、温塔石等九人再去宁远,致书明宁远巡抚袁崇焕,从而开始天聪朝的议和。

---

　　①　《明熹宗实录》,第 79 卷,第 12 页,天启六年十二月辛亥,台北中央研究院历史语言研究所校勘本,1962 年。

　　②　《明熹宗实录》,第 84 卷,第 13 页,天启七年五月庚辰,台北中央研究院历史语言研究所校勘本,1962 年。

　　③　《孟子·离娄上》:"故为渊驱鱼者,獭也;为丛驱爵者,鹯也。""爵"字通"雀"字。

　　④　《明熹宗实录》,第 79 卷,第 17 页,天启六年十二月丙辰,台北中央研究院历史语言研究所校勘本,1962 年。

(二)天聪议和

　　天聪元年即天启七年(1627 年),金明议和,双方需要。其时,生员岳起鸾奏曰:"我国宜与明朝讲和。若不讲和,则我国人民,死散殆尽。"①后金与明朝的议和,在艰难曲折中进行。

　　皇太极对袁崇焕没有继续遣使持书议和,并不甘心,继续试探。正月初八日,皇太极命大贝勒阿敏等率军,东进朝鲜,既攻打毛文龙,又顺道攻朝鲜。天聪汗在东线用兵朝鲜,在西线需要进行和谈,牵制明军东进,解除后顾之忧。

　　同日,皇太极命方吉纳、温塔石等九人再去宁远,致书明宁远巡抚袁崇焕。书曰:"满洲国皇帝致书袁巡抚。吾两国所以构兵者,因昔日尔辽东广宁守臣,高视尔主,如在天上,自视其身,如在霄汉。俾天生诸国之君,莫得自主,欺蔑陵轹,难以容忍。是用昭告于天,兴师致讨。惟天不论国之大小,止论理之是非。我国循理而行,故仰蒙鉴佑。尔国违理之处,非止一端,可为尔言之。如癸未年,尔国无故兴兵,害我二祖,一也。癸巳年,叶赫、哈达、乌喇、辉发与蒙古,无故会兵侵我,尔国并未我援。幸蒙上天以我为是,师行克捷,后哈达复来侵我,尔国又不以一旅相助。己亥年,我出师报哈达,天遂以哈达畀我。尔国乃庇护哈达,逼我释还其人民。及释还哈达人民,复为叶赫掠去,尔国则置若罔闻。尔既称为中国,宜秉公持平,乃于我国则不援,于哈达则援之,于叶赫则听之。此乃尔之偏私也,二也。尔国虽启衅,我犹欲修好,故于戊申年勒碑边界,刑白马乌牛,誓告天地云:'满、汉两国之人,毋越疆圉,违者殛之。'乃癸丑年,尔国以防卫叶赫,发兵出边,三也。又曾誓云,'凡有越边者,见而不杀,殃必及之。'后尔国之人,潜出边境,扰我疆域,我遵前誓诛之。尔乃谓我擅杀,缧系我广宁使臣纲古里、方结纳,且要我杀十人于边境,以逼报复,四也。尔以兵防卫叶赫,俾我国已聘叶赫之女,改适蒙古,五也。尔又发兵,焚我累世守边庐舍,扰我耕耨,不令收获,且展立石碑,置沿边三十里外,夺我疆土。其间人参、貂皮、五谷、材用产焉,我民所赖以为生者,攘而有之,六也。甲寅年,尔国听信叶赫之言,遣使遗书,种种恶言,肆行侮慢,七也。我之大恨,有此七端。至于小忿,何可悉数。陵逼已甚,用是兴师。今尔若以我为是,欲修两国之好,当以黄金十万、白金百万、缎匹百万、布匹千万相馈,以为和好之礼。既和之

---

　　①　《天聪朝实录稿》,天聪元年三月初二日,台北中央研究院历史语言研究所藏。

后,两国往来通使。每岁我国以东珠十、貂皮千、人参千勰遗尔。尔国以黄金一万、白金十万、缎匹十万、布匹三十万报我。两国诚如约馈遗,以修盟好,则当誓诸天地,永久勿渝。尔即以此言,转达尔主。不然,是尔仍愿兵戈之事也!"①书中再申"七大恨",并提出和好的具体条件。皇太极要求明朝必须拿出大批金银财物给后金,否则后金将继续以兵戈从事,对明朝发动军事进攻。皇太极开列的金银缎布等,既是对明朝的经济勒索,也是对明朝的政治讹诈,袁崇焕自然不能接受。

三月,袁崇焕派杜明忠为使,随同方吉纳等去沈阳,带去给皇太极的回书。袁崇焕的回书写道:"再辱书教,知汗渐渐恭顺天朝,而息兵戈以休养部落。即此一念好生之心,天自鉴之。将来所以佑汗而强大汗者,尚无量也。往事七宗,汗家抱为长恨者,不佞宁忍听之漠漠。但追思往事,穷究根因,我之边境细人与汗家之不良部落,口舌争竞,致起祸端。汉过不先,夷过必后;夷过肯后,汉过岂先。作孽之人,即逭人刑,难逃口口。不佞不必枚举,而汗亦所必知也。今欲一一而明白开晰,恐难问之九原。不佞非但欲我皇上忘之,且欲汗并忘之也。然汗家十年战斗,驱夷夏之人,肝脑涂三韩,膏泽浸野草,天愁地惨,极悲极痛之事,将为此七宗也。不佞可无一言! 今南关、北关安在? 河东、河西死者,宁止十人? 仳离者宁止一老女? 辽、沈是界以内乎! 人之不保,宁问田禾? 汗之怨己仇,而意得志满之日也。惟我天朝难消受耳! 今若修好,城池地方,作何退出? 官生男妇,作何送还? 汗之仁明慈惠、敬天爱人矣! 然天道无私,人情忌满,是非曲直,豁若昭然。各有良心,偏私不得。不佞又愿汗再深思之也。一念杀机,起世上无穷劫运;一念生机,保身后多少吉祥! 不佞又愿汗图之也。若书中所开诸物,以中国之大,皇上之恩养四夷,宁少此物,抑宁靳此物? 然往牒不载,多取违天,恐亦汗所当自裁也。方以一介往来,又称兵于高丽,何故? 我文武兵将遂疑汗之言不由心也。兵未回即撤回,已回无再往,已明汗之盛德。息下刀兵,将前后事情,讲折[析]明白。往来书札,无取动气之言,恐不便奏闻。"②袁崇焕的赍书,驳斥了皇太极的"七大恨",并将双方多年战争,归结边民细末争执所引起。他断然拒绝皇太极的贪婪要求,并要皇太极将辽东土地、人民归还明朝。袁崇焕还要求皇太极从朝鲜撤军,并保证以后不得加兵朝鲜。这些要求,皇太极显然不能接受。时天聪汗已派大军进入朝鲜,

---

① 《清太宗文皇帝实录》,第2卷,第1~3页,天聪元年正月丙子,中华书局影印本,1985年。

② 《明清史料》,丙编,第1本,第1页,中央研究院历史语言研究所刊印,1936年。

无暇西顾。袁崇焕则乘机修复锦州、中左所、大凌河三城，工程正在加紧进行时，袁崇焕接到毛文龙和朝鲜告急文书，便派水师应援毛文龙，并派赵率教统领精兵逼近三岔河，作牵制之势。朝鲜被征服后，赵率教等退兵。

四月初八日，皇太极遣明使杜明忠返回，携带其致袁崇焕答书一封，又致李喇嘛答书一封。在致袁崇焕书中，皇太极逐条驳斥了袁崇焕上封信中的论点，坚持"两国是非晓然，以修和好"。即将弄清是非，作为议和条件。皇太极在回书时也作了一些让步。其一，愿意在书写格式上，把自己名字下明朝皇帝一字书写，但不得与明臣并列。其二，将礼物数目减半，规定明朝出"初和之礼"黄金五万两、银五十万两、缎五十万匹、绫布五百万匹。后金以东珠十颗、黑狐皮二张、玄狐皮十张、貂鼠皮二千张、人参一千斤作为回报。和好之后，明朝每年送后金黄金一万两、银十万两、缎十万匹、绫布三十万匹。后金给明朝东珠十颗、人参千斤、貂皮五百张。皇太极在致李喇嘛书中道："'苦海无边，回头是岸。'此言是也。然向我言之，亦当向明国皇帝言之。若肯回头，同臻极乐，岂不甚善！"云云。皇太极致袁崇焕与李喇嘛两书缮写完毕，刚要遣使前往时，得报：明军正在抢修塔山、大凌河、锦州等城。皇太极命再附书袁崇焕，指责他诈称和好，修葺城垣，乘机备战，不守信义。他提出，如真心议和，应先划定疆界。皇太极决定不派遣使臣往宁远，而让杜明忠带回去①。后袁崇焕不满后金东向用兵，停遣使，罢和议。他对皇太极所提要求，不予理睬。因此，双方议和，便告中止。

五月，皇太极既下朝鲜，约为"兄弟之盟"，而消除后顾之忧，又知毛文龙虚实后，发动宁锦之战，欲洗雪其先父之遗恨。皇太极兵围锦州，致书纪用太监等，提出："或以城降，或以礼议和。"纪用答复曰："至和好之事，俟退兵后奏知朝廷再议。"②皇太极攻城不克，兵败而回。旋即袁崇焕被魏阉排挤离职。袁崇焕受排挤的一个"理由"是，"谈款一节，所误不小"③。随着袁巡抚的去职，皇太极的议和便中断。

袁崇焕不予回书，自有苦衷。先是，他主持议和，是以议和为缓兵之计，争取时间，加紧修缮城垣。他曾将议和之事奏报朝廷，天启帝旨允。但很多朝臣反对议和，认为此是重蹈宋金议和覆辙。袁崇焕坚持议和，反复说明其策略。当皇太极进兵朝鲜时，

　　①　《清太宗文皇帝实录》，第3卷，第1～6页，天聪元年四月甲辰，中华书局影印本，1985年。
　　②　《清太宗文皇帝实录》，第3卷，第14页，天聪元年五月辛巳，中华书局影印本，1985年。
　　③　《明熹宗实录》，第87卷，第12页，天启七年八月壬寅，台北中央研究院历史语言研究所校勘本，1962年。

群臣纷纷弹劾袁崇焕,说后金敢于入侵朝鲜,是"和议所致"。袁崇焕不服,遂上书辩解:"关外四城虽延袤二百里,北负山,南阻海,广四十里尔。今屯兵六万,商民数十万,地隘人稠,安所得食?锦州、中左、大凌三城,修筑必不可已,业移商民,广开屯种,倘城不完而敌至,势必撤还,是弃垂成功也,故乘敌有事江东,姑以和之说缓之。敌知,则三城已完,战守又在关门四百里外,金汤益固矣。"①这说明袁崇焕议和的真实意图。经过此番申辩,天启帝表示谅解。随后,天启帝又改变主意,不准议和,屡下谕旨:"狡奴变诈叵测,款不足信。"②不难看出,明朝方面,进行议和,毫无诚意。袁崇焕对后金所提议和条件,或是敷衍,或是拖延。皇太极议和赍书都被袁扣压,并未上奏朝廷。因为不是真和,也就不必奏报。

天聪二年即崇祯元年(1628年),崇祯帝初政,魏忠贤已诛。正月初二日,皇太极借给天启帝吊丧、贺崇祯帝继位之机,派人往宁远,赍书总兵祖大寿,曰:"夫构兵则均受苦难,而太平则共享安逸。我愿太平,欲通两国和好之路。"③没有得到回答。不久,袁崇焕被起用为蓟辽督师④。皇太极致书袁崇焕,要求恢复和谈,并作出让步:奉明朝正朔,去天聪年号。时崇祯帝急欲励精图治,而群臣翘望肤奏辽功。袁崇焕企划五年复辽,整顿诸务,尚需时日,但有其难言之隐。他于议和态度冷漠,回书称:"非一言可定也。"⑤

八月,后金佚名《奏本》分析"大势大局",提出"图霸制胜"之策。略谓:先皇帝席卷辽河以东,已成破竹之势,但怀疑中止,这是皇天有意保留明朝。明朝用兵已久,财力枯竭,然而它以全国之力倾注于一隅之地,还是很充裕的。论野地浪战,南朝则不如我国;而死守城池,我兵却每每攻不下。因此,我国屡次进征,屡次不得长驱直入,令人愤恨不已。我以为时间未到,不能强求;机会来临,不可失掉。我国对南朝的方针大计,惟有"讲和与自固二策而已"。南朝君臣亦深知宋朝的教训,但贿赂的积习难以消除,时间一久,它就会疏忽、懈怠,必然踏入不可挽回的颓势之中。

---

① 《明史·袁崇焕传》,第259卷,第6711页,中华书局校点本,1974年。

② 《明熹宗实录》,第81卷,第18页,天启六年十二月壬子,台北中央研究院历史语言研究所校勘本,1962年。

③ 《满文老档·太宗》,下册,第875页,天聪二年正月初二日,中华书局译注本,1990年。

④ 《崇祯实录》,第1卷,第5页,崇祯元年二月甲辰,台北中央研究院历史语言研究所校勘本,1962年。

⑤ 《满文老档·太宗》,册Ⅳ,第218页,天聪三年闰四月初二日,东洋文库本,1959年。

等待我国更加富足，兵力更加强大，那时再乘机进攻，破竹长驱，天下可以传檄而定。再有一策，我国努力修明政治，开垦土地，息兵养民，举贤任才，不慕虚名，只求实力。这是最为要紧的一着，即"自固"的上策。况且南朝文官武将，季季更换，年年变迁。它的宰辅大臣，迂腐而不知通权达变；其科、道官员，不懂军事而纸上谈兵。以为边官无功，统统罢官。虽"师老财匮"，却频频催促进兵。那时，我国以逸待劳，以饱等饥，以一击十。这道奏疏，建议对明朝采取和谈之策、对后金采取自固之策。奏本中提出的"和谈"，是一个策略，利用和谈，争取时间；强化自身，巩固辽、沈，富国强兵。在"自固"同时，利用和谈，装出卑下的姿态，麻痹明朝，促使其内部不攻自乱。时机一到，便"破竹长驱"，天下可定。这份奏本之后，皇太极更主动、更自觉地利用议和，作为辅助手段，同明朝进行较量。

天聪三年即崇祯二年（1629年），仅正月至七月间，皇太极与袁崇焕就议和之事，先后十二封书信往来，其中皇太极致袁崇焕书八封，袁崇焕致皇太极书四封①。

正月十三日，皇太极在得知袁崇焕被重新启用后，赍书袁崇焕，提出恢复和谈。他就东征朝鲜之事作了解释，提出"我愿罢兵，共享太平。何以朝鲜之故，误我两国修好之事"。二月二十八日，时袁崇焕已任蓟辽督师，皇太极又一次赍书表示："我愿和好，共享太平。如何议和，听尔等之言。"闰四月初二日，袁督师复书称："议和有议和之道，非一言能定之者也。"信中特别提出印信一事，强调"若非赐封者，则不得使用"。闰四月二十五日，皇太极复书袁崇焕，阐述"议和之道"后，提出议和条件，曰：其一，划定两国国界，明以大凌河为界，后金以三岔河为界，其间为空留缓冲地带；其二，明朝给后金铸金国汗印；其三，讲和修好之礼物数目，可以重新考虑等②。皇太极派白喇嘛等持上书前往宁远后，久不见回。后金得到消息，白喇嘛等已被扣留。六月二十日与二十七日，皇太极连赍两书给袁崇焕，要求迅速放人，限期于七月五日前，否则便认定袁加以扣留。七月初三日，白喇嘛等回到沈阳，并带回袁督师两书。第一书，说原辽东人逃到辽西，其先人坟墓均在辽东，他们能不思念其先人遗骨吗？礼物之事，只要修好，可以议商，至于"铸印之语，皆非一言可尽也"！上述诸项，"止有受而不可言，故未奏帝知也"③。第二

---

① ［日］信田信夫：《袁崇焕与皇太极的往来书信——特别崇祯二年（天聪三年）间书信》，载阎崇年、吕孟禧主编：《袁崇焕学术论文集》，广西人民出版社，1989年。

② 《满文老档·太宗》，册Ⅳ，第219页，天聪三年闰四月二十五日，东洋文库本，1959年。

③ 《满文老档·太宗》，册Ⅳ，第223页，天聪三年七月初三日，东洋文库本，1959年。

书,解释使者迟归的原因,其时袁崇焕巡视东江并计斩毛文龙①,故言"使臣来时我出海,是以久留,别无他事"。

皇太极对袁崇焕的来书,先后发出两封回书。其一,为感谢袁督师善待其使臣。其二,阐述后金的态度,略谓:尔言辽西人之先骨坟墓在辽东,此非令我还辽东地方吗?照此来说,尔所得之地,"岂无汗及诸贝勒之坟墓也"?书中表明:"承蒙天恩,(朕)为一国之君。尔等不纳我言,高视尔帝如在天上,内臣等则自视其身若神,以不可奏闻于帝,亦不合众臣之意为辞,不令我信使直达京城而遣还之,竟达两载。较之大辽欺金,殆有甚哉。此亦天理耳!我岂能强令修好耶?"②这封赍书暗示皇太极将动用武力,以实现其议和所达不到的目的。然而,袁崇焕很快复书,言:"汗若诚心,我岂可弄虚?汗若实心,我岂可作假?两国兴衰,均在于天,虚假何用?唯十载军旅,欲一旦罢之,虽奋力为之,亦非三四人所能胜任,及三言两语所能了结者也。总之,在于汗之心矣!"③皇太极接到袁崇焕来书,两天后即复书称:"我欲修好,尔复败和议。不念将士军民之死伤,更出大言,战争不息,则兵并非易事也。尔若欲和好,而我不从,致起兵端,我民被诛,则非尔诛之,乃我自诛者也。我若欲和好,而尔不从,致起兵端,尔民被诛,则并非我诛之,乃尔自诛之也。我诚心和好,尔自大不从,谅天亦鉴之,人亦闻之矣!"④

皇太极想借议和,进行南北贸易,调剂衣食之源;见议和不成,便诉诸战争。他发表汗谕曰:"我屡欲和,而彼不从,我岂可坐待?定当整旅西征。"⑤皇太极得知袁崇焕既修葺宁远、锦州等城垣,城防坚固,难以攻破,便率军绕道蒙古,直奔京师。袁督师闻警,"心焚胆裂,愤不顾死,士不传餐,马不再秣"⑥,日夜兼驰,捍御京城。广渠门激战,大破八旗军⑦。不久,袁崇焕被下诏狱。皇太极见"勤王"之师聚集北京,一面议和,一面退军。其议和,十二月十八日,皇太极"遣达海巴克什赍书,与明君议和"⑧。明廷没

① 《毛总戎墓志铭》,《东江疏揭塘报节抄》,第 218 页,浙江古籍出版社,1986 年。

② 《满文老档·太宗》,册Ⅳ,第 225 页,天聪三年七月初十日,东洋文库本,1959 年。

③ 《满文老档·太宗》,册Ⅳ,第 228 页,天聪三年七月十六日,东洋文库本,1959 年。

④ 《满文老档·太宗》,册Ⅳ,第 229 页,天聪三年七月十八日,东洋文库本,1959 年。

⑤ 《清太宗文皇帝实录》,第 5 卷,第 11 页,天聪三年六月乙丑,中华书局影印本,1985 年。

⑥ 程本直:《白冤疏》,《袁督师事迹》,道光伍氏刻本。

⑦ 《满文老档·太宗》,下册,第 998 页,天聪四年二月初十日,中华书局译注本,1990 年。

⑧ 《清太宗文皇帝实录》,第 5 卷,第 35 页,天聪三年十二月戊辰,中华书局影印本,1985 年。

作回应。二十二日，皇太极又遣达海巴克什等赍书，与明君议和。和书两封，一置德胜门外，一置安定门外。二十五日，皇太极再遣官赴安定门，赍书与明君议和。天聪大汗，七日之间，四致和书，可谓频矣。明朝君臣，均未作答。其退军，皇太极率军东撤，边撤边战，边退边掠。翌年二月初九日，皇太极连发两封议和书，一封给崇祯皇帝，另一封给明朝诸臣。其后书曰："我欲罢兵，共享太平，屡遣使议和，惟尔等不从。在此战中，将卒被诛，国民受苦，实尔自相戕害也。我前曾六次致书京城议和，意者以城下之盟为耻，抑冀我兵之速退为幸，故不作答。……今我两国之事，惟和与战，别无他计也。和则国民速受其福，战则国民罹祸，何时可已。"①后金军占领永平等四城，皇太极回师，于三月初二日到沈阳。八月十六日，崇祯帝以"谋款"即议和等罪，磔杀袁崇焕。袁崇焕之死，即"言和者死"，从而堵塞议和之路，加速了明朝的灭亡。袁崇焕"谋款"即"议和"之罪：

其一，"谋款助敌"。明朝言官以朝鲜及毛文龙被兵，系由议和所致，而攻讦袁崇焕。事实上，皇太极先命阿敏等率师攻朝鲜，另遣方吉纳等致书袁崇焕议和。袁崇焕未及回书，八旗军已陷平壤。皇太极出兵朝鲜，是由于后金、朝鲜、明朝之间错综复杂矛盾及其力量对比所规定的，同袁崇焕议和并无因果关系。相反，袁崇焕借议和作掩饰，出兵三岔河，牵制后金，策应朝鲜；又利用此机，做了击败八旗军进犯之准备。这正如袁崇焕在疏辩中所言："锦州、中左、大凌三城，修筑必不可已。业移商民，广开屯种。倘城不完而敌至，势必撤还，是弃垂成功也。故乘敌有事江东，姑以和之说缓之。敌知，则三城已完。战守又在关门四百里外，金汤益固矣。"②明廷优诏报闻。袁崇焕令赵率教驻锦州，护版筑，城益固。后皇太极兵犯宁、锦，袁崇焕获"宁锦大捷"。

其二，"谋款杀帅"。"杀帅"是指袁崇焕计斩辽东总兵毛文龙。袁崇焕借斩毛文龙以向后金乞和，多有书文。如谈迁谓：后金"阴通款崇焕，求杀毛文龙"③。其后《明季北略》、《石匮书后集》和《明史纪事本末·毛帅东江》等书，以讹传讹，均持此说。袁崇焕"谋款杀帅"之说并不可信。因为：第一，迄今尚未见到一条文献或档案的直接确凿

①　《满文老档·太宗》，下册，第997页，天聪四年二月初九日，中华书局译注本，1990年。

②　《明史·袁崇焕传》，第259卷，第6711页，中华书局校点本，1974年。

③　谈迁：《国榷》，第90卷，第5488页，中华书局，1958年。

史料,证明袁崇焕杀毛文龙为皇太极所颐指。第二,袁崇焕遣使吊丧,为着探明"奴死的耗与奴子情形"①,并无"谋以岁币议和"之举,更无"函毛文龙首来"之诺。第三,袁崇焕在天启年间没有尚方剑,不可能"以文龙头"为讲款即议和之计。第四,袁崇焕杀毛文龙密计,在受命离京之前,与大学士钱龙锡等商定,并非为"无以塞五年复辽之命"而斩毛文龙。第五,《满文老档》和《李朝实录》等编年史料证明,毛文龙早在努尔哈赤时即表露出叛降后金的端倪。其后因魏阉败死失去内恃,朝鲜被兵又断绝后援,毛文龙叛降活动益甚。仅天聪二年即崇祯元年(1628年)春,毛文龙连致皇太极三书,背着明朝皇帝,与之秘密通款。史料表明,毛文龙与后金通款是背着朝廷的,袁崇焕与后金议和是得到旨准的。因此,不是袁崇焕为通款而杀毛文龙;相反,是毛文龙因"私通外番"等罪而为袁崇焕所杀。

其三,"诱敌胁款"。在皇太极兵围京师之时,阉党余孽密讦袁崇焕"引敌长驱,欲要上以城下之盟"②。京城怨谤纷起,流言四布,皆以为袁崇焕引敌入塞,以结宋金之盟。因而致袁崇焕磔死时,传闻"百姓将银一钱,买肉一块,如手指大,啖之。食时必骂一声,须臾,崇焕肉悉卖尽"③。袁崇焕身后蒙受唾詈之辱④。后纂《清太宗实录》、修《明史》,特别是满文档案的插架公览,皇太极反间计公诸于世,袁崇焕的百年沉冤始得以昭雪。

其实,崇祯帝即位后,袁崇焕提出"守为正着,战为奇着,款为旁着"的战略。议和作为一种策略,崇祯并未表示异议。然而,历史上一种新政策的提出,必然会遭到守旧派的反对。明朝崇祯初,"忠贤虽败,其党犹盛"⑤,朝中阉党余孽,以袁崇焕"谋款"作题目,诬其"诱敌胁款",借此为逆党翻案。袁崇焕被磔死,宰辅钱龙锡下狱,李标休致,成基命去职,刘鸿训先已遣戍,东林内阁被摧垮,开始形成周延儒、温体仁为首的反东林内阁,朝政日非,辽事日坏。明代杰出军事家袁崇焕同后金议和的主张,在当时历史条件下,既符合明朝和后金的利益,也反映了长城内外中华各族人民的愿望。但明廷

① 《明熹宗实录》,第79卷,第11页,天启六年十二月辛亥,台北中央研究院历史语言研究所校勘本,1962年。

② 叶廷琯:《鸥陂渔话·温体仁家书》,第4卷,清刻本。

③ 计六奇:《明季北略》,第5卷,第10叶,光绪十三年(1887年)刻本。

④ 传闻所谓袁崇焕遭磔刑后,"百姓将银一钱,买肉一块,如手指大,啖之。食时必骂一声,须臾,崇焕肉悉卖尽"云云,缺乏史证,不合情理,难以置信。

⑤ 《明史·刘鸿训传》,第251卷,第6482页,中华书局校点本,1974年。

出于宋金议和之殷鉴,未能实现其同后金的议和,致八旗军以此为借口①,驰驱入塞,京师被围,袁崇焕也身遭非刑。

天聪六年即崇祯五年(1632 年)六月,范文程、宁完我、马国柱合疏曰:"伐明之策,宜先以书议和,俟彼不从,执以为辞,乘衅而入,可以得志。"②他们主张"先礼后兵",边和边战,明朝拒和,继之以战,争取主动,以攻为守。皇太极采纳上述奏议,确定议和方针,使用军事力量,对明实行进攻。同时,皇太极改善其内部政治与经济状况,将议和与自固,军事与政治,相互配合,交互使用,坚定不移,贯彻始终。皇太极进军察哈尔,近明宣化、张家口外,致书明守边官员议和,并定和议,在张家口通市贸易。明宣府巡抚沈棨、总兵董继舒,遣人向后金军献食物。六月二十八日,明宣府沈巡抚、董总兵,派金都司、黄都司及二州官共四员,前往金军大营,同其进行议和。后金阿什达尔汉、达雅齐、龙什及卫寨桑四大臣,同明朝官员,刑白马乌牛,焚书誓告天地,誓曰:"大明国、满洲国,我两国皆欲修好,和睦相处。故刑白马乌牛,誓告天地。若大明先渝盟,则天地谴之,统绝国亡;若满洲先渝盟,则天地谴之,统绝国亡。两国若遵守誓告天地之言,和睦相处,则天地眷佑,至世世孙孙,永享太平。"③是为明朝官员与后金官员,秘密签订的第一个和约。十一月,后金派卫征襄苏喇嘛往宁远,致书议和。明官员以其"尔方来书故封,未奉我帝命,不敢擅开"而退还。

天聪八年即崇祯七年(1634 年)五月,皇太极发动第二次迁道入塞攻掠,主战区域为明宣、大地区,一边用兵,一边议和。皇太极亲率大军,赶到大同。皇太极没有组织军队向明军立即发起进攻,而是派人分别向曹文诏及其众官投送两书。皇太极一面向明总兵曹文诏等投送议和书,一面派额驸多尔济等率军进攻曹文诏设在城外的骑兵营。明军不敌,退回城内。时明代王之母杨太妃同总督张宗衡、总兵曹文诏议,派降金汉人鲍承先在狱中之子鲍韬,往后金军大营送议和书(后宗衡、文诏论罪)。鲍韬在途中被蒙古兵抢其衣服及骡子,并遭杀戮;但鲍韬命大未死复苏。鲍韬被救活并送到皇太极大营,细报详情。皇太极命赍书答之。同时捉获僧人等,令往大同城里催促回答和议之事。皇太极先后四次派人到大同城内,人不回还,书亦无报。

---

① 《清太宗文皇帝实录》,第 5 卷,第 11 页,天聪三年六月乙丑,中华书局影印本,1985 年。
② 《清史稿·太宗本纪二》,第 3 卷,第 39 页,中华书局标点本,1977 年。
③ 《满文老档·太宗》,下册,第 1036 页,天聪六年六月二十八日,中华书局译注本,1990 年。

皇太极此次攻明,军事攻击同时,附之致书议和。皇太极先后发出议和十书:第一书,七月初八日,刚入边,至宣府,即发出议和书。此书致明朝官吏,书云:"予向与尔等定盟时,在我毫无欺诳之意,亦并无猜疑尔等之心。故对天地盟誓,以成和好。孰意尔等竟阴怀诡谲,不念前盟。初约遣人于辽东寻盟,久候不至。予三次遣使,辽人复拒不纳。且袭我边部,杀我二十余人。伊虽如此,予犹欲追念前盟,共敦和好。曾经遗书归化城。辽东执事者,毁弃誓词,侵我边塞。尔等之意云何? 若谓辽人不和,与尔无涉,我两国盟誓具在,可即遣使来。若谓辽人既不欲和,尔亦难以独和,则不必遣使。至今不惟不遣人来,且无一语相复。是以予切望之心,从此断绝也。尔等或以向日诈盟,自为得计,恐上天必不见佑。予纵可欺,上天岂可欺乎! 况盟誓者,同此上天;称名者,各是国主。同盟之人,何论大小耶! 今尔等果愿和好,可遣信使,持尔主玺书来,速与裁决,勿延时日。不然,予惟量力前进耳,夫复何言? 今予此来,尔地方已遭残破,若再经此,城郭虽存,糗粮不继,民何所恃耶? 尔等乃民之父母,明知强弱之形,已不相敌,而不念军民之涂炭,议和不允,其故何也? 若谓古人有既盟而复毁者,因而效之,是特守株之见耳。古有盟而复毁者,亦有始终不变者,自宜随时权变也。如执迷不悟,干戈相寻,尔国之祸,何时已乎! 既为民父母,不以民之疾苦,奏于朝廷,速议和好,但偷安窃禄,惟恐上之罪己,则尔之所谓大臣者,亦何益于民耶! 予未尝不愿太平,值此炎暑,岂乐兴兵? 皆尔等不赞成和议之所致耳。"①皇太极将入塞攻掠的责任推卸给明朝。

同日,发布给明朝军民书。其书谕军民云:"予与尔明国构兵之故,非我所愿。止因辽东各官,欺侮难受,及上奏又壅蔽不达,故兴兵至此。冀尔主下询其由,岂知用兵多年,竟无一言相问。及予屡次致书,遣人议和,并不纳我使臣,亦不答书。前年临尔边地,秋毫无犯,结盟而归。予以诚心议和,毫无疑贰,誓诸天地,不意尔官吏阴怀诡诈,从前盟约,尽为尔君臣所毁。凡人盟誓,皆同此天,无论大小,称名各是国主,岂有可以轻弃之理耶? 古云:'下情上达,天下罔不治;下情上壅,天下罔不乱。'似此干戈不息,皆由汝官吏壅蔽下情,尔国君不愿议和所致。尔等父母妻子离散,无辜之民,死于锋镝,实非予之故,乃尔国君之过也。"是为第二书。皇太极将宣、大军民遭受残毁掳掠的不满,引向明朝皇帝和官吏。

第三书,十三日,给明代王的议和书。第四书,八月十五日,至大同,给明总兵曹文诏

①　《清太宗文皇帝实录》,第19卷,第13~14页,天聪八年七月壬辰,中华书局影印本,1985年。

议和书。第五书，与上同日，给大同、宣府、阳和各官员书。第六书，十八日，派阵获明千总曹天良给明代王母杨氏议和书。此书报代王之母杨太妃曰："朕曾遣使于各处议和，尔皇帝黜戮大臣，大臣畏惧，以致蒙蔽，不能上达。王母今遣使修好，诚属为国为民之意也！我此番进兵，原为情不得达，故入内地，蹂躏土地，扰累人民，以昭白我愿和不得和之故。下民怨恨，上天自鉴，此我进兵意也。已将此意作书，布告各处。今王母诚能主持和议，当速成之，勿延时日。缓一日，则民受一日之害；早一日，则民受一日之福。若和议果成，我兵不终日而出境矣。我若不思太平，专嗜杀戮，又何以服诸蒙古而统众兵也！予之议和，实出真诚。若稍有越志，独不畏上天乎！惟愿尔等，亦以至诚相待耳！"①

皇太极想通过明代王母杨氏，将其"议和书"奏报崇祯皇帝，实为空泛之想。城中将崇祯帝致后金的书信置于北楼口，文曰："满洲原系我属国，今既叛犯我边境，当此炎天深入，必有大祸。今四下聚兵，令首尾不能相救。我国人有得罪逃去，及阵中被擒，欲来投归者，不拘汉人、满洲、蒙古，一体恩养。有汉人来归者，照黑云龙养之；有满洲、蒙古来归者，照桑噶尔寨养之。若不来归，非死于吾之刀枪，则死于吾之炮下。又不然，亦被彼诬而杀之矣！"②明朝策动后金内部的汉人、蒙古人、满洲人，来投归明朝。第七书，二十四日，给明崇祯皇帝书。第八书，与上同日，又给明王太监议和书。第九书，二十六日，给明总督张宗衡议和书。第十书，闰八月初三日，给明宣府王太监、吴太监议和书。十书议和，皆为不报。出边时间较久，皇太极下令，八旗军撤退。皇太极同明朝地方官员的议和活动，虽再一次无果而终，但仍产生一定影响。

其实，议和之事，极为微妙。降金汉人王文奎曾向皇太极直言："汉人以宋时故辙为鉴，举国之人，俱讳言和。"③明朝官员，因为和事，罢官者有之，杀头者也有之。所以，明朝文武官员，对于皇太极的议和书，既不敢回书，更不敢奏报。

（三）崇德议和

皇太极与明议和，在崇德朝，有新变化。

---

① 《清太宗文皇帝实录》，第 19 卷，第 23～24 页，天聪八年八月辛未，中华书局影印本，1985 年。
② 《清太宗文皇帝实录》，第 19 卷，第 24～25 页，天聪八年八月丁丑，中华书局影印本，1985 年。
③ 《清太宗文皇帝实录》，第 12 卷，第 12 页，天聪六年八月丁卯，中华书局影印本，1985 年。

先是，天聪九年即崇祯八年（1635年），皇太极有几件大事：第一，改族名为满洲。第二，降服蒙古察哈尔部。时察哈尔林丹汗已死，多尔衮率兵西进，林丹汗子额哲、遗孀苏泰太后降。这表明皇太极已统一漠南蒙古。第三，皇太极获得"传国玉玺"。翌年，皇太极改国号后金为大清，改元天聪为崇德。随之，崇德帝皇太极亲率大军，东征朝鲜，取得胜利。清朝与朝鲜在三田渡，订立"君臣之盟"。从此，在东翼，臣服朝鲜，摧毁明朝右翼防线；在西翼，臣服蒙古，摧毁明朝左翼防线；在北部，征服索伦等部，巩固了对黑龙江流域地区的管辖。由是，皇太极得以一心对付明朝崇祯皇帝。

鉴于清朝空前的有利形势，许多汉官纷纷倡言，力主攻山海，取北京。但是，皇太极不同意此种方略，他认为："至谓朕宜速出师，以成大业。此亦不达时势之见。夫朕岂不愿成大业，而专以游畋为乐耶？但图大事，须相机顺时而动。今察哈尔蒙古，皆新来归附，降众未及抚绥，人心未及安辑，城郭未及修缮，而轻于出师，其何以克成大业？"又认为："朕反复思维，将来我国既定之后，大兵一举，彼明主若弃燕京而走，其追之乎，抑不追而竟攻京城？或攻之不克，即围而守之乎？彼明主若欲请和，其许之乎，抑拒之乎？若我不许，而彼逼迫求和，更当何以处之？倘蒙天佑，克取燕京，其民人应作何安辑？我国贝勒等皆以贪得为心，应作何禁止？此朕之时为廑念者也。"[①]他令高鸿中、鲍承先、宁完我、范文程等讨论，将结果奏报。

崇德年间，清朝同明朝的力量对比，出现重大变化。先是，天聪年间，皇太极五次率军入口，袭扰内地。第一次，天聪三年即崇祯二年（1929年），天聪汗率军绕道蒙古，从大安口、龙井关入塞，攻打北京，翌年回军（前面已述）。兴师年为己巳年，又称己巳之役。第二次，天聪八年即崇祯七年（1634年），后金军入塞，蹂躏宣府、大同。是年为甲戌年，又称甲戌之役。第一、第二次入塞之役，皇太极亲自率军，大举兴兵，战和交替，巧妙结合。然而，皇太极于议和，没有收到实效。第三次，崇德元年即崇祯九年（1636年），清军耀兵于京畿。是年为丙子年，又称丙子之役。第四次，崇德三年即崇祯十一年（1638年），清军兵至山东，攻占济南，翌年还师。兴师年为戊寅年，又称戊寅之役。第三、第四次入塞之役，皇太极没有亲自率军，也没有战和交替；而是攻城略地，肆意抢掠。明朝究竟同朝鲜不一样，皇太极派阿敏等率军，第一次进攻朝鲜，同朝鲜议和，先在江华盟誓，继在平壤盟誓，定"兄弟之盟"。后皇太极亲率大军，第二次进攻朝

---

① 《清太宗文皇帝实录》，第22卷，第15～16页，天聪九年二月戊子，中华书局影印本，1985年。

鲜,同朝鲜国王李倧,在三田渡盟誓,定"君臣之盟"。皇太极已经先后五次或亲自统帅,或派贝勒统率大军进入长城,骚扰中原地区,但都没有同明朝崇祯皇帝直接通书,更没有同其盟誓。

崇德五年即崇祯十三年(1640年),皇太极改变对明作战方略,就是将战略进攻重点放在关外,集中兵力,围困锦州——打破关宁锦防线的先锋堡垒锦州。由此引发崇祯帝派总督洪承畴,统帅十三万兵马,以解救锦州之围。然而,事与愿违,遭到惨败。其时,明朝遭到农民军的沉重打击,极为被动,摇摇欲坠。崇祯皇帝面临内线农民军、外线八旗军两面作战的被动困境。崇祯帝为着从腹背受敌的困境中解脱出来,想同清议和,以便集中力量,攻剿农民军。清军取得松山大捷之后,乘势对关宁锦防线北四城即宁远以北四城——松山、锦州、塔山和杏山,分别围困,进行攻打。是年冬季,"辽东大雪,丈余"[1],清军官兵野炊星宿,"马匹因天寒冰冻,料草艰难"[2]。清军在严寒与风雪、冰冻与饥馁面前,为求速决,再行议和。皇太极通过蒙古人向明廷发出议和书,明兵部尚书陈新甲"信张若麒之言,许之"[3]。其时辽东宁前道副使石凤台,也得悉清军有议和意向,他将这一机密信息奏报朝廷。崇祯帝接到石凤台奏报后,以封疆大吏私自与敌方洽谈和议之罪,旨令将其下狱[4]。不久,松山、锦州形势,被困时久,日益危迫。辅臣谢陞等议:"清果许款,款亦可恃。"[5]阁臣们以为谢陞之言有理,商定由兵部尚书陈新甲,向崇祯帝侧面提及此事,以窥视圣意。

陈新甲,长寿(今重庆市长寿县)人。万历举人,为定州知州。天聪二年即崇祯元年(1628年),入为刑部员外郎。后进郎中,迁宁前兵备佥事。宁前,关外要地,新甲以才能著。天聪五年即崇祯四年(1631年),大凌新城被围,援师云集,征、缮悉倚赖焉。及城破,坐削籍。巡抚方一藻惜其才,请留之,未报。监视中官马云程亦以为言,乃报可。新甲言:"臣蒙使过之恩,由监视疏下,此心未白,清议随之,不敢受。"不许,寻进副使,仍莅宁远。天聪八年即崇祯七年(1634年),升为右佥都御史,代理宣府巡抚。崇

①　《崇祯实录》,第14卷,第11页,崇祯十四年十一月辛卯,台北中央研究院历史语言研究所校勘本,1962年。

②　《明清史料》,乙编,第4本,第370页,中央研究院历史语言研究所刊印,1936年。

③　谈迁:《国榷》,第97卷,第5910页,中华书局,1958年。

④　谈迁:《国榷》,第98卷,第5913页,中华书局,1958年。

⑤　文秉:《列皇小识》,第201页,上海书店印行,1982年。

德三年即崇祯十一年（1638年）六月，代理卢象昇为宣大总督。不久，升为兵部右侍郎。崇德五年即崇祯十三年（1640年）正月，代傅宗龙为兵部尚书。翌年，主持兵部。松锦兵败，时"言官劾新甲者，章至数十。新甲请罪章，亦十余上。帝辄慰留"①。陈新甲任兵部尚书后，面临南北交困局面，表示愿意派遣使臣，前往沈阳，同清议和。他将此事，私下同傅宗龙言及。宗龙，字仲纶，云南昆明人。万历进士，任知县，为主事，升御史。后金陷辽阳，募兵五千，请赴辽东，未能成行。崇祯帝继位后，由孙承宗推荐，为右佥都御史，顺天巡抚。不久，升为兵部右侍郎、蓟辽总督。后因洪承畴请用刘肇基事，触怒崇祯帝，下狱论死。崇德六年即崇祯十四年（1641年）春，督师杨嗣昌死，"尚书陈新甲荐其才"②，被释放出狱。旋被任为兵部右侍郎、右佥都御史、总督陕西三边军务。宗龙出都赴任前，又将此事语及大学士谢陞。后谢陞再将此事奏于崇祯帝。

崇德七年即崇祯十五年（1642年）正月初一日，明庙堂决定，同清朝议和。新年正旦，崇祯帝御殿朝贺毕，召见内阁辅臣周延儒、贺逢圣、谢陞等，谕曰："古来圣帝明王，皆崇师道。卿等乃朕之师，宗社奠安，允惟诸先生是赖。"参与召见的陈新甲趁机向崇祯帝提出"款建虏"即与清议和的奏言，因不便提及"款"字，便迂回地奏道："（松山、锦州）两城久困，兵不足援，非用间不可。"陈新甲这里的"间"字，用意并非离间清军，而是"款建虏"的委婉表述。崇祯帝答道："城围且半载，一言不达，何间之乘？可款则款，卿其便宜行事。"随后，询问辅臣，谢陞奏道："彼果许款，款亦可恃。"周延儒等老于世故，虽暗里赞成，却一言不发。陈新甲得到崇祯帝"可款则款"、"便宜行事"的旨意，即推荐兵部赞画主事马绍愉为议和使臣。崇祯帝允准，并加马绍愉兵部职方郎中，赐二品官服，前往沈阳，秘密议和。此事，《崇祯实录》崇祯十五年正月初一日记载：

> 上朝毕，召周延儒、贺逢圣、谢陞入殿，曰："古圣帝明王，皆崇师道。卿等乃朕之师，宗社奠安，允惟诸先生是赖。"命东向立，上降座，西向揖之。各愧谢。先是，辽东宁前道副使石凤台，以清意许和，驰书询守将。得报，凤台遽以闻。上（以）私遣辱国，下凤台刑部狱。至是，谢陞语同列曰："我力竭矣！凤台言良是。"同列亦然之。乃属兵部尚书陈新甲微言于上谓："两城久困，兵不足援，非用间不可。"上

---

① 《明史·陈新甲传》，第257卷，第6638页，中华书局校点本，1974年。

② 《明史·傅宗龙传》，第262卷，第6779页，中华书局校点本，1974年。

曰：“城围且半载，一言不达，何间之乘？可款则款，卿其便宜行事。”上以问阁臣。谢陞独曰：“彼果许款，款亦可恃。”新甲遂荐赞画主事马绍愉可遣，从之。加绍愉职方郎中，赐二品服。上深秘之，外廷不知也。①

陈新甲得到圣旨后，积极进行议和准备。正月初七日，马绍愉偕参将李御兰、周维墉一行驰至宁远，派人往锦州，报闻于清帝。清以马绍愉没有皇帝敕书，请敕书以为信。马绍愉向朝廷奏报，等待崇祯帝敕书。其间，二月十八日，清军攻破松山城；三月初十日，清军占领锦州城。明朝同清朝议和，条件则更为不利。三月十六日，明命职方郎中马绍愉、兵部主事朱济之、副将周维墉等，携带崇祯帝议和敕书，奔赴沈阳，同清议和。马绍愉以崇祯皇帝给陈新甲的敕书，作为明廷议和证明，送达皇太极御案之上。其敕书曰：“朕闻沈阳有罢兵息民之意，向来沿边督、抚，未经奏闻。既承讲款，朕不难开诚怀远，如我祖宗朝旧约，恩义联络，永为和好。”②《清太宗实录》与《明清史料》记载相同，但与《崇祯实录》文字略异，曰：

　　谕兵部尚书陈新甲：据卿部奏，辽沈有休兵息民之意，中朝未轻信者，亦因以前督、抚各官，未曾从实奏明。今卿部屡次代陈，力保其出于真心，我国家开诚怀远，似亦不难听从。以仰体上天好生之仁，以复还我祖宗恩义联络之旧。今特谕卿，便宜行事。差官宣布，取有的确信音回奏。③

皇太极阅毕，对诸王贝勒大臣道：“明之笔札，多有不实。若谓与我国之书，何云谕兵部尚书陈新甲？既谓与④陈新甲，又何用皇帝之宝？况其所用之宝，大而且偏，岂有制宝不循定式之理？此非真宝明矣！”⑤因此，清“以为边吏伪作，并怒敕中语”，拒绝谈

---

① 《崇祯实录》，第 15 卷，第 1 页，崇祯十五年正月辛未朔，台北中央研究院历史语言研究所校勘本，1962 年。

② 《崇祯实录》，第 15 卷，第 1 页，崇祯十五年正月丁丑，台北中央研究院历史语言研究所校勘本，1962 年。

③ 《明清史料》，丙编，第 1 本，第 81 页，中央研究院历史语言研究所刊印，1936 年。

④ 《明清史料》，丙编，第 81 页“与”作“谕”。

⑤ 《清太宗文皇帝实录》，第 59 卷，第 19 页，崇德七年三月乙酉，中华书局影印本，1985 年。

判。明使马绍愉等人,只好回京禀奏。在此期间,清军于四月初八日,攻占塔山城;二十一日,又攻占杏山城。明军宁锦防线,已被清军突破。四月底,陈新甲又一次奉旨,再遣马绍愉、朱济之等人前往沈阳议和。此次明清议和谈判,在清的内部有两种意见:一是主战——"皇上乘机运策,因时速成,关宁一破,燕京震动,必致南迁,大河以北,可传檄而定也!"①另一是主和——"南朝盗贼蜂起,饥馑载途,兵力竭而仓廪虚,征调不前,中原势如瓦解,关外所恃者只有九城,已破其四矣。辽之兵将,已失十之八九矣。依赖之武职,重托之文臣,皆为我擒矣。明国之君,审天时,度人事,自知气运衰败。文臣不能效谋,武职不能宣力,欲战无术,欲守无资。我兵再举,彼南迁必矣。大势一动,河北皆皇上有也。南地非练兵之地,南人非备敌之人,表里山河,全属皇上。汉人此时,心胆俱丧,如坐针毡,是以遣使乞怜,求和谆切。臣等料度如此,皇上明并日月,自有远谟,谅彼不能出范围也。"议和条件,建议三策。祖可法、张存仁等奏议:"首广其地,次广其财。广其地,以穷彼国之势;广其财,以竭彼国之力。广地以黄河为界,上策也;以山海为界,中策也;以宁远为界,下策也。广财令彼纳贡称臣,为上策;令蒙古各家索其旧额,为中策;止于关口互市,为下策。"②皇太极运用战争与和议两手,能和则和,不和则战。边和边战,以战促和。

五月初一日,明兵部职方司郎中马绍愉等十三人,到宁远城,欲赴沈阳,急疾报闻。清廷派员护送马绍愉一行于十四日到达盛京③。崇德帝皇太极派官出城二十里迎接,设宴。宴时,清命明使行一跪三叩礼。入城后,明议和使臣兵部职方司郎中马绍愉、主事朱济之、副将周维墉等,会见清礼部承政满达尔汉、参政尼堪、大学士范文程等,仍行一跪三叩礼。马绍愉递上《敕书》,书云:"敕谕兵部尚书陈新甲,昨据卿部奏称,前日所谕休兵息民事情,至今未有确报。因未遣官至沈,未得的音。今准该部便宜行事,差官前往,确探实情,具奏。特谕。"④崇祯帝的《敕书》,不是直接写给清太宗皇太极,而是以"谕兵部尚书陈新甲"形式书写。他既想与皇太极谈判,又不想平等对话,采取谕兵部尚书陈新甲的形式,间接地表示愿意接受清朝方面"休兵息民"的请求。这引起了皇太极的不悦。尤使皇太极感到疑惑的是,既然是皇帝给大臣的敕谕,为何违反常例在

① 《清太宗文皇帝实录》,第60卷,第5页,崇德七年四月庚子朔,中华书局影印本,1985年。
② 《清太宗文皇帝实录》,第60卷,第28—29页,崇德七年五月丙申,中华书局影印本,1985年。
③ 《清太宗文皇帝实录》,第60卷,第19页,崇德七年五月己巳朔,中华书局影印本,1985年。
④ 《清太宗文皇帝实录》,第60卷,第27页,崇德七年五月壬午,中华书局影印本,1985年。

文书钤"皇帝之宝"印？而历朝给属国敕书都是龙边黄色笺，而此笺却是中横一龙；往时玺方，其篆"敕命之宝"，而今皇帝之宝，稍长，右角微挟一线，遂具书谓边吏伪作①。皇太极命将此《敕书》，给新降清的明总督洪承畴查验。洪承畴认为"此宝札果真"，并道："昔壬申年（崇祯五年），皇帝征察哈尔时，张家口沈巡抚六月二十八日盟誓之事，明国皇帝亦悉知之，但为文臣浮议所惑，故将沈某罢巡抚之任。后来复命会议和事，又为诸文臣所阻，遂寝其事。此次请和，决非虚语。"②于是，皇太极才信以为真。他也以敕谕英郡王阿济格等人的形式，间接地答复明朝。马绍愉立即奏报朝廷，崇祯帝再以谕兵部尚书陈新甲的形式，准许兵部便宜行事，差马绍愉等人前往沈阳议和。马绍愉此时正在塔山等待朝命，不料四月二十一日清军攻陷塔山。清和硕郑亲王济尔哈朗、多罗睿郡王多尔衮、多罗肃郡王豪格，派士兵护送马绍愉一行前往沈阳。皇太极下令暂停进攻宁远，退兵三十里，以示诚意，并待来使。双方会谈后，六月初三日，崇德帝皇太极赐明国议和使臣兵部职方司郎中马绍愉、主事朱济之，副将周维墉、鲁宗孔并天宁寺僧性容，游击王应宗、都司朱龙，守备乔国栋、张祚、赵荣祖、李国登、王有功、黄有才等貂皮、银两有差，从役九十九人，亦各赐貂皮，俱遣还。还命大臣送马绍愉等至十五里外，设宴饯之。皇太极以书回复崇祯帝，书曰：

> 大清国皇帝，致书于明国皇帝。向来所以构兵者，盖因尔明国，无故害我二祖。我皇考太祖皇帝，犹固守边疆，和好如旧。乃尔明国，反肆凭陵，干预境外之事。哈达国汗万，窃踞之地，我已征服。尔逼令复还，又遣人于叶赫金台石、布扬古处，设兵防守。以我国已聘之女，嫁于蒙古。乙卯年，尔明国夺我土地，扰我耕获，逐我居民，烧毁庐舍，仍驱令出境。所在勒石，是以我皇考太祖皇帝，收服附近诸国，乌喇国布占泰、辉发国拜音达礼、哈达国万之子孟格布禄，所有之地，渐次削平。于是昭告天地，亲征尔国。又平定叶赫国金台石、布扬古之地。其后每欲致书修好，而尔国不从，事渐滋蔓，遂至于今。此皆贵国先朝君臣事也，事属既往，于皇帝何与！然从前曲直，亦宜辨之。今予仍欲修好者，诚非有所迫而使然也。予缵承皇考太祖皇帝之业，嗣位以来，蒙天眷佑，自东北海滨，迄西北海滨，其间使

---

① 谈迁：《国榷》，第98卷，第5914页，中华书局，1958年。
② 《清太宗文皇帝实录》，第61卷，第18页，崇德七年六月癸亥，中华书局影印本，1985年。

犬、使鹿之邦，及产黑狐、黑貂之地，不事耕种、渔猎为生之俗，厄鲁特部落，以至斡难河源，远迩诸国，在在臣服。蒙古大元，及朝鲜国，悉入版图。于是举朝诸王大臣，及外藩臣服诸王等，合辞劝进，乃昭告天地，受号称尊，国号大清，改元崇德。迩来我军，每入尔境，辄克城陷阵，乘胜长驱，若图进取，亦复何难！然予仍愿和好者，特为亿兆生灵计耳。盖嗜杀者殃，好生者祥，应感之理，昭然不爽。若两国各能审度祸福，矜全亿兆，而诚心和好，则自兹以后，宿怨尽释，彼此不必复言矣。至我两国尊卑之分，又何必较哉。古云：情通则明，情蔽则暗。若尔国使来，予令面见；予国使往，尔亦令面见，如此则情不壅蔽，而和事可久。若自视尊大，俾使臣不得面见，情词无由通达，则和事终败，徒贻家国之忧矣。夫岂拒绝使臣进见，遂足以示尊耶。

　　至两国有吉凶大事，则当遣使交相庆吊。每岁贵国馈兼金万两、白金百万。我国馈人参千斤、貂皮千张。若我国满洲、蒙古、汉人及朝鲜人等，有逃叛至贵国者，当遣还我国。贵国人有逃叛至我国者，亦遣还贵国。以宁远双树堡中间土岭为贵国界，以塔山为我国界，以连山为适中之地，两国俱于此互市。自宁远双树堡土岭界北，至宁远北台，直抵山海关长城一带，若我国人有越入，及贵国人有越出者，俱加稽察，按律处死。或两国人有乘船捕鱼，海中往来者，尔国自宁远双树堡中间土岭沿海，至黄城岛以西为界，我国于黄城岛以东为界。若两国有越境妄行者，亦俱察出处死。倘愿如书中所言，以成和好，则我两人，或亲誓天地，或各遣大臣代誓。尔速遣使赍和书及誓书以来，予亦遣使赍和书及誓书以往。若不愿和好，再勿遣使致书。其亿兆死亡之孽，于予无与矣。①

清崇德帝皇太极，提出的议和条件：

一、两国有吉凶大事，则当遣使庆吊。

二、每岁明向清馈金万两、银百万两；清向明馈人参千斤、貂皮千张。

三、明、清双方叛逃至境内者，一律互相遣还对方。

四、明以宁远双树堡中间土岭为界，清以塔山为界。

五、明、清两方在连山地带行互市贸易。

---

①　《清太宗文皇帝实录》，第61卷，第2～5页，崇德七年六月辛丑，中华书局影印本，1985年。

六、沿海乘船往来,以黄城岛为界,以西为明,以东为清,有越境妄行者查出按律处死。

以上所提条件,皇太极认为,并非十分苛刻,只相当于前述《奏议》中的"下策"。

清廷以书授明朝来使,并命章京库尔禅、萨苏喀,笔帖式查布海、法尔户达等,率兵四十人,过锦州,出清军哨探地方,送明使至连山而还。

马绍愉将在盛京议和结果,报告给兵部尚书陈新甲,陈新甲又禀报崇祯帝。崇祯帝召见内阁首辅周延儒,征询对议和意见,周一言不发,"上问周延儒,至再,终不对"①。其实,周延儒是赞成和议的。当初谢陞与陈新甲提出此事时,他并无异议,只是没有当众表态,留下后退余地。正如给事中李清所说:"宁锦之溃,北边精锐几尽,而中州寇祸正张。上意亦欲以金币姑缓北兵,专力平寇。谢辅陞与陈司马新甲主之。周延儒亦欲安享其成,成则分功,败不及祸。"②而今事情已成,正可安享分功,为何沉默不语? 因其时事情已泄,陈新甲成为众矢之的。

此次和谈,秘密进行。崇祯帝再三嘱咐,不得让外廷知晓。时在沈阳的朝鲜官员,也只是风闻其事。朝鲜贰师李景奭自沈阳回到汉城(今首尔),国王李倧召见并与之问答。问曰:"中朝请和之说,信然乎?"对曰:"以其形势言之,祖大受(寿)以关外大将,力屈而降,数万之兵,一朝被杀,土贼滋蔓,宦寺秉权。请和之说,虽未能的知,而中朝之运,亦已衰矣。"③由此可见,明廷议和,极为秘密。然而,马绍愉与陈新甲的书信,偶尔疏忽,泄漏朝野。先是,陈新甲得到马绍愉的信报后,阅毕放在几案上,其仆人信手交给塘报官传抄,机密遂流传于外。抄传马绍愉塘报,史载:"见敌,讲和好,敌索金三十万、银三百万,已许金一万、银一百万两。敌尚不肯,决要金十万、银二百万两,如不从,即发兵,尔家所失,岂止此数!"④兵科给事中方士亮上疏劾兵部尚书陈新甲:"各地塘报皆上闻,后发科抄传,今忽有此报。伪耶? 兵部不宜为此眩惑人心。真耶? 则陈新甲主和辱国。"⑤此论一

---

① 《崇祯实录》,第15卷,第7页,崇祯十五年五月戊寅,台北中央研究院历史语言研究所校勘本,1962年。

② 李清:《三垣笔记》,第185页,中华书局,1982年。

③ 《李朝仁祖大王实录》,第43卷,第12页,二十年五月乙酉,日本学习院东洋文化研究所刊印,1959年。

④ 李清:《三垣笔记》,第191页,中华书局,1982年。

⑤ 《流寇长编》,第15卷,崇祯十五年七月丁酉,清刻本。

出,朝野哗然。首辅周延儒,左右为难,沉默不语,"故延儒缄口不敢异同,又以脱后罪也"①。七月二十九日,兵部尚书陈新甲下狱②。由是,崇祯帝朱由检没有来得及斟酌崇德帝皇太极的议和条款,议和之事,便告夭折。

成事不足,败事有余。庸辅谢陞在和谈刚开始,就向言官透露消息:"上意主和,诸君幸勿多言。"言官一听,骇愕不已,交章弹劾谢陞妄言,崇祯帝只得把谢陞革职。兵部尚书陈新甲则泄漏机密。给事中方士亮率先弹劾陈新甲,崇祯帝将奏疏留中不发,严旨切责回奏。陈新甲回奏,"绝不引罪,反自诩其功"③。在申辩书上细陈和谈事件的始末,内多援引圣谕。聪明的陈新甲,反被聪明所误。崇祯帝恼羞成怒,于七月二十九日,下令将陈新甲下狱。陈新甲在狱中向皇上上书请求宽恕,皇上毫无通融余地。至此,陈新甲才意识到难免一死,嘱咐家人贿赂首辅周延儒,"周延儒入其贿,营解甚力"④。还贿赂倡议必杀陈新甲的给事中廖国遴、杨枝起、光时亨、倪仁祯。这四名言官收到贿赂后论调大变,奔走于刑部侍郎徐石麒处,倡言陈新甲必不可杀。

刑部右侍郎徐石麒疏历数陈新甲的罪状,以为非杀不可。他具狱词:"人臣无境外之交。未有身在朝廷,不告君父,而专擅便宜者。今圣意未俞,瞽师先遣,谩书朝入,名城夕隳。昔石星未尝私用惟敬,袁崇焕不敢私遣喇嘛,只以弥缝闪烁,立置重典。况辱国启侮,甚于二臣乎!当以失陷城寨律斩!"⑤以失陷城寨罪,斩首陈新甲,显然不妥。崇祯帝看了徐石麒的奏疏,以为定陈新甲"专擅议款"、"失陷城寨"罪不当,便批复道:"陈新甲失事重大,法无可宽,但引律尚属未确,可另行复拟即奏。"徐石麒细心思忖,再上一疏:"论新甲陷边城四,陷腹城七十二,陷亲藩七,从来未有之奇祸。当临敌缺乏,不依期进兵策应,因而失误军机者斩。"⑥奏上,新甲弃市。首辅周延儒向皇上求情:"国法,敌兵不薄城,不杀大司马。"崇祯帝责问道:"连陷七亲藩,比薄城孰重?"⑦廷臣

① 谈迁:《国榷》,第 98 卷,第 5928 页,中华书局,1958 年。

② 《崇祯实录》,第 15 卷,第 10 页,崇祯十五年七月丁酉,台北中央研究院历史语言研究所校勘本,1962 年。

③ 李逊之:《三朝野记》,第 7 卷,第 171 页,上海书店印行,1982 年。

④ 《崇祯实录》,第 15 卷,第 13 页,崇祯十五年九月戊子,台北中央研究院历史语言研究所校勘本,1962 年。

⑤ 张岱:《石匮书·后集》,第 32 卷,第 185 页,中华书局,1960 年。

⑥ 《明史·徐石麒传》,第 275 卷,第 7040 页,中华书局校点本,1974 年。

⑦ 李清:《三垣笔记》,第 191 页,中华书局,1982 年。

以为陈新甲"专擅议款"当斩,崇祯帝则谕陈新甲任兵部尚书期间,使七名藩王遭到戮辱,比敌兵薄城罪更重,所以当斩,只字不提与清议和之事。然而,置陈新甲于死地之罪者正是议和。谈迁如是剖析道:"陈司马甚辩有口,颇谙疆事,羽书狎至,裁答如流,案无留牍,后人莫之及。其祸兆于主款。时天子亦心动,不欲外著,宜兴(周延儒)预其谋而又避之,听至尊自为计。事成则分其功,事败则委之司马(陈新甲)。……陈司马以媚宜兴亦败。大臣不深为社稷虑,惟私旨是徇,鲜有不覆者,况抢攘危急之秋哉!"①陈新甲被置于死地,是他遵旨议和。崇祯帝授权陈新甲,秘密与清议和,不失为一时权宜之计,于内于外,利大于弊。崇祯帝既不能战,又不敢和,就只剩下一条路——死亡。

在给陈新甲定罪过程中,其下狱前后,言官表演突出:陈新甲未下狱前,给事中廖国遴、杨枝起、光时亨、倪仁祯,倡议必杀之。及下狱后,四位言官奔走于刑部侍郎徐石麒,力言陈新甲必不可杀。"盖前之必杀以索贿,后之弗杀以赂入也"②。陈新甲议和之事,《明史·陈新甲传》记载:

> 初,新甲以南北交困,遣使与大清议和,私言于傅宗龙。宗龙出都日,以语大学士谢陞。陞后见疆事大坏,述宗龙之言于帝。帝召新甲诘责,新甲叩头谢罪。陞进曰:"倘肯议和,和亦可恃。"帝默然,寻谕新甲密图之,而外廷不知也。已,言官诅陞。陞言:"上意主和,诸君幸勿多言。"言官骇愕,交章劾陞,陞遂斥去。帝既以和议委新甲,手诏往返者数十,皆戒以勿泄。外廷渐知之,故屡疏争,然不得左验。一日,所遣职方郎马绍愉以密语报,新甲视之置几上。其家僮误以为塘报也,付之抄传。于是言路哗然,给事中方士亮首论之。帝愠甚,留疏不下。已,降严旨,切责新甲,令自陈。新甲不引罪,反自诩其功,帝益怒。至七月,给事中马嘉植复劾之,遂下狱。新甲从狱中上书乞宥,不许。新甲知不免,遍行金内外。给事中廖国遴、杨枝起等,营救于刑部侍郎徐石麒,拒不听。大学士周延儒、陈演亦于帝前力救,且曰:"国法,敌兵不薄城,不杀大司马。"帝曰:"他且勿论,戮辱我亲藩七,

---

① 谈迁:《国榷》,第98卷,第5942页,中华书局,1958年。
② 李清:《三垣笔记》,第192页,中华书局,1982年。

不甚于薄城耶?"遂弃新甲于市。①

崇祯帝于陈新甲,"恶其泄机事,且彰主过",故而杀之。此时崇祯帝不是自己承担全部责任,却是为着保全皇上尊严,文过饰非,推卸责任。陈新甲被处死,明、清议和中断。朱由检作为明朝君主,敢于做事情,而不敢承担责任,文过饰非,亡国君也。

十一月初一日,"诏诛兵部尚书陈新甲"②。十一月十五日,"削兵部职方主事马绍愉职"③。至此,在明、清间由皇太极与朱由检主持进行的政府议和活动流产。明、清议和事败,产生严重后果。

第一,清军大举入塞。皇太极的议和,态度主动,用尽心思,方式灵活,遇挫不挠。他要通过议和,稳定局势,争取时间,积蓄力量,强化汗位。和议之达成或不成,对皇太极都有利:和议达成,可以获得经济、政治、舆论、外交等多方面的利益;和议不成,可以制造舆论,争取民心,表明他攻明为不得已之举,争取政治主动,取得社会舆论的同情与支持。所以,皇太极议和既表现心情迫切,也显得心诚意坚。皇太极自继位以后,始终坚持议和与战争两手,一面进行战争,一面与明议和。崇祯帝越是不加理睬,皇太极越是高唱议和。结果,议和中断。崇德七年即崇祯十五年(1642年)九月初五日,皇太极在明、清议和中断后,谕祖可法、张存仁等汉官曰:"今明国精兵已尽,我兵四围纵略,彼国势日衰,我兵力日强,从此燕京可得矣。"④于是,皇太极发动第六次迂道入塞战争。清军再入山东,大肆掳掠,翌年而归。兴师年为壬午年,又称壬午之役。这次清军入关,其直接原因,是明、清议和破产。

第二,明朝更加危机。明朝君臣以天朝自居,狂妄自大,高谈阔论,放言误国。他们囿于宋金和议的教训,认为同皇太极议和,便是"陷于宋人自愚自误之弊"。论者或谓:万历帝"苟不惟金人是弃,而与以岁赏,则是辽东虏祸,何止于决裂而不可为"!天启、崇祯二帝,"款卜可,款插可,款诸夷亦可,直不欲与金人讲款耳"⑤!万历、天启、崇

---

① 《明史·陈新甲传》,第257卷,第6638~6639页,中华书局校点本,1974年。

② 李逊之:《三朝野记》,第171页,上海书店印行,1982年。

③ 《崇祯实录》,第15卷,第16页,崇祯十五年十一月丁亥,台北中央研究院历史语言研究所校勘本,1962年。

④ 《清太宗文皇帝实录》,第62卷,第15页,崇德七年九月壬申,中华书局影印本,1985年。

⑤ 李光涛:《明清档案论文集》,第412页,联经出版事业公司,1986年。

祯三帝,计不出此,拒绝和谈,崇祯帝甚至严谕"不许接口片字"①。崇祯帝不知彼已,内外交困,先是拒绝议和,继是秘密议和。崇祯初,杀了袁崇焕;崇祯末,又杀了陈新甲。崇祯帝既不能指挥军队作战,又不能运筹帷幄议和,做事不敢担责,遇事文过饰非,断送大明皇朝,难辞亡国之咎。

崇祯帝临吊死之前曰:"虽朕薄德匪躬,上干天咎,然皆诸臣之误朕也。"②崇祯帝执意先杀袁崇焕,再杀陈新甲,说明崇祯帝朱由检是一位亡国之君!

皇太极曾说过:"我兵至燕京,谆谆致书,欲图和好。尔国君臣,惟以宋朝故事为鉴,亦无一言复我。然尔明主,非宋之裔,朕亦非金之后,彼一时也,此一时也。天时人心,各有不同,尔大国岂无智慧之士? 当权时度势,乃执胶柱鼓瑟之见,可乎?"③明朝不是没有"智慧之士",而是没有驾驭"智慧之士"的明君。

总之,明朝君臣,不因时制宜,却胶柱鼓瑟。崇祯皇帝面对着两只强大的拳头扑面打来,不会妥协一个,对付另外一个。就历史发展趋势,或就彼已力量对比,或就个人阅历才华,或就驾驭国家能力而言,明朝崇祯帝朱由检与清朝崇德帝皇太极,处境不同,谋略亦异。大清皇朝的兴起与大明皇朝的覆灭,从一个侧面看,崇德帝皇太极与崇祯帝朱由检,相互角量,彼此高下,可见一斑。

---

① 《明清史料》,甲编,第8本,第736页,中央研究院历史语言研究所刊印,1931年。

② 《崇祯实录》,第17卷,第18页,崇祯十七年三月丙午,台北中央研究院历史语言研究所校勘本,1962年。

③ 《清太宗文皇帝实录》,第9卷,第21页,天聪五年八月乙卯,中华书局影印本,1985年。

十　改国号为大清

　　皇太极将国号"金"改为"大清"，既是清朝历史的大事件，也是中华历史的大事件。改"金"为"大清"，是自努尔哈赤建元"天命"二十年以来，后金军事——政治——民族形势发展之必然结果。伴随后金军政事业的演进，皇太极在内政方面作出一系列改革，其中心是改国号"金"为"大清"。围绕"金"改为"大清"这个中心，其前与其后，发生了一系列重大军政的变化。

（一）天聪政策的重大调整

　　从天命元年即万历四十四年（1616 年），到天聪十年即崇祯九年（1636 年），共计二十年。在这二十年间，后金作出重大的改革，发生巨大的变化。后金改号为大清，则是其社会改革与社会变化的集中反映。后金在二十年间，其重大的社会改革与社会变化，主要表现是：

　　于社会重大改革方面：

　　第一，调整满汉关系。恰当处理满汉关系，是皇太极继承父汗事业、巩固后金政权、进图更大发展的一个关键。满洲是少数民族，当时总人口大约数十万人；面对的汉人：辽东以百万计，全国则以万万计。努尔哈赤自起兵以来，虽在军事上节节胜利，但在形势上处处受制。特别是进入辽河平原以后，实行一些错误政策——大量迁民，按丁编庄，清查粮食，强占田地，满汉合居，杀戮诸生等，受到辽东汉民的反抗，自感处于汉人包围之中。特别是努尔哈赤晚年，对待汉人，政策有误，后金经济形势很糟，人民缺衣少粮，汉人处境更难。"先是，汉人每十三壮丁，编为一庄，按满官品级，分给为奴。于是同处一屯，汉人每被侵扰，多致逃亡"。皇太极强调满洲、蒙古、汉人之间的关系，"譬诸五味，调剂贵得其宜。若满洲庇护满洲，蒙古庇护蒙古，汉官庇护汉人，是犹苦、酸、辛之不得其和。"因此,恰当调剂满汉关系,是天聪汗最费思忖之事。

皇太极继位之后,对其父汗失误之策,适时作出调整,安抚汉人,分屯别居,缓和社会矛盾,平息社会动乱。皇太极在九月初一日登极,初五日即颁布《汗谕》:"治国之要,莫先安民。我国中汉官、汉民,从前有私欲潜逃,及令奸细往来者,事属已往,虽举首,概置不论。"①对"私欲潜逃"和"令奸细往来"者,既往不咎。此项政策,产生结果:"汉官、汉民皆大悦。逃者皆止,奸细绝迹。"初七日,皇太极又宣布《汗谕》:(1)"工筑之兴,有妨农务",今后停止筑城等过重劳役,使农民可以"专勤南亩,以重本务"。(2)"村庄田土,八旗移居已定",今后不得随意移占,以使百姓各安其业。(3)"满汉之人,均属一体",凡审判罪犯,差徭公务等,不得差别对待。(4)不准诸贝勒大臣及其下人,对庄民擅取牛、羊、鸡、猪、鱼等物,严禁进行勒索扰害。初八日,皇太极再发布汉人分别屯居的《汗谕》。先是,"汉人每十三壮丁编为一庄,按满官品级分给为奴"。至是规定:"乃按品级,每备御止给壮丁八、牛二,以备使令。其余汉人,分屯别居,编为民户,择汉官之清正者辖之。"②这项规定,使大量满洲庄屯下的农奴,分拨出来,编为民户,成为农民。总之,汉人壮丁,分屯别居——缓解过去汉人受满洲奴役的悲苦。汉族降人,编为民户——改变过去掳获汉民,悉作满洲奴仆的悲剧。实行部分汉人"分屯别居",协调了满、汉关系,有利于社会安定,有利于农业生产。同日,皇太极严谕:"禁止诸贝勒大臣属下人等,私至汉官家,需索马匹、鹰犬,或勒买器用等物,及恣意行游,违者罪之。"皇太极的上述措施,产生积极影响:"由是汉人安堵,咸颂乐土云。"所谓"乐土",显然有所夸张,较前却有改善。

天聪四年即崇祯三年(1630年)十月,皇太极下令编审壮丁,要"牛录额真各察其牛录壮丁,其已成丁无疑者,即于各屯完结"。此次编审时,"有隐匿壮丁者,将壮丁入官。本主及牛录额真、拨什库等,俱坐以应得之罪。若牛录额真、拨什库,知情隐匿者,每丁罚银五两,仍坐以应得之罪"。同时又令,"凡贝勒家,每牛录止许四人供役,有溢额者,察出,启知贝勒退还。如贝勒不从,即赴告法司。若不行赴告,或本人告发,或旁人举首,将所隐壮丁入官"③。对违规隐匿、溢额的壮丁(主要是汉人),从总兵官到拨

① 《清太宗文皇帝实录》,第1卷,第6页,天命十一年九月甲戌,中华书局影印本,1985年。
② 《清太宗文皇帝实录》,第1卷,第7页,天命十一年九月丁丑,中华书局影印本,1985年。
③ 《清太宗文皇帝实录》,第7卷,第19页,天聪四年十月辛酉,中华书局影印本,1985年。

什库,进行或自誓、勘验,或告发、举首,分别不同情节,处以应得之罪。此外,对以往骚扰辽民的虐行,再三告诫,不得重演。天聪七年即崇祯六年(1633年)六月,孔有德、耿仲明投顺金国,皇太极为此严谕:"向者,我国将士于辽民多所扰害,至今诉苦不息。今新附之众,一切勿得侵扰。此辈乃攻克明地,涉险来归,求庇于我。若仍前骚扰,实为乱首,违者并妻子处死,必不姑恕。"①经过皇太极的三令五申,满洲贝勒、官员、军兵等,对辽民的骚扰有所收敛。

第二,优礼汉官汉儒。满洲占有辽东地区后,要进一步巩固和发展,没有汉官和汉儒的合作与支持是不可能的。先是,天命十年即天启五年(1625年)十月,努尔哈赤对明朝生员通明者,"令查出明绅衿,尽行处死"。此次事件中屠杀后的"隐匿得免者",约有三百人,尽沦在八旗包衣下为奴。皇太极命对这些为奴的生员进行考试。天聪三年即崇祯二年(1629年)八月,皇太极谕曰:"自古国家,文武并用,以武功戡祸乱,以文教佐太平。朕今欲振兴文治,于生员中,考取其文艺明通者,优奖之,以昭作人之典。诸贝勒府以下,及满、汉、蒙古家,所有生员,俱令考试。于九月初一日,命诸臣公同考校,各家主毋得阻挠。有中者,仍以别丁偿之。"②是为金国科举考试之始。这次考试,得中者共二百人。他们从原来"皇上包衣下、八贝勒等包衣下,及满洲、蒙古家为奴者",尽被"拔出",按考取的等级,获得缎布奖赏,优免二丁差徭③。天聪八年即崇祯七年(1634年)三月,又举行汉人生员考试,取中一等十六人,二等三十一人,三等一百八十一人,共二百二十八人④。一个月后,又命礼部从中考取通晓满洲、蒙古、汉书文义者为举人,共有满洲人习汉书者查布海、汉人习满书者宜成格等十六人。他们受到赏赐,并优免四个丁差徭。

汉人归附官员,先前"俱分隶满洲大臣,所有马匹,尔等不得乘,而满洲官乘之;所有牲畜,尔等不得用,满洲官强与价而买之;凡官员病故,其妻子皆给贝勒家为奴;既为满官所属,虽有腴田,不获耕种,终岁勤劬,米谷仍不足食,每至鬻仆典衣以自给"。由是许多汉官,虽然"身在曹营",却"潜通明朝"。皇太极谕告:将汉官"拔出满洲大臣之家,另编为一旗。从此尔等,得乘所有之马,得用所畜之牲,妻子得免为奴,择腴地而耕

① 《清太宗文皇帝实录》,第14卷,第7页,天聪七年六月壬戌,中华书局影印本,1985年。
② 《清太宗文皇帝实录》,第5卷,第14页,天聪三年八月乙亥,中华书局影印本,1985年。
③ 《清太宗文皇帝实录》,第5卷,第14页,天聪三年九月壬午朔,中华书局影印本,1985年。
④ 《清初内国史院满文档案译编》,上册,第73页,光明日报出版社,1989年。

之,米谷得以自给。当不似从前之典衣、鬻仆矣"①。他对归降的汉官,加以"恩养",盛宴款待,给以田舍,分配马匹,封官赏赐。皇太极重用汉官,范文程是一史例。范文程在太祖时,未受重用。"太宗即位,召直左右"。尔后,军国之大计,文程皆与谋。《清史稿·范文程传》"论曰":"文程定大计,左右赞襄,佐命勋最高。"②崇德元年即崇祯九年(1636年),范文程任内秘书院大学士,是为汉人任相之始。他对"三顺王"——孔有德、耿仲明、尚可喜的政策也是成功的。

重用汉官汉儒,听取汉官奏谏。天聪六年即崇祯五年(1632年)八月,皇太极召王文奎、孙应时、江云,至内廷,赐宴筵。皇太极征求他们对"此番出兵,与明国议和,尔三人之意云何? 可各抒所见,具疏奏闻"。于是,王文奎疏曰:"汉人以宋时故辙为鉴,举国之人,俱讳言和。虽我皇上好生为念,不忍明国生民之涂炭,欲安息以待时,而汉人反以我为可愚,区区边塞小臣之盟誓,宁足据哉!"直言对明议和,不可期望过高。立足之点,仍在决胜。孙应时疏曰:"臣思明国之主,恃其土广人众,生物繁盛,制度严谨,必不轻于议和。其下大臣,亦阿谀将顺,和之一字,不敢轻言。昔皇上大军临边,其防边诸臣,修备未完,恐我兵猝入,故以和议迁延,以诱我耳。即实心议和,其馈遗之礼,于我所定额数,减一分,我则不可,增一分,彼又不从,和岂易言哉! 和既不成,结仇愈深。两国势难并立,我国当秣马厉兵,有进无退也。"江云疏曰:"今皇上姑遣使往明,以和议试之。明若不识天时,怠忽和事,则我兵入境攻取,亦为有名。天下闻之,孰有议我之非者? 今皇上欲与明和,而不能即决者,未免怀疑也。夫我兵战则必胜,攻则必克,可以纵横于天下。明欲和,则与之和;否则,是天以天下与皇上也。宜速布信义,任用贤人,整师而入,天下指日可得,又何必专言和事耶!"③提出后金用议和与征战两手,立于不败之地。但立足之点,在于布信义,用贤人,整师攻战,夺取胜利。皇太极在开科取士时,也是采纳了汉儒的谏议,所以才有行科考、用汉儒、传仁声的效果:"奴仆中式者,即行换出,仁声远播。"④

第三,不杀投降军民。先是,努尔哈赤进占辽东,屠杀汉民,引起反抗。皇太极继承汗位后,后金贝勒,旧习未改,攻占城镇,杀戮汉民。皇太极总结先父过去政策上错

① 《清太宗文皇帝实录》,第17卷,第7~8页,天聪八年正月乙未,中华书局影印本,1985年。
② 《清史稿·范文程传》,第232卷,第9369页,中华书局标点本,1977年。
③ 《清太宗文皇帝实录》,第12卷,第14页,天聪六年八月丁卯,中华书局影印本,1985年。
④ 《清太宗文皇帝实录》,第40卷,第12页,崇德三年正月己卯,中华书局影印本,1985年。

误的教训，争取明将明兵，不杀降官降民，取得效果，获得成功。以大凌河城之战为例。天聪五年即崇祯四年（1631年）十月间，皇太极率兵围困明军死守的大凌河城。大凌河城守将祖大寿派义子祖可法，与后金大贝勒代善之长子岳讬议商和谈。祖大寿及其将领之所以坚守拒降，其重要原因是怕杀降。下面引述《清太宗实录》中，岳讬与祖可法的对话：

> 岳问："汝等死守空城，何意？"
>
> 祖答："天与尔辽东、永平兵民，若不加屠戮，则天下之民，闻风归顺。因屠戮降民，是以人皆畏缩耳！"
>
> 岳曰："前杀辽东兵民，此亦当时事势使然，然我等不胜追悔①。后杀永平兵民者，乃二贝勒阿敏之事。上以其违命妄杀，已将阿敏论罪幽禁，夺其属员矣！我皇上自即位以后，敦行理义，治化一新，抚养黎民，爱惜士卒，仁心仁政，尔等岂不闻之！"
>
> 祖答："然我国之人，见尔等先年杀戮，肝胆俱丧。今虽言养人，而人犹不信者。"②

皇太极实行不杀投降汉官汉民的政策，用各种手段，招降祖大寿。果然，明朝在辽东地区继袁崇焕之后，"祖家军"中的祖大寿及其全部将领（何可纲除外），都归顺了后金—清。明朝辽西战将，丧失殆尽。皇太极继而争取了毛文龙死后离散的部下，孔有德、耿仲明、尚可喜等部明军。后来这些官将，成为八旗汉军的将领、大清皇朝的重臣。他们是：总兵官祖大寿，副将刘天禄、张存仁、祖泽润、祖泽洪、祖可法、曹恭诚、韩大勋、孙定辽、裴国珍、陈邦选、李云、邓长春、刘毓英、窦承武，参将、游击姜新、吴良辅、高光辉、刘士英、盛忠、祖泽远、胡弘先、祖克勇、祖邦武、施大勇、夏得胜、李一忠、刘良臣、张可范、萧永祚、韩栋、段学孔、张廉、吴奉成、方一元、涂应乾、陈变武、方献可、刘武元、杨名世等。其中，七人后为部院承政：张存仁为都察院承政、祖泽洪为吏部承政、韩大勋

---

① 《旧满洲档译注》天聪五年十月二十六日载："杀掉辽东之民，是先汗（努尔哈赤）的罪。"
② 《清太宗文皇帝实录》，第10卷，第7～8页，天聪五年十月丙寅，中华书局影印本，1985年。

为户部承政、姜新为礼部承政、祖泽润为兵部承政、李云为刑部承政、裴国珍为工部承政①。在崇德七年即崇祯十五年（1642 年）六月，汉军又由四旗扩编为八旗时，八位固山额真和十六位梅勒章京中，固山额真有祖泽润、刘之源、吴守进、金砺、佟图赖、石廷柱、巴颜、墨尔根侍卫李国翰八人，梅勒章京有祖可法、张大猷、马光辉、祖泽洪、王国光、郭朝忠、孟乔芳、郎绍贞、裴国珍、屯泰、何济吉尔、金维城、祖泽远、刘仲金、张存仁、曹光弼十六人②。其中祖泽润、祖可法、祖泽洪、祖泽远四人是祖大寿的子侄，张存仁、裴国珍等是祖大寿的副将，他们是原"祖家军"中的主要人物。皇太极就是以这批人为骨干，以原辽东汉官、汉将、汉兵、汉民为基础，组织八旗汉军。这样就使后金的军队，形成了八旗满洲、八旗蒙古、八旗汉军三个方面军。八旗军由满洲、蒙古、汉军三部分组成，既具有满洲、蒙古野战骑射之优长，也兼有汉军大炮火器之优长。

　　第四，更定离主条例。先是，努尔哈赤在得到明朝辽东时，辽东城乡汉人，"抗拒者被戮，俘取者为奴"。大量汉人，沦为奴仆。汉人奴仆，不断反抗。皇太极了解其弊，于天聪五年即崇祯四年（1631 年）七月初八日，颁布《离主条例》，规定：一、除八分（即八固山贝勒）外，有被人讦告，私行采猎者，其所得之物入官，讦告者准其离主。二、除八分外，出征所获，被人讦告，私行隐匿者，以应分之物，分给众人，讦告者，准其离主。三、擅杀人命者，原告准其离主，被害人近支兄弟并准离主。四、诸贝勒有奸属下妇女者，原告准其离主，本夫近支兄弟并准离主。五、诸贝勒有将属下从征效力战士，隐匿不报，乃以并未效力之私人冒功滥荐者，许效力之人讦告，准其离主。六、本旗人欲讦其该管之主，而贝勒以威钳制，不许申诉，有告发者，准其离主③。以上六种，可以告发，审查属实，准其离主，听所欲往。此法实行之后，出现许多问题。奴主以"诬告"为名，反坐告发者以"诬告罪"。翌年三月，皇太极又对《离主条例》作出补充规定："凡讦告之人，务皆从实。如告两事以上，重者审实，轻者审虚，免坐诬告罪，仍准原告离主。如告数款，轻重相等，审实一款，亦免坐诬告之罪。如所告多实及虚实相等，原告准离其主。所告多虚，原告不准离主。"④虽有上述补充规定，但奴主靠手中的权势及其关系，奴仆告发属实，而断为"所告多虚"者，不得离主，事例很多。为此，崇德三年即崇祯

　　① 《清太宗文皇帝实录》，第 29 卷，第 6 页，崇德元年五月己巳，中华书局影印本，1985 年。
　　② 《清太宗文皇帝实录》，第 61 卷，第 7～8 页，崇德七年六月甲辰，中华书局影印本，1985 年。
　　③ 《清太宗文皇帝实录》，第 9 卷，第 8～9 页，天聪五年七月庚辰，中华书局影印本，1985 年。
　　④ 《清太宗文皇帝实录》，第 11 卷，第 13 页，天聪六年三月庚戌，中华书局影印本，1985 年。

十一年(1638年)正月,皇太极再次下令,奴仆勿需告发,准其离主为民。皇太极谕:"朕因念此良民,在平常人家,为奴仆者甚多,殊为可悯。故命诸王等以下,及民人之家,有以良民为奴者,俱着察出,编为民户。"①这些措施,奴仆离主,编为民户,使许多奴仆改变身份,成了普通居民。制定条例,限制特权——重新修订的《离主条例》,对满洲贵族的特权作了某些限制;对于逃人,放宽惩治,因此,"民皆大悦,逃者皆止"。但是,八旗官兵因死战擒获者,或因阵亡而获赏给者,均不在奴仆离主之例。皇太极对祖可法、张存仁建言上述两种人离主时,责问道:"尔等所奏,止知爱惜汉人,不知爱惜满洲有功之人。"祖可法、张存仁等立即奏言:"臣等见不及此,叩首谢罪。"②

第五,重视发展经济。于农业,皇太极认为"五谷乃万民之命所关",农业是"立国之本",发布《汗谕》,保护耕牛,及时耕种,勿扰降民耕田禾苗。他即位不久便下令停止大规模建筑工程,指出:"工筑之兴,有妨农务",以后"有颓坏者,止令修补,不复兴筑,用恤民力,专勤南亩,以重本务"③。他即位之年,明令禁止屠杀大牲畜,规定:"嗣后自宫中暨诸贝勒,以至小民,凡祭祀、筵宴及殡葬、市卖,所用牛、马、骡、驴,永行停止。"④他严禁滥派民夫,妨碍农作,规定:"嗣后有滥役民夫,致妨农务者,该管牛录章京、小拨什库等,俱治罪。"⑤他还规定保护田禾,"遇有践踏田禾之人,应鞭责者鞭责,应罚赎者罚赎"⑥。他鼓励农业生产,惩罚忽视农业生产的牛录额真。于贸易,在盛京、大同、杀虎口等地,进行贸易。并同蒙古、朝鲜、索伦等进行贸易。于手工业制造,较前有大的发展,已能制造红衣大炮。天聪五年即崇祯四年(1631年)正月,在沈阳制造出第一批红衣大炮,共四十门,定名为"天佑助威大将军",满洲"造炮自此始"。这批红衣大炮,是仿照明朝从澳门购买的英国制造的新式火炮,明人称为"红夷大炮"或"西洋大炮"。此炮,炮管长、口径粗、装药多、射程远,安置城上、铳规瞄准、技术先进、威力巨大,是当时中国、也是世界最为先进的火炮。天聪朝能在盛京仿造成功、批量制造,说明后金手工业技术水平之高超。

---

① 《清太宗文皇帝实录》,第40卷,第12页,崇德三年正月己卯,中华书局影印本,1985年。
② 《清太宗文皇帝实录》,第40卷,第13页,崇德三年正月己卯,中华书局影印本,1985年。
③ 《清太宗文皇帝实录》,第1卷,第7页,天命十一年九月丙子,中华书局影印本,1985年。
④ 《清太宗文皇帝实录》,第3卷,第25页,天聪元年九月甲子,中华书局影印本,1985年。
⑤ 《清太宗文皇帝实录》,第23卷,第2页,天聪九年三月戊辰,中华书局影印本,1985年。
⑥ 《清太宗文皇帝实录》,第61卷,第6页,崇德七年六月癸卯,中华书局影印本,1985年。

　　第六,南面独坐柄政。皇太极为了加强以汗为首的中央集权,削弱八旗贝勒的权势,逐步取消八和硕贝勒共治国政制度。他首先打击三大贝勒的势力。早在天命十一年即天启六年(1626年)九月,皇太极即汗位后,沿袭旧制,仍在每旗设总旗务大臣一名(即固山额真),但是扩大了他们的权限,规定"凡议国政处,与诸贝勒偕坐共议之。出猎行师,各领本旗兵行。凡事皆听稽察"。同时又在每旗设佐管旗务大臣二员、调遣大臣二员:前者"佐理国政,审断狱讼,不令出兵驻防";后者"出兵驻防,以时调遣,所属词讼,仍令审理"①。以上措施,削弱了诸贝勒掌管旗务的权力。天聪三年即崇祯二年(1629)正月,皇太极取消贝勒值月之制,实行"以诸贝勒代理值月之事"②。每当朝会和盛典时,皇太极与三大贝勒俱面南并列而坐。天聪四年即崇祯三年(1630年)六月,皇太极利用二大贝勒阿敏"弃滦州、永平、迁安、遵化四城"罪,议定阿敏罪状十六条,将阿敏"革去爵号,抄没家私,送高墙禁锢,永不叙用"③。后阿敏"病卒于狱"④。天聪五年即崇祯四年(1631年)八月,在大凌河战役中,皇太极和三大贝勒莽古尔泰发生口角。皇太极以此将莽古尔泰治罪,革去其大贝勒名号,降为一般贝勒,夺其五牛录的属员,罚银万两及马匹若干。翌年,莽古尔泰"以暴疾卒"⑤。

　　是年十二月,当礼部参政李伯龙疏奏"酌定仪制"时,有的贝勒提出莽古尔泰"因其悖逆,定议治罪"而"不当与上并坐"⑥。皇太极为顾及影响,试探舆情,命代善会同巴克什达海等会议具奏。会议时"诸贝勒执不可并坐者半",一半赞成,一半不赞成。代善先曰:"上谕诚是,彼之过,不足介怀,即仍令并坐亦可。"代善自觉这不符合皇太极的御意,尔后又曰:"我等既戴皇上为君,又与上并坐,恐滋国人之议,谓我等奉上居大位,又与上并列而坐,甚非礼也。"于是代善提出:"自今以后,上南面中坐,以昭至尊之体。我与莽古尔泰侍坐上侧,外国蒙古诸贝勒坐于我等之下。如此方为允协。"⑦他主动请求退出并坐,得到皇太极允准。天聪六年即崇祯四年(1632年)正月,皇太极废除"与

---

① 《清太宗文皇帝实录》,第1卷,第8页,天命十一年九月丁丑,中华书局影印本,1985年。
② 《清太宗文皇帝实录》,第5卷,第2页,天聪三年正月丁丑,中华书局影印本,1985年。
③ 《明清史料》,丙编,第1本,第17页,中央研究院历史语言研究所编刊,商务印书馆,1936年。
④ 《清三朝实录采要·太宗》,第7卷,第23页,清钞本。
⑤ 《清史列传·冷僧机传》,第4卷,第33页,中华书局,1928年。
⑥ 王先谦:《东华录·天聪朝》,天聪五年十二月丙申,光绪二十五年(1899年)石印本。
⑦ 《清太宗文皇帝实录》,第10卷,第26页,天聪五年十二月丙申,中华书局影印本,1985年。

三大贝勒俱南面坐受",改为自己"南面独坐"①,这标志着汗权的确立。后皇太极对代善列了四条罪状,拟革去大贝勒名号,削和硕贝勒,夺十牛录所属人口,罚雕鞍马十匹、甲胄十副、银万两。但是皇太极心中有数,这不过是借题发挥,提高汗权而已,所以只罚银马、甲胄。从此,威胁汗权的三大贝勒势力已除,皇太极实力大增,南面一尊独坐,汗权更为巩固。

第七,颁定等级名号。先是,天聪六年即崇祯五年(1632 年)八月,汉官王文奎上书皇太极,奏议衣冠服制,建立等级。他说:"自古有国家者,必严上下尊卑之别,非但以美观听,实驭世大机权也。窃见我国官民,毫无分别:贪而富者,即氓隶而冠裳之饰,上等王侯;清而贫者,即高官而服饰之混,下同仆从。"他"伏乞皇上,毅然独断,辨制衣冠,使天下后世,知圣哲所为,超出寻常;使愚民亦知富有百万,而终不得与职官并。此则主权尊,民志定,贤愚金奋,国势愈隆"②。九月,礼部汉官王舜慕也奏:"自古冠服之区别,贵贱尊卑系之,乃古帝王治世之权也。帝王之冠服,不同公侯;公侯之冠服,不同散官。若是庶民,即家赀百万,不过庶民之冠服已耳!惟有功于国者,衣冠不等平人,所以礼不容毫发僭越。故创业帝王,首必辨官服,严等威,使举国之人,重贵不重富,耻贱不耻贫。英雄豪杰,必行尊重;利徒鄙夫,自然轻贱。此帝王所以取天下如拾芥也。今我国冠服混淆,贵贱、贫富难分,甚有乐户之穿戴,更强于良贵。所以人重富不重贵,而汗大体失矣。"③以上二王所陈奏言:建立等级制度,以维护君臣、官民、贵贱的等级身份。这种封建等级制度,包括封爵、官阶、礼仪、冠服等方面。皇太极要"参汉酌金"建立其大清皇朝,也就要建立一套等级制度。

至是,皇太极改元称帝,即着手重定礼仪。崇德元年即崇祯九年(1636 年)六月,皇太极谕:"我国之人,向者未谙典礼。故言语书词,上下贵贱之分,或未详晰。朕阅古制,凡上下问对,各有分别。自今俱宜仿古制行之。"④这表明崇德帝要辨仪威、分尊卑的等级制度。制定爵位:和硕亲王——多罗郡王——多罗贝勒——固山贝子;固伦公主——和硕公主——和硕格格——多罗格格——固山格格等级名号,而且"皆有定制,

---

① 《清太宗文皇帝实录》,第 11 卷,第 1 页,天聪六年正月己亥,中华书局影印本,1985 年。
② 《天聪朝臣工奏议》,卷上,第 18 页,辽宁大学历史系铅印本,1980 年。
③ 《天聪朝臣工奏议》,卷上,第 26 页,辽宁大学历史系铅印本,1980 年。
④ 《清太宗文皇帝实录》,第 30 卷,第 4~5 页,崇德元年六月己卯,中华书局影印本,1985 年。

昭然不紊"①。《清史稿·皇子世表》概括为:"崇德元年,定九等爵。顺治六年,复定为亲、郡王至奉恩将军凡十二等,有功封,有恩封,有考封。惟睿、礼、郑、豫、肃、庄、克勤、顺承八王,以佐命殊勋,世袭罔替。其他亲、郡王,则世降一等。"雍正及其以后,又有怡亲王允祥、恭亲王奕䜣、醇亲王奕譞、庆亲王奕劻四王,皆世袭罔替。以上八王,所谓"铁帽子王",即睿亲王多尔衮、礼亲王代善、郑亲王济尔哈朗、豫亲王多铎、肃亲王豪格、庄亲王(原承泽裕亲王)硕塞(皇太极第五子)、克勤郡王岳讬(代善长子)、顺承郡王勒克德浑(代善第三子萨哈廉之第二子)。清还规定:清景祖觉昌安(努尔哈赤之祖父)以上之子孙称为"觉罗",清显祖塔克世(努尔哈赤之父亲)以下子孙为"宗室"。"盖自景祖以上子孙,为之'觉罗';与显祖以下子孙,为之'宗室'"。宗室系黄带子,觉罗系红带子。《清太宗实录》天聪九年正月二十六日,载皇太极上谕:"宗室者,天潢之戚,不加表异,无以昭国体。甚或两相诋毁,詈及祖父。已令系红带,以表异之。又或称谓之间,尊卑颠倒,今复分别名号:遇太祖庶子,俱称阿格;六祖子孙,俱称觉罗。凡称谓者,就其原名,称为某阿格,某觉罗。六祖子孙,俱令系红带,他人毋得紊越。"

　　皇太极参酌明朝典章,规定清朝礼制,但保留满洲的语言、骑射、服装、天足、萨满教等民族传统不变。他说:"先时儒臣巴克什达海、库尔缠,屡劝朕改满洲衣冠,效汉人服饰制度,朕不从。"为此,皇太极在皇宫御翔凤楼,召集诸王、贝勒、固山额真、都察院官员,命内弘文院大臣,读《金史·世宗本纪》。皇太极谕曰:"尔等审听之。世宗者,蒙古、汉人诸国,声名显著之贤君也。故当时后世,咸称为小尧舜。朕披览此书,悉其梗概,殊觉心往神驰,耳目倍加明快,不胜欢赏。朕思金太祖、太宗,法度详明,可垂久远。至熙宗合喇,及完颜亮之世,尽废之,耽于酒色,盘乐无度,效汉人之陋习。世宗即位,奋图法祖,勤求治理,惟恐子孙,仍效汉俗,预为禁约。屡以无忘祖宗为训,衣服语言,悉遵旧制。时时练习骑射,以备武功。虽垂训如此,后世之君,渐至懈废,忘其骑射。至于哀宗,社稷倾危,国遂灭亡。乃知凡为君者,耽于酒色,未有不亡者也。先时儒臣巴克什达海、库尔缠,屡劝朕改满洲衣冠,效汉人服饰制度,朕不从,辄以为朕不纳谏。朕试设为比喻,如我等于此聚集,宽衣大袖,左佩矢,右挟弓,忽遇硕翁科罗巴图鲁劳萨,挺身突入,我等能御之乎?若废骑射,宽衣大袖,待他人割肉而后食,与尚左手之

---

　　① 《清太宗文皇帝实录》,第42卷,第3页,崇德三年七月壬戌朔,中华书局影印本,1985年。

人,何以异耶! 朕发此言,实为子孙万世之计也。在朕身岂有变更之理? 恐日后子孙,忘旧制,废骑射,以效汉俗,故常切此虑耳!"①五个月后,皇太极又谕诸王贝勒曰:"昔金熙宗及金主亮,废其祖宗时衣冠仪度,循汉人之俗,遂服汉人衣冠,尽忘本国言语。迨至世宗,始复旧制衣冠。凡言语及骑射之事,时谕子孙,勤加学习,如元王马大郭,遇汉人讼事,则以汉语讯之,有女直人讼事,则以女直语讯之。世宗闻之,以其未忘女直之言,甚为嘉许。此本国衣冠、言语,不可轻变也。我国家以骑射为业,今若不时亲弓矢,惟耽宴乐,则田猎行阵之事,必致疏旷,武备何由而得习乎! 盖射猎者,演武之法;服制者,立国之经。朕欲尔等,时时不忘骑射,勤练士卒,凡出师田猎,许服便服,其余俱令遵照国初之制,仍服朝衣。且谆谆训谕者,非为目前起见也。及朕之身,岂有习于汉俗之理? 正欲尔等识之于心,转相告诫,使后世子孙遵守,毋变弃祖宗之制耳! 朕意如此,尔等宜各陈所见。"和硕睿亲王多尔衮等皆跪奏曰:"皇上谆谆诫谕,臣等更复何言? 惟铭刻在心,竭力奉行而已。"②一年之后,皇太极再次重申名号等级,不得违制,谕礼部曰:"国家创立制度,所以辨等威,昭法守也。乃往往有不遵定制,变乱法度者。若不立法严禁,无以示儆。自后若王、贝勒、贝子等犯者,议罚;官员犯者,幽系三日,议罚;庶民犯者,枷号八日,责治而释之。凡出入起坐,有违误者,坐以应得之罪。一切名号等级,乃已更定称谓,有错误者,严行戒饬之。若有效他国衣帽,及令妇人束发、裹足者,是身在本朝,而心在他国也。自今以后,犯者俱加重罪。如奴仆举首者,出户;旁人告首者,与赏;仍治本管官罪,著为定例。"③上文中的"他国衣帽"与"妇人裹足",指的是汉人的衣服冠帽和妇女缠足两种习俗,皇太极严禁满洲仿效汉人上述习俗,违者治罪。皇太极在衣饰习俗方面,保持满洲的民族传统。因为满洲的衣饰习俗,是其民族特点的一个标志。特别是皇太极命令不许满洲妇女"裹足",而保持"天足",是其明智的一个表现。

第八,纂修《太祖实录》。先是,后金没有纂修"实录"的传统。明万历二十七年(1599年),满文创制后,在建州推行。《八旗通志·大海巴克什传》记载:"大海生而聪明,九岁即通满、汉文。"④达海九岁,为万历三十一年(1603年),其时满文刚创制四

---

① 《清太宗文皇帝实录》,第32卷,第8~9页,崇德元年十一月癸丑,中华书局影印本,1985年。

② 《清太宗文皇帝实录》,第34卷,第27页,崇德二年四月丁酉,中华书局影印本,1985年。

③ 《清太宗文皇帝实录》,第42卷,第10页,崇德三年七月丁丑,中华书局影印本,1985年。

④ 《八旗通志·大海巴克什传》,第336卷,第5324页,东北师范大学出版社,1985年。

年。满文创制之后,产生满文档案。用无圈点老满文记载建州、天命的档子,这就是初始的无圈点满文档案。早在万历四十三年(1615 年),《无圈点老档》记载:"额尔德尼巴克什,将淑勒庚寅汗所施行的各种善政,纪录下来。"到天命六年即天启元年(1621年)五月,又记载:"库尔缠巴克什、尼堪巴克什所记之档子"云云。以上说明,后金天命年间,已有满文档案。与档案相关的"书房",努尔哈赤时期已经设立,具体设立时间无考。后皇太极命达海、库尔缠改进老满文,增加圈点,新制字母,成有圈点满文,即新满文。又将"书房"改称为"文馆"。皇太极命达海翻译汉文书籍如《三国演义》、《明会典》、《通鉴》、《六韬》、《孟子》、《大乘经》等。

　　天命汗死后,在天聪年间,皇太极重视纂修《太祖实录》。他谕文馆诸臣曰:"朕嗣大位,凡皇考太祖行政用兵之道,若不一一备载,垂之史册,则后世子孙,无由而知!"于是,皇太极命文馆纂修《太祖武皇帝实录》。天聪九年即崇祯八年(1635 年)八月,《太祖实录图》告成。此事,《清太宗实录》记载:"画工张俭、张应魁,恭绘《太祖实录图》成。赏俭人口一户、牛一头,应魁人口一户。"①崇德元年即崇祯九年(1636 年),《清太祖武皇帝实录》告成,后缮录满文、蒙古文、汉文三种文本。初纂的《太祖实录》称《太祖太后实录》,后定名为《太祖武皇帝实录》。后金举行隆重进呈《太祖武皇帝实录》典仪,后送入翔凤楼珍藏,与修官员二十余人受到赏赐②。在纂修《清太祖实录》过程中,将内国史院的无圈点满文档案,进行梳理,加以汇编,从而形成内国史院的天命朝、天聪朝的编年体史料长编《无圈点老档》③。《无圈点老档》是以无圈点老满文为主、兼以加圈点新满文并间杂蒙古文和个别汉文书写,记载满洲兴起和清朝开国的史事册档。后乾隆朝将其重钞七部——《无圈点字档》(底本)、《加圈点字档》(底本)、《无圈点字档》(内阁本)、《无圈点字档》(崇谟阁本)、《加圈点字档》(内阁本)、《加圈点字档》(崇谟阁本)和《加圈点字档》(上书房本)④。《无圈点老档》即《旧满洲档》、《老满文原档》今为孤档,存台北故宫博物院。其七部钞本除《加圈点字档》(上书房本)已佚外,其他六部分藏于中国第一历史档案馆和辽宁省档案馆。同时,记载清开国的满文史料长编《内国史院档》,积累了大量系统珍贵的史料,除军政大事外,还就祭祀、礼制、爵位、婚姻、习俗、民

①　《清太宗文皇帝实录》,第 24 卷,第 15 页,天聪九年八月乙酉,中华书局影印本,1985 年。
②　《清太宗文皇帝实录》,第 32 卷,第 12 页,崇德元年十一月乙卯,中华书局影印本,1985 年。
③　《无圈点老档》又称《旧满洲档》、《老满文原档》、《满文老档》、《满文旧档》等。
④　阎崇年:《〈无圈点老档〉及乾隆钞本名称诠释》,《满学论集》,民族出版社,1999 年。

族、萨满等作出一系列记载。《无圈点老档》、《太祖武皇帝实录》、《内国史院满文档案》、《清太宗文皇帝实录》,是清开国时期最重要、最珍贵、最系统、最基本的史料。

(二)改国号前的军政形势

皇太极在改国号"金"为"大清"之前,天聪朝的军政形势,发生巨大深刻变化。

第一,版图空前扩大。后金初建时的版图,东起鸭绿江、图们江,西到抚顺关外,南达清河北,北到黑龙江中游地域。经过二十年的开拓、扩张,后金的疆域,东临日本海,西到青海,南界锦州、张家口,北达外兴安岭。崇德三年即明崇祯二年(1638 年),皇太极曾说:

> 昔金、辽、元三国之主,西伐额讷特珂克,东抵朝鲜,北及黑龙江,南至于海,朕今日正与相等。[1]

尔后,皇太极总结说:

> 自东北海滨,迄西北海滨,其间使犬、使鹿之邦,及产黑狐、黑貂之地,不事耕种、渔猎为生之俗,厄鲁等部落,以至斡难河源,远迩诸国,在在臣服。[2]

就是说,东自鄂霍茨克海,西迄贝加尔湖,南濒日本海,北跨外兴安岭的广阔地域,原明奴儿干都司、辽东都司(山东北部除外)和蒙古部分辖境内的各族部民,都被置于后金—清初的管辖之内。显然,新的地理现实,需要对后金国号进行变更。

第二,民族成分变化。后金经过多年征抚,不仅已经吞并哈达、辉发、乌拉、叶赫,而且重新整合东海女真、黑龙江女真。还有大量汉人、蒙古人、朝鲜人、锡伯人、达斡尔人、鄂伦春人、鄂温克人、虎尔哈人等,同满洲族融合,而形成为一个新的民族共同体。为此,天聪九年即崇祯八年十月十三日(1635 年 11 月 22 日),皇太极发布关于改族名

---

[1]　祁韵士:《皇朝藩部要略》,第 2 卷,第 12 页,光绪十年(1884 年)浙江书局本。

[2]　《清太宗文皇帝实录》,第 61 卷,第 3 页,崇德七年六月辛丑,中华书局影印本,1985 年。

的《汗谕》：

> 我国原有满洲、哈达、乌喇、叶赫、辉发等名，向者无知之人，往往称为诸申。夫诸申之号，乃席北超墨尔根之裔，实与我国无涉。我国建号满洲，统绪绵远，相传奕世。自今以后，一切人等，止称我国满洲原名，不得仍前妄称。[1]

　　显然，新的民族现实，新的政治现实，需要对后金国号进行变更。然而，上述谕旨难解之处在于，"诸申"即"女真"，都是 jūsen 的汉文音译，皇太极何以认为它与金国无涉，而将"诸申"说成是"席北超墨尔根之裔"？如果把这件《汗谕》，同翌年皇太极改国号为"大清"相联系，似不难理解。因为天聪十年（1636 年）四月十一日，改的是国号，而天聪九年（1635 年）十月十三日，改的是族名，"国号"与"族名"，既有联系，也有区别。金国对本族人称女真（有时译为诸申），对蒙古族人称蒙古，对汉族人则称尼堪，这都属于习惯上的称谓。为了适应新的形势，需要统一族名，也需要规范族名。皇太极在上述《汗谕》中曰：女真人有满洲、哈达、乌拉、叶赫、辉发等名，用什么族名来"称谓"、来"统一"、来"规范"？在上述满洲、哈达、乌拉、叶赫、辉发等称谓中，后四名称，其部落已灭，其神已无；只有满洲，是胜利者。因此，以"满洲"代替原来的泛称"诸申"，既顺应历史，也贴合现实。而且，在新的民族共同体中，除满洲、哈达、乌拉、叶赫、辉发之外，还包括汉人、蒙古人、朝鲜人、索伦人、锡伯人等，显然用"诸申"作族名，也不完全妥当。而用胜利者部落——"满洲"作族名，各个方面，易于接受。至于诸申"乃席北超墨尔根之裔"，学界有异议，本书不讨论。皇太极改族名为"满洲"与改国号为"大清"，都是为了建立新皇朝的政治需要。

　　第三，军事不断胜利。自努尔哈赤死后，后金在军事上又不断取得新的胜利。后金—清军先后五次迂道入关作战。第一次是在天聪三年即崇祯二年（1629 年）、第二次在天聪八年即崇祯七年（1634 年）、第三次在天聪十年即崇祯九年（1636 年）、第四次在崇德三年即崇祯十一年（1638 年）、第五次在崇德七年即崇祯十五年（1642 年）。其中，在皇太极改元称帝之前有两次入塞之战。在辽西，主要攻破明朝辽西关锦防线的前沿堡垒——大凌河城，降祖大寿。虽然祖大寿降而后归明，但辽东主力祖大寿的武

---

① 《清太宗文皇帝实录》，第 25 卷，第 19～20 页，天聪九年十月庚寅，中华书局影印本，1985 年。

将及军队,被后金摧毁。

第四,降服漠南蒙古。皇太极继承汗位后,为实现其攻取辽西、进叩关门的战略目标,必须在其父汗努尔哈赤已有的基础上,设法解决西部蒙古察哈尔部对金国的威胁。然而,后金努尔哈赤、皇太极父子,经过长达二十年的奋争——武力征讨,政治怀柔,封爵赏赐,联姻结盟等策略,完全降服漠南蒙古。其主要的标志,一是林丹汗死后其妻苏泰太后率子额哲降附后金,二是皇太极得到蒙古传国玉玺"制诰之宝",三是漠南蒙古诸部首领愿意拥戴皇太极上尊号。

第五,臣服邻国朝鲜。先是,天命汗努尔哈赤对朝鲜,虽有萨尔浒大战朝鲜出兵的怨恨,但是仍采取克制态度,派遣官员,前往朝鲜,调解纠纷,结好关系。皇太极继位之后,改变父汗努尔哈赤对朝鲜的政策,使用武力,出兵过江,逼迫朝鲜,降服结盟。天聪元年即天启七年(1627年)正月,皇太极派阿敏、岳讬等率军,渡过鸭绿江,攻陷平壤城,同朝鲜订"兄弟之盟"。后金将明朝的盟友朝鲜,变为后金的兄弟之邦。后经过第二次远征朝鲜,在汉城近郊三田渡,订"君臣之盟",朝鲜废除明朝正朔,改奉清朝正朔,称臣朝贡,派出质子,从而成为清朝的藩属。

第六,确定攻明目标。后金政权是局处东北一隅,还是夺取全国江山?看来清太祖努尔哈赤对此没有作出明确的回答。但是,皇太极在天聪三年即崇祯二年(1629年)十一月十五日,发表《告谕》,《清太宗实录》载述:

> 若谓我国褊小,不宜称帝,古之辽、金、元,俱自小国,而成帝业,亦曾禁其称帝耶!且尔朱太祖,昔曾为僧,赖天佑之,俾成帝业。岂有一姓受命,永久不移之理乎!天运循环,无往不复,有天子而废为匹夫者,亦有匹夫起而为天子者。此皆天意,非人之所能为也!上天既已佑我,尔明国乃使我去帝号,天其鉴之矣![1]

上述宣言充分表明:其一,引述古代历史,说明偏隅小国,可以完成帝业;其二,引述民族历史,说明东北民族小部,可以战胜中原大国;其三,引述明朝历史,论证明太祖朱元璋,原是个穷和尚,也可以成为皇帝,别人为何不能称帝?其四,天道哲理证明,循环往复,历史轮回,帝位易主,没有万世;其五,上天眷顾,佑其称帝,明朝皇帝,岂能禁之?

---

[1] 《清太宗文皇帝实录》,第5卷,第27~28页,天聪三年十一月丙申,中华书局影印本,1985年。

总之,皇太极要效法契丹耶律阿保机、女真完颜阿骨打、蒙古成吉思汗,建元称帝,进军中原,推翻朱明,一统天下!皇太极在这个总战略思想之下,值获得故元传国宝玺的机会,于天聪十年(1636年)四月十一日,建号大清,改元崇德。皇太极怀着雄心,部署战略,同明崇祯,争夺国统,为大清作出了历史性的贡献。

第七,扩充八旗建制。早在努尔哈赤时期,在满洲八旗中就有十六个汉人牛录。皇太极即位后,天聪五年即崇祯四年(1631年)正月,将汉人牛录拔出二千多人,正式成为一汉军旗①,命汉官佟养性统辖,敕谕曰:"凡汉人军民一切事务付尔总理,各官悉听尔节制。"②

八旗汉军,逐渐形成。先是,天聪五年(1631年)正月,金创制成红衣大炮,后用之于大凌河之战获得成功。翌年正月,佟养性上奏:

> 往时汉兵不用,因不用火器。夫火器,南朝仗之以固守;我国火器既备,是我夺其长技。彼之兵,既不能与我相敌抗,我火器又可以破彼之固守。何不增添兵力,多拿火器,以握全胜之势。目今新编汉兵,马、步仅三千余,兵力似少,火器不能多拿;况攻城火器,必须大号将军等炮,方可有用。然大号火器拿少,又无济于事。再思我国中,各项汉人尚多,人人俱是皇上赤子,个个俱当出力报效。若果从公查出,照例编兵,派定火器,演成一股。有事出门,全拿火器,大张军威;无事归农,各安生理,一则不废民业,一则又添兵势。如此一行,敌国声闻,自然胆落,无坚不破,无城不取也。③

佟养性的奏疏建议:其一,成立一支专门的火器部队;其二,加强这支部队的火器装备。皇太极重视佟养性的陈奏,但没有立即实行。天聪七年即崇祯六年(1633年),汉兵实力增强,发生三件大事:其一,五月,孔有德、耿仲明率部众、眷属、火器投顺金国。其

---

① "汉军"一名,在《清太宗实录》中,首次出现为天聪八年五月初五日:"上谕曰:朕仰蒙天眷,抚有满洲、蒙古、汉人兵众,前此骑、步、守、哨等兵,虽各有营伍,未分名色,故止以该管将领姓名,称为某将领之兵。今宜分辨名色,永为定制。……旧汉兵为汉军。"

② 《清太宗文皇帝实录》,第8卷,第3页,天聪五年正月乙未,中华书局影印本,1985年。

③ 《天聪朝臣工奏议》,卷上,第7页,辽宁大学历史系铅印本,1980年。

二,七月,皇太极命满洲各户下汉人十丁抽一,共一千五百多人,由马光远等统领①。其三,十月,原明毛文龙部下、副将尚可喜率众降金。此前大凌河之战中祖大寿军多数投降。于是,佟养性、马光远统领的旧汉兵,祖、孔、耿、尚归降的新汉兵,以及新造、携来的火器、大炮,八旗军队的实力大增,组建汉军的条件已经具备。

天聪八年即崇祯七年(1634 年)三月,皇太极于沈阳城北郊进行一次阅兵。时满洲八旗、蒙古二旗、旧汉兵一旗,共十一个旗参加。行进的序列是:前列旧汉兵炮手,次满洲、蒙古骑兵,再次是骑兵,再次是守城各处应援等兵,最后是守城炮兵,队列"绵亘二十里"②。军队检阅的前列与后卫,都是汉人组成的炮兵,可见其地位之重要。但此时仍称"旧汉兵"。五月,皇太极正式定其名为汉军,以黑旗为标志。因时铸造火炮者基本是汉人,而使用这些火器、大炮者也基本是汉人,所以"汉军"满文为 ujencooha,汉音译作"乌真超哈",汉意译作"重军"。崇德二年即崇祯十年(1637 年)七月,分汉军为左右两旗:以昂邦章京石廷柱,为左翼一旗固山额真;昂邦章京马光远,为右翼一旗固山额真。照满洲例,编壮丁为牛录③。崇德四年即崇祯十二年(1639 年)六月,增析汉军二旗为四旗,每旗设固山额真一员、梅勒章京二员、甲喇章京四员。正黄、镶黄两旗,以马光远为固山额真;正白、镶白两旗,以石廷柱为固山额真;正红、镶红两旗,以王世选为固山额真;正蓝、镶蓝两旗,以巴颜为固山额真。初两旗纛,色皆用玄青。至是改马光远纛,以玄青镶黄;石廷柱纛,以玄青镶白;王世选纛,以玄青镶红;巴颜纛,纯用玄青④。崇德七年即崇祯十五年(1642 年)七月初四日,皇太极命编汉军为八旗,各设牛录章京。崇德帝谕曰:"汉军旗内,新设官员,应用之人贤否,朕未悉知。着该部王大臣,同汉军固山额真、梅勒章京等,遴选用之。"于是多罗睿郡王多尔衮、镇国将军承政阿拜、参政满朱锡礼、启心郎索尼等,与汉军固山额真、梅勒章京,公同遴选,请旨补授⑤。由是,再增设四旗,共为八旗,称之八旗汉军,旗色与满洲八旗相同,每旗设固山额真一人、梅勒额真二人、甲喇额真五人,共约有一百六十一个牛录,三万三千多人。

---

① 《清太宗文皇帝实录》,第 14 卷,第 22 页,天聪七年七月辛卯,中华书局影印本,1985 年。
② 《清初内国史院满文档案译编》,上册,第 69 页,光明日报出版社,1989 年。
③ 《清太宗文皇帝实录》,第 37 卷,第 30 页,崇德二年七月乙未,中华书局影印本,1985 年。
④ 《清太宗文皇帝实录》,第 47 卷,第 10~11 页,崇德四年六月丙申,中华书局影印本,1985 年。
⑤ 《清太宗文皇帝实录》,第 61 卷,第 27 页,崇德七年七月壬申,中华书局影印本,1985 年。

但是，孔、耿、尚的部队，人数过多，尚未整编，没有被拨入八旗贝勒属下，也没有打乱其原有编制，而将孔有德、耿仲明的部队命名为天佑兵，尚可喜的部队命名为天助兵①。孔、耿部队的旗纛是"白镶皂"，尚可喜部队的旗纛是"于皂旗中用白圆心为饰"。凡汉军的旗纛，用玄青或皂色，孔、耿、尚的天佑、天助兵旗纛，其本色为皂色，新编的汉军四旗则在玄青基色之外加镶色，以示其与天佑、天助兵的区别②。于是，孔、耿、尚等的新汉人部队，与以佟养性等的旧汉军，其旗纛的颜色有了区别——金国内部旧汉人与新汉人的区别。

八旗蒙古，相继建制。天命六年即天启元年（1621年），后金攻占辽、沈后，归降的蒙古军民，部分编为牛录，是为始设蒙古牛录，称蒙古军，隶八旗满洲，由武纳格、布彦代统领。翌年，始设蒙古旗。皇太极即位后，蒙古归附军民日众，天聪三年即崇祯二年（1629年），已将原有的蒙古军，扩编成"蒙古二旗"③。天聪四年即崇祯三年（1630年），《清太宗实录》已经出现"率蒙古八旗将士"的载述。但蒙古八旗正式整编、建制，是在天聪九年即崇祯八年（1635年）。二月二十六日，皇太极命编审蒙古壮丁，将蒙古二旗，扩充、建制为八旗蒙古——正黄、镶黄、正红、镶红、正白、镶白、正蓝、镶蓝，合有蒙古壮丁七千八百三十名；并另设三旗，合有壮丁九千一百二十三名。以上十一旗，共有壮丁一万六千九百五十三名④。其旗色和建制，与八旗满洲相同。清廷于蒙古建旗，编设牛录，任命额真，是在蒙古地区，推行满洲制度。

八旗汉军和八旗蒙古的组建，虽与八旗满洲相同，但八旗汉军、八旗蒙古的固山额真，是由皇太极任免。皇太极直接指挥八旗蒙古与八旗汉军，再加上由他直接统领的满洲两黄旗，皇太极的军政实力，远在其他大贝勒之上。其他诸大贝勒，与皇太极相比，军政实力，相差悬殊，既无法与之抗衡，亦无力与之较量。

第八，政治影响更大。后金的影响，在逐渐扩大。后皇太极致明朝皇帝书中表露：

予缵承皇考太祖皇帝之业，嗣位以来，蒙天眷佑，自东北海滨，迄西北海滨，其间使犬、使鹿之邦，及产黑狐、黑貂之地，不事耕种、渔猎为生之俗，厄鲁特部落，以

---

① 《清太宗文皇帝实录》，第18卷，第14页，天聪八年五月庚寅，中华书局影印本，1985年。

② 《清太宗文皇帝实录》，第18卷，第6页，天聪八年三月甲辰，中华书局影印本，1985年。

③ 《清太宗文皇帝实录》，第5卷，第32页，天聪三年十二月壬子，中华书局影印本，1985年。

④ 《清太宗文皇帝实录》，第22卷，第12～14页，天聪九年二月丁亥，中华书局影印本，1985年。

至斡难河源,远迩诸国,在在臣服。蒙古大元,及朝鲜国,悉入版图。于是举朝诸王大臣,及外藩臣服诸王等,合辞劝进。乃昭告天地,受号称尊,国号大清,改元崇德。①

从此,皇太极改国号为大清。

(三)政府机构的重要变革

皇太极改"金"为"大清"前后,伴随后金军政事业的发展,皇太极在内政方面作出一系列改革,其中心是改国号"金"为"大清"。围绕这个中心,政策作出重大调整,机构作了重大改革,从而发生许多重大军政的变化。

先是,努尔哈赤建州时期,在佛阿拉已经有被掳汉人龚正陆掌管文书②。天命年间,建立"书房"。但后金的国家行政机构,实属草昧,很不健全。军政机构合一,旗政职能难分。随着后金地域之拓展,人口之众多,民族之纷繁,经济之发展,文业之兴举,军事之远征,就需要改革并完善政权机器。皇太极为适应后金军事、政治、经济、司法、外交等的需要,以协调满、蒙、汉关系,强化汗权,使其处于独尊的地位,因此逐步建立一套比较完整的国家行政机构。他要求"凡事都照《大明会典》行",极为得策,故行政机构,多仿自明制。后金国家机构以女真军事组织为主,参照蒙古模式(如理事官之设)等,建立起国家机构的雏形。一是,废除大汗同三大贝勒并坐制,改为皇太极"南面独坐",强化君主集权;二是,改蒙古衙门为理藩院,以专门处理民族事务(后文专述);三是,逐步设立汉军八旗,以管理汉军及其眷属之军、政、民等事宜;四是,完善并扩编蒙古八旗,加强对蒙古的统辖;五是,制定一系列法典,使管理有法律依循;六是,仿效明制,设立内三院、六部、都察院,基本上完成国家机关的建构。皇太极改革和完善国家组织的特点是,以满洲政权组织为模式,参酌蒙古历史经验,借鉴明朝的机构,架构后金—大清的国家组织形式。在进行国家体制改革时,皇太极告谕廷臣"凡事都照《大明会典》行"。天聪朝逐步形成内三院、六部、都察院和理藩院所谓"三院六部二衙门"

①《清太宗文皇帝实录》,第61卷,第3页,崇德七年六月辛丑,中华书局影印本,1985年。
②[朝]申忠一:《建州纪程图记》,图版11,《兴京二道河子旧老城》,日文本,建国大学刊印,1939年。

的政府架构,基本完善了政府组织。

文馆与内三院。天聪三年即崇祯二年(1629 年)四月,设立文馆,分为两班:达海、刚林、苏开、顾尔马浑、托布戚翻译汉文书籍;库尔缠、吴巴什、查素喀、胡球、詹霸等记注朝政。天聪十年即崇祯九年(1636 年)三月,改文馆为内三院:一名内国史院,一名内秘书院,一名内弘文院。其分任职掌:内国史院职掌——记注皇帝起居诏令,收藏御制文字,凡皇帝用兵行政事宜,编纂史书,撰拟郊天告庙祝文,及升殿宣读庆贺表文,纂修历代祖宗实录,撰拟圹志文,编纂一切机密文移,及各官章奏,掌记官员升降文册,撰拟功臣母妻诰命、印文,追赠诸贝勒册文,凡六部所办事宜,可入史册者,选择记载。一应邻国远方往来书札,俱编为史册。内秘书院职掌——撰拟与外国往来书札,掌录各衙门奏疏,及辩冤词状,皇帝敕谕,文武各官敕书,并告祭文庙、谕祭文武各官文。内弘文院职掌——注释历代行事善恶,进讲御前,侍讲皇子,并教诸亲王,颁行制度①。设置八承政,分管内三院事务。五月,皇太极又更定内三院官制,内国史院大学士一人,学士二人;内秘书院大学士二人,学士一人;内弘文院大学士一人,学士二人,其中以满人为主,兼有汉人和蒙古人。这是清代设大学士之始。内三院的组织和职掌,比文馆更完善、更扩大。内三院的官员参预国家机密,成为皇太极处理政务的得力助手。清承明制,不设宰相,大学士参与议商军国之大政。内三院是"参汉酌金",即参酌明朝翰林院和内阁的体制,并加以变通而建立的。

设立六部。先是,金国建立天命政权,是以八旗制为特点的体制。而后金较为完整的中央行政体制,当以建立六部为始。天聪五年即崇祯四年(1631 年)七月,皇太极接受汉官宁完我等的建议,仿照明朝,"爰定官制,设立六部",即吏、户、礼、兵、刑、工六部,分部管理国家行政事务。六部的官员,每部以贝勒一人掌部事,下设承政、参政、启心郎等,分司其职。天聪五年即崇祯四年(1631 年)七月初八日,天聪汗任命六部官员:

贝勒多尔衮管吏部事,图尔格为承政,满朱习礼为蒙古承政、李延庚为汉承政,其下设参政八员,以索尼为启心郎。

贝勒德格类管户部事,英俄尔岱、觉罗萨璧翰为承政,巴思翰为蒙古承政,吴守进为汉承政,其下设参政八员,以布丹为启心郎。

---

① 《清太宗文皇帝实录》,第 28 卷,第 1 页,天聪十年三月辛亥,中华书局影印本,1985 年。

　　贝勒萨哈廉管礼部事,巴都礼、吉孙为承政,布彦代为蒙古承政,金玉和为汉承政,其下设参政八员,以祁充格为启心郎。

　　贝勒岳讬管兵部事,纳穆泰、叶克书为承政,苏纳为蒙古承政,金砺为汉承政,其下设参政八员,以穆成格为启心郎。

　　贝勒济尔哈朗管刑部事,车尔格、索海为承政,多尔济为蒙古承政,高鸿中、孟乔芳为汉承政,其下设参政八员,以额尔格图为启心郎。

　　贝勒阿巴泰管工部事,孟阿图、康喀赖为承政,囊努克为蒙古承政,祝世荫为汉承政,其下设满洲参政八员,蒙古参政二员,汉参政二员,以苗硕浑为满洲启心郎,罗绣锦、马鸣珮为汉启心郎,其余办事笔帖式,各酌量事务繁简补授①。

　　由上可见:第一,以八旗贝勒分管部事。金国的六部虽然都直属于天聪汗,但从其分管部务关系来看,仍然保存八旗贝勒分别掌管部务事,说明此时的六部体制,还没有完全与八旗分离。第二,六部的承政,相当明朝六部的尚书。承政为满洲、蒙古、汉军分任,除吏部设满、蒙、汉承政各一人外,其余各部皆设满承政二人,蒙、汉承政各一人,是为其六部机构的一个明显的民族特征,也是清人关后政权组织的满、蒙、汉三元重职的经始。第三,六部的参政,相当于明朝六部的侍郎。工部设满参政八人,蒙、汉参政各三人;其他五部,各设参政八人。第四,每部下设启心郎一人,但工部设满洲启心郎一人,汉启心郎二人。六部的启心郎,承担部分明廷六科给事中的职能。第五,其余办事人员笔帖式等,酌量事务繁简,分别加以补授。虽然分掌六部事务的贝勒,同皇太极已是君臣关系;但不久皇太极为了直接控制六部,进一步削弱贝勒的权力,下令"停王、贝勒领部院事"②。于是,皇太极独主政务,而将贝勒置于国家行政机构之外。

　　然而,六部草创,很不健全。贝勒多在家中处理政务。翌年八月,六部衙门建成,各部官员,入署办公。颁六部银印各一。并规定六部办事礼仪:"命六部诸贝勒,于初入署时,率本部大臣,赴阙领印,行三叩头礼,还部,张鼓乐。承政、参政及阖部官员,于本部贝勒,行一叩头礼,左右分次序列坐。各部事宜,皆用印以行。其职掌条约,备录之,榜于门外。凡各衙门,通行文书,亦用印行。"吏部和硕墨尔根戴青贝勒多尔衮、户部贝勒德格类、礼部贝勒萨哈廉、兵部贝勒岳讬、刑部贝勒济尔哈朗、工部贝勒阿巴泰,

　　①　《清太宗文皇帝实录》,第9卷,第7～8页,天聪五年七月庚辰,中华书局影印本,1985年。
　　②　阮葵生:《茶余客话》,第1卷,《丛书集成初编》本,商务印书馆,1936年。

各率本部大臣，赴阙受印，行三叩头礼。各还本衙门坐，承政率属军民拜见，设宴，张乐①。

建立六部之后，出现新的问题。宁完我奏言："我国六部之名，原是照蛮子家（指明朝）立的，其部中当举事宜，金官原来不知。汉官承政当看《会典》上事体，某一宗我国行得，某一宗我国且行不得，某一宗可增，某一宗可减，参汉酌金，用心筹思，就今日规模，立个《会典》出来。每日教率金官，到汗面前，担当讲说。各使去因循之习，渐就中国之制。必如此，庶日后得了蛮子地方，不至手忙脚乱。然《大明会典》虽是好书，我国今日全照他行不得。他家天下二三百年，他家疆域横亘万里，他家财赋不可计数。况《会典》一书，自洪武到今，不知增减改易了几番。何我今日不敢把《会典》打动他一字！他们必说：'律令之事，非圣人不可定，我等何人，擅敢更议！'此大不通变之言。独不思有一代君臣，必有一代制作。"②宁完我的重要奏疏表明：皇太极设立的六部，既是"参汉酌金"，也是"金承明制"。但在"参汉"与"承明"时，天聪朝对大明朝的典章制度，既要"使去因循之习"，又要"渐就中国之制"。最终制定出一部《会典》，那是清朝定鼎北京后的事情。设立六部之后，设置监察机构，则是在皇太极改元称帝之后的要务。

设立都察院。先是，后金—清没设专门监察机构与官员。皇太极谕："何必立言官，我国人人得以进言，若立言官，是隘言路也。"然而，书房秀才马国柱仍建言："言官不立，无责成，而有嫌疑，谁肯言之？即有言者，必私而不公，是开人以报复之门，而扰乱国家。汗试思连年以来，谁曾公道说几件事来？即有言者，果是为汗为国？抑是报怨报仇？汗一详思而自明矣。建立言官，乃千古帝王之美意良法，后世人主，虽有神圣，亦不得弃而不置。若言官一立，汗之过失得闻，贝勒是非不掩，国中善恶可辨，小民冤苦得伸。"③汉官总兵马光远也奏议设立言官："伏乞皇上，早选铁面鲠直之人，立为八道言官，不时访察，如有奸盗邪淫、谋逆贪恶、谎诈欺公、含冤抱屈者，许据实指名参奏，以听皇上拿问处分。如有廉能公勇者，许即时奏闻，以听皇上试用。如此则忠良进步，狐鼠潜踪，而国家无不大治矣！"④于是，皇太极依据清朝需要，参照明朝监察制度，斟酌损益，设都察院。

---

① 《清太宗文皇帝实录》，第 12 卷，第 14 页，天聪六年八月癸酉，中华书局影印本，1985 年。

② 《天聪朝臣工奏议》，卷中，第 71 页，辽宁大学历史系铅印本，1980 年。

③ 《天聪朝臣工奏议》，卷中，第 44 页，辽宁大学历史系铅印本，1980 年。

④ 《天聪朝臣工奏议》，卷上，第 37 页，辽宁大学历史系铅印本，1980 年。

崇德元年即崇祯九年(1636年)五月,皇太极在三院六部之外,仿照明制,设置监察机关——都察院。其职掌是参加议奏、会审案件、稽察衙门、监察考试等,"凡有政事背谬,及贝勒大臣有骄肆慢上,贪酷不法,无礼妄行者,许都察院直言无隐。即所参奏涉虚,亦不坐罪"①。五月十四日,皇太极谕都察院诸臣曰:"尔等身任宪臣,职司谏诤。朕躬有过,或奢侈无度,或误遣功臣,或逸乐游畋、不理政务,或荒耽酒色、不勤国事,或废弃忠良、信任奸佞,及陟有罪、黜有功,俱当直谏无隐。至于诸王贝勒大臣,如有荒废职业,贪酒色,好逸乐,取民财物,夺民妇女,或朝会不敬,冠服违式,及欲适己意,托病偷安,而不朝参入署者,该礼部稽察,若礼部徇情容隐,尔等即应察奏。或六部断事偏谬,及事未审结,诳奏已结者,尔等亦稽察奏闻。凡人在部控告,该部王及承政,未经审结,又赴告于尔衙门者,尔等公议,当奏者奏,不当奏者,公议逐之。明国陋规,都察院衙门,亦通行贿赂之所。尔等当互相防检,有即据实奏闻。若以私仇诬劾,朕察出,定加以罪。其余章奏,所言是,朕即从之;所言非,亦不加罪。必不令被劾者,与尔面质也。尔等亦何惮而不直陈乎!"②崇德帝规定都察院的职能是:其一,督察皇帝,如有过错,直谏无隐。其二,督察诸王贝勒大臣,如有荒怠政务、贪酒淫乐等九项过错者,据实察奏。其三,督察六部,如刑部或秉事不公,或拖延过久等,稽查奏报。其四,自身防检。鉴于明朝吏治腐败,都察院也不能免,指令其官员防止贿赂,互相检查。皇太极特别指出:都察院为言官,"所言非,亦不加罪"! 都察院的地位,在六部之上。其官员设置,与六部相同。

除都察院监督之外,六部启心郎也进行监督。皇太极召集六部启心郎索尼、布丹、祁充格、穆成格、额尔格图、苗硕浑六人,谕之曰:"朕以尔等为启心郎,尔等当顾名思义,克尽厥职。如各部诸贝勒,凡有过失,尔等见之,即明言以启迪其心,俾知改悔。若一时面从,及事已往,而退有后言,斯最下之人所为也。汝等先自治其身,身正而后可以言谏上。如不治其身,不勤部事,则自反尚多抱愧,何以取重于人? 虽恳切言之,上必不听,人亦不信也。"③

创设理藩院。蒙古衙门——理藩院,是清朝为管理蒙古事务而建立的机构。先

① 《光绪会典事例》,第998卷,第1页,光绪二十五年(1899年)刻本。
② 《清太宗文皇帝实录》,第29卷,第4~5页,崇德元年五月丁巳,中华书局影印本,1985年。
③ 《清太宗文皇帝实录》,第12卷,第14页,天聪六年八月癸酉,中华书局影印本,1985年。

是，明朝对少数民族事务的管理，由礼部主客清吏司分掌朝贡、嗣封、敕印、接待、赏赉、通译等事宜，还设立四夷馆训练通事和翻译文书①。后金—清朝则不同。后金很早同蒙古发生联系，有些官员负责这方面的事务。早在天命年间，达海以通满、蒙、汉语言文字，凡与蒙古诸部聘问往返、草拟政令、宣示汗谕，而常与之②。天聪、崇德年间，阿什达尔汉、尼堪则担负重任。尼堪，纳喇氏，早年归顺，赐号"巴克什"③。初以"说降蒙古科尔沁部，授备御"④。天聪七年即崇祯六年（1633 年），从诸贝勒往蒙古诸部处理狱讼事件。同年，受命往迎蒙古蒿齐忒台吉额林归顺后金。八年，又受命安置察哈尔部归顺后金部众。崇德元年即崇祯九年（1636 年）六月十三日，皇太极命都察院承政尼堪⑤为蒙古衙门承政⑥，负责管理蒙古诸部事务，是为《清太宗实录》中首见蒙古衙门的记载。官职只分承政、参政二等，每等各有三四员。崇德三年（1638）七月二十九日，"更定蒙古衙门为理藩院"⑦。以贝子博洛为承政，这样使该衙门地位得到提高，成为清廷八大衙门之一。设承政一员、左右参政各一员、副理事官八员、启心郎一员。此前，蒙古衙门与理藩院两个名称混称。如崇德二年二月十五日，《清太宗实录》记载："又遣理藩院承政达雅齐，赍敕谕蒙古王、贝勒等"⑧；崇德三年六月二十日，《清太宗实录》却记载："阿禄部落贝子达赖故，遣蒙古衙门副理事官胡什格往吊之。"⑨再后，即七月二十九日之后，《清太宗实录》记载规范为"理藩院"。

　　蒙古衙门确切建立时间史籍缺载，学界看法，纷纭不一，多认为是崇德元年建立的。蒙古衙门的建立，是在天聪年间。但是蒙古衙门的建立和活动，文献记载早于崇德元年。《清太宗实录》记载，皇太极攻明行前布置后方防御，命留守将领，若有敌人来，相距很远，不必出击。留守将领图尔格奏云："黄泥洼一路若有敌至，可往否？"皇太

---

①　《明史·职官志一》，第 72 卷，第 1749 页，中华书局校点本，1974 年。

②　《清史稿·达海传》，第 228 卷，第 9256 页，中华书局标点本，1977 年。

③　《清太宗实录》第 9 卷天聪五年七月庚辰记载："上谕曰：'文臣称巴克什者俱停止，称为笔帖式。如奉赐，名巴克什者，仍其名。"

④　《清史稿·尼堪传》，第 228 卷，第 9258 页，中华书局标点本，1977 年。

⑤　《清史稿·尼堪传》作"崇德元年六月，授理藩院承政"，误，其时，尚称"蒙古衙门"。

⑥　《清太宗文皇帝实录》，第 30 卷，第 6 页，崇德元年六月丙戌，中华书局影印本，1985 年。

⑦　《清太宗文皇帝实录》，第 42 卷，第 2 页，崇德三年六月庚申，中华书局影印本，1985 年。

⑧　《清太宗文皇帝实录》，第 34 卷，第 8 页，崇德二年二月乙酉，中华书局影印本，1985 年。

⑨　《清太宗文皇帝实录》，第 42 卷，第 2 页，崇德三年六月癸丑，中华书局影印本，1985 年。

极谕曰:"倘敌至黄泥洼,勿往。恐乘尔去后来袭,亦未可知。可令驻防巨流河城四将,率兵四十,驻彼处村落,余则尔等率之以往。至于外藩蒙古,勿使沿边屯驻,俱令退驻阳石木河迤北。朵内衮济、塞冷来归,独在众后,亦当命之远退。凡此遣退蒙古及发喀喇沁兵,俱不可无蒙古衙门官员。可留该衙门扈什布、温泰,并其下办事四人,以任其事。"①

"蒙古衙门"为"monggo i yamun",汉音译为"蒙古衙门"②。文献所见,至晚在天聪八年即崇祯七年(1634 年)五月,蒙古衙门已经建立,并有各级官员和办事人员。天聪十年即崇祯九年(1636 年)二月,后金颁定冠饰,受赐嵌玛瑙金顶者有蒙古衙门阿什达尔汉③。可证已经建立蒙古衙门。同年六月十三日,皇太极改任国舅阿什达尔汉为新建的都察院衙门承政,以尼堪为蒙古衙门承政④。又据《清太宗实录》记载:皇太极叙平定朝鲜、皮岛之功,增国舅阿什达尔汉敕辞曰:"尔为蒙古衙门承政时,审理外藩讼狱,不辞勤劳,允称厥职。"⑤可知阿什达尔汉确实曾任过蒙古衙门承政。据史载,阿什达尔汉自天聪元年开始,经常受命出使蒙古各部,传达谕敕,颁布法令,审断案件,划分牧地,查阅户口,调兵出征。六年,从济尔哈朗赴蒙古审理狱讼,又赴蒙古颁布律令。八年,往征蒙古兵,会攻林丹汗。九年,从多尔衮收取林丹汗遗孀苏泰太后及其子额哲⑥。

崇德三年即崇祯十一年(1638 年)七月,清廷更定各衙门官制。"以贝子博洛为理藩院承政,塞冷为左参政,尼堪为右参政。副理事官八员:诺木图、希福纳、胡什格、扈什布、罗毕、阿布达理、艾松古、罗多里,启心郎敦多惠"⑦。

清内三院、六部、都察院和理藩院,合称"三院六部二衙门",是在后金原有体制机构的基础上,参酌明制,加以损益,而建立的比较完整的国家机构。这是清初政治体制改革的一件大事,它一方面表明,满洲定都沈阳,建立起能够管理满洲、蒙古、汉民的中

---

① 《清太宗文皇帝实录》,第 18 卷,第 22 页,天聪八年五月甲辰,中华书局影印本,1985 年。
② 《清初内国史院满文档案译编》,上册,第 83 页,光明日报出版社,1989 年。
③ 《满文老档·太宗》,下册,第 1395 页,中华书局译注本,1990 年。
④ 《满文老档·太宗》,下册,第 1508 页,中华书局译注本,1990 年。
⑤ 《清太宗文皇帝实录》,第 37 卷,第 22 页,崇德二年七月癸未,中华书局影印本,1985 年。
⑥ 《清史稿·阿什达尔汉传》,第 230 卷,第 9307~9308 页,中华书局标点本,1977 年。
⑦ 《清太宗文皇帝实录》,第 42 卷,第 23~24 页,崇德三年七月丙戌,中华书局影印本,1985 年。

央行政机构；另一方面显示，沈阳政权是清的基地，"日后得了蛮子地方，不至于手忙脚乱"，就是为取得全国政权作了体制的准备。虽然清初六部同八旗制度并存，但已逐步取代先前八旗制所行使的国家权力。皇太极在"参汉酌金"的行政体制改革中，没有采纳明朝中央设置五军都督府的机构。其原因是清朝已经确立严密的八旗制度，且六部中的兵部能够承担相关军政事宜。

（四）国号后金与建号大清

天聪十年即崇祯九年（1636 年）四月十一日，金国汗皇太极宣布即皇帝位，正式改国号"金"为"大清"，改元"天聪"为"崇德"。这是满洲史上也是清朝史上划时代的事件，从此中国历史上又出现了一个新皇朝——清朝。

准备建号大清。皇太极改国号、称皇帝，要做舆情的准备，就是要群臣劝进。四月初五日，后金大贝勒代善，和硕贝勒济尔哈朗、多尔衮、多铎、岳讬、豪格，贝勒阿巴泰、阿济格、杜度，超品公额驸杨古利、固山额真谭泰、宗室拜尹图、叶克书、叶臣、阿山、伊尔登、达尔汉，宗室篇古阿格，蒙古八固山额真、六部大臣，都元帅孔有德，总兵官耿仲明、尚可喜、石廷柱、马光远，外藩蒙古科尔沁贝勒土谢图济农巴达礼、扎萨克图杜棱、布塔齐、卓礼克图台吉吴克善、喇嘛斯希木塞、杜尔伯特部落塞冷、扎赖特部落蒙夸、郭尔罗斯部落布木巴、古木、杜棱济农、奈曼部落衮出斯巴图鲁、巴林部落阿玉石、满珠习礼、扎鲁特部落内齐、车根、吴喇忒部落土门、杜巴、塞冷、喀喇沁部落古鲁思辖布、塞冷、土默特部落塔布囊耿格尔、单把，及满洲、蒙古、汉人文武各官，恭请上皇太极尊号。管吏部和硕墨尔根戴青贝勒多尔衮捧满字表文一道，科尔沁贝勒土谢图济农巴达礼捧蒙古字表文一道，都元帅孔有德捧汉字表文一道，率诸贝勒大臣文武各官，诣阙跪进。时皇太极御内楼，御前侍卫转闻。皇太极命满洲、蒙古、汉人三位儒臣，捧表进入。诸贝勒大臣行三跪九叩头礼，左右列班候旨。儒臣跪读表文，表曰："诸贝勒大臣文武各官，及外藩诸贝勒上言：恭惟我皇上，承天眷佑，应运而兴，辑宁诸国，爱育群黎。当天下昏乱之时，体天心，行天讨，逆者以兵威之，顺者以德抚之。宽温之誉，施及万方。征服朝鲜，混一蒙古，更获玉玺，受命之符，昭然可见。上合天意，下协舆情。臣等遇景运之丕隆，信大统之攸属，敬上尊号。一切仪物，俱已完备，伏愿俯赐俞允，勿虚众望。"读毕，皇太极谕曰："数年来，尔诸贝勒大臣，劝朕受尊号，已经屡奏。但朕若受尊号，恐上不协天心,下未孚民志,故未允从。今内外诸贝勒大臣,复以劝进尊号,再三固请,朕重违尔等之意,弗获坚辞,勉从众议。朕思既受尊号,岂不倍加乾惕,忧国勤政,唯恐有志未逮,容有错误,唯天佑启之。"①

祭告天地大典。经过"劝进尊号,再三顾请";随之"弗获坚辞,勉从众议"。但是皇太极"上尊号"、"改年号",并勿须天地批准,只是祭告即报告天地。于是,皇太极举行"进上尊号"祭告天地的隆重大典。初六日,礼部以进皇太极上尊号礼仪具奏,择吉于四月十一日,举行大典,祭告天地。获得允准。初八日,以受尊号,告祭天地,皇太极率诸贝勒大臣,斋戒三日。十一日,黎明,皇太极率诸贝勒满洲、蒙古、汉官,出德盛门,至坛,上下马立,陈设祭物毕。导引官满洲一员、汉人一员,引至坛前,上东向立。导引官复从西侧,引至坛西南,上自西南升阶,在东侧西向立。赞礼官赞就位,皇太极至正中,向上帝神位立。赞礼官赞上香,皇太极从东阶升至香案前跪,导引官奉香,皇太极亲三上香毕,从西阶下,复位,北向正立。赞礼官赞跪。皇太极率诸大臣行三跪九叩头礼。赞礼官复赞跪。皇太极率诸大臣皆跪。东侧捧帛官三员,跪奉上帛。皇太极献毕,授西侧捧帛官三员,一官跪受,从中阶升置香案上。东侧捧爵官三员,以酒三爵,相继跪奉上。皇太极三献毕,授西侧捧爵官,皆跪受。亦从中阶升置神位前祭品案上。执事官俱于坛内西侧东向立,赞礼官赞跪,赞叩。俱行三跪九叩头礼。赞礼官赞跪。皇太极率诸大臣皆跪,读祝官捧祝文至坛上,北向跪,读祝文,其文曰:"维丙子年四月十一日,满洲国皇帝臣▨▨▨敢昭告于皇天后土之神曰:'臣以眇躬,嗣位以来,常思置器之重,时深履薄之虞,夜寐夙兴,兢兢业业,十年于此。幸赖皇穹降佑,克兴祖父基业,征服朝鲜,混一蒙古,更获玉玺,远拓边疆。今内外臣民,谬推臣功,合称尊号,以副天心。臣以明人尚为敌国,尊号不可遽称,固辞弗获,勉徇群情,践天子位,建国号曰大清,改元为崇德元年。窃思恩泽未布,生民未安,凉德怀惭,益深乾惕。'"读毕,读祝官置祝文案上,退西侧东向立。赞礼官赞跪,赞叩。皇太极率众,行三跪九叩头礼毕。赞礼官赞,复位。皇太极退至东侧西向立,诸贝勒大臣左右序立,捧帛官,读祝官,捧爵官,各捧祭物,以次自中阶而下,捧至西侧燔燎所,捧帛、读祝官皆跪,焚帛及祝文,捧爵官亦以酒跪奠于前。于是彻祭物置坛前。皇太极于坛东侧西向坐,命诸贝勒大臣文武各官,各依次列坐。上饮福受胙毕,诸贝勒大臣均赐食,彻馔。赞礼官赞排班。上率众排

---

① 《清太宗文皇帝实录》,第28卷,第9~10页,天聪十年四月己卯,中华书局影印本,1985年。

班，赞跪行一跪三叩头礼。祭告天地之礼完毕，再行皇太极受尊号典礼。

举行受尊号礼。四月十一日，举行上尊号、建国、改元之大典。先是，筑坛于天坛之东，备大驾卤簿，玉玺四颗，黄伞五柄，团扇二柄，纛十杆，旗十杆，大刀三对，戟三对，立瓜一对，卧瓜一对，星一对，吾杖三对，马十匹，金交椅，金杌，香盒，香炉，金水盆，金唾盒，金瓶，乐器，全设。导引官引皇太极由中阶升坛，御金椅，诸贝勒大臣，左右序列毕，奏乐。赞礼官赞跪，赞叩，众行三跪九叩头礼。赞礼官复赞跪，众皆跪。左班和硕墨尔根戴青贝勒多尔衮、科尔沁贝勒土谢图济农巴达礼捧宝一，和硕额尔克楚虎尔贝勒多铎、和硕贝勒豪格捧宝一；右班和硕贝勒岳讬、察哈尔汗之子额驸额尔克孔果尔额哲捧宝一，贝勒杜度、都元帅孔有德捧宝一，各以次跪献于上。皇太极受宝，授内院官，置宝盒内。方奉宝时，即进仪仗，列于上左右，奉宝诸贝勒等复位。赞礼官赞跪，赞叩。众行三跪九叩头礼毕，赞礼官复赞跪，众皆跪。于是满洲、蒙古、汉官，捧三体表文，立于坛东，以上称尊号、建国、改元事，宣示于众曰：“我皇上应天顺人，聿修厥德，收服朝鲜，统一蒙古，更得玉玺，符瑞昭应，鸿名伟业，丕扬天下。是以内外诸贝勒大臣，同心推戴，敬上尊号曰‘宽温仁圣皇帝’，建国号曰‘大清’，改元为‘崇德’元年。”宣谕毕，赞礼官赞跪，赞叩，复行三跪九叩头礼。赞礼官赞，复位。诸贝勒大臣各复位立。谕毕，于坛前树鹄，命善射者射之。射毕，列仪仗作乐。崇德帝皇太极还宫①。同日，又遣超品公额驸杨古利等，举行祭告祖陵大典。从此，皇太极以受尊号，祭告天地，大典礼毕，受宽温仁圣皇帝尊号，建国号曰大清，改元为崇德元年。

追封先祖功臣。十二日，皇太极率诸贝勒大臣诣太庙，追尊其始祖为泽王、高祖为庆王、曾祖为昌王、祖为福王。追封其伯祖礼敦巴图鲁为武功郡王。恭上皇考努尔哈赤尊谥曰“承天广运圣德神功肇纪立极仁孝武皇帝，皇妣太后尊谥曰孝慈昭宪纯德真顺成天育圣武皇后，庙号太祖，陵曰福陵”。追封功臣费英东为直义公、额亦都为弘毅公，配享太庙。追封先祖功臣后，分叙皇太极诸兄弟子侄的军功。册封大贝勒代善为和硕礼亲王、贝勒济尔哈朗为和硕郑亲王、墨尔根戴青贝勒多尔衮为和硕睿亲王、额尔克楚虎尔贝勒多铎为和硕豫亲王、贝勒豪格为和硕肃亲王、岳讬为和硕成亲王、阿济格为多罗武英郡王、杜度为多罗安平贝勒、阿巴泰为多罗饶余贝勒。又分叙外藩蒙古诸贝勒的军功，封蒙古巴达礼为和硕土谢图亲王、吴克善为和硕卓礼克图亲王、固伦额驸

---

① 《清太宗文皇帝实录》，第 28 卷，第 11～15 页，天聪十年四月乙酉，中华书局影印本，1985 年。

额哲为和硕亲王、布塔齐为多罗扎萨克图郡王、满朱习礼为多罗巴图鲁郡王、衮出斯巴图鲁为多罗达尔汉郡王、孙杜棱为多罗杜棱郡王、固伦额驸班第为多罗郡王、孔果尔为冰图王、东为多罗达尔汉戴青、俄木布为多罗达尔汉卓礼克图、古鲁思辖布为多罗杜棱、单把为达尔汉、耿格尔为多罗贝勒。同日,皇太极以受尊号礼成,赐外藩蒙古诸王、贝勒、贝子彩缎、银器、甲胄、雕鞍等物有差,并大宴于崇政殿①。此外,颁诏大赦。

民族融合之果。先是,明万历四十四年(1616年)正月,建州左卫首领努尔哈赤在赫图阿拉称汗,称"恩养众国英明汗"尊号。天命四年即万历四十七年(1619年),努尔哈赤取得萨尔浒大捷后,在明朝和朝鲜文献中开始出现"后金国汗",用"后金天命皇帝(印)"的国玺。其后在致毛文龙书信中,努尔哈赤自称"大金国皇帝"。努尔哈赤把国号定为"金",意在表明自己是中国历史上女真人所建立金朝的后继者。因为金朝是女真人在历史上的辉煌时期,用"金"作为国号,既有继承金国事业之旨,也有团聚女真各部之义。皇太极在改国号之前,也常自称大金国。努尔哈赤和皇太极父子,都崇拜金朝的太祖、世宗。皇太极喜读《金史》,天聪三年即崇祯二年(1629年),率兵远袭北京时,还派贝勒阿巴泰、萨哈廉到北京西南房山金太祖完颜旻、世宗完颜雍二帝陵去祭奠,祭文中盛赞金二帝的威德②。天聪六年即崇祯五年(1632年)八月,金书房相公汉人王文奎,奏议皇太极:"集众誓师曰:幽、燕本大金故地,吾先金坟墓,现在房山,吾第复吾之故疆耳!"③这里把金朝称作"先金",把"幽"、"燕"视为金朝故地,将夺取河北视作恢复"吾之故疆"。但皇太极没有采纳,因为其时军事实力不够,而以此作为"兴师问罪"的理由,于争取汉官、汉将、汉儒、汉兵、汉民,名之不正,行之不利。

皇太极改"汗"为"帝","汗"即"可汗"的简称,为蒙古语,汉译意为"王"或"帝"。东北地区的女真族,与蒙古族相邻,受蒙古文化影响很深,故努尔哈赤建国即位之后,称"汗"。但努尔哈赤在一些对明朝或朝鲜的文书中,称"大金国汗"或"大金国皇帝"。实际上"汗"即"帝",万历皇帝在满文中就是"万历汗"。皇太极继位后仍称"汗",在满文中,凡大金国皇帝处,"帝"仍用"汗"。皇太极与袁崇焕议和时,汉文书信中所写的"大金国皇帝"字样,曾被袁崇焕指责为议和的障碍。皇太极对此作出让步,曾声明不称

①　《清太宗文皇帝实录》,第28卷,第15～16页,天聪十年四月乙酉,中华书局影印本,1985年。

②　《清太宗文皇帝实录》,第5卷,第32～34页,天聪三年十二月辛酉,中华书局影印本,1985年。

③　《天聪朝臣工奏议》,卷上,第17页,辽宁大学历史系铅印本,1980年。

"帝"而称"汗"。这是因为在明朝人看来,只有明朝皇帝才能称"皇帝","帝"与"汗"是不同等级的尊称。在天聪时,许多汉官给皇太极上奏疏,多称皇太极为"汗"。

随着金国军政势力逐渐发展与强大,皇太极的尊称,由"大汗"向"皇帝"提升,当属必然。因为在女真族的概念中,虽然"汗"即"帝",但"皇帝"一词,在汉文化中是比少数民族的"汗"为更尊贵的称谓。皇太极在绥服蒙古、战败朝鲜、南攻明朝、北征索伦,屡次取得胜利之后,自然不想做"大汗",而要做"皇帝"。皇太极在建号大清的同时,接受了满、蒙、汉群臣恭上"宽温仁圣皇帝"的尊号。皇太极称"皇帝",而把出于蒙古语的"汗",封赐给外藩蒙古的王公。

皇太极不仅将尊号"大汗"改称"皇帝",而且将国号"金"改为"大清"。皇太极改"金"为"清",实际上是改换了一个发音相近的汉字而已。只有汉字的"清"和"金"字,发音相近,字义吉祥。然而,皇太极在作这种更改的原因,自己没作说明,文献也无记载。于是,后来学者作出许多推测。有人从字面上作附会,说"金"与"清"的汉字语音相近;有人从历史上作说明,因为"清"字,以往皇朝没有用过;有人从五行说——"明"为"火","清"为"水",水能克火,加以诠释;也有人从萨满文化找答案;更有人从民族方面去解释——皇太极声明过,他们不是金国的后裔,当然这里面也包含如果沿用历史上的"金"为国号,有刺激汉族"以宋为鉴"的禁忌。应当说,皇太极把国号由"金"改为"大清",主要是由于当时形势发展,他本人已不仅是满洲的"大汗",也不仅是满洲和蒙古的"大汗";而是满、蒙、汉的"共主",是天下的"共主"。因此,皇太极要建立一个新的皇朝,改换一个新的国号,以同明朝抗衡,并且取而代之。因之,既改国号为"大清",也改纪元为"崇德"。在清代十二位皇帝中,除皇太极有两个年号(天聪、崇德)外,其余十一帝都是一个皇帝一个年号。这同明朝一样,在明代十六位皇帝中,除朱祁镇有两个年号(正统、天顺)外,其余十五帝都也是一个皇帝一个年号。从中国皇朝史来看,当朝的皇帝,改年号是常事,改国号却仅见。只是在改朝换代之际,才出现新皇朝的国号。所以,皇太极改国号、改年号,具有政治家的气魄与胆略,也具有改革家的更制与维新之义。

总之,天聪汗皇太极改国号"金"为"大清",标志着原先以女真—满洲为主体的女真国(金国),已经发展为以满洲为主体,包含汉族、蒙古族、东北和漠南等地域其他民族在内,民族多元、国家一统的大清帝国,并为清军入关后移鼎北京、入主中原作了政治准备。

十一　统一黑龙江地域

（一）天聪朝的军政活动

明朝末年，天命时期，在黑龙江流域、乌苏里江以东滨海地带、图们江地区，居住着众多民族部落。在图们江以北、乌苏里江以东地域，主要居住瓦尔喀、库尔喀、赫哲等民族部落。在黑龙江中下游地带，主要居住着虎尔哈、库尔喀、鄂伦春、女真、使犬部、使鹿部等部落的部民。在黑龙江中上游地带，贝加尔湖以东，精奇里江（今结雅河）两岸，一般称之为索伦地区，居住着索伦部民群体。各部落以血缘为纽带，地缘为基地，分散聚居，互不统属。天命、天聪、崇德三朝，努尔哈赤与皇太极父子，采取征讨与抚绥兼施的策略，逐步完成了对外兴安岭以南、整个黑龙江流域的统一，各部居民，归属于清。

在天命朝，努尔哈赤用兵重点，主要在辽河地域。他于天命三年即万历四十六年（1618 年）正月，向诸贝勒大臣宣布："吾意已决，今岁必征大明国！"①后发布"七大恨"誓师，向明军发起进攻。师出有备，兵行顺利，计陷抚顺，攻占清河。翌年，明军为报复努尔哈赤的攻击，任命杨镐为经略，调集十二万大军，分兵四路，分进合击，力图会剿赫图阿拉，犁庭扫穴，毁灭后金。于是，明金进行了著名的萨尔浒大战。交战的结果，明军失败，金军胜利。天命汗努尔哈赤乘萨尔浒大捷的军威与气势，下开原、占铁岭，破沈阳、据辽阳。接着，夺占广宁，攻克义州。天命汗集中主要精力，巩固辽东，进军辽西。

天命汗在同明争夺辽东的同时，还东向用兵——东海女真，北向用兵——黑龙江女真，都取得巨大的成果。天命元年即万历四十四年（1616 年），努尔哈赤命达尔汉侍

---

① 《清太祖武皇帝实录》，第 2 卷，第 30 页，台北故宫博物院藏，广文书局影印本，1970 年。

卫扈尔汉、硕翁科罗巴图鲁安费扬古，率兵两千人，水陆并进，到达萨哈连江即黑龙江，在江南、江北，攻破屯寨，胜利而归。但是，黑龙江流域广大地区，天命汗没有完全绥服。

皇太极继承汗位后，天聪初年，无暇北顾。皇太极的军事目标：在东面，有朝鲜；在西面，有蒙古；在南面，有明朝。所以，皇太极登上汗位之后，将对外的进攻方向：

东指朝鲜。天聪元年即天启七年（1627 年）正月初八日，天聪汗皇太极命大贝勒阿敏，贝勒济尔哈朗、阿济格、杜度、岳讬、硕讬等，统帅大军三万余骑，东征朝鲜。寻，后金军过鸭绿江，下义州（今朝鲜新义州），陷平壤。后金与朝鲜，先定"江华之盟"，后定"平壤之盟"①。"平壤之盟"既定，四月初八日，后金军渡江，出朝鲜境。四月十五日，皇太极谕曰："天佑我国，平服朝鲜，声名宣播。今与兄贝勒，互行拜见之礼。外国闻之，愈章其美。"②后金同朝鲜，订立"兄弟之盟"。

南指明朝。同年，皇太极欲乘平服朝鲜的锐气，亲自统帅大军，发动宁锦之战，以雪其先父宁远兵败之耻。但皇太极事与愿违，败在宁远、锦州城下。于是，皇太极于天聪三年（1629 年）、天聪八年（1634 年）、天聪十年（1636 年），或亲自统军，或遣贝勒统兵，先后三次，迂道入塞，攻打、残毁明朝，抢劫、掳掠财富。同期，制造成红衣大炮，并取得大凌河之战的胜利。

西指蒙古。天聪年间，皇太极对蒙古的征抚，取得巨大的成功。皇太极不仅绥服奈曼、敖汉、喀喇沁、内喀尔喀等部，而且三征察哈尔，获得胜利。皇太极对蒙古的主要成绩是逼迫林丹汗西迁，后林丹汗走死于青海西喇卫古尔打草滩。随之，林丹汗的三位遗孀福金、子额哲及其众臣、部民，归降了后金。这标志着天聪汗皇太极统一了漠南蒙古。

天聪汗皇太极在东、南、西三个方面，对朝鲜、明朝、蒙古三个强敌，都夺得重大胜利。为此，皇太极具文上告清太祖努尔哈赤之灵曰："臣自受命以来，夙夜忧勤，惟恐不能仰承先志之重，凡八年于兹矣。幸蒙天地鉴，臣与管八旗子孙等，一德同心，眷顾默佑，复仗皇考积累之业，威灵所至。臣于诸国，慑之以兵，怀之以德，四境敌国，归附甚

---

① 阿敏"平壤之盟"《誓书》载于《清太宗实录》第 2 卷第 19 页。但仅以《誓文》誊本于三月二十一日送朝鲜国王，故《仁祖实录》及《承政院日记》等朝鲜官方文书所阙载。

② 《清太宗文皇帝实录》，第 3 卷，第 7 页，天聪元年四月辛亥，中华书局影印本，1985 年。

众。谨述数年来,行师奏凯之事,奉慰神灵。乃者,朝鲜素未输诚,今已称弟纳贡。喀尔喀五部,举国来归。喀喇沁、土默特,以及阿禄诸部落,无不臣服。察哈尔兄弟,其先归附者半。后察哈尔汗携其余众,避我西奔,未至汤古忒部落,殂于西喇卫古尔部落打草滩地。其执政大臣,率所属尽来归附。今为敌者,惟有明国耳。臣躬承皇考素志,踵而行之,抚柔震叠,大畏小怀。未成之业,俱已就绪。伏冀神灵,始终默佑,式廓疆围,以成大业。语不尽意,曷胜感怆,上告。"①于是,皇太极便将军事部署,指向黑龙江流域诸部,特别是上游的索伦部落。

其时,努尔哈赤、皇太极父子,统一女真各部,建立后金政权,进入辽沈地区,平服东邻朝鲜,绥服漠南蒙古,其军政之影响,远达索伦地区。到天命末、天聪初年,有些索伦部落首领,率众朝贡,到达沈阳。依据《清太宗实录》记载,现作摘要,列举如下:

天命十一年十二月二十四日:"黑龙江人来朝,贡名犬及黑狐、元狐、红狐皮,白猞狸狲、黑貂皮、水獭皮、青鼠皮等物。"②

天聪元年(1627年)十一月十八日:"萨哈尔察部落六十人来朝,贡貂、狐、猞狲狲皮。"③

天聪五年(1631年)六月二十一日:"黑龙江地方伊扎纳、萨克提、伽期纳、俄力喀、康柱等五头目来朝。"④

天聪五年(1631年)七月初二日:"黑龙江地方虎尔哈部落,托思科、羌图礼、恰克莫、插球,四头目来朝,贡貂、狐、猞狸狲等皮。"⑤

天聪七年(1633年)六月二十四日:"东海使犬部落额驸僧格,偕其妻,率五十二人来朝,贡方物。"⑥

天聪七年(1633年)十一月初四日:"萨哈尔察部落之头目费扬古、满代,率四十六人来朝,献貂皮千七百六十九张。赐布二千六百三十匹。"⑦

① 《清太宗文皇帝实录》,第20卷,第25—26页,天聪八年十月庚戌,中华书局影印本,1985年。
② 《清太宗文皇帝实录》,第2卷,第14页,天命十一年十二月壬戌,中华书局影印本,1985年。
③ 《清太宗文皇帝实录》,第3卷,第27页,天聪元年十一月辛巳,中华书局影印本,1985年。
④ 《清太宗文皇帝实录》,第9卷,第6页,天聪五年六月癸亥,中华书局影印本,1985年。
⑤ 《清太宗文皇帝实录》,第9卷,第7页,天聪五年七月甲戌,中华书局影印本,1985年。
⑥ 《清太宗文皇帝实录》,第14卷,第20页,天聪五年六月甲申,中华书局影印本,1985年。
⑦ 《清太宗文皇帝实录》,第16卷,第7页,天聪七年十一月壬辰,中华书局影印本,1985年。

　　天聪八年(1634)正月初三日:"黑龙江地方羌图里、嘛尔干,率六姓六十七人来朝,贡貂皮六百六十八张。"①

　　天聪八年(1634 年)五月初一日:"黑龙江地方头目巴尔达齐,率四十四人来朝,贡貂皮一千八百一十八张。"②

　　天聪八年(1634 年)十月初九日:"索伦部长京古齐、巴尔达齐、哈拜、孔恰泰、吴都汉、讷赫彻、特白哈尔塔等,率三十五人来朝,贡貂、狐皮。"③

　　天聪八年(1634 年)十月十八日:"阿禄毛明安部落来归,见上。设大宴,宴之。杨古海杜棱、胡棱都喇尔、吴巴海达尔汉巴图鲁、特玛额尔忻戴青、东卓尔台吉、阿布泰台吉等,献貂裘、马驼,酌纳之。"④

　　天聪八年(1634 年)十二月初六日:"黑龙江地方杜莫讷、南地攸、贾尔机达、喀拜、郭尔敦,率从者六十九人。松阿里地方摆牙喇氏僧格额驸、喇东格,率从者五十人来朝,贡貂皮。"⑤

　　皇太极认为,尽管黑龙江地带许多部落首领到沈阳朝贡,但是还有不少部落不向金国朝贡称臣。天聪汗已经取得对朝鲜、明朝、蒙古作战的胜利,准备向黑龙江地区大规模地进兵。皇太极在皇宫中殿,宴请嘛尔干、羌图里等一行时,透露出上述消息。史载:"上召黑龙江地方来归之嘛尔干、羌图里,入中殿。谕之曰:'虎尔哈慢不朝贡,将发大兵往征,尔等勿混与往来,恐致误杀。从征士卒,有相识者,可往见之。此次出师,不似从前兵少,必集大众以行也。'谕毕,以嘛尔干、羌图里,自归服以来,贡献不绝于道,赐嘛尔干鞍马一匹、羌图里妇人一口。"⑥

　　本来,皇太极可以在第二次迁道攻明取得胜利后,再北向用兵索伦。然而,天聪八年(1634 年)五月二十三日,发生了突然事件。其时,皇太极正统帅大军第二次入塞进攻明朝,大军渡辽河,抵阳石木河,沿河立二十营。皇太极此前派伊拜等,前往科尔沁噶尔珠塞特尔等部落调兵,发生紧急事件:噶尔珠塞特尔等拒从,声言要前往征讨索伦

①　《清太宗文皇帝实录》,第 17 卷,第 3 页,天聪八年正月庚寅,中华书局影印本,1985 年。

②　又见《清初内国史院满文档案译编》,上册,第 79 页,光明日报出版社,1989 年。

③　《清太宗文皇帝实录》,第 20 卷,第 21 页,天聪八年十月壬辰,中华书局影印本,1985 年。

④　《清太宗文皇帝实录》,第 20 卷,第 23 页,天聪八年十月辛丑,中华书局影印本,1985 年。

⑤　《清太宗文皇帝实录》,第 21 卷,第 9 页,天聪八年十二月戊子,中华书局影印本,1985 年。

⑥　《清太宗文皇帝实录》,第 17 卷,第 23 页,天聪八年二月己巳,中华书局影印本,1985 年。

部,收取贡赋,以便自给。皇太极闻报,派人急谕留守盛京的贝勒济尔哈朗,谓:"往科尔沁国调兵之伊拜还,奏言:'科尔沁国噶尔珠塞特尔、海赖、布颜代、白谷垒、塞布垒等,各率本部落人民,托言往征北方索伦部落,取贡赋自给,遂叛去。其土谢图济农巴达礼、扎萨克图杜棱、额驸孔果尔、台吉吴克善等,已率兵往追之矣!'"于是,皇太极遣户部承政英俄尔岱、举人敦多惠还盛京。谕留守和硕贝勒济尔哈朗:"可令索伦部落来朝头目巴尔达齐速还国,恐致噶尔珠塞特尔等袭取其地,宜详加训谕而遣之。"又遣巴克什希福及伊拜,往谕科尔沁土谢图济农等曰:"法律所载,叛者必诛。尔科尔沁贝勒,若获噶尔珠塞特尔等,欲诛则诛之,若不诛而欲以之为奴者听。"①

济尔哈朗等接到皇太极的汗谕后,即命巴尔达齐速回索伦,准备防御蒙古科尔沁噶尔珠塞特尔等的入侵。于是,巴尔达齐从命,"见袭急归,护其国"②。蒙古土谢图济农巴达礼、扎萨克图杜棱、额驸孔果尔额哲、台吉吴克善等,亲率兵进击噶尔珠塞特尔等部,获得胜利。

十月初九日,巴尔达齐在噶尔珠塞特尔等被击败后,再次到盛京朝贡。史载:"率三十五人来朝,贡貂、狐皮。""索伦部长京古齐、巴尔达齐、哈拜、孔恰泰、吴都汉、讷赫彻、特白哈尔塔等,率三十五人来朝,贡貂、狐皮"③。

时在索伦地区,有未朝贡者,亦有观望者。皇太极为了完全控制索伦地区,避免蒙古实力渗入,获取大量兽皮,俘掠更多人口,决定对黑龙江地区大规模进兵,宣扬国威,慑服诸部,使其归顺,实现统一。

天聪八年即崇祯七年(1634年)十二月初十日,皇太极命管步兵梅勒章京霸奇兰、甲喇章京萨穆什喀等,"率章京四十一员④、兵二千五百人,往征黑龙江地方"⑤。大军出行前,皇太极谕曰:

尔等此行,道路遥远,务奋力直前,慎勿惮劳,而稍怠也。俘获之人,须用善言抚慰,饮食甘苦,一体共之,则人无疑畏,归附必众。且此地人民,语音与我国同,

① 《清太宗文皇帝实录》,第18卷,第23页,天聪八年五月戊申,中华书局影印本,1985年。
② 黄维翰:《黑水先民传》,第11卷,第4页,《巴尔达齐传》,崇仁黄氏刻本。
③ 《清太宗文皇帝实录》,第20卷,第21页,天聪八年十月壬辰,中华书局影印本,1985年。
④ 《清太宗文皇帝实录》天聪九年五月丙辰作"章京四十四员"。
⑤ 《清太宗文皇帝实录》,第21卷,第9页,天聪八年十二月壬辰,中华书局影印本,1985年。

携之而来，皆可以为我用。攻略时，宜语之曰："尔之先世，本皆我一国之人，载籍甚明。尔等向未之知，是以甘于自外。我皇上久欲遣人，详为开示，特时有未暇耳。今日之来，盖为尔等计也。"如此谕之，彼有不翻然来归者乎？

皇太极又谕曰："入略之后，或报捷，或送俘，必令由席北绰尔门地方经过为便。将来遣人往迎，及运送军粮，亦必于此处相待。其应略地方，须问向导人。有夏姓武因屯长喀拜、从役二人，库鲁木图屯长郭尔敦、从役三人，及纳屯一人，适已偕至，今俱令其从军矣，尔等可率之以往，经行道路，询彼自知。若彼处已经略定，此归附三屯，不可稍有侵扰，宜令留于本处。仍谕以因尔等输诚来归，故使复还故土。自后宜益修恭顺，倘往来稍间，必谴责立至矣！若所略不复如愿，则不必留此三屯，当尽携来。凡器用之属，有资军实者，亦无使遗弃。军还，务令结队而行，不可分散。尔等其凛遵焉。"①

是日，还召屯长喀拜、郭尔敦等，及其从人进宫，赐食。然后传谕喀拜等曰："尔地方僻陋鄙野，不知年岁。何如率众，来居我国，共霑声教。朕久欲遣人，往谕尔部，但国务殷繁，未得暇耳！人君各统其属，理也。尔等本我国所属，载在往籍，惜尔等未之知耳！今尔诸人，率先归附。若不遣尔还，留居于此，亦惟朕意。朕知尔等贤，故遣归。此行可引我军前往，凡各屯寨，其善指示之。"喀拜对曰："诚如上谕。"遂受命而去②。

皇太极在上引谕旨中明确指出：第一，攻心为上。攻略之时，向其宣明："尔之先世，本皆我一国之人，载籍甚明。尔等向未之知，是以甘于自外。我皇上久欲遣人，详为开示，特时有未暇耳。今日之来，盖为尔等计也。"第二，讲求策略。"俘获之人，须用善言抚慰。饮食甘苦，一体共之。则人无疑畏，归附必众。"第三，重用向导。请当地屯长喀拜、郭尔敦等为引路向导，"经行道路，询彼自知"。而"其应略地方，须问向导人"。第四，严明纪律。此次远征，"奋力直前，慎勿惮劳，而稍怠也"。大军往返索伦地方，必须"结队而行，不可分散"。第五，规定路线。选择最佳进军和返回的路线，以免路遇不测。第六，意义重大。天聪汗派军征抚索伦，主要是宣扬汗威，拓展疆土，增加人口，获取兽皮。魏源在《圣武记》中所言："夫草昧之初，以一城一旅敌中原，必先树羽翼于同

---

① 《清太宗文皇帝实录》，第21卷，第10页，天聪八年十二月壬辰，中华书局影印本，1985年。
② 《清太宗文皇帝实录》，第21卷，第11页，天聪八年十二月壬辰，中华书局影印本，1985年。

部。故得朝鲜人十,不若得蒙古人一;得蒙古人十,不若得满洲部落人一。族类同,则语言同,水土同,衣冠、居处同,城郭、土著、射猎、习俗同。"①

皇太极谕毕,命贝勒萨哈廉、杜度,固山额真纳穆泰、额驸达尔哈,及叶克书、叶臣、阿山、伊尔登、色勒、篇古,兵部承政伊孙、车尔格,并参政等官,送梅勒章京霸奇兰、甲喇章京萨穆什喀等于二里外。按旗分列,简士卒,阅器械。尔后,向出征诸将,宣读敕谕。出征大军,遂令起行。

由右翼五旗主帅霸奇兰、左翼五旗主帅萨穆什喀等,统领章京四十余员、兵二千五百人大军,以索伦部屯长喀拜、郭尔敦等人为向导,跋山涉水,进展顺利,许多屯寨,纷纷归附,后金军取得首次进兵索伦地区的重大胜利。天聪九年即崇祯八年(1635 年)四月十四日,霸奇兰等将领派白奇及兵部启心郎额色黑等,赍书奏捷。奏报:收服编户壮丁二千四百八十有三,人口共七千三百有二。所有牲畜,马八百五十六、牛五百四十三、驴八。又俘获妇女、幼稚一百十六人,马二十四、牛十七,及貂皮、狼皮、狐皮、猞狸狲皮,并水獭、骚鼠、青鼠、白兔等皮三千一百四十有奇,皮裘十五领②。五月初六日,霸奇兰等凯旋而归,回到盛京,举行庆典。皇太极御殿,凯旋诸臣、将士朝见,同主将霸奇兰、萨穆什喀,行抱见礼。其次招降二千人叩见。再次索伦部落朝贡头目巴尔达齐等叩见。然后,举行较射,并设大宴。宴饮各旗出征署旗务大臣,并招降头目③。大军班师之后,叙出征诸臣功:以三等梅勒章京霸奇兰、一等甲喇章京萨穆什喀,征黑龙江,尽克其地,所获人民,全编氓户,携之以归,劳绩懋著,擢霸奇兰为一等梅勒章京,纪录一次,加世袭二次,共袭十二次;萨穆什喀为三等梅勒章京,加世袭二次,共袭十二次。季思哈、商鉴和洛、巴斯翰、喀柱、沙尔虎达、黑什尼、艾木布、讬敏、富喀纳、伊弩、何洛、隋何多、翁阿岱、真楚肯球、阿喇纳、布雅里、塔海、库拜、代松阿、扎富尼、雅赖、尼雅汉、库尔禅、英格讷、噶布喇、舒球、烈烈浑、纳穆泰、俄济黑、托克屯珠、贾龙阿、库尔泰、益喇尼、穆尔泰、阿囊阿、杜敏等章京,共三十六员,随霸奇兰、萨穆什喀出师有功,各升世职一级④。初七日,皇太极对霸奇兰、萨穆什喀等招降的七千三百人,"俱赐房屋、田

① 魏源:《圣武记》,第 1 卷,第 9 页,中华书局,1984 年。
② 《清太宗文皇帝实录》,第 23 卷,第 5 页,天聪九年四月癸巳,中华书局影印本,1985 年。
③ 《清太宗文皇帝实录》,第 23 卷,第 6 页,天聪九年五月乙卯,中华书局影印本,1985 年。
④ 《清太宗文皇帝实录》,第 23 卷,第 6 页,天聪九年五月乙卯,中华书局影印本,1985 年。

地、衣食、器皿等物"①。如此厚待，于归附者，备受感召，作用巨大。

是役，史称"黑龙江之役"。皇太极在给朝鲜国王李倧的文书中，称："黑龙江之役，收获万余。"②皇太极派军队到索伦地区，进行黑龙江之役，取得重要收获，产生重大影响。后金出征索伦的征抚，巴尔达齐的投顺，索伦地区的塞布奇屯、噶尔达苏屯、戈博尔屯、额苏里屯、阿里捞屯、克殷屯、吴鲁苏屯、榆尔根屯、海轮屯、固浓屯、昆都轮屯、吴兰屯等，先后朝贡，归顺后金。

先是，天聪八年即崇祯七年（1634 年）五月和十月，黑龙江萨哈尔察地方索伦头目巴尔达齐，两次率人到达盛京，贡献貂皮。至是，天聪九年即崇祯八年（1635 年）四月二十三日，"黑龙江索伦部落头目巴尔达齐，率二十二人来朝，贡貂、狐皮等物。上命礼部承政满达尔汉，迎于五里外，设宴宴之"③。巴尔达齐在盛京住留一个多月。六月初九日，皇太极"赐萨哈尔察部落来贡貂狐皮头目巴尔达齐、额内布、萨泰等三人蟒缎、朝服、衣帽、玲珑鞓带、鞍马、缎布有差。其从役六十三人，各衣一袭"④。巴尔达齐于皇太极，"倾心内附，岁贡方物"⑤。皇太极对巴尔达齐的归顺，十分重视，倍加宠信。皇太极以联姻的手段，笼络来归的巴尔达齐。天聪十年即崇祯九年（1636 年）初，皇太极配以皇室格格给巴尔达齐为妻，索伦头目巴尔达齐成为后金的额驸。天聪十年即崇祯九年（1636 年）四月初六日，"索伦部萨哈尔察地方额驸巴尔达齐，率十四人来朝，贡貂皮"⑥，是为巴尔达齐被招为额驸后，首次到盛京。巴尔达齐归附后金，受到皇太极的信赖，后来成了清朝索伦各部落的大首领。索伦部首领巴尔达齐在清军同博穆博果尔的斗争中，起了特殊重要的作用。

（二）崇德朝之经营索伦

索伦是黑龙江上中游诸部的一个泛称，包括索伦（鄂温克）、达呼尔（达斡尔）、虎尔

---

① 《清太宗文皇帝实录》，第 23 卷，第 7 页，天聪九年五月丙辰，中华书局影印本，1985 年。
② 《清太宗文皇帝实录》，第 23 卷，第 22 页，天聪九年六月甲午，中华书局影印本，1985 年。
③ 《清太宗文皇帝实录》，第 23 卷，第 5 页，天聪九年四月壬寅，中华书局影印本，1985 年。
④ 《清太宗文皇帝实录》，第 23 卷，第 20 页，天聪九年六月丁亥，中华书局影印本，1985 年。
⑤ 《一等阿思哈番巴尔达齐碑》拓片，北京市文物研究所藏。
⑥ 《清太宗文皇帝实录》，第 28 卷，第 11 页，天聪十年四月庚辰，中华书局影印本，1985 年。

哈、鄂伦春、毕喇尔等部族的总称。许多部落世代居住黑龙江地域,其"不问部族,概称索伦。而黑龙江人,居之不疑,亦雅喜以索伦自号。说者谓'索伦骁勇闻天下,故借其名以自壮'"①。天聪朝对黑龙江索伦的征抚,颇有进展,成果很多。随着后金实力不断强大,归附的部落,陆续到盛京。崇德朝在其基础上,进一步经营索伦,绥服不坚定的部落首领,拓展疆域,降服人口,收纳兽皮,巩固统治。为此,突出要解决博穆博果尔的投顺问题。

崇德二年即崇祯十年(1637 年)二月十七日,黑龙江地方额苏里屯②内,俄伦扎尔固齐、克讷布鲁达尔汉,率九人至盛京,奏言:"额苏里屯东,约六日程,有从未通我国者三十九屯,今欲来贡,不知纳贡礼仪,求我等同皇上使臣一人至彼,即备方物,随使臣入贡。为此特遣人来,其所献之物,貂、狐皮二百有六,貂、狐衣服七领。"③十二月初一日,黑龙江地方羌图礼、阿尔哈、固穆考等一百二十二人,来贡貂皮,命礼部参政喇玛往迎宴之。同日,遣黑龙江地方扈育布禄、纳尔开,巴尔达齐之弟额讷布等六十人归国,赐宴,遣之。

崇德三年即崇祯十一年(1638 年)正月二十日,赐黑龙江朝贡羌图礼等一百十四人蟒衣、帽靴、鞓带等物有差。四月二十二日,席北地方阿拜、阿闵来朝,贡貂皮。七月二十三日,皇太极派兵征伐额黑库伦地方。十月十二日,黑龙江精格里河浑秦屯内居住扈育布禄,初未入贡。至是,亦率五人来朝,贡貂皮。十一月二十二日,索伦部落透特等三人来朝,贡貂皮。等等。

在黑龙江索伦部诸首领中,最为著名的是两位头人:一位是巴尔达齐,另一位是博穆博果尔。他们由于对待清廷皇帝态度的差异,得到结果,完全相反。

巴尔达齐,天聪事迹,上节已述。在崇德年间,巴尔达齐先后于崇德二年即崇祯十年(1637 年)十月十二日,"黑龙江地方巴尔达齐,率五十七人,贡貂皮。俱令礼部官迎宴之"。十月三十日,"黑龙江地方额驸巴尔达齐,遣六十二人,来贡貂皮"。十二月初一日,"遣巴尔达齐弟额讷布等六十人归国。赐宴,遣之"。崇德三年即崇祯十一年(1638 年)五月初五日,"遣萨哈尔察部落额驸巴尔达齐,偕所尚公主归。赐衣帽、玲珑

---

① 何秋涛:《朔方备乘》,第 2 卷,第 1 页,宝善书局石印本。

② 额苏里屯:位于今爱辉(瑷珲)黑龙江北岸西北八十余里处,今俄罗斯境内。见《盛京吉林黑龙江等处标注战迹舆图》第四排之四。

③ 《清太宗文皇帝实录》,第 34 卷,第 10 页,崇德二年二月丁亥,中华书局影印本,1985 年。

撒袋、弓矢、鞍辔、驼马、帐房等物,仍设宴,饯巴尔达齐于礼部"。十一月二十二日,"黑龙江额驸巴尔达齐弟萨哈莲等五十一人来朝,贡貂皮。遣官迎于演武场,赐宴,入城"。崇德五年即崇祯十三年(1640 年)十月十五日,"萨哈尔察部落额驸巴尔达齐,率三十六人来朝,贡貂、狐等物"。崇德六年即崇祯十四年(1641 年)正月初一日,皇太极率诸王贝勒等祭堂子,赐大宴,额驸巴尔达齐行庆贺礼。二月二十日,"遣额驸巴尔达齐,及所尚格格,并额讷布、钟嫩等三十三人还。赐各色衣服、帽靴、被褥、银器、随侍女子、帐房、鞍马、甲胄、彩缎、文绮等物,仍赐宴于馆舍"。十二月十三日,"萨哈尔察部落额驸巴尔达齐遣喇库等,来贡貂皮。赐宴,赏衣帽、缎布等物有差"。崇德八年即崇祯十六年(1643 年)五月十一日,"黑龙江额驸巴尔达齐来朝,遣礼部官迎至北演武场。赐宴,入城"。七月三十日,"赐黑龙江额驸巴尔达齐、公主及其从人宴六次。仍各赐鞍马、蟒服、缎衣、帽靴、缎布、银器等物有差"。

以上说明,额驸巴尔达齐,不仅成为皇家之亲戚,而且成为清朝之干城。

博穆博果尔是索伦部乌鲁苏穆丹屯长,精于骑射,骁勇善战,才干超群,势力强大。时乌鲁苏穆丹、杜拉尔、敖拉、墨尔迪勒、布喇穆、涂克冬、纳哈他等部落,形成部落联盟,其首领就是博穆博果尔①。

先是,崇德二年即崇祯十年(1637 年)闰四月十二日,博穆博果尔到盛京,向清廷朝贡。《清太宗实录》记载:"黑龙江索伦部落博穆博果尔率八人来朝,贡马匹、貂皮。"②是为博穆博果尔向清廷朝贡之始。博穆博果尔受到皇太极的隆重款待,驻留盛京,时近两月。六月初五日,博穆博果尔等离别盛京,返还故乡。行前,皇太极对博穆博果尔,"赐以鞍马、蟒衣、凉帽、玲珑鞓带、撒袋、弓矢、甲胄、缎布等物有差"③。这些贵重物品,在当时算是最高一级的赏赐。

崇德三年即崇祯十一年(1638 年)十月十七日,博穆博果尔等再次到沈阳朝贡。《清太宗实录》记载:"黑龙江博穆博果尔、瓦代、噶凌阿等来朝,贡貂皮、猞狸狲等物。"④是为博穆博果尔第二次到盛京朝贡。同年十二月初五日,博穆博果尔受到皇太极与七位贝勒的分别宴请。这种皇太极与七贝勒分别进行八次盛宴,算是最高的礼

---

①　《黑龙江志稿·博穆博果尔传》,第 54 卷,铅印本,1933 年。

②　《清太宗文皇帝实录》,第 35 卷,第 3 页,崇德二年闰四月庚戌,中华书局影印本,1985 年。

③　《清太宗文皇帝实录》,第 36 卷,第 8 页,崇德二年六月壬寅,中华书局影印本,1985 年。

④　《清太宗文皇帝实录》,第 44 卷,第 10 页,崇德三年十月丙午,中华书局影印本,1985 年。

遇。参加此次宴会者,有黑龙江地域各部落首领九十二人。《清太宗实录》记载:"黑龙江额驸巴尔达齐弟萨哈莲,户尔布尔屯费扬古,俄勒屯吴地堪,吴鲁苏屯莽古朱等五十一人,索伦部落博穆博果尔、透特等九人,虎尔哈部落克宜克勒氏达尔汉额驸等十一人,虎习哈礼氏纳木达礼等十人,巴牙喇氏满地特喀下二人,布克图礼等五人,赖达库等四人,朝见,赐宴。仍命七家,各宴一次。"①

　　索伦部落重要首领博穆博果尔,两年之间,两到盛京,朝觐崇德帝,并贡献方物。博穆博果尔在盛京沈阳,既看到清帝的权势与威严,也窥到清廷的内情与虚实。于是,博穆博果尔对皇太极产生若附若离、亦顺亦逆的复杂心理。皇太极为着巩固对黑龙江地域的控制,也为着降服博穆博果尔,"虑其势盛,不可制",便对索伦部发动军事征讨。

　　一征博穆博果尔　崇德四年即崇祯十二年(1639年)十一月初八日,皇太极命索海、萨穆什喀、穆成格、叶克书、雍舜、拜、伊孙罗奇等,率领官属兵丁,往征索伦部落②。兵部多罗贝勒多铎、固山额真多罗额驸英俄尔岱,传崇德帝谕曰:

　　　　尔等师行,所经屯内,有已经归附纳贡之屯,此屯内又有博穆博果尔取米之屯。恐尔等不知,误行侵扰,特开列屯名、数目付尔,毋得违命骚扰侵害。行军之际,宜遣人哨探于前,防护于后,加意慎重,勿喧哗,勿参差散乱,勿忘纪律。尔等此行,或十八牛录新满洲,或添补缺额牛录之新满洲,各固山额真、梅勒章京、甲喇章京、牛录章京,详加查阅。视其有兄弟及殷实者,令从征。尔等亦应亲加审验。左翼主将萨穆什喀、副将伊孙,右翼主将索海、副将叶克书,或两翼分行,则各听该翼将令;或同行,则总听两翼将令。凡事俱公同酌议行之。③

　　清军出兵黑龙江索伦部落,主要目的没有言明,从皇太极的"谕旨"及作战经过进行分析,可以看出:

　　第一,出师目的。清军在黑龙江索伦地域,主要征附"已经归附纳贡之屯"中,那些"博穆博果尔取米之屯"。

---

　　①　《清太宗文皇帝实录》,第44卷,第24页,崇德三年十二月癸巳,中华书局影印本,1985年。
　　②　魏源:《圣武记·开国龙兴记一》作"五年,遣穆什哈等征索伦"云。误,应作崇德四年十一月辛酉(初八日)。
　　③　《清太宗文皇帝实录》,第49卷,第7~8页,崇德四年十一月辛酉,中华书局影印本,1985年。

第二，区别对待。清军行师，所经屯内，"有已经归附纳贡之屯，此屯内又有博穆博果尔取米之屯。恐尔等不知，误行侵扰，特开列屯名、数目付尔，毋得违命，骚扰侵害"。就是说，清军所到黑龙江索伦地带，村屯有两类：一类是"已经归附纳贡之屯"，另一类是"博穆博果尔取米之屯"，清军要严加区别，而不要误行侵扰"已经归附纳贡之屯"。

第三，明确指挥。清军分为左右两翼大军，两翼同行之时，由两翼主将共同指挥；两翼分行时，由各该翼主将指挥。重大事宜，公同酌议。

第四，加意谨慎。清军远离后方，深入索伦地区，应当"哨探于前，防护于后"，加意慎重，严守纪律。

索海、萨穆什喀等领旨之后，率领清军，经过四个月的艰苦行军与顽强作战，取得巨大战果。崇德五年即崇祯十三年(1640年)三月初八日，萨穆什喀、索海等遣牛录章京法谈、宜尔格得等返回盛京，奏报此次进军、战斗和胜利的军报。清军进入索伦地区后，主要在雅克萨、铎陈、乌库尔、阿撒津、多金①诸城堡及村屯，同博穆博果尔所属军民争战。清军在忽麻里河(今呼玛尔河)分兵，分道前进，行四十日，尔后会攻。清军首战雅克萨木城，用火攻，克其城。二战兀库尔城，力战一日，遂克取之。三战博穆博果尔，其兵六千，兵锋甚锐，突袭正蓝旗；索海等见敌众已寡，布设伏兵，斩杀敌兵甚众；攻破博穆博果尔大营，博穆博果尔兵败逃遁。四战铎陈、阿萨津二城，强攻不下，设伏打援，略得小胜。五战攻破挂喇尔屯木栅，败屯内索伦兵五百。清军共获六千七百零四名口。其战况，奏如下：

　　臣等至忽麻里河分兵，各旗照派定地方攻取。因道路辽远，公同议定：四十日至镶蓝旗派定兀蓝海伦屯。乃令梅勒章京、承政伊孙，率每旗章京一员，每牛录下兵二人，往喇里阐地方。萨穆什喀、伊孙既行，有铎陈、阿撒津、雅克萨、多金四木城人，拒敌不降。因令右翼梅勒章京，率兵来助。叶克书、拜、阿哈尼堪、谭布、蓝拜、吴巴海，率每旗章京二员，并各旗有俘获者每牛录下兵二人，无俘获者每牛录下兵三人，助战，遂克雅克萨城②。当攻城时，焚烧城南关厢，绥黑德汛地先举火，

----

　　①　雅克萨、阿萨津(阿撒津)、铎陈三城，在黑龙江北岸，今俄罗斯境内；乌库尔、多金两城，在黑龙江南岸，今中国一侧。

　　②　雅克萨城，《盛京吉林黑龙江等处标注战迹舆图》五排四：位于黑龙江北岸。今名阿尔巴津，在今俄罗斯境内。

因获其地。八旗章京各一员,各率兵二十人前进。时和讬率纛先入,朱玛喇次进,俱以火攻克之。时有达尔布尼、阿恰尔都户、白库都、汉必尔代四人,聚七屯之人,于兀库尔城。萨穆什喀、伊孙、穆成格、拜令众军,乘旦攻城。嘉隆噶汛地举火,至晚克之。及至铎陈,力攻一日。至次日,复欲进攻,闻各路报博穆博果尔索伦之兵来战。恐伤我兵,遂还。

兀鲁苏屯之博穆博果尔索伦、俄尔吞、奇勒里、精奇里、兀赖布丁屯以东,兀木讷克、巴哈纳以西,黑龙江额尔图屯以东,阿里阐以西,两乌喇兵共六千,来袭正蓝旗后队。索海率每牛录兵五人设伏,萨穆什喀护辎重殿后,二人率众章京,击败敌兵,斩杀甚众,生擒四百人。既败博穆博果尔后,随攻取其营,营内敌兵单弱,正白旗先入,正红旗、镶黄旗俱相继驰入,敌遂遁。

又萨必图、卓布退、吴班、宜尔格得,率兵九十人,往助萨穆什喀。时有铎陈、阿撒津二城,兵四百人阻截,我兵击败之,斩五十人。萨穆什喀令伊孙,率章京五员,兵一百三十人,于铎陈地方设伏,斩敌七十人。又遣阿哈尼堪、巴山、郎图、萨禄,率两甲喇兵,往攻挂喇尔屯。屯内人来诣索海言:"屯内有索伦兵五百。"索海、喀喀木、甘都,率兵往攻,夺栅而入,斩二百人,生擒一百三十人。

八旗共获男子二千二百五十四人,妇女幼稚共四千四百五十名口,貂、猞猁狲、狐、狼、水獭、青鼠等皮共三千一百有奇,貂、猞猁狲、狐、狼等裘共二十领。额驸巴尔达齐于三月十八日来会,云惟我多科屯人,未曾附逆。其小兀喇各处兵,皆往助博穆博果尔。及我兵大捷后,果博尔屯之温布特,博和里屯之额尔喷,噶尔塔孙屯之科奇纳,木丹屯之诺奇尼,都孙屯之奇鲁德,兀喇喀屯之博卓户,得都尔屯①之科约布鲁,七屯之人,已归额驸巴尔达齐。别屯之人皆逃。据巴尔达齐曰:"逃者亦必来归,无劳再举耳!"谨此奏闻。②

此次战果,后又修正:

---

① 果博尔屯、博和里屯、噶尔塔孙屯、木丹屯、都孙屯、兀喇喀屯、得都尔屯等七屯,均在今黑龙江爱辉(瑷珲)北部,约在江东六十四屯地带,今俄罗斯境内。

② 《清太宗文皇帝实录》,第51卷,第8~10页,崇德五年三月己丑,中华书局影印本,1985年。

往征索伦部落萨穆什喀、索海，遣党习、郭查等，赍奏至。疏云："臣等前奏获二千二百五十四人，后自额苏里屯以西，额尔土屯以东，又获九百人，共获男子三千一百五十四人，妇女二千七百一十三口，幼小一千八十九口，共六千九百五十六名口，马四百二十四，牛七百有四。又先后获貂、猞猁狲、狐、狼、青鼠、水獭等皮共五千四百有奇，貂、猞猁狲、狐、狼皮等裘共二十领。①

后将索海、萨穆什喀所获新满洲壮丁二千七百九人、妇女幼小二千九百六十四口，共五千六百七十三人，均隶八旗，编为牛录。

出征黑龙江索伦部大军凯归，清廷作出细致部署。皇太极命每旗章京一员，每牛录下兵一人，往迎出征索伦兵。谕曰：

尔等此去，若有疲马，可分部留下，令其尾随尔等前去。尔等如能行过席北地方，至克尔朱尔根处相会，方可谓神速。凡兵丁牧马，各官必须亲验。如行住不早，牧放时不解鞍，马匹何得休息？此处皆当用心察看。如相会回兵时，从哈尔必牙尔地方前来，当沿途严加提防，不可少懈。入境时，须从法库门入，不可由叶赫一路来，途中谨防逃人。恐彼习知路径，乘间再逸。勿用外藩蒙古驿马供应，所过之处，伊等王、贝勒召入，与食则食之，与物则受之，毋得需索，以致扰累。②

大军临近沈阳，皇太极命礼部承政满达尔汉，迎至十八里台，宴之。又命多罗安平贝勒杜度、多罗饶余贝勒阿巴泰，迎至平鲁堡，宴之。皇太极又亲率和硕亲王以下，大臣以上，至实胜寺北馆，率凯旋官员，祭纛，行礼。索海、萨穆什喀率凯旋诸将朝见，行三跪九叩头礼毕，赐宴。七月初一日，对有功官兵进行叙赏，赐领翼主将索海、昂邦章京穆成格，各貂皮七十七、人口四；领旗事梅勒章京叶克书、雍舜、拜、谭布、蓝拜等，各貂皮四十七、人口三；其从征将士，各照军功大小，赏给貂皮、人口有差。又量授各官世职，以二等甲喇章京雍舜，为一等甲喇章京；半个牛录章京索海、三等甲喇章京绥黑德，俱为二等甲喇章京；牛录章京加半个前程朱马喇，为三等甲喇章京；牛录章京萨必图，

---

①　《清太宗文皇帝实录》，第51卷，第14～15页，崇德五年三月乙巳，中华书局影印本，1985年。

②　《清太宗文皇帝实录》，第51卷，第10～11页，崇德五年三月癸巳，中华书局影印本，1985年。

加半个前程；谭布、阿哈尼堪、蓝拜、叶克书、禅珠、拜，及半个牛录章京英古、二分章京何讬，俱为牛录章京；卓布退，为二分章京；吴班，为半个牛录章京。追赠阵亡之牛录章京、加半个前程阿尔休，为三等甲喇章京，以其子阿库里袭职；郎图，为牛录章京，以其子阿喇希袭职；穆祜，为牛录章京，以其子莫罗袭职；穆奈，为牛录章京，以其子穆尔赛袭职；一等昂邦章京穆成格病故，以其子穆赫林袭职；牛录章京公衮病故，以其弟喇都浑袭职；牛录章京噶布喇病故，以其侄孙达木图袭职；牛录章京吴先达礼病故，以其子宜鲁尔袭职；二分章京尹布病故，以其子宜尔德黑袭职①。

此次皇太极进兵索伦地区，得到额驸巴尔达齐的内应、合作与支援。巴尔达齐忠于清朝，整装其兵马，"坚壁待王师"。当黑龙江"南北各城屯俱附"博穆博果尔之时，巴尔达齐却"审废兴，明去就，怀忠不二，以庇其族"②。巴尔达齐率领属屯人马，寻找时机，配合清军。《清太宗实录》记载："额驸巴尔达齐，于三月十八日来会，云惟我多科屯人，未曾附逆。"③黑龙江萨哈尔察额驸巴尔达齐，为清军统一索伦，起了积极作用，作出一定贡献。

但是，此次出征，问题很多。主要是没有统一索伦地区，也没有擒获博穆博果尔。皇太极为此，于七月初四日，惩处相关官员。《清太宗实录》记载，部议出征索伦领翼主将萨穆什喀等罪：

萨穆什喀，本旗所得三屯人民，不加抚辑，其弓矢不行收取；又不齐集三屯人民，并归一处；又不严饬兵将留守，每屯止留章京二员、兵五十人，其余兵将，俱擅带还；违命不守汛地，竟往正蓝旗地方，以致三屯人叛，罪一。既知三屯欲叛，复调还章京三员及众兵，止留章京三员、兵六十人于后，护送疲敝人马；及三屯作叛时，章京二员、兵三十七人，俱被杀，罪二。迨攻作叛之都达陈屯，七旗皆即时运木，萨穆什喀本旗，迟至次日方运，罪三。博穆博果尔兵，攻掠正蓝旗辎重，彼坐视不救，以致甲士二十二、厮卒二十四，为敌所杀，罪四。萨必图之甲，为敌所夺。索海、伊孙、叶克书问："临阵时，曾否擐甲？"萨穆什喀对曰："萨必图曾擐甲。"及该部复问，又曰："未尝擐甲。"改变言词，罪五。萨穆什喀应革职，籍其家产、人口入官。命：革萨穆什喀三等昂邦章京职，免籍家产，所

① 《清太宗文皇帝实录》，第 52 卷，第 6～7 页，崇德五年七月庚辰朔，中华书局影印本，1985 年。

② 黄维翰：《黑水先民传》，第 11 卷，第 5 页，《巴尔达齐传》，崇仁黄氏刻本，1923 年。

③ 《清太宗文皇帝实录》，第 51 卷，第 10 页，崇德五年三月己丑，中华书局影印本，1985 年。

属人口入官，罚银六百两。

正蓝旗梅勒章京伊孙，既见博穆博果尔兵攻掠本旗辎重，不急入援，坐待叶克书至，以致本旗甲士、厮卒共四十六人，为敌所杀。伊孙应革职，籍其家产之半。命：伊孙免革职，免籍家产，罚银三百六十两，所属人口入官。

正蓝旗伊勒慎，既获噶凌阿，防守不严，以致脱逃，罪一。噶凌阿余党及俘获二百二十人，又不严行系禁，及博穆博果尔来攻，遂失其地，又先塔哈布败走，罪二。及击败博穆博果尔时，镶红旗依汛地，追击余军，伊勒慎不于汛地邀截，坐视博穆博果尔及余众二百遁去，罪三。伊勒慎应论死，籍其家。命：伊勒慎，革职，鞭一百，籍其家，罚赎银三百六十两，所属人口入官。

镶蓝旗席林，获噶凌阿之媳，收留帐内，不防守，噶凌阿以致脱逃。及博穆博果尔来攻，不坚守营寨，为敌所夺，败走被杀。席林，应籍其家，妻子入官。命：席林，妻子入官，籍没家产，交与本旗王，酌量给散。

梅勒章京罗奇，获噶凌阿，不严行系禁，以致逃去。及博穆博果尔来攻，不坚守营寨，为敌所夺，拒战被杀。罗奇应革职，籍其家产之半。命：罗奇，革职，免籍没，不叙其阵亡功。

巴图鲁俄黑，督造监狱，不加意防范，身不擐甲，止执弓矢，致噶凌阿突出时被杀。巴图鲁俄黑，应革职。命：巴图鲁俄黑，革职，亦不叙阵亡功。

塔哈布，监守噶凌阿不严，以致脱逃。噶凌阿余党，及俘获之众，共二百二十人，不严加系禁，以致博穆博果尔来攻时，尽被夺去，遂弃地败走。及八旗合击之，博穆博果尔兵逃奔于山。镶红旗依汛地击杀，塔哈布不于汛地邀截，坐视博穆博果尔及二百余众遁去。塔哈布，应革职，鞭一百，贯耳鼻。命：塔哈布，革职，罢管牛录事；其鞭一百、贯耳鼻罪，准折赎。

正红旗图尔哈，所守监禁之人，白昼毁垣逃出，图尔哈并甲士二人、厮卒一人，俱被杀。图尔哈应籍家产。命：图尔哈，免籍其家，亦不叙其阵亡功。

阿尔吉禅、俄黑讷，白昼往查所守监禁人众，并不擐甲，不带兵器，遂被杀。阿尔吉禅、俄黑讷，应籍其家。命：阿尔吉禅、俄黑讷，皆免籍其家，亦不叙其阵亡功。

镶黄旗公衮，不遵领翼主将索海之令，不往席俄陈村，与郎图合营，及敌兵来攻，郎图始往救援，以致被杀。公衮应革职，籍家产三分之一。命：公衮，免籍家产，念其父功，免革职，亦不叙阵亡功。

镶白旗章京雅布喀，与穆祜、和讬率兵六十人，收管疲敝人马，遇三屯叛人伏发，和讬及兵三十七人被杀。穆祜谓雅布喀曰："和讬既死，吾等亦当死战！"遂冲入被杀。雅布喀率六人战脱，以其弃穆祜而走，雅布喀应鞭一百，贯耳鼻。命：雅布喀，救出六人，遇萨必图、吴班、卓布退，复同率兵，转战败敌，斩四十人，准免罪，亦不叙功。

正白旗额布特，不严守俘获之人，于当值之夕，擅宿于家，以致系禁者逃出，围其居室，同旗库尔禅预知之，击散敌人，额布特始得出。额布特应论死，籍其家。命：额布特，免死，免籍家产，罢管牛录事，解部任，鞭一百，贯耳鼻。

库尔禅，不严加监守，以致脱逃，亦应鞭一百。命：库尔禅，曾与博穆博果尔兵力战，免罪，仍给赏，不叙其功。

正蓝旗阿尔赛、拜果达、南济兰、黑勒，镶白旗赛达，立于领翼主将萨穆什喀之侧，坐视博穆博果尔兵攻掠正蓝旗辎重，杀四十六人，竟不救援。阿尔赛等，应各鞭一百，贯耳鼻。命：阿尔赛、拜果达、黑勒、赛达，听主将指挥，不得不从之驻立，俱免罪；南济兰，追论往罪，鞭八十。

噶喇额真索海，不严守本翼俘获人，又不坚立营寨，各旗人众，亦不令各集一队，以致系禁之人脱逃，本翼士卒被杀。索海，应罚银一百两，追还赏物。命：索海，功罪相抵，免罪。

正白旗梅勒章京拜、正红旗梅勒章京叶克书，督造监狱不坚，以致本旗俘获之人逃出，我兵被杀。拜、叶克书，应各罚银五十两，追还赏物。命：拜、叶克书二人，功罪相抵，俱免罪①。

皇太极对索伦博穆博果尔地区用兵，虽然取得一定战果，但博穆博果尔未擒获。皇太极为了统一黑龙江上游辽阔的索伦地区，于是决定再次派兵出征。

二征博穆博果尔　崇德五年即崇祯十三年（1640年）七月二十七日，皇太极遣席特库、济席哈等，率护军并征外藩蒙古官属兵丁，东征索伦部落②。行前，皇太极派内大臣巴图鲁詹、理藩院参政尼堪、副理事官纽黑，传谕外藩蒙古曰："所征之官属兵丁，俱会于内齐所居地方。悉令较射，选其壮勇者，令席特库等，将之以行。其从征官属兵

---

① 《清太宗文皇帝实录》，第52卷，第7～12页，崇德五年七月癸未，中华书局影印本，1985年。

② 魏源《圣武记·开国龙兴记一》作"六年，并征蒙古兵，征已降复叛之索伦博木果"云。误，"征蒙古兵"事在崇德五年七月丙午（二十七日）。

丁之数,敖汉、奈曼、吴喇忒、吴本下巴克巴海、内齐、桑噶尔下穆章,及四子部落兵,共二百四十名。令益尔公固、图哈纳、绰隆为向导。其从役官属兵丁,驼马、甲胄、器械、糗粮等物,俱命细加检阅,遣之。"①

此次出兵,特点鲜明,部署具体,举措得当:

第一,满官统领。派八旗满洲梅勒章京席特库、济席哈为统帅,及护军四十人充机动,负责对军队的统领与指挥。

第二,用蒙古兵。征调蒙古敖汉、奈曼、吴喇忒、扎鲁特、四子部落等官属兵丁,以蒙古兵为主力。

第三,精选壮勇。蒙古兵二百四十名,先行较射,优者选壮,壮者选勇,勇者选精。最后共选取外藩蒙古兵三百五十人,另有满洲护军四十人,共三百九十人。

第四,选择路线。从蒙古北边,绕路包抄,往追击之,使博木博果尔落于清军的包围圈中。

第五,选派向导。以益尔公固、图哈纳、绰隆熟悉路径,派为向导,以免陷于迷路的危险境地。

第六,做好后勤。诸如驼马、甲胄、器械、军粮等,认真准备,细加检查,为前锋部队提供后勤保障。

第七,师行机密。此次行军计划,连和硕郑亲王济尔哈朗、和硕睿亲王多尔衮、和硕肃亲王豪格、多罗武英郡王阿济格、多罗郡王阿达礼、多罗贝勒多铎、多罗安平贝勒杜度、多罗饶余贝勒阿巴泰、多罗贝勒罗洛宏等,都在事后与闻,其先均不预知。

第八,巧施妙计。事后,皇太极说:"博穆博果尔自叛后抗拒我军,彼时朕已定计,欲令其北遁,以便擒获。故阳言我军将于黑龙江地方牧马,必擒博穆博果尔。"②就是皇太极运用"声东击西"的谋略,在黑龙江虚张声势,放开"北遁"通路,诱使博穆博果尔向北逃去,以便被席特库等从北面加以截击。

清军在席特库、济席哈统领下,没有直线指向索伦,而是从外藩蒙古北边往追之。博穆博果尔闻讯清军扑向索伦,率众"北遁",恰中皇太极预设"声东击西"之计。席特库、济席哈等北行两个月零十三日,到达甘地,追获博穆博果尔之弟及其家属。又前行

---

① 《清太宗文皇帝实录》,第 52 卷,第 22 页,崇德五年七月丙午,中华书局影印本,1985 年。

② 《清太宗文皇帝实录》,第 53 卷,第 21 页,崇德五年十二月庚申,中华书局影印本,1985 年。

十四日,到达齐洛台(今俄罗斯赤塔)地方,追获博穆博果尔,及其妻子家属。十二月十三日,出征索伦部落席特库、济席哈,遣归痕戴青孟格图、艾达汉、迈图等,以擒获博穆博果尔奏报:"于甘地,获男子一百七十四名,斩十一人,死者七人,逃一人。于齐洛台地方,获博穆博果尔及男子八十人,斩二人,死者二人。共计见存二百三十一人,见在妇女、幼稚共七百二十五名口。二处共得马七百一十七匹,今止存六百五十四、牛一百二十七头。"①此事,《清太宗实录》记载:

> 命席特库、济席哈率外藩蒙古兵三百五十人,从蒙古北边,往追击之。席特库等越两月十三日,至甘地,获其弟及家属。又越十四日,至齐洛台地方,遂获博穆博果尔,及其妻子家属。共男妇幼稚九百五十六名口,马牛八百四十四。②

崇德六年即崇祯十四年(1641年)正月十六日,席特库、济席哈率八旗护军及外藩蒙古兵,带着博穆博果尔③等,凯旋盛京,受到欢迎。翌日,叙功:擢一等梅勒章京席特库为三等昂邦章京。赐穆章下阿玉石台吉、马尼台吉、固山额真苏班、甲喇章京奎恩、俄莫克,扎鲁特部落桑古尔台吉,吴喇忒部落布达席台吉、和洛齐、巴拜,四子部落固山额真布内,敖汉部落固山额真塞木,扎鲁特部落固山额真阿玉石、虎赖、甲喇章京阿尔苏户、岳博果,奈曼部落固山额真扎丹,及喇嘛斯希布,向导岳隆果等蟒缎、朝衣、貂裘、猞猁狲裘、豹裘、帽、带、甲、胄、腰刀、撒袋、弓、矢、银两、缎布等物有差④。

此外,崇德八年即崇祯十六年(1643年)三月十七日,崇德帝命护军统领阿尔津、哈宁噶等,率领三千余将士,往征黑龙江虎尔哈部落⑤。是为皇太极第四次用兵黑龙江。五月二十五日,往征黑龙江虎尔哈部落护军统领阿尔津、哈宁噶等,以清军攻克三屯,招降四屯,并俘获人口,自军中遣张泰、墨克奏报:"臣等军至彼地,所向克捷。其波

---

① 《清太宗文皇帝实录》,第52卷,第20页,崇德五年十二月己未,中华书局影印本,1985年。

② 《清太宗文皇帝实录》,第53卷,第21页,崇德五年十二月庚申,中华书局影印本,1985年。

③ 《清太宗实录》崇德六年四月甲寅记载萨穆什喀以获罪辩奏:"臣率兵五十人,实曾战败博穆博果尔。方战之时,伏兵适至。索海、谭布、拜等同党,言系伊等所击败,而以臣为败奔,加之以罪。今有博穆博果尔,请加质问。"据此,知博穆博果尔已被带到盛京。

④ 《清太宗文皇帝实录》,第54卷,第10页,崇德六年正月癸巳,中华书局影印本,1985年。

⑤ 黑龙江虎尔哈、索伦常混称,这里也包括索伦。

和里、诺尔噶尔、都里三处,俘获男子七百二十五名,小噶尔达苏、大噶尔达苏、绰库禅、能吉尔四处①,投顺来归男子三百二十四名,妇人二十九口。又俘获妇女、幼稚一百九十九口,获马共三百十有七、牛共四百有二,貂、狐、猞猁等裘共四领,貂、狐、水獭、青鼠等皮共一千五百有奇。"②七月初七日,往征黑龙江部落护军统领阿尔津、哈宁噶等率师凯还。此次出师:"携来男子、妇女、幼稚共二千五百六十八名口,马、牛、驴共四百五十有奇。外又俘获妇女、幼稚共二百四十九口,牛八头,猎犬十六,貂皮、貂尾、貂蹄共千有六百,貂尾护领二,貂、猞狸狲、青鼠等裘共十三,狐、水獭、狼、青鼠等皮共六百五十有奇。其携来男子,命按丁披甲,编补各旗缺额者。其余俘获,分别赏给出征将领。赐护军统领阿尔津、哈宁噶各貂皮七十、银百;齐墨克图、格尔特、董阿赖、达苏、巴兰、哈凝噶、哈尔萨、和尔托,各貂皮五十、银六十;刘仲金,貂皮五十、银五十;赵国祚,貂皮四十、银五十。又赏八旗护军校五十六员,军士三百三十二名,厮卒四百二十六名,每护军校各银四十,每军士各银三十,每厮卒各银十五,计共银一万八千五百九十两。又给阵亡、被伤者,共银二千五百六十两。赐随征外藩科尔沁国左翼将领苏门得里、右翼将领格塞里,各银三百;固山额真哈尚、巴颜、吹木,科尔沁国图章、特木德,右翼将领拜音代,杜尔伯特部落阿布代,科尔沁国噶尔图、布尔哈图、都尔敦,各银二百;甲喇章京洪果代、阿巴泰、讬克托和,郭尔罗斯部落门图克特、噶尔图,右翼甲喇章京扎赖特部落布都马尔,杜尔伯特部落孟格、额尔孙、安达尔、额墨克,各银百。牛录章京达济虎、满都、布泰、布当、朝济喀、劳章、马楚海,郭尔罗斯部落巴萨奈、代、都尔达哈,杜伯特部落拜达尔、图贝、额马尼雅、巴特玛、扈巴哈、叟塞、噶尔马、达雅,扎赖特部落博瑓、内里特,各银五十。又赏左翼军士四百八十名,厮卒四百七十三名,右翼军士四百七十九名,厮卒四百六十五名,计共银一万四千二百三十两。"③

综上,皇太极对黑龙江发动大规模的、极为重要的军事进攻,主要有四次:第一次,天聪八年即崇祯七年(1634年)十二月初十日,皇太极命梅勒章京霸奇兰、甲喇章京萨穆什喀等,率军进攻黑龙江地域,其目的是索伦等"慢不朝贡,将发大兵往征"。其导火索是蒙古噶尔珠塞特尔等"声言要前往征讨索伦部,收取贡赋,以便自给"。其结果是,

---

① 波和里、诺尔噶尔、都里、小噶尔达苏、大噶尔达苏、绰库禅、能吉尔等七屯,当在黑龙江江东六十四屯一带。

② 《清太宗文皇帝实录》,第64卷,第25~26页,崇德八年五月丁巳,中华书局影印本,1985年。

③ 《清太宗文皇帝实录》,第65卷,第15~17页,崇德八年七月戊戌,中华书局影印本,1985年。

后金军大胜,朝贡者益众。第二次,崇德四年即崇祯十二年(1639年)十一月初八日,皇太极命索海、萨穆什喀等,率领官属兵丁,往征索伦部落,主要打击博穆博果尔。第三次,崇德五年即崇祯十三年(1640年)七月二十七日,皇太极命席特库、济席哈等,率护军并征外藩蒙古官属兵丁,东征索伦部落,擒获博穆博果尔,取得征抚索伦的胜利。第四次,崇德八年即崇祯十六年(1643年)三月十七日,皇太极命护军统领阿尔津、哈宁噶等,率将士往征黑龙江虎尔哈部落,获得村屯、人口、貂皮、马牛等。

但是,上述皇太极四次用兵黑龙江,其中两次是针对博穆博果尔的。皇太极远征博穆博果尔之战,历来学者普遍认为:这是一场平叛战争,而博穆博果尔是叛首。其理由谓:一是,博穆博果尔只朝贡两次,表现他对清廷的轻视和不驯。事实上博穆博果尔于崇德二年即崇祯十年(1637年)四月十二日首次到盛京朝贡,六月初五日返还。崇德三年即崇祯十一年(1638年)十月初八日,第二次到盛京朝贡,十二月初五日在崇政殿受到接见,三十日受到赏赐。但崇德四年即崇祯十二年(1639年),皇太极就发兵远征索伦。此条理由,难以成立。二是,博穆博果尔"发动叛乱"。皇太极在其军队出征前的《谕旨》中,并没有讲博穆博果尔有"叛乱"的罪名。三是,在索伦部落已经归附纳贡之屯中,"此屯内又有博穆博果尔取米之屯"。这可以作为征讨博穆博果尔的理由,但不足以成为其"叛乱"的依据。事实上,博穆博果尔的确自己感到力量强大,显有"不驯"之表现。

皇太极发兵索伦是因为:其一,在已经归附纳贡之屯中,不许有"博穆博果尔取米之屯"。博穆博果尔向其所属村屯"取米",就是征收"贡赋"。而征收"贡赋",就是管辖或统治权力的象征。其二,皇太极对博穆博果尔,"虑其势盛不可制"[①],而发兵征讨,以显示皇威。其三,皇太极已经在对朝鲜、蒙古、明朝作战中取得胜利,更要将黑龙江流域(包括索伦部)完全置于清朝管辖之下。事实上,皇太极出兵索伦之前,索伦并未臣服于后金—清廷。天聪八年(1634年),后金军远征索伦之后,巴尔达齐与博穆博果尔等,都到盛京朝贡。他们二人有所不同:巴尔达齐——既向皇太极朝贡称臣,又将其所属村屯向清"纳贡";博穆博果尔——既向皇太极朝贡,又在其所属村屯"取米"。所以,皇太极出兵索伦,主要不是"平叛",而是令其"纳贡",也就是建立统治。此举遭到博穆博果尔等索伦大小头领的反抗,皇太极派兵平息博穆博果尔的反抗。第一次派

---

①　《黑龙江志稿·博穆博果尔》,第54卷,铅印本,1933年。

兵,有得有失,没有擒获博穆博果尔,恐怕留下祸根。第二次派兵,捉获博穆博果尔,事态平息。皇太极两次用兵索伦部落,统一索伦,确立统治,正面意义,十分重大。魏源评论道:"天命间,大兵虽一度至黑龙江下游(即混同江),未尝至索伦。天聪、崇德,始臣绝域,际东北海。于是,辽、金部落,咸并于满洲矣!"[1]

至此,清完成对黑龙江上游索伦地区的统一。皇太极统一黑龙江上游索伦地区,战略意义,非常重大。其一是,黑龙江上游地区,完全纳入清朝版图。这是继辽、金、元、明以来,对黑龙江上游地区(索伦、毛明安等)实行最为有效的管辖。其二是,索伦诸部归附人口,均被编入满洲八旗,扩充了兵源,增强了军力,成为清军一支劲旅。其三是,索伦地区成为日后顺治、康熙朝抗御沙俄入侵的前沿阵地,并为后来雅克萨保卫战和签订《尼布楚条约》准备了条件。所以,后来何秋涛在《朔方备乘·圣武述略》中曰:"自索伦部既平,而俄罗斯国,亦以是时略地而东。遂于顺治年间,窃据雅克萨地,侵扰索伦等部,垂四十年。赖我圣祖仁皇帝,庙谟先定,筑城运粮,屡奏克捷。察罕汗上书请和,立石定界。索伦诸部,遂得并臻清谧。而黑龙江之建为省会,肇基于此。"[2]

(三)清入关前东北版图

清入关前东北地区的版图,包括大兴安岭迤东,外兴安岭迤南,东到库页岛(今萨哈林岛),南达长城。其中黑龙江流域,包括黑龙江上游、中游、下游及其支流乌苏里江以东滨海地区。努尔哈赤、皇太极父子在统一东北的整个过程中,取得前无古人的业绩。

清初东北的版图　努尔哈赤在统一建州女真各部的同时,用兵东海地区。万历二十四年(1596 年),努尔哈赤派费英东"初征瓦尔喀,取噶嘉路"[3]。万历二十六年(1598 年),努尔哈赤派五弟巴雅喇和长子褚英,率兵攻取瓦尔喀部的安褚拉库路和内河路。翌年,渥集部虎尔哈(呼尔哈)二路酋长王格、张格到建州纳贡。万历三十五年(1607 年),东海女真瓦尔喀蜚悠城主策穆特黑到建州,随后投附努尔哈赤。同年,建

---

①　魏源:《圣武记》,第 1 卷,第 8 页,中华书局,1984 年。

②　何秋涛:《朔方备乘》,第 1 卷,第 1 叶,清光绪七年(1881 年)刻本。

③　《清史列传·费英东》,第 4 卷,第 1 页,中华书局,1928 年。

州同乌拉进行乌碣岩大战,建州军大胜。从此,努尔哈赤打开通往乌苏里江及其以东滨海地区的大门①。万历三十七年(1609 年),建州派扈尔汉带兵,击取滹野路(今俄罗斯滨海刀毕河地带)。万历三十八年(1610 年),努尔哈赤又派兵至图们江北岸,绥芬河、乌苏里江等地,招抚渥集部那木都鲁、绥芬、宁古塔、尼马察等路,使其纳贡,归顺建州。万历三十九年(1611 年),努尔哈赤派兵降服渥集部乌尔古宸、木伦二路,地在今穆棱河地带,即"穆林河会乌苏里入混同江,在宁古塔东北"②。万历四十二年(1614 年),建州军收降锡林、雅揽二路,其地《战迹舆图》标注在西璘、雅兰二河地带。万历四十三年(1615 年),建州又征服东海额黑库伦,即纳赫塔赫地方。以上地区,都在珲春以北,乌苏里江以东滨海地区。这一地区的部民,《满洲氏族源流考》列为:虎尔哈(东海)、奇雅喀喇、班吉尔汉喀喇、赫哲喀喇(使犬部)、费雅哈、奇勒尔(使鹿部)等部。

皇太极继位之后,采取"且征且抚"的策略,继续在乌苏里江以东滨海地域,边用兵、边招抚,使犬部、使鹿部先后归降后金,称臣纳贡。使犬部,举两例。第一例,天聪七年即崇祯六年(1633 年)六月二十四日,"东海使犬部落额驸僧格偕其妻,率五十二人来朝,贡方物"③。第二例,天聪九年即崇祯八年(1635 年)正月十五日,"使犬部落索琐科来朝,贡黑狐、黄狐、貂鼠、水獭等皮,及狐裘、貂裘"④。

在黑龙江下游及库页岛地区,生息着的使鹿部、使犬部,也向清朝纳贡称臣。《圣武记》转述《满洲氏族源流考》曰:在使犬部"又东北行逾混同江七八百里,曰费雅哈(喀);直至东北海滨,距宁古塔三千里,曰奇勒尔,即使鹿部也"⑤。使鹿部落的首领,也到盛京向皇太极纳贡称臣。崇德七年即崇祯十五年(1642 年)三月二十四日,赐贡貂之使鹿部落墨滕格等三人,索伦部落牛录章京讷耨克等二十二人宴,并赐鞍马、撒袋、衣帽、缎布等物有差⑥。

黑龙江中游地区,主要部族有虎尔哈、萨哈连、达斡尔(打呼儿)、萨哈尔察等部落。天命元年即万历四十四年(1616 年)七月十九日,努尔哈赤派达尔汉侍卫扈尔汉、硕翁

① 阎崇年:《天命汗》,第 123 页,吉林文史出版社,1993 年。
② 魏源:《圣武记》,第 1 卷,第 7 页,中华书局,1984 年。
③ 《清太宗文皇帝实录》,第 14 卷,第 20~21 页,天聪七年六月甲申,中华书局影印本,1985 年。
④ 《清太宗文皇帝实录》,第 22 卷,第 2 页,天聪九年正月丙寅,中华书局影印本,1985 年。
⑤ 魏源:《圣武记》,第 1 卷,第 8 页,中华书局,1984 年。
⑥ 《清太宗文皇帝实录》,第 59 卷,第 24 页,崇德七年三月癸巳,中华书局影印本,1985 年。

科罗巴图鲁安费扬古,率兵二千人,进入黑龙江中游的萨哈连地方,攻取三十六寨。渡过黑龙江,取萨哈连部的十一寨。同年九月,后金招抚乌苏里江下游的诺罗部和黑龙江下游的使犬部。天命二年即万历四十五年(1617年),后金军乘船渡过海峡,攻占了沿海附近岛屿。至此,金国获得广袤土地、大量貂皮、许多人口,对其加强国力,起着重要作用。

皇太极对黑龙江地区大规模用兵,从天聪九年即崇祯八年(1635年)始,到崇德八年即崇祯十六年(1643年)间,前后九年,成就巨大。其原因主要是:第一,军事。对朝鲜、蒙古、明朝的战事,取得重要进展,有力量抽出部分兵力,北顾黑龙江地域。第二,贸易。时诸部的貂皮贡赋交纳,既不够经常,且数额不足。金国正进行着大规模的军事行动,急需从黑龙江等地方取得貂皮,进行贸易,补充财源。而大量贵重的皮张,是进行貂皮贸易的资源。第三,赏赐。随着军事的胜利,归附的蒙古、汉人贵族与官员,需要大量珍贵貂皮等兽皮作为赏赐品。第四,兵员。战争的不断深入和扩大,需要不断地补充、增加兵员。壮丁是八旗的一种补充兵源,获得壮丁就得到了兵员的补充。第五,财富。至于妇女、幼孩、马牛,也是一种可分配的财物。第六,版图。皇太极要不断扩大皇权的空间范围。崇德帝在给明朝的文书中,特别突出自己的辽阔版图。

黑龙江上游地区,主要为索伦部落和毛明安部落的生息繁衍地区。索伦归附清朝,前文已述。皇太极统一索伦部前后,收抚毛明安(茂明安)部落。毛明安部落住居于贝加尔湖以东、额尔古纳河以西,今满洲里以北,东邻索伦,在赤塔和尼布楚(今涅尔琴斯克)一带石勒喀河及其支流地方。早在天聪八年即崇祯七年(1634年)十月十八日,"阿禄毛明安部落来归,见上,设大宴宴之。杨古海杜棱、胡棱都喇尔、吴巴海达尔汉巴图鲁、巴特玛额尔忻戴青、东卓尔台吉、阿布泰台吉等,献貂裘、马驼,酌纳之"①。崇德二年即崇祯十年(1637年)五月初二日,阿赖达尔汉追毛明安下逃人,直追到使鹿部落喀木尼汉地方,获男子十八人、妇女十一口而归。崇德三年(1638年)三月二十四日,毛明安部落巴特玛同蒙古亲王、额驸等,受到皇太极赏赐,被赐"鞍马、貂裘、衣服等物。仍赐宴,遣归"②。毛明安部归附清朝后,许多壮丁被编入八旗,崇德七年即崇祯

---

① 《清太宗文皇帝实录》,第20卷,第23页,天聪八年十月辛丑,中华书局影印本,1985年。
② 《清太宗文皇帝实录》,第41卷,第7页,崇德三年三月丁亥,中华书局影印本,1985年。

十五年（1642 年）九月，叙攻克塔山功，"毛明安下吴尔齐台吉"、"毛明安下阿敏台吉"等都受到皇太极的赏赐。毛明安部落臣服清朝表明，贝加尔湖以东、额尔古纳河以西、大兴安岭以北广大地区，都归于清朝版图。

经过努尔哈赤、皇太极父子两代，半个世纪的奋争，终于把原属明朝的奴儿干都司、辽东都司以及蒙古东部管辖区域，全部置于清朝的统治之下。清初的疆域，东北起库页岛（今萨哈林岛），东邻鄂霍茨克海，西北迄贝加尔湖，南至长城（辽西到宁远），西南到宣府、大同边外，西达青海，北跨外兴安岭。

正当皇太极收复黑龙江流域原属于明朝的、也是其先祖故土之时，沙皇俄国也正向乌拉尔山以东扩张，步步逼近清朝版图的黑龙江流域广大地区。天命四年即万历四十七年（1619 年），俄国哥萨克在叶尼塞河地带建叶尼塞斯克城堡。天聪六年即崇祯五年（1632 年），俄国哥萨克在勒拿河地带建勒拿堡，后改名为雅库次克。崇德八年即崇祯十六年（1643 年），俄罗斯波雅科夫等翻越外兴安岭进入精奇里江地带，即巴尔达齐故乡地域。顺治元年即崇祯十七年（1644 年），俄罗斯波雅科夫等继续沿河下行，进入黑龙江地带。然而，在这复杂的局势到来之前，皇太极已经完成了对黑龙江流域的统一，把分散居处、互不统属的黑龙江地区诸民族，集合在清朝的政权管辖之下。这就为后来清朝军民抗击沙俄侵略，准备了政治与民族、军事与经济的条件。

清初对黑龙江的管理　皇太极对黑龙江广大地域，实行有效、有特色的管理。

第一，迁民盛京。崇德五六年间（1640—1641 年），皇太极发动了第二次征讨索伦部博穆博果尔的战争，皇太极命将大量投顺、俘获的各部落的部民，迁入盛京，编入旗籍。其健勇壮丁，披甲为兵。没有迁徙走的零散户口，统称之为新满洲。崇德以后，对于归服的各部落不再称"新满洲"，而保留原称，编为户籍。在有的地区如库页岛（今萨哈林岛），以及乌苏里江以东沿海地区，不编设佐领（牛录），而以村屯或氏族为单位，"各设姓长、乡长，分户管辖"①。这些村屯，分布广泛，遍及于黑龙江及其支流乌苏里江流域直至库页岛地区。各村屯"有警则声气相通，安常则渔猎得所"②。八旗制度和姓长、乡长制度的建立，是清朝用以代替明朝原有制度的一项重要措施，它起到并加强了对该地区军政和民政机构的管理作用。

---

① 《清朝文献通考》，第 271 卷，《舆地三》，第 7279 页，浙江古籍出版社影印本，1988 年。
② 《吉林通志》，第 17 卷，第 30 页，光绪十七年（1891 年）刻本。

　　第二,编入八旗。崇德四年和五年,皇太极连续两次进行征讨博穆博果尔的战争,取得胜利,震动索伦。崇德六年即崇祯十四年(1641年)五月十三日,"索伦部落蒙塞尔瓦代之子巴尔达齐,率其户二百四人来降"。十五日,"索伦部落一千四百七十一人来降"①。仅三天之内,就有索伦一千六百七十五人降顺清廷。崇德帝命在北驿馆迎接,举行盛宴,加以欢迎。对于归顺的索伦壮丁,编为牛录,加入满洲。仅崇德六年即崇祯十四年(1641年)六月初十日,皇太极一次就赐索伦部落牛录章京都勒古尔、达大密、阿济布、讷努克、窦特、布克塔、充内堪代、俄尔噶齐、吴叶布、勒木白德、乌阳阿、章库、车格德、拜察库、挠库、讷墨库等十六人蟒缎、朝衣、玲珑鞓带、鞍马、缎布、撒袋、弓矢等物有差。驿馆设宴,隆重款待②。至于黑龙江支流松花江流域的虎尔哈部,努尔哈赤和皇太极多次发兵进行征抚。皇太极曾任命沙尔虎达为将,率兵征松花江虎尔哈(呼尔哈)部。该部居于呼儿哈河(牡丹江)和松花江两岸,有三大"喀喇"③即三大氏族:一是诺雷,于天聪五年即崇祯四年(1631年)向后金朝贡;二是克宜克勒,于崇德二年即崇祯十年(1637年)朝贡;三是祜什哈哩(祜什喀礼),于崇德三年即崇祯十一年(1638年)向清廷朝贡④。这表明松花江虎尔哈部已经归顺清朝。他们迁走的加入八旗满洲,成为满洲的成员;留下的则成为土著民族。上列虎尔哈三个氏族,后来就成为赫哲族的一部分。此次沙尔虎达率军进入松花江地带,"招降"男妇幼小一千四百余人。这里所言"招降",主要是指以"抚"绥服,而不是以"战"征服。

　　《圣武记·附考》记述:"东三省驻防兵,有老满洲,有新满洲,犹史言生女真、热(熟)女真也。国初收服诸部,凡种人之能成数佐领、数十佐领者,咸归于满洲。若东海三部、扈伦四部,今皆无此名目,盖已归入满洲故也。其他壮丁散处,随时编入旗籍。畸零不成一佐领者,则以新满洲统之,国语所谓'伊彻满洲'也。此皆崇德以前所服之部落。其崇德以后所归服,则并不谓之满洲,而各仍其原部之名。若黑龙江以南之锡伯、之卦勒察、之巴尔虎,黑龙江以北之索伦、之达瑚尔,皆各设佐领,分隶吉林、黑龙江两将军。既不得以满洲呼之;又部落杂错不一,于是以骑射最著、归服较早之索伦概之,故吉林、黑龙江各部,世皆概呼为索伦,以别于满洲。其实,索伦不过一部之偏名,

①　《清太宗文皇帝实录》,第55卷,第30页,崇德六年五月丁亥、己丑,中华书局影印本,1985年。

②　《清太宗文皇帝实录》,第56卷,第6页,崇德六年六月甲寅,中华书局影印本,1985年。

③　"喀喇":姓氏的意思。

④　何秋涛:《朔方备乘》,第1卷,第7页,光绪七年(1881年)刻本。

非各部之总名也。至混同江南岸,宁古塔以东,复有赫哲部、奇惟喀部;混同江北岸之东,复有鄂伦春诸部,所谓使犬、使鹿之国也。使犬之赫哲,亦谓之鱼皮部,不编佐领,惟设乡长、姓长,岁贡貂皮于宁古塔。鄂伦春有使马、使鹿二部,使鹿鄂伦春在使马之外,虽编佐领供调遣,而丁不逮额。"①

第三,设官镇守。早在努尔哈赤时代,就在宁古塔(今黑龙江宁安)设官镇守。崇德元年即崇祯九年(1636年)六月,清崇德帝皇太极命梅勒章京吴巴海"移镇宁古塔"②。其职责是负责管理黑龙江、乌苏里江流域的军政与民政之事务,宁古塔成为该地区的军政中心。顺治十年(1653年)五月,梅勒章京改称昂邦章京,镇守宁古塔地方。顺治元年(1644年)八月初二日,以正蓝旗内大臣任为盛京总管,其左翼为梅勒章京阿哈尼堪,右翼为梅勒章京硕鲁。顺治三年(1646年)五月十八日,梅勒章京叶克书改称为昂邦章京,镇守盛京。康熙元年(1662年),改为镇守辽东等处将军。康熙四年(1665年),改为镇守奉天等处将军(后称盛京将军)。康熙元年(1662年),改镇守宁古塔昂邦章京为镇守宁古塔将军(后称吉林将军)。黑龙江将军之设,始于康熙二十二年(1683年)。该年十月二十五日,兵部题设镇守爱浑(爱辉)等处将军,命以宁古塔副都统萨布素补授黑龙江将军③。

第四,定期朝贡。所谓"朝贡",就是向清朝政府定期缴纳以貂皮为主的贡赋。黑龙江、乌苏里江流域各部族落如索伦部、达呼尔部、萨哈尔察部、虎尔哈部、使鹿部、使犬部等,都要定期缴纳貂、狐、猞猁狲、海豹、水獭等毛皮。以萨哈勒察等部为例,仅崇德三年即崇祯十年(1638年)十一月档记载,进贡貂皮达一千一百二十四张④。《清朝文献通考》记载:"索伦、达呼尔,为东北最远之部,散处山林,以捕貂为业,亦称土中人。自国初天命、天聪年间,即相率内附。其后列于军伍,多以材勇自效。至于鄂伦春,一名奇勒尔,其所居益为辽远。使马鄂伦春,在诸部之外。使鹿鄂伦春,又在使马之外。……特以丰貂之产,岁时献纳。"⑤每年春夏之交,在通往盛京的大道上,来自黑龙江、乌苏里江、东海诸部的"朝贡"者,奔向盛京。在既不事农耕、又无货币的诸部落地

① 魏源:《圣武记·附考》,第1卷,第11~12页,中华书局,1984年。

② 《清史稿·吴巴海传》,第230卷,第9319页,中华书局标点本,1977年。

③ 《康熙起居注册》,康熙二十二年十月二十五日,中国第一历史档案馆藏。

④ 《清初内国史院满文档案译编》,上册,第393页,光明日报出版社,1989年。

⑤ 《清朝文献通考》,第271卷,《舆地三》,第7280页,浙江古籍出版社影印本,1988年。

区,向清朝缴纳实物,也就履行了他们的纳贡义务。后金—清给"纳贡"者规定了献纳的时间、地点、数量,并对献纳者按例给予赏赐。至于乌苏里江以东、黑龙江下游的使犬部,天命元年即万历四十四年(1616年),即已招服,嗣后全部内附。以其土产貂皮等物,后就宁古塔副都统处输纳,岁以为例。其乌苏里江以东的恰喀拉部落等,则间岁到尼满河地方交纳貂皮。其散处最远的库页岛(今萨哈林岛)等五百余户,则每岁遣章京等员,赴宁古塔境外三千余里之普禄乡等地方,于六月会集缴纳。黑龙江地域各部落这种交纳实物的"纳贡"形式,是清朝统治其臣民的体现。

《圣武记·附考》记述:"由宁古塔而东三百里,有依朗哈喇土城,即五国城故地,设官守之。又东北五六百里,为虎尔哈部所居。又六百里,为黑斤部所居。又六百里,为费雅哈部所居。此三部人,总名乌稽达子。乌稽即渥集也,又名鱼皮达子,近混同江海口,不产五谷,惟出紫貂、玄狐、海螺、灰鼠、水獭、鹰雕及鱼。每岁五月,此三部人,则乘查哈船江行,泊宁古塔南关外进貂。将军设宴,并出部颁袍、帽、靴、袜、挺带、巾、扇赐之。貂以黑斤部所产为最,费雅哈次之,虎尔哈又次之,黑龙江索伦所产毛粗又次之。"至于鄂伦春,分为使马鄂伦春、使鹿鄂伦春和库页岛居民:"使马鄂伦春,距齐齐哈尔城五六百里;使鹿鄂伦春,距齐齐哈尔城千余里。又有不编佐领之使鹿部,曰奇勒尔,曰费雅哈,与海中之库页岛,皆更在鄂伦春之外。每岁不能以时至宁古塔,则以六月期集于三千里外之普禄乡,而章京舟行如期往受之。"[1]

经过几次校大规模的征抚之后,黑龙江、松花江、乌苏里江等地方的部落,或由首领率领内附,或向清朝纳贡,或进行貂皮交易。向清进貂皮贡献者,如黑龙江下游使犬部盖清屯酋长僧格率五十人来贡貂皮,共六百零五张。同部酋长孛琐科来贡貂、狐、水獭等皮六百七十二张件。

第五,貂皮贸易。黑龙江地方各部朝贡貂赋之外,有时更"携来贸易"的皮张。崇德二年即崇祯十年(1637年),黑龙江地方的托科罗等三十三人,除贡貂皮一百五十一张外,其携来进行贸易的皮张,还有貂皮筒一百三十五件、貂皮三百八十六张、各类狐皮十七张、灰鼠皮六百三十张。另如宜克勤氏等四氏三十人,除贡貂皮一百一十张外,其携来贸易之貂皮筒一百九十三件、貂皮三百二十张、黑狐皮四张、白珍珠毛玄狐皮四张、白珍珠毛玄狐皮褥一领、玄狐皮三十四张、黄狐皮等二十三张(领)。还有些部落

---

① 　魏源:《圣武记》,第1卷,第13页,中华书局,1984年。

"仅与我贸易,而不纳贡"①。

八旗也分别派官到黑龙江地方,进行收买貂皮的贸易活动。据记载,崇德三年即崇祯十一年(1638年)十二月,"往黑龙江地方贸易,至是携货物至"。各旗获得贸易的貂皮,开列如下:

正黄旗,貂皮四百零六张;

镶黄旗,貂皮三百八十九张,余佛头青布②十一匹;

正红旗,貂皮一百一十四张,自嫩江地方易得貂皮七十八张,余佛头青布二十三匹;

镶白旗,貂皮二百三十一张,又自嫩江地方易得貂皮五十五张,余佛头青布四十八匹;

正白旗,貂皮一百三十三张,又自嫩江易得一百三十二张,余佛头青布八匹;

镶蓝旗,貂皮二百二十四张,又自嫩江地方易得貂皮八十四张,余佛头青布十一匹;

正蓝旗,貂皮一百八十二张,又自嫩江地方易得貂皮五十九张,余佛头青布一百一十二匹。

以上共貂皮二千零八十七张③。努尔哈赤和皇太极,运用貂皮贸易,以充实国家经济实力;利用部落壮丁,以补充八旗满洲兵力;控制广大土地,以宣扬大清皇权威力,这就是天命—天聪—崇德的重要国策,也是其重要成果。

努尔哈赤、皇太极父子两代,经过前后五十年的时间,逐步统一了黑龙江流域及其支流乌苏里江以东沿海地区,继辽、金、元、明之后,重新统一了这一广大地区,并对其建立军政之有效管辖。而统一索伦地区,主要是在崇德年间④。魏源在《圣武记》"开创"篇里论道:"崇德而后,与东北之鄂伦春,奔走疏附,后先御侮,是为黑龙江之兵。自索伦骑射闻天下,于是后编八旗之达瑚尔(达斡尔)、鄂伦春等部,世皆'索伦'呼之。而吉林一军,则但知为新满洲矣。'女真兵满万不可敌',况倾东北海之精锐,殚两神圣之训练,夫何敌于天下!"努尔哈赤、皇太极父子,以整个东北地区为基地,以八旗满洲为

---

① 《清初内国史院满文档案译编》,上册,252页,光明日报出版社,1989年。

② "余",为交易后之所余;"佛头青布",为蓝绿色的棉布,下同。

③ 《清初内国史院满文档案译编》,上册,第392页,光明日报出版社,1989年。

④ 阎崇年:《清太宗经营索伦辨》,《历史档案》,2004年,第2期。

骨干——囊括东北黑龙江地域"索伦"之悍勇精锐,编制八旗蒙古之铁骑劲旅,创设八旗汉军之火器重军,合成八旗满洲、八旗蒙古、八旗汉军,与大明朝争雄,同农民军角逐,"夫何敌于天下"。

十二　盛京宫殿与陵寝

清朝入关以前,定都沈阳,尊其为"盛京",在盛京建筑宫殿与陵寝。

(一)定都沈阳

先是,后金的第一个都城是赫图阿拉(今辽宁省抚顺市新宾满族自治县永陵镇赫图阿拉村)。天命六年即天启元年(1621年),后金占领沈阳、辽阳。三月二十一日,天命汗努尔哈赤在攻克辽阳的当天,即决定迁都辽阳。辽阳,又称东京。辽太祖神册四年(919年),修葺渤海辽阳故城。辽太宗天显三年(928年),升为南京。会同元年(938年),"改南京为东京,府曰辽阳"①。金仍为东京。元至元二十五年(1288年),改东京为辽阳路。明洪武四年(1371年)置定辽都卫,六年(1373年)置辽阳府,八年(1375年)改都卫为辽东都指挥使司。辽东都指挥使司所辖:"东至鸭绿江,西至山海关,南至旅顺海口,北至开原。"②后置辽东经略衙署,驻辽阳。

迁都辽阳　后金迁都辽阳,因为开国之地赫图阿拉,已不能适应其新军政形势的需要。《兴京县志》载述,兴京地偏辽左东隅,四面均为山峦阻隔。它适于据守、崛兴,不宜于开拓、四达③。《盛京通志》也载:"兴京之地,东傍边墙,西接奉天,南界凤城,北抵开原,层峦叠拱,众水环洄。"这种偏隅闭塞的地理形势,不能满足天命汗西抚蒙古、南攻明朝的军事政治需要。选择辽阳作为都城,其有利的条件更多。

---

① 《辽史·地理志二》,第38卷,第457页,中华书局校点本,1974年。
② 《明史·地理志二》,第41卷,第952页,中华书局校点本,1974年。
③ 《兴京县志》讹误甚多,如"(天命)十一年八月庚戌,龙驭上宾,享寿七十,葬福陵"。此段文字讹误有三:其一,"戍"应作"戌";其二,清太祖享年六十八;其三,应作天聪三年二月葬福陵。又如"崇德八年,(清太宗)驾崩,谥曰文皇,葬昭陵。世宗嗣位,改元顺治,是年入关"。此段文字,疏误有三:其一,应作"文皇帝";其二,应作"世祖嗣位";其三,应作顺治元年入关。

　　辽阳所具有的政治、军事、经济、文化价值,已为辽、金、元三朝契丹、女真、蒙古的历史,得到充分显示。先是,契丹占有辽阳,而据有河北;女真占有辽阳,而灭亡辽朝;蒙古先取辽东,而动摇金朝。元亡明兴,辽东防务,分为四路:东路辽阳、西路锦州、北路开原、中路广宁,一路有警,相互策应。时后金已经占有上述四路中的东路与北路,迁都辽阳,便于进一步谋取中路广宁、进夺西路锦州。而作为明朝辽东首府的辽阳,势踞形胜,地处冲要。《大明一统志》记载辽阳形胜:"负山阻河,控制东土。秦筑障塞,以限要荒。临闾之西,海阳之北,地实要冲,东北一都会也!"①辽阳不仅具有军事地理价值,而且具有重要经济价值。辽阳"负山面海,水深土衍,草木丰茂,鱼盐饶给"②。

　　辽阳位于辽河平原与辽东山地结合之部,农耕经济与渔猎经济相邻之地,汉族文化与满洲文化交汇之区。后金奠都辽阳,进宜攻取,退宜御守。《盛京通志》概述辽阳的地理形势与战略地位,略谓:"东京之地,以辽阳为屏蔽,以浑河为襟带。北接开原、铁岭,南连海城、盖平,山林蕃薪木之利,沮泽沃水族之饶。我太祖高皇帝创业之初,筑城于此,一以经画宁、锦,一以控制沈、辽。"③后金以辽阳作为都城,既能大汗守边,控扼辽东;又能率骑驰驱,进攻辽西。努尔哈赤明确认识到辽阳的重要价值,占据辽阳,首先决策的一件大事就是迁都辽阳。

　　后金迁都辽阳,遂筑辽阳新城。努尔哈赤命筑城于辽阳城东五里太子河边,创建宫室,迁居之,名曰东京④。后金在辽阳太子河东岸建东京新城,其目的有四:一是凭河为障,防明军东扑;二是驻足不稳,另建新城;三是满洲聚居,防汉人反抗;四是旗民分住,防满人汉化。

　　辽阳原有南、北两城,南城驻辽东都司军政机构,北城住平民百姓。后金官兵及其眷属迁入辽阳后,先是"移辽阳官民于北城,南城诸王臣民居之"。

　　辽阳的东京城,在今辽宁省辽阳市东京陵镇新城北,离辽阳旧城八里。它东南依韩家碏山,东北傍老大石山,西濒太子河,建在山川之间突起的台地上。台地四周与城垣四周大致相仿。《辽阳州志》记载:东京城在太子河东,离辽阳城八里。天命六年建。

　　①　《大明一统志》,第35卷,第29页,三秦出版社影印本,1985年。
　　②　顾祖禹:《读史方舆纪要》,第37卷,第28页,上海书店出版社影印本,1998年。
　　③　乾隆《盛京通志》,第18卷,第8页,乾隆四十九年(1784年)纂修,武英殿刻本。
　　④　《清太祖高皇帝实录》,第8卷,第17页,天命七年三月己亥,中华书局影印本,1986年。

城周围六里零十步,高三丈五尺,东西广二百八十丈,南北袤二百六十二丈五尺。城门八:东门二,一曰抚近,一曰内治;西门二,一曰怀远,一曰外攘;南门二,一曰德胜①,一曰天佑;北门二,一曰福胜,一曰地载。号曰东京②。

东京城的城墙,为砖石包砌,中实土石。环城挖壕,以河护城。城平面呈棱形,八座城门,各有城楼。据实测,城东墙长九百二十四米,南墙长九百七十五米,西墙长九百四十五米,北墙长九百七十米。实测尺寸与《辽阳州志》所载基本符合。城内建有八角殿、汗宫、堂子等。天命七年即天启二年(1622 年)四月,城工未完竣,便匆匆迁入住。

东京城是后金——清朝第一座建在平原、用砖包砌城墙的都城。它在清代都城史上,上承兴京城,下启盛京城,是一座具有重要意义的都城。

定都沈阳　努尔哈赤迁都辽阳四年,突然决定迁都沈阳。为此,发生一场要不要迁都沈阳的辩论。

先是,后金迁都辽阳,发生两次大的争论:第一次是要不要迁都辽阳? 第二次是要不要兴建新城?

第一次争论发生在后金刚占领辽阳时。这次关于要不要迁都的争论,努尔哈赤同诸贝勒对话如下:

> 天命大汗谕曰:"天既眷我,授以辽阳。今将移居此城耶,抑仍还我国耶?"贝勒大臣谏曰:"还国!"
>
> 天命大汗谕曰:"国之所重,在土地、人民。今还师,则辽阳一城,敌且复至,据而固守。周遭百姓,必将逃匿山谷,不复为我有矣! 舍已得之疆土而还,后必复烦征讨,非计之得也! 且此地,乃明及朝鲜、蒙古接壤要害之区。天既与我,即宜居之。"
>
> 贝勒大臣皆曰:"善!"③

努尔哈赤从土地、人民、军事、政治、民族、外交等方面,阐述迁都辽阳诸利,并折服贝勒

---

①　康熙《辽阳州志》卷首《东京城图》:南向东门为"德盛"。康熙《盛京通志》亦作"德盛"。

②　康熙《辽阳州志·京城志》,第 1 卷,第 727 页,康熙二十年(1681 年),《辽海丛书》本,辽沈书社,1985 年。

③　《清太祖高皇帝实录》,第 7 卷,第 23 页,天命六年三月癸亥,中华书局影印本,1986 年。

诸臣。《满文老档》记载努尔哈赤迁都的原因，还有经济方面。如赫图阿拉地处山区，离海较远，交通不便，又受明封锁，没有食盐吃。后金贵族的包衣阿哈因没有盐吃，纷纷逃亡。迁到辽阳城住，还可以有盐吃。于是定议迁都，迎后妃、贝勒等到辽阳。无疑，迁都辽阳是努尔哈赤一个勇敢而果断、英明而正确的决策。后金将都城从赫图阿拉迁到了辽阳。

第二次争论发生在后金迁都辽阳之后。这次关于要不要建新城的争论，努尔哈赤同诸贝勒对话如下：

> 天命大汗谕曰："我国家承天眷佑，遂有辽东之地。但今辽阳城大，年久倾圮。东南有朝鲜，北有蒙古，二国俱未弭帖。若舍此征明，恐贻内顾忧，必更筑坚城，分兵守御，庶得固我根本，乘时征讨也。"
>
> 贝勒大臣皆曰："舍见居之城郭、室庐，更为创建，毋乃劳民耶！"天命大汗谕曰："今既与明构兵，岂能即图安逸？汝等所惜者，一时小劳苦耳！朕所虑者大也。苟惜一时之劳，何以成将来远大之业耶！朕欲令降附之民筑城，而庐舍各自营建。如此虽暂劳，亦永逸已。"
>
> 贝勒大臣皆曰："善。"

后金迁都辽阳，时间仅四年，又迁都沈阳。

天命十年即天启五年（1625 年）三月初一日，努尔哈赤决定从辽阳迁都沈阳。

迁都定鼎，社稷大事。历史上每次定都与迁都，总要伴随着激烈的论争。昔刘邦都洛阳或关中，犹疑不能定夺，君臣各有所重。张良曰："夫关中，左殽、函，右陇、蜀，沃野千里，南有巴蜀之饶，北有胡苑之利，阻三面而守，独以一面东制诸侯。诸侯安定，河渭漕挽天下，西给京师；诸侯有变，顺流而下，足以委输。此所谓金城千里，天府之国也。"[①]但在庙堂议争都城的问题上，清太祖与汉高祖不同：汉高祖刘邦为臣谏君，清太祖努尔哈赤则为君谕臣。努尔哈赤第二次迁都沈阳，同上次迁都辽阳一样，又发生一场君臣之争。

《清太祖高皇帝实录》记载："帝聚诸王臣议，欲迁都沈阳。"但是，努尔哈赤的意见

---

① 《史记·留侯世家》，第 55 卷，第 2044 页，中华书局校点本，1959 年。

遭到诸王贝勒的阻谏。诸王大臣谏曰："迩者筑城东京，宫室既建，而民之庐舍，尚未完善。今复迁移，岁荒食匮，又兴大役，恐烦苦我国！"努尔哈赤不许。他为了说服诸王贝勒，阐述迁都沈阳的理由：

> 沈阳形胜之地。西征明，由都尔鼻渡辽河，路直且近。北征蒙古，二三日可至。南征朝鲜，可由清河路以进。且于浑河、苏克苏浒河之上流，伐木顺流下，以之治宫室、为薪，不可胜用也。时而出猎，山近兽多。河中水族，亦可捕而取之。朕筹此熟矣，汝等宁不计及耶！①

迁都沈阳的《汗谕》，长达九十九字②，概述其都城选址沈阳的道理。后金迁都沈阳，可概括为十利：

其一，地理方面。势踞形胜之地，位于冲要之区，土地肥沃，河水充沛。"左控朝鲜，而右引燕、蓟；前襟溟渤，而后负沙漠"。扼全辽东西之枢纽，襟松辽平原之腹地。

其二，历史方面。先前辽设五京，没有沈阳；金设五京，也没有沈阳。元朝东北行政中心，在辽阳；明朝辽东军政中心，也在辽阳。努尔哈赤攻占辽阳后，迁都辽阳，再迁沈阳。从此，沈阳第一次成为都城。努尔哈赤迁都沈阳，使沈阳成为后金—清初的政治中心。

其三，交通方面。上引《汗谕》，共八句话，其中四句，讲了交通：水陆两路，四通八达，利于行军，便于运输。

其四，经济方面。上引《汗谕》，共九十九字，其中四十七字讲经济（占总字数的百分之四十八）：辽河平原，盛产粮棉，物资富饶，河林之利，可渔可猎，适于满洲社会发展渔猎经济。努尔哈赤迁都沈阳，为尔后沈阳成为东北政治、经济、文化、军事、交通中心，特别是对辽河下游的沈海地带经济开发，具有划时代的意义。

其五，民族方面。离其"民族故乡"既不过远、又不过近，在汉族、满洲、蒙古结合地带，北向可达松花江、黑龙江流域地区的诸多民族，如索伦、达呼尔（达斡尔）、虎尔哈、鄂伦春、鄂温克、赫哲、使犬部、使鹿部等。依其军政实力，便于展缩进退，征抚蒙古，北

---

① 《清太祖高皇帝实录》，第 9 卷，第 10～11 页，天命十年三月己酉朔，中华书局影印本，1986。

② 未计标点符号。

向拓展,更为有利。

其六,民心方面。努尔哈赤在辽阳地区实行许多错误政策,辽阳曾长期为明朝辽东统治中心,"汉人思明"。特别是金、复、海、盖四卫,汉民运用各种形式反抗后金,诸如往井水中投毒、出售毒死猪肉等。后金官兵又"每聚而泣"①,甚至"渐思遁矣"! 迁都沈阳,既可以避开辽人反金的中心地带,又可以便于向辽西地区进取。

其七,外交方面。同朝鲜交往,也较方便。

其八,文化发面。汉族为农耕文化,满洲为渔猎文化,蒙古为草原文化,沈阳处于以上三种文化的交汇地带,有利于汉、蒙古、女真文化的交流与发展。

其九,军事方面。其时受到东江总兵毛文龙从海上、辽东总兵马世龙从陆地的军事袭扰,迁都沈阳,比较辽阳更为安全。且便于西进,稳固辽东,争雄辽西,绕道蒙古,进攻塞内。

其十,政治方面。"前之进无穷,后之退有限"②。迁都沈阳,便于东盟朝鲜,西抚蒙古,北定索伦,阻三面而守,以一面攻明——围攻锦州,进兵宁远,叩打关门,问鼎中原。

但是,诸王大臣仍然拒不同意迁都沈阳。"成大功者,不谋于众"。先是,北魏孝文帝欲从平城(今山西大同)迁都洛阳,群臣怀恋故土,稽颡泣谏。他在谕南迁的原因之后,命"欲迁者左,不欲者右"。但安定王休等相率站在右边,表明不愿迁都。魏太和十七年(493 年),孝文帝"谋南迁,恐众心恋旧,乃示为大举,因以胁定群情,外名南伐,其实迁(都)也。旧人怀土,多所不愿,内惮南征,无敢言者,于是定都洛阳"③。魏孝文帝施展政治权术,佯称南征,实迁都城。

努尔哈赤则不同,他与贝勒诸臣辩议,并力求说服他们。努尔哈赤虽没有说服他的诸王大臣,但最后断言:"吾筹虑已定,故欲迁都,汝等何故不从!"

努尔哈赤不徇众见,决然迁都,乃于天命十年即天启五年(1625 年)三月初三日,出东京城,驻虎皮驿;初四日,至沈阳④。

---

① 《督师纪略》,转引自《清入关前史料选辑》,第 3 辑,第 241 页,中国人民大学出版社,1991 年。

② 《方舆胜略》,《日下旧闻考》,北京古籍出版社,1981 年。

③ 《魏书·李冲传》,第 53 卷,第 1183 页,中华书局校点本,1974 年。

④ 《清太祖高皇帝实录》载天命十年三月"庚午(二十二日),上自东京启行,夜驻虎皮驿。辛未(二十三日),至沈阳"。

这次迁都之议,《满文老档》、《满洲实录》、《清太祖武皇帝实录》和《清太祖高皇帝实录》等,均未在后金《汗谕》之后,书"贝勒诸臣皆曰'善'"。《满文老档》的记载是:汗给他的父祖坟墓,供祭杭州纺织细绸;又杀牛五头,烧了纸钱。然后从东京出发,夜宿虎皮驿。翌日,未刻,进入沈阳城①。贝勒诸臣,跟随迁徙。可见他是力排众议,断然迁都沈阳的。

努尔哈赤综合考虑了历史与地理、社会与自然、政治与军事、民族与物产、形胜与交通等因素,而作出迁都沈阳之开创性的重大战略决策。迁都沈阳后,经努尔哈赤、皇太极父子两代的开发,沈阳及辽河地区的经济与社会,得到全面迅速的发展。清朝迁都北京后,沈阳成为清朝的陪都。似可以说,近代辽河流域、沈海地带的区域经济开发,清太祖努尔哈赤是其经始者。

沈阳,又称盛京,是一座历史名城。辽、金为沈州治,兴筑土城。元为沈阳路总管府治,因浑河亦称沈水,城在沈水之北,水北为阳,故称沈阳。它是"辽东根本之地,依山负海,其险足恃,地实要冲,东北一都会"②。明为沈阳中卫。洪武二十一年(1388年),指挥闵忠因旧土城修筑砖城,城为方形,"周围九里三十步,高二丈五尺。池二重,内阔三丈,深八尺,周围一十里三十步;外阔三丈,深八尺,周围一十里三十步。外围三丈,深八尺,周围一十一里有奇。城门四:东曰永宁,南曰保安,北曰安定,西曰永昌"③。明中叶以后,沈阳在辽东的地位日趋重要。它襟山环海,地处冲衢,"据险立关,架川成梁,以通行旅,资利涉哉"④。但是,天命汗对沈阳战略地位的认识有一个过程。努尔哈赤占领沈、辽之后,并没有迁都沈阳,而决定迁都辽阳。后金迁都辽阳,翌年夺取广宁,占有河西大片土地。摆在努尔哈赤面前的战略安排是:内固根本,东结朝鲜,西抚蒙古,北稳后方,南进宁远,径叩关门。为此,其都城应即由辽阳迁至沈阳。但努尔哈赤囿于辽阳为辽东首府的传统之见,不仅未迁都沈阳,反而营筑东京城,此可谓得失参半:巩固政权,进退兼顾,是为得;巨耗民力,延宕四年,是为失。经过五年的选择,努尔哈赤终于决定将都城由辽阳迁至沈阳。这是后金—清朝历史,是清代都城历史,也是清代东北历史的一个转折点。

---

① 《满文老档·太祖》,上册,第 626 页,天命十年三月初三日,中华书局译注本,1990 年。
② 雍正《盛京通志》援引《元志》,第 9 卷,雍正十二年(1734 年)刻本。
③ 毕恭等修:《辽东志·城池》,第 2 卷,第 370 页,《辽海丛书》本,1934 年。
④ 康熙《盛京通志》,第 11 卷,康熙二十三年(1684 年)刻本。

　　沈阳位于辽河平原的腹部,沈水之阳,辽阳、广宁、开原三镇雄踞鼎峙之中。它在松辽平原的南部,"源钟长白,秀结巫闾,沧海南回,混同北注"①。沈阳不仅地处形势冲要之区,而且位于民族纷争之地。正如《全辽志》所载,沈阳"左控朝鲜,而右引燕、蓟;前襟溟渤,而后负沙漠"②。沈阳在辽东地区的位置,康熙《盛京通志》载述:盛京沧海朝宗,白山拱峙,浑河辽水,绕带西南,黑水混同,襟环东北。控制诸邦,跨驭六合③。控制东北诸族之民,辖驭关外六合之众,这就是沈阳的重要战略地位。

　　迁都沈阳,是后金—清朝的第二次迁都,沈阳成为后金—清朝的第三个都城。在中国皇朝历史上,都城迁移,屡见不鲜。昔"自契至于成汤八迁,汤始居亳"④。迁都定鼎选址,必择要害之区。汉初刘邦相宅未定,娄敬说刘邦都关中,称:"夫与人斗,不搤其亢,拊其肩,未能全其胜也。今陛下入关而都,案秦之故地,此亦搤天下之亢,而拊其背也。"⑤后金迁都沈阳,正是扼明朝辽东之亢而拊其背,阻三面为守,独以一面南制明朝。其时辽东局势,关系明廷全局。毕恭在《辽东志》中引据史典预言:"昔人有言:'洛阳之盛衰,天下治乱之候也;园囿之兴废,洛阳治乱之候也。'余于辽亦云:夫辽,必争之地也。天下之治乱,候于辽之盛衰;而知辽之盛衰,候于夷夏之兴废。"⑥满洲据辽东之形胜,关系明皇朝之盛衰。后金都城的选址,又关系满洲之盛衰。因之,努尔哈赤毅然决定从辽阳迁都沈阳。后皇太极于八年四月初六日,称沈阳城满文名"mukden hoton"。"mukden"汉意译为"兴盛";"hoton"汉意译为"城","mukden hoton"的汉意译为"盛京"。皇太极命将沈阳城"称曰天眷盛京",并命今后"毋得仍袭汉语旧名,俱照我国新定者称之。若不遵新定之名,仍称汉字旧名者,是不奉国法,恣行悖乱者也,察出决不轻恕"。

　　后金东京的城都文化,表现满、汉文化既相互排斥、又相互融合。

　　满、汉文化的相互排斥,主要反映于满、汉分城居住。辽阳原有南、北两城,南城周长十六里,为辽东都指挥使司驻地;北城周长十里,居住平民。后金迁都辽阳之初,实

　　① 雍正《盛京通志》,第 1 卷,雍正十二年(1734 年)本。
　　② 毕恭等修:《全辽志》,第 1 卷,第 498 页,《辽海丛书》本,1934 年。
　　③ 康熙《盛京通志·形胜》,第 8 卷,康熙二十三年(1684)刻本。
　　④ 《尚书·夏书·胤征》,宋十三经注疏附校勘记本,中华书局影印,1980 年。
　　⑤ 《史记·刘敬叔孙通列传》,第 99 卷,第 2716 页,中华书局校点本,1959 年。
　　⑥ 毕恭等修:《辽东志》,第 1 卷,第 368 页,《辽海丛书》本,1934 年。

行满、汉分南北城居住,还下令对汉人剃发、查粮、迁民、服役。东京城建成后,辽阳旧城居汉民,东京新城则居旗人。这是清朝满、汉分城居住之始。其实,早在辽初,即实行契丹与汉人分城居住。契丹人得辽阳,居住内城,汉人则居住外城,"外城谓之汉城"①。这是少数民族居于统治民族时,其族人住居在以汉人为主体居民城市的一种文化隔离政策。但两种文化间的交融,是任何城墙都阻隔不了的。这种满、汉分居的形式,是在农耕文化圈内,将森林文化与农耕文化隔离,在东京城保持一个森林文化模式。从而在辽沈地区出现尖锐的民族矛盾。

满、汉文化的相互融合,反映于建筑方面,既具有满洲特色,又吸收汉族风格。东京城为半山城,保留其"依山而居"的旧习,又建在平原;汗宫设在城内突起台地上;其主要殿堂除吸取汉族建筑艺术外,所兴筑的八角殿,又是八旗制度在建筑风格上的反映。八角殿的殿堂内和丹墀上满铺绿色釉砖,则是昔日森林和猎场生活在宫殿建筑色彩艺术上的再现。建堂子以用于萨满祭祀等,均为满洲文化的特色。同时又大量吸纳汉族传统建筑特点——城郭为汉族方正形,城墙、敌楼、瓮城、券洞、壕堑;宫、殿分离,使用琉璃构件,饰以栏板、望柱等。东京城门额如德盛、福胜、天佑、地载、抚近、怀远、内治、外攘等,都受汉族儒家文化的影响。而东京城门额内外各嵌满、汉文一幅,则是满、汉文化融合的佳证。

后金东京的都城文化,表现了满、汉文化的二元性——满洲文化与汉族文化、森林文化与农耕文化的冲突与融合。

盛京的都城文化,既表现了森林文化与农耕文化的冲突,又反映了满洲文化与汉族文化的融合。于民族文化冲突:后金军初入辽沈地区,火烧城郭、掠获人畜、滥杀汉人、屠戮儒生,牧放牛马、任吃庄稼,强征粮食、焚毁房屋,强令移民、抛荒耕地,下令剃发、严惩逃人——是森林文化与农耕文化冲突的显现。于民族文化融合:盛京在平原建方正形城池,八角形大衙门和八旗亭,清宁宫内设萨满祭祀神堂、煮祭(胙)肉大锅、举行萨满祭祀并在院内竖立神杆,建于高台上歇山式三层重檐凤凰楼,大清门、崇政殿既为硬山式、又饰五彩琉璃螭首,殿顶盖黄琉璃瓦、镶绿色剪边,彩绘既有京师皇宫和玺彩画、又有关外三宝珠吉祥草图案,宫内匾额为满、汉合璧书写——是满洲文化同汉族文化融合的结晶。盛京宫殿既有汉族建筑规制,又有满洲民族特色,成为满、汉文化

---

① 《辽史·地理志二》,第38卷,第456页,中华书局校点本,1974年。

融合的典型建筑。笃恭殿顶的宝瓶火焰珠、梵文天花、多彩藻井等,则是满、汉、蒙、藏多民族建筑艺术的融合。总之,盛京皇宫是皇太极"参汉酌金"、融会多民族传统艺术在宫殿建筑上的反映。

清人关前都城,在二十多年间,每次迁徙奠都,都伴随着军事上的节节胜利,激发着政治上的勃勃生机。后金—清初都城迁徙的轨迹,自东而西,由北而南,从山区到平原,经关外到关内,既表现了森林文化与农耕文化的冲突,也反映了满洲文化与汉族文化的融合。后金进入辽沈地区,由八旗满洲,而八旗蒙古,而八旗汉军,它的文化机制,当属满洲森林文化为主,兼有蒙古游牧文化、汉族农耕文化。后金两次迁都的历史,展现出满洲、蒙古、汉族的渔猎、草原、农耕三种文化在都城文化中的冲突、交流、融合和发展。兴京、东京、盛京展现了女真—满洲文化的发展脉络,也是展示中华民族多元文化的绚丽奇葩。

清人关前的三座都城,是在不同历史、不同地域、不同经济、不同文化背景下依次建成的,它们相互之间,既有承继、又有创新,既有共性、又具特点。都城是国家或政权的政治中心。后金—清初的政治弈棋,实际分为三步:第一步,统一女真各部,以兴京为其政治中心;第二步,统一东北地区,先以东京继以盛京为其政治中心;第三步,统一整个中国,以北京为其政治中心。

天命汗迁都沈阳后,因时间太短,社会不安定,且大战连绵,而对沈阳的城市建设,既无大举措,也无大成绩。皇太极在沈阳十七年间,沈阳城池宫殿发生巨大变化。天聪八年即崇祯七年(1634 年)四月初六日,皇太极谕:"其沈阳城,称曰天眷盛京。"①从此,沈阳也称盛京。盛京的城池、府衙、坛庙、寺观,择其大端,简述如下。

城池府衙 皇太极时期,沈阳城市,变化很大。皇太极兴建盛京皇宫,同时兴建盛京城池。新建的盛京城,比原沈阳中卫城,不仅规模扩大,而且改变原来单纯军事防御之城,而为天子治居之城。其宫殿、衙署、坛庙、王府,逐渐建成,鳞次栉比。沈阳城原为洪武二十一年(1388 年)建的中卫城,城为方形,双重城池,砖石城垣,格局较小。明沈阳中卫城的建筑与规模,其内城,周围九里三十步,高二丈五尺,池两重,内阔三丈,深八尺;周围十一里三十步,外阔三丈,深八尺,城门四座②。并在城墙东南与西北,各

---

① 《清太宗文皇帝实录》,第 18 卷,第 9 页,天聪八年四月辛酉,中华书局影印本,1985 年。

② 康熙《盛京通志·京城》,康熙二十三年(1684 年)刻本。

辟一门，派兵戍守。由于这四门是两两相对，所以在城内，形成十字街。皇太极随着汗权的巩固与军事的胜利，对沈阳旧城进行改建并拓展。天聪四年即崇祯三年（1630年）增修沈阳城北面城墙。先是，沈阳城东、南、西三面，已经修完；至是，增修北面城垣。《满文老档》记载："沈阳城北面未曾修筑，仍系明人所筑者。其余三面，早已修筑。天聪四年四月初六日……始行修筑。"①

天聪五年即崇祯四年（1631年），因旧城而增拓。后在增拓旧城同时，又"创天坛、太庙，建宫殿，置内阁、六部、都察院、理藩院等衙门，尊文庙，修学宫，设阅武场，而京阙之规模大备"②。又建堂子、实胜寺等。后金在增拓旧城时，对旧城加以改建，将原城四门中的三门拆除，唯北门——镇边门用砖墙堵死封闭，外筑瓮城，以利防守。沈阳城分内外两重，城高由原二丈五尺，增为三丈五尺；将原四座城门，改为八座城门；从而使原十字形街道，变为井字形街道。城上角楼，为木结构，基础为砖石，垛口砌青砖。八门之门额，为砖石雕镂，外书满文，内书汉文③，而不是满文、汉文左右合璧。皇宫在南门内，布局在井字街的中心。外城呈方形，井字街北侧街为一条商业街，称为"四平街"，街东为钟楼，街西为鼓楼，街长一百七十四丈、宽三点五丈。井字街南侧街今为沈阳路，东西各设一座木制牌楼，东为文德坊，西为武功坊。拓建城池，历时七年，耗资巨大，夫役繁重。盛京新城，"其制：内外砖石，高三丈五尺，厚一丈八尺，女墙七尺五寸，周围九里三百三十二步。四面垛口六百五十一、明楼八座、角楼四座。改旧门为八：东向者，左曰抚近，右曰内治；南向者，左曰德盛，右曰天佑；西向者，左曰怀远，右曰外攘；北向者，右曰福胜，左曰地载。池阔十四丈五尺，周围十里二百四步。钟楼一，在福胜门内大街；鼓楼一，在地载门内大街"④。时沈阳流传着一首民谣："有身多做城下土，筑城还家十无五。"反映修筑沈阳城池付出的巨大代价。崇德三年即崇祯十一年（1638年）五月，修盛京至辽河道路。清定鼎北京后，对盛京沈阳，以其发祥重地，而尊之为陪都。康熙时再加增拓。康熙十九年（1680年），在沈阳八门之外各二华里处，增筑墙垣，外郭八关，各设关门。墙周长三十二里四十八步，使盛京成为三重城垣。清自康熙增拓盛京城墙后，都城规模，没再扩大。但旧皇宫，发生变化。

---

① 《满文老档·太宗》，下册，第1015～1016页，中华书局译注本，1990年。
② 雍正《盛京通志·京城志》，第2卷，雍正十二年（1734年）刻本。
③ 杨宾：《柳边纪略》，第1卷，第2页，《辽海丛书》影印本，辽沈书社，1985年。
④ 乾隆《盛京通志·京城志》，第18卷，第1叶，乾隆四十九年（1784年）纂修，武英殿刻本。

城中心为皇宫。城里部署三院、六部、都察院、理藩院等衙门，以及织造库、银库等。先是，天聪三年即崇祯二年（1629年）四月，设立文馆，分为两班：达海、刚林、苏开、顾尔马浑、托布戚，翻译汉文书籍；库尔缠、吴巴什、查素喀、胡球、詹霸等，记注朝政。天聪十年即崇祯九年（1636年）三月，改文馆为内三院：内国史院、内秘书院、内弘文院。天聪五年即崇祯四年（1631年）七月，皇太极接受汉官宁完我等的奏议，仿照明朝，"爰定官制，设立六部"，即吏、户、礼、兵、刑、工六部，分别掌理国家行政事务。六部的官员，每部以贝勒一人掌部事，下设承政、参政、启心郎等，分司其职。其时，六部草创，很不健全。贝勒多在家中处理政务。翌年八月，六部衙门建成①，各部官员，入署办公。又建立都察院。崇德元年即崇祯九年（1636年）五月，皇太极在三院六部之外，仿照明制，设置监察机关——都察院。还设立蒙古衙门，后改名为理藩院。清内三院、六部、都察院和理藩院，合称"三院六部二衙门"，是在后金原有体制机构的基础上，参酌明制、加以损益，而建立比较完整的国家机构。这些皇家机构，在盛京兴建相应的办事官署。

城中居民，满、汉分城居住。早在辽初，即实行契丹与汉人分城居住。女真也有类似现象。努尔哈赤在建州时期，"北门外则铁匠居之，专治铠甲；南门外则弓人、箭人居之，专造弧矢"②。这种分区居住，虽有经济因素，却因工匠多为汉人、朝鲜人而亦有民族因素。后金迁都辽阳，"移辽阳官民于北城，其南城则帝与诸王臣军民居之"③。这是清朝满、汉分城居住，有明确文献记载之始。努尔哈赤又命"遂筑城于辽阳城东五里太子河边，创建宫室，迁居之"④。于是，汉人居住在辽阳老城，满人则居住在东京新城。后金迁都沈阳后，城中居民，旗民分居，旗人住城里，汉人居城外。后迁都北京，仍然实行旗民分城居住的政策。

《盛京城阙图》，绢本，设色，墨线勾绘，黄绫裱边，以满文或满、汉两体文字标示各种建筑。全图纵一百二十八厘米，横一百一十厘米，约绘于康熙初年。图中描绘有：略呈方形城池，八座城门及其城楼，四座角楼，井字形街道，汗宫、皇宫、衙门及王府等。图内展示清初内三院、六部衙门，均用满文标记。六部衙门建筑规模与形

①　《清太宗文皇帝实录》，第12卷，第14页，天聪六年八月癸酉，中华书局影印本，1985年。

②　程开祜：《筹辽硕画·东夷奴尔哈赤考》，卷首，第2叶，明万历刻本。

③　《清太祖武皇帝实录》，第3卷，第40～41页，台北故宫博物院藏，广文书局影印本，1970年。

④　《清太祖高皇帝实录》，第8卷，第17页，天命七年三月己亥，中华书局影印本，1986年。

制完全一式,即大门三间,大堂五间。图中的吏部、户部、礼部,在德盛门内街路东,为由北而南序列;兵部、刑部、工部,在天佑门内街路西,由北而南序列。内院衙门在皇宫崇政殿前东侧,有一座西向三间的小厢房,满语标记为"多里吉衙门",汉文译意为"内院"。图中所绘内院,位于崇政殿前东侧,为三间厢房,应是崇德年间的面貌。都察院设于天聪六年即崇祯五年(1632 年),是职司监察的机构,图中位于武功坊之南面偏东,亦满、汉两种文字合璧标记;理藩院在文德坊之南面西,亦满、汉两种文字合璧标记。都察院与理藩院的建筑格局,与六部衙门相同,虽其规模小于三院六部,却较都察院、理藩院的位置更靠近皇宫。此外,图中还绘记"织造库"、"银库"等建筑的位置。

城内王府,图中所绘,文献记载,城图描绘,基本吻合,分述如下。

清入关前盛京城内,建有许多王府,在《盛京城阙图》中,标示出十一座。按图中满文标记的汉语音译为:劳奥亲王(礼亲王代善)府、巴图鲁郡王(武英郡王阿济格)府、墨尔根亲王(睿亲王多尔衮)府、额尔克楚亲王(豫亲王多铎)府、兀真亲王(郑亲王济尔哈朗)府、苏勒亲王(颖亲王萨哈廉)府、巴颜郡王(饶余郡王阿巴泰)府、发奋亲王(肃亲王豪格)府、木特布勒亲王(成亲王岳讬)府、京琨亲王(敬谨亲王尼堪)府、陶夫亲王(庄亲王)府。这十一座王府中,除陶夫亲王(庄亲王)府为一进院落、规模较小外,其他王府均为二进院落。这些王府的第一进院落,前为府门三楹,府门内为正殿五楹,东西配殿各三楹(其中兀真亲王府正殿前无东西配殿);第二进院落,正面是寝殿五楹,东西配殿各三楹。上述王府建筑,均为硬山式,前后有廊。上述十一座王府,属于"世袭罔替"者有八位亲王、郡王,即和硕礼亲王代善、和硕郑亲王济尔哈朗、和硕睿亲王多尔衮、和硕豫亲王多铎、和硕肃亲王豪格、裕亲王(庄亲王)硕塞、克勤郡王岳讬、顺承郡王萨哈廉。他们是在皇太极改元、称帝时册封的。岳讬为和硕成亲王、阿济格为多罗武英郡王、杜度为多罗安平贝勒、阿巴泰为多罗饶余贝勒[①]。他们都是在顺治元年(1644 年)以前受册封,因而在盛京均有府第。

诸王府第,其建筑规制,崇德年间定:"亲王府,台基高一丈。正房一座,厢房二座。内门盖于台基之外,绿瓦朱漆。两层楼一座,并其余房屋及门,俱在平地盖造。楼房大门,用平常筒瓦,其余用板瓦。郡王府,台基高八尺。正房一座,厢房二座。内门盖于

---

① 《清太宗文皇帝实录》,第 28 卷,第 35～36 页,天聪十年四月丁酉,中华书局影印本,1985 年。

台基上。两层楼一座。正房及内门，用绿瓦。两厢房，用平常筒瓦，俱朱漆。余俱与亲王同。"①

这十一座亲王、郡王府第是：

（1）礼亲王代善府。代善为努尔哈赤次子，位列四大和硕贝勒之首。崇德元年即崇祯九年（1636年），封为和硕礼亲王②。王府位于皇宫笃恭殿之东，并与之为邻。

（2）睿亲王多尔衮府。多尔衮是努尔哈赤第十四子，初封为贝勒。天聪初，因征察哈尔功，被赐号为墨尔根代青。崇德元年（1636年），进为睿亲王，又称墨尔根亲王。王府坐落于沈阳城钟楼西路北。皇太极病逝后，在皇位争夺中，赞成拥立福临（顺治帝）继位，与济尔哈朗同为辅政王，寻称摄政王。睿亲王多尔衮率领清军入关，定鼎北京。顺治七年（1650年）十二月，病死于喀喇城。明年二月，定多尔衮罪，削尊号、撤享庙，黜宗室、籍财产。后于乾隆三十八年（1773年），予以昭雪，复还睿亲王封号，配享太庙，其世爵世袭罔替③。其王府可能在此期间被拆除或作他用。《盛京城阙图》中所示王府图绘，反映的是顺治八年前的面貌。

（3）武英郡王阿济格府。阿济格是努尔哈赤第十二子，多尔衮胞兄。天命年间，初授台吉，后进贝勒。作战骁勇，屡立战功。崇德元年（1636年），进为武英郡王。王府位于沈阳城钟楼西路北，睿亲王多尔衮府东邻。顺治元年（1644年），进为英亲王。顺治七年（1650年）十二月，多尔衮死。后被削爵、罢谥号。翌年十月，阿济格被削爵、幽禁、赐死。康熙十一年（1672年），该王府被拆除。

（4）豫亲王多铎府。多铎是努尔哈赤第十五子，与阿济格、多尔衮为同胞。府邸位于清太祖居住的汗宫之西偏南。这是一座平面呈长方形、两进式院落。第一进院落，正门南向，门三楹，为硬山式，上盖青瓦。进门后，东西配房，各有三间。第二进院落，进门处有一座石雕照壁，院内的正中，为王府正殿，东西配殿，各为三间。整个府第，南北长约三十五米，东西宽约十八米④。上述阿济格、多尔衮、多铎，同为大妃乌拉纳拉氏所生。大妃乌拉纳拉氏，深得努尔哈赤宠爱。此三座王府，距汗宫最近。其亲密关系，可谓一物证。

---

① 《八旗通志·初集》，第23卷，第429～430页，东北师范大学出版社，1985年。

② 《清史稿·代善传》，第216卷，第8976页，中华书局标点本，1977年。

③ 《清史稿·睿忠亲王多尔衮传》，第218卷，第9032页，中华书局标点本，1976年。

④ 今为沈阳市消防研究所招待所院址。

（5）饶余郡王阿巴泰府。阿巴泰是努尔哈赤第七子，母为侧妃伊尔根觉罗氏，初授台吉。崇德元年（1636年），进为饶余贝勒。顺治元年（1644年），进郡王。府邸位于西华门之西路北。顺治三年（1646年），阿巴泰死。

（6）肃亲王豪格府。豪格是清太宗皇太极长子，天命朝为贝勒。天聪六年（1632年），进和硕贝勒。崇德元年（1636年），进肃亲王。府第位于饶余郡王阿巴泰府东邻。因皇太极死后汗位继承之争，豪格为多尔衮之政敌。顺治三年（1646年），豪格率军西征，入四川，抵西充，"豪格亲射献忠，殪"①。翌年，平四川。五年（1648年）二月，豪格师还，下狱，寻死。肃亲王豪格府与饶余郡王阿巴泰府，都临近皇宫大内，与大清门、三官庙，同处一线。

（7）郑亲王济尔哈朗府。济尔哈朗是努尔哈赤胞弟舒尔哈齐第六子，自幼受努尔哈赤养于宫中，后封为和硕贝勒。崇德元年（1636年）四月，封和硕郑亲王。府邸位于天佑门内大街路西。

（8）颖亲王萨哈廉府。萨哈廉是礼亲王代善第三子，初授台吉，后进贝勒。皇太极与萨哈廉关系至切。崇德帝曰："群子弟中，整理治道，启我所不及，助我所不能，惟尔之赖。"崇德元年（1636年）五月，萨哈廉病死，皇太极为之震悼，哭临四次，不御饮食，辍朝三日，追封其为颖亲王。《清太宗实录》记载一个故事：一日，皇太极御翔凤楼，偶寝，梦偕皇后东行，俄而至一殿。上与礼亲王代善，及侄颖亲王萨哈廉偕坐。上默念颖亲王已故，何为在此？遂避还盛京。路遇仪仗，左右排列，忽有人自后至，请曰："颖亲王乞圣上赐牛一。"皇太极许之。驾行不数武，忽硕讬又自后至，奏曰："颖亲王令臣，求皇上赐牛。"皇太极曰："已与之矣！"及觉，上以所梦，问内院大臣希福、刚林、詹霸、胡球。众奏曰："此皇上悼念之切所致耳！"皇太极曰："不然，朕未尝思之，当别有故也。"于是，希福等检阅《会典》，凡亲王薨，初祭，赐一牛。希福等甚异之。颖亲王初祭时，未曾用牛，因以奏闻。皇太极因命礼部，备牛致祭②。颖亲王府位于抚近门内街路北，与礼亲王府邻近。

（9）成亲王岳讬府。岳讬是礼亲王代善长子，初授台吉，后进贝勒。崇德元年（1636年）四月，封为成亲王。四年（1639年），同多尔衮统大军，克济南府，死于军。岳

---

① 《清史稿·豪格传》，第219卷，第9046页，中华书局标点本，1977年。
② 《清太宗文皇帝实录》，第30卷，第5页，崇德元年六月己卯，中华书局影印本，1985年。

讬死前降为贝勒，死后诏封为克勤郡王。府邸位于东华门外，吏部衙门路北。

（10）敬谨亲王尼堪府。尼堪是努尔哈赤长子褚英第三子。崇德元年（1636年），封为贝子。顺治元年（1644年），进贝勒。五年（1648年），进敬谨郡王。翌年，晋亲王。九年（1652年），死于军中。府邸位于抚近门内街南。从史料记载看，这座王府建造时间最晚。此处当为尼堪未入关时居住之所，由于尼堪的册封，后名为敬谨亲王府。

（11）庄亲王博果铎府。博果铎是皇太极第五子承泽裕亲王硕塞第一子①。府第位于大内宫阙之西，在崇政殿西侧宫墙之外。其建筑规模，小于其他王府。因为建府时，硕塞尚未封为亲王。顺治十一年（1654年）硕塞死去，其子博果铎只有六岁袭爵，改裕亲王号为庄亲王。

上述十一座王府，均为顺治元年（1644年）以前所建。天命十年即天启五年（1625年），迁都沈阳后所建王府，多依明沈阳中卫城十字街为分界线，如礼、睿、豫、英等王府。尔后，清改盛京八门后，按井字形街后所建，如郑、肃、饶余、庄、成等王府。上述十一座王府，今仅存豫亲王多铎王府遗迹一处。

后《沈故》记述以上王府当时的地址为："今礼邸在灰市，睿邸在木行西边，豫邸在木行东边，肃邸在西华门西，庄邸在龙王庙后，郑邸在小南门里，克勤郡邸在将军署后，顺承郡邸在庄邸北大红袍。"②

坛庙寺观　沈阳成为都城，兴建坛庙寺观。

钟鼓楼。先是，汉人正白旗牛录章京刘学诚③，奏议设通政司，建钟鼓楼："宜设立通政司，于朝门外，东设鼓，西设钟，晓谕人民。有愿自效者，击鼓三；负冤者，撞钟三。"④皇太极以"兵兴未暇"而暂缓之。崇德改元，议铸大钟，城中传言："将以童子，合铁铸钟。"于是，"民家各匿其子，闭户不令出"⑤。此闻平息后，始建钟鼓楼。钟鼓楼为歇山重檐，石砌高台，上有垛口，下有券门。钟楼在福胜门内大街与四平街相交叉路口处，鼓楼在地载门内大街与四平街相交叉处。

---

① 《清史稿·诸王传》中，除博果铎为庄亲王外，舒尔哈齐亦被追封为庄亲王。

② 杨伯馨：《沈故》，第4卷，第4页，《辽海丛书》影印本，辽沈书社，1985年。

③ "诚"，《天聪朝臣工奏议》卷上、卷中、卷下三疏均作"成"。

④ 《清太宗文皇帝实录》，第21卷，第17页，天聪八年十二月甲辰，中华书局影印本，1985年。

⑤ 《清太宗文皇帝实录》，第29卷，第4页，崇德元年五月乙卯，中华书局影印本，1985年。

坛庙。在德盛门外南五里,建天坛;在内治门外东三里,建地坛。初在抚近门外建太庙,乾隆四十三年(1778年),"移建太庙于大清门之东(即景佑宫旧址)"①。并在城东内治门外,建祭神祭天之所的亭式殿——堂子。

四寺四塔。据《盛京通志》记载,皇太极命在沈阳东、西、南、北四门外,各建寺庙一座。北方,在地载门外五里处,建法轮寺。东方,在抚近门外五里处,建永光寺。永光寺规模宏大,建筑雄伟。史载其有大殿五间,碑亭两座,天王殿三楹,钟、鼓楼各一座,山门三楹,寺东建宝塔一座,禅房、僧房二十四间。南方,在德盛门外五里处,建广慈寺。西方,在外攘门外五里处,建延寿寺。既建四寺,又建四塔。崇德八年即崇祯十六年(1643年)动工,顺治二年(1645年)竣工。《敕建护国法轮寺碑记》载述:"盛京四面,各建庄严宝寺。每寺大佛一尊,左右佛二尊,菩萨八尊,天王四位,浮图一座。东为慧灯朗照,名曰永光寺;南为普安众庶,名曰广慈寺;西为虔祝圣寿,名曰延寿寺;北为流通正法,名曰法轮寺。各立穹碑,永垂来祀。"每寺建白塔一座,均为藏式喇嘛塔②。皇太极敕建四座喇嘛寺塔,因其病重,祈祷佛佑③。盛京当时最为重要、最具影响的是实胜寺。

实胜寺。全名莲华净土实胜寺,简称实胜寺,俗称皇寺或黄寺,在盛京城西五里许④。实胜寺是一座规模宏大、建筑伟丽的喇嘛寺庙。《清太宗实录》对其作了详细记载:"壬寅(十二日),实胜寺工成。先是,上征察哈尔国时,察哈尔汗惧,出奔图白忒部落,至打草滩而卒。其国人咸来归顺,有墨尔根喇嘛,载古帕斯八喇嘛,所供嘛哈噶喇佛至。上命于盛京城西三里外,建寺供之。至是告成,赐名实胜寺。铸钟,重千勆,悬于寺内。东西建石碑二:东一碑,前镌满洲字,后镌汉字;西一碑,前镌蒙古字,后镌图白忒字。"碑文由国史院大学士刚林撰满文、学士罗绣锦译汉文,弘文院大学士希福译蒙古文、道木藏古式译图白忒文,笔帖式赫德书写。

实胜寺主要供奉嘛哈噶喇金佛,又称玛哈噶拉佛。此嘛哈噶喇金佛,先在元代供奉于五台山,后移奉于沙漠,再移奉于察哈尔林丹汗国。林丹汗身死、部破,大喇

①　乾隆《盛京通志》,第19卷,第5叶,乾隆四十九年(1784年)纂修,武英殿刻本。
②　今东塔永光寺、南塔广慈寺塔犹存而寺已毁;西塔延寿寺塔寺均毁;北塔法轮寺塔寺均存。
③　王明琦:《辽海文物考辨》,第43页,辽宁大学出版社,2000年。
④　实胜寺位于今沈阳市和平区南京街,崇德元年(1636年)七月兴工,三年(1638年)八月工成。

嘛墨尔根载嘛哈噶喇金佛像到盛京①，因敕建实胜寺以崇祀之。寺院坐南朝北，占地约七千平方米。主要建筑有大殿，面阔五间，进深三间，单檐歇山，周围出廊。东为钟楼，西为鼓楼，中有天王殿。天王殿两侧，各有碑亭一座，竖碑两通，镌刻满、汉、蒙、藏四体文字。大殿西侧建有嘛哈噶喇佛楼，重檐歇山，四周围廊，正方形楼基，黄琉璃瓦顶，其内供奉征服蒙古所得嘛哈噶喇金佛。嘛哈噶喇金佛受到西藏、蒙古、满洲的尊祀②。

实胜寺落成，举行隆重典礼。皇太极率内外诸王、贝勒、贝子、文武众官，出怀远门，幸实胜寺。皇太极将至，喇嘛及僧作乐，引崇德帝，至佛位前。皇太极率众行三跪九叩头礼。典礼毕，皇太极御仪门外，设宴，宴毕。恭顺王孔有德、怀顺王耿仲明、智顺王尚可喜，及朝鲜国王二子，并外藩蒙古土谢图亲王巴达礼，卓礼克图亲王吴克善，扎萨克图郡王布塔齐及其子海赖，冰图王孔果尔，札鲁特部落内齐、桑噶尔，四子部落巴拜，翁牛特部落达尔汉戴青，巴林部落满珠习礼，吴喇忒部落杜巴，喀喇沁部落查萨衮杜棱、万旦、塞冷，土默特部落查萨衮达尔汉、俄木布楚虎尔，乌朱穆秦部落多尔济塞臣济农，席勒图绰尔济喇嘛，古门绰尔济喇嘛，护卫桑噶尔寨、都喇尔达尔汉等，各献驼、马、银两、缎匹、貂皮、纸张等物，以为施助，皇太极俱命寺僧收掌之。皇太极又发帑银一千六百、蟒缎三、缎五、貂裘一、玲珑鞍辔一，凡在事人役，皆依次赏之。

皇太极对实胜寺十分重视。崇德四年即崇祯十二年（1639年）正月初三日，皇太极率诸王、贝勒、贝子、公等，到实胜寺礼佛。并令到盛京朝觐的蒙古厄鲁特部落使臣格隆寨桑、厄尔格布什等，到实胜寺入观③。崇德五年即崇祯十三年（1640年）正月初六日，皇太极又率和硕亲王以下，梅勒章京以上，到实胜寺礼佛④。以上两例，充分说明，皇太极对实胜寺、对喇嘛教、对嘛哈噶喇佛的尊礼。

此外，还有慈恩寺、清真南寺等。慈恩寺建于天聪二年即崇祯元年（1628年），在德盛门外，现寺庙尚存。寺院东西向，分南北中三路，中路山门，门两侧有钟、鼓楼。中路有天王殿，面阔三间，硬山灰瓦。再向西为大雄宝殿，面阔五间，进深三间，硬山灰瓦。另外还有比丘坛、藏经楼等。南路为退居寮、厨房、司房、斋堂、禅

---

① 林丹汗视传国之玺、玛哈噶拉金佛和《甘珠尔》金经为三大法宝。
② 实胜寺建筑，今保存完整，但金佛已被盗。
③ 《清太宗文皇帝实录》，第45卷，第2页，崇德四年正月辛酉，中华书局影印本，1985年。
④ 《清太宗文皇帝实录》，第50卷，第8页，崇德五年正月戊午，中华书局影印本，1985年。

堂、法师寮等。北路有养静寮、客堂、念佛堂、方丈室、十方堂、库房等。顺治、道光年间，两次扩建和重修。全寺现有房屋一百三十五间，建筑面积三千平方米。清真南寺在外攘门外小西路，是一座规模较大的伊斯兰教礼拜寺。寺坐西朝东，占地六千平方米。据《铁氏宗谱》记载："先祖铁魁，清初有功，官拜骑督尉，封显将军、光禄大夫，热心教门事业，门庭显赫，施舍家资，而建南清真寺于小西关回民聚居区内，扩大寺址，始具规模。"

清顺治元年（1644 年）七月初八日，福临前往福陵和盛京太庙，以底定中原、迁都北京，祭告列祖列宗。八月二十日，于盛京启驾，次月抵北京。从此盛京皇宫便成为"陪都宫殿"、"盛京旧宫"。

皇太极在盛京增拓城池，修建宫殿，兴筑官署，建设王府，修建坛庙，兴建学宫，设阅武场，于是"京阙之规模大备"[1]。后金—清的都城盛京，规制宏伟，雉堞巍峨，宫殿壮丽，布局严整，这不仅是满洲史上一项辉煌的文化财富，而且是中国都城史上一篇瑰丽的艺术杰作。经过努尔哈赤、皇太极父子两代的经营，建成一座历史与文物瑰宝——盛京皇宫。努尔哈赤迁都沈阳，奠下沈阳作为中国东北政治、经济、军事、文化、交通中心之大都会的基础。但是，盛京作为后金—清初都城二十年，因顺治帝迁鼎北京，而尊为留都。清朝由盛京移鼎北京，是清初的第三次迁都，也是清朝最后一次迁都。从此，清朝定都北京，至宣统帝退位，长达二百六十八年。

（二）盛京宫殿

盛京宫殿作为清初三帝的治居之所，共有二十年。盛京宫殿的建筑，经历天命、天聪、崇德三个时期，清入关后又多次加以修缮、改建，使之成为中国宫殿艺术的杰作。

天命汗宫殿　天命汗努尔哈赤初到沈阳，宫殿坛庙，尚未兴筑。努尔哈赤住在临时行宫，即明人记载"自筑宫于沈阳瓮城"[2]。据《盛京城阙图》所绘，图中的一座四合院，即为"太祖居住之宫"[3]。它位于原明沈阳中卫城的北门——镇边门之南，是一座

① 雍正《盛京通志·京城志》，第 2 卷，雍正十二年（1734 年）刻本。
② 茅元仪：《督师纪略》，第 14 卷，钞本，中国国家图书馆善本部藏。
③ 《盛京城阙图》（满文），中国第一历史档案馆藏。

二进四合庭院。天命汗在治居之所汗宫,处理军政事务,日常生活起居。努尔哈赤迁此汗宫,居住一年零五个月后死去①。

《盛京城阙图》在正北端,即福胜门(大北门)至地载门(小北门)之间偏南,也是原明城北门((镇边门)之西南处,明确标示"汗宫"即"太祖居住之宫"。这是一座平面呈长方形的两进式院落。从绘图面积看,汗宫大于其他十一座王府。天命汗宫门朝南。第一进院落无对称建筑,第二进院落的建筑是启建于高台之上,正面一座三间正殿,殿顶黄绿琉璃瓦,东西各有三间配殿。据载,"汗宫"草创于努尔哈赤迁都沈阳之前的天命九年(1624 年),是由海州(今辽宁海城市)黄瓦窑侯振举及其所属工匠等建②。《盛京城阙图》所绘"太祖居住之宫"、解决了长期存疑的努尔哈赤迁都沈阳后的治居之所问题。此与明人茅元仪所著《督师纪略》中努尔哈赤"自筑宫于沈阳瓮城"的记载相合。

《盛京城阙图》既与文献记载相符,也与考古发掘相合。2012 年 5 月至 8 月,沈阳市文物考古研究所对《盛京城阙图》所绘遗址进行考古发掘。"太祖居住之宫"即"汗王宫"遗址坐北朝南,由宫门与宫墙、前院、高台基址三部分组成。整个遗址从北宫墙至南宫墙,南北通长四十一点五米,东西因破坏严重,未发现宫墙,长度不详。其建筑基址与康熙初年所绘的《盛京城阙图》中的"太祖居住之宫",茅元仪"自筑宫于沈阳瓮城"的记载相吻合。遗址前院废弃堆积中出土的遗物,有两枚满文"天命通宝"铜钱、大量的琉璃建筑构件。器型有板瓦、筒瓦、滴水、押带条、脊砖等。瓦当、滴水和脊砖上的纹饰多为莲花纹,押带条多见联珠乳钉纹和花瓣纹。琉璃建筑构件多施绿釉或蓝釉,少数为黄釉。该建筑遗址的年代,根据地层、叠压打破关系及出土遗物,可确定为始建于明代末年,至迟在清代中期已被废弃。其地理位置、建筑规模与布局及琉璃瓦的装饰风格,都与《盛京城阙图》中所绘"太祖居住之宫"相吻合。这次考古发现,从考古学上确认,"汗王宫"的位置、布局与形制提供了实证③。

　　笃恭殿及列署亭殿　笃恭殿又称大殿、大衙门、大政殿,其所列署亭殿又称八旗亭,俗称十王亭。先是,天命汗努尔哈赤临朝与典礼之殿堂,为大衙门及列署亭殿,后

　　①　《盛京城阙图·汗宫》,《清史图典》,第 1 册,第 148 页,紫禁城出版社,2002 年。

　　②　《侯氏宗谱》,第 28 页,紫禁城出版社,1987 年。

　　③　《沈阳城市考古重大发现:清太祖努尔哈赤的"汗王宫"露真相》,《中国文物报》,2013 年 3 月 27 日第 4 版。

称其为笃恭殿与八旗亭,又称为大政殿和十王亭①。笃恭殿始建于天命十年(1625年),是盛京皇宫继天命汗宫后最早的重要殿堂建筑②。笃恭殿,始称大衙门,满文体为"amba yamun"。"amba"汉意译为"大","yamun"汉音译为"衙门",意译为"衙署"或"殿堂"。当时或称"大衙门",或称"大殿"。后满文称"amba dasan yamun","amba"汉意译为"大","dasan"汉意译为"政","yamun"汉意译为"殿",所以"amba dasan yamun",汉意译为"大政殿"。殿位置在井字街南北中心偏东方位(今为沈阳故宫东路)③。大衙门是天命汗御殿议政、举行大典、颁发谕旨、发布军令的殿堂。大殿建在距地一点五米的高台之上,台基用青砖垒砌,外镶石条,平面图形,呈八角形。台基的周围,栏板与望柱,石质优良,雕刻精美。在砖石须弥座上,兴筑殿宇。大殿为木结构的八角重檐攒尖式建筑。大木架结构,榫卯相接,不施铁钉,巧妙组合。殿体八面,周围出廊。其殿体的八面,由隔扇门组成,共二十四扇,可以启闭。每一扇门,下部为木质雕花裙板,上部为"斧头眼"式窗棂。殿顶与殿身之间,用立柱支撑,内外排柱,共四十根。殿身高大挺拔,庄重疏朗秀美。正门前两侧,立大红木柱,金龙盘绕,翘首飐爪,火焰升腾,黄鳞生辉,露齿吐信,造型逼真,静中似动,活灵活现。重檐之下,斗栱交错,相互扣叠,层次分明。每根柱头,都作巧饰。殿顶满铺黄琉璃瓦,镶绿色剪边。正中的宝瓶火焰珠,形状奇异,色彩斑斓。宝顶正中,镶八条铁链,伸向八条彩脊,越发增添光辉。每条彩脊上,有蒙古力士,戴黄帽,着绿袍,腰系丝绦,足蹬皂靴,显示蒙古的艺术特色。彩脊末端,八角顶檐,装饰着獬豸、麒麟等瑞兽琉璃构件。殿内顶棚,中为藻井,有木雕垂莲,也有梵文天花,还有福、禄、喜等汉字。笃恭殿的建筑艺术,如八角形、盘龙柱、彩画、枕头等,不仅具有满洲文化的色彩,而且融合汉族、藏族、蒙古族文化的特征。笃恭殿建筑,气宇轩昂,造型别致,雄伟多姿,光彩绚丽,是多民族文化的艺术精品。

大殿即大衙门,天聪十年(1636年)四月十三日,定名为"笃恭殿"④,是皇太极举行重大军政活动的殿堂。皇帝登极、颁布谕旨、宣布军令、凯旋大典、重大礼仪、盛大国

① 昭梿:《啸亭杂录》,第2卷,第21页,上海鸿章书局石印本。

② 笃恭殿始建时间,有三种说法:一是《盛京通志》记载建于崇德二年;二是认为建于天聪初年;三是认为建于天命后期。

③ 支运亭主编:《清宫大政殿》,第11页,辽宁科学技术出版社,1996年。

④ 《清太宗文皇帝实录》,第28卷,第29页,天聪十年四月丁亥,中华书局影印本,1985年。

宴等重要的仪式,常在此举行。下举数例。

例一,登极大典。崇德八年即崇祯十六年(1643年)八月二十六日,福临继承皇位登极大典,是在笃恭殿举行的。史载:"丁亥(二十六日),上即皇帝位。是日,内外诸王、贝勒,率文武群臣,集笃恭殿前。上出宫,时寒甚,侍臣进貂裘。上视裘,却弗御。时上甫六龄,将升辇,乳媪欲同坐。上曰:'此非汝所宜乘。'不许,上升辇,由东掖门出,诸王贝勒、文武群臣跪迎。上御殿,顾谓侍臣曰:'诸伯叔兄朝贺,宜答礼乎,宜坐受乎?'侍臣对曰:'不宜答礼。'于是和硕郑亲王济尔哈朗、和硕睿亲王多尔衮,率内外诸王、贝勒、贝子、公、文武群臣,行三跪九叩头礼,毕。"①

例二,正旦朝贺。先是,天聪元年正月旦日,皇太极御大衙门,受诸王大臣朝贺②。至是,崇德五年、六年正月旦日,皇太极御笃恭殿,行贺礼,赐大宴。

例三,庆贺大捷。崇德七年即崇祯十五年(1642年)七月初八日,皇太极以克取明锦州、松山、杏山、塔山四城,并击败明洪承畴十三万援军,在笃恭殿前举行庆贺典礼,并赐大宴,八门击鼓。

例四,重大政事。焚毁明廷敕书:"辛亥(二十五日),先是,满洲接近之哈达、叶赫、乌喇、辉发、蒙古诸国,俱受明国敕书。至是,上以诸国归附,教令统一,明国敕书,不得存留。令大学士希福、范文程、刚林,学士罗硕、胡球、额色黑等悉收之,焚于笃恭殿前。"③

例五,婚嫁大礼。崇德四年即崇祯十二年(1639年)十月,皇太极万寿节(生日),"赐大宴于笃恭殿"。崇德六年即崇祯十四年(1641年)二月十六日,皇太极七公主下嫁大礼,也在笃恭殿前举行。笃恭殿在崇德五年即崇祯十三年(1640年)四月进行大修:"修笃恭殿,兴工。以阿山、金玉和董其事。"④有关笃恭殿的礼仪,日渐规范,更加庄重。《清太宗实录》崇德七年即崇祯十五年(1642年)九月初一日记载:"先是,上御笃恭殿,王以下及众官,皆列班侍立。至是,礼部多罗郡王阿达礼,奏请更定仪制:嗣后上御笃恭殿,及出赐宴,和硕亲王以下及众官等,恭候驾过皆跪,上升阶,众官方起。及

---

① 《清世祖章皇帝实录》,第1卷,第12页,崇德八年八月丁亥,中华书局影印本,1985年。
② 《满文老档·天聪》,册Ⅳ,第1页,天聪元年正月初一日,东洋文库本,1959年。
③ 《清太宗文皇帝实录》,第47卷,第19页,崇德四年六月辛亥,中华书局影印本,1985年。
④ 《清太宗文皇帝实录》,第51卷,第18页,崇德五年四月辛酉,中华书局影印本,1985年。

上还清宁宫,亦如之。"①等级礼制,愈加严格。"笃恭殿"一词,在《清太宗实录》(汉文本)中,共出现十四次。在笃恭殿的殿亭区,除大殿之外,还有十座亭式殿——"大内宫阙之东,殿制八隅,列署左右十。"②

八旗亭,俗称十王亭,是八旗左右翼王与八旗诸王、固山额真,会议军政大事、举行重大礼仪之亭式殿。八旗亭位于笃恭殿南向东、西两侧,两翼呈"八"字形排列,每侧五座亭式殿,共十座亭式殿。因其殿为亭式,共有十座,所以又称十王亭。早在赫图阿拉时期,就在汗殿之前,经常召开八旗首领会议。"殿之两侧,搭八幄。八旗之诸贝勒大臣,于八处坐"。后将八旗临时帐篷固定化,盖了八旗亭。笃恭殿与八旗亭殿,构成一组完美的殿亭式建筑,是清入关前八旗制度在宫殿建筑上的显现。八旗亭殿排列,北窄南宽,错落规整,开敞延伸,井然有序。八旗亭殿为方形亭殿式建筑,砖木结构,歇山式,前后廊。西侧亭殿朝东,为木门,其他三面均为青砖砌墙;东侧亭殿朝西,为木门,其他三面亦为青砖砌墙。其门由槅扇组成,门下部为素面裙板,上部为棂窗。亭殿每角,均有金柱,髹以红漆。亭殿顶,覆青瓦。亭殿的翼角,四向翘起,生动别致。按照后金——清初的八旗方位,十王亭的八旗序列是:距笃恭殿最近两座亭殿:东为左翼王亭,西为右翼王亭。然后再从笃恭殿起,东侧四旗亭依次为:镶黄旗亭、正白旗亭、镶白旗亭、正蓝旗亭;西侧四旗亭依次为:正黄旗亭、正红旗亭、镶红旗亭、镶蓝旗亭③。在八旗亭殿的南端东西两侧,各有一座奏乐亭。亭为四角方形大屋顶,亭顶为黄琉璃瓦镶剪边。奏乐亭基高三米,其柱髹红漆,四周围栏杆,是盛京皇宫中最大的奏乐亭。从笃恭殿、八旗亭到奏乐亭的建筑布局,组成协和整体,严谨别致壮观。

崇德帝宫殿 天命汗努尔哈赤死后,皇太极继承汗位,年号天聪,是为天聪汗,后改元崇德,称为崇德帝。皇太极兴筑新的皇宫,新皇宫位于笃恭殿与八旗亭的西侧,井字街的中心地带,就是今盛京皇宫中路建筑。盛京皇宫以大清门、崇政殿、凤凰楼、清宁宫等为建筑轴线,其他建筑,两侧展开。主要宫殿名称,崇德元年即崇祯九年(1636年)四月十三日,谕定宫殿名称:"定宫殿名——中宫为清宁宫,东宫为关雎宫,西宫为

---

① 《清太宗文皇帝实录》,第 62 卷,第 11 页,崇德七年九月戊辰朔,中华书局影印本,1985 年。

② 乾隆《盛京通志》,第 20 卷,第 1 叶,乾隆四十九年(1784 年)纂修,武英殿刻本。

③ 八旗诸旗的排列顺序,不同时期,均有变化。本文据乾隆《盛京通志·大政殿图》所载顺序。

麟趾宫，次东宫为衍庆宫，次西宫为永福宫。台东楼为翔凤楼，台西楼为飞龙阁，正殿为崇政殿，大门为大清门，东门为东翼门，西门为西翼门，大殿为笃恭殿。"①盛京皇宫也是前朝后寝。前朝的正门是大清门。

大清门为盛京皇宫的正门，面阔五间，为硬山式，前后出廊，顶盖黄琉璃瓦、镶绿剪边，浑厚凝重，质朴壮丽。大清门既是文武百官候朝之所，又是进入皇宫的大门。清廷颁行严格的规定："各官及侍卫、护军，晨夕入朝，皆集于大清门。门内外或坐或立，不许对阙背阙，不许坐立御道中。惟于御道左右，相向坐立。自大贝勒以下，出入由左右两阶，不许由御道行。"②官员的升迁调任或获罪恩免等，都要到大清门面向崇政殿望阙叩谢天恩。大清门为宫廷禁地，重兵把守，戒备森严。但是，崇德七年即崇祯十五年（1642年）五月，在大清门前发生善友教持书争取权利的事件。先是，在满洲镶白旗、镶黄旗、镶红旗、正蓝旗等属下，有人组织善友教（又称善友会），被人告发，谕旨严禁。宣布禁谕前一日，善友若干人持书，于大清门外告云："楚国无以为宝，惟善以为宝。今奈何不分邪正黑白，而概行禁革？纵不惜善友，独不看佛之金面乎！"以其不遵守禁约，被执付各本主杀之。此事件牵连三百余人，其中为首者十六人被处死，有札付者十六人各鞭一百、贯耳鼻，其余一百四十五人遭鞭笞。皇太极下令严禁善友教："自今以后，除僧道外，凡从善友邪教者，不论老少男妇，尔部永行禁止。如有不遵禁约者，或被他人首发，或经衙门察获，杀无赦。"③

崇政殿是盛京皇宫的正殿。从大清门到崇政殿，是一个殿前广场，南北长三十二米，东西广四十五米。崇政殿是在借鉴中原皇宫规制，参酌兴京、东京宫殿特点而营建的外朝大殿。其作用相当于明朝北京的奉天殿（明嘉靖改称皇极殿，清顺治又改称太和殿）。殿建在高台之上，前后围着石雕栏板、望柱。殿体通高二十余米。崇政殿又称"金銮殿"，是一座面阔五间，硬山前后廊式建筑。殿檐装饰，独具风采。崇政殿采取中原汉族殿堂建筑，殿内四根金柱，金龙盘绕，姿态生动。崇政殿内有凸字形堂陛，殿内的宝座、屏风及堂陛，全部为木结构，雕梁椽柱，彩画生动。堂陛前有龙盘柱，雕工精细。崇政殿颇具满洲风采。其前后外檐柱，均为方形。枋头装饰，突显兽形。殿内堂

① 《清太宗文皇帝实录》，第28卷，第29页，天聪十年四月丁亥，中华书局影印本，1985年。
② 《清太宗文皇帝实录》，第28卷，第29页，天聪十年四月丁亥，中华书局影印本，1985年。
③ 《清太宗文皇帝实录》，第60卷，第25页，崇德七年五月戊寅，中华书局影印本，1985年。

陛顶部,装饰华丽藻井。而以天蓝色作底,上绘白色云朵,仿佛是高远晴空,形同森林生活场景。殿内五间通连,不设隔断。其彩画突出"龙草和玺"。崇政殿前台基上,乾隆时增设日晷、嘉量。

大清门、崇政殿为前朝区;崇政殿的两侧,辟有左、右翊门,可通往后寝区。前朝与后寝的过渡与隔断之建筑,便是凤凰楼。

凤凰楼将皇宫的前朝与后寝,既相连接,又相分隔。凤凰楼是盛京皇宫的早期建筑,它前有崇政殿,后有清宁宫。凤凰楼建在距地面三点八米的高台上,是三重檐、歇山式的楼阁建筑,面阔三间,进深三间,楼顶为黄琉璃瓦绿剪边。外檐装饰,柱顶兽面,都是喇嘛庙式样,但额坊为金龙和玺彩画而非雕刻。中层室内天花,亦具佛教艺术色彩。楼层之间,梯道相通。其二、三层楼,木制红漆栏板,形成四周围廊。室内苏式彩画,带有江南气息。凤凰楼是其时盛京的最高建筑,也是大内宫阙的制高点。凤凰楼是皇帝聚会、议事、休憩、筵宴的楼堂,皇太极经常在此与诸王大臣议政,共商国是,设宴招待臣僚与外藩使节,也曾率后妃在此听乐观舞,赏月览胜。清入关后,这里是存贮皇家珍宝之所。

凤凰楼下有门,穿过楼门,即为后妃生活的五宫——中宫清宁宫,东宫关雎宫,西宫麟趾宫,次东宫衍庆宫,次西宫永福宫。五宫是盛京皇宫天聪朝的建筑,均五间,硬山式,前后廊,内设炕。各宫檐柱髹红,柱顶梁头雕龙,内外檐柱,旋子彩画。

中宫清宁宫,既是皇后的正宫,又是"国初祀神之所"①。屋顶盖黄琉璃瓦镶绿剪边,正脊为五彩琉璃,中为五彩火焰珠,两侧有腾龙、翔凤,浑厚朴实,庄重典雅。清宁宫在东次间开门。宫内东面有一小门,东间为暖阁。外暖阁正中有一道间壁,将寝宫分为南北二室,均设龙床。暖阁内北间北炕,为帝后宸居之所。南炕邻窗,炕上设桌,为皇太极日常处理政务,或批阅奏章,是宫中政治活动重要场所。清宁宫的文皇后,蒙古科尔沁博尔济吉特氏,莽古思贝勒之女,万历二十七年(1599 年)四月十九日生,比皇太极小七岁。明万历四十二年(1614 年)四月来归,努尔哈赤为皇太极定亲,借助婚姻,加强联盟,这年皇太极二十三岁,博尔济吉特氏十六岁。皇太极继位成为天聪汗,博尔济吉特氏则成为后金中宫大福金。崇德元年即崇祯九年(1636 年),博尔济吉特氏被册封为中宫皇后。福临即位后,她被尊为皇太后。后于

---

①　乾隆《盛京通志》,第 20 卷,第 4 叶,乾隆四十九年(1784 年)纂修,武英殿刻本。

顺治六年（1649 年）病死，享年五十一岁。施含葬昭陵。后上谥号为"孝端正敬仁懿哲顺慈僖庄敏辅天协圣文皇后"，通称"孝端文皇后"。有三女，下嫁额哲、奇塔特、巴雅思祐朗。

清宁宫外间，四间相连通，为宽敞堂屋。门北面为锅台，南面开门处西侧设一灶台，灶台与火炕之间，有木板作楅断。西四间有南、西、北三面相连的"万字炕"。宫内取暖，为火炕。宫外西北角设烟囱，是火炕火地的烟道。宫内大窗，木棱直条，外糊窗纸。按照满洲习俗，清宁宫还是萨满祭祀之所。满洲信奉萨满教，在宫内进行萨满祭祀活动。早在赫图阿拉时，就设堂子，而在宫内西墙也设神位。清宁宫外，设索伦杆。索伦杆也叫"神杆"，底为方形石座，神杆插在座上，杆上端有锡斗①。后金移都沈阳，萨满祭祀，带至宫廷。萨满祭祀有朝祭、夕祭、日祭、月祭、春秋大祭等，祭祀之时，萨满头戴神帽，腰系神铃，手击鼓，腰振铃，唱神歌，起舞蹈。祭祀时用活猪一口，将热酒灌入猪耳，猪受灌摇头尖叫，叫领牲。将猪下水等切碎，再将碎米等一同放入宫前神杆锡斗内，以饲乌雀，谓之祭天。在大铁锅里煮肉，肉熟后先祭祀，然后君臣围坐炕上共食，称为"吃福肉"。祭祀时还要打糕。所以，清宁宫既是皇后的正宫，也是萨满祭祀的场所。后来，北京的坤宁宫，即仿盛京清宁宫而加以改建。坤宁宫变成既是皇后的正宫，也是萨满祭祀的场所。

东西四宫，次于中宫。明朝北京皇宫建筑格局，为东六宫与西六宫。盛京则格局略小，为东二宫与西二宫。东西四座配宫，均于明间开门，四扇大窗，东西对开。宫内分隔成内外两间，内间亦为"万字炕"，是妃子居住的寝宫。外间亦为"万字炕"，设炕桌、条几、坐垫等陈设。四宫取暖，亦为火炕。《黑图档》记载："关雎宫正门口，面高七尺四寸，宽三尺二寸九分。中门口，面高六尺七寸八分，宽三尺二寸七分。西炕长二丈二尺八寸，宽五尺六寸。南炕长一丈九尺七寸，宽四尺六寸。东炕长二丈六尺三寸，宽四尺五寸。暖阁内西炕长一丈六寸，宽六尺六寸。暖阁外西炕长一丈一尺，宽六尺四寸；北炕长一丈三尺三寸，宽五尺一寸。"②东西四座配宫，建筑格局相同。

东宫关雎宫，为关雎宫宸妃海兰珠居住之宫。关雎宫宸妃，蒙古科尔沁博尔济吉特氏，塞桑贝勒之女，是中宫皇后博尔济吉特氏的侄女，也是永福宫庄妃博尔济吉特氏

---

① 阎崇年：《满洲神杆及祀神考源》，《满学论集》，第 49 页，民族出版社，1999 年。

② 《黑图档·京行档》，乾隆十一年，辽宁省档案馆藏。

的姐姐,生于万历三十七年(1609年)①,天聪八年即崇祯七年(1634年)十月,嫁皇太极,这时她已二十六岁,皇太极也已四十三岁。婚后受宠,生下一子,两岁而殇,悲郁成疾。崇德六年即崇祯十四年(1641年)九月,宸妃病死,结婚七年,便离人世,享年三十三岁。时皇太极正在松锦大战的前线军中,深夜闻报"宸妃有疾",立即车驾驰行赶回,尚在途中,宸妃已薨。史载:"上闻妃薨,恸悼。卯刻,驾抵盛京。入关雎宫,至宸妃柩前,悲涕不止。"②皇太极对宸妃的死,非常动情。史书说他:妃薨,恸甚,悲悼不已,甚至迷惘③。皇太极过于悲悼,病得很重:"上居御幄,饮食顿减,圣躬违和。是日,午刻,皇后、宫妃,及诸王大臣,陈设祭物于神前祈祷。酉刻,上方愈,稍进饮食。"④

西宫麟趾宫,为麟趾宫贵妃那木钟之宫。麟趾宫贵妃,蒙古阿鲁阿霸垓博尔济吉特氏,是郡王额齐格克颜之女。那木钟原是蒙古察哈尔林丹汗的囊囊福金。林丹汗部破身死后,她于天聪九年即崇祯八年(1635年)五月投顺后金。皇太极派人谕大贝勒代善,"令娶囊囊太后。彼以其贫而不娶"⑤。代善不娶囊囊福金,可能主要不是因为她"贫",而是唯恐皇太极另有一番想法。同年七月二十日,皇太极娶囊囊福金为妻⑥。先是,察哈尔林丹汗大福金囊囊太后至,贝勒阿巴泰、和硕贝勒德格类、贝勒阿济格、和硕贝勒多铎等,请曰:"此乃察哈尔汗多罗大福金,既归我朝,必应使之得所,皇上宜纳之。"皇太极曰:"朕先已纳一福金,今又纳之,于理不宜。"诸贝勒奏言:"此非有所欲而强娶之也,乃天所赐,皇上不可不纳。"再三奏请,坚执不从。至是,方允诸贝勒所请。皇太极命皇后诸妃,及诸贝勒福金等,出城迎囊囊福金入,遂集诸贝勒大臣大宴⑦。皇太极娶那木钟为妻,崇德元年(1636年),封其为麟趾宫贵妃。她生下一子一女,子名博穆博果尔。顺治十三年(1656年)死。

次东宫衍庆宫,为衍庆宫淑妃巴特玛·璪之宫。衍庆宫淑妃,蒙古阿鲁阿霸垓博

① 《清皇室四谱》载:"敏惠恭和元妃科尔沁博尔济吉特氏,塞桑贝勒之女,己亥年生。"己亥年为万历二十七年(1599年)。

② 《清太宗文皇帝实录》,第57卷,第37页,崇德六年九月庚寅,中华书局影印本,1985年。

③ 《清史稿·后妃列传》,第214卷,第8904页,中华书局标点本,1977年。

④ 《清太宗文皇帝实录》,第57卷,第38~39页,崇德六年九月丙申,中华书局影印本,1985年。

⑤ 《清太宗文皇帝实录》,第25卷,第8页,天聪九年九月壬申,中华书局影印本,1985年。

⑥ 《蒙古族通史》(民族出版社)中卷载:"1635年,囊囊大福金生下林丹汗的遗腹子阿布奈。林丹汗长子额哲因病去世后,其弟阿布奈袭为亲王,又尚公主。"阿布奈有二子:长布尔尼,次罗不藏。

⑦ 《清太宗文皇帝实录》,第24卷,第3页,天聪九年七月戊辰,中华书局影印本,1985年。

尔济吉特氏,塔布囊博第塞楚祜尔之女。巴特玛·璪原是察哈尔林丹汗的窦土门福金。林丹汗兵败身死,窦土门福金于天聪八年即崇祯七年(1634年)八月二十八日,携其部众降金。闰八月三十日,大贝勒代善等劝请皇太极纳娶窦土门福金为妃。史载:

> 大贝勒代善,及众和硕贝勒等,公同具奏:"窦土门福金,率国人来归,请选入宫闱,亦抚慰众心之道也。"上辞曰:"朕不宜纳,当以予贝勒之家室不睦者。"代善等力请。上遣文馆儒臣巴克什希福、达雅齐塔布囊、兵部启心郎穆成格,复宣前谕,固辞。代善曰:"臣等以为,福金委身顺运,异地来归,其作合实由于天。上若不纳,得毋拂天意耶!皇上非好色多纳妃嫔者比,若上必不宜纳,臣等岂特不敢劝,且未有不于上前力谏者。伏念皇上修德行义,允符天道,故天于皇上,特加眷佑。皇上恩泽所洽,凡兄弟臣民,咸获休养,群庶无不爱戴如父。臣尝内自思维,不知当操何术,即可仰答高深。俾皇上功德昭宣,比隆古帝。且仓库充盈,治臻殷富,然后快于臣心。夫上丰豫,则国民康乐;上匮乏,则国民怨咨。臣此言,若心与口违,天有不鉴之者乎!皇上若从臣请,不但臣心慰悦,众意亦莫不欢欣矣!"希福等回奏,上深念久之。至三日,谓文馆龙什、刚林、喀木图、白格曰:"大贝勒等,坚劝朕纳窦土门福金,朕恐未合于义。"龙什等奏曰:"此天赐也!大贝勒之请是,上宜纳之。"上因思行师时,驻营纳里特河,曾有文雉飞入御幄之祥。今福金来归,显系天意,于是意始定。命希福、达雅齐往迎焉。卫送福金之多尼库鲁克等喜曰:"我等此行,乃送福金,非私来也。皇上纳之,则新附诸国,与我等皆不胜踊跃欢庆之至矣!"遂望天拜谢。于是送福金至。①

崇德元年即崇祯九年(1636年),封为衍庆宫淑妃。淑妃有一养女,皇太极"命睿亲王多尔衮娶焉"。顺治九年(1652年),尊封为康惠淑妃。

次西宫永福宫,为庄妃布木布泰之宫。永福宫庄妃(俗称大庄妃),蒙古科尔沁塞桑贝勒之女,是中宫皇后博尔济吉特氏的侄女。万历四十一年(1613年)二月初八日生,天命十年即天启五年(1625年)二月嫁皇太极,年十三岁。这年皇太极三十四岁。崇德元年(1636年),封为永福宫庄妃。崇德三年(1638年)正月,庄妃生下皇九子——

---

① 《清太宗文皇帝实录》,第20卷,第12~14页,天聪八年闰八月癸丑,中华书局影印本,1985年。

福临，即后来的顺治皇帝。这年她二十六岁。顺治元年（1644 年）九月，到北京皇宫，尊为皇太后，时年三十二岁。康熙二十六年（1687 年）十二月死，享年七十五岁。福临生于永福宫。庄妃身历天命、天聪、崇德、顺治和康熙五朝，对顺治和康熙两朝的政治，产生了极其重大而深远的影响。顺治皇帝登极尊她为皇太后，康熙皇帝登极又尊她为太皇太后。死后谥号为"孝庄仁宣诚宪恭懿至德纯徽翊天启圣文皇后"，通称"孝庄文皇后"。后葬清东陵昭西陵。另有女三：皇四女固伦雍穆长公主、皇五女固伦淑慧长公主和皇七女固伦端献长公主。于清朝政治至关重要的两位太后，前面的一位是孝庄太后，后面的一位是慈禧太后。至于有说庄妃委身并劝降洪承畴，又说孝庄太后下嫁睿亲王多尔衮，均无确凿史据，当属小说家言①。

东宫、西宫、次东宫、次西宫之外，还建有配宫，为一些庶妃居住之所。皇太极在众多庶妃中，生有子女者：元妃钮祜禄氏，生一子，名博洛会；继妃乌拉那拉氏，生二子，名豪格、洛格及女一；侧妃叶赫那拉氏，生子一，名硕塞；侧妃扎鲁特博尔济吉特氏，生女二；庶妃那拉氏生子一，名高塞、女二；奇垒氏，察哈尔部人，生女一，后下嫁吴三桂子吴应熊，应熊在三藩之乱中被杀；颜札氏，生子一，名叶布舒；伊尔根觉罗氏，生子一，名常舒；另一不知其氏族，生子一，名韬塞；再一也不知其氏族，生女一。

上述后妃为皇太极生育十一子、十四女，共二十五个子女。长子豪格，母为继妃乌拉那拉氏，其祖父努尔哈赤时，从伯父代善征蒙古扎鲁特部，斩其贝勒鄂斋图。后随父兄南征北战，屡立军功。天聪六年即崇祯五年（1632 年），晋和硕贝勒。在父皇的大位继承上，同皇叔多尔衮有利益冲突，后被冤死，其王妃也被多尔衮夺占。次子、三子，早殇。四子叶布舒，生母颜札氏，后封镇国将军、辅国公。五子硕塞，生母侧妃叶赫那拉氏，后晋封为承泽裕亲王，掌管兵部、宗人府。六子高塞，生母庶妃那拉氏，后晋辅国公、镇国公。高塞常住沈阳，喜欢在医巫闾山读书，酷爱文学，喜赋诗，善弹琴，自号"敬一主人"。七子常舒，生母为伊尔根觉罗氏，后封镇国将军、辅国公。八子早死。九子福临，即顺治帝。十子韬塞，生母不知氏族，初封镇国将军，后晋辅国公。十一子博穆博果尔，生母为麟趾宫贵妃博尔济吉特氏名那木钟即囊囊福金，封襄亲王，自缢身死。

清入关前盛京宫殿，除金碧辉煌的殿堂楼阁之外，亦有为生活需要而附设的一些建筑，诸如宫廷为帝后制作山珍海味的御膳房，为贮藏珍奇异宝、古玩字画、貂裘锦缎、

---

① 阎崇年：《正说清朝二十帝》，第 47～49 页，中华书局，2004 年。

弓矢鞍辔的库房，储备米面油盐的宫仓，以及肉楼、碾房、磨房、熬蜜房、炭房、堆子房等。

大清门东西两侧的文德坊、武功坊，史载其建于崇德二年即崇祯十年（1637 年）。作为宫殿前的左右阙门，两坊对峙，独具特色。坊额分别以满、蒙、汉三体文字，阳刻"文德坊"、"武功坊"金字，末署"崇德二年孟春吉日立"。

后期建筑　康熙帝东巡后，盛京故宫，已有变化。清高宗乾隆帝首次东巡后，盛京故宫格局，发生显著变化，形成东、中、西三路新格局。东路前面已述，中西二路，分述如下。

中路凤凰楼、崇政殿、清宁宫两侧，为东所与西所，是清帝东巡时皇帝、后妃驻跸之所。主要建筑布局，两所略同，且相对称。东所，主要建筑有颐和殿、介祉宫、敬典阁。颐和殿之后为介祉宫，乃皇太后所居之寝宫。介祉宫后，为敬典阁。阁为二层，重檐歇山。阁内存贮玉牒黄档一百五十二包，红档二百三十五包，共三百八十七包①。西所，主要建筑有迪光殿、保极宫、崇谟阁。迪光殿为皇帝东巡处理政务之所。迪光殿北，为保极宫。保极宫是皇帝东巡的寝宫。保极宫北，为崇谟阁。崇谟阁尊藏实录、圣训②。崇谟阁还因贮藏《无圈点老档》（崇谟阁本）和《加圈点老档》（崇谟阁本）而闻名于世③。《无圈点老档》又称《旧满洲档》、《老满文原档》，原藏盛京，后转运至北京，今藏台北故宫博物院。崇谟阁藏《无圈点老档》新、老满文乾隆钞本，各为二十六函、一百八十册。还藏有《满洲实录图》共有图八十七帧，图解文字为满、汉、蒙三体，分装为二函八册。

西路系供后来清帝东巡盛京时驻跸之用。其建筑主要有戏台、嘉荫堂、文溯阁、仰熙斋等。戏台北侧，为嘉荫堂。嘉荫堂是皇帝东巡驻跸时的书斋和赐宴、赏戏之所。嘉荫堂北，为文溯阁。文溯阁的建造是为贮藏《四库全书》之用。《四库全书》抄录七部分贮，即紫禁城文渊阁、圆明园文源阁、避暑山庄文津阁、盛京文溯阁、扬州文汇阁、镇江文宗阁和杭州文澜阁共七阁，盛京文溯阁为其一。著名的《四库全书》、《古今图书集成》，曾珍藏此阁，现仍有书架，分排于各层④。文溯阁后为仰熙斋，是皇帝读书、作画之处。斋前两侧，建以游廊，与文溯阁后檐廊相连。仰熙斋北，有"九间殿"，或为随驾

---

①　《敬典阁尊藏总册》，辽宁省档案馆藏。

②　宣统年间，崇谟阁内共贮十朝满、汉文实录一千五百一十三包，圣训三百八十包，总计近一万册。

③　阎崇年：《〈无圈点老档〉及乾隆钞本名称诠释》，《满学论集》，民族出版社，1999 年。

④　《文溯阁本四库全书》，共六千一百四十四函，三万六千三百一十三册，今藏于甘肃省图书馆。

东巡人员居住之所。

　　盛京皇宫尊藏御用珍宝、宫殿文物今约两万余件,分别藏于凤凰楼、崇谟阁、敬典阁、飞龙阁、翔凤阁、东西七间楼、銮驾库等。其中西七间楼,后被称为"书籍墨刻楼"或"档子库",主要存贮书籍、墨刻、档案。档案中满、汉文稿档有五万余件。还存有《黑图档》共九百八十余册,是康熙至咸丰年间,盛京内务府与京师及盛京官署之间往来公文的誊录底档,按"京来"、"京行"、"部来"、"部行"等分类,以时为序,装订成册。"盛京旧档"是极为珍贵的档案史料。

　　清入关后,先后有四位皇帝十次东巡,分别是:康熙帝于康熙十年(1671年)、二十一年(1682年)、三十七年(1698年),乾隆帝于乾隆八年(1743年)、十九年(1754年)、四十三年(1778年)、四十八年(1783年),嘉庆帝于嘉庆十年(1805年)、二十三年(1818年),道光帝于道光九年(1829年)。其中乾隆帝留下著名的《盛京赋》,洋洋三千三百余言,文采四溢,内容博大,是一份重要的历史文献。

　　盛京皇宫珍藏大量文物,重要文物有两万多件,内有十件文物被誉为"镇院之宝"。这十件国宝是:清太祖努尔哈赤御用宝剑、后金天命云板、清太宗皇太极御用鹿角椅、皇太极腰刀、金代交龙钮大钟、清郎世宁设色《竹荫西狑图轴》、清王翚等设色《康熙南巡图卷》、清雍正款青花红龙大盘、清乾隆款嵌珐琅缠枝花卉钵七件和乾隆帝御笔"紫气东来"匾。

　　盛京不仅有清初皇宫,而且有"盛京三陵"。

(三)关外三陵

　　清入关前,在关外不仅有盛京宫殿,而且有三座陵寝——永陵、福陵和昭陵。

　　永陵　永陵是清皇室爱新觉罗氏的祖陵,原称"老陵",又称"四祖陵"、"兴京陵",顺治九年(1652年)尊称永陵。永陵始建时间,清初文献阙载。有人认为:永陵始建于明戊戌年即万历二十六年(1598年)。有学者对此说作出辩驳。其理由为,永陵始建于"万历二十六年说",源于日本人前田计《永陵及其附近遗迹调查报告》,其说依据《兴京县志》记载:"戊戌秋八月,谒陵礼成。"前田计诠释这段记载为:"即万历二十六年(1598年),努尔哈赤建国之前建成。"查戊戌年,有万历二十六年(1598年)、顺治十五年(1658年)、康熙五十七年(1718年)、乾隆四十三年(1778年)等。论者认为戊戌年秋八月,应为乾隆四十三年(1778 年)。是年秋八月,乾隆皇帝到兴京祭祀祖陵。因此,戊戌年应是乾隆四十三年(1778 年)秋八月,而不是明历历二十六年(1598 年)秋八月①。永陵始建时间,已经无据可考。文献明确记载,顺治年间扩建。顺治十六年(1659 年),始称永陵。

永陵位于今辽宁省抚顺市新宾满族自治县永陵镇境。永陵位置的选择,启运山②似屏风横卧于北,烟囱山矗立于前,东南为鸡鸣山,西为凤凰岭,前为苏克素浒河(即苏子河),其胜境谓:"群山拱卫,众水朝宗,沃野平畴,草木葱郁。"永陵坐北朝南,占地一万一千余平方米。永陵是埋葬清肇祖原皇帝(孟特穆)、兴祖直皇帝(福满)、景祖翼皇帝(觉昌安)和显祖宣皇帝(塔克世)即清前四祖的陵墓。清肇祖原皇帝(孟特穆)是猛哥帖木儿,还是孟特穆,或是其他名字,清史学界,看法不一。如果是猛哥帖木儿,死于斡木河地方(今朝鲜会宁),其卒年朝鲜《李朝世宗大王实录》有明确记载③。兴祖直皇帝(福满),其生卒年,已不可考。景祖翼皇帝(觉昌安)和显祖宣皇帝(塔克世),卒于明万历十一年(1583 年)二月。因此,永陵所葬清皇室四位先祖,不会是同一时间埋葬的。清太祖努尔哈赤之曾祖父,死后埋葬于赫图阿拉地带。其祖父觉昌安、父亲塔克世同年、同月、同日死,后也埋葬于其祖陵。所以,清四祖——清肇祖原皇帝(孟特穆)、兴祖直皇帝(福满)、景祖翼皇帝(觉昌安)和显祖宣皇帝(塔克世),其埋葬之时间,文献无征,难以考定。

天命六年即天启元年(1621 年)三月,后金夺占明辽东首府辽阳后,将都城从赫图阿拉迁到辽阳,随之兴建东京新城。中原汉族王朝,都城必有宗庙。《左传》记载:"凡邑有宗庙先君之主。"④天命九年即天启四年(1624 年)四月,天命汗努尔哈赤将其祖坟从赫图阿拉迁到东京辽阳。《清太祖实录》记载:"上以辽阳既定建都东京,奉移景祖、显祖、孝慈皇后及皇妃、皇伯父、皇弟、皇子诸陵墓于东京。命族弟铎弼、王善、贝和齐往,至祖居虎拦哈达之赫图阿喇地,谒祖陵及皇后、皇妃陵。铎弼等遵旨,先以太牢祭告毕,乃奉景祖、显祖、孝慈皇后梓宫,舁以黄舆,暨皇伯父礼敦巴图鲁、皇弟贝勒达尔汉巴图鲁舒尔哈齐、青巴图鲁穆尔哈齐、皇叔塔察篇古之子贝勒祜尔哈齐灵榇,舁以

---

① 《兴京永陵》,第 165 页,东北大学出版社,1996 年。
② 顺治八年十月乙丑二十一日,封此山名为"启运山"。
③ 《李朝世宗大王实录》,第 62 卷,第 11 页,十五年十月戊寅,日本学习院东洋文化研究所,1959 年。
④ 《左传·庄公二十八年》,宋十三经注疏附校勘记本,中华书局影印,1980 年。

朱舆,日祭以太牢。将至,上率诸贝勒大臣,令军士被甲胄、执器械,出城迎二十里外,至皇华亭。上及诸贝勒、大臣、军士,悉俯伏道左,俟景祖、显祖暨孝慈皇后灵舆过乃起。至东京城东北四里之杨鲁山,预建寝殿,以安葬焉。设太牢,焚楮币,妥侑诸灵。上诣二祖陵,奠酒行礼。祝曰:'吾征明,复祖、父仇,已得辽东、广宁,祗移寝园,永安斯土。惟我祖考,仰达天地,垂福佑焉。'其继妃富察氏,及皇子阿尔哈图土门贝勒褚英樣,亦同移于此。"①

由上引文,可以知道:其一,努尔哈赤的祖陵,原在其祖居虎拦哈达的赫图阿拉地方。其二,努尔哈赤奉移其祖父即景祖觉昌安、父亲即显祖塔克世的灵樣,至辽阳杨鲁山地方。其三,赫图阿拉祖坟还埋葬其伯父、胞弟、儿子等之骨殖。其四,皇太极生母叶赫纳喇氏(后谥孝慈高皇后)死后,葬于赫图阿拉尼雅满山冈②。皇太极称帝改元,于崇德元年即崇祯九年(1636年)四月十二日,"率诸贝勒大臣诣太庙,追尊始祖为泽王、高祖为庆王、曾祖为昌王、祖为福王"③。此项追尊是在盛京太庙进行的,而没有到辽阳祖陵去告祭。皇太极时在兴京建孟特穆衣冠冢,并将福满陵移到兴京,兴京建有其"始祖泽王、高祖庆王"二祖坟墓,故称之为"兴京二祖陵"。

永陵墓葬,几经变迁,基本格局,最后落定。顺治十三年(1656年)六月十六日,议政大臣巴图鲁公鳌拜等奏议:"兴京景祖翼皇帝、显祖宣皇帝陵,自克取辽东后,迁至东京。原以便展谒,伸祭祀享也。今据钦天监地理官奏称:'兴京皇陵风水,实系第一福地,请仍迁景祖、显祖陵,于肇祖原皇帝、兴祖直皇帝陵旁,庶与风水有合'等语。"④顺治帝命"另议以闻"。中间经过一番周折,于顺治十五年(1658年)九月,"迁东京祖陵于兴京"⑤。顺治帝再将景祖觉昌安、显祖塔克世的灵樣,从辽阳回迁至兴京。郡王礼敦巴图鲁、贝勒塔察篇古等的骨殖,也随之迁到兴京陵⑥。后康熙、乾隆屡次修建等,而成为现今永陵的格局与规模。兴京陵几次移葬骨殖,因满洲有火葬习俗。《建州闻

---

① 《清太祖高皇帝实录》,第9卷,第5~7页,天命九年四月甲申朔,中华书局影印本,1986年。

② 《清史稿·后妃列传》,第214卷,第8899页,中华书局标点本,1977年。

③ 《清太宗文皇帝实录》,第28卷,第17页,天聪十年四月丙戌,中华书局影印本,1985年。

④ 《清世祖章皇帝实录》,第102卷,第5页,顺治十三年六月癸巳,中华书局影印本,1985年。

⑤ 《清世祖章皇帝实录》,第120卷,第9页,顺治十五年九月壬寅,中华书局影印本,1985年。

⑥ 东京陵今有舒尔哈齐、穆尔哈齐、雅尔哈齐、巴雅喇和褚英之墓。

见录》记载:"死则翌日举之于野,而焚之。"①永陵始埋葬着清朝肇、兴、景、显四祖。后又建四祖碑楼。

永陵是清帝的祖陵,而不是皇陵。永陵坐北朝南,平面呈长方形,建筑布局肃穆严整,高低错落,左右对称,既有建筑单体,又成完整组合。永陵的陵区布局,分成为四个部分:

第一,陵前区。由神路及四门——正红门、东红门、西红门、启运门所围成,以神路为中轴线。苏子河北,正红门前,有漫长的神路。正红门三楹,六门。门里往北院内,并列清四祖——肇祖、兴祖、景祖、显祖之"神功圣德碑"②及其碑楼。碑文为满、蒙、汉三体文,满文居中,汉文列左,蒙文列右。碑楼之前,东西厢房,分置左右。正红门为木栅栏门,显现满洲早期结栅为门的民族建筑特色。启运门前,东为果房,西为膳房。启运门内,为陵殿区。

第二,陵殿区。由启运门至启运殿,形成陵寝的祭祀区。启运门面阔三间,进深二间,六门。门北为启运殿。启运殿③即享殿。陵区的主体建筑为启运殿,是为祭祀大殿。启运殿建在高二尺九寸的台座之上,为单檐歇山、四门八窗、黄琉璃瓦顶(康熙重修改用黄瓦),宏伟肃穆,雄丽庄严。殿内有大暖阁四座,上设黄缎罩,内设宝床。小暖阁四座,内奉神位。殿前西侧,有焚帛亭,用作焚告祭文。殿前东西,建有配殿。

第三,陵墓区。启运殿迤北为宝城,高一丈三尺七寸,周长八十六丈一尺六寸。其上为宝顶,即黄土封丘;其下为地宫,即清肇、兴、景、显四祖之坟墓。永陵地宫有明显的特点,就是分为上下两层——上层为追尊肇、兴、景、显四帝及四后墓,下层地宫有礼敦巴图鲁、贝勒塔察篇古二陪葬墓④。

第四,陵附区。陵西红门以西,有陵墓附属区,主要为省牲亭等附属建筑,四周围以墙垣。

永陵四通"神功圣德碑"呈一字形排列、地宫分层合葬等,都为中国陵寝史上所仅见。永陵在顺治时修砌了红墙,雍正时红墙外一里处设红桩,乾隆时又先后立白桩、青

---

①　[朝]李民寏:《建州闻见录》,第33页,日本天理大学图书馆藏玉版书屋本。

②　清肇、兴、景、显四祖碑文,见乾隆《盛京通志》卷3。

③　明十三陵称其为隆恩殿。

④　文物考古部门于1981年对礼敦、塔察篇古墓进行考古发掘,其墓穴长宽不足一米,墓室内有花岗岩石棺床,上置骨殖坛。坛口覆以龙纹织锦包裹,坛周围撒木炭以防潮,未发现其他随葬品。

桩。于是永陵山界址，山前为栅栏，山后为红、白、青三层界桩，扩展至周长二千二百八十八丈①。乾隆帝东巡谒陵时，用"依山树栅柳为城"的诗句，来描述满族最初的木栅门、墙的习俗。这为后来清东西陵设栅栏围桩之滥觞。

　　永陵还有一棵神树，根深叶茂，树冠蔽天。这棵神树，有个传说。相传，努尔哈赤起兵之初，有一天被敌人追杀，他背着父母的骨灰盒逃到苏子河畔，长途跋涉，精疲力竭，见一棵高大的榆树，便将父母骨灰盒挂在树枝上，坐在树下休息，竟然睡着了。一觉醒来，天色已晚，便到屯寨觅店投宿。第二天来取骨灰盒时，发现土堆隆起，没过枝叶，埋下骨灰盒。他扒开隆起的土堆，但骨灰盒与树枝联在一起；他取出腰间佩刀砍树，树枝流出像血一般的汁液，瞬间愈合。努尔哈赤十分惊讶，心想这是上天指引埋藏父母的风水宝地，遂将父母骨灰葬于此。不久，努尔哈赤便在离永陵不远处建赫图阿拉城，势力坐大，建国称汗，成就了大清王朝。后乾隆帝东巡时，写下《神树赋》，并立碑纪念。但到同治二年（1863 年）七月，阴雨连绵，风大土松，神树仆倒。盛京将军玉明，加急奏报，朝廷派官，进行处理。今台北故宫博物院保存了当年的神树图和相关档案②。至今，神树成为永陵的著名一景。

　　福陵　福陵是清太祖高皇帝努尔哈赤暨高皇后叶赫纳拉氏之陵③。先是，努尔哈赤死后，修陵寝未成，奉太祖梓宫，暂安沈阳城内。此事，《明熹宗实录》也作了记载："老奴瘗骨沈阳"云云④。皇太极继位之后，派官员为其先父山陵选址。"初，上命诸贝勒大臣，敬卜吉壤，建造山陵，奉迁太祖高皇帝梓宫安葬，至是定议。卜吉于沈阳城东二十里，浑河北石嘴头山"⑤。天聪三年即崇祯二年（1629 年）二月十三日，努尔哈赤灵柩安葬于福陵。《清太祖实录》记载："己亥（十三日），清明节，丑刻，以奉迁太祖高皇帝梓宫，上率诸贝勒大臣，诣太祖梓宫前，行告祭礼，奠酒，举哀，焚楮币，读祝。祝词

---

　　①　清制：红桩以内寸草为重，白桩以内禁止樵采，青桩以内禁止烧造。

　　②　冯明珠：《永陵神树——一棵攸关大清国运的榆树》，载《清宫档案丛谈》，台北故宫博物院，2012 年。

　　③　时有僧人陈相子，为善缘，受责杖。史载："有僧名陈相子者，私率徒众，于梓宫前，旋绕诵经。护守官奏闻。上使问其故，相子对曰：'我诵经者，欲求佛引太祖英灵，受生善地耳！'上曰：'太祖神灵，上升于天，岂待众僧祷求，始受生善地耶？自来惑众罔民者，皆此辈僧人也！'因下相子于所司，杖四十，勒令还俗为民。"

　　④　《明熹宗实录》，第 81 卷，第 11 页，天启七年二月乙巳，台北中央研究院历史语言研究所校勘本，1962 年。

　　⑤　《清太宗文皇帝实录》，第 5 卷，第 4 页，天聪三年二月丙申，中华书局影印本，1985 年。

曰:'皇考升遐,于时三载,向以未获吉壤,敬奉梓宫,暂安沈阳城内,宏规巨制,有待经营。今谨卜地于浑河北石嘴头山,川萦山拱,佳气郁葱,敬建宝城,用诹吉日,奉迁皇考梓宫,奠兹佳域。伏愿亿万斯年,神灵永妥,庆流奕世,申锡无疆。谨告。'遂焚祝文。上与诸贝勒,亲奉太祖梓宫出殿。诸大臣奉安灵轝,列卤簿,奏乐。八旗诸臣,以次恭昇龙辒,至山陵。随奉孝慈高皇后梓宫,与太祖高皇帝合葬。大贝勒莽古尔泰母妃富察氏灵槺,亦祔葬于旁。葬毕,焚楮币以祭。于是命官,敬谨守护。陵东西两旁,立下马坊。"①

天聪、崇德、顺治、康熙时期,对福陵不断进行修缮、兴建、拓展、完善,使其规制严谨,建筑肃穆。天聪八年即崇祯七年(1634 年)十月初六日,后金礼部和硕贝勒萨哈廉,传皇太极谕工部曰:"太祖山陵,应建寝殿。植松木,立石狮、石象、石虎、石马、石驼等,俱仿古制行之。"②清太祖陵寝建立寝殿,种植松树,立石像生。天聪十年即崇祯九年(1636 年)四月十一日,皇太极上尊号、建大清、改纪元。翌日,皇太极率领诸贝勒大臣等,"恭上皇考太祖尊谥曰承天广运圣德神功肇纪立极仁孝武皇帝,皇妣太后尊谥曰孝慈昭宪纯德真顺成天育圣武皇后,庙号太祖,陵曰福陵"③。从此,清太祖陵寝定名为"福陵",俗称"沈阳东陵"或"盛京东陵"。清太祖的谥号,康熙元年(1662 年)四月,加谥"睿武弘文定业"六字;雍正元年(1723 年)八月,又加谥"端毅"二字;乾隆元年(1736 年)三月,再加谥"钦安"二字,最后尊谥为"太祖承天广运圣德神功肇纪立极仁孝睿武端毅钦安弘文定业高皇帝"④,以上共二十九字。

福陵建筑,逐步完善。顺治七年(1650 年),立石像生。《清世祖实录》记载:"福陵,卧骆驼、立马、坐狮子、坐虎,各一对,擎天柱四、望柱二。"⑤顺治八年(1651 年),顺治帝封福陵原石嘴头山名曰"天柱山"⑥,又扩建享殿。顺治年间,建成福陵的方城与角楼。康熙二年(1663 年)九月,改造福陵地宫⑦。同年十二月,"改造福陵地宫成。

---

①　《清太宗文皇帝实录》,第 5 卷,第 5 页,天聪三年二月己亥,中华书局影印本,1985 年。

②　《清太宗文皇帝实录》,第 20 卷,第 21 页,天聪八年十月己丑,中华书局影印本,1985 年。

③　《清太宗文皇帝实录》,第 28 卷,第 17 页,天聪十年四月丙戌,中华书局影印本,1985 年。

④　《清高宗纯皇帝实录》,第 14 卷,第 18 页,乾隆元年三月乙巳,中华书局影印本,1985 年。

⑤　《清世祖章皇帝实录》,第 48 卷,第 14 页,顺治七年四月己酉,中华书局影印本,1985 年。

⑥　《清世祖章皇帝实录》,第 61 卷,第 5 页,顺治八年十月乙丑,中华书局影印本,1985 年。

⑦　《清圣祖仁皇帝实录》,第 10 卷,第 2 页,康熙二年九月癸酉,中华书局影印本,1985 年。

安奉太祖高皇帝宝宫。设宝座、神牌于享殿"①。将清太祖高皇帝努尔哈赤宝宫奉安,并在享殿内设神牌、宝座,以便祭祀。康熙时,对福陵地宫、宝顶、宝城、月牙城、明楼、方城及神功圣德碑楼等都加以拓建。康熙三年(1664年)正月,立"太祖承天广运圣德神功肇纪立极仁孝睿武弘文定业高皇帝"碑。从此,尊称努尔哈赤为"清太祖高皇帝"。在康熙年间,先后建大明楼,修隆恩殿和隆恩门,立神功圣德碑等。康熙御制《福陵神功圣德碑文》,全文一千七百八十三字②。至此,福陵主体之建筑及改造,重大工程基本告竣。福陵位于天柱山,满洲村寨"依山而居",陵寝建筑也受满洲山居习俗的影响。

福陵经康熙时期的改造与兴建,在整体布局与规模上,有了较大改观,更加庄严肃穆。福陵依山面水而建,前低后高,南北狭长,整个陵寝,分为四区:

第一,陵前区。福陵经康熙时的增建与改造,将原建在平地的隆恩殿,北移至天柱山上。因陵殿建筑在山上,形成神道庄严肃穆的格局,幽邃漫长,逐步升高。陵前区从左右石牌坊,一对雄狮,经过正红门,通达碑亭,中为神道。神道先为平坦长路,两侧为华表、石卧驼、石立马、石坐狮、石坐虎、华表,排列左右,各为一对。次为马鞍形斜坡过渡,复为在山下与山上,修建一百零八磴台阶,即俗称"一百单八磴"。其一百单八磴神路,全长四十米,宽七米,台阶两侧,建筑花墙,上覆琉璃瓦,成为明清陵寝中独特的建筑形式。再为三处斜道,三处阶梯,而达于碑亭。碑亭内竖立清太祖高皇帝的"神功圣德碑"。

第二,陵殿区。前为重檐歇山碑楼,内竖"大清福陵神功圣德碑"康熙帝御制碑文③。碑楼东为茶膳房三间,西为果品房三间,碑楼前设省牲亭、斋班房。其后为陵殿区。此区起隆恩门,至隆恩殿,为城堡式建筑,四围高墙,上设垛口,四隅角楼。城楼正门为隆恩门,门内中为隆恩殿。殿建于五尺高台基之上,三楹四门。台的周围,为石栏板。隆恩殿单檐歇山,雕梁画栋,金碧辉煌。殿内设搭暖阁,悬黄幔、置宝床。又设小暖阁,供奉神牌等。殿之东西,各有配殿。殿西南侧,为焚帛亭。隆恩殿两侧,有东西配殿。陵恩殿作为福陵的祭祀之殿堂,成为陵区最庄严雄伟的建筑。

第三,陵墓区。前大明楼,后为陵墓。前为石柱门,石台基上,列石五供,石香炉一

① 《清圣祖仁皇帝实录》,第10卷,第18页,康熙二年十二月辛酉,中华书局影印本,1985年。

② 乾隆《盛京通志》卷5载述此碑文时,将"开原"误刻印作"开河"。

③ 《清圣祖仁皇帝实录》,第138卷,第2页,康熙二十七年十二月甲辰,中华书局影印本,1985年。

座、石烛台二座、石香瓶二座。其后为大明楼,楼内立"太祖高皇帝之陵"石碑。陵墓下为地宫,埋葬清太祖高皇帝努尔哈赤暨高皇后叶赫纳拉氏和四妃、二庶妃——大妃乌拉纳拉氏、继妃富察氏等以及庶妃德因泽、阿济根的骨殖。陵墓上为宝顶,即坟丘封土,高一丈七尺一寸。陵墓后墙为弯月形,称月牙城,两侧砌有甬道,达明楼和方城。方城高一丈五尺七寸,周长一百一十三丈八尺四寸,垛口高五尺。上有角楼四座,每座二层,彩油为饰。

第四,陵外区。福陵外西北部,有"妃园",内葬寿康太妃博尔济吉特氏等努尔哈赤的侧妃、庶妃等。陵外北部有"皇子墓",内葬努尔哈赤第四子辅国公汤古代、第六子辅国公塔拜等。陵外西部有"功臣墓",有开国大臣弘毅公额亦都、直义公费英东等陪葬墓。

福陵经天聪、崇德、顺治、康熙、乾隆时期的修建、拓展、兴筑,四周界址共二千九百六十丈,方圆二十里。福陵占地九万亩,古松三万棵,有"天柱排青"、"福陵叠翠"之誉。乾隆帝《恭谒福陵》诗云:

> 草昧起英雄,维皇乃眷东。
>
> 风云龙虎会,日月海天中。
>
> 帝业千年巩,山陵万古崇。
>
> 永维无竞烈,继序矢深衷。

乾隆帝既拜谒其五世祖努尔哈赤的福陵,又拜谒其四世祖皇太极的昭陵。

昭陵　昭陵是清太宗文皇帝皇太极和孝端文皇后博尔济吉特氏之陵。皇太极在崇德八年即崇祯十六年八月初九日(1643 年 9 月 21 日)亥刻,"无疾而终"。皇太极"圣躬违和",《清太宗实录》中先后出现八次,可见他不是"无疾而终",而是患病而死。他于崇德六年即崇祯十四年(1641 年)九月二十三日,因关雎宫宸妃病逝,过于悲悼,突然发病,且病情严重。翌年正旦,因"圣躬违和"而取消朝贺。随后,又因"圣躬违和"而大赦,而祈祷,而布施。《朝鲜李朝仁祖实录》四月初六日记载:清朝"皇帝病风眩",向朝鲜找竹沥,请名医。竹沥,是中药,性寒,味甘,主治中风等症。朝鲜国王派针医柳达、药医朴頵给皇太极治病。这说明皇太极已患"风眩"症。不过,他于八月初九日离世的当天,还进行政务活动。夜间,皇太极在皇后博尔济吉特氏的清宁宫南炕上谢世。

清太宗皇太极的死因,从症状看,死于中风。初十日,将皇太极梓宫,奉安于崇政殿,在这里举行哀祭,诸王贝勒、武将文臣,朝夕哭临三日①。同日,章京敦达里、安达里二人,均以身殉。二十日,"山陵宝城、宫殿告成"。二十一日,奉移大行皇帝梓宫,敬安陵寝。是日,诸王及内二旗下内大臣、侍卫、已出痘公主、和硕福金、格格等,集崇政殿哭临。和硕礼亲王代善升阶,诣梓宫前跪,三献爵。诸王以下皆跪,行三叩头礼毕。学士詹霸升阶,至东侧跪,读祝文。文曰:"维崇德八年癸未,九月壬辰朔,越二十一日,壬子,孝子嗣皇帝敢昭告于皇考神位之前,曰:我皇考升遐,倏逾旬月,哀慕无穷,典仪有恪。兹者山陵告成,恭奉梓宫,敬安陵寝。谨告。"读祝毕,设卤簿,及鞍马二十匹、驮马六匹、空马百匹,驮御幄驼二十只、空驼二十只,前导。启发梓宫,出大清门。未出痘公主、福金、格格,俱集于城门迤北,候梓宫至,跪泣举哀。梓宫过,随行举哀。固山额真、昂邦章京,尚书以下、牛录章京以上各官,及固山额真、昂邦章京,尚书命妇以下、牛录章京命妇以上,外藩喀尔喀、鄂尔多斯、土默特、索伦、萨哈尔察等分两翼,集关门外,俱候梓宫至,跪举哀。梓宫过,随行举哀。至山陵,奉安梓宫于殿内。陈设祭物,公主、格格、福金,及诸王内大臣等,列阶上。固山额真以下,各照旗列阶下。和硕礼亲王代善,诣梓宫前跪,三献爵,诸王以下俱跪,行三叩头礼毕,各就列举哀。内大臣、固山额真、昂邦章京、尚书等官,升阶,诣梓宫前跪,各二献爵毕,撤馔。皇太后及诸妃,捧梓宫前陈设御衣,举哀,下殿。置焚榻上,跪,三献爵。众皆跪,行三叩头礼毕。皇太后升殿,诸王等进,近焚榻前,举哀,行一跪三叩头礼。和硕亲王暨和硕福金以下,牛录章京等官以上,暨妻,俱除服,焚化御衣及陈设等物②。十月初七日丁卯,上尊谥曰应天兴国弘德彰武宽温仁圣睿孝文皇帝,庙号太宗。康熙元年,加上尊谥曰应天兴国弘德彰武宽温仁圣睿孝隆道显功文皇帝。雍正元年,加上尊谥曰应天兴国弘德彰武宽温仁圣睿孝敬敏隆道显功文皇帝③。乾隆元年,再加上尊谥曰应天兴国弘德彰武宽温仁圣睿孝敬敏昭定隆道显功文皇帝④。

昭陵,坐落于沈阳城西北十华里处,史称"盛京昭陵",俗称"沈阳北陵"。次年,即顺治元年(1644年)八月初九日,皇太极驾崩一周年时厝葬于昭陵。顺治六年(1649

---

① 《清世祖章皇帝实录》,第1卷,第3页,崇德八年八月辛未,中华书局影印本,1985年。

② 《清世祖章皇帝实录》,第2卷,第4~5页,崇德八年九月壬子,中华书局影印本,1985年。

③ 《清太宗文皇帝实录》,第65卷,第41页,崇德八年十月丁卯条,中华书局影印本,1985年。

④ 《清高宗纯皇帝实录》,第14卷,第18页,中华书局影印本,1985年。

年）四月十七日，孝端皇太后死于北京。翌年二月，遗体运至盛京，与皇太极合厝于昭陵。顺治八年（1651年），昭陵竣工，尊昭陵山为"隆业山"。康熙年间，对昭陵又有部分增建，乾隆时期再对旧园陵进行拓建，形成现在的陵貌。陵区平面呈长方形，南北约五华里，东西约二点六华里，总面积为十二点六平方里。

皇太极生前并没有为自己选址建陵，突然病逝，诸臣茫然。工部受命立派堪舆官选址，建造陵墓。堪舆官选取了距离沈阳城北约十华里处的平地，但此处"前无沼，后无靠"。于是，堆土积山，挖土成河，使其符合皇陵的风水。封此人工堆积之山为"隆业山"。其修建时间，从崇德八年即崇祯十六年（1643年），至顺治八年（1651年），为陵的初建期；康熙至乾隆，为陵的增建期。昭陵在初建期，先后修建了下马碑、石像生、陵门、围墙、享殿、隆业山，并种植陵松等。最初这里所立的下马标记为木牌。康熙时，增建大碑楼、神功圣德碑、隆恩门、方城、角楼、宝顶、地宫、月牙城、焚帛亭、石祭台、东西配殿等。乾隆时，将关外永陵、福陵、昭陵的下马木牌，一律改为石碑，以昭永远。碑文用满、蒙、汉、藏、回五体文书写。

昭陵工程，历时百年，拓展了规模，增添了气势。昭陵布局，分为四区：

第一，陵前区。神桥以北，从石牌坊，到正红门，为陵前区。石牌坊之北是正红门——昭陵正门，门内为神道。神道两旁，华表一对。神道两侧，为石像生，顺治七年（1650年）立。《清世祖实录》记载："昭陵，立象、卧骆驼、立马、坐狮子、坐兽、坐麒麟，各一对，擎天柱四、望柱二。"[①]昭陵的正红门及两侧的围墙，是顺治年间修筑的。正红门面阔三间，进深三间，单檐歇山，顶覆黄琉璃瓦，檐下斗拱，雕刻垒砖，枋木结构，威严肃穆。三间大门，各有券门，上有门额。门东西两侧围墙，装饰琉璃壁，镶着五朵琉璃云龙。袖壁两侧为环绕陵寝的围墙，总长四百六十丈，南侧墙高九尺九寸，东、西、北三面墙高七尺七寸。墙顶覆以黄色琉璃瓦，墙身为红色。昭陵前的石像生中，有一对石马，被称为"昭陵二骏"。相传是仿照皇太极生前喜爱的坐骑——大白、小白二骏雕制的。后乾隆、嘉庆、道光等帝，曾有御制诗赞颂之。乾隆帝《昭陵石马歌》云："陵图石马拟翁仲，古即有之识与共。昭陵石马独超群，大白小白奏殊勋。"《盛京通志》也载："（昭）陵前立仗石马，曰大白小白。乃我太宗当日所乘，以略城破敌者。"[②]昭陵有三对

① 《清世祖章皇帝实录》，第48卷，第14页，顺治七年四月己酉，中华书局影印本，1985年。

② 乾隆《盛京通志》，第21卷，第11叶，乾隆四十九年（1784年）纂修，武英殿刻本。

华表:一对在大红门外,一对在石像生前,另一对在神功圣德碑前。三对华表有六棱柱形,也有圆柱形,高约八米,均由底座、柱体、云版三部分组成。

第二,陵殿区。由大碑楼,经隆恩门,到隆恩殿,为陵殿区。大碑楼为重檐歇山,顶覆盖黄琉璃瓦,飞檐斗拱,施绘彩画,周围红墙,四面洞门。碑楼内康熙二十七年(1688年)十二月初五日,立"大清昭陵神功圣德碑"一座。碑高六点六七米,宽一点七六米,厚零点七一米。碑身正面,镌刻满、汉文合璧康熙帝御制碑文,汉字共为一千七百六十三字①。隆恩门是方城的正门,面阔三间,进深三间,下为砖石结构、拱形门洞,上为门楼,三重檐,歇山式。方城高二丈三尺三寸,周长七十九丈,垛口高五尺,上有角楼四座,其规制,同福陵。陵殿区主要建筑为隆恩殿,即享殿,为祭祀的殿堂。隆恩殿建在六尺高台座上,须弥座束腰,雕绘吉祥图案。周围栏板望柱,雕工精美,刻纹流畅。殿面阔三间,进深三间,四门、八窗,单层檐,歇山式,殿顶覆黄琉璃瓦。殿内无天花板,梁架裸露,施画彩绘。殿内陈设大暖阁,上设黄缎罩,内设宝床。又设小暖阁,内奉神牌位。前设供案、香几、五供、朝灯等。隆恩殿两侧,配殿三间,分布东西。配殿为歇山式建筑,四面出廊。

第三,陵墓区。大明楼以北,为月牙城,组成陵墓区。隆恩殿北,为石柱门、石祭台。石祭台北为大明楼,为昭陵的最高建筑。大明楼为重檐歇山式,楼的四面,各有拱门。楼内立汉白玉石碑,碑高六米,竖书满、蒙、汉三体文字,汉文为"太宗文皇帝之陵"。陵区四周为城,城高二丈三尺七寸,周长二十七丈七尺。方城以北,为宝城、宝顶、地宫。宝城为半圆形城,城墙高二丈三尺八寸,周长六十一丈。宝顶为丘冢,高二丈,周长三十三丈。宝顶之下,即是地宫。地宫埋葬着清太宗文皇帝皇太极暨孝端文皇后博尔济特氏的骨殖。孝端文皇后博尔济特氏,生于明万历二十七年(1599年),万历四十二年(1614年),嫁皇太极,年十六岁。天聪元年(1627年),被封为大福金。崇德元年(1636年),为中宫皇后,居清宁宫。崇德八年(1643年),福临继位后,尊其为皇太后。太后随顺治入关,居紫禁城。顺治六年(1649年)四月十七日,皇太后病故,年五十一岁。次年,孝端文皇后梓宫至盛京,与皇太极合葬于昭陵享殿内。康熙二年

---

① 《清圣祖仁皇帝实录》(中华书局影印本)康熙二十七年十二月甲辰载述此碑文时,"天命十一年八"之下脱"月"字。

（1663年）十二月，"改造昭陵地宫成，安奉太宗文皇帝宝宫。设宝座、神牌于享殿"①。奉安清太宗与孝端皇后的宝宫于地宫，又设神牌、宝座于享殿，时皇太极过世已经整整二十年。

第四，陵山区。昭陵的隆业山，人工积土，堆垒而成。如此之举，缘于风水。这在明、清陵寝史上，是独具特色的。隆业山为顺治时之重大工程，费时八年，工程浩大。山高六丈一尺，山体长一百一十五丈，东西走向，九峰逶迤，势如卧龙。顺治帝封昭陵山名为"隆业山"②。在昭陵宝城以西约百米，有一座妃园寝。《奉天昭陵图谱》记载，经实测：妃园寝长四十九点七八米，东西宽二十七点六米，平面呈长方形，坐北朝南，四围红墙。妃园寝南有红门，正中享殿，东西两侧，有茶果房。享殿北为"坟院"，坟院内有土丘十一座，埋葬妃嫔。在皇太极十四位后妃中，除中宫皇后与皇太极合葬、永福宫庄妃布木布泰葬遵化清东陵昭西陵外，尚有十二位妃嫔等。其关雎宫宸妃海兰珠、麟趾宫贵妃那木钟（即原察哈尔林丹汗囊囊福金）、衍庆宫淑妃巴特玛·璪（即原察哈尔林丹汗窦土门福金），以及其他妃嫔等共有十一位，葬于昭陵旁的"妃园寝"。妃嫔不与皇帝合葬，另设妃园寝，开创清代陵寝制妃园寝之先例。此外，昭陵的陪葬墓：东为武勋王杨古里之墓；西为敦达里、安达里之殉葬墓。杨古里，又作扬古利、杨古利，早年从努尔哈赤，受信任，为额驸，屡建大功勋，位亚八贝勒。丙子朝鲜之役③，扬古利受伤，"创重，遂卒，时年六十六"④。扬古利死于军，皇太极"亲解御衣衣之，哭之恸，视含殓，陪葬福陵"⑤。后顺治帝时，以其与皇太极亲近，将其改陪葬于昭陵旁。

昭陵四周界址共二千五百六十丈，外围设红、白、青三层木桩。昭陵为关外三陵中规模最宏大、建筑最完善的清初皇帝陵。

清初盛京宫殿与"盛京三陵"，称为"一宫三陵"，已同被列为世界文化遗产。

①　《清圣祖仁皇帝实录》，第10卷，第17页，康熙二年十二月甲寅，中华书局影印本，1985年。

②　《清世祖章皇帝实录》，第61卷，第5页，顺治八年十月乙丑，中华书局影印本，1985年。

③　事见本书第八章《东征朝鲜》。

④　《清史稿·扬古利传》，第226卷，9194页，中华书局校点本，1977年。

⑤　《清国史·扬古利传》，第5册，第131页，中华书局影印嘉业堂钞本，1993年。

十三　顺治帝继承皇位

崇德帝与顺治帝的皇位交替,分作三题,叙述如下。

(一)皇太极猝然病逝

皇太极正在事业中天之时,突然"无疾而终"。崇德八年即崇祯十六年(1643年)八月初九日,《清太宗实录》记载:

> 是夜,亥刻,上无疾,端坐而崩。上在位十有七年,寿五十有二。①

事出突然,毫无准备。此前的四天,皇太极还一直在理政。

初五日,仅《实录》记载,便有处理豫亲王多铎与睿亲王多尔衮不协、固山贝子罗讬犯罪、贝勒罗洛宏被六人同词讦告、范文程家人康六被夺银一千两、英亲王阿济格因畏暑热贪逸而不上班和八旗下有人盗银等六件事。

初六日,接见科尔沁部和硕土谢图亲王巴达礼率众朝贺并大宴之,赏赐来贺科尔沁部和硕福妃等银有差,处罚章京博瑝等十人临阵败逃罪,俱从宽免死、各鞭一百等,共三件事。

初七日,记载皇太极处理政务五件事。

初八日,皇太极仍在正常从事国务和家务活动。这一天,皇太极以第五女固伦公主下嫁内大臣和硕额驸恩格德尔之子索尔哈,在崇政殿赐固伦公主封册及仪仗,规模宏大,礼仪隆重,《清太宗实录》记载:

---

① 《清太宗文皇帝实录》,第65卷,第41页,崇德八年八月己巳,中华书局影印本,1985年。

　　己巳(初八日),赐固伦额驸祁他特、弼尔塔噶尔诰命、仪仗,并赐固伦公主封册及仪仗。和硕亲王以下,甲喇章京以上,与朝鲜国世子,及戴青绰尔济、洪承畴,外藩庆贺来朝科尔沁国和硕土谢图亲王巴达礼、和硕卓礼克图亲王吴克善、多罗巴图鲁郡王满朱习礼、多罗郡王班第、固伦额驸祁他特、弼尔塔噶尔、巴雅恩护朗、恭顺王孔有德、怀顺王耿仲明、智顺王尚可喜、续顺公沈志祥,俱朝服,列崇政殿。上御殿,和硕礼亲王代善入,上降阶迎之,复自中阶升御座。代善升自西阶,坐于殿内西侧。索尔哈母和硕公主率固山额真阿山妻,行三跪六拜三叩头礼。昂邦章京莽古尔代、和硕额驸古尔布什、内大臣额尔克戴青,率索尔哈行三跪九叩头礼。和硕福妃、和硕贤妃、察哈尔国固伦公主、固伦额驸祁他特妻公主、固伦额驸弼尔塔噶尔妻公主、固伦额驸班第妻公主、和硕亲王妻福金以下,昂邦章京固山额真承政等命妇以上,俱集清宁宫外,索尔哈母和硕公主率阿山妻,朝见皇上,行三跪六拜三叩头礼。莽古尔代、古尔布什、额尔克戴青率索尔哈行三跪九叩头礼,赐大宴。索尔哈献雕鞍、甲胄、驼马。上命赐和硕礼亲王代善、和硕郑亲王济尔哈朗、和硕睿亲王多尔衮、和硕肃亲王豪格、多罗武英郡王阿济格、多罗豫郡王多铎、多罗郡王阿达礼、外藩科尔沁国和硕土谢图亲王巴达礼、和硕卓礼克图亲王吴克善、多罗巴图鲁郡王满朱习礼,各马一、甲胄全副。①

上述记载,可以看出:皇太极既作为父亲,又作为君主,为女儿结婚操办,是多么重视,多么隆重,多么兴奋,又多么劳累。

　　初九日,又是忙碌的一天。皇太极分别三批接见、赏赐蒙古王公、章京等官员。更让皇太极兴奋的是在崇政殿的活动:

　　　　是日,上偕皇后、诸妃,召固伦公主等,至崇政殿,以征明所获缎匹财物之佳者,赐科尔沁国福妃、贤妃,及固伦公主、诸福金等有差。②

　　皇太极连续三天,大办喜事,过于劳累,过于兴奋,当天夜里在清宁宫,可能患心脑

　　① 《清太宗文皇帝实录》,第65卷,第38页,崇德八年八月己巳,中华书局影印本,1985年。
　　② 《清太宗文皇帝实录》,第65卷,第40页,崇德八年八月庚午,中华书局影印本,1985年。

血管病突发，用现代医学术语来说，就是脑卒中或心梗，不治而死。

其实，皇太极之病，早已有先兆。在《清太宗实录》中，有八条皇太极"圣躬违和"的记载：

第一条，崇德五年即崇祯十三年（1640年）七月，皇太极"圣躬违和"①，到安山（即鞍山）温泉疗养。这年皇太极四十九岁。有医学家讲，四十八九岁对男人生理来说，是个易"折断"的年龄。这是《清太宗实录》第一次记载皇太极"圣躬违和"，也就是说他有病了。

第二条，同年十一月，皇太极又"圣躬违和"②，并派超品公塔瞻恭代冬至圜丘祭天。

崇德六年即崇祯十四年（1641年），皇太极五十岁，刚知天命，流年不利。这年的八月十四日，松山大战前线形势紧急，皇太极要亲征，但因鼻衄延缓三天，"鼻衄不止，承以碗，行三日，衄方止"③。鼻衄流血，连续六天。

第三条，同年九月，宸妃病逝。史书记载："上居御幄，饮食顿减，圣躬违和。"④皇太极这次患病，比较厉害。崇德六年即崇祯十四年（1641年）九月，关雎宫宸妃（庄妃之姐）病故，年三十三。皇太极因爱妃逝世，而过于悲伤。《清太宗实录》记载：

> 庚寅（十七日），是夜一鼓，盛京使至，奏宸妃疾笃。上即起营，遣大学士希福、刚林，梅勒章京冷僧机，启心郎索尼等，先驰往候问，来报。希福等以五鼓至京。冷僧机、索尼方至内门，闻宸妃已薨。冷僧机、索尼复驰行，于途间奏上。上闻妃薨，恸悼，卯刻，驾抵盛京。入关雎宫，至宸妃柩前，悲涕不止。⑤

《清史稿》亦载：

> 六年九月，太宗方伐明，闻妃病而还，未至，妃已薨。上恸甚，一日忽迷惘，自午至酉始瘥。……上仍悲悼不已。诸王大臣请出猎，遂猎蒲河。还过妃墓，复大

---

① 《清太宗文皇帝实录》，第57卷，第36页，崇德六年八月辛卯，中华书局影印本，1985年。
② 《清史稿·后妃列传》，第214卷，第8904页，中华书局标点本，1977年。
③ 《清太宗文皇帝实录》，第52卷，第22页，崇德五年七月丙午，中华书局影印本，1985年。
④ 《清太宗文皇帝实录》，第53卷，第13页，崇德五年十一月丙戌，中华书局影印本，1985年。
⑤ 《清太宗文皇帝实录》，第57卷，第19页，崇德六年八月壬戌，中华书局影印本，1985年。

恸。妃母和硕贤妃来吊，上命内大臣披舆临妃墓。①

第四条，崇德七年即崇祯十五年（1642年）十月，皇太极再次"圣躬违和，肆大赦"②。对死刑罪犯施行大赦，看来病情空前严重。

第五条，同年十二月，皇太极第五次"圣躬违和"③。与上次"违和"，只隔了一个月又十二天。

第六条，崇德八年即崇祯十六年（1643年）正月初一日，皇太极第六次"圣躬违和"④。不能亲祭堂子、太庙，也免行朝贺大礼。与上次"违和"，只间隔十八天。

第七条，同年三月，皇太极"圣躬违和，大赦，死罪以下，咸宥之"⑤。病症频繁发作，看来病得极其严重。

第八条，崇德八年即崇祯十六年（1643年）四月初一日，皇太极"圣躬违和，命祷于盛京寺庙，施白金"⑥。

冰冻三尺，非一日之寒。三年之间，皇太极有八次"圣躬违和"的记载，还有一次鼻衄，流血六天才止。皇太极患的是什么病？《李朝实录》记载朝鲜世子在沈阳馆所得到的信息：

> 清人言于世子馆所，以为皇帝病风眩，愿得竹沥，且要见名医。上命遣针医柳达、药医朴颃等。⑦

从皇太极的身体肥胖、性情焦躁、喜食肥肉、过度哀伤等来看，皇太极的患病与猝死，可能同心脑血管疾病有关。而那些皇太极在夜间被"暗杀"等说法，为编造的故事，纯属子虚乌有。

崇德帝皇太极死后，清廷国务之急，莫过于君位。因此，皇位争夺与会议协商，就成为皇太极身后之头等军国大事。

---

① 《清太宗文皇帝实录》，第57卷，第38页，崇德六年九月丙申，中华书局影印本，1985年。
② 《清太宗文皇帝实录》，第63卷，第15页，崇德七年十月丁巳，中华书局影印本，1985年。
③ 《清太宗文皇帝实录》，第63卷，第38页，崇德七年十二月丁丑，中华书局影印本，1985年。
④ 《清太宗文皇帝实录》，第64卷，第1页，崇德八年正月丙申朔，中华书局影印本，1985年。
⑤ 《清太宗文皇帝实录》，第64卷，第16页，崇德八年三月庚戌，中华书局影印本，1985年。
⑥ 《清太宗文皇帝实录》，第64卷，第16页，崇德八年四月甲子朔，中华书局影印本，1985年。
⑦ 《李朝仁祖大王实录》，第44卷，第12页，二十一年四月己巳，日本学习院东洋文化研究所刊，1959年。

清初的皇位继承,没有形成如明朝"父死子继,兄终弟及"的制度与传统。清太祖努尔哈赤生前曾试图建立皇子继承汗位制度,因先后发生舒尔哈齐、褚英、代善之问题,而在其晚年提出"八大贝勒共同推举或罢黜"大汗的《汗谕》。

皇太极死得过早,也过于突然,没有留下皇位继承人的遗嘱。于是,诸王便援努尔哈赤死后、皇太极继位所采取的八大贝勒共议的办法,来解决皇位继承问题。

当时,有亲王四人,郡王三人,他们是:"和硕礼亲王代善、和硕郑亲王济尔哈朗、和硕睿亲王多尔衮、和硕肃亲王豪格、多罗武英郡王阿济格、多罗豫郡王多铎、多罗郡王阿达礼。"①

代善(1583～1648年),努尔哈赤次子,皇太极兄长,为和硕礼亲王,因努尔哈赤长子褚英已死,而位居长兄,又称"大王",其家族代表两红旗,时年六十一岁。

济尔哈朗(1599～1655年),努尔哈赤弟舒尔哈齐之子,皇太极堂弟,为和硕郑亲王,虽在上述七王中位列第二,因其非太祖直系血胤,自不在皇位候选人之列。又称"右真王",为正蓝旗主旗贝勒,时年四十五岁。

多尔衮(1612～1650年),努尔哈赤第十四子,皇太极同父异母弟,其母为努尔哈赤大妃阿巴亥,为和硕睿亲王,又称"九王",与阿济格、多铎为同母兄弟,同胞三兄弟代表两白旗,时年三十二岁。

豪格(1609～1648年),皇太极长子,为和硕肃亲王,又称"虎口",以先帝之子代表两黄旗,时年三十五岁。

阿济格(1605～1651年),努尔哈赤第十二子,皇太极同父异母弟,为武英郡王,又称"八王",时年三十九岁。

多铎(1614～1649年),努尔哈赤第十五子,皇太极同父异母弟,为豫郡王,又称"十王",时年二十九岁。

阿达礼(? ～1643年),努尔哈赤重孙,皇太极堂侄孙,为礼亲王代善之孙、颖亲王萨哈璘之子,又称"俊王"。阿达礼为孙子辈,无缘争夺皇位。

当然,在上列七王中,有条件继承皇位的是四位亲王,其中代善已无意,济尔哈朗已排除,实际上是多尔衮与豪格在争夺皇位。按照清太祖努尔哈赤规定的皇位继承《汗谕》,由满洲八旗贵族共议嗣君,而决定皇太极遗位继承人的是"七王会议"。

① 《清太宗文皇帝实录》,第65卷,第39～40页,崇德八年八月己巳,中华书局影印本,1985年。

（二）争皇位七王会议

崇德八年即崇祯十六年（1643年）八月十四日，皇太极逝世刚过四天，议商皇太极遗位继承人的七王会议，在崇政殿举行。出席会议的七王有：礼亲王代善、郑亲王济尔哈朗、睿亲王多尔衮、肃亲王豪格、英郡王阿济格、豫郡王多铎和颖郡王阿达礼。会议发言实况，满、汉文字没有留下完整记载，但在朝鲜世子沈阳馆所的《沈馆录》里，有一件《秘密状启》，史料珍贵，文字不长，除去标点符号，一百九十九字，很有价值，全引如下：

> 十四日，诸王皆会于大衙门。大王发言曰："虎口，帝之长子，当承大统云。"则虎口曰："福少德薄，非所堪当！"固辞退去。定策之议，未及归一。帝之手下将领之辈，佩剑而前，曰："吾属食于帝，衣于帝，养育之恩与天同大，若不立帝之子，则宁死从帝于地下而已。"大王曰："吾以帝兄，常时朝政，老不预知，何可参于此议乎？"即起去。八王亦随而去。十王默无一言。九王应之曰："汝等之言是矣。虎口王既让退出，无继统之意，当立帝之第三（应作九）子。而年岁幼稚，八高山军兵，吾与右真王，分掌其半，左右辅政，年长之后，当即归政。誓天而罢云。"①

上述《秘密状启》，时间记为癸未年即崇德八年（1643年）八月二十六日，地点记为大衙门。大衙门是指大政殿还是指崇政殿？这里略作考说。多书文将大衙门作大政殿。金毓黻先生在《沈馆录·叙》中认为："大衙门为清帝朝会治事之所，盖即后来之大政殿，原称为笃恭殿。《盛京通志》谓崇政殿旧名笃恭殿，此殊不然。《东华录》天聪十年四月丁亥，定宫殿名大殿为笃恭殿，正殿为崇政殿。笃恭殿盖为大政殿之旧名。"查《清太宗实录》记载：天聪十年四月丁亥，定宫殿名：正殿为崇政殿，大殿为笃恭殿②。皇太极于崇德八年八月庚午（初九日）死，辛未（初十日）其梓宫（灵柩）奉安在崇政殿。诸王贝勒大臣等朝夕哭临三日，七日又哭临祭奠。崇政殿连续斋戒七个昼夜。蒙古诸王，恭顺、怀顺、智顺三王等，也到崇政殿叩拜祭奠，焚香致哀。大衙门会议在皇太极死后第五天举行，时皇太极死未满七日，尚在昼夜斋戒之期内。严肃而机密的诸王大臣

① 《沈馆录》，第6卷，第19页，《辽海丛书》影印本，辽沈书社，1985年。
② 《清太宗文皇帝实录》，第28卷，第29页，天聪十年四月丁亥，中华书局影印本，1985年。

皇位继承会议,在崇政殿大殿举行,既与史实不符,也与情理不合。《清史稿·索尼传》记载:皇太极死后五日即十四日,"黎明,两黄旗大臣盟于大清门,令两旗巴牙喇兵张弓挟矢,环立宫殿,率以诣崇政殿。诸王大臣列坐东西庑"云云。是知议商皇太极遗位继承人的大衙门会议,泛指是在崇政殿,但不是在崇政殿的大殿,而是在崇政殿的配殿,因正殿摆放大行皇帝遗体,且护卫官、祭奠者往来不断,香烟缭绕,哭声哀痛,气氛肃穆,不宜开会。而在配殿,诸王大臣,列坐举行,议商国是。八月二十六日,顺治帝登极大典则是在笃恭殿即大政殿暨殿前举行的。

前面引述《秘密状启》的内容,列下十点,逐句解析:

第一,会议的时间,八月十四日,皇太极死后第五天,还在七天大殓之前。

第二,会议地点,在大衙门。大衙门,有学者认为在大政殿,即笃恭殿,也就是俗称的八角殿。应当是在崇政殿,或其配殿,因大政殿(笃恭殿)不利于开会,更不利于保密。

第三,大王即礼亲王代善率先发言:"虎口,帝之长子,当承大统。"虎口就是豪格,为先帝长子,时年三十五岁,年富力强,屡立战功,应当立豪格继承皇位。

第四,虎口(豪格)说:"福少德薄,非所堪当。"说完离席。豪格想学乃父当年,三推让,三拥立,但尔非父比,今亦非昔比。此一让一退,铸成了大憾!

第五,"定策之议,未及归一",议商的结果,意见不统一;皇太极生前手下固山额真佩剑上前道:"我们衣食仰赖于先帝,先帝养育之恩比天大,要是不立皇帝的儿子,我们以死相拼,从先帝于地下!"

第六,大王代善则说:"我虽是先帝的兄长,但老了,不参于此议。"说完也退席。

第七,八王即阿济格也跟着退席,十王即多铎却默不作声。

第八,九王即多尔衮说:"大家说得是。虎口(豪格)既然让退出,无意继位,那就立先帝第九子福临。他年幼,才六岁,八旗军兵,我和右真王(济尔哈朗)各领一半,左右辅政。等幼帝年长后,我们当即归政。"

第九,众人没有反对意见。

第十,择日举行新帝登极并告祭天地、宗社大典。

皇位继承在肃亲王豪格同睿亲王多尔衮之间角逐,结果皇位既不是甲,也不是乙,而是由第三者丙即六岁的福临继承。此事,多年来存在一个学术问题:拥立皇九子六岁的福临继位,谁是经始者?一种意见认为是睿亲王多尔衮。这是个清朝历史之谜。当代清史学界学者,多认为出自睿亲王多尔衮之首议。

王思治教授在《清代皇位继承制度嬗变与满洲贵族间的矛盾》论文中阐述，多尔衮在议立皇位继承的关键时刻，提出让皇九子福临继承皇位。他论述道：

> 索尼与鄂拜进入殿内，首先发言，声称定立皇子。多尔衮命其暂时退下。阿济格、多铎劝多尔衮即帝位。多尔衮犹豫未允，多铎即毛遂自荐说："若不允，当立我，我名在太祖遗诏。"多尔衮不同意，说："肃亲王（豪格）亦有名，不独王也。"代善提出：豪格"帝之长子，当承大统"。以代善的地位和两红旗的支持，豪格以为大局已定，辞让表示谦恭，等待劝进。虎口（豪格）曰："福少德薄，非所堪当！"这颇像乃父皇太极当年被议立时所说"吾凉德，惧不克负荷也"。待众人"坚请不已，然后从之"。其所言显系固套。旋即"固辞退去"，故作姿态，以效乃父。豪格离去后，多铎又提出"不立我，当立礼亲王"。代善说："吾以帝（皇太极）兄，常时朝政老不预知，何可参与此议乎？"又说："睿亲王若允，我国之福，否则当立皇子，我老矣！能当此位耶？"代善的话是面面俱到，但其倾向于立皇子之意则甚明。会上各执一词，各有所立，"定策之议，未及归一。帝之手下将领（黄旗大臣）之辈佩剑而前，曰：'吾属食于帝，衣于帝，养育之恩与天同大，若不立帝之子，则宁死从帝于地下而已。'"以武力胁迫多尔衮拥立皇子，否则将以死相拼。八旗中除多尔衮兄弟所将两白旗支持自己外，两黄旗之重要带兵将领，代善（两红旗）都明确支持豪格，镶蓝旗济尔哈朗内心实则支持拥立皇子。力量对比不利于多尔衮的严峻形势，如若强自为君，势必爆发满洲贵族内部的大厮杀。多尔衮当机立断，立福临，由己摄政，而黜政敌豪格。

王思治先生认为："多尔衮当机立断，立福临，由己摄政，而黜政敌豪格。"于是，睿亲王多尔衮的"这一方案为众人接受"①。

周远廉教授在《顺治帝传》专著中，关于福临继位问题，有一段论述：

> 这时聪睿绝顶的睿亲王多尔衮迅速地思考对策。形势已很明显，自己若要坚持登基，白、黄四旗必然火并。胜负很难预料，且即使侥幸战胜对方，四旗将士将

---

①　王思治：《清代皇位继承制度嬗变与满洲贵族间的矛盾》，《满学研究》，第 3 辑，民族出版社，1996 年。

大量死于血泊之中,八旗劲旅必然元气大伤,十几年来拼死厮杀争取到的即将进军中原的有利局面便会彻底丧失,代价太大了。但若屈服于黄旗大臣的压力,尊豪格为君,自己多年以来梦寐以求地要夺回被兄长太宗抢走的君汗之位,就毁于一旦,又太可惜了。怎样才能两全其美,既不致引起白、黄四旗火并,又不影响掌权的利益? 他突然从"必立皇子"四字中找到了解决问题的关键,立即宣布:黄旗大臣的建议,是正确的。肃王既然退让,"无继统之意",那就立先帝之子福临,不过他年龄还小,"八高山军兵,吾与右真王分掌其半,左右辅政",待幼君年长之后,"当即归政"。众赞同,遂定议。①

周远廉先生也认为:睿亲王多尔衮首先找到了解决问题的关键,立先帝之子福临,自己与济尔哈朗,左右辅政,众皆赞同,由是定议,福临继位。

李洵、薛虹教授在《清代全史》第一卷里,论述皇太极遗位继承的大衙门会议时,就福临继位问题阐述道:

> 选定皇位继承人问题,经过一番纷争之后,结果是出现了一种类似折衷的方案,即选定皇太极的第九子,年仅六岁的福临继位。同时决定,由济尔哈朗与多尔衮二人辅政。这个方案基本上是由多尔衮提出的。②

李、薛二位先生作出了福临继位始议者的论断:"这个方案基本上是由多尔衮提出的。"

李鸿彬教授在《孝庄文皇后传》一文中,也认为是多尔衮提出的让福临继位:

> 当时在诸王中有力量争夺皇位的,是睿亲王多尔衮和皇太极的长子肃亲王豪格,两者之间斗争激烈。最后多尔衮感到势单力薄,暂时作了让步,提出立年方六岁的福临为帝,"八高山(即固山)军兵,吾与(右)真王(即济尔哈朗)分掌其半,左右辅政,年长之后,当即归政"。③

---

① 周远廉:《顺治帝传》,第9～10页,吉林文史出版社,1993年。

② 李洵、薛虹:《清代全史》,第1卷,第389页,辽宁人民出版社,1991年。

③ 李鸿彬:《孝庄文皇后》,王思治主编:《清代人物传稿》,第1卷,第75页,中华书局,1984年。

李鸿彬先生的结论是："最后多尔衮感到势单力薄，暂时作了让步，提出立年方六岁的福临为帝。"

此外，李格在《关于多尔衮拥立福临问题的考察》中认为：多尔衮于皇太极死后满洲贵族集团面临分裂的紧急关头，"断然决策，拥立福临"①。张玉兴教授在《多尔衮拥立福临考实》中也认为：皇太极突然逝世，由谁来继位，成了大问题；多尔衮随机应变，"而成为拥戴元勋"②。

上述两篇关于福临嗣承皇位的专题论文的作者都认为：福临之所以继承皇位，睿亲王多尔衮成为拥戴的元勋。

以上六例，充分说明：当代清史界比较普遍地认为，拥立福临继位之议，出自睿亲王多尔衮。这个问题，需要辨析。

第一，出自多尔衮之议辨析。认为福临继位之议，出自多尔衮的学者，其主要依据是朝鲜《沈阳状启》或《沈馆录》中的一段记载（见前文，此从略）。

在前述《秘密书启》中，有两句重要的话，不应被忽视，而应受重视。这就是："九王应之曰"和"汝等之言是"十个字。在整段文字中，"九王应之曰"——此前为议论，此后为结论；"汝等之言是"——承上而启下，接前而转后。有三点，作分析。

其一，"九王应之曰"，就是说在九王多尔衮发表当立帝之第九子福临以前，诸王们有一番议论，而被《秘密状启》的作者，或出于重点在启报新君为谁而省略繁文，或对当时秘议不甚了了而断简阙载。不管出于何种原因，其前都有一番争论。因是最高机密会议，外人不可得知而详。这段记载，十分可贵，有所罅漏，不必苛责。

其二，"汝等之言是"，就是说在九王多尔衮发表当立帝之第九子福临以前，诸王们有人提出立福临，故多尔衮才"应之"、"是之"，否则何应之有、何是之言！上述《秘密状启》记于当时盛京，记载疏略，"汝等之言"断简，于是给人一种信息误导，似乎福临继位是由多尔衮提出的。睿亲王多尔衮权势倾朝，功劳归于己，罪祸嫁于人。这样，多尔衮就"翊戴拥立，国赖以安"③，把拥立福临的功劳归于自己。

其三，"九王应之曰"与"汝等之言是"，萧一山先生《清代通史》在转述上面引文时，

---

① 李格：《关于多尔衮拥立福临问题的考察》，《清史论丛》，第 2 辑，中华书局，1980 年。

② 张玉兴：《多尔衮拥立福临考实》，《故宫博物院院刊》，1984 年，第 1 期。

③ 《清世祖章皇帝实录》，第 9 卷，第 15 页，顺治元年十月甲子，中华书局影印本，1986 年。

作了通俗节录："睿亲王多尔衮曰：'诸将之言是也。豪格既退让无续继意，则当立帝之三子福临，若以为年稚，则吾与郑亲王济尔哈朗分掌其半，以左右辅政，年长之后，再当归政。'因誓天而散，福临方六岁云。"①这里虽省略"九王应之曰"，却将"汝等之言是"诠释为"诸将之言是也"。

上面在"九王应之曰"和"汝等之言是"之中，其"应"的是什么？其"是"的又是甚么？细加分析，共有四点：一是，豪格退让，无意继统；二是，拥立福临，嗣承皇位；三是，福临年幼，郑、睿辅政；四是，幼主年长，当即归政。

由上可见，福临继位之议，出自多尔衮，直接史料，未见一条②；所引《沈阳状启》之记载，其辞含糊，且存疑点。

第二，出自代善之议解析。礼亲王代善是议商嗣君诸王会议的重要政治力量。因为：代善是努尔哈赤次子（长子褚英已死），春秋六十一，花甲老翁，在宗室中年龄最长、有着家长的地位，此其一。代善为正红旗的旗主贝勒，有军事实力，此其二。代善的子孙掌镶红旗，此其三。代善为大贝勒、和硕礼亲王，被朝鲜称为"大王"，此其四。代善召集诸王大臣会议，议立嗣君，此其五。代善率领诸王、大臣、贝勒等以福临继位盟誓告天，此其六。所以，代善在议立嗣君的诸王会议上有着举足轻重的影响。但是，代善知己知彼，圆融平和，进退有度，主动谦让，以"常时朝政，老不预知，何可参于此议"而坚辞。所以，立福临继位之议，并非出自代善之口。从代善坚决辞让、圆融建言、退席避锋与未行摄政四事，可以反证其并非倡福临继位之首议。

第三，出自豪格之议诠析。肃亲王豪格继承皇位的有利条件是：豪格为皇太极长子，三十五岁（比多尔衮年长三岁），正值壮年，有文韬武略，也有显赫战功，此其一。豪格的十一位弟弟中，有七位在世：四阿哥叶布舒十七岁③，五阿哥硕塞十六岁④，六阿哥高塞七岁，七阿哥常舒七岁，九阿哥福临六岁，十阿哥五岁，十一阿哥博穆博果尔三

①　萧一山：《清代通史》，卷上，第 205 页，商务印书馆，1937 年。又，"帝之三子福临"，"三"应作"九"。

②　《清世祖章皇帝实录》卷 56、顺治八年四月戊午载冷僧机奏言："两旗大臣原誓立肃亲王为君，睿王主立皇上"云云，只能说明多尔衮曾主张立福临，而不能证明多尔衮首议立福临。

③　中国第一历史档案馆藏《玉牒》载：清太宗第四子叶布舒生于天聪元年十月十八日子时，即 1627 年 11 月 25 日。承蒙中国第一历史档案馆高换婷研究馆员代为查阅《玉牒》第 118 册。

④　中国第一历史档案馆藏《玉牒》载：清太宗第五子硕塞生于天聪二年十二月二十四日亥时，即 1629 年 1 月 17 日。承蒙中国第一历史档案馆高换婷研究馆员代为查阅《玉牒》第 118 册。

岁，六、七、九、十、十一阿哥都年龄较小，此其二。豪格人才出众，史称他"容貌不凡，有弓马才"，"英毅、多智略"，此其三。豪格在太祖时因军功被封为贝勒，太宗即位后又因军功被晋为和硕贝勒，崇德元年皇太极即皇帝位后再被封为和硕肃亲王兼摄户部事，此其四。豪格有两黄旗贝勒大臣的支持，其父皇太极生前亲掌正黄、镶黄和正蓝三旗，而两黄旗和正蓝旗大臣拥护豪格继位，此其五。豪格有济尔哈朗表示支持，还有众大臣拥护，如开国五大臣中额亦都、费英东、扬古利的子弟侄孙多是两黄旗的勇将，都拥戴豪格，此其六。但是，肃亲王豪格既不善上（故作虚套），也不善让（真正辞让），或者说既不知上，也不知让，"因王性柔，力不能胜众"①，大清皇位，失之交臂。从豪格或因故套谦恭或由愤懑退席与未行摄政两件事，可以反证其并未首议福临继位。

第四，出自其他诸王之议考析。参加大衙门会议的其他诸王还有英郡王阿济格、豫郡王多铎和颖郡王阿达礼。前已分析，英郡王阿济格主张立胞弟多尔衮，豫郡王多铎也主张立胞兄多尔衮。史载：英郡王阿济格、豫郡王多铎等"跪劝睿王，当即大位"②，甚至说："若立肃王，我等俱无生理！"豫郡王多铎还提出"当立我"③，即立自己。阿济格则因"心非立其幼，自退出之后，称病不出，帝之丧次，一不往来"④。十王多铎，史载：颖郡王阿达礼"入往十王家，要见，则十王曰：'此非相访之时。'终始不出见"⑤。由此可见，阿济格、多铎兄弟不会、也没有提出拥立福临继位。至于多罗颖郡王阿达礼，为代善第三子萨哈璘之长子，以父死袭颖郡王。萨哈璘多军功，与议政，掌礼部，同多尔衮亲近。其子阿达礼多有战功，附多尔衮，管礼部，与议政。阿达礼在皇太极死后，谋立多尔衮继位。阿达礼、硕讬（代善次子）往来于代善、多尔衮、济尔哈朗之间，谓"众已定议，立和硕睿亲王矣"⑥！结果阿达礼以"扰政乱国"罪，当夜被"露体绑缚"、"即缢杀之"⑦。阿达礼之母、硕讬之妻，也同时被缢杀，其军兵财产也皆被没入。此事《清史稿·萨哈璘传附阿达礼传》载："太宗崩，（阿达礼）坐与硕讬谋立睿亲王，遣

---

① 《清世祖章皇帝实录》，第4卷，第2页，顺治元年四月戊午朔，中华书局影印本，1985年。
② 《清世祖章皇帝实录》，第63卷，第11页，顺治九年三月癸巳，中华书局影印本，1985年。
③ 《清史稿·索尼传》，第249卷，第9672页，中华书局标点本，1977年。
④ 《沈馆录》，第6卷，第20页，《辽海丛书》影印本，辽沈书社，1985年。
⑤ 《沈馆录》，第6卷，第19页，《辽海丛书》影印本，辽沈书社，1985年。
⑥ 《清世祖章皇帝实录》，第1卷，第7页，崇德八年八月丁丑，中华书局影印本，1985年。
⑦ 《沈阳状启》，癸未年八月二十六日，第514页，辽宁大学历史系刊印本，1983年。

死。"①这件事情发生在礼亲王代善会集诸王贝勒等为福临继位而"共立誓书、昭告天地"之后两天,所以就排除多罗颖郡王阿达礼首议福临继位之可能。

除上之外,剩下应论,首议拥立皇太极第九子、六岁的福临继承皇位的,就是郑亲王济尔哈朗。

(三)顺治帝六岁登极

拥立福临继承皇位之议,出自郑王济尔哈朗。依据史料,阐述如下。

第一,四大亲王态度。当时最有影响的四位和硕亲王——礼亲王代善抱明哲保身态度,以年老多病为由,不想卷进这场政治漩涡里面;肃亲王豪格与睿亲王多尔衮角逐,互不相让,双方僵持;所以,当时只有郑亲王济尔哈朗比较超脱而能起协调作用。郑亲王济尔哈朗是努尔哈赤胞弟舒尔哈齐之子,在这场宫廷斗争中扮演着重要的政治角色。因为:一则,济尔哈朗虽是舒尔哈齐之第六子,但自幼为伯父努尔哈赤养育宫中;二则,济尔哈朗小皇太极七岁,两人情谊犹如同胞;三则,济尔哈朗在乃兄阿敏被夺旗后,成为镶蓝旗的旗主贝勒;四则,济尔哈朗屡经疆场,勇智兼具,军功显赫;五则,济尔哈朗年四十五,序齿仅亚于代善,比多尔衮年长十三岁;六则,济尔哈朗受清太宗皇太极信任倚重,被封为和硕郑亲王;七则,济尔哈朗既是多尔衮的兄长,又是豪格的叔辈,便于两方协调;八则,济尔哈朗表面憨厚而内心机敏,在关键时刻提出重要政议。所以,郑亲王济尔哈朗在大衙门议商皇位继承而陷于僵局之时,提出了一个折中方案——让既是皇子、但不是豪格、而是福临继位。

第二,济尔哈朗辅政。郑亲王济尔哈朗因倡立福临继位之功,而得到担任辅政王的政治回报,且其位次在睿亲王多尔衮之前。辅政②亲王的政治地位,较和硕亲王更高一层。当时为何不由代善、豪格,而由济尔哈朗辅政? 显然,代善在这场严重而激烈的政治斗争中,没有作出有利于胜利一方的贡献。豪格则与多尔衮对立,如二人同时

---

① 《清史稿·萨哈璘传附阿达礼传》,第216卷,第8990页,中华书局校点本,1977年。

② 崇德八年八月乙亥(十四日)大衙门会议上,公议由皇九子福临继承皇位,而由郑亲王济尔哈朗和睿亲王多尔衮辅政。但是,《清世祖实录》卷2崇德八年十二月乙亥(十五日)记载:"摄政和硕郑亲王济尔哈朗、和硕睿亲王多尔衮定议"云云。这是《清世祖实录》出现"摄政王"之始。后来多尔衮和济尔哈朗由辅政王而成为摄政王。

辅政,会出现两虎相争的局面。至于济尔哈朗,有学者解释说,多尔衮拉济尔哈朗辅政,是因为他"非属皇室直系,当然无法与多尔衮并肩,也绝不会与之争夺权势"。在宫廷激烈斗争态势下,济尔哈朗出任辅政王,既不是情愫之事,也不是因其弱势,而是政治势力角逐、皇位继立回报的结果。愚以为,济尔哈朗之所以为辅政王,主要原因是:一则,原有"谋立肃王为君,以上(福临)为太子"之私议,当肃亲王继位受阻,退而求其次就是拥立福临。二则,他提出了福临继位这一折中方案,侄子继统,皇叔辅政,理所当然,众王接受。三则,他因私下表示拥立豪格①,而为两黄旗王大臣所认同。四则,他同代善父子无恶,而为两红旗王大臣所认允。五则,他非帝统血胤,对多尔衮兄弟构不成政治威胁,而为两白旗三王及其大臣所接受。可以说,济尔哈朗是当时皇位继承矛盾对立两方最合适的协调者。史料记载可以佐证:肃亲王豪格派何洛会、扬善同郑亲王密商,两黄旗大臣已"定立我为君,尚须尔议"。济尔哈朗回答道:睿亲王多尔衮"尚未知,待我与众商之"②。

以上说明,郑亲王济尔哈朗同争位角逐的两方都能对话,他不仅有可能、而且实际上提出协调矛盾双方的方案,而首议拥立福临继位。在这里,附论立福临的一个理由。皇太极死时除其长子豪格和九子福临外,还有六位在世:四阿哥叶布舒十七岁和五阿哥硕塞十六岁,均已成年,若立为君,勿须辅政;六阿哥高塞和七阿哥常舒虽均比福临年长一岁,但其生母皆为庶妃;十阿哥韬塞不仅年幼,且其生母氏族不明,地位更低;十一阿哥博穆博果尔虽其生母为麟趾宫贵妃,但年仅三岁,又太幼小。而皇九子福临在年龄长幼与生母身份方面均占优势:福临年龄不算太大(太大不便摄政),也不算太小;其生母博尔济吉特氏既是孝端文皇后之侄女,又是永福宫庄妃。所以,仅从当时年龄与其生母身份来说,拥立福临当是皇子中除豪格之外的最佳选择。但是,济尔哈朗拥立福临后,于顺治四年(1647年)二月被多尔衮罢其辅政王,一年后又被多尔衮降为郡王。这是多尔衮对济尔哈朗不拥立自己而拥戴福临的一个政治报复,也是多尔衮独揽朝纲的一项举措。

第三,睿亲王权衡利弊。睿亲王多尔衮在两黄、两红和两蓝六旗不支持的情势下,若自己强行登极,只有两白旗支持,明显不占优势,还势必引起两白旗与两黄旗的火

---

①　《清国史·索尼传》,第37卷,第504页,中华书局影印本,1993年。

②　《清世祖章皇帝实录》,第37卷,第5页,顺治五年三月己亥,中华书局影印本,1985年。

并,其后果可能是两败俱伤。解决皇位继承难题的途径不外三条:一是强自为君,得不到两红、两蓝旗的赞同,还会引发两黄旗的强烈反对;二是让豪格登极,自己既不甘心,还怕遭到豪格报复;三是让年幼的皇子福临继位,而自己同济尔哈朗辅政,可收一石三鸟之利——打击豪格,摄政掌权,避免内讧。显然,在上述三种解决办法中,以第三种解决办法比较切实可行,两黄、两白、两红、两蓝八个方面都可以接受。睿亲王多尔衮,能识时务,聪睿机智,权衡利弊后回应说:我赞同黄旗大臣"立皇子"的意见,而肃亲王豪格既然没有继统之意,所以就立先帝第九子福临;但他年龄还小,由郑亲王和我辅政,待新君年长之后"当即归政"。众赞同,议遂定。

第四,顺治帝的肯定。福临当时尚在冲龄,不了解继位政争内幕。后来逐渐知道当年的故事。待多尔衮病死、自己亲政之后,即对皇叔济尔哈朗表彰其当年功绩,赐予其金册金宝。对此,《清世祖实录》记载:

> 我太祖武皇帝肇造鸿基,创业垂统,以贻子孙。太宗文皇帝继统,混一蒙古,平定朝鲜,疆围式廓,勋业日隆。及龙驭上宾,宗室众兄弟,乘国有丧,肆行作乱,窥窃大宝。当时尔与两旗大臣,坚持一心,翊戴朕躬,以定国难。……睿王心怀不轨,以尔同摄朝政,难以行私,不令辅政,无故罢为和硕亲王。及朕亲政后,知尔持心忠义,不改初志,故锡以金册、金宝,封为叔和硕郑亲王。①

上面,顺治帝福临明确谕示:济尔哈朗在诸王议立自己为帝时,"与两旗大臣,坚持一心,翊戴朕躬,以定国难",有首议之功。福临的这番话,说出了当时的内情。

蒋良骐《东华录》也记载:"己亥,诏曰:郑亲王、巽亲王等同大臣合词奏言:'太宗皇帝宾天时,臣等扶立皇上,并无欲立摄政王之议,惟伊弟豫郡王唆词劝进。'"云云②。郑亲王之功,在拥立福临。上述的记载,细分析,有八则:一则,册文中明白清楚地说:当太宗皇帝去世国丧之时,"宗室众兄弟,乘国有丧,肆行作乱,窥窃大宝"。这显然指的是皇叔睿亲王多尔衮、英郡王阿济格、豫郡王多铎和皇侄颖郡王阿达礼。二则,在这宗社危难之时,是谁站出来翊戴福临继位呢?册文里没有提代善,没有提豪格,也没有

---

① 《清世祖章皇帝实录》,第 63 卷,第 3 页,顺治九年二月庚申,中华书局影印本,1985 年。
② 蒋良骐:《东华录》,第 6 卷,顺治八年二月己亥,清木刻本。

提多尔衮,与会的四大亲王除前三人外,剩下的只有济尔哈朗。三则,册文又明白清楚地说:"当时尔与两旗大臣,坚持一心,翊戴朕躬,以定国难。"在这里,"尔"即济尔哈朗,在大衙门议立嗣君的最高贵族会议上,倡言"翊戴朕躬,以定国难"。四则,在上文,"两旗大臣"即两黄旗大臣,他们没有出席大衙门议立嗣君的最高贵族会议,索尼与鄂拜虽与会,但会议刚开始不久因抢先发言而被多尔衮勒令退席,只能在会外起策应作用。五则,郑亲王济尔哈朗翊戴福临的倡言,得到礼亲王代善、肃亲王豪格等的赞同。六则,于是,睿亲王多尔衮才"应之"、才赞同,即《沈阳状启》中"九王应之曰"和"汝等之言是"的记载。七则,至于顺治元年(1644年)十月,为多尔衮"建碑立绩",那是摄政睿亲王自我表彰所为。八则,顺治帝对其他的亲王、郡王,在决定自己继位的功绩上,都没有进行过表彰,只有对济尔哈朗进行表彰。这就透露出当时重要的政治机密:在大衙门议立嗣君的最高贵族会议上,济尔哈朗首先"翊戴朕躬,以定国难"。总之,顺治帝亲自给摄政郑亲王济尔哈朗金册、金宝,封他为皇叔和硕郑亲王,对其为自己继位的功绩进行表彰,这从一个侧面证明:济尔哈朗在大衙门诸王贝勒会议上,拥立福临继位立有特殊的历史功勋。

　　第五,王公大臣同誓。礼亲王代善、郑亲王济尔哈朗、睿亲王多尔衮、肃亲王豪格、英郡王阿济格、豫郡王多铎、颖郡王阿达礼十九位王公等共同誓书,昭告天地:"不幸值先帝升遐,国不可无主。公议奉先帝子(福临),缵承大位。嗣后有不遵先帝定制,弗殚忠诚,藐视皇上幼冲,明知欺君怀奸之人,互徇情面,不行举发,及修旧怨,倾害无辜,兄弟谗搆,私结党羽者,天地谴之,令短折而死。"[①]八旗大臣阿山等也立誓要竭诚事君。郑、睿二王,特立誓辞:"今公议以济尔哈朗、多尔衮辅理国政,我等如有应得罪过,不自承受,及从公审断,又不折服者,天地谴之,令短折而死。"这段誓词,其中两点格外重要,需要强调:其一,济尔哈朗名在多尔衮之前;其二,以上三份誓词,都有"公议"二字,表明是经过诸王会议集体决定的。济尔哈朗拥立福临继承皇位之议,最后得到诸亲王、郡王、贝勒、大臣等的认同。

　　综上所述,郑亲王济尔哈朗在大衙门诸王皇位继承会议上,鉴于豪格与多尔衮争夺皇位陷于僵局,能从大局出发,平衡各旗利益,提出折中方案,首议由福临继承皇位,得到多尔衮的回应,也得到诸王贝勒公议。清太宗皇太极遗位争夺的结果,既不是角

---

①　《清世祖章皇帝实录》,第1卷,第5页,崇德八年八月乙亥,中华书局影印本,1985年。

逐一方的肃亲王豪格，也不是角逐另一方的睿亲王多尔衮，而是由第三者六岁的福临继承。福临缵承皇位，是当时政治与军事、帝胤与血缘、智谋与权变、明争与暗斗，诸种因素相互斗争与相互均衡的结果。这个方案与结果，对于四位和硕亲王来说——于礼亲王代善无利无弊，于睿亲王多尔衮有利有弊，于肃亲王豪格无利有弊，于郑亲王济尔哈朗则有利无弊。所以，皇太极遗位由福临继承，得益最大的四个人是：福临、孝庄太后①、济尔哈朗和多尔衮。

从此，在清代史、满洲史上开了一个幼童继承皇位的先例，其后由八岁的康熙、六岁的同治、四岁的光绪和三岁的宣统继承皇位，在清入关后的十位皇帝中竟占了五位。稚童继位，必有摄政，其影响可谓深远！

《清史稿·诸王列传》论曰：大清皇朝，亲贵用事，"以摄政始，以摄政终"。六龄稚童福临继位，二王摄政，北京定鼎；三龄幼童溥仪继位，醇王摄政，清祚覆亡。论者谓有天焉，诚一代得失也②！

拥立福临，继承皇位，举行大典，昭告天下。

八月乙亥（十四日），七王会议定皇太极第九子福临继承皇位后，当日，"和硕礼亲王代善，会集诸王、贝勒、贝子、公及文武群臣，以天位不可久虚，伏睹大行皇帝第九子，天纵徇齐，昌符协应，爰定议同心翊戴嗣皇帝位。共立誓书，昭告天地"③。列名者十九人。诸臣也誓词。同日，诸王贝勒公议，以和硕郑亲王济尔哈朗、和硕睿亲王多尔衮辅理国政，誓告天地。

丁亥（二十六日），顺治皇帝即皇帝位。这一天，内外诸王，贝勒大臣，会集在笃恭殿（大政殿）前，举行顺治帝登极大典。《清世祖实录》记载六岁小皇帝福临的两个小故事。一个是："上出宫时寒甚，侍臣进貂裘。上视裘，却弗御。"另一个是："时上甫六龄，将升辇，乳媪欲同坐。上曰：'此非汝所宜乘。'不许上升辇。"登极大典，由和硕郑亲王济尔哈朗与和硕睿亲王多尔衮率内外诸王、贝勒、贝子、公、文武群臣，行三跪九叩头礼毕④。尔

---

① 高阳：《清朝的皇帝》（一）载："世祖为多尔衮与孝庄所生之子"，"至于选立六岁的福临继承皇位，自然是由于孝庄太后之故"云云。此为小说家言。

② 《清史稿·诸王列传一》，第 215 卷，第 8936 页，中华书局标点本，1977 年。

③ 《清世祖章皇帝实录》，第 1 卷，第 5 页，崇德八年八月乙亥，中华书局影印本，1985 年。

④ 《清世祖章皇帝实录》，第 1 卷，第 12 页，崇德八年八月乙亥，中华书局影印本，1985 年。

后,举行大宴会。因在大丧期间,与会朝鲜官员记载:"肉膳如常进排,只勿为用乐。"①以明年为顺治元年。

顺治元年即崇祯十七年(1644年),是中国历史大动荡、大转变的一年。李自成进京,崇祯帝自缢,明朝覆亡,清军进关,山海关大战,清迁都北京,等等,都是惊天动地的大事件。

①　《沈馆录》,第6卷,第20页,《辽海丛书》影印本,辽沈书社,1985年。

十四　清迁都北京

清朝迁都北京,既有其必然性,也有其偶然性。必然性是指清有二十八年的军事、政治、经济和文化的积累;偶然性是指历史提供了一个三百年一逢的机遇。这个历史机遇,就是大明、大顺、大清之间的形势,发生了特有的变局。

(一)形势之变局

时局对清来说,竟然发生了三方面的变化。

其一,清朝顺利完成皇位传承。崇德帝皇太极病逝后,清廷在最高权力交替中,亲王、郡王和贝勒大臣们,没有发生内讧与火并,而是和平过渡,并一致议定:立皇太极第九子六岁的福临继承皇位,由睿亲王多尔衮与郑亲王济尔哈朗共同辅政(摄政)。清帝皇位之传承,虽经激荡风波,却能顺利过渡。这是尔后多尔衮与崇祯帝、李自成相较量的基本条件与取胜保证。

其二,农民军形势发展顺利。农民军走过低谷之后,又进入高峰:李自成先陷承天,继破潼关,又占西安;张献忠先破汉阳,继陷武昌,沉楚王华奎于长江,又陷长沙——李自成与张献忠两农民大军,形成攻明的犄角之势。清多尔衮曾派人入关,致农民军将领书,希望"协谋同力,并取中原"①,未见回音。

其三,明祚处于大厦将倾危局。先是,崇祯十四年即崇德六年(1641年),李自成陷洛阳,杀福王朱常洵;同期,张献忠陷襄阳,杀襄王朱翊铭。襄王之死,故事奇特:张献忠受到明大学士、督师杨嗣昌围堵,形势危殆。但是,张献忠率军从杨嗣昌围堵的隙

---

① 《明清史料》,丙编,第 1 本,《致西据明地诸帅书稿》,中央研究院历史语言研究所刊印,1936 年。

缺东逸,兵到郧阳。明郧阳抚治①袁继咸急谋发兵,而张献忠令罗汝才与袁继咸相持,牵制其兵,却自率轻骑,直奔襄阳。史载张献忠巧取襄阳的奇智奇行:

> （张献忠）自以轻骑,一日夜驰三百里,杀督师使者于道,取军符。以二月十一日,抵襄阳近郊。用二十八骑,持军符先驰,呼城门督师调兵。守者合符而信,入之。夜半从中起,城遂陷。献忠缚襄王置堂下,属之酒,曰:"吾欲断杨嗣昌头,嗣昌在远。今借王头,俾嗣昌以陷藩伏法,王努力尽此酒。"遂害之。②

《明史·张献忠传》记载略同:

> ……献忠果东出,令汝才拒郧抚袁继咸兵,自率轻骑,一日夜驰三百里,杀督师使者于道,取军符,绐陷襄阳城。献忠缚襄王翊铭置堂下,属之酒曰:"我欲借王头,使杨嗣昌以陷藩诛,王其努力尽此酒。"遂杀之。③

到崇祯十六年即崇德八年（1643 年）,明大学士或被杀或被戍或被罢者如:武昌失陷,"在籍大学士贺逢圣等死之";大学士"范志完、赵光抃弃市,戍吴甡于金齿";"周延儒有罪赐死"④等。同期,北京自二月至九月,"京师大疫"⑤;京师雷震,通宵不止,"太庙神主横倒,诸铜器为火所铄,镕而成灰"⑥。在凤阳,地震、大旱、瘟疫等,虽是偶然灾异,却给人集结了一个总印象:大明气数将尽。

以上是崇德朝和崇祯朝末年的军政大局。到崇祯十七年即顺治元年（1644 年）,中原政局,骤生巨变。

顺治元年即崇祯十七年（1644 年）正月初一日,大明、大清、大顺三方,时政大势,

---

① 《明史·袁继咸传》载:崇祯十三年"四月,擢右佥都御史,抚治郧阳"。《中文大辞典》"抚治"条诠释:"谓安抚而治之也。明雷礼《列卿纪》:添设都御使提督抚治之。"

② 《明史·杨嗣昌传》,第 252 卷,第 6520 页,中华书局校点本,1974 年。

③ 《明史·张献忠传》,第 309 卷,第 7973 页,中华书局校点本,1974 年。

④ 《明史·庄烈帝本纪二》,第 24 卷,第 332～333 页,中华书局校点本,1974 年。

⑤ 《明史·五行志二》,第 29 卷,第 443 页,中华书局校点本,1974 年。

⑥ 《明史·五行志一》,第 28 卷,第 436 页,中华书局校点本,1974 年。

发生变局：

大清，顺治帝祭堂子、祭神后，于笃恭殿（大政殿）接受诸王贝勒、文武群臣、蒙古王公，以及朝鲜国王使臣等的朝贺。顺治朝开局，君臣协和，生机盎然。这表明清朝第三位皇帝顺治朝新纪元的开端。

大顺，李自成在西安称帝。史载："十七年正月庚寅朔，自成称王于西安，僭国号曰大顺，改元永昌。"①这表明一个新政权的建立。李自成的大顺政权，既要与大明，也要与大清，争夺中央皇权，统一中华天下。

大明，崇祯帝御皇极殿（太和殿），受群臣朝贺。是日，"大风霾，凤阳地震"②。这虽属自然现象，却引发人们联想。崇祯帝临朝时叹曰："朕非亡国之君，事事皆亡国之象。祖宗栉风沐雨之天下，一朝失之，何面目见于地下！"③

明朝这艘行驶了二百七十六年的大船，龙骨腐朽，千隙万孔，风起浪涌，难以抵御。

李自成建立大顺政权之后，二月初七日，攻陷太原，兵锋所向，直指北京。十六日，崇祯帝召集群臣，议京师城守。十八日，李自成军攻畿南。二十日，崇祯帝派高起潜、杜勋等十八位太监前往诸重关要隘处监军。二十五日，李自成军到彰德（今河南安阳），明赵王朱常澖降。二十八日，崇祯帝诏天下勤王。三月初二日，李自成军攻陷大同，杀明代王朱传㸑，代藩宗室，死亡殆尽。明总兵姜瓖迎降。初三日，大学士李建泰疏请迁都南京。翌日，崇祯帝在平台召见群臣，表示决不迁都："国君死社稷，朕将焉往？"④初五日，崇祯帝封总兵官吴三桂等俱为伯⑤。初七日，李自成陷大同。十一日，李自成到宣府，太监监军杜勋等降。十五日，居庸关守将总兵官唐通、太监杜之秩等迎降，李自成军入居庸关。十六日，李自成陷昌平，寻焚明十二陵享殿。十七日，李自成军围京城，京营兵溃。十八日，李自成驻京师外城彰义门（广宁门）⑥外。他"遣降贼太监杜勋缒入见帝，求禅位。帝怒，叱之，下诏亲征"⑦。但是，日暝，太监曹化淳启彰义

① 《明史·李自成传》，第309卷，第7963页，中华书局校点本，1974年。

② 《明史·庄烈帝本纪二》，第24卷，第334页，中华书局校点本，1974年。

③ 《明史·李建泰传》，第253卷，第6549页，中华书局校点本，1974年。

④ 《明史·庄烈帝本纪二》，第24卷，第334页，中华书局校点本，1974年。

⑤ 计六奇《明季北略·吴三桂请兵始末》载：崇祯十七年"三月，封三桂平南伯，征兵入援，三桂不即行。"又同书卷20《初四日壬辰》："诏封各总兵：吴三桂平南伯"。

⑥ 广宁门，清为避道光帝旻宁名讳，改其名为广安门。

⑦ 《明史·李自成传》，第309卷，第7965页，中华书局校点本，1974年。

门，"太监内应，门启"①，北京外城陷。当夜，崇祯帝逼周皇后在坤宁宫自缢死。十九日凌晨，李自成军攻入内城。崇祯帝命鸣钟召集百官，结果无一人至者。崇祯帝朱由检登上煤山（景山），自去冠冕，以发覆面，自缢而死②。李自成进大明门、承天门（天安门），入明皇宫，登皇极殿③。明亡。明祚自朱元璋传十六世到朱由检，共二百七十六年。

此期，四月初四日，在关外盛京沈阳，清大学士范文程，审时度势，抓住机会，就事关清朝命运、决定中华历史进程，上书摄政和硕睿亲王多尔衮。原文近六百字，兹全引如下：

乃者有明流寇，踞于西土。水陆诸寇，环于南服。兵民煽乱于北陲，我师爕伐其东鄙。四面受敌，其君若臣，安能相保耶？顾虽天数使然，良由我先皇帝忧勤肇造，诸王大臣祗承先帝成业，夹辅冲主，忠孝格于苍穹，上帝潜为启佑，此正欲摄政诸王建功立业之会也！

窃惟成丕业以垂休万禩者，此时；失机会而贻悔将来者，亦此时！何以言之？中原百姓，塞雁丧乱，荼苦已极，黔首无依，思择令主，以图乐业。虽间有一二婴城负固者，不过自为身家计，非为君效死也。是则明之受病种种，已不可治。河北一带，定属他人。其土地人民，不患不得，患得而不为我有耳。盖明之劲敌，惟在我国，而流寇复蹂躏中原，正如秦失其鹿，楚汉逐之。我国虽与明争天下，实与流寇角也。

为今日计，我当任贤以抚众，使近悦远来；蠢兹流孽，亦将进而臣属于我。彼明之君，知我规模，非复往昔，言归于好，亦未可知。倘不此之务，是徒劳我国之力，反为流寇驱民也。夫举已成之局而置之，后乃与流寇争，非长策矣！曩者，弃遵化，屠永平，两经深入而返，彼地官民，必以我为无大志，纵来归附，未必抚恤，因怀携贰，盖有之矣。然而，有已服者，有未服宜抚者，是当申严纪律，秋毫勿犯。复宣谕以昔日不守内地之由，及今进取中原之意。而官仍其职，民复其业，录其贤

---

① 《崇祯长编》，第2卷，第26页，崇祯十七年三月丙午，台北中央研究院历史语言研究所校勘本，1962年。

② 《明史·庄烈帝本纪二》，第24卷，第334页，中华书局校点本，1974年。

③ 彭孙贻：《流寇志》，第10卷，第161页，浙江人民出版社，1983年。

能，恤其无告，将见密迩者绥辑，逖听者风声，自翕然而向顺矣！

夫如是，则大河以北，可传檄而定也。河北一定，可令各城官吏，移其妻子，避患于我军，因以为质。又拔其德誉素著者，置之班行，俾各朝夕献纳，以资辅翼。王于众论中，择善酌行，则闻见可广，而政事有时措之宜矣。

此行，或直趋燕京，或相机攻取，要当于入边之后，山海、长城以西，择一坚城，顿兵而守，以为门户。我师往来，斯为甚便。惟摄政诸王察之。①

这篇五百九十四个字②的精粹宏文，虽站在清朝利益一方，但就其智慧与谋略而言，确是高屋建瓴，深谋远虑，运筹帷幄，见解精辟：

第一，分析天下大势："明之劲敌，惟在我国，而流寇复蹂躏中原，正如秦失其鹿，楚汉逐之。我国虽与明争天下，实与流寇角也。"谏言顺治帝要与李自成角逐天下。

第二，抓住历史机会："此正欲摄政诸王建功立业之会也！"清朝历史大局，逢此百年际会，失此历史机会，将遗千古之憾。

第三，检讨过往教训："曩者，弃遵化，屠永平，两经深入而返，彼地官民，必以我为无大志，纵来归附，未必抚恤，因怀携贰，盖有之矣。"避免流寇攻略掳掠，夺取中原以定天下。

第四，制定方略大计："官仍其职，民复其业，录其贤能，恤其无告。"此与李自成拷掠官员、打家劫舍相反，要"官仍其职，民复其业"；也与崇祯帝昏杀功臣、无视民瘼相反，要"录其贤能，恤其无告"。

范文程上书后三天，多尔衮不愧为睿亲王的"睿"字，聪睿英明、果断迅速地采纳范文程的谏议。于此，《清世祖实录》记载：清朝八旗大军，初七日，出师祭告；初九日，"声炮起行"③。于是，同李自成进行山海关大战。

临行前，四月初八日，顺治帝在清宫笃恭殿（大政殿）赐摄政和硕睿亲王多尔衮大将军敕印，并敕曰：

---

① 《清世祖章皇帝实录》，第 4 卷，第 3～4 页，顺治元年四月辛酉，中华书局影印本，1985 年。

② 此统计字数，未计标点符号。

③ 《清世祖章皇帝实录》，第 4 卷，第 6 页，顺治元年四月丙寅，中华书局影印本，1985 年。

　　我皇祖肇造丕基,皇考底定宏业,重大之任,付于眇躬。今蒙古、朝鲜,俱已归服。汉人城郭、土地,虽渐攻克,犹多抗拒。念当此创业垂统之时,征讨之举,所关甚重。朕年冲幼,未能亲履戎行,特命尔摄政和硕睿亲王多尔衮代统大军,往定中原,用加殊礼,锡以御用纛盖等物。特授奉命大将军印。一切赏罚,俱便宜从事。至攻取方略,尔王钦承皇考圣训,谅已素谙,其诸王、贝勒、贝子、公、大臣等,事大将军,当如事朕,同心协力,以图进取,庶祖考英灵,为之欣慰矣![1]

多尔衮经过顺治帝受命,代统八旗大军,合法进行指挥。

多尔衮在进军途中,得报李自成农民军攻占北京。十三日,军至辽河地方,多尔衮以军事咨洪承畴。洪承畴向多尔衮启曰:

　　我兵之强,天下无敌,将帅同心,步伍整肃,流寇可一战而除,宇内可计日而定矣。今宜先遣官宣布王令,示以此行,特扫除乱逆,期于灭贼,有抗拒者,必加诛戮。不屠人民,不焚庐舍,不掠财物之意。仍布告各府州县,有开门归降者,官则加升,军民秋毫无犯,若抗拒不服者,城下之日,官吏诛,百姓仍予安全。有首倡内应立大功者,则破格封赏,法在必行。此要务也。

　　况流寇初起时,遇弱则战,遇强则遁。今得京城,财足志骄,已无固志。一旦闻我军至,必焚其宫殿、府库,遁而西行。贼之骡马,不下三十余万。昼夜兼程,可二三百里,及我兵抵京,贼已远去。财物悉空,逆恶不得除,士卒无所获,亦大可惜也。

　　今宜计道里,限时日,辎重在后,精兵在前,出其不意。从蓟州、密云近京处,疾行而前。贼走,则即行追剿;倘仍坐据京城以拒我,则伐之更易。如此庶逆贼扑灭,而神人之怒可回。更收其财畜,以赏士卒,殊有益也。

　　初,明之守边者,兵弱马疲,犹可轻入,今恐贼遣精锐,伏于山谷狭处,以步兵扼路。我国骑兵不能履险,宜于骑兵内选作步兵,从高处觇其埋伏,俾步兵在前,骑兵在后,比及入边,则步兵皆骑兵也,孰能御之!若沿边仍复空虚,则接踵而进,不劳余力。抵京之日,我兵连营城外,侦探勿绝,庶可断陕西、宣府、大同、真、保诸

　①　《清世祖章皇帝实录》,第4卷,第5～6页,顺治元年四月乙丑,中华书局影印本,1985年。

路,以备来攻,则马首所至,计日功成矣。

流寇十余年来,用兵已久,虽不能与大军相拒,亦未可以昔日汉兵轻视之也。①

洪承畴与范文程的两封上启,是清军西向入关,进行山海关大战,攻入北京,底定中原,极为重要的文献。多尔衮既采纳范文程的上启,也接纳洪承畴的上启,坚定信心,明确策略,统帅八旗军,挺进山海关。

然而,山海关大战是关系到大明、大顺、大清三方命运,也关系到皇朝、民族、生民命运的一场决战。此战,影响大明、大顺、大清三方局势的一个极为重要因素,就是吴三桂。吴三桂是个川剧变脸式的人物。他在明、清之际,多次变脸,徘徊不定,反复无常。

吴三桂,字长伯,江南高邮人,籍辽东。父襄,明崇祯初官锦州总兵。三桂以武举承父荫,初授都督指挥。襄坐失机下狱,擢三桂总兵,守宁远。洪承畴出督师,合诸镇兵,三桂其一也。师攻松山,三桂战败,夜引兵去。松山破,承畴降,三桂坐镇三秩,收兵仍守宁远。三桂,祖大寿甥也,大寿既降,太宗令张存仁书招三桂,不报。②

《清史稿·吴三桂传》又记载:

顺治元年,李自成自西安东犯,太原、宁武、大同皆陷,又分兵破真定。庄烈帝封三桂平西伯,并起襄提督京营,征三桂入卫。宁远兵号五十万,三桂简阅步骑遣入关,而留精锐自将为殿。三月甲辰,入关。戊申,次丰润。而自成已以乙巳破明都,遣降将唐通、白广恩将兵东攻滦州。三桂击破之,降其兵八千,引兵还保山海关。自成胁襄以书招之,令通以银四万犒师,遣别将率二万人代三桂守关。三桂引兵西,至滦州,闻其妾陈为自成将刘宗敏掠去,怒,还击破自成所遣守关将;遣副

① 《清世祖章皇帝实录》,第 4 卷,第 7~8 页,顺治元年四月庚午,中华书局影印本,1985 年。
② 《清史稿·吴三桂传》,第 474 卷,第 12835 页,中华书局标点本,1977 年。

将杨坤、游击郭云龙上书睿亲王乞师。王方西征，次翁后，三桂使至，明日，进次西拉塔拉，报三桂书，许之。①

此际，吴三桂的"变脸"行为，表现为三变：

第一变，入关勤王，犹豫观望。崇祯十七年即顺治元年（1644年）初，李自成自西安东进，三路大军，直指京师。崇祯帝感到大明江山危在旦夕，诏天下兵，保卫京师，命府部大臣各条陈战守事宜。先是，吏科都给事中吴麟徵奏言："弃山海关外宁远、前屯二城，徙吴三桂入关，屯宿近郊，以卫京师。"②三月初四日，明廷封吴三桂为平南伯，随后命他火速领兵入卫北京。吴三桂"被命，迁延不即发，简阅步骑，携挈人民徙五十万众，日行数十里"③。自宁远至山海关二百里路程，正常日行军百里，二日便可到达。可是吴三桂六日启程，十六日才到达山海关，整整行军十一天。

三月十五日，李自成在居庸关，收明降将唐通。李自成以唐通与吴三桂为旧部同僚，便命他带着四万两白银、财物前去招抚吴三桂。唐通"遗书三桂，盛夸新主礼贤，啖以父子封侯"。但是，"三桂不答"④。十九日，明廷盼望的辽军刚离山海关，北京城陷落，崇祯帝自缢。在京居住的吴三桂之父吴襄及爱妾陈圆圆等全家三十多口，都落入闯王李自成之手。二十日，吴三桂率军至丰润一带，惊闻事变，犹豫观望，停止不进，待机而动。在吴三桂得知京师陷落、帝后殉难的消息后，何去何从，犹豫不定。

第二变，背叛明朝，归降大顺。李自成率领农民军攻入北京后，京畿各镇将领，大多投降新主。但李自成认为吴三桂是一员骁将，应当招附。其属下顾君恩指出：南方立藩王皆不足有为，惟山海关外不可不虑。由是，李自成加紧招抚吴三桂，以利用吴三桂遏制清军入关。李自成为招降吴三桂，采取多种办法：一是令诸降将函书招三桂，二是命三桂之父吴襄写信劝子降附，三是派遣巡抚李甲、兵备道陈乙等，持檄招降吴三桂，其条件是："尔来不失封侯之位"，并犒赏吴军官兵银四万两。吴三桂的态度是："大喜，忻然受命，入山海关而纳款焉。"⑤

① 《清史稿校注·吴三桂传》，第481卷，第10769页，台湾商务印书馆，1999年。

② 谷应泰：《明史纪事本末·甲申之变》，第4册，第1373页，中华书局，1977年。

③ 《四王合传·吴三桂传》，第297页，《明代野史丛书》本，北京古籍出版社，2002年。

④ 彭孙贻：《流寇志》，第11卷，第178页，浙江人民出版社，1983年。

⑤ 钱𪩘：《甲申传信录》，第8卷，第143页，《中国历史资料丛书》本，上海书店印行，1982年。

此事,吴三桂立即召开秘密军事会议。吴三桂说:"都城失守,先帝宾天,三桂受国恩,宜以死报国。然非藉将士力,不能以破敌,诸将若之何?"众将态度,"皆默然,三问不敢应"。因为不知吴三桂的意图,不敢表态,只有默然。吴三桂接着说:"闯王势大,唐通、姜瓖皆降,我孤军不能自立。今闯王使至,其斩之乎?抑迎之乎?"众将答道:"今日死生,唯将军命!"众将领知道他的意图,表示愿意听命。于是,"三桂乃报使于自成,卷甲入朝"①,归降大顺。吴三桂将山海关交给已降大顺的原明密云总兵唐通所部驻守,亲率所部,向京进发。沿途大张告示:本镇率所部朝见新主,所过秋毫无犯,尔民不必惊恐。四月初五日,吴三桂行至永平西沙河驿,见到从北京逃出的家人,得知乃父吴襄为闯王部下刑掠,三桂愤怒,但考虑到已与清军结下深仇,归北很难,待到京后再辩明。接着,吴三桂闻知爱妾陈圆圆被刘宗敏抢占,便如吴伟业《圆圆曲》所言:"冲冠一怒为红颜"——改变降李初衷,另寻新的主子。

第三变,反叛大顺,剃发降清。吴三桂剃发降清,有学者分析其原因有二:其一,吴三桂爱妾陈圆圆被李自成大将刘宗敏霸占。所以,吴三桂"冲冠一怒为红颜"②,背叛李自成,投降多尔衮。刘健《庭闻录》记载:吴三桂闻讯爱妾被霸占,大怒道:"大丈夫不能保一女子,何面目见人耶!"其二,李自成军在北京大肆拷掠:"遍拿百官,拘系追赃,酷刑拷打,呼号遍地。"③吴三桂之父吴襄也未能免。四月初八日,吴三桂率军返回,进攻山海关。守将唐通所部败逃。李自成得知吴三桂降而复叛,立即派明降将白广恩等率军增援唐通,也被吴三桂全歼。吴三桂重占山海关后,即斩李自成所派使臣李甲,并用李甲的头颅祭旗,还割去陈乙之双耳,然后纵之。吴三桂远近传檄,发表文告,号召士民,讨伐李自成军。吴三桂招兵买马,队伍扩充到五六万人。

十一日,李自成派遣使臣携带吴襄手书和大量金银前往山海关,劝降吴三桂。十三日,李自成统领六万大军,号称十万或二十万,宋献策、刘宗敏、李过等将领从之,并带着吴襄、明朝太子朱慈烺等,出齐化门(朝阳门),直指山海关。李自成打算对吴三桂先劝降,后武攻,以控制山海关,阻断清军南下通道。

此时,吴三桂夹在李自成与多尔衮之间,如何应对?吴三桂作了两方面处理:

---

① 彭孙贻:《流寇志》,第11卷,第177页,浙江人民出版社,1983年。

② 此句出自吴伟业《圆圆曲》,其诗句为:鼎湖当日弃人间,破敌收京下玉关。痛哭六军皆缟素,冲冠一怒为红颜。"鼎湖"典故,出自《史记·封禅书》,原意是黄帝升天的地方,后世指为帝王死亡。

③ 张岱:《石匮书·后集》,第63卷,第386页,中华书局,1959年。

一方面,致书多尔衮。四月十五日,多尔衮率领八旗军师抵翁后(今辽宁省阜新市境),遇见明平南伯吴三桂遣副将杨珅、游击郭云龙,自山海关来,递吴三桂给清睿亲王多尔衮书。书曰:

> 三桂初蒙我先帝拔擢,以蚊负之身,荷辽东总兵重任。王之威望,素所深慕,但《春秋》之义,交不越境,是以未敢通名。人臣之谊,谅王亦知之。今我国以宁远右偏孤立之故,令三桂弃宁远而镇山海。思欲坚守东陲,而巩固京师也。不意流寇逆天犯阙,以彼狗偷乌合之众,何能成事! 但京城人心不固,奸党开门纳款,先帝不幸,九庙灰烬。今贼首僭称尊号,掳掠妇女财帛,罪恶已极,诚赤眉、绿林、黄巢、禄山之流,天人共愤,众志已离,其败可立而待也。我国积德累仁,讴思未泯,各省宗室,如晋文公、汉光武之中兴者,容或有之。远近已起义兵,羽檄交驰,山左江北,密如星布。三桂受国厚恩,悯斯民之罹难,拒守边门,欲兴师问罪,以慰人心。奈京东地小,兵力未集,特泣血求助。我国与北朝,通好二百余年。今无故而遭国难,北朝应恻然念之。而乱臣贼子,亦非北朝所宜容也。夫除暴剪恶,大顺也;拯危扶颠,大义也;出民水火,大仁也;兴灭继绝,大名也;取威定霸,大功也。况流寇所聚金帛子女,不可胜数,义兵一至,皆为王有,此又大利也! 王以盖世英雄,值此摧枯拉朽之会,诚难再得之时也。乞念亡国孤臣忠义之言,速选精兵,直入中协、西协。三桂自率所部,合兵以抵都门,灭流寇于宫廷,示大义于中国,则我朝之报北朝者,岂惟财帛? 将裂地以酬,不敢食言。[①]

得吴三桂来书后,多尔衮立即征询范文程等人对策。范文程建言曰:

> 自闯寇猖狂,中原涂炭。近且倾覆京师,戕厥君后,此必讨之贼也。虽拥众百万,横行无惮,揆其败道有三:逼殒其主,天怒矣;刑辱缙绅,拷劫财货,士愤矣;掠民资,淫人妇,火人庐舍,民恨矣。备此三败,行之以骄,可一战破也。我国家上下同心,兵甲选练,诚声罪以临之,恤其士夫,拯厥黎庶,兵以义动,何功不成!

---

① 《清世祖章皇帝实录》,第 4 卷,第 9～10 页,顺治元年四月壬申,中华书局影印本,1985 年。

范文程又言：

> 好生者，天之德也。兵者，圣人不得已而用之。自古未有嗜杀而得天下者。国家止欲帝关东，当攻掠兼施。倘思统一区夏，非乂安百姓不可。①

多尔衮对吴三桂的来书，不同政见，重点有三：

其一，吴三桂是"泣血求助"，而不是归降清朝；

其二，吴三桂要清军"直入中协、西协"，即从长城其他隘口进入，而未许清军从山海关进京；

其三，吴三桂将"裂地以酬"，就是割一块土地相酬谢，而不是受清"封以故土，晋为藩王"。

摄政睿亲王多尔衮，心高气远，胸怀韬略，岂肯答应吴三桂的条件！

然而，多尔衮迅速回应吴三桂。翌日（十六日），多尔衮回书吴三桂。书曰：

> 向欲与明修好，屡行致书，明国君臣，不计国家丧乱，军民死亡，曾无一言相答，是以我国三次进兵攻略，盖示意于明国官吏军民，欲明国之君，熟筹而通好也。若今日则不复出此，惟有底定国家，与民休息而已。予闻流寇攻陷京师，明主惨亡，不胜发指，用是率仁义之师，沉舟破釜，誓不返旌，期必灭贼，出民水火。及伯遣使致书，深为喜悦，遂统兵前进。夫伯思报主恩，与流贼不共戴天，诚忠臣之义也。伯虽向守辽东，与我为敌，今亦勿因前故，尚复怀疑。昔管仲射桓公中钩，后桓公用为仲父，以成霸业。今伯若率众来归，必封以故土，晋为藩王，一则国仇得报，一则身家可保，世世子孙，长享富贵，如河山之永也。②

多尔衮与吴三桂书信往来之时，先后采取了几项行动：一是派降清汉将一人往山海关，送去给吴三桂的复信，同意出兵；二是提出条件，要吴三桂投降，许诺如率众来归，将封土晋王；三是即遣学士詹霸等驰往锦州，谕汉军赍红衣炮，向山海关进发；四是

---

① 《钦定八旗通志·初集》），第 172 卷，第 4191 页，东北师范大学出版社，1985 年。

② 《清世祖章皇帝实录》，第 4 卷，第 10 页，顺治元年四月癸酉，中华书局影印本，1985 年。

驿召抱病于盖州汤泉的范文程,扶病随征;五是采纳范文程建议,申严纪律,禁掳掠,戒枉杀;六是改变原拟行军路线,直趋山海关,迫吴三桂投降,以控制山海关。

另一方面,拖住李自成。时在山海关的吴三桂,则两面运筹应对:派走了前往多尔衮请兵的使臣,又对李自成行缓兵之计。当李自成使臣来劝降时,吴三桂表示"愿一见东宫而即降",以麻痹李自成,争取时间,等待援兵。很快,吴三桂接到了多尔衮的回信,积极进行战前准备。

十九日,吴三桂在演武堂,进行重大活动:"合关、辽两镇诸将并绅衿,誓师拒寇。"①二十日,吴三桂在校场,与诸将歃血同盟,进行布防,祭旗兴兵。

同日,多尔衮率军进至连山(今辽宁省葫芦岛市连山区),会见吴三桂派出的部属郭云龙和孙文焕。吴三桂再次紧急请师:

> 接王来书,知大军已至宁远,救民伐暴,扶弱除强,义声震天地。其所以相助者,实为我先帝,而三桂之感戴,犹其小也。三桂承王谕,即发精锐于山海以西要处,诱贼速来。今贼亲率党羽,蚁聚永平一带,此乃自投陷阱,而天意从可知矣。今三桂已悉简精锐,以图相机剿灭。幸王速整虎旅,直入山海,首尾夹攻,逆贼可擒,京东西可传檄而定也。又仁义之师,首重安民,所发檄文,最为严切,更祈令大军,秋毫无犯,则民心服而财土亦得,何事不成哉!②

吴三桂就归降一事,含糊地表示:"民心服而财土亦得,何事不成哉。"

此事,随军朝鲜世子李淐在《沈馆录》中记载:

> 二十日,卯时发行。行三十里许,九王设幕下坐,请世子,言曰:俺当少歇而行,世子先往止宿处。世子先行,至连山驿城东,清兵先阵已围布帐矣。九王追到,世子往见。俄而,吴三桂又遣将官于九王曰:"贼兵已迫,朝夕且急,愿如约促兵以救。"王即发驰行。③

---

① 光绪《临榆县志》,第9卷,光绪四年(1878年)刻本。
② 《清世祖章皇帝实录》,第4卷,第10～11页,顺治元年四月丁丑,中华书局影印本,1985年。
③ 《沈馆录》,第7卷,第12页,《辽海丛书》影印本,辽沈书社,1985年。

二十一日,大顺军在石河西岸与吴三桂军对阵。之前,李自成行军速度缓慢,从北京到山海关七百里,急行军三四天就可到达,但大顺军整整走了八天。

二十二日,清八旗军"师至山海关。吴三桂率众出迎"。睿亲王很高兴,设仪仗,吹螺号,同吴三桂向天行礼①。

有个问题,需要附论。吴三桂降清是真降,还是假降？清史界有不同的看法。一种意见是,吴三桂是真降,从顺治元年(1644 年)到康熙十二年(1673 年),长达三十年之久,一直死心塌地效忠清朝。另一种意见是,吴三桂是假降,证据是"我朝之报北朝者,岂惟财帛,将裂地以酬"②。后来吴三桂反清,说明他是韬晦,是假降。

吴三桂历史地位之评价,清史界也有不同的看法。一种意见是,肯定吴三桂的历史贡献,主要是为明末清初中国重新统一作出了贡献。另一种意见是,吴三桂官于明而叛明,叛明而降李自成,再叛李而降清,最后到老年又叛乱反清,是一个丧失大节的人。持这种意见者,可见《甲申传信录》中引述的一段话:

> 自古不子不臣之人,鲜有如吴三桂者。当自成薄城日,假令自成虽迫死君亲,而不图夺其妾,三桂固已卷甲归之矣。徒以嬖妾故,与闯争床第之私,然后效申胥之泣,乞王师,剿巨寇。彼披发于面,愚首于蠢者,曾何足系三桂之心耶？厥后受封于王,又复地僻生忮,鼓浪满池。而论者因仅诛其晚节,而犹称其昔复仇事,以是知三桂之一身,固始终一不忠不孝之人也哉!③

我个人则认为:

> 吴三桂这个人,我在这里不对他作全面评价,就人品而言,仅着重阐明:在明清松锦大战时,身为宁远总兵而率先逃跑的是他,背明朝降李自成的是他,叛李自成降清朝的是他,勒死南明永历帝的是他,身为清平西王而起兵叛清的也是他!吴三桂一生有"三叛"——一叛明朝投降李自成,二叛李自成投降清朝,三叛清朝

---

① 《清世祖章皇帝实录》,第 4 卷,第 11 页,顺治元年四月己卯,中华书局影印本,1985 年。
② 《清世祖章皇帝实录》,第 4 卷,第 9～10 页,顺治元年四月壬申,中华书局影印本,1985 年。
③ 钱𫄸:《甲申传信录》,第 144～145 页,《中国历史资料丛书》本,上海书店印行,1982 年。

起兵反乱，反复无常，子子小人。吴三桂与我下一节要讲的清初江南士人，如黄宗羲、顾炎武、王夫之，以及山西傅山等，其人品，其气节，龙蚁之分，天壤之别。清朝人刘健在《庭闻录》中讲了一个故事：吴三桂在辽东的祖茔，风水"一脉三断节"。吴氏一门除吴三桂以疾而终外，都死于非命，吴三桂落得断子绝孙的悲剧结局。这当然是巧合。但吴三桂"一人三叛"，出尔反尔，毫无气节，贰臣叛臣，兼而有之。吴三桂气节之大亏，越千年而为人不齿。①

总之，我们还是从整体上看，李自成农民军、吴三桂关宁军、多尔衮八旗军，汇集于山海关，战云密布，山崩海啸，进行了一场决定大明、大顺、大清之历史命运的山海关大战。

（二）山海关大战

山海关大战前，在山海关内外，主要有三股军事势力——李自成的农民军、多尔衮的八旗军和吴三桂的关宁军。三股势力的分合、激战、谋略、胜败，直接影响当时中国局势的走向，也影响或决定大顺、大明、大清三个政权的最终命运。

三股势力 三股势力分别是：

第一股势力：吴三桂的关宁军。吴三桂在明亡后已经投降李自成。但是，当他知道父亲吴襄被拷掠、爱妾陈圆圆被强占的时候，则对李自成采取了两面策略——明着不同李自成决裂，暗着却另找新的主子。吴三桂于崇祯十七年即顺治元年（1644 年）三月二十九日，收到其父吴襄的劝降信后，同李自成决裂的态度变得明朗而坚决，他复信说："父既不能为忠臣，儿亦安能为孝子乎？儿与父诀，请自今日。父不早图，贼虽置父鼎俎旁以诱，三桂不顾也。"②李自成得知吴三桂坚决不降，令白广恩、王则尧带着犒师银两，星夜赴永平（今河北卢龙），增援唐通并继续招降吴三桂，结果唐通反被吴三桂击溃。吴三桂纵兵大掠而东，顿兵山海关，并观望局势，以图再举。当时，吴三桂约有关宁军五万（一说八万）之众。

---

① 阎崇年：《康熙大帝》，第 62～63 页，中华书局，2008 年。

② 顾公燮：《丹午笔记·三桂绝父书》，《涵芬楼秘笈》本，商务印书馆，1917 年。

　　第二股势力：李自成的农民军。崇祯十七年即顺治元年(1644年)四月十三日,李自成亲率刘宗敏等将士六万人,号称十万或二十万人,向山海关,开始东征。李自成派明降官去山海关招降吴三桂,但使者被扣留。李自成分析形势,认为成败决于一战,于是令大军连营并进,直逼山海关。七百里路,行军八天,方才到达。这就给吴三桂与多尔衮的联合提供了时间。

　　第三股势力：多尔衮的八旗军。四月初九日,清摄政睿亲王多尔衮率军十万,向山海关挺进。原想绕过榆关,破墙而入,争夺北京。四月十五日,清军师抵翁后,吴三桂派出副将杨珅、游击郭云龙持吴三桂书前往乞师。吴三桂乞师信称：“欲兴师问罪,以慰人心。奈京东地小,兵力未集,特泣血求助。”①多尔衮遣官持复书到山海关,一则探听虚实,二则要吴三桂降清。多尔衮本想进一步观察吴三桂的真实动机,恰在此时,得报李自成所率大军已离永平,急驰往山海关。为防贻误战机,多尔衮遂命清军星夜前进。从连山到山海关,二百里路程,大军“达夜疾驰,人马饥渴,黄埃涨天,夜色如漆,人莫开眼,咫尺不辨。……过中后所、前屯卫、中前所,至关外十五里许,日已昏黑,屯兵不进,一昼夜之间,行二百里矣”②!

　　两军相争,贵在争时。时间就是主动,时间蕴含胜利。《孙子兵法》曰：其疾如风,动如雷震。这正如张预注所引太公曰：“疾雷不及掩耳,迅电不及瞬目。”③多尔衮率领的八旗军,自沈阳至榆关,约八百里路程。所经艰难,史有记载。《西行日记》载述多尔衮军沿途遭遇——黄沙弥天：“军兵车马,骈阗广野,风沙眯目,人莫开睫”；道路难行：“辽河水深盈丈,夫马则卸鞍泅涉,辎重卜物,以船载之,而船只鲜少,未易得济”；雷电风雨：行军中突然雷电大作,风雨交加,“行役之苦,人如鬼形,马无完足,人病者载马而呻吟,马病者弃路而颠仆,其间关跋涉之状,有不忍言者”云云④。但摄政睿亲王多尔衮,统率大军,行疾如风,日夜兼程,冒雨急进,及时到达,占有主动,进行山海关大战。

　　这样,李自成的大顺军、多尔衮的八旗军、吴三桂的关宁军,就在山海关交汇,由此引发了一场大战,就是山海关大战。这个大战的战场,集中在山海关门。

　　关门大战　山海关以关城为中心,四面有四座辅城——东罗城、西罗城、南翼城、

---

① 《清世祖章皇帝实录》,第4卷,第9页,顺治元年四月壬申,中华书局影印本,1985年。
② 《沈馆录》,第7卷,第12页,《辽海丛书》影印本,辽沈书社,1985年。
③ 《十一家注孙子》,第165、171页,上海古籍出版社,1978年。
④ 《沈馆录》,第7卷,第10、15页,《辽海丛书》影印本,辽沈书社,1985年。

北翼城,加上长城、关隘、敌楼、台堡等,形成相互连接、彼此相依的防卫体系。南翼城面向大海,敌军无从通过。西罗城面向关内,前有石河,成为关城的天然屏障,而河西则为开阔地,成为山海关大战的一个重要战场。

清摄政睿亲王多尔衮采纳洪承畴、祖大寿等人的建议,入关之后,未及休整,作出部署,分军为四:以英郡王阿济格率万骑为左翼,入西水关;以豫郡王多铎率万骑为右翼,入东水关;自将三万骑为主力,从正面主攻,其余为预备队。

李自成于四月二十一日清晨到山海关后,也紧急部署:

首先,除南翼城面向大海无法布阵外,将兵力分布在东罗城、西罗城、北翼城,全面包围,分别攻城。

其次,李自成命唐通率兵,由离关城西北三十多里的一片石北出,到关城之外,以防止吴三桂退往辽东,与清军会合。山海关一片石,即九门口,位置冲要,地势险峻,两山之间,夹条大河,河上九个拱门——有水时放水,无水时落闸,凭借水闸,阻断通路。

其三,在西罗城外,从北山到大海,沿着石河走势,布成"一"字形战线,与吴三桂军对阵。

从李自成上述"三点一线一堵"的战术部署来看,是要把吴三桂围而歼之。李自成志在必胜,却在攻城与野战上留下罅隙——围城,分散了兵力;列阵,暴露出弱势。

山海关之役的激战,实际上只有两天——顺治元年即崇祯十七年四月二十一日和二十二日。具体战况,分述如下:

二十一日。清军于二十一日进至欢喜岭后,并未立即投入战斗,而是观变待机,仅于当天派兵击败一片石之唐通部,使李自成从关外打击吴三桂,并企图切断吴军与清军联络的计划未能实现。清官书记载多尔衮给顺治帝的报捷书曰:"臣即星夜前往,于四月二十一日抵山海关。值贼首李自成亲率马步兵二十余万,挟崇祯帝太子、第三子定王、第四子,及宗室晋王、秦王、汉王、郡王等,并三桂父襄与俱来。复遣人招三桂降,三桂不从,贼随围山海关。是晚,即败贼总兵唐通马步兵数百人于一片石,斩百余人,贼兵遂遁。"[1]

一片石之战是山海关大战的前哨战、预热战,规模虽小,却很重要。当然,主战场在山海关城。

---

① 《清世祖章皇帝实录》,第 4 卷,第 12 页,顺治元年四月辛巳,中华书局影印本,1985 年。

于关城,李自成先调集骑兵,强攻西罗城;复集中兵力,攻打北翼城。双方交战,十分激烈。石河一线,极为惨烈。大顺军"鳞次相搏,前者死,后者复进"。吴三桂军东驰西突,企图突围,屡次遭堵,未能成功。至下午,李自成军奋勇攻城,北翼城、西罗城,态势严重,急待援军。

二十二日晨,吴三桂军态势危急,而清军屡请不至。时摄政睿亲王多尔衮,率军来到离关城二里的威远台,"高张旗帜,休息士卒"。同时,多尔衮与吴三桂急切遣使往来:

> (多尔衮)遣使往三桂营觇之。三桂复遣使往请,九王(多尔衮)犹未信。请之者三,九王始信,而兵犹未即行。三桂遣使者相望于道,凡往返八次,而全军始至,共十四万骑。①

吴三桂派人"往返八次"请多尔衮,但多尔衮不相信。吴三桂只好带领五名缙绅和二百名亲兵,在炮火掩护下,突围出城,到威远台,往见多尔衮。当时情景,史书记载:

> 多尔衮问:汝约我来,我来,何用炮击?
>
> 吴三桂答:非也,闯兵围关内三面,甚固,又以万骑逾边墙东遏归路,故用炮击之使开,可得间道东出也。
>
> 多尔衮曰:是也,然无誓盟,不可信。且闯兵众,关内兵几与闯同,必若兵亦剃发殊异之,则我兵与若俱无惮矣。
>
> 吴三桂曰:然。然我固非怯也,徒以兵少止数千。使我有万骑,则内不患寇,外犹可以东制辽沈,我何用借兵于若为?今兵少固然,剃发亦决胜之道也。②

于是,《明季北略》记载:吴三桂与多尔衮达成默契——"共歃血,三桂即髡其首以从"。

多尔衮与吴三桂在欢喜岭威远台,歃血盟誓,吴三桂剃发称臣,双方决定合攻李自成军。

---

① 计六奇:《明季北略》,第20卷,第495页,中华书局,1984年。
② 钱𫐄:《甲申传信录》,第8卷,第141页,《中国历史资料丛书》本,上海书店印行,1982年。

此事,《山海关志》记载:"多尔衮对吴三桂曰:'汝等欲为故主复仇,大义可嘉,予领兵来成全其美。先帝时事在今日不必言,亦不忍言,但昔为敌国,今为一家。我兵进关若动人一株草、一颗粒,定以军法处死。汝等分谕大小居民,勿得惊慌。'"①

这时,忽然得到探报,北翼城部分吴军哗变,投奔李自成军。多尔衮命吴三桂先行,并对他说:"尔回,可令尔兵以白布系肩为号,不然同系汉人,以何为辨,恐致误杀。"②三桂立即返回关城,令全体官兵剃发,来不及剃发者,用白布系肩,以示区别。然后,在关门上竖白旗,率诸将十数员,甲数百骑,出城礼迎。清军三路分别从南水门、北水门、关中门,进入山海关城。多尔衮受拜于军阵中,进兵城里③。

李自成知道山海关易守难攻,想诱吴三桂军出关城野战。他令沿石河列阵,自北山横亘至海,成"一"字形阵,包围吴三桂军。吴军则布列于右翼边缘,准备集中兵力,向李自成军突击。时值大风扬尘,咫尺不见,清军隐蔽在关城之下。多尔衮告诫众贝勒大臣说:"吾尝三围彼都,不能遽克,自成一举破之,其智勇必有大过人者。"④因此,谕曰:'尔等毋得越伍躁进,此兵不可轻击,须各努力破此,则大业成矣。"⑤

多尔衮不肯先同李自成军轻战,而是命吴三桂军为前锋,其目的是:一则观察吴三桂投降的真伪;二则观察李自成军的强弱;三则吴、李交战,两败俱伤,乘势突击取胜,坐收渔人之利。

中午,吴三桂首先出动全部精锐与李自成军交战,陷入包围之中,处境十分困难。吴三桂军与李自成军"死战,自辰至酉,连杀数十余阵",历十小时,战数十合,互相冲突,异常激烈。据彭孙贻记载:

　　自成、宗敏知边兵劲,成败决一战,驱众死斗。三桂悉锐鏖战,无不一当百。自成益驱群贼连营进,大呼,伐鼓,震百里。三桂兵左右奋击,杀贼数千。贼鳞次相搏,前者死,后者复进。贼众兵寡,三面围之。自成挟太子登庙观战,关宁兵东西驰突,贼以其旗左萦而右拂之,阵数十交,围开复合。

①　佘一元:《山海关志·兵警》,清钞本。
②　《清世祖章皇帝实录》,第4卷,第11页,顺治元年四月己卯,中华书局影印本,1985年。
③　《沈馆录》,第7卷,第13页,《辽海丛书》影印本,辽沈书社。1985年。
④　计六奇:《明季北略》,第20卷,第495页,中华书局,1984年。
⑤　《清世祖章皇帝实录》,第4卷,第11页,顺治元年四月己卯,中华书局影印本,1985年。

　　自成按辔高冈上，见白旗一军，绕出三桂右，万马奔腾，不可止。自成麾后军益进，有僧跪于马前曰："彼旗白者，非关宁兵也，大王急避之。"白旗所至，风卷潮涌，皆披靡莫能当。自成鞭马下山走。诸贼斗良久，莫敢进退，尘开，见辫而甲者，贼惊呼曰："满兵至矣。"贼众奔溃，坠戈抛弓矢，自相践数万人。关兵、满兵，分道乘之，杀其将领十五人，夺辎重亡算。自成率精骑数千，疾走入永平。贼帅收散亡归永平，得数万。①

吴军拼命突围，围开复合，死伤惨重。清军按兵不动，静观事态发展。李自成军英勇陷阵，肉搏厮杀。双方死伤惨重，已经精疲力竭。吴三桂已陷入重围，曾多次突围未成，面临全军覆灭的危险。

　　多尔衮先按兵不动，作壁上观，双方精疲力尽，观察时机已到，决定集中兵力，突破李自成从北山至大海的沿石河"一"字形阵线。睿亲王曰：我军可向海击彼阵尾，鳞次布列，逐层推进；三桂兵可分列右翼之末②。多尔衮选择关城以南石河口一带为突破口，这里离李自成中军大帐最远，最薄弱，而且这里东南临海，又是开阔地，便于清军发挥骑兵纵横驰突的优势。多尔衮令阿济格、多铎率正白旗、镶白旗军，"以二万骑，自三桂阵右突入，腾跃摧陷"③。八旗满洲白旗两万骑兵为先锋，突袭李自成的阵尾；同时，吴三桂军从阵右（北山附近）切入。李自成军由主动为被动，反而陷于清军和吴三桂军的首尾夹击之中。交织战局，顿生变化。八旗军直冲李自成军主力，"白旗所至，风卷潮涌，皆披靡莫能当"。当时，李自成骑马立于高冈之上，"见白旗一军，绕出三桂右，万马奔腾，不可止。自成麾后军，益进"④。李自成正要准备火速驰援时，据说他身边一僧人告诉他："此非吴兵，必为东兵也，宜急避之。"就是说，这不是吴三桂的关宁兵，而是多尔衮的八旗兵！李自成虽从未同八旗兵交过锋，但久闻八旗兵的凶猛，于是惊诧道："此满洲兵也！"策马下冈走，自成兵夺气，奔溃。李自成既没有作预防清军的准备，也没有料到吴三桂可能降清，所以面对清、吴联军的进攻，慌了手脚。

---

① 彭孙贻：《流寇志》，第12卷，第188页，浙江人民出版社，1983年。

② 《清世祖章皇帝实录》，第4卷，第13页，顺治元年四月庚辰，中华书局影印本，1985年。

③ 《清史稿·吴三桂传》，第474卷，第12836页，中华书局标点本，1977年。

④ 彭孙贻：《流寇志》，第12卷，第188页，浙江人民出版社，1983年。

多尔衮军与吴三桂军的联合，把李自成军压向海边，"一食之顷，战场空虚，积尸相枕，弥满大野，骑贼之奔北者，追逐二十里，至城东海口，尽为斩杀之，投水溺死者，亦不知其几矣"①。

《庭闻录》记载："是日，战初合，满兵蓄锐不发，苦战至日昳，三桂军几不支，满兵乃分左右翼，鼓勇而前，以逸击劳，遂大克捷。"李自成军以分对合，刘宗敏"亦中流矢，负重伤而回"②。

朝鲜《沈馆录》作者亲历战阵，也作了记载：

> 两军酣战于城内③数里许庙堂前，飞丸乱射于城中……炮声如雷，矢集如雨。清兵三吹角，三呐喊，一时冲突贼阵。发矢数三巡后，剑光闪烁。是时，风势大作，一阵黄埃，自近而远，始知贼之败也。④

此役，清官书作了综合而概括的载述：

> 己卯（二十二日）。师至山海关，吴三桂率众出迎。王大喜，设仪仗，吹螺，同三桂向天行礼毕，三桂率所属各官谒王。王谓三桂曰：尔回，可令尔兵，各以白布系肩为号，不然同系汉人，以何为辨，恐致误杀。语毕，令之先行，遂入关。时贼首李自成，率马步兵二十余万，自北山横亘至海，列阵以待。是日，大风迅作，尘沙蔽天，咫尺莫辨。我军对贼布阵，不能横列及海。摄政和硕睿亲王集诸王、贝勒、贝子、公及诸大臣等，谓曰："尔等毋得越伍躁进，此兵不可轻击，须各努力，破此，则大业成矣！我兵可向海，对贼阵尾，鳞次布列。吴三桂兵分列右翼之末。"号令毕，诸军齐列。及进兵令，军士呼噪者再，风遂止，各对阵奋击，大败贼众，追杀至四十里。贼首尾不相顾，遁走燕京。获驼马、缎币无算，俱给赏随征将士。
>
> 是日，进吴三桂爵为平西王，赐玉带、蟒袍、貂裘、鞍马、玲珑撒袋、弓矢等物。令山海城内，军人各薙发，以马步兵一万隶平西王，随摄政睿亲王直趋燕京，追杀

---

①　《沈馆录》，第7卷，第13页，《辽海丛书》影印本，辽沈书社，1985年。

②　冯梦龙：《燕都日记》，莫釐山人增补，《甲申纪事》本。

③　此处的"城内"，似应作"城外"。

④　《沈馆录》，第7卷，第13页，《辽海丛书》影印本，辽沈书社，1985年。

流贼。又与诸将誓约,随谕众曰:此次出师,所以除暴救民,灭流寇以安天下也!今入关西征,勿杀无辜,勿掠财物,勿焚庐舍;不如约者罪之。仍晓谕官民,示以取残不杀,共享太平之意。谕下,凡百姓逃窜山谷者,莫不大悦,各还乡里,薙发迎降。①

大战刚结束两日即二十四日,多尔衮就山海关战役告捷,奏报说:"我大军直薄山海关,三桂开门迎降,我军遂从南水门、北水门、关中门入。望见贼渠领众,自北山横亘至海列阵。是日,大风扬尘,咫尺不见。我军对贼布阵,不能横列及海。臣随集诸王、贝勒、贝子、公、固山额真、护军统领等,谓:'尔等毋得越伍躁进,此兵不可轻击,须各努力,破此,则大业可成。我军可向海对贼阵尾,鳞次布列。三桂兵可分列右翼之末。'各号令毕。于是我军齐列。及二次呼噪进兵,风遂止。各对阵奋击,大败贼兵,追杀至四十里,阵获晋王朱审烜,获驼马、缎币无算。此皆仰藉上天眷佑,及皇上洪福所致。臣随统大军,与三桂直捣燕京矣。"②

山海关之战,对于清朝在关外同明军作战来说,是继萨尔浒之战、沈辽之战、广宁之战、大凌河之战、松锦之战后,又一次重大的胜利。因此,盛京闻报,八门击鼓,八旗官兵,热烈庆贺。

山海关之战,双方兵力,官私记载,都说李自成军人数多,而吴三桂军和多尔衮军人数少,多尔衮与吴三桂的取胜是"以少击多,以寡胜众"。但是,北京大学著名教授商鸿逵先生在《明清之际山海关战役的真相考察》论文中,引用、分析、考辨相关官私记载之后,认为:"山海关这一战役,不是以少胜多,相反,是以多胜少。"③

李自成见败局已定,率骑数千,急促撤退。

进军北京　当日,清摄政和硕睿亲王多尔衮,晋吴三桂爵为平西王,分马步兵一万隶属,并令吴三桂随军前进,追击李自成军。

二十三日,李自成退到永平,命将吴三桂的父亲吴襄斩首示众,然后带领大顺军残部向北京撤退。

---

① 《清世祖章皇帝实录》,第 4 卷,第 11~12 页,顺治元年四月己卯,中华书局影印本,1985 年。

② 《清世祖章皇帝实录》,第 4 卷,第 12 页,顺治元年四月辛巳,中华书局影印本,1985 年。

③ 商鸿逵:《明清之际山海关战役的真相考察》,原载《历史研究》,1978 年,第 3 期,收入商鸿逵著:《明清史论著合集》,北京大学出版社,1988 年。

二十六日，李自成回到北京，下令屠吴襄家。

这时，北京还有农民军四十万，李自成没有组织军队对抗吴清联军，而是急着操办即位典礼。

二十九日，李自成在北京紫禁城武英殿举行即皇帝位典礼。

三十日，李自成仓促弃京西走①。

实际上，在李自成此次征讨吴三桂时，流言蜚语，撒到长安门；匿名飞帖，贴到了皇城②。大顺军已经表现出士气不足，当时就有人私下里占卜算卦，问李闯王是否有可能成功，问出师会不会被吴三桂打败等。一时"讹言四起"、"人思窃逃"③。有的"马厮、炊丁亦人怀重宝，皆有归志"④。当李自成军临阵突然发现清军时，便惊慌失措，咸惊呼"虏至矣！虏至矣！拉然崩溃"⑤。

山海关大战，既是李自成、多尔衮、吴三桂三方军事与政治实力的较量，也是李自成、多尔衮、吴三桂三人智慧与谋略的较量。

——李自成的军队，既有豪气（攻占北京），又有骄气；既有勇气，又有惰气（因胜而懒惰）；既有锐气，又有怨气（人怀重略，各思西归）。李自成的指挥，关内与关外、四面围城、石河列阵，分散兵力，以分对合，这是他犯的一个致命错误。同时，对清军估计不足，没有想到多尔衮会率领军队到山海关，并且和吴三桂联合，共同对付他。更重要的是李自成行军迟缓，丧失了取胜的最佳时机。

——吴三桂当时可有三种选择：闭门死守，如宁远例，但崇祯帝已死，社稷无主；出城迎战，以弱对强，以寡击众，必然失败；联合清军，以合对分，可能胜利。

——多尔衮也有三种选择：孤军深入，攻打北京；两拳并出，双打李、吴；联吴击李，以合对分。显然，后者是上策。

最后，山海关大战就三方指挥来说，多尔衮和吴三桂对李自成，合者胜，分者败。这也是历史的经验。

---

①　《清世祖章皇帝实录》，第 4 卷，第 14 页，顺治元年四月丁亥，中华书局影印本，1985 年。

②　彭孙贻：《平寇志》，第 12 卷，第 187 页，浙江人民出版社，1983 年。

③　计六奇：《明季北略》，第 20 卷，第 487 页，中华书局，1984 年。

④　《甲申纪事》，《崇祯丛书》本。

⑤　谈迁：《国榷》，第 101 卷，第 6076 页，中华书局，1958 年。

（三）清迁都北京

清军进京　摄政睿亲王多尔衮率军取得山海关大战胜利后，接着进入山海关内，乘胜前进，"自山海以西，各城堡文武将吏，皆争先率表迎降"①。

二十五日，进抵抚宁。

二十六日，师次昌黎。

二十七日，到达滦州。

二十八日，军至开平②。

二十九日，进抵玉田。

三十日，清军到蓟州。

五月初一日，抵通州。"城中居民，开门迎入"。

五月初二日，到北京。明、清档案记载："京内官民，开门迎降。"③朝鲜官员目击者记载："都民处处屯聚，以迎军兵，或持名帖来呈者有之，或门外瓶花焚香以迎者亦有之矣。"④

清朝官书，作了记述：

> 己丑（初二日），师至燕京。故明文武官员，出迎五里外。摄政和硕睿亲王进朝阳门。老幼焚香跪迎，内监以故明卤簿、御辇，陈皇城外，跪迎路左，启王乘辇。……令将卤簿向宫门陈设。王仪仗前列，奏乐，拜天、地，三跪九叩头礼，复望阙行三跪九叩头礼。毕，乘辇入武英殿，升座。故明众官俱拜伏呼万岁。⑤

这种情形和李自成进北京后大不一样，原因很多。其中一个原因就是李自成在北

---

① 《清世祖章皇帝实录》，第 5 卷，第 4 页，顺治元年五月己亥，中华书局影印本，1985 年。

② 《沈馆录》作"闗（关）平"。《明史·地理志》载："滦州，南滨海，又南有开平中屯卫。"开平，今河北省唐山市开平区。是知《沈馆录》将"開平"（开平）误作"闗平"（关平）。

③ 《明清史料》，甲编，第 1 本，中央研究院历史语言研究所刊印，1930 年。

④ 《沈馆录》，第 7 卷，第 15 页，《辽海丛书》影印本，辽沈书社，1985 年。

⑤ 《清世祖章皇帝实录》，第 5 卷，第 10 页，顺治元年五月己丑，中华书局影印本，1985 年。

京四十几天，拷掠严重，民怨深重。查继佐《罪惟录》记载，拷掠之人数以千计，这数字可能夸大。点名大学士、六部尚书、侍郎等官员，包括太监，每人要交钱数，不然就拷打；交了说你没交彻底，还要打；一些人被活活打死。史书记载，仅举一例，即崇祯帝的岳父周奎：

> 嘉定伯周奎从子左都督镜，闻城陷，劝奎殉国，不听。镜遂聚其家百余口，勒之自缢、投井，皆尽，乃自刎。伪制将军李岩据奎第，奎献长公主，并银十万助军，希免祸。岩数其为国至鄙各不忠，夹足箍脑。奎复输银十万。岩笑曰："此贼悭，不与杀手，不吐也。"烧烙铁熨其肤，一熨承银一万，累四十熨，遍身焦烂，承四十万。先后追银六十万，珍玩币帛无算。夫人卜氏及子妇，皆拶指笞死。岩更令奎担水执爨以辱之，乃死。①

清大学士范文程曾上疏言："治天下在得民心。士为秀民，士心得，则民心得矣。"②范文程总结历史，特别是晚明历史的教训，谏言清廷的政策、行政要得民心，要得士心。清初皇太极、多尔衮等，吸纳了范文程这条宝贵建议。

多尔衮比李自成聪明的一点，就是采纳了范文程的八个字政策——"官仍其职，民复其业"。所谓"官仍其职"，就是所有做官的官复原职，吏部尚书做吏部尚书，户部尚书做户部尚书等，各衙门照常办公；所谓"民复其业"，就是士、农、工、商、百姓，该做什么还做什么。这样，就迅速地把北京城秩序，以及中原秩序基本稳定下来。

山海关大战的中心人物吴三桂，并没有随着多尔衮进入北京，而是奉命跟随阿济格，逐李自成至庆都，屡战皆胜。

顺治帝定鼎京师，授吴三桂平西王册印，赐银万两、马三匹。这时，南明福王朱由崧在南京称帝，也遣使封吴三桂为蓟国公，又遣沈廷扬自海道运米十万、银五万犒师，吴三桂不受。这表明吴三桂决心追随清朝。

吴三桂先后率部征战于西北和西南地区，为清朝江山社稷，为中原再造统一，征战大江南北，立下汗马功劳。而他本人也被封为王，镇守云南，成为藩王。他的儿子吴应

---

① 彭孙贻：《平寇志》，第 11 卷，174 页，浙江人民出版社，1983 年。
② 《清史稿·范文程传》，第 232 卷，第 9353 页，中华书局标点本，1977 年。

熊尚公主,为和硕额驸。康熙十二年(1673年),吴三桂又上演了一出"三藩之乱"的闹剧,经过八年,叛乱平息。此是后话。

清军入关,是富有戏剧性的历史一幕。

当农民军风起云涌之时,皇太极曾经积极联络农民军,试图与其共同对付明朝,但是没有得到李自成及其他农民军首领的回应。直到当年的正月二十七日,多尔衮还曾经派人给李自成送过一封信:"兹者致书,欲与诸公协谋同力,并取中原,倘混一区宇,富贵共之矣。不知尊意何如耳?惟速驰书使,倾怀以告,是诚至愿也。"[①]这封信辗转送到大顺军榆林守将王良智手上,此时李自成已经率领大队人马进军北京了。李自成得知皇太极信的内容后,他对清政权的建议采取了不予理睬的态度。

时局变化,天翻地转。多尔衮见到吴三桂的使者,并同吴三桂歃血为盟,又在吴三桂的引领下进入山海关。而在此之前,后金—清的八旗军先后七次入塞攻明掳掠,即使打到北京城下,却都从来没有进入过山海关城。

当李自成攻下北京之后,他只看到降而复叛的吴三桂,而对吴三桂身后的大清却视而不见,根本没有采取任何防范措施。

大顺军利用明、清对峙,顺利攻占京城,推翻明朝统治。清军则利用吴三桂与李自成的矛盾,顺利入关,夺取大顺果实。在这场三方角逐中,大明和大顺都是输家,大清却是赢家。

山海关大战,是一场决定中国命运的决战,它改变了当时中国政治力量的格局,影响中华历史的进程。清朝大军终于通过山海关,迁鼎北京,一统华夏。后来乾隆帝说:"定鼎燕都,一统之基,实始于石河一战。"[②]充分肯定了山海关之战对清朝江山社稷的重大意义。

大顺先覆灭大明,大清又覆灭大顺,最后政权落到了清朝的手里。有人问:这是必然的,还是偶然的?我认为是:偶然中有必然,必然中有偶然。说"必然",就是明朝气数已尽,这是历史必然;但也有偶然,吴三桂若投降了李自成,李与吴联军,山海关一战,则是另外一种局面。结果,吴三桂与多尔衮联合,共同对付李自成,战争又是一种局面。所以,历史发展有其偶然性,也有其必然性,它就是在偶然与必然之间,反复交

---

① 《明清史料》,丙编,第1本,中央研究院历史语言研究所刊印,1936年。
② 乾隆《临榆县志·原序》,卷首,乾隆二十一年(1756年)刻本。

错，曲折演进。

此后，摄政和硕睿亲王多尔衮与摄政和硕郑亲王济尔哈朗，辅佐顺治皇帝，迁都北京，入主中原，几经波折，统一华夏。从此，开启了二百六十八年的清朝历史。

清军进入北京，面临迁都问题。

迁都之争　清顺治元年即崇祯十七年（1644年）五月，睿亲王多尔衮率清军占领北京。定都问题就成为清朝的一件大事。多尔衮建议迁都北京，但他的胞兄英亲王阿济格表示反对：

> 初得辽东，不行杀戮，故清人多为辽民所杀。今宜乘此兵威，大肆屠戮，留置诸王，以镇燕都。而大兵则或还守沈阳，或退保海山，可无后患。[1]

多尔衮以清太宗皇太极遗言回答其胞兄阿济格曰：

> 先皇帝尝言，若得北京，当即徙都，以图进取。况今人心未定，不可弃而东还。

多尔衮力主迁都北京，诸王、贝勒、大臣、官员等亦皆赞同。于是，奏请顺治帝迁都北京，言：

> 燕京势踞形胜，乃自古兴王之地，有明建都之所。今既蒙天畀，皇上迁都于此，以定天下，则宅中图治，宇内朝宗，无不通达。可以慰天下仰望之，可以锡四方和恒之福。[2]

在这个奏文里，多尔衮阐述了九个意思：

第一，"燕京势踞形胜"，就是说燕京"右拥太行，左注沧海，抚中原，正南面，枕居庸，莫朔方"[3]，地理优越，势踞形胜。

---

[1]　《李朝仁祖大王实录》，第45卷，第45页，二十二年八月戊寅，日本学习院东洋文化研究所刊，1959年。

[2]　《清世祖章皇帝实录》，第5卷，第10～11页，顺治元年六月丁卯，中华书局影印本，1985年。

[3]　陶宗仪：《南村辍耕录》，第21卷，第250页，中华书局校点本，1959年。

第二,"乃自古兴王之地",就是历朝在这里建都,如辽、金、元等。

第三,"有明建都之所",就是明朝在这里建都,有宫殿楼阙。

第四,"今既蒙天畀",就是上天把燕京——北京赐给了大清,应该接纳。

第五,"迁都于此,以定天下",就是迁都在北京,可以安定天下。

第六,"宅中图治",就是北京居天下之中。这个"中"很重要,国都要居中,特别在古代,交通不发达,更要居中,在南北而言,从黑龙江北外兴安岭,到南海曾母暗沙,北京居中。这样一来,便于"宇内朝宗"。

第七,"无不通达",就是北京四面八方,皆为通达。

第八,"可以慰天下仰望之心",就是天下人都希望把都城设在北京,阿济格等少数人的意见,要服从天下人的意见。

第九,"可以锡四方和恒之福",就是这样一来,四面八方和平、安定的福祉局面,就可以得到保障。

多尔衮的意见得到大部分八旗诸王、贝勒、大臣、官员的赞成,正式奏报顺治帝。年方七岁的顺治帝,自然采纳多尔衮迁都的奏请。顺治帝为平定中原、迁都北京而告祭曰:

> 燕地为历代帝王都会,诸王朝臣,请都其地,臣顺众志,迁都于燕,以抚天畀之民,以建亿万年不拔之业。①

同年十月初一日,顺治帝应在皇极殿(今太和殿)举行登极大典,但皇极殿(今太和殿)被李自成焚毁。何以见得?

朝鲜李朝国王与大臣有一段对话:

> 上曰:宫室之烧烬几何?
>
> 对曰:皇极、文渊两殿,并皆灰烬,唯武英一殿,岿然独存,故九王方在武英列立军卒,作为军门矣。
>
> 上曰:万寿山其高几许?而离宫别馆亦无余存耶?

---

① 《清世祖章皇帝实录》,第6卷,第3页,顺治元年七月癸巳,中华书局影印本,1985年。

　　　对曰:山在后苑,而不甚高大,山前别馆五六处幸免延烧,如公廨则尚多余存者矣。①

　　此外,诸多文献记载李自成撤离北京时,放火烧毁紫禁宫殿。如朝鲜《沈馆录》记载目睹者言:"皇城宫阙、宫廨烧毁。"又载:"九王(多尔衮)乘辇舆以入,阙内灰烬之中,只有武英殿存焉。"②"太子宫、文渊阁尽为烧毁,唯有前星门存焉"③。明北京皇宫的文渊阁,在午门内、文华殿南,储藏典籍,《有学集》说文渊阁"消沉于闯贼之一炬"④。而与武英殿相对的文华殿,"李闯乱后,殿被焚"⑤。其旁证之一是,顺治初科臣杨黄上疏言:"今应于文华殿旧基,从新建殿。"得旨:"文华殿著工部于次年遇暇修建。"⑥重建文华殿依武英殿样式建造,因清初财力不足,直到康熙二十五年(1686 年)二月二十五日才告成⑦。多尔衮初进明皇宫,也见到宫殿被焚。如《清世祖实录》记载:"三十日,自成焚毁宫阙遁走。"⑧至于被焚毁宫殿的具体详情,文献不足,档案亦阙,尚需研究。

　　清廷利用故明宫殿,迁都北京,举行大典。

　　定鼎北京　顺治元年(1644 年)十月初一日,清顺治帝以"定鼎燕京,亲诣南郊,告祭天地,即皇帝位"⑨。顺治帝迁都北京的登极大典,在皇极门(今太和门)举行。《清世祖实录》记载:设御座于皇极门阶上,陈诸王表文于阶东,诸王及文武各官以次列阶下。顺治帝升辇出宫,众官跪迎。顺治帝升御座,始起。鸣鞭,行三跪九叩头礼,鸣赞,读表文,行三跪九叩头礼毕,三鸣鞭。顺治帝乘辇还宫。众官皆跪,驾过乃退⑩。

　　在这里"定鼎燕京,亲诣南郊,告祭天地,即皇帝位"十六个字,有两重意义:人界的

---

① 《李朝仁祖大王实录》,第 45 卷,第 44 页,二十二年八月戊寅,日本学习院东洋文化研究所刊,1959 年。

② 《沈馆录》,第 7 卷,第 15 页,《辽海丛书》影印本,辽沈书社,1985 年。

③ 《沈馆录》,第 7 卷,第 16 页,《辽海丛书》影印本,辽沈书社,1985 年。

④ 章乃炜等编:《清宫述闻》(初续编合编本),上册,第 220 页,紫禁城出版社,2009 年。

⑤ 章乃炜等编:《清宫述闻》(初续编合编本),上册,第 208 页,紫禁城出版社,2009 年。

⑥ 《清世祖章皇帝实录》,第 64 卷,第 12 页,顺治九年四月乙丑,中华书局影印本,1985 年。

⑦ 《清圣祖仁皇帝实录》,第 124 卷,第 20 页,康熙二十五年二月己酉,中华书局影印本,1985 年。

⑧ 《清世祖章皇帝实录》,第 5 卷,第 4 页,顺治元年五月己亥,中华书局影印本,1985 年。

⑨ 《清世祖章皇帝实录》,第 9 卷,第 1 页,顺治元年十月乙卯朔,中华书局影印本,1985 年。

⑩ 《清世祖章皇帝实录》,第 9 卷,第 4 页,顺治元年十月乙卯朔,中华书局影印本,1985 年。

事是"定鼎燕京,即皇帝位";神界的事是"亲诣南郊,告祭天地"。自然,其核心意旨是"定鼎燕京,即皇帝位"。"定鼎燕京"是事实,为什么还要"即皇帝位"呢? 崇德帝死后,顺治帝已经在盛京举行过即皇帝位大典,为何还要再次举行"即皇帝位"大典呢? 因为要向天地宗社告祭:顺治皇帝已经不仅是关外一隅的皇帝,而且是中原臣民的皇帝,是中华天下的共主,是中国继明之后的正统皇帝。因此,"定鼎燕京,亲诣南郊,告祭天地,即皇帝位"标志着清朝开国历史的终结,大清皇朝历史的开启。所以,本书《清朝开国史》的时间断限,起明万历十一年(1583年),迄顺治元年即崇祯十七年(1644年)。

　　清朝迁都北京是一项历史性的重大决策。中国从秦始皇称皇帝,到清宣统末结束帝制,凡二千一百二十三年。其间皇权政治中心,前一千年主要在西安,后一千年主要在北京。都城变迁呈"十"字形摆动——前一千年,都城变化东西摆动,后一千年则南北摆动。但是,中国大一统王朝的新政权,却要抛弃旧王朝都城与宫殿:周武王灭纣未都朝歌而仍回镐京,秦始皇帝统一六国后仍都咸阳,西汉定都长安,东汉奠都洛阳,隋朝都大兴,唐朝都长安,北宋都汴梁(今开封),蒙古成吉思汗焚毁金中都使"可怜一片繁华地,空见春风长绿蒿",元朝先在上都、后迁大都,明洪武定都金陵(今南京)、永乐迁都北平(今北京)。纵观中国历史上大一统王朝——商、周、秦、汉、隋、唐、宋、元、明,清朝之前,所有大一统王朝兴国之君,宸居前朝宫殿,史册盖无一例[1]。然而,清摄政睿亲王多尔衮却一反历代大一统王朝对前朝宫殿焚、毁、拆、弃的做法,对故明北京紫禁城宫殿,下令加以保护、修缮和利用。经过清代兴建、修葺的皇家宫殿园林等,保存至今的故宫、天坛、先农坛、颐和园、太庙、社稷坛、避暑山庄暨外八庙、沈阳故宫、明十三陵、清五陵(永陵、福陵、昭陵、清东陵、清西陵)等,如今都被列为世界文化遗产。还有台北故宫博物院、南京故宫博物院等保存的文物。因此,清朝迁都北京既对文物保护起着重大的作用,也对满、汉文化融合起着积极的作用。

　　清朝迁都北京,北京成为中华统一多民族国家的政治和文化中心。而北京大体位置居中,这有利于中华的国家统一、民族协和,特别是对北部、西北、东北版图的确定和巩固起了重大的作用。

　　从明万历十一年(1583年)清太祖努尔哈赤起兵,到清顺治元年(1644年)定鼎北京,其间整整六十年。这六十年的特点是:天崩地坼、皇朝兴替、战争频仍、社会动荡。

----

① 阎崇年:《满学论集》,第200页,民族出版社,1999年。

由于长时间的社会震荡,中原地区,荒野千里,村无狗吠,家无鸡鸣,中国各族人民渴求和平与安定。

清顺治元年(1644 年),顺治帝迁都北京,以明朝都城作为清朝都城,以明朝宫殿作为清朝宫殿。作为新王朝的统治者,他们的国策应当是:和平与安定。

清军入关前,北京的明朝皇宫,特别是皇极殿、中极殿、建极殿遭到破坏。清顺治帝入主紫禁城后,先后对故明三大殿进行修缮。顺治二年(1645 年),将修建后的皇极殿、中极殿、建极殿,依次改名为太和殿、中和殿、保和殿,突出一个"和"字。北京明、清皇宫三大殿的名称,先后有三次变更:永乐皇帝建三大殿之初,命名为奉天殿、华盖殿、谨身殿,特别是奉天殿,突出"天",就是突出神权。嘉靖重建三大殿后,改名为皇极殿、中极殿、建极殿,突出"极",就是突出皇权。而顺治重修三大殿后,再改名为太和殿、中和殿、保和殿,突出"和",就是突出国家与民族的和谐。这是殿,还有门。

明代皇城的城门,正门为承天门,后门为地载门。顺治八年(1651 年),承天门重修竣工,改名为"天安门",突出一个"安"字。第二年,皇城北门重修竣工,改名为"地安门",也突出一个"安"字。再加上皇城的东安门、西安门、长安左门、长安右门。这样,皇城的城门都突出"安"字。

清代北京皇城城门的名称突出"安",皇宫三大殿突出"和",从一个侧面反映出清朝的执政者力求国家安定,民族和谐①。

顺治帝迁都北京,在有清一代,各民族文化既有冲突,也有融合。中华文化在民族文化交汇过程中融合、丰富、发展和繁荣。

第一,宫殿满洲特色。清初对故明宫殿,既加以利用,又适度改造。如坤宁宫,仿照沈阳清宁宫,宫前设索罗杆子,就是满洲祭神、祭天的杆子。现在这个杆子没有了,沈阳清宁宫前面还有,这是满洲文化一个重要的标志和象征。索罗杆子上有个锡斗,搁上米、骨头等,来祭祀乌鸦。满洲崇拜乌鸦,说乌鸦是神鸟,还传说乌鸦当年救了努尔哈赤,实际上乌鸦是满洲祭祀的一个图腾。这个习俗一直延续到清朝末年。还将坤宁宫的正门东移,宫内建起围炕(俗称卍字炕),砌起萨满祭祀煮肉的大锅、大案,为祭祀杀牲之用。皇宫内设箭亭、文渊阁前碑亭为盝顶。这都是满洲森林文化在宫廷建筑上的表现。清建的皇宫雨华阁,则体现满、藏、蒙、汉文化的特色。

---

① 阎崇年:《大故宫》(1),第 34～36 页,长江文艺出版社,2012 年。

　　明朝人建的皇宫,体现中原汉族农耕文化的需要。少数民族到北京建立政权,也要将其文化带到北京,带到皇宫。譬如,元大都,宫殿是品字形的,东面大内位置大体相当于现在故宫,西面隆福宫和兴盛宫在现在的北海公园前后,元大都城的中心是太液池,就是现在的南海、中海、北海。所以,我说元大都北京的建筑是以太液为主,宫殿为客。到明朝作了重大改变,主是紫禁城,西苑、中南海、北海是帝后游玩和休憩的地方。其变化的文化原因,因为蒙古是草原文化,以水为主,所以元大都城规划布局,太液为主,宫殿为客。汉族是农耕文化,北京城规划布局,宫殿为主,太液为客。清初满洲有一个苏麻喇姑,蒙古科尔沁人,是庄妃(孝庄太后)的陪嫁女,后她照顾过康熙皇帝。苏麻喇姑有一个习俗,每年腊月三十的洗脚水不倒掉,澄清之后,撇出一碗,喝了下去,说是可以消灾。从文化学、民俗学来看,这个习俗体现的是蒙古对水的重视,因为牛、羊要吃草,草要靠水,水是草原文化的生命。元大都还“移沙漠莎草于丹墀”,阑干也护以青草。这表明蒙古大汗要在紫禁城黄瓦、红墙、青砖、白石之中,抹上草原文化的绿彩。忽必烈兴苑囿太宁宫(今北海公园),其万寿山(万岁山)不仅有绿树、绿水、绿草,而且殿顶覆绿瓦,山石换绿石——“君主并命人以琉璃矿石满盖此山,其色甚碧”[1],从而形成山绿、水绿、树绿、草绿、殿绿、石绿,成为一片绿色世界。这是蒙古草原绿色文化在大都宫殿苑林的鲜丽展现。

　　第二,旗民分城居住。八旗官兵及其眷属到北京后,安排住在内城,汉人等住在外城。内城:两黄旗居北,两白旗居东,两红旗居西,两蓝旗居南。在八旗驻防地如成都、杭州、广州、福州、荆州、绥远、西安、青州等,也都有满城。其实,早在辽阳,就满、汉分城居住:“移辽阳官民于北城,其南城则帝与诸王臣军民居之。”[2]建辽阳新城后,旧城居汉民,新城则居旗人。这是清朝满、汉分城居住之始。更早则契丹人得辽阳,居住内城,汉人则居住外城,“外城谓之汉城”[3]。这是少数民族居于统治民族时,其族人住居在以汉人为主体居民城市中的一种文化隔离政策。但两种文化间的交融,是任何城墙都阻隔不了的。

　　第三,兴建皇家园林。满族的先人女真人的文化为森林文化。顺治帝迁都北京后,满洲贵族为了避暑与狩猎,在北京及其附近地区大建皇家园林。如北京的“三山五

---

①　冯承钧译:《马可波罗行记》,第 325 页,商务印书馆,1936 年。

②　《辽史·地理志二》,第 38 卷,第 456 页,中华书局校点本,1974 年。

③　《清太祖武皇帝实录》,第 3 卷,第 40～41 页,台北故宫博物院藏,广文书局影印本,1970 年。

园"——万寿山的颐和园（清漪园）、香山的静宜园、玉泉山的静明园和畅春园、圆明园，以及热河的避暑山庄暨外八庙、木兰围场等。清代北京皇家园林，兼取南北、中外园林之长，将中国古典园林艺术推向新的高峰。其中颐和园、避暑山庄暨外八庙等园林坛庙，被列为世界文化遗产。

有人说，康熙、雍正、乾隆等皇帝，用人民的血汗修了皇家园林，是历史的罪人。这也有道理；但是从另外的视角看，清朝皇家园林是科学技术人员和人民共同劳动的结晶，我们应该珍视的不是康熙帝、雍正帝、乾隆帝他们个人的事情，是珍视我们国家亿万劳动人民辛勤血汗和聪明智慧的结晶。天坛原来不是蓝瓦，乾隆时候改成蓝瓦，蓝是天的象征，更有气势，也更壮丽，并更具有对上天敬畏的含义。

第四，中华文化融合。应当承认，清军进入北京之后，汉族文化和满族文化有冲突，甚至于有激烈的冲突。据史料记载，有人把孔庙打个洞，来回出入；天安门门前摆放大炮，炮筒上晾晒衣服。科举考试时秩序也不好，有人把砚台、毛笔给抢跑了。但是，总的历史趋势是满、汉各族文化之间的融合。比如，满族的子弟书、岔曲、太平鼓等，成为中华传统文化的一部分。

清朝崇儒重教，满洲人、蒙古人等参加科举考试，满洲麻勒吉、蒙古崇绮成为殿试的状元。皇宫殿额、门额满、汉文合璧书写。《清实录》用满、汉、蒙三种文字缮写。雍和宫的满、汉、蒙、藏四体文碑，还有用满、汉、蒙、藏、维五种文字编修的《五体清文鉴》，以及用满、汉文编修的《清本纪》、《满洲实录》、《玉牒》、《八旗通志》、《皇舆全览图》、《满洲源流考》、《八旗满洲氏族通谱》、《钦定满洲祭神祭天典礼》等，用蒙、满、汉三种文体合缮的《蒙古王公表传》，敕编的《回部王公表传》，都是农耕文化、草原文化、森林文化在北京交汇的明显例证。虽然各自经历痛苦磨难、付出巨大代价，但塞外森林文化在北京给中原农耕文化输入了新血液，中原农耕文化又在北京给塞外草原文化、森林文化补充了新营养。

乾隆帝的时候，他做了一些错事，比如修《四库全书》时毁了一些书。但《四库全书》的历史功绩是很大的。当时把《四库全书》抄成七部，好多书在民间早就找不到了，我们今天从《四库全书》可以查出来。清朝修书之认真那是不得了。我查过一份清朝的档案，叫《无圈点档》，又称《旧满洲档》、《老满文原档》①，是无圈点老满文档案，乾隆

---

① 原档仅一份，现珍藏于台北故宫博物院图书文献处。

帝为长久保存,命人将其整理裱糊,重新再抄一部,以免散失,非常严格。每天早上,从满本堂把它调出来,都有借书条;每天抄几页有定额,领几页纸也有定额,抄错了要把抄废的纸交回来,换一张新纸;每天抄错几张也有定额,多了要罚俸;晚上要把书退还回库,第二天再出库借抄。每晚都有检查,每抄完一卷后,送乾隆帝亲阅,直至把这个书修成,最后审阅人签名。每一件事情都有严格的档案记载,其工作之严肃,程序之完整,态度之敬畏,令人赞叹,令人敬佩!

清乾隆帝纂修《四库全书》,既要看到其在中华文明史上的贡献,也要看到其影响中国历史的进程。"这时,法国正在编修《百科全书》。狄德罗、伏尔泰、卢梭等一批进步思想家,人称'百科全书派'。他们传播启蒙思想,反对封建专制,批评经院哲学,形成社会进步动力,为法国大革命做了思想、舆情与理论的准备。而'四库全书派'集中当时知识精英,埋首故纸堆,抄写古文献,扼杀了他们的聪明和智慧,磨灭了他们的批判与创新精神。结果,中国与西方各自走上不同道路,这很值得人们深思"①。

清朝入关之后,定都北京,完成了满、汉文化的融合、对西方文化的吸收,这样,北京才成为全国的政治和文化中心。这不仅影响到清代,也不仅影响到民国,而且影响到当今,也将影响到后世。

总之,北京处于中原农耕文化、西北草原文化、东北森林文化和东面海洋文化的交汇点。在元代,实现了农耕文化与草原文化的融合;在明代,实现了农耕文化、草原文化、高原文化和海洋文化的融合;在清代,则实现了中原农耕文化、西北草原文化、东北森林文化、西部高原文化和东部海洋文化的大融合。可以说,在从秦始皇帝到宣统帝共二千一百三十二年的帝制时期,清朝盛时实现中华一千四百万平方公里国土,农耕、草原、森林、高原、海洋五种文化的空前大融合,也实现了中华多民族文化的大统一,而北京则成为中华民族的政治中心和文化中心,也成为国际文化交往的重要中心。

---

① 阎崇年:《大故宫》(1),第162页,长江文艺出版社,2012年。

十五　明亡清兴之鉴 *

　　明朝自洪武元年(1368年)，到崇祯十七年(1644年)，历十六帝，二百七十六年。明朝为什么灭亡？

　　清朝从万历十一年(1583年)努尔哈赤起兵，到顺治元年(1644年)清军入关、定都北京，中间六十年。清朝为什么兴起？

　　明亡清兴的历史，有些什么基本的经验与教训，值得后人思考和借鉴？

　　清初一些学者探讨了明朝灭亡的原因。如黄宗羲在《明夷待访录》一书中说："为天下之大害者，君而已矣！"①明朝君主集权固然是其灭亡的重要原因，但明太祖朱元璋、明成祖朱棣时，也是君主高度集权啊！

　　当代有学者从明朝制度缺失分析其灭亡的原因。如美国学者司徒琳教授认为："由于缺乏宰相制，君主的无能和派系的争执这两大古老的难题，在明代越发难解了。"②就是说，"洪武十三年罢丞相不设"③，大学士的品级很低，正五品，侍左右，备顾问。然而，崇祯时大学士官品提升，同样不能挽救明朝灭亡的命运。所以，这也没有触及问题的本质。

　　还有学者从明朝吏治腐败去探究其覆亡的原因。然而，吏治腐败，各代都有。

　　看来，明朝灭亡原因，尚需进行研究。

　　明朝覆亡，原因复杂。从历史序列来说，有长、中、短三个层面——长者，要从朱元璋说起，明太祖朱元璋制定的制度、政策仿佛是一把双刃剑，它一面巩固了明朝社会的秩序，另一面埋下了后世没落的根因；中者，要从万历说起，万历帝的怠政、泰昌帝的短

---

　　*　本文原载《明亡清兴六十年》(下册，中华书局，2007年)，只略作文字修改和体例划一。

　　①　黄宗羲：《明夷待访录·原君》，第2页，中华书局，1981年。

　　②　司徒琳：《南明史·引言》，上海古籍出版社，1992年。

　　③　《明史·职官志一》，第72卷，第1729页，中华书局校点本，1974年。其事又见《明太祖实录》，第129卷，第3~4页，洪武十三年正月己亥，台北中央研究院历史语言研究所校勘本，1962年。

命、天启帝的阉乱，加速了明朝的灭亡；短者，要从崇祯说起，崇祯帝本想做"中兴"之主，却成了"亡国"之君。

作为历史明鉴来说，可以从政治、经济、文化、军事、民族、外交、吏治和制度等多方面、多角度、多层次分析，每个问题都可以撰写专题论文，合起来可以成为一部百万字的大书。但是，要把复杂问题简明化，找出其中最基本的历史教训是什么。

我从一个角度、一个侧面、一个切入点，来作分析：明朝覆亡的原因，将其简括为一个"分"字，具体说来，就是民族分、官民分、君臣分；清朝兴起的原因，我则简括为一个"合"字，具体说来，就是民族合、官民合、君臣合。

（一）民族分

明朝灭亡一个直接、也是基本的原因，就是"民族分"。明太祖朱元璋推翻蒙古孛儿只斤氏（博尔济吉特氏）贵族的统治，建立明朝。明朝初以"驱逐胡虏"①起家，最终却被"虏"取代。所以，首先值得检讨的是，明朝的民族关系出了问题，特别是北方的民族关系出了问题。

明朝北方的民族问题，前期主要是蒙古，后期主要是满洲。

先说满洲。明朝对女真—满洲的政策是"分"，就是使女真诸部——"各有雄长，不使归一"②。具体说来，就是："分其枝，离其势，互令争长仇杀，以贻中国之安。"③明朝对女真各部，支持一部，打击另一部，拉此打彼，疏彼亲此，互不统属，分而治之。

满洲先人女真，原来是明朝民族大家庭中的一个成员。努尔哈赤先人是明朝建州卫的朝廷命官，努尔哈赤也是朝廷命官，曾经受到明朝的信任。他曾先后八次骑着马到北京，每次往返跋涉四千里，向万历皇帝朝贡。他说自己是为大明"忠顺看边"，就是为明朝看守边疆。然而，努尔哈赤怎么会变成明朝的敌人呢？又怎么会成为明朝帝国大厦的纵火者呢？直接原因是明朝对女真政策出了问题。万历皇帝、李成梁总兵在古勒寨之战中，误杀了两个人，这两个人就是努尔哈赤的祖父觉昌安和父亲塔克世。结

---

① 《明太祖实录》，第 26 卷，第 10 页，吴元年十月丙寅，台北中央研究院历史语言研究所校勘本，1962 年。

② 《明经世文编·杨宗伯奏疏》，第 453 卷，第 4977 页，中华书局影印本，1962 年。

③ 《神庙留中奏疏汇要》，第 1 卷，中国国家图书馆善本部藏。

果呢？努尔哈赤以此为借口，以"十三副遗甲"起兵，随后发布"七大恨"告天誓师，攻打抚顺，挑战明朝，从而引发了一系列的历史事变和严重后果。

明朝民族政策的一个特点是"分"字，结果真的就把北方有的民族给分出去了。满洲的先人女真人分出去了，谚语云："女真满万，天下无敌！"后来，女真—满洲不仅满万，而且组成八旗满洲，这是一股很强大的力量。

明朝要是只分满洲，不分蒙古，和蒙古联合起来共同对抗努尔哈赤，那么满洲的难题也可能有解决的方法；但明朝又把蒙古分了，蒙古又变成了自己的敌人。

次说蒙古。明太祖朱元璋推翻元朝，但他没有消灭蒙古贵族的军事力量。为防止北元蒙古贵族复辟，明朝采取的措施：一是修长城，二是设九边，三是"天子守国门"，四是大军北征——洪武年间，五次北征；永乐年间，六次北征。永乐皇帝甚至死在北征蒙古的榆木川地方。到明朝中期，蒙古瓦剌部首领也先入塞，正统十四年(1449年)，在土木堡之役俘虏了明英宗皇帝。嘉靖年间，蒙古俺达，兵薄京师，为此北京修建了外城。《明史·鞑靼传》说："正统后，边备废弛，声灵不振。诸部长多以雄杰之姿，迭出与中夏抗。边境之祸，遂与明终始云。"后来明廷对蒙古实行"抚赏"政策。明以"西靖而东自宁，虎(林丹汗)不款而东西并急，因定岁予插(察哈尔林丹汗)金八万一千两，以示羁縻"①。但是，林丹汗"恃抚金为命，两年不得，资用已竭，食尽马乏，暴骨成莽"②。漠南蒙古闹灾，袁崇焕主张以粮食换马匹，明廷却不准"市米"，后"市米资盗"甚至成为袁崇焕被处死的一大罪状。可见，明廷对蒙古始终是戒备的、敌视的，"抚赏"交结等等实在是不得已而为之。结果，正如《明史·鞑靼传》纂者所断言："明未亡，而插(林丹汗)先毙，诸部皆折入于清。国计愈困，边事愈棘，朝议愈纷，明亦遂不可为矣！"③

清则与明相反，皇太极对受灾蒙古进行救济。又采取联姻、编旗、重教、册封、赏赐、朝觐等一系列措施，最后同蒙古结盟，共同对付明朝。

在对待蒙古与满洲的关系上，明朝先是以"东夷制北虏"，后又以"北虏制东夷"。结果则是"东夷"与"北虏"联合，出现满、蒙联盟的局面。

我们再回顾一下满洲的历史。清朝兴起与强盛的一个重要原因就是"合"。首先

---

① 《明史·鞑靼传》，第 327 卷，第 8493 页，中华书局校点本，1974 年。

② 《明史·鞑靼传》，第 327 卷，第 8493 页，中华书局校点本，1974 年。

③ 《明史·鞑靼传》，第 327 卷，第 8494 页，中华书局校点本，1974 年。

是建州女真合，接着是海西女真合，再就是东海女真合、黑龙江女真合，统合成满洲。而且，满洲同蒙古联盟，同汉军联盟，同东北地域的达斡尔、锡伯、鄂温克、赫哲等少数民族合，组成八旗满洲、八旗蒙古、八旗汉军。这样，八旗满洲、八旗蒙古、八旗汉军三只拳头合起来打明朝；再加上关内的农民起义烽火，显然，明朝就对付不过了。而中原农民起义烽火，则是明朝官民分的一个毒果。

（二）官民分

明朝灭亡的直接原因是明末农民起义。崇祯十七年（1644 年）三月，李自成率领大顺军攻入北京，崇祯自缢，明朝灭亡。崇祯帝既受到中原农民军的打击，又受到关外八旗军的打击。可以说，明朝是在八旗军和农民军双重打击下灭亡的。中原的民变，重要原因在于官民的矛盾，而严重自然灾害加深与激化了官民的矛盾。举几个例子。

花钱买官。吏部尚书周应秋，公然地按官职大小，秤官索价，卖官鬻爵。他"每日勒足万金，都门有'周日万'之号"①。官员花钱买官，做了官之后，就搜刮百姓。吏、兵二部，弊窦最多："未用一官，先行贿赂，文武俱是一般。近闻选官，动借京债若干，一到任所，便要还债。这债出在何人身上，定是剥民了。这样怎的有好官，肯爱百姓？"②这话出自崇祯皇帝之口，可见问题之普遍和严重。

两极分化。贵族腐化，官吏贪婪。"然天潢日繁，而民赋有限"③。一代财税，始之所得，终之所失，循环不已。西安秦藩，富甲天下，其姬妾数百，拥赀数百万④。官员贪，百姓呢？老百姓的土地被占了——福王分府，下诏赐庄田四百万亩，中州腴土不足，取山东、湖广田益之⑤；有的地方田地："王府有者什七，军屯什二，民间仅什一而已。"⑥这正如有书所云："惟余芳草王孙路，不入朱门帝子家。"于是出现这样一幅图

---

① 文秉：《先拨志始》，卷下，第 193 页，上海书店印行，1982 年。
② 孙承泽：《春明梦馀录》，第 48 卷，第 56 页，江苏广陵古籍刊印社影印本，1990 年。
③ 《明史·食货志六》，第 82 卷，第 2001 页，中华书局校点本，1974 年。
④ 彭孙贻：《流寇志》，第 8 卷，第 127 页，浙江人民出版社，1983 年。
⑤ 《明史·诸王列传五》），第 120 卷，第 3651 页，中华书局校点本，1974 年。
⑥ 《明神宗实录》，第 421 卷，第 7 页，万历三十四年五月丁酉，台北中央研究院历史语言研究所校勘本，1962 年。

画："富者动连阡陌，贫者地鲜立锥。饥寒切身，乱之生也。"①由是，贫富两极分化，社会矛盾尖锐。

灾荒严重。"亢旱四载，颗粒无收，饥馑荐臻，胁从弥众"②。社会危机，至为严重。饥民吃泥土、吃雁粪，甚至易子而食，析骨而爨。鬻人肉于市，腌人肉于家，人刚死而被割，儿刚死而被食。据纪晓岚记载：

> 盖前明崇祯末，河南、山东大旱蝗，草根、木皮皆尽，乃以人为粮，官吏弗能禁。妇女幼孩，反接鬻于市，谓之菜人，屠者买去，如刲羊豕。周氏之祖，自东昌商贩归，至肆午餐。屠者曰："肉尽，请少待。"俄见曳二女子入厨下，呼曰："客待久，可先取一蹄来。"急出止之，闻长号一声，则一女已生断右臂，宛转地上；一女战栗无人色。见周，并哀呼，一求速死，一求救。周恻然心动，并出资赎之。一无生理，急刺其心死；一携归，因无子，纳为妾。竟生一男，右臂有红丝，自腋下绕肩胛，宛然断臂女也。③

官逼民反。民不聊生，官逼钱粮；财政紧缺，加紧搜刮。明大学士、首辅刘宇亮自请往前线督察，抵抗李自成为首的农民军。他率军队过安平，得报清军将到，吓得面无人色，急往晋州躲避。知州陈宏绪闭门不纳，士民也歃血宣誓不让刘宇亮军进城。刘宇亮大怒，传令开城门，否则军法从事。陈宏绪也传话给刘宇亮说："督师之来，以御敌也！今敌且至，奈何避之？刍粮不继，责有司；欲入城，不敢闻命！"知州陈宏绪将避敌逃生的大学士、首辅刘宇亮拒之城外。刘宇亮恼羞成怒，上疏弹劾陈宏绪。百姓同情陈宏绪："州民诣阙讼冤，愿以身代者千计。"④李清路过山东恩县，亲见官吏"催比钱粮，血流盈阶，可叹"⑤。到崇祯帝即位之年（1627年），"秦中大饥，赤地千里"⑥。饥民被迫鸠众墨面，闯入澄城，杀死知县张斗耀，揭开明末农民大起义的帷幕。有官必有

---

① 《明清史料》，甲编，第10本，中央研究院历史语言研究所刊印，1931年。
② 杨嗣昌：《杨文弱先生集》，第10卷，中国科学院图书馆藏。
③ 纪昀：《阅微草堂笔记》，第2卷，第28页，上海古籍出版社，1980年。
④ 《明史·刘宇亮传》，第253卷，第6537页，中华书局校点本，1974年。
⑤ 李清：《三垣笔记》，上卷，第8页，中华书局校点本，1982年。
⑥ 《鹿樵纪闻》，卷下，光绪钞本，中国国家图书馆藏。

民,有民必有官。官与民,既有利益矛盾,又有利益相同。但是,官民矛盾,主要在官。

《孟子》说:"仰足以事父母,俯足以畜妻子。"①反之,上不能养父母、中不能养自己、下不能养妻子,这样的社会必然动荡不安。

官民分最突出的表现是,百姓被逼,铤而走险。老百姓实在活不下去了,就出现"官逼民反"现象。崇祯皇帝在大灾之年,没有采取有效措施缓解官民矛盾,而是加以激化。

民族矛盾加深官民矛盾,官民矛盾又加深民族矛盾。它们的背后,则是君臣的矛盾。

(三)君臣分

甲申之变,明朝灭亡,农民起义与满洲兴起是其外在的两个因素,执政集团内部的君臣分,则是其内在的因素。

明朝宦官专权,朋党庙堂相争,皇朝末期,愈演愈烈,即便是在国家危难之际,朝廷上依然不停地争吵,致使徒然丧失了许多大好机会。

虽然崇祯帝一上台就惩治以魏忠贤为首的阉党,但仅作为个案处理,而没有涉及宦官制度。他后来又信任太监,派太监监军,使万历、天启的宦官问题重演。党争问题、宦官问题,在明王朝的历史上,几乎总是或隐或显、或消或涨地存在着,由于执政集团内部的君与臣离心离德,从很大程度上消耗了明皇朝的整体实力,慢慢地腐蚀了支撑朱明江山的基础。因此,与其说是崇祯帝刚愎暴戾导致了甲申之变、朱明覆亡,毋宁说这场鼎革之变是明朝从朱元璋开国以来各种弊端累积的总结果。

明亡清兴的六十年间,在明朝的政坛上,主要有三位君主——万历帝长期怠政,蜗居深宫不见大臣;天启帝日夜贪玩,委政于魏阉忠贤;崇祯帝虽然勤政,却刚愎暴戾滥杀。这正如张文衡所言:"在事的好官,也作不的事;未任事的好人,又不肯出头。上下里外,通同扯谎,事事俱坏极了。"②崇祯帝的好杀、滥杀是出了名的。明朝也有能臣,辽东如熊廷弼、孙承宗、袁崇焕,但他们都没得好下场。

---

① 《孟子·梁惠王上》,第1卷下,第6页,宋十三经注疏附校勘记本,中华书局影印,1980年。
② 《张文衡请勿失时机奏》,《天聪朝臣工奏议》,卷下,第89页,辽宁大学历史系铅印本,1980年。

　　明亡清兴的六十年间,在清朝的政坛上,主要有三位君主——天命汗开创基业,兢兢业业地做事;崇德帝长于谋略,文治武功取得成效;睿亲王(实际居君主地位)抓住历史机遇,率军入关,定鼎北京。

　　仅就个人因素而言,万历帝、天启帝、崇祯帝都不是天命汗、崇德帝、睿亲王的对手。

　　在万历朝。明君臣阻隔,彼此不协。万历帝近三十年不郊不庙,二十几年不上朝,大臣跪在宫门外,几个时辰得不到接见。清嘉庆帝说:"明之亡,不亡于崇祯之失德,而亡于神宗之怠惰,天启之愚骏。"①而清呢? 清郑亲王济尔哈朗说:"太祖创业之初,日与四大贝勒、五大臣讨论政事得失,咨访士民疾苦,上下交孚,鲜有壅蔽,故能扫清群雄,肇兴大业。"②

　　在天启朝。明大学士、帝师、兵部尚书兼蓟辽督师孙承宗,想借给天启帝过生日的机会谏言,却不能相见。努尔哈赤呢? 我举一个例子。后金开国五大臣之一的额亦都,作战时"夜薄其城,率骁卒先登,城中兵猝惊起拒,跨堞而战,飞矢贯股,著于堞,挥刀断矢,战益力,被五十余创,不退,卒拔其城而还"③。额亦都次子达启,养育宫中,长为额驸,怙宠而骄。一日,额亦都"集诸子宴别墅,酒行,忽起,命执达启,众皆愕。额亦都抽刃而言曰:'天下安有父杀子者? 顾此子傲慢,及今不治,他日必负国败门户,不从者血此刃!'众乃惧,引达启入室,以被覆杀之。额亦都诣太祖谢,太祖惊惋久之,乃嗟叹,谓额亦都为国深虑,不可及也"④。

　　在崇祯朝。崇祯十七年间共有五十名大学士,被称为"崇祯五十相"。在五十位大学士中,被罢、免、戍、死(非正常死)者二十七位,占其总数的百分之五十四。没有一位大学士陪伴他始终。共八十位九卿(六部尚书和左都御史),十三位兵部尚书中王洽、陈新甲、袁崇焕、傅宗龙或被下狱、或被杀。陈新甲,长寿人,万历举人,官做到兵部尚书。兵部尚书陈新甲受崇祯帝命,遣使与清秘密议和。崇祯帝手诏往返者数十。一日,所遣职方司郎中马绍愉以密语报,新甲看完后放在书案上,他的家僮误以为是塘报,就拿出去抄传,于是官员哗然。崇祯帝很生气,将新甲下狱。新甲从狱中上书乞

　①　《清仁宗睿皇帝实录》,第 127 卷,第 10 页,嘉庆九年三月壬寅,中华书局影印本,1985 年。

　②　《清史稿·济尔哈朗传》,第 215 卷,第 8949 页,中华书局标点本,1977 年。

　③　《清史列传·额亦都》,第 4 卷,第 175 页,中华书局校点本,1987 年。

　④　《清史稿·额亦都传》,第 225 卷,第 9178 页,中华书局标点本,1977 年。

宥,不许,遂弃新甲于市①。八位户部尚书中有四位下狱,或削职、或殉职。被他杀死的总督、巡抚,有人统计为十九人。而崇祯后期的将领,总兵巢丕昌剃发投降,兵部尚书张凤翼日服大黄,总督梁廷栋尾随清军而不击,奇事诸多,不一而足。

清朝皇太极呢?皇太极改变乃父杀戮汉儒的做法,拔出并重用范文程②,任他掌管军政机密事,每入对,必漏下数十刻始出;或未及吃饭和休息,又被召入。一次,皇太极请范文程吃饭,有珍味佳肴,范文程想念父亲所未尝,逡巡不下筷。皇太极察其意,即命撤馔以赐赏他的父亲③。多尔衮入关发布檄文"皆署文程官阶姓氏"。后范文程到昭陵祭奠,感恩追往,悲怆五内:"伏地长恸,几不能起。"④

崇祯帝在民族分、官民分、君臣分之后,只剩下孤家寡人。何以见得?举出三条史料,可以说明问题。

其一,《明史·庄烈帝本纪》记载:崇祯帝后来对文武大臣全不信任,而派亲信宫奴、太监监军,去守北京的城门,守居庸关等重要关口,最后派太监王承恩提督北京城的守卫。

其二,《明史·后妃列传》记载:"帝令后自裁。后入室阖户,宫人出奏,犹云'皇后领旨'。后遂先帝崩。帝又命袁贵妃自缢,系绝,久之苏。帝拔剑斫其肩,又斫所御妃嫔数人,袁妃卒不殊。"⑤

其三,《明史·公主列传》记载:"长平公主,年十六,帝选周显尚主,将婚,以寇警暂停。城陷,帝入寿宁宫,主牵帝衣哭。帝曰:'汝何故生我家!'以剑挥斫之,断左臂;又斫昭仁公主于昭仁殿。越五日,长平公主复苏。"⑥

崇祯皇帝在危急时,"鸣钟召集百官,结果无人至者",最后杀老婆、杀女儿,只剩下孤家寡人。崇祯帝面对崛起的大清和强势的大顺,走上穷途末路。

明末的社会危机,主要是民族分、官民分、君臣分所直接造成的。民族分是外层因

---

① 《明史·陈新甲传》,第257卷,第6639页,中华书局校点本,1974年。
② 张玉兴:《范文程归清考辨》,《明清史探索》,辽海出版社,2004年。
③ 《清史稿·范文程传》,第232卷,第9351页,中华书局标点本,1977年。
④ 李霨:《内秘书院大学士范文肃公墓志铭》,《碑传集》,上册,第4卷,第30页,上海古籍出版社,1987年。
⑤ 《明史·后妃列传》,第114卷,第3544页,中华书局校点本,1974年。
⑥ 《明史·公主列传》,第121卷,第3677页,中华书局校点本,1974年。

素,官民分是内层因素,君臣分则是核心因素。如果没有君臣分,而是君臣一体,同心筹谋,那么,民族分的矛盾可以缓和、化解、消除,官民分的矛盾也可以缓和、化解、消除。在民族分、官民分的严重局势面前,再君臣分,那就面临江山易主、社稷倾覆的严重局面。明朝就是在民族分、官民分和君臣分这三种分的局势下覆亡的。

明亡清兴的历史启示:中华民族在漫长历史演进过程中,是汉族和各少数民族在摩擦中融合,官民在矛盾中协和,君臣在纠结中统合,不断发展壮大的历史。当中华民族合时,就强大;当中华民族分时,就衰弱;当中华民族合时,就统一;当中华民族分时,就分裂。总之,明末的民族分、官民分、君臣分,清初的民族合、官民合、君臣合——双方矛盾与斗争所造成的一个结果,就是明亡清兴。当然,民族的分合,官民的分合,君臣的分合,有其肌理深因。明太祖朱元璋、明成祖朱棣奠定了大明的体制与制度,也留下了体制罅隙和制度漏洞,其子孙"率祖旧章",没有与时俱进,进行切实改革,导致罅隙倾墙、蚁穴溃堤的后果。清朝后期,重蹈覆辙,民族分、官民分、君臣分——同光时,竟然慈禧与光绪母子分、慈禧与奕䜣叔嫂分,清朝江山易主,历史再次重演。

综上,中华民族历史发展的启示是:中华民族合则盛,分则衰;合则强,分则弱;合则荣,分则辱;合则治,分则乱。明亡清兴的历史,充分证明这一点。

后　记

　　《清朝开国史》的叙述，其时间范围，自明万历十一年（1583 年）努尔哈赤起兵，到清顺治元年即明崇祯十七年（1644 年）顺治帝迁都北京，即皇帝位，其间共六十年的历史。其空间范围，东起大海，南到中原，西达青海，北跨外兴安岭。从开始酝酿，到成稿付梓，潜心求索，心无旁骛，历时四寒暑，撰就百万言。

　　清朝开国史的著作，孟森先生的《满洲开国史》（上海古籍出版社，1992 年），主要写清太祖努尔哈赤先世的建州—满洲史，共十五万余字。萧一山先生的《清代通史》（上卷，商务印书馆，1927 年）清入关前部分，共十七万字。周远廉先生的《清朝开国史研究》（辽宁人民出版社，1981 年）主要写清太祖朝的历史，二十一万余字；其《清朝兴起史》（吉林文史出版社，1986 年）也主要写清太祖朝的历史。《清代全史》（辽宁人民出版社，1991 年）第一册，是写清入关前的历史，由李洵、薛虹先生撰著，共二十九万字。李鸿彬先生的《清朝开国史略》（齐鲁书社，1997 年），共二十万字。美国 Professor E.Wakeman Jr.的 *The Great Enterprise*（1985 年）即魏斐德教授的《洪业——清朝开国史》（江苏人民出版社，1992 年），全书八十六万字，其中清入关前部分共二十六万余字。

　　以上清朝开国史的专门著作，各有史料之长，各具精彩之笔。

　　《清朝开国史》，共约一百二十万字，是至今国内外清朝开国史著作中字数最多的一部。依据全书的体例——突出军政大事，采用专题体例，撰成上下两卷。尽管字数较多，但还有许多重要专题阙漏。如经济、文化、典制、宗教等，或则未写，或则疏略。即使本应突出的军政大事，有些也未列入专题。上述阙漏与疏略，其原因有四：一是受本书体例所限，二是受规定字数所限，三是受交卷时间所限，四是受笔者学识所限。同时，因为对某些专题叙述较详，故而对另一些专题之阐述或阙或简。在此说明，敬祈谅解。

　　语云:"十年磨一剑。"以历史科学来说,就学术著作而言,学人"磨书",愚之管见:十年磨一部著作,二十年磨一部力作,三十年磨一部佳作,四十年磨一部杰作,五十年则可能磨出一部传世之作。如果用十年时间,写一部《清朝开国史》,我想可能会比现在的这部书要好一些。如果再用十年时间,将其加以补充修订,可能会更好一些。

　　《清朝开国史》两卷交稿之日,就是作者重新开始研究清朝开国历史之时。这是我在本书脱稿时的感受和心情。

　　仅以上言,作为后记。

阎崇年谨识

2012 年 10 月

感谢辞

《清朝开国史》完稿之时，感谢的话，写在下面。

上个世纪九十年代的一天，周远廉先生郑重地跟我说：应当有一部新编十卷本的《清朝通史》，主编应由你来做。我当即表示，书应当出，主编应由您来做。他说："我做不了，只有你做。"我说："我学识不够，找不来钱，组织不起来人，也做不了。"这件事便搁置了下来。1998年9月，朱诚如先生主掌故宫博物院上任之前，约周远廉先生和我吃饭，饭桌上我提起周先生编写十卷本《清朝通史》的动议，建议诚如先生主持这件事情。诚如先生沉思了一下说：这件事情很重要，应当做，我们一起来做吧。不久，朱诚如院座邀请王思治、周远廉、冯尔康和我一起吃饭，席间议论起这件事情。大家共识，合力来做，推朱诚如先生做主编。1999年，朱诚如先生主编《清朝通史》启动，约我写《清朝通史·太祖朝》卷。书稿接近完成时，他又约我增写《清朝通史·太宗朝》卷。当时，我一则因累，二则因忙，本想婉言谢绝，却难以启齿。我这个人好面子，不愿意轻易拒绝别人的要求，于是勉为其难地应允了。2003年，《清朝通史》十四卷本出版，还配有十卷本的《清史图典》。我在其中撰写清太祖朝史和太宗朝史共两卷。这两卷书，约百万言，虽已出版，但有缺憾，总想有机会进行修订。

几年前，中华书局李岩总编辑、宋志军主任建议我将《清朝通史·太祖朝》和《清朝通史·太宗朝》加以整合，以《清朝开国史》为书名出版。书稿发排后，校样打出来，没有时间看，拖了三年多，实在不好意思。2011年和2012年，整整两年时间，都在忙《大故宫》录播和出书。2013年伊始，我开始整合、校对、修订和增补《清朝开国史》书稿的工作。

第一，一百二十万字校样，通看一遍，花了三个多月的时间。

第二，《清朝开国史》（上卷）其基础原是《清朝通史·太祖朝》卷，从努尔哈赤起兵，写到努尔哈赤死。其中满洲先人的历史，未及多着笔墨。这次补写《满洲之源流》一章,约四万四千四百余字。

第三,《清朝开国史》(下卷)其基础原是《清朝通史·太宗朝》卷,从皇太极继位,写到皇太极死,其中顺治初年,属于空白。这次补写了三块即《顺治帝继承皇位》《山海关大战》和《清迁都北京》,并以《明亡清兴之鉴》作为清朝开国历史的小结。

第四,对全书作了内容增补、文字梳理、资料订正和史实校核。

在编辑出版过程中,李岩、徐俊两位总编给予关心,刘德麟、沈锡麟两位"麟公"编审大家指出多处疏误,宋志军、李洪超二位先生细心编校,北京满学会终身荣誉会长陈丽华先生多年来于满学和清朝开国史的研究给予关切,我家人多年的尽心和尽力,各位朋友的热心支持,恕不一一列名,谨致诚意敬谢。

阎崇年

癸巳中秋